高等学校国家级特色专业——车辆工程专业系列教材

汽车电子工程学

主　编◎孙　骏
副主编◎尹安东　江　昊
主　审◎刘昭度

合肥工業大學出版社

内容提要

本书以汽车电子控制系统对汽车诸性能的改善原理为主线，介绍了目前汽车上典型的电子控制装置（如发动机控制系统、自动变速器、制动与驱动防滑装置、线控制动、电控转向系统、安全气囊、电控悬架、汽车空调、巡航控制系统等）的组成结构与工作原理。

本书取材新颖、实用性强，可作为高等院校车辆工程类专业及交通运输类专业高年级本科生和研究生的教材，也可供从事汽车运输管理、汽车设计制造、汽车维修管理工作的工程技术人员以及汽车修理工、电工与驾驶员使用参考。

图书在版编目(CIP)数据

汽车电子工程学/孙骏主编. —合肥：合肥工业大学出版社，2010.12
ISBN 978-7-5650-0322-6

Ⅰ.①汽… Ⅱ.①孙… Ⅲ.①汽车—电子系统：控制系统—高等学校—教材 Ⅳ.①U463.6

中国版本图书馆 CIP 数据核字(2010)第 242671 号

汽车电子工程学

主编 孙 骏　　　　责任编辑 汤礼广

出 版	合肥工业大学出版社	版 次	2011 年 3 月第 1 版
地 址	合肥市屯溪路 193 号	印 次	2011 年 3 月第 1 次印刷
邮 编	230009	开 本	787 毫米×1092 毫米 1/16
电 话	总编室：0551-2903038	印 张	22
	发行部：0551-2903198	字 数	535 千字
网 址	www.hfutpress.com.cn	印 刷	安徽江淮印务有限责任公司
E-mail	press@hfutpress.com.cn	发 行	全国新华书店

ISBN 978-7-5650-0322-6　　　　定价：40.00 元

如果有影响阅读的印装质量问题，请与出版社发行部联系调换。

《高等学校国家级特色专业——车辆工程专业系列教材》审读委员会

《高等学校国家级特色专业——车辆工程专业系列教材》编委会

本系列教材在编写过程中，曾得到以下学校和企业给予各种形式的支持及无私的帮助，在此对它们谨致以真诚的谢意！

清华大学　　北京理工大学
湖南大学　　武汉理工大学
北京工业大学　　吉林大学
西南交通大学　　华东交通大学
同济大学　　重庆理工大学
山东理工大学　　兰州交通大学
辽宁工业大学　　大连交通大学
福州大学　　河南科技大学
厦门理工学院　　江苏大学
长安大学　　西华大学
湖北汽车工业学院　　合肥工业大学
安徽工业大学　　安徽理工大学
安徽工程大学　　安徽江淮汽车集团有限公司
奇瑞汽车股份有限公司

《高等学校国家级特色专业——车辆工程专业系列教材》编委会

序

在我国经济发展转型升级与全面提高国际竞争力的关键时期，培养和造就一大批创新能力强，适应我国经济和社会发展需要的工程技术型人才是增强我国核心竞争力、建设创新型国家、走新型工业化道路的必要条件。“高等工科教育回归工程”和“强化能力导向原则”等基于按社会需求培养人才和教学需要改革的教育理念，是《中华人民共和国高等教育法》提出的“高等教育教学改革务必根据不同类型、不同层次高等学校自身实际”要求和《高等学校本科教学质量与教学改革工程项目管理暂行办法》所坚持的“分类指导、注重特色”原则的创新成果和实践载体。

高等学校应按照“质量工程”的要求对人才培养目标进行合理定位，对教学过程进行科学创新，发挥自身优势，形成各自特色，从而满足社会对多样化的人才需求。人才培养目标的差异性，要求教学内容、教学方法和教材建设具有针对性。《中华人民共和国高等教育法》明确规定：“高等学校根据教学需要，自主制订教学计划、选编教材、组织实施教学活动。”教育部实施本科教育、教学“质量工程”，鼓励和支持高等学校在教学理念等方面进行创新，以形成有利于多样化人才成长的培养体系，满足国家和社会对紧缺人才的需要。

合肥工业大学车辆工程专业于 2007 年经教育部审批被列为国家级特色专业建设点。也就在同一时间，合肥工业大学成立了《高等学校国家级特色专业——车辆工程专业系列教材》编审委员会，以“打造特色精品教材，促进专业教育发展”的理念规划出版“高等学校汽车类特色专业规划教材”，抓紧对“质量工程”中所要求的“重点规划、建设多样基础教程和专业课程教材，促进高等学校教学内容更新、教材建设多样化”工作的落实。

在教材选题开始设计时，编审委员会便贯彻教育部关于人才培养适应行业经济和社会发展需要的精神，要求突出教材建设与办学定位、教学目标的一致性和适应性。最终确立了教材编写的指导思想：加强工程意识的培养、加强理论与实践的结合、加强实践教学和工程训练，培养在汽车行业第一线从事车辆研发、试验、营销及管理等实际工作和能解决实际问题的高等应用型人才。

本系列教材在编写过程中，既严格遵守学科体系的知识构成和教材编写的一般规律，又针对本科人才培养目标和与之相适应的教学特点，科学安排知识内容，注重解决现行教材中部分内容陈旧、特色不明显和学生自主学习无趣等问题，充分体现了"工程基础厚、工作作风实、创业能力强"的合肥工业大学人才培养特色及对国家级特色专业教材的内涵和尺度的准确把握。

本系列教材的出版是所有参与该项工作的人们集体智慧的结晶，也是高等学校进行教学改革、落实"质量工程"要求的成果，相信随着教学改革的深入推进，该系列教材会不断得到丰富和完善。

中国高等学校教学指导委员会委员
中国机械工业教育协会高校教学委员会车辆专业组副组长 陈朝阳

前　言

近些年来，随着电子技术和汽车工业的飞速发展，汽车已经成为集机械、电子、信息与控制技术于一体的机电一体化产品。汽车电子控制系统正成为制约车辆性能的重要因素，它不但是汽车产业更新换代最快的领域，而且成为衡量现代汽车技术发展水平的重要标志。

为了适应现代汽车技术的迅猛发展，满足培养车辆工程及交通运输类专业人才的教学需要，各高校纷纷在车辆与交通运输专业开设了汽车电子课程。本书正是针对这门课程，结合作者多年来的科学研究与教学实践，在参考国内外大量研究成果的基础上，本着系统性、知识性、实用性的原则编写而成。

本书以汽车电子控制系统对汽车诸性能的改善原理为导向，介绍了目前汽车上典型电子控制装置（如发动机控制系统、自动变速器、制动与驱动防滑装置、线控制动、电控转向系统、安全气囊、电控悬架、汽车空调、巡航控制系统等）的组成结构与工作原理，并介绍了汽车电子控制系统主要部件——电子控制单元（ECU）、传感器、执行机构、线束和车载总线的结构、工作原理、性能指标及设计方法。

本书取材新颖、实用性强，可作为高等院校车辆工程类专业及交通运输类专业高年级本科生和研究生的教材，也可供从事汽车运输管理、汽车设计制造、汽车维修管理等工作的工程技术人员以及汽车修理工、电工与驾驶员使用参考。

本书由合肥工业大学车辆工程系孙骏担任主编，尹安东和江昊担任副主编，北京理工大学博士生导师刘昭度教授担任主审。张立、王修满、王辉等硕士研究生为本书的顺利编写承担了收集相关的文献资料工作，在此对他们表示感谢。

本书在编写过程中参考了大量相关的资料和文献，在此，编者对文献被引用的原作者和引用了文献但没有列出姓名的原作者表示真诚的感谢！

鉴于本书编写时间较短以及作者学识水平有限，另外，也由于当前汽车电子控制技术仍处于飞速发展阶段，因此书中错误和不妥之处在所难免，殷切地期望读者不吝指正，以便本书再版时得以完善。

编　者

目　录

第一章 绪 论

内容提要：目前，汽车电子技术已广泛应用于汽车的各个方面。随着汽车电子化程度的逐年增加，汽车电子技术已成为衡量一个国家汽车工业水平的重要标志。本章主要介绍了汽车电子技术的主要特征、发展现状和趋势以及汽车电子控制系统采用的主要控制技术，并简介了汽车电子系统的分类、典型汽车电子控制装置的中英文名称与主要功用。

第一节　汽车电子技术的现状与发展

一、汽车电子技术的发展背景

汽车是当今社会的重要交通工具，如何满足人们对汽车更安全、更清洁、更节能、更舒适的需求，一直是汽车设计师的重要课题。近十几年来，汽车电子技术在解决汽车所面临的油耗、安全、排放等方面正起着越来越重要作用，并大大推动了汽车工业的发展。因此，汽车电子技术水平已成为衡量一个国家汽车技术水平的重要标志，同时也成为各汽车厂在竞争中能否掌握主动权的关键。

汽车电子控制技术的发展可归结为两个方面的原因：社会的更高要求和电子技术的发展。图 1－1 清楚地反映了汽车电子技术发展过程与电子技术发展及相关社会背景的关系。

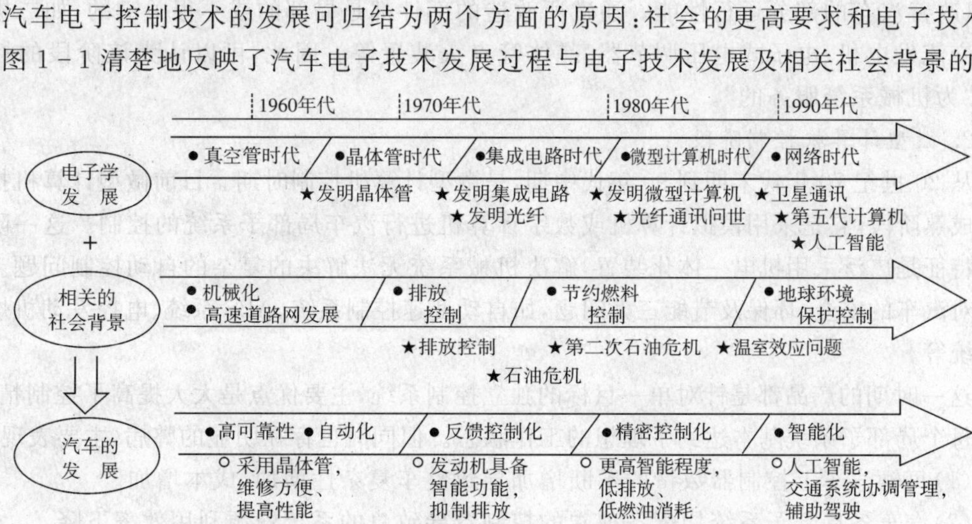

图 1－1　汽车电子技术发展与电子技术发展及相关社会背景的关系

1. 社会对汽车性能要求的不断增加

汽车作为一种重要的交通运输工具，已为人类作出了不可磨灭的贡献。现代汽车已不仅仅是一个代步工具，而是具有了交通、娱乐、办公和通信等多种功能的移动空间。然而，汽车在造福人类的同时，也带来了能源紧张、排气污染、噪声污染和交通安全等一系列社会问题，已成为制约汽车工业乃至人类社会可持续发展的主要障碍。因此，开展汽车电子控制技术的研究，改善与提高汽车性能，满足日趋严格的汽车油耗法规、排放法规和安全法规的要求，已成为当今社会和市场共同追求的目标。

2. 电子技术的高速发展

自从德国人卡尔·本茨和戈特利布·戴姆勒发明了现代意义上的汽车，至今汽车已有一百多年的历史了。经过一百多年的技术革新，汽车上应用的传统机械装置得到了长足的进步，功能已相当完善，因此发展潜力也已基本枯竭，单靠对机械结构的改进来满足不断增长的汽车性能要求必将事倍功半。因此，必须在汽车工作原理和结构上进行根本性的变革，才有可能给汽车的发展带来革命性变化，使汽车的性能上一个新台阶。目前汽车工业正越来越多地从后工业时代的能源、电子、信息科技中吸收新的元素，汽车的电子化已成为一种趋势，而电子技术特别是大规模集成电路、微型计算机和传感器等技术的发展，给汽车电子装置的发展提供了必要的物质条件和技术保证。

二、汽车电子技术的发展历程

汽车上运用电子技术是从 20 世纪 60 年代开始的，而大规模的应用是在 20 世纪 90 年代以后。从汽车电子化发展进程来看，这一过程大致可分为电子电路控制、微型计算机控制和车载局域网控制三个阶段。

1. 电子电路控制阶段

从 20 世纪 60 年代中期到 70 年代末期，是采用分立电子元件或集成电路组成电子控制器进行控制的时期。那时的汽车电子设备主要采用分立电子元件组成电子控制器，从而揭开了汽车电子时代的序幕。该阶段主要是运用电子技术对部分汽车电器和机械部件进行改造，以改善汽车的部分运行性能。通常所改造的部件都是局部的或不很关键的，如二极管整流式交流发电机、电子式电压调节器、晶体管点火装置等。因此，可以认为该阶段的控制技术是“为机械系统服务的”。

2. 微型计算机控制阶段

从 20 世纪 70 年代末期到 90 年代中期，是微型计算机控制时期。目前微型计算机控制已处于成熟阶段，它是采用模拟计算机或数字计算机进行汽车局部子系统的控制。这一阶段的主要特征是广泛采用机电一体化装置，解决机械系统无法解决的复杂的自动控制问题。它主要针对汽车的安全、环保及节能三大问题，如自动变速控制系统、ABS 系统、电控发动机燃油喷射系统等。

这一时期的产品都是针对单一目标的独立控制系统，主要优点是大大提高了控制精度，使汽车每个局部子系统基本达到了理想的工作状态。但同时也存在明显的弊病，主要表现为：

(1)每辆汽车上控制器数量的不断增加导致整车复杂性增加，成本增加。

(2)汽车各局部子系统均配备独立的控制器导致总的系统资源利用效率下降。

(3)控制功能的重复与叠加有时会产生系统干涉的现象，导致汽车可靠性下降。

3. 车载局域网控制阶段

车载局域网控制是从 20 世纪 90 年代末期开始采用的，目前还处于起步阶段。其特点是采用车载局域网对汽车电器与电子控制系统进行集中控制。这一时期的产品设计主要是解决单一目标的独立控制系统的缺点，达到使汽车综合性能最佳的效果，如动力传动总成集中控制系统、车身稳定性控制系统、底盘整体控制系统等。

这一阶段的主要特征是强调以人—车—环境为主线的系统整体优化，利用计算机网络信息技术，采用集中控制系统将多个控制功能集中由一个功能强大的控制器完成，将实现局部目标的最佳转化为实现多目标整体性能最优。

三、汽车电子技术的发展趋势

能源、环境保护和交通安全，依然是 21 世纪全世界必须关注的三大课题。随着地球环境遭受的污染越来越严重，能源问题越来越严峻，关于汽车油耗、排放和安全方面的法规必将越来越严格。因此，在传统机械装置的发展潜力基本已枯竭的情况下，汽车电子技术的发展必然是大势所趋。

汽车电子技术的发展依赖于机械技术、控制理论、电子学、计算机和网络等多方面技术的共同进步。可以预见的汽车电子技术发展的主要趋势包括：

(1)针对汽车的嵌入式系统的发展。包括功能越来越强的微控制器和稳定、可靠、方便的实时操作系统。

(2)42V 汽车电器系统的应用。随着汽车电子装置越来越多，消耗的电能也会大幅度地增加，目前汽车电子装置总功率已增长到 8～10kW。如果按 8kW 计算，14V 的汽油车电器系统(蓄电池 12V)，其电路电流将达 570A。若将汽车的供电电压由 14V 改变为 42V，则电路电流降为 190A。那么，在相同热损耗的情况下可选用更细的导线。目前美国、欧洲等汽车制造商和零部件供应商已在讨论电压由 12/14V 向 36/42V 汽车电器系统转化的问题。

(3)线控技术的应用。线控技术统称为 X-by-wire，将驾驶员的操作命令转为电信号，再以电控方式驱动执行机构实现对汽车的控制。汽车电控系统采用线控技术可使应用传统操纵机构的机械或液压传动系统得以大大简化，而且可能对汽车的结构产生改变。尤其是利用新能源的电动汽车，底盘结构将会有全新的变化。

(4)随着智能化交通技术的迅速发展，不仅汽车自身是个复杂的系统，而且汽车还将成为智能交通大系统中的一个成员。基于全球定位系统(GPS)的汽车导航技术、移动电话和互联网等都将在汽车上得到普及，汽车电子控制与信息技术更紧密地结合，将成为重要的发展方向。

四、汽车电子技术对汽车界的影响

随着汽车技术的发展以及各种高新技术在汽车上的广泛应用，汽车已经由一个传统的机械装置逐渐演变为一个集机械、电子、计算机、控制、通信等技术于一体的复杂系统。汽车电子技术对汽车界的影响主要表现在：

1. 汽车用途的改变

汽车的用途已不仅是可靠的交通代步工具，而且已逐渐变成人际间交往的流动办公室或舒适的休闲娱乐室，成为人类社会活动中的重要场所。

2. 汽车产品特征的改变

汽车正经历从“机械时代”向“电气时代”的过渡与转型，由带一系列能提高局部性能的电子装置的机械系统转变为带一系列能实现预定功能的执行机构的电子系统。同时，随着汽车电子装置的网络化、智能化，汽车也将从一台复杂的钢铁机器转变为一个以信息化、电气化为主导的电子化平台，一件有感知的 IT 产品。

3. 汽车工业特征的改变

随着电子技术、信息技术及其他新兴科学技术在汽车上的广泛应用，汽车工业逐渐由劳动密集型工业转变为技术与知识密集型工业。网络化经营和模块化生产可以使汽车公司几乎不生产任何汽车部件，而成为一家完全凭借技术和品牌优势支配和控制汽车生产与销售的空壳巨头。另外，随着电子系统在整车成本中所占比例的不断增加，电子产品制造商以及软件开发商正成为汽车界重要的汽车零部件供应商。

4. 汽车学科基础的改变

汽车学科的基础将从传统的以机械为主的学科群(如力学、机构、材料等方面的课程)，转变为以机械和电子并重的学科群(即增加了电子技术、计算机技术和控制技术等方面的课程)。

第二节　汽车电子系统的分类

汽车电子控制系统种类繁多、形式各异，分类方法也不相同。

一、按汽车电子系统的功能分类

1. 汽车电子控制系统

这类装置通常与车上的机械部件进行配合使用，形成“机电一体化”(Mechatronics)系统，直接控制汽车的运行并改善整车的基本性能，如发动机燃油喷射系统、电控自动变速系统以及防抱制动系统等。

2. 车载电子系统

这类装置能在汽车的各种工况环境下正常工作，主要用于提高汽车的便利性、舒适性或娱乐性，以及提供各类信息或附属功能。车载电子系统通常和整车的基本性能无直接关系，如电动座椅、中央门锁控制系统以及全球定位系统等。

汽车电子控制装置对于解决安全、能源、环保问题有直接帮助，因此是当今汽车工业最关注的技术，本教材主要介绍汽车电子控制装置的相关知识。

二、汽车电子控制系统的分类方法

由于车载局域网控制阶段的汽车集中控制系统，目前还处于起步阶段，所以，以下主要针对比较成熟的单一目标独立控制的电子控制系统进行分类。

1. 按控制对象分类

根据控制对象不同，汽车电子控制系统可分为发动机电子控制系统、底盘电子控制系统和车身电子控制系统三大类。

(1)发动机电子控制系统

发动机电子控制系统的主要功用是改善发动机在各种工况下的燃烧效率，提高发动机的动力性能，改善发动机运行的经济性，同时尽可能降低汽车尾气中有害物质的排放量，以满足日益严格的法规要求。发动机控制系统包括燃料喷射控制、点火时间控制、怠速运转控制、排气再循环控制、发动机爆燃控制等。

(2)底盘电子控制系统

底盘电子控制系统的主要功用是分别提高传动系、行驶系、转向系和制动系的性能。包括防抱制动控制(ABS)、驱动防滑控制(ASR)、变速器电子控制、悬架系统控制、动力转向控制、四轮转向(4WS)控制等。

(3)车身电子控制系统

车身电子控制系统的主要功用是为乘客提供方便、舒适的环境，并进一步提高汽车的被动安全性能。包括车用空调控制、车辆信息显示、安全气囊与安全带控制、防盗与防撞安全系统、电动车窗与电动后视镜控制、电动座椅控制、灯光控制等。

2. 按控制目标分类

根据控制目标不同，汽车电子控制系统可分为动力型、经济型与排放型、安全型、舒适型、操纵型和通过型等六种类型，主要功用是提高汽车相应方面的性能，以满足日益严格的法规要求。

由于汽车的许多性能是相关联的，而且有些汽车电子控制系统的控制对象也不只一个。如驱动轮防滑转调节系统可提高车辆在低附着系数路面上的动力性、行驶稳定性、主动安全性以及通过性等诸多性能，控制对象可以是车轮制动器或发动机等。所以以上对汽车电子控制系统的分类方法都不严谨，存在歧异。但这并不影响对于汽车电子控制系统结构组成和工作原理的学习研究，因此本教材仍然按照这两种分类方法来编排。

三、典型汽车电子控制装置

近十几年是汽车电子系统快速发展的时期，在轿车中电子器件的成本可达到整车总成本的40%。图1-2所示为汽车上部分电子控制系统的大致位置。下面介绍在发动机、底盘及车身中比较典型的电子控制系统的名称和基本功能。

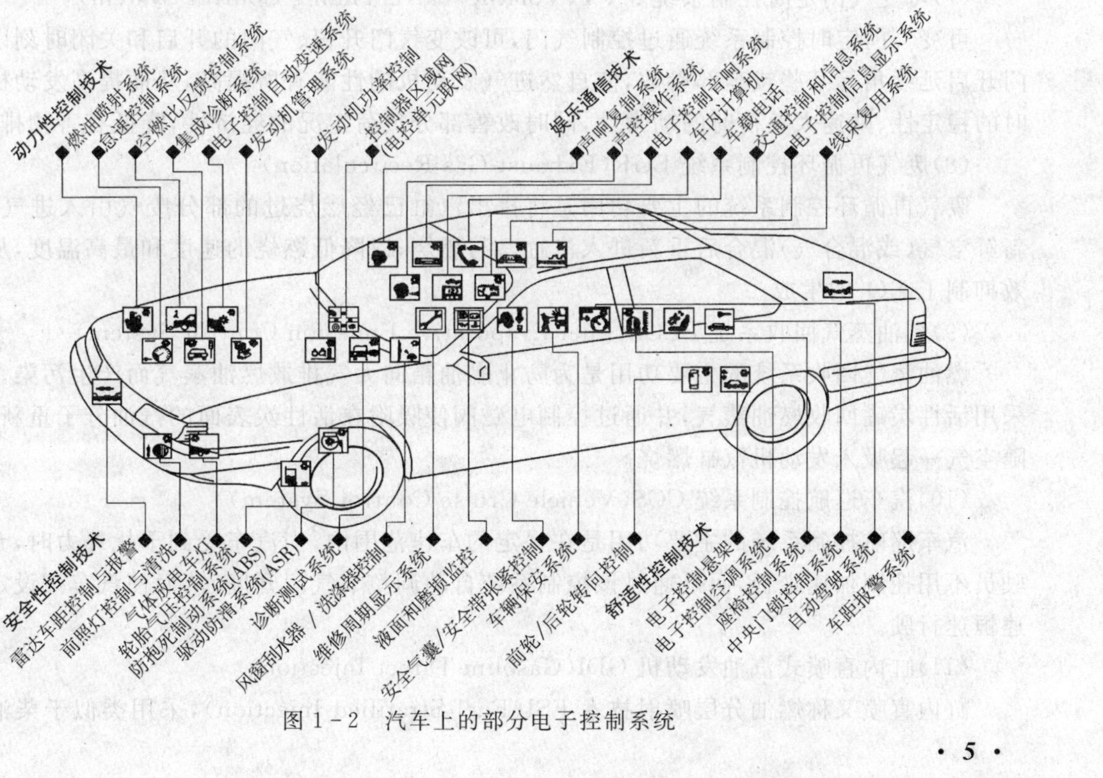

图1-2 汽车上部分电子控制系统

1. 发动机电子控制系统

(1)电控发动机燃油喷射系统 EFI(Engine Fuel Injection System)

电控发动机燃油喷射系统的主要功用是根据发动机运转状况和车辆运行状况确定最佳喷油时间，并控制喷油器以控制喷油量。

(2)微机控制发动机点火系统 MCIS(Microcomputer Control Ignition System)

微机控制发动机点火系统的主要功用是实现点火提前角的自动控制，即可根据发动机的工况对点火提前角进行适时控制，因而可获得混合气的最佳燃烧，从而能最大限度的改善发动机的高速性能，提高其动力性、经济性，减少排气污染。

(3)发动机空燃比反馈控制系统 AFC(Air/Fuel Ratio Feedback Control System)

增压发动机在其瞬时加速过程中，通常会出现冒黑烟现象。这是由于增压器加速响应滞后，发动机增长量跟不上喷油增长量而造成的。发动机空燃比反馈控制系统的主要功用是用它来控制发动机加速过程中的喷油量，以达到限制加速冒烟的目的。

(4)发动机怠速控制系统 ISCS(Idle Speed Control System)

发动机怠速控制系统的主要功用是通过怠速旁通空气道，对发动机的怠速转速进行控制，使发动机运转更平稳，排放更好。

(5)发动机爆震控制系统 EDCS(Engine Detonation Control System)

发动机爆震控制系统的主要功用是使发动机工作在轻微爆震的临界状态，以获得最佳的性能。对于爆震控制而言，点火时刻控制是关键的一步。

(6)发动机进气控制系统 IACS(Engine Intake Air Control System)

发动机进气控制技术包括可变气门升程、可变气门正时、可变进气管长度、可变压缩比、可变汽缸数等等。其目的是改善发动机在整个转速范围内的充气效率。

(7)可变气门定时控制系统 VVT(Volatile Valve Timing Control System)

可变气门定时控制系统通过控制气门，可改变气门升程、气门的开启和关闭时刻以及气门开启延续角等某些或全部参数，使自然进气发动机的性能有所提高，从而提高发动机怠速时的稳定性、高速大负荷时的动力性，同时改善部分负荷工况的经济性，降低有害物排放。

(8)废气再循环控制系统 EGR(Exhaust Gas Recirculation)

废气再循环控制系统的主要功用是将排出汽缸已经燃烧过的部分废气引入进气管，与新鲜空气(或混合气)混合后重新进入汽缸参与燃烧，以降低燃烧的速度和最高温度，从而有效抑制了 NO_x 的生成。

(9)燃油蒸气回收系统 FECS(Fuel Evaporative Emission Control System)

燃油蒸气回收系统的主要功用是为防止燃油箱向大气排放燃油蒸气而产生污染。通常采用活性炭罐回收燃油蒸气，并通过控制电磁阀使吸附在活性炭表面的汽油分子重新蒸发，随空气一起吸入发动机汽缸燃烧。

(10)汽车巡航控制系统 CCS(Vehicle Cruise Control System)

汽车巡航控制系统的主要功用是在一定的车速范围内，当汽车受到干扰外力时，允许驾驶员不用控制加速踏板，而是通过该控制系统自动调整节气门开度，从而使汽车按设定的车速恒速行驶。

(11)缸内直喷式汽油发动机 GDI(Gasoline Direct Injection)

缸内直喷又称燃油分层喷射技术 FSI(Fuel Stratified Injection)，采用类似于柴油发动机的供油技术，通过喷射器将高压汽油在最恰当的时间直接分层喷射到燃烧室，在不同的工况实现不同的混合气制备，空燃比可达到 30～40，能实现稀薄燃烧，从而可达到更高的输出功率和更好的燃油经济性及更低的排放。

(12)柴油机共轨燃油喷射系统(Common Rail)

柴油机共轨燃油喷射系统是第三代柴油机电控燃油喷射系统，是一种喷射压力的产生和喷射过程彼此完全分开的供油方式。该系统中有一根各缸共用的高压油管(共轨)，用高压输油泵向共轨(蓄压室)泵油，并通过 ECU 对共轨压力进行反馈控制，保证共轨压力在恒定值。由此，经共轨将一定高压的柴油分别送往各缸喷油器，使各缸喷射压力一致，保证各缸的均匀性。而且，可对喷油正时、喷射量、喷射压力和喷油速率进行控制，因此可优化柴油机的综合性能，适应新的排放法规的要求。

(13)三元催化净化装置 TWCC(Three Ways Catalytic Converter)

三元催化净化装置安装在排气管中，功用是利用铂(或钯)和铑的混合物作为催化剂，将发动机废气中的 HC、CO 氧化成 H_2O 和 CO_2，将 NO_x 还原成 N_2 和 O_2，从而起到净化排气的作用。

(14)可变截面的涡轮增压器 VNT(Variable Nozzle Turbocharger)或 VGT(Variable Geometry Turbocharger)

利用导向叶片对增压的压力进行控制，可在兼顾高速动力性、经济性和排放性能的同时，大幅度提高低速、大转矩区域的空气量，从而提高柴油机的低速转矩储备，同时降低低速工况的排烟。

2. *底盘电子控制系统*

(1)电子控制自动变速系统 ECT(Electronic Controlled Transmission System)；

ECT 能自动操纵汽车起步选挡和换挡，实现发动机在最佳工况下工作，大大减轻驾驶员的劳动强度，提高汽车行驶的机动性和越野性。

目前用于车辆传动的自动变速系统有电控液力自动变速器 EAT(Electronic Controlled Automatic Transmission)、电控机械式自动变速器 AMT(Automatic Manual Transmission)、双离合器自动变速器 DCT(Dual Clutch Transmission)和在输入轴转速不变情况下输出轴转速可以在一定范围内连续变化的无级变速器 CVT(Continuously Variable Transmission)

(2)防抱制动系统 ABS(Anti-lock Braking System 或 Anti-Skid Braking System)；

防抱制动系统的功用是：在汽车制动过程中，自动调节车轮的制动力，防止车轮抱死滑移，从而获得最佳制动性能(缩短制动距离、增强转向控制能力、提高行驶稳定性)，减少交通事故。

(3)电子控制制动力分配系统 EBD(Electronic Brake-force Distributing System)；

电子控制制动力分配系统是在防抱制动系统基础上发展而来的。它根据制动减速度和车轮载荷的变化，自动改变车轮制动器制动力的分配(主要是增大前轮的制动力)，从而缩短制动距离，提高制动效能。

(4)电子控制制动辅助系统 EBA(Electronic Brake Assist System)；

电控制动辅助系统的功用是根据制动踏板传感器信号和制动压力传感器信号，判断作用于制动踏板的速度和力量，以增大汽车紧急制动时的制动力，从而缩短制动距离。

(5)电子控制稳定性程序 ESP(Electronically Controlled Stability Program);

ESP 也称车身稳定性控制系统 VSC(Vehicle Stability Control)或车身动态稳定性控制系统 DSC(Dynamic Stability Control System)。其主要功能是当出现跑偏或侧滑现象,汽车将要丧失稳定性时,通过及时减少驱动力或对某一车轮施加制动力而产生横摆力矩来平衡汽车的横向运动,使汽车回到稳定行驶工况。

(6)驱动轮防滑转调节系统 ASR(Acceleration Slip Regulation System)

ASR 也称牵引力控制系统 TCS/TRC(Traction Force Control System)。主要功能是在车轮开始滑转时,通过降低发动机的输出转矩或增大滑转驱动轮上的阻力,来减小传递给驱动车轮的驱动力,防止驱动力超过轮胎与路面之间的附着力,从而提高车辆的通过性以及起步、加速时的安全性。

(7)电控动力转向系统 EPS(Electronically Controlled Power Steering System);

EPS 根据车速或发动机转速来改变动力放大倍数,可使汽车在停车或低速行驶时转动转向盘所需的力减少;而当汽车高速行驶时,能保证最佳传动比和稳定的手感,从而提高高速行驶时的稳定性。

(8)差速器锁止控制系统 VDLS(Vehicle Differential Lock Control System)。

VDLS 通常用于四轮驱动系统 4WD(4 Wheel drive)的车辆中,它的主要功能是通过使汽车各差速锁接合与分离,实现差速器的自动控制,从而提高了汽车在泥泞路面或无路时的越野性能。

(9)防滑差速器 LSD(limited-slip differential)

防滑差速器一般是采用增加内摩擦转矩的方法调节差速器的锁止程度,在左右驱动轮或前后驱动轮间实现驱动转矩的不均匀分配,使得高附着系数侧驱动车轮能够获得比低附着系数侧驱动车轮更大的附着力,从而改善附着条件,提高车辆的通过性和行驶安全性。

(10)电子控制式离合器 ECC(Electronic Control Clutch)

电子控制式离合器通常与自动变速系统配合使用,它根据加速踏板操作量和发动机转速的变化率,控制离合器的操作速度,以完成离合器的分离或连接过程。

(11)四轮转向系统 4WS(4 Wheel Steering)。

四轮转向系统的主要功能是在转向过程中,前后两组四个车轮都能够根据需要起转向作用,从而在低速转弯时,利用前后车轮逆相位转向,减小车辆的转弯半径,使车辆低速时更加灵活;在高速转弯时,前后轮主要作同相位转向,增加轮胎横向力的裕度,使其远离饱和状态,高速变道将更加平滑,操纵控制更加容易。另外,在高速紧急避让时,车体较少甩尾,减小了车体扫过的包线面积,从而减少了碰撞的可能性。

(12)电子调节悬架系统 EMS(Electronic Modulated Suspension System)

EMS 也称电子控制悬架系统 ECSS(Electronic Controlled Suspension System),其主要功能是通过控制调节悬架的刚度和减振器阻尼,突破传统被动悬架的局限区域,使汽车的悬架特性与行驶的道路状况相适应,使平顺性和操纵性的要求能同时得到满足。

根据有源和无源,可将电控悬架分为半主动悬架(semi-active suspension)和全主动悬架(active suspension)两大类。半主动悬架是无源控制,可以根据路面的激励和车身的响应,对悬架的阻尼系数进行自适应调整,使车身的振动被控制在某个范围之内。全主动悬架简称主动悬架,用一个力发生器替代了传统悬架中的减振弹簧和减振器,是一种有源控制,可以根据汽车行驶条件的变化,主动改变悬架的刚度和阻尼系数,满足汽车在行驶路面、速度变化以及在起步、转向、制动等工况时的要求。

(13)轮胎压力监测系统 TPMS(Tire Pressure Monitoring System)

TPMS 属于主动型安全系统,它能在汽车行驶时实时地对轮胎气压进行自动监测,可在轮胎出现漏气和低气压等危险征兆时及时预警,将事故消灭在萌芽状态,从而保障行车安全。

(14)轮胎中央充放气系统 CCIDC(Central Inflate and Deflate Control System)或 CTIS(Central Tire Inflation/Deflation System)

轮胎中央充放气系统是一套使汽车在行驶中或停驶时均能连续检测和调节轮胎气压的系统。驾驶员在驾驶室内通过简单操作就可以对车辆轮胎进行充气、放气或测压,以实现对轮胎压力的调节,从而提高轮式车辆通过沙漠、泥泞或冰雪等复杂路面的能力,使轮式车辆具有较高的通过性。

3. 车身电子控制系统

(1)安全气囊系统 SRS(Supplemental Restraint System Air Bag)

SRS 也称辅助乘员保护系统。它是一种被动安全装置,当汽车遭到冲撞而急剧减速时,缓冲垫很快膨胀起来,能保护车内乘员不致撞到车厢内部,从而减轻了乘员的伤害程度。

(2)安全带紧急收缩触发系统 SRTS(Seat-Belt Emergency Retracting Triggering System)

安全带紧急收缩触发系统也是一种被动安全装置,通常与安全气囊系统协同工作。SRTS 可在汽车发生碰撞时,立刻收紧安全带,从而限制或减缓乘员因惯性发生的前冲,可对乘员进行有效的保护。使得驾乘人员向前移动的距离缩短,防止其胸部、脸部和方向盘、风窗玻璃、仪表板等相撞,达到保护的目的。

(3)座椅位置调节系统 SAMS(Seat Adjustment Position Memory System)

座椅位置调节系统通过对汽车座椅进行高度调节、水平位置调节以及座椅靠背倾角的调节,使汽车座椅的调节能够更加简单、方便、快捷。

(4)雷达车距报警系统 RPW(Radar Proximity Warning System)

雷达车距报警系统利用目标对毫米波雷达电磁波的反射来计算待测距离。测距机一般安装在自车的前保险杠上。测距机向前车发射一个电磁波信号,该信号经前车尾部反射后返回测距机,测距机接收到反射信号,根据发射和接收信号的时间差就可以换算出实际跟车距离。

(5)倒车报警系统 RVAS(Reverse Vehicle Alarm System)

倒车防撞报警系统又称为倒车雷达系统或声纳测距系统。一般安装在后保险杠上的超声波传感器向汽车外部发射超声波并接收反射回来的超声波,以判断障碍物离车尾的距离。如果达到报警位置,就传送信号给蜂鸣器以发出警告声。

(6)防盗报警系统 GATA(Guard Against Theft and Alarm System)

电子防盗系统主要有钥匙控制式、遥控式、报警式、具有防盗报警和防止车辆移动式、电子跟踪式等多种形式。

(7)中央门锁控制系统 CLCS(Central Locking Control System)

中央门锁控制系统具有锁门控制、开门控制、防止钥匙遗忘、行李舱门开启器控制等多种功能。

(8)自适应前照灯照明系统 AFS(advanced front lighting system)；

前照灯的灯光能根据汽车转向而自适应改变照射角度，给出最佳的照明方式，为安全驾驶提供有力保障。

(9)挡风玻璃刮水与清洗控制系统 WWCS(Wash/Wipe Control System)；

挡风玻璃刮水与清洗控制系统具有高速、低速及间歇刮水的功能，有些车还装有后窗玻璃刮水、喷洗装置，具有根据车速来控制间歇时间及调整刮水速度的功能。

(10)自动采暖通风与空气调节系统 AHVC(Automatic Heating Ventilating Air Conditioning System)；

自动采暖通风与空气调节系统用于对汽车驾驶室和车厢内空气的温度、湿度、流速和清洁度等参数进行调节，并可预防或去除风窗玻璃上的雾、霜和冰雪，保障乘员的身体健康、视野和行车安全。

(11)全球定位系统 GPS(Global Position System)

全球卫星定位系统是美国于 1973 年 11 月开始研制的美国第二代星基被动式无线电导航系统。它是由 24 颗(其中 21 颗工作卫星，3 颗备用卫星)高度为 20000km 的卫星组成空间部分(即卫星星座)，连同设在美国本土的地面监测部分和 GPS 接收机构成完整的系统，满足了提供全球范围从地面到 9000km 高空之间任一物体高精度的三维位置、三维速度和系统时间信息的要求。

第三节 汽车电子系统的主要特征

一、汽车电子系统与汽车电器系统的关系

汽车通常由发动机、底盘、车身、电气电子设备四个部分组成。电气设备由电源组、发动机启动系和点火系、汽车照明和信号装置等组成。在现代汽车上愈来愈多地装用各种电子设备：微处理机、中央计算机系统及各种人工智能等。

虽然现代汽车电气与电子设备的数量很多，但按其用途大致可分为三部分。

1. 电源

电源包括蓄电池、交流发电机及调节器。

2. 配电设备

配电设备包括电源开关、保险装置、导线等。

3. 用电设备

汽车上用电设备的数量多，大致可分为以下几种：

(1)启动系统。主要指启动机，其任务是启动发动机。

(2)点火系统。包括传统点火系统和电子点火系统的全部组件，其作用是产生高压电火花，点燃汽油发动机汽缸内部的可燃混合气体。

(3)照明与信号装置。包括车内外各种照明灯以及保证夜间安全行车所必须的灯光，其中以前照灯最为重要。

(4)仪表及报警装置。电子仪表为驾驶员提供汽车行驶时最基本的操作信息(车速、发

动机转速、机油温度、水温、行驶里程等），这些信息显示在仪表板上，以示驾驶员。报警系统包括电喇叭、闪光器、蜂鸣器及各种信号灯，主要用来保证车辆运行时的人车安全。

(5)电子控制装置。包括电子控制燃油喷射装置、电子控制防抱制动装置、电子控制自动变速装置。

(6)附属电器设备。包括电动刮水器电动机、风窗洗涤电动泵式喷水器、空调器电磁离合器和风机、玻璃升降电动机灯光以及点烟器、倒车雷达等。

为适应安全保障、娱乐、舒适的需要，汽车电子控制装置及附属电器设备的数量和类型还在不断增加。

二、汽车电子系统的共同特点

汽车种类虽然繁多，但其电气与电子设备都有共同特点：

1. 低压

汽车电系的标称电压有 12V、24V 两种，目前汽油车普遍采用 12V 系统；而重型柴油车多采用 24V 系统。对发电装置，12V 系统的额定电压为 14V，24V 系统的额定电压为 28V。低压系统的优点主要是：安全性好，蓄电池单格数少，对减少蓄电池质量和尺寸有利，白炽灯的灯丝较粗，寿命较长。

随着汽车车载电器和电子设备用电功率的持续增加，现有车载供电系统提供的功率已满足不了实际需要，汽车供电系统的供电电压有可能会提高到 42V 或 42V/14V 或 42V/28V 混合使用。

2. 直流

汽车采用直流系统的原因是发动机要靠电力启动机启动。启动机由蓄电池供电，而蓄电池电能消耗后又必须用直流电充电，所以汽车上采用直流电。

3. 并联单线制

单线制是指从电源到用电设备只用一根导线连接，而用汽车底盘、发动机等金属机体作为另一公用导线。由于单线制节省导线，线路简化清晰，安装和检修方便，且电器机件也不需要与车体绝缘，所以现代汽车电系普遍采用单线制；但是在特殊情况下，有时也需采用双线制。

汽车用电设备很多，但都是并联的。汽车发动机、底盘等金属体为各种电器的公共并联支路一端，而另一端是用电器到电源的一条导线，故称为并联单线。

4. 负极搭铁

采用单线制时，蓄电池的一个电极接到车体上，俗称“搭铁”。若蓄电池的负极与车体相接，就称负极搭铁；反之称为正极搭铁。按照 ZBT35001—87《汽车电气设备基本技术条件》规定，国产汽车电气系统均采用电源负极搭铁。

由于汽车电子系统是现代汽车电气与电子设备的一种，因此在设计汽车电子系统时必须考虑以上的共同特点，否则开发出的电子系统将无法在汽车上得到应用。

三、汽车电子控制系统的主要特征

1. 针对性强

开发汽车电子控制系统的目的是解决与汽车性能相关的问题，而这些问题通常仅依靠机械系统是难以解决的。因此汽车电子控制系统在性能方面应能满足特定的使用要求。如电控转向系统是为了改善停车或低速驾驶时的转向力以及保证在高速行驶时的"路感"而开发的。

另外,被控对象不同,对应控制系统的组成和控制算法也不同。所以汽车电子控制系统的针对性还体现在,即使出于同一控制目的,不同的车型往往也会选用不同的汽车电子控制系统。

2. 性价比高

汽车与其他民用商品一样必须考虑成本因素,高成本会导致产品的市场竞争力下降。因此,汽车电子控制系统在满足特定的使用要求下,装车成本应尽可能地低。如对于 ABS 系统,基于滑移率的控制算法优于基于车轮减速度的控制算法,但由于测量车速的非接触式传感装置成本过高,所以目前仍广泛采用以车轮减速度为主的门限逻辑控制算法。

由于大批量生产可显著地降低产品的成本,因此汽车电子控制系统也应是能批量生产的。

3. 良好的适应性和可靠性

汽车电子控制系统装在汽车的不同部位,它的部件直接承受着各种气候环境和道路条件的严酷考验。而且,汽车不同于飞机和轮船等有专门的驾驶人员,因此,汽车电子控制系统必须能适应外界条件的随机变化,具有良好的适应性和可靠性,同时,应考虑使用和维修的方便性。

4. 相关性

汽车上各种电子控制系统往往是相互关联的,如果不考虑这种相关性,任何控制系统都会出现非所预期的结果。例如汽车上的主动悬架,如果不考虑防抱制动系统的行为,就有可能在紧急制动时导致汽车的上下起伏和纵向摇摆,这是由于主动悬架对防抱制动系统的波动产生的响应。

5. 层次性

对于汽车集中电子控制系统的结构通常是有层次的。图 1-3 是某集中控制系统的结构层次图。第一层次是考虑人—车—环境的汽车综合控制系统。第二层次是各个子系统,包括动力传动控制、悬架控制、操纵控制(包括转向和制动控制)和发动机控制等子系统。而控制系统对四个车轮制动和悬架装置的控制、发动机控制系统对燃料和空气供给系统的控制等则属于第三层次,即单个装置控制。

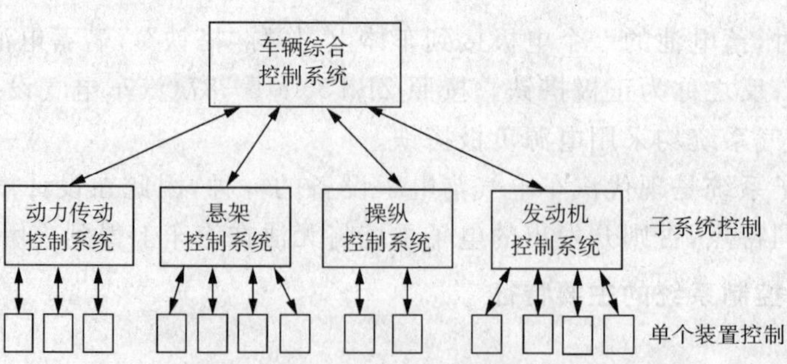

图 1-3　集中控制系统的结构层次图

第四节　汽车电子控制系统的主要控制技术

一、自动控制理论的分类

自动控制理论是人类在征服自然、改造自然的斗争中形成和发展起来的。自动控制理论从形成到发展至今，已经历了六十多年的历程。它分为三个阶段：第一阶段是以 20 世纪 40 年代兴起的调节原理为标志，称为经典控制理论阶段；第二阶段是以 20 世纪 60 年代兴起的状态空间法为标志，称为现代控制理论阶段；第三阶段则是 20 世纪 80 年代兴起的智能控制理论阶段。

1. 经典控制理论

经典控制理论研究的主要对象多为线性定常系统，主要解决单输入单输出问题，研究方法主要采用以传递函数、频率特性、根轨迹为基础的频域分析法。它的控制思想首先旨在对机器进行“调节”，使之能够稳定的运行；其次则是采用“反馈”的方式，使得一个动力学系统能够按照人们的要求精确地工作；最终是实现对系统按指定目标进行的控制。经典控制理论不仅推动了当时社会的自动化技术的发展与普及，而且仍在当今社会的许多工程与技术领域中得到继续应用。

2. 现代控制理论

现代控制理论所研究的问题从经典控制理论的单输入单输出系统推广到了多输入多输出系统。不仅可以研究线性系统，而且可以研究非线性或具有分布参数特性的系统。现代控制理论的建模实现了从直接根据被控对象的物理特性的方法向建立一般化的参数估计与系统辨识理论的扩展。它的计算手段也从手工计算向计算机处理的方向转变。

3. 智能控制技术

经典控制理论与现代控制理论被统称为传统（或常规）的控制理论。传统控制理论的共同特点是各种理论与方法都是建立在对象的数学模型基础上的，即传统控制理论应用的前提条件是必须能够在常规控制理论指定的框架下，用数学公式严格地刻画出被控制对象的动态行为。随着科学技术的不断进步和工业生产的不断发展，许多对象和过程都难以建立精确的数学模型，甚至根本无法建立数学模型。即使对有些对象和过程可以建立数学模型，但由于极其复杂，难以实现实时的、高性能的有效控制。对于与控制对象有强相互作用、非结构化和不确定的环境，传统控制理论常常显得无能为力，于是智能控制应运而生。

关于智能控制至今没有统一的明确定义。一般认为智能控制是在常规控制理论基础上，吸收人工智能、运筹学、计算机科学、模糊数学等其他学科中的新思想、新方法，对更广阔的对象（过程）实现期望控制。其核心是如何设计和开发能够模拟人类智能的机器，使控制系统达到更高的目标。由于智能控制避开了数学模型，直接用机器模仿工程技术人员的操作经验，实现对复杂过程的有效控制，因此有着广阔的发展前途。

二、汽车电子控制技术的控制方法

汽车作为复杂的人造设备存在较高的非线性和不确定性。汽车工作时速度、载荷等都在大范围内不断变化，车况也随着行驶里程而变化，而且驾驶员在汽车行驶时有着十分重要的作用，这都造成了系统模型的不确定性；同时，汽车行驶时的路面、气候等环境变化也存在着不确定性。因此很难建立精确的汽车数学模型，有时甚至根本无法建立数学模型。所以汽车集中电控系统常采用分级递进结构的系统，其中组织级采用智能控制进行决策，而执行级由于通常具有较精确的数学模型，可采用传统控制理论来实现高精度的控制。

由于许多汽车电子控制系统都要求很强的实时性和可靠性，同时，还考虑到价格因素，所以汽车电子控制技术的控制方法有其特殊性。逻辑门限值控制技术、PID控制技术、滑模变结构控制技术和模糊控制技术是汽车电子控制系统产品中常见的控制技术。

1. 逻辑门限值控制技术

逻辑门限值控制技术选择一些控制参数，并设定相应的门限值，然后将测量的参数实际值与门限值进行比较，并作为判断条件决定控制逻辑。实际使用中可以采用其中几个判断条件共同作用来进行控制。

采用逻辑门限值控制技术避免了一系列繁杂的理论分析和对一些不确定因素的定量计量，具有简单、可靠、实时性好等优点。因此它是当今汽车上普遍采用的一种控制算法。

从形式上看，逻辑门限值控制技术与汽车系统的模型(动态特征)无关，但实际上决定逻辑控制门限值是根据所用的车型和路面特性在反复试验的基础上确定的，它隐含了系统模型与路面特性的依赖关系。由于系统的动态特性和路面条件是在较大的范围内连续变化，而逻辑门限值控制技术把这些变化分为有限的几种状态。因此，不能期望逻辑控制算法在不同路面条件下都能达到最佳控制的效果。同时，由于逻辑门限值控制技术缺少理论上的指导，属于经验方法，获得门限值需要比较多的道路试验来调试和验证，因而开发周期较长。

2. PID控制技术

被控对象的控制量 u 和偏差 e 的传递函数关系是

$$U(s)=(K_p+\frac{K_i}{s}+K_d)E(s) \tag{1-1}$$

式中：$U(s)$、$E(s)$——系统控制量 u 和偏差 e 的拉氏变换；

K_p——比例系数；

K_i——积分系数；

K_d——微分系数。

控制量 u 由偏差 e 的比例(Proportional)、积分(Integral)和微分(Derivative)部分线性组合而成，故称作PID(微分)调节器。该调节器作为一种校正环节对被控对象进行校正，使闭环系统得到预期的控制效果。

PID调节器已经形成了典型结构，其参数整定方便，结构改变灵活(P、PI、PD、PID等)，在许多工业过程控制中获得了良好的效果。通过调整比例、积分、微分系数可以得到不同特性的控制系统。例如：

(1)比例系数 K_p 直接决定控制作用的强弱，增大 K_p 可使系统开环增益加大，从而减小系统的稳态误差，提高系统的动态响应速度。但 K_p 过大会使动态质量变坏，引起被控制量振荡甚至导致闭环系统不稳定。

(2)在比例调节的基础上加上积分控制可以消除系统的稳态误差。因为只要存在偏差，它的积分所产生的控制量总是用来消除稳态误差的，直到积分的值为零，控制作用才停止。

但它将使系统的动态过程变慢，而且过强的积分作用使系统的超调量增大，从而使系统的稳定性变坏。

(3)微分的控制作用是跟偏差的变化速度有关的。微分控制能够预测偏差，产生超前的校正作用，它有助于减少超调，克服振荡，使系统趋于稳定，并能加快系统的动作速度，减少调整时间，从而改善了系统的动态性能。微分作用的不足之处是放大了噪声信号。

PID控制是经典控制理论中较为成熟的控制技术，对于那些数学模型不易精确求得、参数变化较大的被控对象，采用PID调节器往往能得到满意的控制效果。自20世纪30年代末出现的模拟式PID调节器，至今仍广泛地应用。今天，随着计算机技术的迅速发展，人们已经可以用计算机算法代替模拟式PID调节器，实现数字PID控制，使其控制作用更灵活、更易于改进和完善。

$$\Delta u(k)=K_p[e(k)-e(k-1)]+K_i e(k)+K_d[e(k)-2e(k-1)+e(k-2)] \quad (1-2)$$

式(1-2)是数字PID控制的增量式算法。该算法是递推的，因此占用的计算机内存很小。输出的控制量为

$$u(k)=u(k-1)+\Delta u(k) \quad (1-3)$$

3. 滑模变结构控制技术

滑模变结构控制是变结构系统的一种控制策略，它与常规控制的根本区别在于控制的不连续性。它可以迫使系统在一定条件下沿规定的状态轨迹作小幅度高频率的上下运动，即滑动模态。这种滑动模态是可以设计的，且与系统的参数及扰动无关。采用变结构控制可以实现非线性或不稳定系统的镇定，可以使系统的滑动模态对系统的动力学变化、参数变化、外部干扰具有完全的和较强的不敏感性等。

设有一个系统：

$$\begin{cases}\dfrac{\mathrm{d}x}{\mathrm{d}t}=f(x,u,t) \quad x\in R^n, u\in R^m, t\in R \\ y=h(x) \quad y\in R^l, n\geqslant m\geqslant l\end{cases} \quad (1-4)$$

确定一个切换函数矢量：

$$\delta=\delta(x) \qquad \delta\in R^m \quad (1-5)$$

求解控制函数：

$$u_i=\begin{cases}u_i^+(x) & \delta_i>0 \\ u_i^-(x) & \delta_i<0\end{cases} \quad (1-6)$$

其中，$u_i^+(x)\neq u_i^-(x) \quad (i=1,\cdots,m)$ 使得满足广义滑动模态条件 $\delta\dfrac{\mathrm{d}\delta}{\mathrm{d}t}\leqslant 0$，即满足滑模存在性及可达性条件，同时要满足滑模运动的稳定性，满足这些条件的控制称为滑模变结构控制。

从理论角度来讲，在一定意义上由于滑动模态可以按需要设计，而且系统的滑模运动与控制对象的参数变化、系统的外部扰动及内部的摄动无关，因此滑模变结构控制系统具有鲁

棒性和自适应性。然而滑模变结构控制算法是有静差调节,很难保证静态精度,同时它要求瞬时切换,在滑模线上又有高频的抖振。这对作动系统的性能及可靠性的要求很高。

4. 模糊控制技术

模糊控制属于智能控制,它采用模拟人类智能的形式,在被控对象的模糊模型的基础上,运用模糊控制器近似推理等手段实现系统的控制。

模糊控制不依赖系统的精确数学模型,因而对系统参数变化不敏感,具有很强的鲁棒性。另外,它的控制算法是基于若干控制规则,非常简捷,特别适合于像汽车这类快动态系统。

模糊控制的基本原理如图 1-4 所示。

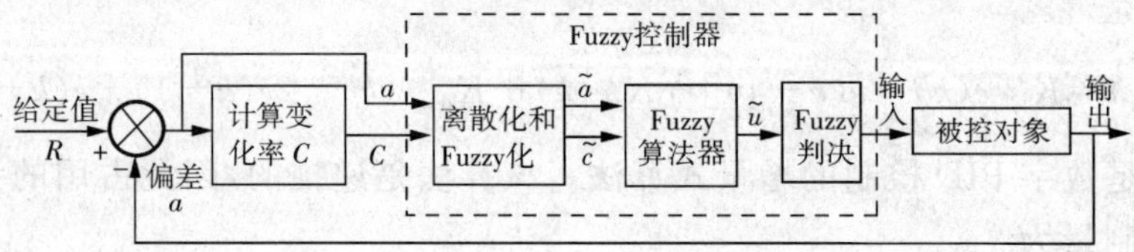

图 1-4　模糊控制的基本原理图

模糊控制的基本方法如下:

(1)将精确量模糊化。

(2)将模糊变量分解成模糊子集。

(3)构造模糊控制规则集。

(4)确定系统的模糊输出量。

(5)进行模糊判决,得出控制量的精确值。

为提高一般模糊控制的跟踪性能和定位精度,将计算得出的变化率 C 与系统偏差 a 通过离散化和模糊化(Fuzzy)处理,可以增加系统偏差 a、系统变化率 $\tilde{c}$、偏差变化率 $\tilde{a}$ 和最终控制量 $\tilde{u}$ 的档次,但这样又使算法不够简捷,控制过于繁琐。克服这个缺点的方法是使一般模糊控制和其他控制方式相结合,相互取长补短。

思考与练习

1-1　简述汽车电器与电子控制系统的分类及主要特征。

1-2　汽车电子控制技术发展的主要原因有哪些?

1-3　汽车电子控制技术的发展过程,大致可分为哪几个阶段?就目前发展趋势看,汽车电子控制技术发展的必然趋势是什么?

1-4　汽车电子技术对汽车界的影响主要有哪些?

1-5　常见的汽车电子控制技术有哪些?

1-6　简述 EFI、ABS、ESP、SRS、GPS 的中英文名称与主要功用。

第二章　汽车电子控制系统的主要部件

内容提要：汽车电子控制系统基本上都属于计算机控制系统。本章主要介绍了汽车电子控制系统各核心部件的组成和工作原理，包括转速、位置、空气流量和氧浓度等常用的汽车传感器以及电子控制单元、执行机构和线束的基本知识。在学习本章前应有一定的测试技术和计算机控制的基础知识。

第一节　概　述

汽车电子控制系统基本上都属于计算机控制系统。与一般的计算机控制系统类似，汽车电子控制系统主要由四大部分组成（如图 2-1 所示）。

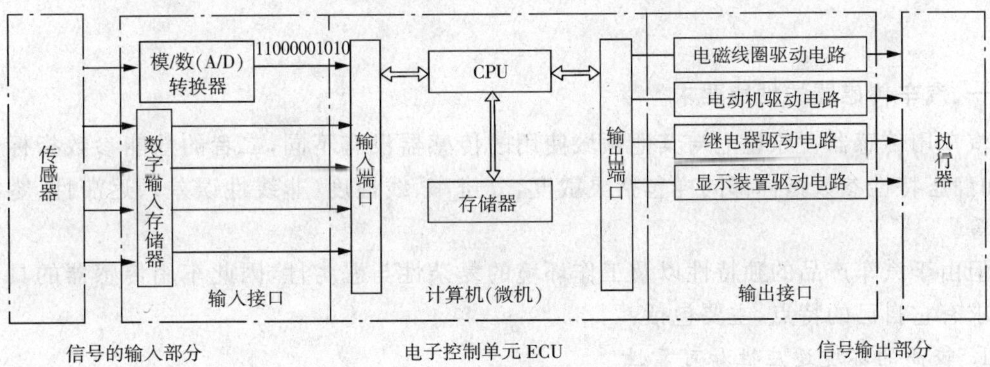

图 2-1　汽车电子控制系统的组成

一、信号的输入部分

该部分的主要功能是将被测物理量变换为电信号，并根据预先设定的程序处理该信号。其主要包括一些传感器、放大电路以及开关器件等。通常汽车电子控制系统的传感器可分为以下三类：

(1)检测控制对象状态的传感器。这类传感器是汽车电子控制系统进行决策的主要依据。

(2)检测周围环境状态参数的传感器。在控制策略中，这类传感器一般用于控制的补偿和修正。

(3)将驾驶员的操作指示、判断转换为开关等电信号的传感器。这类传感器一般用于辅助汽车电子控制系统进行决策。

二、电子控制单元 ECU

ECU(electronic control unit)的核心是微控制器，负责接收输入信号，并根据内部预编的控制程序进行相应的决策和处理，并通过其输出接口对相应的执行器发出相应的操作命令。

三、信号输出部分

包括输出驱动电路、各类继电器、电动机、电磁阀等执行器件，用于将 ECU 发出的命令转变为相应的动作，以实现某种预定的功能。

四、线束与总线系统

线束的作用是将汽车电子控制系统中的电器和电子设备按照它们各自的工作特性以及相互间的内在联系，用各种导线、开关等配电装置连接成一个完整的用电系统。

随着车用电气设备越来越多，无论从材料成本还是从工作效率看，采用线束的传统布线法都已不适应汽车的发展。因此，基于串行信息传输的网络结构将成为汽车布线的一种必然选择。另一方面，随着汽车电子化的深入，以网络通信为基础的线控技术(Control By Wire，CBW)将在车上普遍应用，这是汽车对网络技术需求的另一个原因。

第二节　汽车传感器

一、汽车传感器的性能要求

汽车用传感器在原理上与其他领域使用的传感器没有不同，二者的性能参数指标也相同，如静态特性参数指标都同样包括灵敏度、分辨率、线性度(非线性误差)、迟滞性、零漂和温漂等。

但由于汽车产品的独特性以及工作环境的复杂性与恶劣性，因此车用传感器的具体性能要求有它自己的特点，主要包括：

1. 较高的环境适应性和可靠性

由于汽车工作环境的特殊性，汽车电子控制系统中的传感器经常在热、振动、油污等恶劣的环境下工作，这就要求汽车用传感器必须具有适应温度、湿度、冲击、振动、腐蚀及油污等恶劣环境的能力，并能长时间稳定可靠的工作。

2. 较好的再现性

由于汽车电子控制系统的核心是微控制器，因此即使传感器的线性特性不良，只要传感器的再现性好，通过计算机进行修正处理同样可以获得正确的输入信号。

3. 可以批量生产

由于汽车是一种大批量生产的民用产品，因此汽车用传感器应具有批量生产的可能性。这同时可以有效降低汽车电子控制系统的成本。

4. 较好的互换性和通用性

由于汽车用传感器是汽车电子控制系统中的易损件,因此具有较好互换性和通用性的传感器必然受到汽车维修业的欢迎,而且也有利于专业厂家进行大批量生产。

5. 其他方面的要求

由于汽车中空间和位置的限制,因此要求汽车用传感器的体积和外形要尽可能小、重量轻,同时要求安装和检测的方便性。

二、汽车传感器的发展趋势

现代汽车的电子化趋势推动了汽车传感器技术的发展,未来车用传感器技术总的发展趋势包括:

1. 新材料和新现象的研究与应用

研究新材料和新现象,开发出适应汽车工作环境的传感器,进一步提高现有汽车传感器的性能。例如能同时检测两个或两个以上的特性参数、化学参数的多功能传感器的应用可减少车用传感器的数量,降低汽车电子控制系统的成本。

2. 传感器的集成化

集成化是指利用IC制造技术和精细加工技术制作IC式传感器。集成化可使传感器能大批量的生产制造,有利于传感器成本的降低。

3. 传感器的智能化

将传感器与微处理器相结合,使传感器具有信息检测与处理以及通信等功能,从而提高了汽车用传感器在再现性、环境适应性和可靠性方面的性能。

三、汽车传感器的分类

汽车用传感器同测试技术中使用的传感器一样,有很多种分类方法。比较常见的分类方法有以下几种:

(1)按被测的物理量可分为力传感器、位移传感器、加速度传感器、温度传感器等。

(2)按传感器的工作原理可分为机械式传感器、电气式传感器、光学式传感器等。

(3)按信号变换特征可分为物型传感器和结构型传感器。

(4)按传感器与被测量之间的关系可分为能量转换型传感器(或称无源传感器)和能量控制型传感器(或称有源传感器)。

另外,汽车用传感器按其使用功能可分为两类。

(1)显示用传感器。这种传感器的功用是使驾驶员了解汽车的某一方面的状态,如燃油液位传感器、蓄电池电压传感器、机油压力传感器等。

(2)控制用传感器。这种传感器的输出信号被送入电子控制单元(ECU)中,ECU据此作出相应的控制决策,如发动机转速传感器、曲轴位置传感器、空气流量传感器、爆震传感器等。通常对控制用传感器精度和可靠性等方面的要求比显示用传感器的要高。

四、常用的汽车传感器

1. 转速传感器

转速传感器是汽车电子控制系统中应用最普遍和最重要的一种传感器,它的作用是能够检测出任意轴的旋转速度。因此是发动机控制系统、自动变速、ABS系统、主动悬架等控制装置中非常重要的传感器。另外,目前汽车的行驶速度通常是由车轮或变速器输出轴的转速经处理获得的参考车速。

常用的转速传感器是基于电磁感应、霍尔效应或光电感应效应等物理效应的。由于汽车使用条件较苛刻，所以目前广泛应用的是电磁感应式转速传感器和霍尔式转速传感器。

(1)电磁感应式转速传感器

电磁感应式传感器也称为感应式传感器或电动式传感器。它是利用导体和磁场发生相对运动来产生感应电动势的，是一种机—电能量变换型传感器。这类传感器具有电路简单、不需要供电电源、性能稳定、输出阻抗小且频率响应范围广等特点。

图 2-2 所示是 ABS 控制系统中电磁感应式车轮转速传感器的工作原理。它有齿圈和传感探头两部分组成。齿圈通常由小磁阻铁磁材料制成，与车轮安装成一体并同步旋转。传感探头由线圈和磁铁组成，安装在齿圈附近固定不动。

当传感探头端部对着齿圈的齿槽时，通过磁化线圈的磁力线较少(图 2-2a)；当传感探头端部对着齿圈的齿顶时，通过磁化线圈的磁力线较多(图 2-2b)。因齿圈和车轮固定在一起，随车轮一起转动，而传感探头是固定不动的，所以传感探头端部交替对应齿圈的齿槽和齿顶时，通过磁化线圈的磁通会发生变化，从而在磁化线圈中感应出交变的感应电压。根据电磁感应定律，该感应电压的频率与车轮的转速成正比。图 2-2c 中的实线是车轮高转速时的电压曲线，虚线是车轮转速较低时的电压曲线。从图中可知，车轮转速较高时，感应电压的频率和波幅都较高；反之感应电压的频率和波幅都较低。因此车轮转速 n、感应电压的频率 f 和齿圈齿数 z 的关系为

$$n=\frac{60f}{z} \tag{2-1}$$

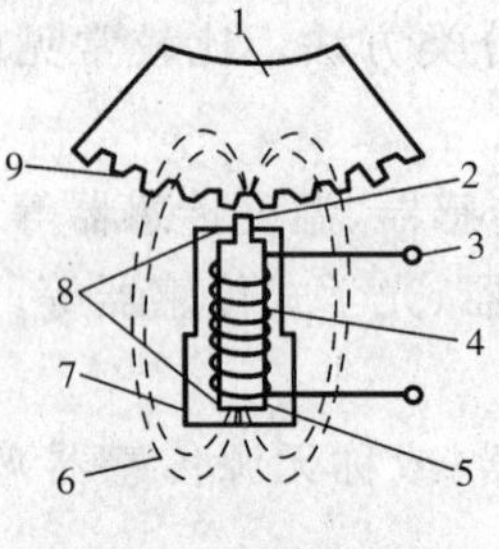

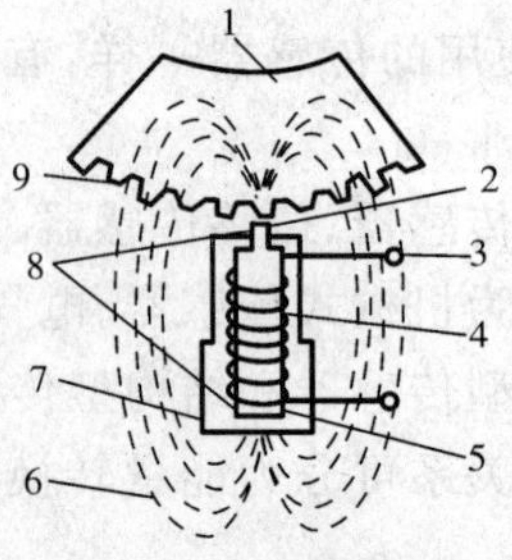

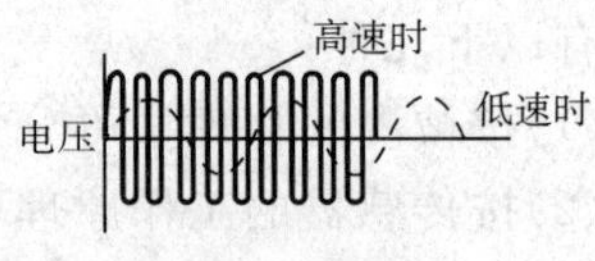

图 2-2　电磁车轮转速传感器的工作原理

1—齿圈　2—磁极端部　3—感应线圈引线　4—感应线圈　5—永磁性磁极
6—磁力线　7—电磁感应式转速传感器　8—磁极　9—齿圈齿顶

电磁感应式转速传感器结构简单、成本低，但存在下述缺点：

① 输出信号的幅值随转速的变化而变化。转速慢时，其输出信号可能低于 1V，而转速快时，其输出信号可能达到 100V；

② 响应频率不高。当转速过高时，传感器的频率响应跟不上。如当这种传感器用于轮速测量时，其所测量的速度范围一般为 15～160km/h，如果速度范围扩大到 8～260km/h 以至更大，则电磁感应式转速传感器很难适应；

③ 抗电磁波干扰能力差。

(2)霍尔式转速传感器

霍尔式转速传感器是利用霍尔效应制成的，与传统的磁电式传感器相比，具有体积小、外围电路简单、频带宽、动态特性好、寿命长等特点。

图 2-3 所示是某霍尔式转速传感器的工作原理图。霍尔元件固定在陶瓷支座上，它有四个电插头，A、B 端焊有两根控制电流引线，C、D 端焊有两根输出引线(图 2-3a)。在霍尔元件的对面装有一个永久磁体，它和霍尔元件之间留有一定的空气间隙(简称气隙)。

根据霍尔效应，当 A、B 端通以控制电流 I，并在霍尔元件的垂直方向施加强度为 B 的磁场时，在垂直于电流和磁场方向上的 C、D 端将产生电动势 U_H(称为霍尔电动势或霍尔电压)，即

$$U_H=\frac{R_H IB}{d} \tag{2-2}$$

式中：R_H——霍尔常数；

d——霍尔元件的厚度。

传感器的转子与驱动轴固定在一起，并随驱动轴同步旋转(图 2-3b)。当转子上的叶片转离磁极和霍尔元件之间的气隙时，磁场通过霍尔半导体基片，其 C、D 端产生霍尔电压；当叶片转入磁极和霍尔半导体基片之间的气隙时，磁力线被隔断，不能通过霍尔半导体基片，使霍尔电压下降为 0。因此霍尔传感器输出脉冲信号的频率能够反应驱动轴转速的变化。

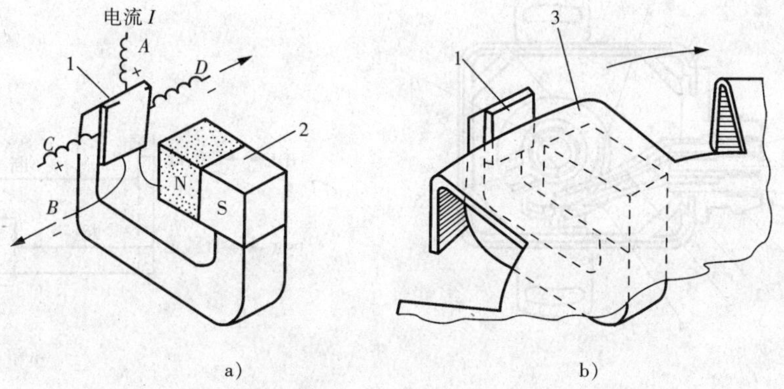

图 2-3 霍尔式转速传感器的工作原理

1—霍尔半导体基片 2—磁体 3—转子叶片

霍尔转速传感器具有以下优点：

① 输出信号电压幅值不受转速的影响；

② 频率响应高。其响应频率高达 20kHz，相当于车速为 1000km/h 时所检测的信号频率；

③ 抗电磁波干扰能力强。

2. 位置传感器

汽车电子控制系统中的位置传感器包括对行程、角度等进行采集的传感器，有很多类型，如节气门位置传感器、曲轴位置传感器、车辆高度传感器等。其中，车辆高度传感器将在

第十章"汽车平顺性的电子控制系统"中详细介绍。

(1)节气门位置传感器

节气门位置传感器安装在汽油发动机的节气门体上，与节流阀联动。它可将节气门的开度转换成电信号输送给 ECU。以柴油机为动力的车辆，油门踏板处安装的传感器称为油门开度传感器。两者的工作原理相同，通常都是将加速踏板的位置变化转化为电阻值的变化。

在电控汽油喷射系统中常用的节气门位置传感器有开关型和线性可变电阻型两种。

① 开关型节气门位置传感器

开关型节气门位置传感器又称为节气门开关，它有两副触点，分别为怠速触点(IDL)和全负荷触点(PSW，也称功率触点)，其结构、节气门开度与输出电压信号的关系如图 2-4 所示。一个和节气门同轴的导向凸轮上开有导向凸轮槽，活动臂随导向凸轮移动，控制两开关触点的开启和闭合。

如图 2-4b 所示，当节气门处于全关闭的位置时，怠速开关触点闭合，怠速工况信号线 IDL 输出为高电平；当节气门打开时，怠速触点张开，而全负荷触点在节气门由全闭到中小开度范围内一直处于张开状态，功率信号线 PSW 一直为低电平；当节气门接近全开的位置时(节气门开度大于 50%时)，全负荷触点开始闭合，功率信号线 PSW 输出为高电平。因此，根据怠速工况信号线和功率信号线的输出信号可检测出怠速状态、小负荷状态和全负荷状态。

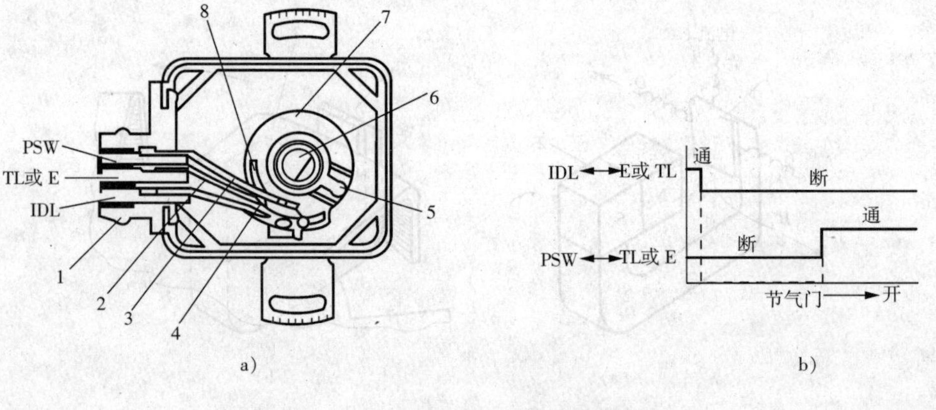

图 2-4 开关型节气门位置传感器

1—线束插头 2—活动臂 3—全负荷触点 4—怠速触点
5—控制杆 6—节气门轴 7—导向凸轮 8—导向凸轮槽

某些开关型节气门位置传感器中还增加了加速触点，根据怠速开关触点、全负荷触点和加速触点的输出信号，还可检测发动机加速或减速的状况。

② 线性可变电阻型节气门位置传感器

线性可变电阻型(简称线性式)节气门位置传感器是一种线性电位计，由节气门轴带动电位计的滑动触点(图 2-5)，在不同的节气门开度下，电位计的电阻也不同，从而可以输出节气门由全闭到全开的所有开启角度的线性连续变化的模拟电流或电压信号，ECU 通过对该信号的处理还可以获得节气门开度的变化速率。

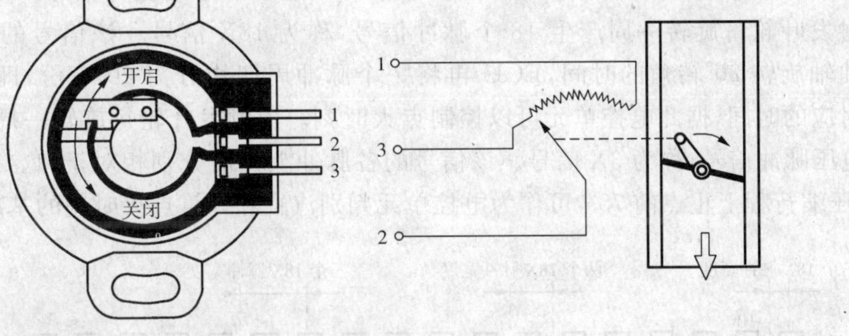

图 2-5　线性式节气门位置传感器

1—基准电压　2—输出电压　3—接地

图 2-6 所示为线性节气门位置传感器与电控单元 ECU 的连接示意图。传感器内电阻 r 的两端一直加有 ECU 输送来的 5V 电压，动触点 *a* 根据节气门开度的状况在电阻 r 上滑移，由此改变 ECU 的 V_{TA} 端子的电压。这一电压信号经 A/D 转换器变成数字信号，再输入到计算机中去。当节气门全闭时，V_{TA}、E_2 间为低电压(约 0V)；当节气门全开时，V_{TA}、E_2 间为高电压(约 5V)。

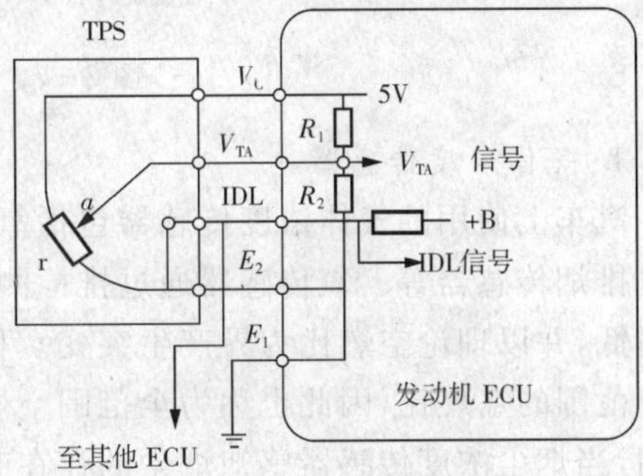

图 2-6　线性式节气门位置传感器与电控单元 ECU 的连接示意图

从图中可以看出，传感器通过 V_{TA} 电阻 R_2 与 E_2 端子相连，但是因为 R_1、R_2 都大于 r，所以电流的流经途径是 V_C 端子→电阻 r→E_2 端子，V_{TA} 端的电位并不受电阻 R_1、R_2 的影响。

当节气门全闭时，怠速触点闭合，IDL 端的电位为 0V。

(2)曲轴位置传感器

曲轴位置传感器是发动机电子控制系统的主要部件。它通常安装在曲轴前端、凸轮轴前端、分电器内或飞轮上，用于检测活塞上止点信号和曲轴转角信号，是控制发动机点火正时、确认曲轴位置的信号源，同时也是测量发动机转速的信号源。与转速传感器相同，其结构形式有磁脉冲式、光电式和霍尔式三种。它们进行曲轴位置(转角)测量的基本原理相同。

触发叶片型霍尔式曲轴位置传感器安装在发动机曲轴带轮的前端，其中两个带触发叶片的信号轮与曲轴一起旋转，两个触发叶轮的侧面各安置一个霍尔信号发生器。外信号轮外缘上均匀分布着 18 个触发叶片和 18 个窗口，每个触发叶片和窗口的宽度为 10°弧长；内信号轮外缘上设有 3 个触发叶片和 3 个窗口，3 个触发叶片的宽度不同，分别为 100°、90°和 110°弧长，其中宽度为 100°、90°和 110°弧长的触发叶片前沿分别位于(1、4)缸、(6、3)缸和(5、2)缸压缩行程上止点前 75°。三个窗口的宽度亦不相同，分别为 10°、20°和 30°弧长。

与霍尔式转速传感器工作原理相同，当触发叶片进入永久磁铁与霍尔器件之间的空气隙中时，霍尔集成电路中的磁场即被触发叶片旁路(或称隔磁)，这时不产生霍尔电压。当信号轮的触发叶片离开空气隙时，永久磁铁的磁通便通过导磁板穿过霍尔器件，这时产生霍尔电压。因此，当内、外触发叶轮随曲轴旋转时分别产生两个电压脉冲信号，如图 2-7 所示。其中外触发叶轮每旋转一周产生 18 个脉冲信号，称为 18X 信号。该信号的一个脉冲周期相当于曲轴旋转 20°转角的时间，ECU 再将一个脉冲周期均分为 20 等份，即可求得曲轴旋转 1°所对应的时间，据此电控单元可以控制点火时刻。内触发叶轮每旋转一周产生 3 个不同宽度的电压脉冲信号，称为 3X 信号。该信号的各脉冲上升沿分别相对于(1、4)缸，(3、6)缸和(2、5)缸压缩行程上止点前 75°，可作为电控单元判别汽缸和计算点火时刻的基准信号。

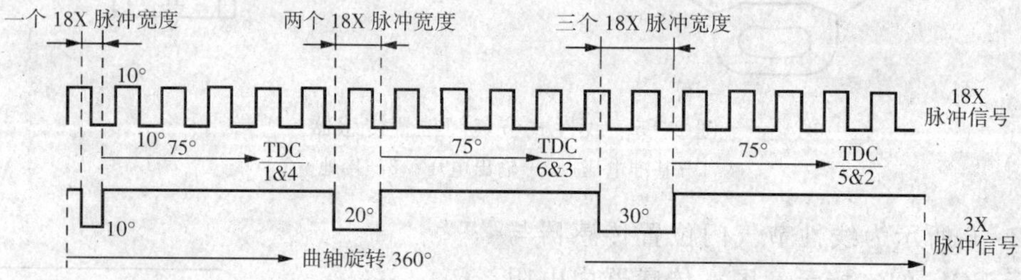

图 2-7 霍尔电压脉冲信号

3. 气体浓度传感器

汽车上使用的气体浓度传感器包括氧传感器、稀薄混合气传感器、烟尘浓度传感器和柴油机排烟传感器等。氧传感器通过排检测放气体中氧气的含量，间接反映出混合气空燃比的高低，并以理论空燃比为界产生突变。稀薄混合气传感器能连续检测混合气从浓到稀的整个范围的空燃比，因此也称为全范围空燃比传感器。烟尘浓度传感器与空气净化器配套使用，当烟尘浓度传感器感知烟尘的存在时，就会使空气净化器自动运转；没有烟尘时就会使空气净化器自动停止工作。柴油机排烟传感器可以连续检测柴油机排气中形成的炭烟或未燃炭粒的浓度。

其中氧传感器是汽车上广泛应用的一种气体浓度传感器。它安装在发动机排气管内。当混合气较浓时(即空燃比小于 14.7)，在燃烧过程中氧分子被全部耗尽，排气中没有氧分子；当混合气较稀时(即空燃比大于 14.7)，在燃烧过程中氧分子未能全部耗尽，排气中含有氧分子。混合气愈稀，排气中的氧分子浓度就愈大。因此，检测排气中氧气浓度的变化可间接地反映混合气空燃比的高低。

目前发动机中氧传感器通常和三元催化转化器一同使用，以保证三元催化转化器的排气净化效果，解决功率、油耗和排气污染之间的矛盾。三元催化转化器能同时净化排气中 CO、HC 和 NO_x 三种主要的有害成分，但它只有在混合气的空燃比处于接近理论空燃比的一个窄小范围内，三元催化转化器才能有效地起到净化作用。因此，氧传感器输出的电压信号是随混合气成分不同而变化的，并以理论空燃比为界产生突变。现在已经实用化了的氧传感器有二氧化锆(ZrO_2)式氧传感器和二氧化钛(TiO_2)式氧传感器两种。

(1)二氧化锆(ZrO_2)式氧传感器

二氧化锆(ZrO_2)式氧传感器以 ZrO_2 为电解质，当排气与大气中氧含量有较大差异时，能在 ZrO_2 传感器两侧的电极产生电动势，所以这种传感器属于电压型氧传感器。

二氧化锆型氧传感器大致可分为带加热器型和不带加热器型两种，如图 2-8 所示。由于二氧化锆在温度超过300℃后才能进行正常工作。早期使用的不带加热器型氧传感器需要靠排气加热，因此必须在发动机启动运转数分钟后才能开始工作。现在大部分汽车使用的带加热器的氧传感器内有一个电加热元件，可在发动机启动后20～30s内迅速将氧传感器加热至工作温度，从而扩大了混合气闭环控制的工作范围。

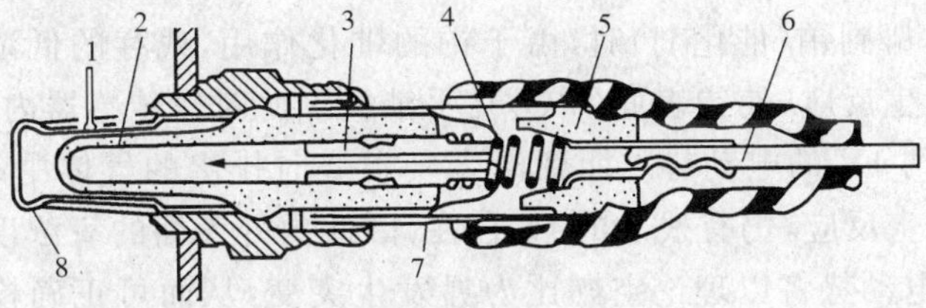

a)不带加热器型

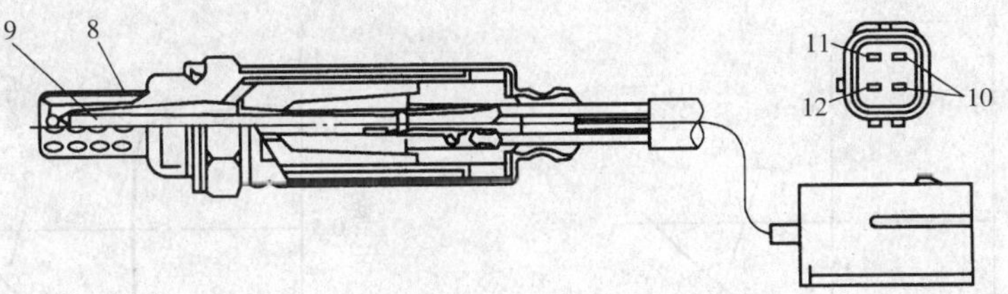

b)带加热器型

图2-8　二氧化锆型氧传感器

1—排气孔　2—锆管　3—电极　4—弹簧　5—绝缘座　6—引出电极　7—大气
8—铜质护管　9—加热元件　10—加热元件引线端子　11、12—信号输出端子

二氧化锆氧气传感器的基本元件是二氧化锆陶瓷，它通常制成试管似的管状，以便排气中的氧离子能够均匀扩散和渗透，故也称为锆管。锆管内表面与大气相通，外表面与排气相通，锆管内外表面都喷涂有一层多孔性的铂膜作为电极，如图2-9所示。

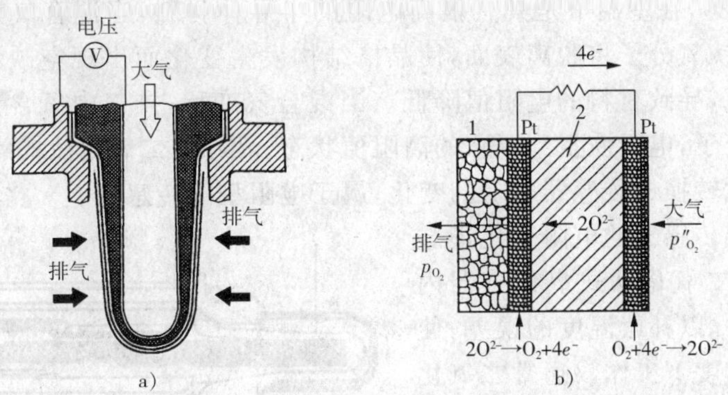

图2-9　ZrO_2式氧传感器工作原理

当锆管接触氧气时，氧气透过多孔铂膜电极，吸附于二氧化锆，并经电子交换成为负离子。由于锆管内表面通大气，外表面通排气，其内外表面的氧气分压不同，则负氧离子浓度也不同，从而形成负氧离子由高浓度侧向低浓度侧的扩散。当扩散处于平衡状态时，两电极间便形成电动势。故锆管就相当于一个微电池，亦称氧浓差电池。传感器的信号源相当于

一个可变电源。电动势与氧气分压的对数成比例，氧传感器表面的氧浓度差越大，电动势也越大。但在实际情况下，即使是用比理论空燃比浓的混合气燃烧时，汽车排出气体中的氧也还是多少存在一些，氧传感器的电动势较小，所以根据实际空燃比产生的电动势变化比较平缓(如图 2-10a)，据此信号来正确检测理论空燃比将是困难的。

因此，实际的二氧化锆氧气传感器采用具有催化剂作用的白金(铂)作电极。当浓混合气燃烧时排出的气体碰到铂(催化剂)时，由于铂的催化作用，残存的低浓度 O_2 便和排出气体中的 CO 和 HC 发生反应，使铂表面的 O_2 几乎消失。此时氧传感器内外表面的氧浓度差变得非常大，可产生约 1V 的电动势。而稀混合气燃烧时排出的气体中氧浓度高，CO 浓度低，即使 CO 和 O_2 发生反应，仍有残余的 O_2 存在，因此内外表面的氧浓度差小，几乎不产生电动势。这样一来，电动势将以理论空燃比为界发生突变，从而可正确检测出理论空燃比，如图 2-10b 所示。

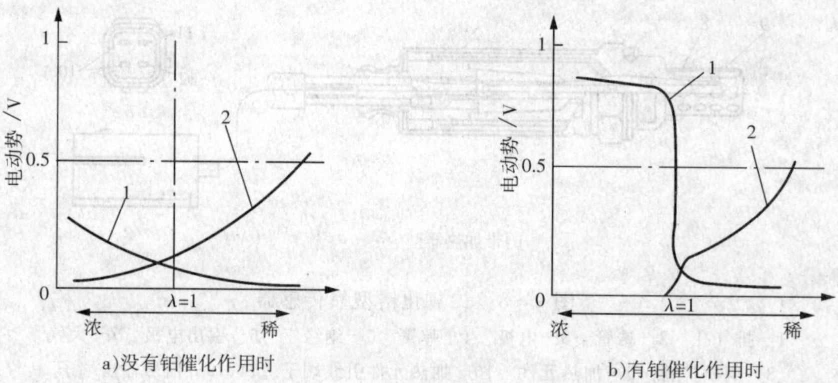

图 2-10　氧传感器的输出特性

1—电动势　2—传感器表面的氧气(O_2)含量

(2)二氧化钛(TiO_2)式氧传感器

二氧化钛(TiO_2)在室温下是具有很高电阻的半导体材料，当混合气过浓，即排气中氧含量少时，二氧化钛氧分子将脱离表面，使晶格结构发生变化而出现空缺，移动电子为了填补空缺而形成电流，导致材料的电阻值降低。当混合气变稀，排气中氧含量增加时，二氧化钛会重新获得氧分子，电阻恢复到原来的高阻值状态。因此，二氧化钛式氧传感器将废气中氧分子含量的变化转换成传感器电阻的变化，属于电阻型氧传感器。

二氧化钛型氧传感器的电阻变化还与温度有关，因而在二氧化钛式氧传感器内部采用电加热元件，以补偿温度的误差，使传感器在恒定的温度下工作。通常二氧化钛氧传感器的工作温度为 300℃～400℃。

图 2-11 所示为二氧化钛氧传感器的结构，它具有两个二氧化钛元件，一个具有多孔性用来感测排气中氧含量大小；另一个则为实心二氧化钛陶瓷用来作加热调

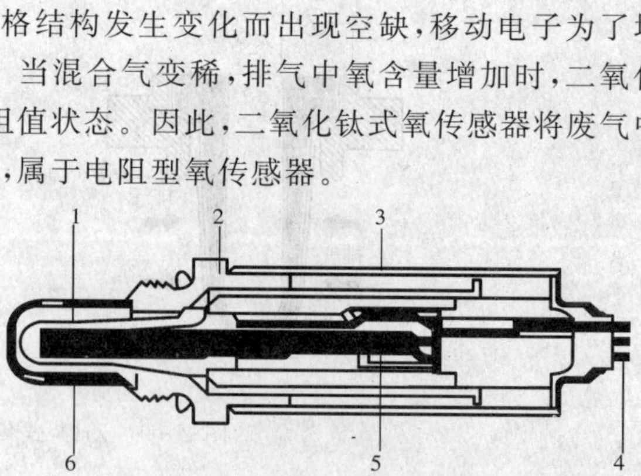

图 2-11　二氧化钛氧传感器的结构

1—钛管　2—壳体　3—护套

4—接线端子　5—加热元件　6—传感器护管

节，补偿温度的误差。传感器的外端以具有孔槽的金属管作为保护套管，一方面可让废气进出，另一方面可防止里面二氧化钛元件受到外物撞击。

电控单元将一个恒定的1V电压加在二氧化钛氧传感器的正极（图2-12a），当废气中氧分子含量变化时，氧传感器的电阻随之改变，传感器负极上的电压降也随之产生变化。通常，在反馈控制过程中，二氧化钛式氧传感器负极输给电控单元的电压在0.1～0.9V之间不断变化（图2-12b）。电压高，表示混合气较浓；电压低，表示混合气较稀。

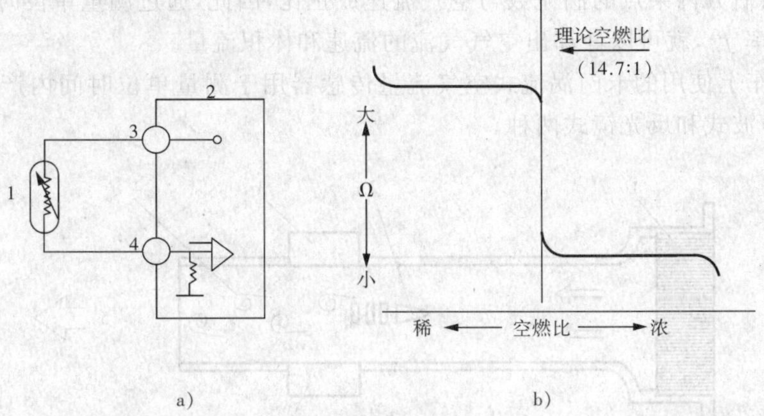

图2-12　二氧化钛氧传感器的工作原理

1—二氧化钛氧传感器　2—电控单元　3—基准电压　4—输出电压降

4. 流量传感器

现代汽车电子控制燃油喷射系统中，空气流量传感器又称为空气流量计（AFM），用于测量发动机吸入的空气流量。空气流量的测量方法有间接测量法和直接测量法。

间接测量法，也称速度密度法，通过测量进气歧管内的真空度和温度，计算每循环吸入的空气量。这种测量方法利用的进气歧管绝对压力传感器种类较多，主要有半导体压敏电阻式、电容式、表面弹性波式等。它依据发动机的负荷状态测出进气歧管内绝对压力的变化，并转换成电压信号与发动机转速等信号一起，间接测算出发动机的进气量。这种传感器的优点是结构简单、体积小和成本低，但由于空气在进气管内有压力波动，因此其测量精度和响应均受到一定影响。

采用直接测量法的空气流量传感器有叶片式、卡门旋涡式、热线式和热膜式等空气流量传感器。其中叶片式和卡门旋涡式空气流量计能直接测得发动机吸入的空气体积，属于体积流量型传感器。由于空燃比计算需要知道发动机吸入空气的质量，因此必须考虑空气密度，而空气密度由温度和压力所决定。为此一般在体积流量型空气流量传感器中装有温度传感器，测量进气温度，进而测算出发动机的进气质量。叶片式空气流量传感器目前已经基本淘汰。

热线式和热膜式空气流量计能直接测得发动机吸入的空气质量，避免了对空气密度等进行补偿计算，改善了响应特性。

(1)卡门旋涡式空气流量计

应用流体振荡原理来测量流量主要有两种方法：一种是应用自然振荡的卡门旋涡列原

理。在流动的流体中插入一非流线形的物体时，则在物体下游方向会产生两排交替出现的涡流列，叫卡门涡流。另一种是强迫流体旋转并产生漩涡流，在随同流体旋转前进的同时，不断扩大旋转半径，形成类似锥形螺旋线的前进运动，所以叫做旋进涡流。

卡门旋涡式空气流量计是应用卡门涡流列来测量发动机吸入的空气体积流量。如图2－13所示。在进气道内设置一个三角形或流线形立柱，称为涡流发生器。当空气流经三角形或流线形立柱时，在立柱后方的气流中就会产生一系列不对称但十分规则的卡门涡流。根据卡门涡流理论，涡流发生器内产生的涡流将沿气流流动方向向后移动，且单位时间内流经涡流发生器后方内某点的涡流数与空气流速成正比，因此，通过测量单位时间空气涡流数量（即涡流频率 f），就可以计算出空气气流的流速和体积流量。

目前，汽车上使用的卡门涡流式空气流量传感器用于测量单位时间内产生的涡流数量的方法有超声波式和反光镜式两种。

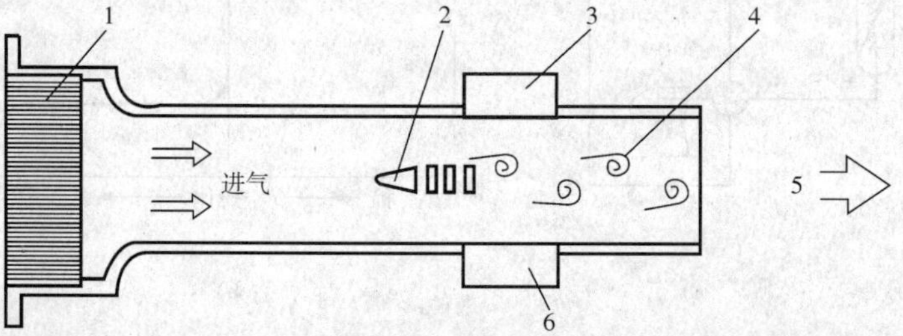

图 2－13　卡门旋涡式空气流量计

1—整流网　2—涡流发生器　3、6—涡流数量测量装置　4—旋涡　5—至进气歧管

① 超声波式卡门涡流空气流量传感器

超声波式卡门涡流空气流量传感器是利用卡门涡流引起的空气密度变化进行测量的。如图 2－14 所示，在涡流发生器后面传感器的两侧设置一个超声波发生器和一个超声波接收器。在发动机运转时，超声波发生器发出的超声波通过发射器不断向接收器发出一定频率的超声波。当超声波通过进气气流到达接收器时，由于受到卡门涡流造成的空气密度变化的影响，使超声波频率的相位随之发生变化，接收器测出这一相位差，利用整形使之形成矩形波，此矩形波的脉冲频率即为卡门涡流的频率，ECU 根据接收器接收到的超声波相位差的频率，即单位时间内产生的涡流数，进而计算出空气流速和体积流量。

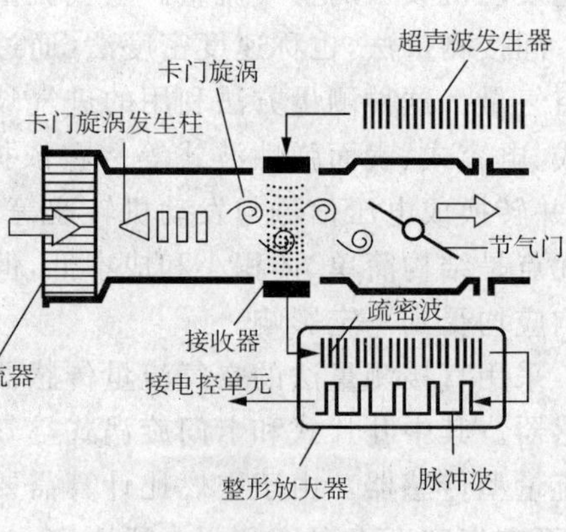

图 2－14　超声波式卡门涡流空气流量传感器

② 反光镜式卡门涡流空气流量传感器

反光镜式卡门涡流空气流量传感器是在涡流发生器后面设置一个导压孔，涡流发生器

两侧的压力变化通过导压孔引导到薄金属制成的反光镜表面，如图 2－15 所示。镜面上部设有一对发光二极管和光敏晶体管，发光二极管发出的光束可经反光镜反射到光敏晶体管上，使光敏晶体管导通。反光镜安装在很薄的钢板弹簧片上，涡流压力变化经导压孔作用到簧片上使簧片产生振动，其振动频率与单位时间内产生的涡流数量相同。由于反光镜随簧片一同振动，因此被反光镜反射的光束方向也以相同的频率变化，使得光敏晶体管也随光束的变化以同样的频率导通和截止，所以光敏晶体管导通和截止的频率与涡流频率相同，通过光敏晶体管就可以检测到卡门涡流的频率。

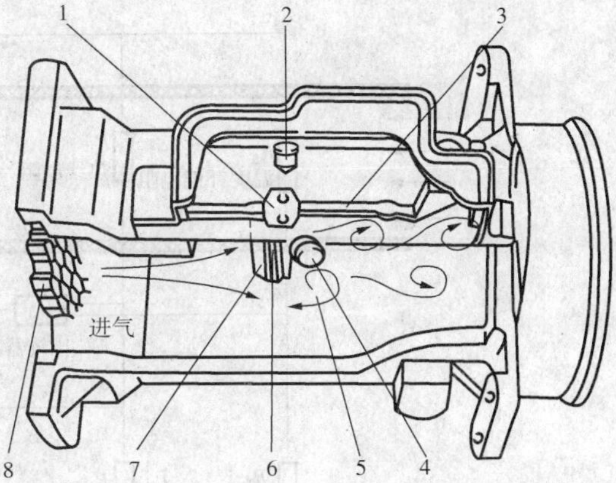

图 2－15　反光镜式卡门涡流空气流量传感器

1－反光镜　2－发光二极管　3－簧片　4－光敏晶体管
5－旋涡　6－导压孔　7－涡流发生器　8－整流网

(2)热线式空气流量传感器

热线式和热膜式空气流量计都是应用量热法的原理测量流量的。流经热物体的流体获得热量而温度升高，热物体本身被冷却而温度下降，这种热量的传递与流体的流速、密度有一定的关系，由此可测出流体的流量和流速。

如图 2－16 所示是热线式空气流量传感器的基本结构，由感知空气流量的白金热线、根据进气温度进行修正的温度补偿电阻(冷线)、控制热线电流并产生输出信号的控制线路板以及空气流量传感器的壳体组成。取样管 2 置于空气流量传感器主空气通道中央，两端有金属防护网 1，防护网通过卡箍固定在壳体上。取样管由两个塑料护套和一个热线支承环构成。热线支承环上有一根直径很小的白金丝(0.07mm)，其阻值随温度变化而变化，当传感器工作时，白金丝将被控制电路提供的电流加热到 120℃左右，因此称之为热线，白金热线是单臂电桥的一个桥臂 R_H。由于进气温度变化使热线的温度发生变化而影响进气量的测量精度，因此在热线附近设有一根温度补偿电阻丝，因其靠近进气口的一侧，所以称之为冷线，是单臂电桥电路的另一个臂 R_K，其电阻丝也随进气温度变化而变化。

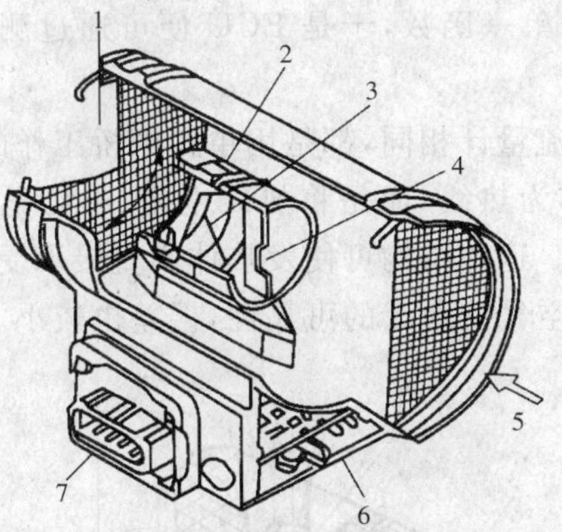

图 2－16　热线式空气流量传感器

1－防护网　2－取样管　3－白金热线
4－温度补偿电阻　5－空气流
6－控制线路板　7－电连接

如图 2－17 所示。热线电阻 R_H 放在进气空气流中，由于其热量被流过的空气吸收，使热线变冷，当空气流量增大时，被带走的热量也增加，热线式空气流量传感器就是利用热线与空气之间的这种热传递现象进行空气流量测量的。

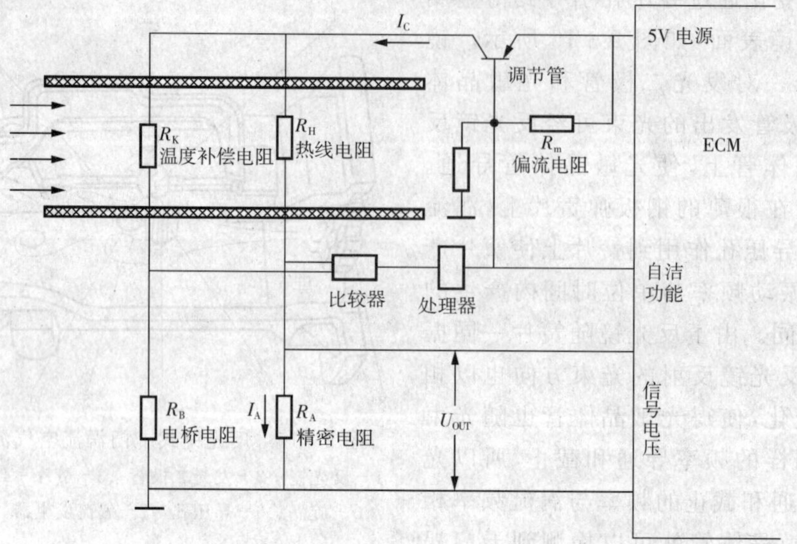

图 2－17　热线式空气流量计的工作原理

混合集成电路控制热线温度，当空气流过该热线时，由于空气带走热量使热线的电阻值发生变化，从而使单臂电桥失去平衡，为了保持该电桥的平衡，必须提高电压，加大通过热线的电流，进而使热线的温度升高，使原来的电阻值恢复。根据这一原理，通过控制电路，改变单臂电桥的电压和电流，使热线损失的热量与电流加热产生的热量相等，并使热线的温度和电阻值保持一致。通过热线的电流是空气流量的单一函数，于是 ECU 便可通过测量流经热线的电流测得空气流量。

热膜式空气流量计的工作原理与热线式空气流量计相同，都是用单臂电桥工作的，如图 2－18 所示。所不同的是：热膜式不使用白金丝作为热线，而是将热线电阻、补偿电阻及桥路电阻用厚膜工艺制作在同一陶瓷基片上构成的。这种结构可使发热体不直接承受空气流动所产生的作用力，增加了发热体的强度，提高了空气流量计的可靠性，误差也较小。

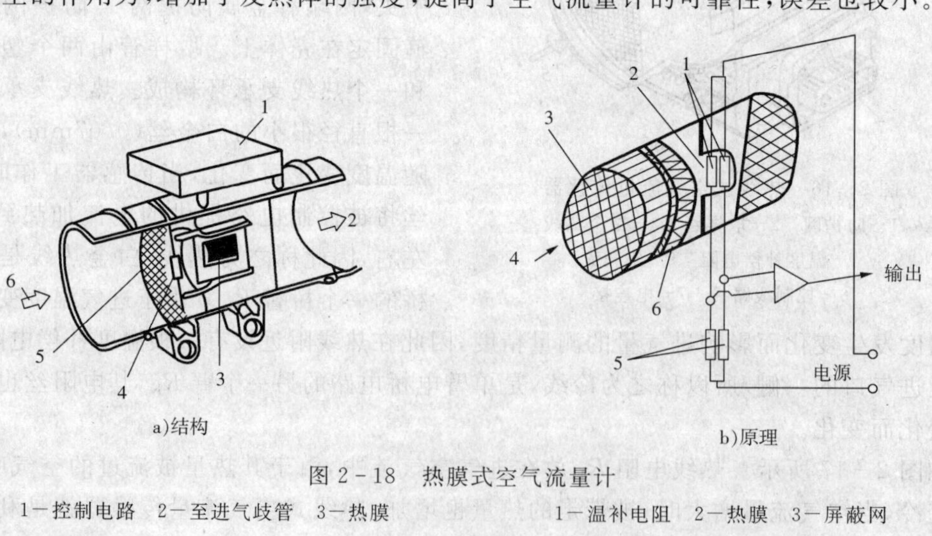

图 2－18　热膜式空气流量计

1－控制电路　2－至进气歧管　3－热膜
4－温补电阻　5－屏蔽网　6－空气

1－温补电阻　2－热膜　3－屏蔽网
4－进气　5－电桥电路电阻　6－滤网

第三节　电子控制单元(ECU)

一、ECU 的主要功能

电子控制单元(ECU)是汽车电子控制系统的核心部件,它接收来自传感器的信息,经信息处理后发出相应的控制指令给执行器。ECU 所具有的主要功能如下:

(1)接收传感器或其他输入装置的信号,并将输入信号处理成计算机能够接受的信号,如将模拟信号转换成数字信号。

(2)给传感器提供参考电压,如 2V、5V、9V 或 12V。

(3)存储、计算、分析处理输入信息,计算出输出值,完成控制功能,并存储运行信息和故障信息。

(4)输出执行指令,即把弱信号变为强信号的执行指令。

(5)输出故障信息。

二、电子控制单元的组成

汽车电子控制单元一般都是微机控制系统,包括硬件和软件两大部分。

1. 硬件部分

电子控制单元(ECU)的硬件系统,是指构成 ECU 的物理设备,如 ECU 的印刷电路板(PCB)、PCB 板上的各种电子元件和集成电路芯片、接插件、连接件等。如果从电子控制系统考虑,其硬件系统一般由输入接口电路、微控制器和输出接口电路组成,如图 2-19 所示。

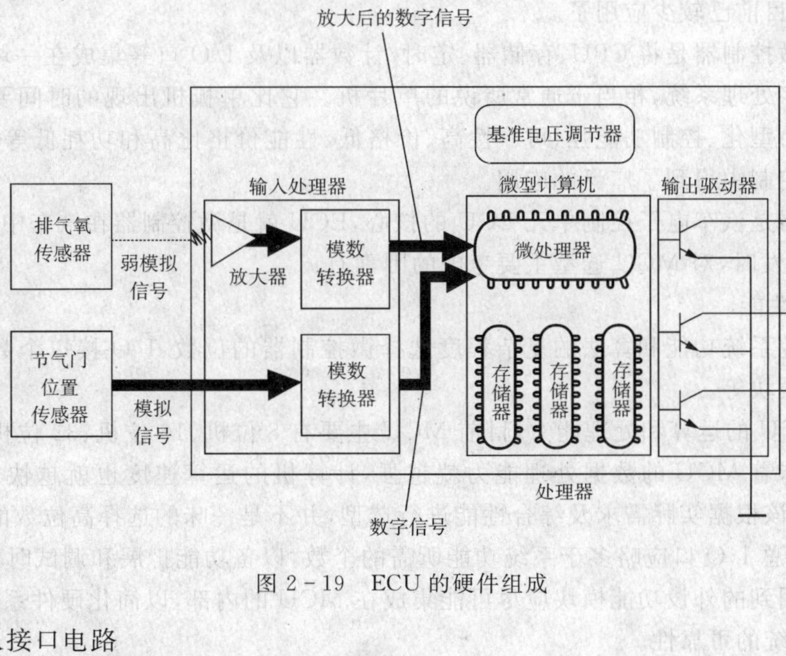

图 2-19　ECU 的硬件组成

(1)输入接口电路

输入接口电路主要是完成传感器与微控制器之间的信息传递。主要功能是对传感器输入信号进行预处理,使输入信号变成微控制器可以接受的信号。

① 模拟信号的处理

若输入的模拟信号较弱(如氧传感器产生的电压信号＜1V),则首先需要对信号进行放大处理,再通过 A/D(模拟转换器)将放大后的模拟信号转换成数字信号。

若输入的模拟信号在 A/D 所设定的量程范围内(如空气流量传感器的输出电压在 0～5V之间变化)且没有超过 A/D 所设定的范围,可直接进行 A/D 转换。

若模拟信号的电压超过 A/D 转换器的量程,则首先需要进行电平转换,将其限定在 A/D的量程范围,然后再进行 A/D 转换。

② 数字信号的输入

脉冲信号经过处理电路之后,通过 I/O 接口可直接送入微控制器。

电压信号很弱,需要进行放大和将波形变成整齐的矩形波,为此要设置放大电路和脉冲信号整形电路。

(2)微控制器

自 20 世纪 70 年代以后,计算机的发展应用出现了两大分支:一方面是微处理器功能的不断完善,其中主要是计算机运算处理速度的不断增加;另一方面是应用于控制领域,向嵌入式计算机系统(Embedded System)方向发展。这类计算机主要追求的不是处理速度、存储容量以及文件管理能力,而是强调灵活应用的功能,体积要小到能够嵌入到控制对象中去。

根据系统中核心器件的密集程度,嵌入式系统可以分成嵌入式微处理器(Microprocessor Unit,MPU)和嵌入式微控制器(Microcontroller 或 Micro-Controller Unit,MCU)两大类。

嵌入式微处理器的核心是一般计算机中的微处理器。在应用中,将微处理器及存储器、总线以及各种外部设备等器件都安装在一块专门设计的电路板上,在我国也称为单板计算机或单板机,目前已较少应用了。

嵌入式微控制器是将 CPU、存储器、定时/计数器以及 I/O 口等集成在一块芯片上的比较完整的数字处理系统,相当于通常所说的单片机。它比单板机出现的时间要晚一些。微控制器具有小型化、控制功能强、可靠性高、价格低、性能价格比高和功耗低等一系列优点,因而在实时控制中得到了广泛的应用。

微控制器是汽车电子控制单元 ECU 的核心,ECU 就是微控制器在汽车中的应用系统。在 ECU 的开发时,对 MCU 选型主要考虑的因素有:

① 控制性能

根据电控系统功能和算法的复杂程度选择微控制器的位数、I/O 接口个数及其所需要的集成外围模块等。

根据 MCU 的运算和处理能力,目前 MCU 主要有 8 位机、16 位机、32 位机和 64 位机。位数越多意味着 MCU 的数据处理能力就越强,计算机的运算速度也就越快。但在 MCU 的选型时,应该根据实际需求及综合性能进行选型,并不是一味的选择高位数的 MCU。

MCU 的总 I/O 口应略多于系统功能所需的个数,以备功能扩展和调试时使用。

对于使用到的外设功能模块应尽可能集成在 MCU 的内部,以简化硬件系统,降低系统功耗,提高系统的可靠性。

② 应用环境

由于汽车的工作环境比较恶劣,对车用电子器件的要求比普通使用电子器件的高。因此，汽车中应用的微控制器在工作温度、抗干扰性能及耐振性方面有更高的要求，以适应汽车工作环境的要求。根据微控制器的工作温度和可靠性，可分成商用级、工业级、车用级和军品级（航天级）。其中车用级微控制器芯片的特点是宽温度范围、高抗电磁干扰及耐振能力。如车用级微控制器芯片的工作温度范围通常为－40℃～105℃。另外，随着CAN网络在车上的广泛应用，带CAN总线接口已成为车用微控制器的标准配置。

③ 低功耗

汽车电子控制系统往往工作时间比较长，但是又无法像电子控制系统那样有充足的电源供应，低功耗方式就成为嵌入式系统解决这对矛盾的有效途径。另外，外围电路的设计，甚至编程语言的选择，都有可能由功耗的约束来决定。

④ 成本

成本对于汽车及其部件一直是个非常重要却又令人头疼的问题。这里的成本是指系统成本，即不仅仅只考虑MCU的成本。如果使用高集成度的MCU，而不是CPU与分立外设的组合，就能节省许多印刷电路板面积，并能使用功率更小的电源，从而节约更多的成本。

⑤ 嵌入式系统的开发工具和方法

嵌入式系统一般比较紧凑小巧，不像通用计算机有较多的外设，软件也很简单，多数不具备调试功能，因此必须要有一套与该MCU相配套的开发工具和开发软件。这种开发工具也称仿真开发器。所以选择MCU时应考虑相配套开发系统的完备性和方便性。

通常开发系统本身也是一个计算机系统，应具有的主要作用有系统硬件电路的诊断、程序的输入与修改、连续运行、单步运行、设断点运行和状态查询等功能。目前，MCU的开发系统种类很多。根据使用的方式不同，可将仿真器分为ICE（In-Circuit Emulator）和ICD（In-Circuit Debugger）两大类。

ICE仿真器使用专门设计的仿真电路（仿真头），将所开发的目标电控系统MCU用ICE仿真头替换掉，就可以实现仿真（图2－20）。这种开发方式不占用系统资源，能真实地仿真某一特定厂家及系列的微控制器芯片，功能丰富，仿真频率高。但由于某一专用的仿真头只能仿真某一系列的单片机，因此存在通用性差、芯片价格高、设备更新换代速度慢等缺点。

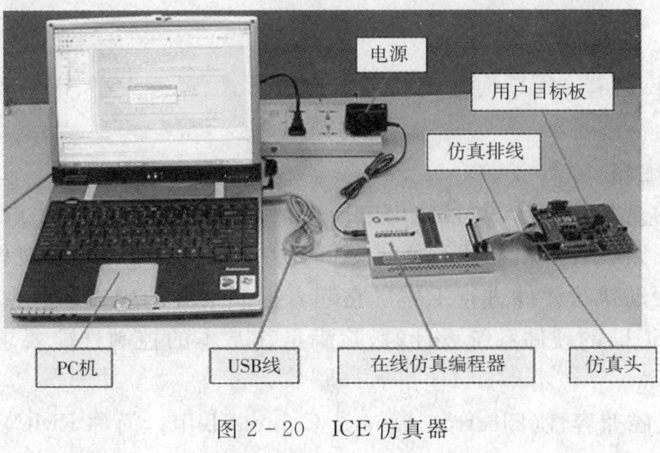

图2－20　ICE仿真器

ICD仿真方式是通过专用的或复用的I/O端口方式使支持ICD方式的MCU芯片进入仿真状态，通过硬件将复用的端口扩展为独立的仿真总线接口。如图2-21所示，开发用的PC机(Host System)通过ICD仿真器(BDM Pod/SDI Cable)与目标开发系统(Target System)连接。该方法的优点是无需专用的仿真头，这样同一系列或不同系列但ICD接口相同的MCU可采用相同的ICD开发系统进行仿真，因此开发成本低，仿真开发设备更新速度快，投入少。但目前通过ICD方式进行仿真在速度、功能和性能上与ICE相比较有差距，而且被仿真的MCU芯片必须支持ICD方式。

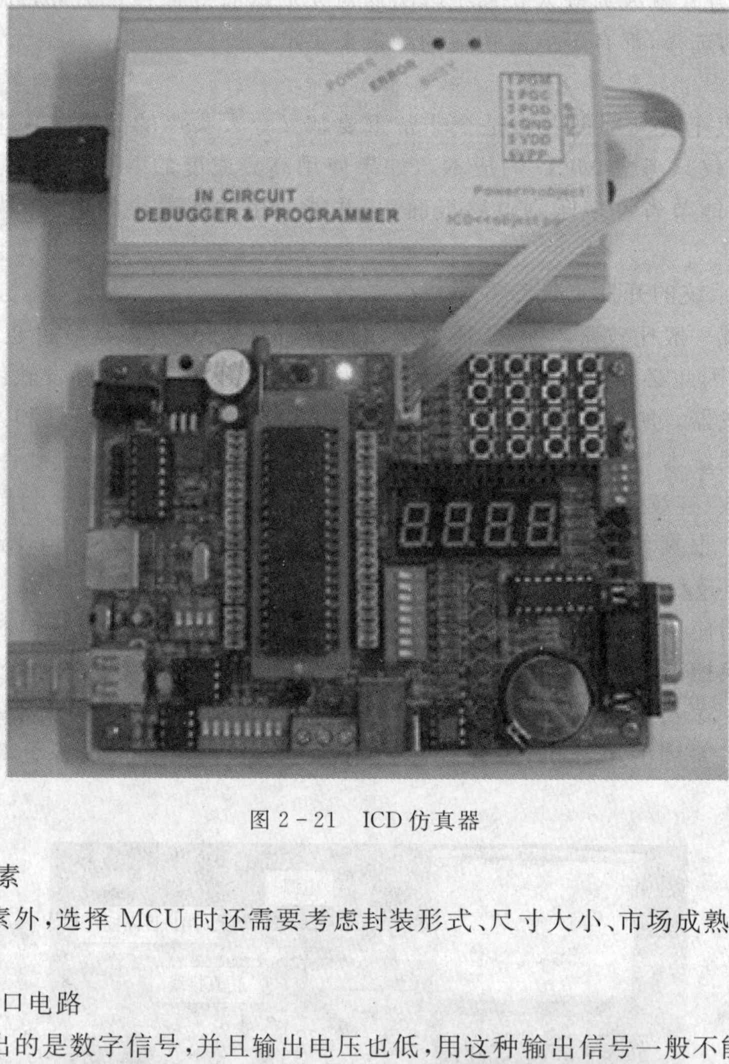

图2-21 ICD仿真器

⑥ 其他因素

除以上因素外，选择MCU时还需要考虑封装形式、尺寸大小、市场成熟程度、设计者的熟悉程度等。

(3)输出接口电路

计算机输出的是数字信号，并且输出电压也低，用这种输出信号一般不能驱动执行元件进行工作。输出回路在计算机与执行元件之间建立的联系，可将计算机作出的决策指令，转变为控制信号来驱动执行元件进行工作。它起着控制信号的生成和放大功能。

当进行车载ECU的硬件系统设计时，除满足其基本的控制性能要求外，还应注意以下两个方面的问题：

(1)ECU的电磁兼容性(Electromagnetic Compatibility，简称EMC)

电磁兼容性包括电磁耐受(Electromagnetic Susceptibility，简称EMS)和电磁干扰(Electromagnetic Interference，简称 EMI）两方面。EMS 指电子控制单元或系统在其规定的极限电磁环境中能正常工作，包括静电放电、辐射耐受、快速脉冲耐受、雷击、传导耐受等。EMI 指该电子控制单元或系统不对其环境中的任何事物构成不能承受的电磁骚扰的能力，包括传导干扰、辐射干扰、干扰功率测试等。解决 EMC 的问题可以从系统的设计、网络结构、印刷电路板设计、器件选型、控制软件等方面考虑。

(2)ECU 的可靠性

ECU 的可靠性是指保证 ECU 在规定的使用周期内、在车辆极限环境中正常工作的能力。包括抗振性、高低温、盐雾测试等。

2. 软件部分

软件系统是电子控制单元很关键的一部分。在汽车电子发展的几十年中，汽车软件的代码量已从几十行增长到了 1 千万行以上。在有些高端车型中，汽车软件可实现 2000 多个独立的功能。目前，在汽车电子控制系统的开发成本中，软件成本要占据 50％～70％。

汽车软件系统包括系统软件和应用软件两大部分。

(1)系统软件

系统软件是对主机和外部设备进行统一管理和控制的各种程序系统，包括操作系统和一系列实用程序，通常由计算机制造厂提供。

较为简单的嵌入式系统控制软件采用前后台方式，没有操作系统的支持，即当控制程序完成了系统的启动、初始化后，就进入后台循环运行的主控程序，前台是与硬件相关的中断处理，它是建立在事件触发基础上的。当一个可响应的事件产生后，微控制器的中央处理单元(CPU)调用相应的中断服务子程序，执行完该中断服务子程序后，控制程序跳回到循环状态。当然，也可能存在中断服务嵌套。

但是，这种系统在实时性的处理以及系统的可扩展性方面都有缺陷，对于大系统的管理维护困难很大。随着嵌入式系统控制程序代码量的增加，人们对软件开发效率、开发周期以及系统的实时性、可靠性提出了更高要求。因此，嵌入式实时操作系统(RTOS)在 MCU 中得到了应用。

RTOS 是一种利用有限资源及时处理多个任务的计算机操作系统。它可以使单任务处理器处理多个事件。这些事件可能是周期性的、同步的、异步的或者随时发生的，并都需要宝贵的处理时间。另外，RTOS 能提供一种合理的调度。例如，通常按事件的轻重缓急划分优先级，让最高优先级的事件被首先处理，而其他较低优先级的事件也不会被忽略。在使用者看来，所有的事件都是同时被处理的。

实时操作系统的研究是从 20 世纪 60 年代开始的，差不多是随嵌入式系统同时出现的。目前已出现了许多优秀的嵌入式实时操作系统。表 2-1 分别从任务数量与任务调度机制、同步与通信机制、内存管理、需求的硬件资源等几方面对当前四种具有代表性的嵌入式操作系统进行了比较。

在一些复杂和高性能电控系统中，利用 RTOS 可以加快开发速度，降低开发成本。但通常情况下，实时操作系统是和 MCU 硬件紧密联系的，一种 RTOS 只支持一个系列的 MCU。而且 RTOS 一般价格昂贵，运行时需要消耗一部分 MCU 资源。所以较为简单的控制系统通常不使用 RTOS。

表 2-1 具有代表性的四种操作系统综合比较

操作系统	VxWorks	μC/OS-Ⅱ	μClinux	eCos	
				位图调度器	多级队列调度器
内核抢占	是	是	否	是	是
优先级数量	256	64	100	32	32
优先级变化	动态	动态	动态	动态	动态
调度方法	基于优先级抢占式调度;时间片轮转调度	基于固定优先级抢占式调度	实时进程先来先服务;普通进程时间片轮转	基于固定优先级抢占式调度	基于优先级抢占式调度;时间片轮转调度
同优先级调度	有	无	有	无	有
任务数量	256	64	无限制	32	无限制
时间可确定性	是	是	否	是	是
同　步	信号量、互斥信号量、事件标志	信号量、互斥信号量、事件标志	信号量	信号量、互斥体、事件标志	信号量、互斥体、事件标志
通信量	消息队列、共享内存、管道	邮箱、消息队列	管道、消息队列、共享内存	条件变量、邮箱	条件变量、邮箱
避免优先级反转	优先级继承	优先级置顶	不支持	不支持	优先级继承、优先级置顶
支持 MMU	支持	不支持	不支持	不支持	
管理方式	虚拟存储器	实存储器	实存储器	实存储器	
存储保护	有	无	无	无	
存储机制	分区	分区	分页	不分段也不分区	
分配方式	静态或动态连续分配	静态或动态连续分配	静态或动态页分配、非连续	基于内存池的动态内存分配机制	
CPU 位数	16 位～64 位	8 位～32 位	16 位～64 位	16 位～64 位	
存储容量要求	几十～几百 KB 的 ROM 和 RAM	几 KB 的 ROM 和 RAM	512KB 的 RAM,1MB 的 ROM/Flash	几十～几百 KB 的 ROM 和 RAM	

(2)应用软件

应用软件是为实现控制功能所编制的用户程序,主要根据被控对象和控制要求来编写,故必须由开发者根据应用场合和硬件自行编制。多数情况下应用软件采用汇编语言或 C 语言编写。

在汽车电子控制系统中,各 ECU 的控制对象和控制功能都是不一样的,因此汽车电子控制系统的应用软件也各不相同,但在开发设计应用软件时有共同的特点和规律。

1)应用软件的基本要求

不同 ECU 的应用软件各不相同,但应用软件通常应满足以下几个方面的基本要求:

① 实时性

汽车电控系统通常都是实时控制系统,所以应用软件首先要具有实时性,即能够在控制对象允许的时间间隔内对系统进行控制计算和处理,特别是对于多回路系统,更要重视实时性。

② 针对性

每个应用程序都是根据具体 ECU 的控制对象和控制功能进行设计的。因此,为保证系统工作在最佳状态,达到较好的控制效果,从监控程序到算法程序都有控制对象密切相关。当控制对象发生变化时,控制效果要么变差,要么根本不能实现控制功能。

③ 灵活性和通用性

一个理想的应用程序不仅针对性要强,而且要具有一定的灵活性和通用性。当控制对象的参数在一定范围内变动时,应用程序要能通用。或者当控制系统结构相同或相类似时,应用程序可以移植。

④ 可靠性

汽车电子控制系统要求较高的可靠性,这不仅是对硬件的要求,也是对软件的要求。应用程序性能不完善或不可靠,同样会影响控制系统的正常工作。另外,应用软件应能进行故障诊断,发现错误能及时处理,这对于汽车的维修也十分有益。

2)应用程序的基本组成

汽车电控系统的应用软件有的很简单,有的很复杂,但基本上都是由以下几部分模块组成:

① 数据采集与过程监控模块

这部分程序与电控硬件的输入接口电路相对应,对工作过程的开关量、频率量和模拟量进行信号采集和监控,并负责为控制算法模块提供数据。

② 数据处理模块

这部分程序的作用是将输入到计算机中的数据,或计算机输出的控制量进行处理或变换,包括数字滤波程序、线性化处理程序和工程量转换程序等。

③ 控制算法模块

这是应用软件的核心模块,是为了使电控系统能够按某种规律(控制算法)实现要求的控制功能而编写的。

④ 执行机构控制模块

这部分程序负责将控制算法的运算结果转换为实际的输出信号,进而控制执行机构。

⑤ 故障自诊断模块

随着汽车电子化程度的提高,对汽车故障的诊断、排除的难度也越来越大。故障自诊断模块的作用就是为智能化寻找故障,以提高诊断与检测的准确程度。这部分程序通常是利用监测电路检测传感器、执行器以及微处理器的各种实际参数,并将其与存储器中的标准数据进行比较,从而判定系统是否存在故障。当系统存在故障时,故障自诊断模块还需要将故障信息以故障码的形式存入存储器,以备维修时提取查阅,同时利用警告灯等装置向驾驶员发出警示信号。

3)应用软件的设计步骤

在编写应用软件时,设计人员通常采取如下的几个步骤:

① 分析问题

明确所要解决问题的要求。将软件分成若干个相对独立的部分,根据功能关系和时序关系,设计出合理的软件总体结构。

② 建立正确的数学模型

根据功能要求,描述出各个输入和输出变量之间的数学关系,并确定采用的计算公式和计算方法。

③ 制定程序框图

根据所选择的计算方法,制定出运算的步骤和顺序,并画出程序框图。这不仅是程序设计的一个重要组成部分,而且是决定成败的关键部分。

④ 合理分配系统资源

根据所选用的MCU,合理地分配存储器定时器/计数器、中断、堆栈等资源,确定数据格式,进一步将程序框图画成详细的操作流程。

⑤ 编写程序

根据程序的流程图和MCU的开发工具编写出程序。其中需要选择程序设计语言,目前汇编语言和C语言仍是车用微控制器的主要开发语言。另外,为提高应用程序的可读性,应在程序的有关位置处标上相应的功能注释。

⑥ 程序调试

通过MCU的开发工具对编写的程序进行编译调试。如果源程序有语法错误,需修改源文件后继续编译,直到无语法错误为止。然后利用编译后生成的目标代码通过仿真器进行程序调试,排除设计和编程中的逻辑错误,直到实现相应的控制功能。

⑦ 程序优化

调整应用软件的各功能模块,以缩短程序的长度,加快运算速度和节省数据存储空间,减少程序执行的时间。同时尽量使程序实行模块化,以方便应用软件的升级和移植。

第四节　汽车电子控制系统的执行机构

一、概述

执行机构是一种能量转换部件,它的任务是根据ECU输出的控制信号,将输入的各种形式的能量转换为规定的机械动作(力或位移),以完成预定的控制目标。显然,即使ECU能够输出多么理想的控制信号,如果没有性能优良的执行机构,控制系统也无法正确的工作。与传感器一样,执行机构必须能在温度、振动、冲击、污染、电磁干扰等极为恶劣的环境条件下长期可靠地工作。

在不同的汽车控制系统中所应用的执行机构通常都有所不同。另外,由于机械部件复杂程度的不同,各执行机构也是千差万别的。根据输入的控制信号性质,执行机构可分为模拟量执行机构和数字量执行机构两种。根据输入能量的类型,执行机构可分为电气式、液压式和气压式三种。

随着电子技术的高速发展，以提高汽车性能为目的的发动机控制系统、底盘控制系统，以及提高舒适性、方便性的自动空调、电动车窗等系统，都广泛采用了诸如电动机、电磁线圈、继电器之类的执行元件(或执行机构)。

二、电磁线圈类

电磁线圈类执行元件将电信号转换为直线运动。如图 2－22 所示为电磁线圈的结构示意图。在同轴上配置的磁性体磁芯和柱塞周围卷绕着电磁线圈，利用回位弹簧在柱塞与磁芯之间产生相隔距离为 l 的气隙。当在线圈中通过电流时，磁芯和柱塞的轴向被磁化，并相互吸引而使柱塞靠向右方，移动距离取决于通过的电流大小。但由于线圈中可通过的电流限制，而且电磁吸引力在空气中与气隙长度的平方成正比减弱，所以气隙距离不能太长，实用范围为数毫米。

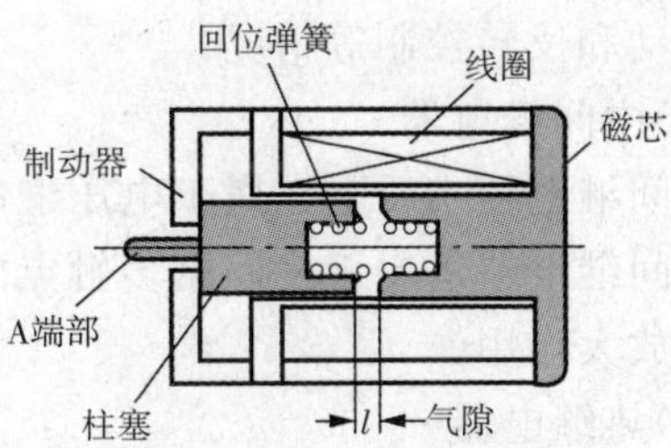

图 2－22　电磁线圈的结构示意图

电磁线圈作为控制系统执行元件在汽车上的应用方式大致可分为两种。一是直接以电磁能为动力的方式，仅限于自动门锁等驱动力和位移不大的有限范围。在汽车电控系统中常见的以这种方式工作的执行元件是用于控制电路的开关器件(即继电器)。二是将电磁线圈置于管道中，通过柱塞的运动控制管道中气体或液体的压力或流量。这种执行元件也称电磁阀，在汽车电控系统中得以普遍的采用。

1. 继电器

电磁式继电器的结构原理如图 2－23 所示。继电器是用小的开关信号控制大的开关动作的器件，其工作原理是利用它的动断和动合触点进行电路切换。汽车用继电器主要起保护开关和自动控制的作用，当电路中的受控电压达到设定继电器动作电压时，继电器触点改变工作状态，从而实现自动控制。由于开关只控制继电器线圈的通断，而继电器用线圈产生的电磁力来通断原开关所要控制的电路，加继电器后，控制开关只流过较小的继电器线圈电流，因而开关就不容易损坏，使用寿命得以延长。

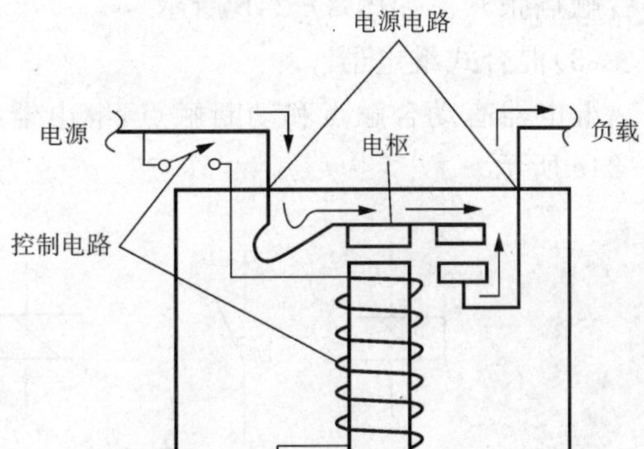

图 2－23　电磁式继电器结构

按照继电器的用途，汽车常用继电器有电流继电器、电压继电器、中间继电器和热继电器等几种。

(1)电流继电器

电流继电器又可分为过电流继电器和欠电流继电器。当电路中通过的电流超过规定值时，触点吸合；当电流低于规定值时，触点分开。电流继电器的工作线圈与负载串联，以反映负载电流，故它的线圈匝数少而导线粗，通过的电流很大，所以体积也较大，常用于电动机的过动作等情况。

(2)电压继电器

电压继电器也可分为过电压继电器和欠电压继电器。当电路中的电压超过规定值时，触点吸合；当电路中的电压低于规定值时，触点分开。电压继电器的线圈与负载并联，以反映负载电压，其线圈匝数多而导线细，其体积相对较小，常用于电动机过电压或欠电压保护，以及制动和反转控制等情况。

(3)中间继电器

中间继电器实质上也属于电压继电器，当电路中的端电压达到规定值时，中间继电器动作。中间继电器适用于多回路多触点的控制，它的控制容量较大，通过它增加控制回路数或起信号放大作用。

(4)热继电器

热继电器是因过电流通过热元件，热元件发热弯曲而推动机构动作。它适用于一般电动机的过载、断相运转及电流不平衡保护等情况。

按照继电器中触点的情况，汽车继电器可分为常开继电器、常闭继电器和混合型继电器等几种不同的类型。

(1)常开继电器

当继电器线圈不通电时，继电器触点在其弹簧力作用下保持张开的位置，继电器线圈通电后触点闭合。如图 2-24a 所示。

(2)常闭继电器

当继电器线圈不通电时，继电器触点在其弹簧力作用下保持闭合的位置，继电器线圈通电后触点张开。如图 2-24b 所示。

(3)混合式继电器

继电器有动合触点和动断触点，继电器线圈通电后常开触点闭合，常闭触点张开。如图 2-24c 所示。

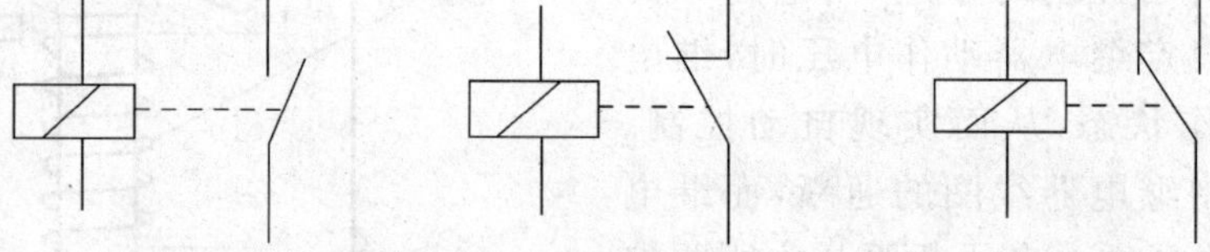

a)常开继电器　　b)常闭继电器　　c)混合式继电器

图 2-24　继电器示意图

2. 电磁阀

电磁阀的工作原理如图 2-25 所示。在线圈不通电时，可动铁心由于受到弹簧的作用而与固定铁心脱离，阀门处于关闭状态；当线圈通电时，可动铁心克服弹簧的弹力作用而与固定铁心吸合，阀门处于打开状态，这样就控制了液体或气体的流动，也可以利用流体推动油缸或汽缸转换为物体的机械运动，完成进给、往复等动作。电磁阀线圈驱动电源有交流和直流两种，直流电磁阀工作可靠，在汽车中应用较广。通常电磁阀的直流电源是 5V、12V 或 24V。

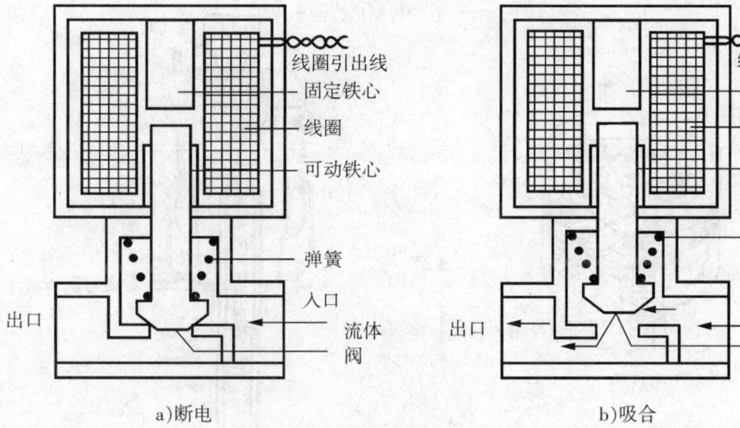

a)断电　　　　b)吸合

图 2-25　电磁阀的工作原理

按电磁阀阀芯的运动状态，汽车中的电磁阀可分为开关型和比例型两类。

(1)开关型电磁阀只有 ON/OFF 两种状态，一般通过控制电磁阀线圈回路的通断来实现。按照电磁阀动作的快慢速度，开关型电磁阀又有普通开关型电磁阀（如 ACIS 系统中的电磁真空通道阀、制动压力调节阀等）和快速开关型电磁阀（如 EFI 系统和柴油机电控共轨系统中的电磁喷油器等）两种。通常快速开关型电磁阀的结构比较复杂。

(2)比例型电磁阀的阀芯可停留在其行程的任一位置，一般可通过电磁阀线圈回路的电流大小，对阀芯的开度进行线性控制。如 EGR 系统中的真空电磁阀、电控直列泵柴油机系统中的电子调速器等。

线圈中通过的电流大小一般通过改变脉冲信号一定周期内的导通与截止之比（占空比）来实现。所谓占空比就是在一个信号脉冲的周期中，高电平出现的时间宽度占整个脉冲周期的百分数，如图 2-26 所示。占空比的表达式如下：

$$占空比(\%)=\frac{t_{ON}}{t_{ON}+t_{OFF}}\times 100\% \qquad (2-3)$$

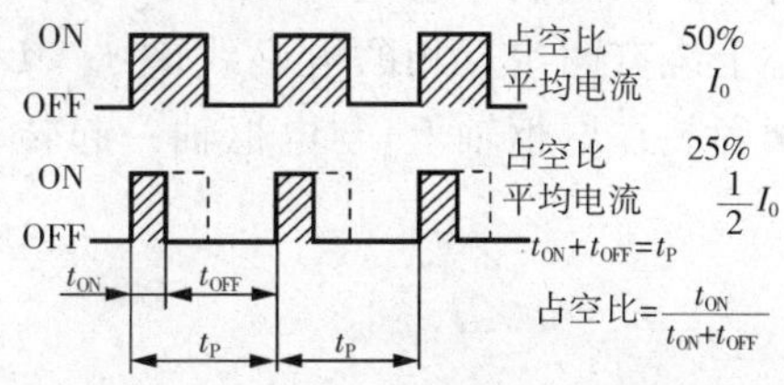

图 2-26　电脉冲信号的占空比

占空比的数值反映了电磁阀中通过电流的平均数，占空比越大，电磁线圈中的平均电流也越大，线圈的电磁吸力也越强，阀芯的移动距离也越大。

按电磁阀阀芯的运动形式，汽车中的电磁阀可分为直动式电磁阀和旋转式电磁阀。

(1)直动式电磁阀的阀芯，在电流或电压的控制下在一定范围内沿直线运动。它可以是开关型电磁阀或比例型电磁阀，是汽车中最普遍的一类电磁阀。

(2)旋转式电磁阀的阀芯，在电流或电压的控制下在一定范围内做旋转运动。其主要部件是带动阀转动的转子和定子。旋转式电磁阀通常是比例型电磁阀，具体形式有两种：

① 转子为永久磁铁，电磁线圈绕在定子上。

如图 2-27 为丰田 LEXUS LS400 电控空气悬架的悬架控制执行器。它装在每个空气弹簧的顶部，通过一对齿轮同时驱动减振器的转阀和空气弹簧空气阀控制杆，从而改变减振器的阻尼力和空气弹簧刚度。

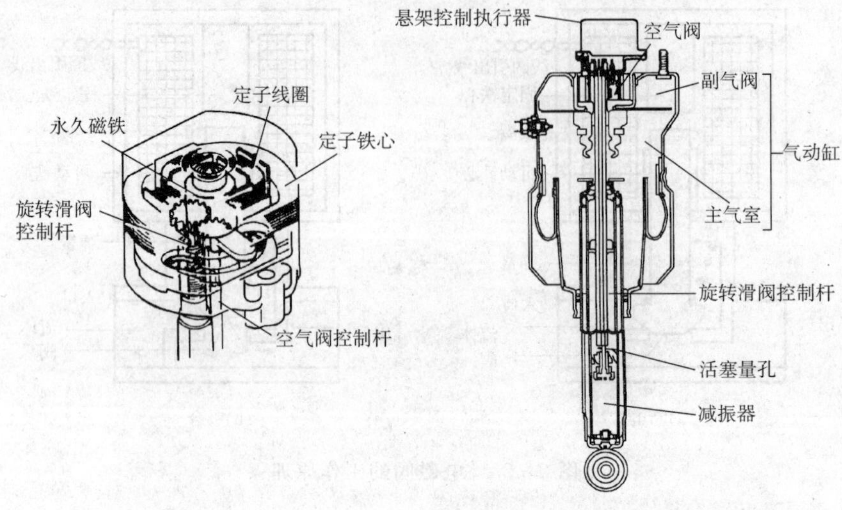

图 2-27　空气悬架的执行器

执行器由电磁装置驱动，电磁铁包括四个定子铁芯和两对定子线圈，如图 2-28 所示。ECU 控制流至每对定子线圈的电流，将定子铁芯的极性从 N 改变为 S，或从 S 改变为 N，或改变为非极性状态。定子线圈所产生磁力的吸引作用使连接空气阀控制杆的永久磁铁转动。减振器为“软”的位置空气弹簧也为“软”，减振器为“中”或“硬”的位置空气弹簧也为“硬”。

② 定子为永久磁铁，转子上绕有电磁线圈。

发动机怠速控制中的旋转滑阀式怠速调整装置主要由永久磁铁、电枢、旋转滑阀、螺旋回转弹簧及电刷等组成，如图 2-29 所示。永久磁铁固定在外壳上，其间形成磁场。电枢的铁心上绕有两组反相的电磁线圈 L_1、L_2，因此当两线圈通电后转子受力的偏转方向相反。滑阀固装在电枢轴上，与电枢轴一起转动。

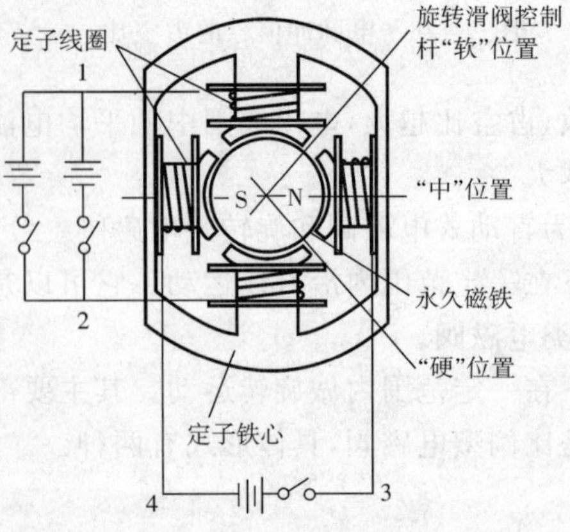

图 2-28　执行器工作原理

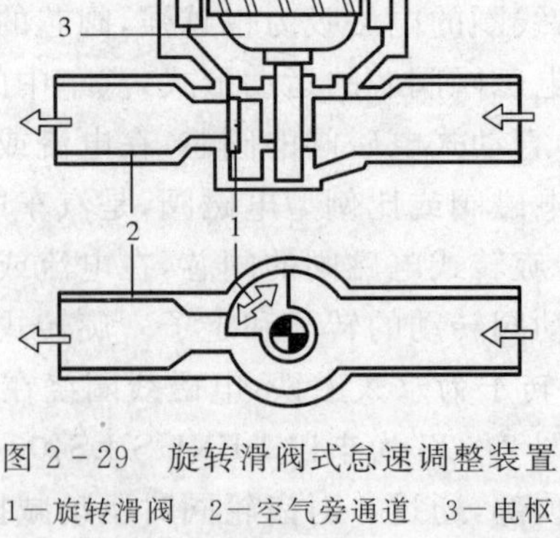

图 2-29　旋转滑阀式怠速调整装置

1—旋转滑阀　2—空气旁通道　3—电枢
4—永久磁铁　5—外壳　6—连接器插座

旋转滑阀式怠速调整装置的控制原理如图 2-30 所示。控制电流通过电刷和集电环引入电磁线圈。当线圈 L_1 通电时，电枢带动滑阀顺时针偏转；当线圈 L_2 通电时，电枢带动滑阀逆时针偏转，进而控制电枢轴(滑阀)的偏转角，以此改变旁通的空气量，调整发动机的怠速转速。占空比的调整范围可以在 18%(旋转滑阀关闭)至 82%(旋转滑阀打开)之间。

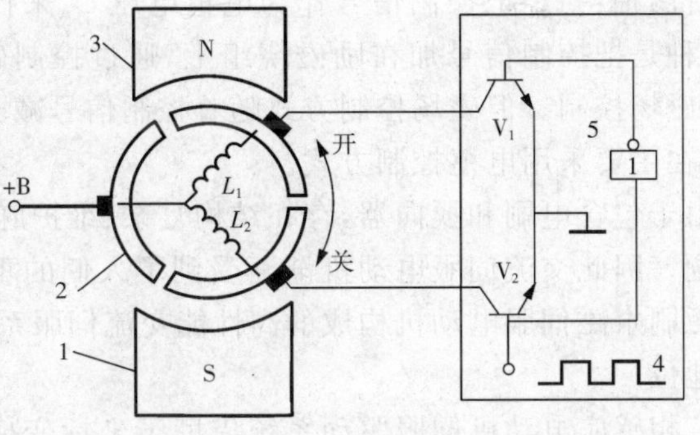

图 2-30　旋转滑阀式怠速调整装置的工作原理

1—定子的 S 极　2—转子　3—定子的 N 极　4—控制脉冲　5—信号发生装置

三、控制电机类

控制电机在各类自动控制系统中具有执行、检测和解算的功能。从基本的电磁感应原理来说，控制电机与普通旋转电机没有本质上的差别，但后者着重于对电机力能指标的要求，而前者注重于对特性高精度和快速响应方面的要求及满足系统对它提出的要求。因此，控制电机在自动控制系统中是不可缺少的重要元件，其性能好坏将直接影响到整个控制系统的工作性能。

汽车电子控制系统的控制电机类执行机构的任务是将电信号转换成轴上的角速度、线速度和角位移，并带动控制对象运动。因向控制对象输出机械功率，所以此类控制电机又称为功率元件。汽车电子控制系统用的电动机除了要求体积小、重量轻、耗电少以外，还要求其具有高可靠性、高精度和快速响应性能。目前主要是伺服电动机和步进电动机两类。

1. 伺服电动机

伺服电动机又称为执行电动机。在汽车电子控制系统中作为执行元件，把输入的电压信号变换成转轴的角位移或角速度输出。输入的电压信号又称为控制信号或控制电压，改变控制电压可以改变伺服电动机的转速及转向。如电动座椅和电动门窗电机以及电动式 EPS 中的电机等。

伺服电动机按其使用的电源性质不同，可分为直流伺服电动机和交流伺服电动机两大类。由于直流伺服电动机具有良好的调速性能、较大的启动转矩及快速响应等优点，首先在汽车电子控制系统中得到广泛应用。

直流伺服电动机实质上就是他励直流电动机。

$$n=\frac{U_a-I_aR_a}{C_e\Phi} \tag{2-4}$$

式中：U_a 为电枢电压；E_a 为电枢电动势；I_a 为电枢电流；R_a 为电枢回路总电阻；n 为转速；Φ 为每极主磁通；C_e 为电动势常数，有

$$C_e=\frac{PN}{60a} \tag{2-5}$$

其中，P 为极对数；N 为电枢导体总数；a 为电枢绕组并联支路对数。

该式表明：改变电枢电压 U_a 和改变励磁磁通 Φ 都可以改变电动机的转速。因而直流伺服电动机的控制方式有两种：一是把控制信号作为电枢电压 U_a 来控制电动机的转速，这种方式叫电枢控制；另一种是把控制信号加在励磁绕组上，通过控制磁通 Φ 来控制电动机的转速，这种控制方式叫磁场控制。但磁场控制方式随着控制信号减弱其机械特性变软，调节特性是非线性的，故现在主要采用电枢控制方式。

直流伺服电动机由于包含电刷和换向器，存在结构复杂、维护麻烦、存在换向火花、电动机的阻转矩较大等问题。因此交流伺服电动机渐渐受到了人们的重视，目前采用矢量控制的三相感应电动机和无刷永磁伺服电动机构成的高性能交流伺服系统已逐渐占据了高性能伺服驱动领域的主导地位。

采用矢量控制的三相感应电动机伺服驱动系统借助于坐标变换，把实际的三相感应电动机等效成旋转坐标系中的直流电动机。在一个适当选择的旋转坐标系中，三相感应电动机具有与直流电动机相似的转矩公式，且定子电流中的转矩分量与励磁分量可以实现解耦，分别相当于直流电动机中的电枢电流与励磁电流，这样在该坐标系中感应电动机可以像直流电动机一样进行控制，从而使三相感应电动机具有与直流伺服电动机相似的动态性能。

无刷永磁伺服电动机也称为交流永磁伺服电动机，是由直流电动机发展而来的，其本质是一种自控变频同步电动机系统。无刷永磁伺服电动机定子结构与普通同步电动机或感应电动机基本相同，铁心中嵌有多相对称绕组，而转子结构是无刷永磁电动机与其他电动机最主要的区别——其转子方面由永磁体取代了电励磁同步电动机的转子励磁绕组。转子结构一般可分为表面式(凸装式)、嵌入式和内置式三种基本形式，表面式结构的电动机交、直轴磁路磁阻基本相同，交、直轴电感相等，而且由于有效气隙较大，绕组电感低，有利于改善电动机的动态性能。此外，表面式结构还可使转子做的直径小，惯量低。因此许多无刷永磁伺服电动机都采用这种结构。

为了消除电刷和机械换向器，在无刷直流电动机中将直流电动机反装，即将永磁体磁极放在转子上，而电枢绕组成为静止的定子绕组，为了使定子绕组中的电流方向能随其绕组边所在处的磁场的极性交替变化，需将定子绕组与电力电子器件构成的逆变器连接，并安装转子位置检测器，以检测转子磁极的空间位置，根据转子磁极的空间位置(由此可以确定电枢绕组各线圈边所在处磁场的极性)控制逆变器中功率开关器件的通断，从而控制电枢绕组的导通情况及绕组电流的方向，显然在这里转子位置检测器和逆变器起到了“电子换向器”的作用。

目前，普遍应用的无刷永磁伺服电动机有两大类：一类称为无刷直流电动机(BLDCM—Brush Less DC Motor)；另一类称为正弦波永磁同步电动机，简称永磁同步电动机(PMSM—Permanent Magnet Synchronous Motor)。它们之间最大的区别是：正弦波永磁同步电动机的定子绕组感应电动势为正弦波，为了产生恒定转矩，定子绕组应通入正弦波电流；而无刷直流电动机定子绕组中的感应电动势应为梯形波，定子绕组中应通入方波电流，因此无刷直流电动机也称为梯形波永磁同步电动机或方波永磁同步电动机。

图 2-31 所示为星形全桥接法三相无刷直流电动机的原理图。

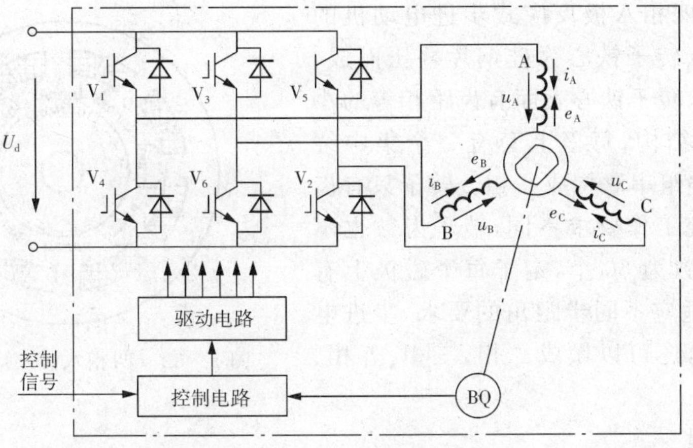

图 2-31 星形全桥接法

2. 步进电动机

步进电动机属于断续运转的同步电动机。它将输入的脉冲电信号变换为阶跃的角位移或直线位移,也就是给一个脉冲信号,电动机就转一个角度或前进一步,因此这种电动机叫步进电动机。因为它输入的既不是正弦交流,也不是恒定直流,而是脉冲电流,所以又叫做脉冲电动机。如步进电机式怠速控制机构、可调阻尼力减振器的执行器等。

由于脉冲电源每给出一个脉冲电信号,步进电动机就转过一个角度或前进一步,因而其轴上的转角或线位移与脉冲数成正比,或者说它的转速或线速度与脉冲频率成正比。改变脉冲频率的高低就可以在很大范围内调节电动机的转速,并能快速启动、制动和反转。步进电动机的步距角变动范围较大,在小步距角的情况下,可以低速平稳运行。在负载能力范围内,电动机的步距角和转速大小不受电压波动和负载变化的影响,也不受环境条件如温度、气压、冲击和振动等影响,只与脉冲频率有关。它每转一周都有固定的步数,在不丢步的情况下运行,其步距误差不会长期积累,因此这类电动机特别适合在开环系统中使用,使整个系统结构简单、运行可靠。当采用了速度和位置检测装置后,它也可以用于闭环系统中。

步进电动机的主要缺点是效率较低,并需要专门的脉冲驱动电源供电。运行时,带负载转动惯量的能力不强。此外,共振和振荡也是运行中常出现的问题,特别是内阻尼较小的反应式步进电动机,有时还要加机械阻尼机构。

步进电动机按其工作方式不同,可分为功率步进电动机和伺服步进电动机两类。前者体积一般做得较大,其输出转矩较大,可以不通过力矩放大装置,直接带动负载,从而简化了传动系统的结构,提高了系统的精度。目前国内功率步进电动机的输出转矩已达到 80N·m。伺服步进电动机输出转矩较小,只能直接带动较小的负载,对较大负载需通过液压扭矩放大器与伺服步进电动机构成伺服机构来传动。

按励磁方式的不同,步进电动机可分为反应式、永磁式和感应子式(混合式)三类。它们产生电磁转矩的原理虽然不同,但其动作过程基本上是相同的。下面以四相八极步进电动机为例说明其工作原理。

(1)结构特点

图 2-32 是四相八极反应式步进电动机的典型结构图。定、转子铁心为硅钢片叠压而成,在面向气隙的定、转子铁心表面有齿距相等的小齿。定子为凸极结构,每极上套有一个集中绕组,相对两极的绕组串联构成一相。转子只有齿槽没有绕组,系统工作要求不同,转子齿数也不同。图中转子齿数为 50 个,定子每个磁极上有 5 个小齿。为了适应不同步距角的要求,步进电动机不但有四相,还可以做成二相、三相、五相、六相或八相。

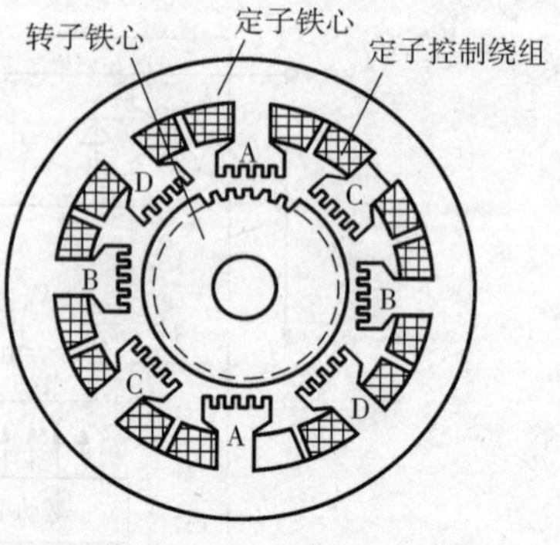

图 2-32　四相八极反应式步进电动机

(2)工作原理

反应式步进电动机是利用凸极转子交轴与直轴磁阻不相等产生反应转矩而转动的。图 2-33 为四相八极反应式步进电动机的工作原理示意图。

当 A 相控制绕组通电(图 2-33a),而 B、C 与 D 相都不通电时,由于磁通具有企图走磁阻最小路径的特点,所以转子齿 1 和 4 的轴线与定子 A 极轴线对齐。同理,当断开 A 相接通 C 相时,使转子齿 3 和 6 的轴线与 C 极轴线对齐,转子便按逆时针方向转过 15°,如图 2-33b 所示。同样再断开 C 相接通 B 相时,则转子又转过 15°,如图 2-33c 所示。再断开 B 相接通 D 相,转子又转过 15°,如图 2-33d 所示。若使步进电动机按顺时针方向连续运转,各相绕组的加电顺序为 A—D—B—C—A—……。

如此,电源每切换一次,步进电动机转子便旋转 15°。这种电源的通电方式每变换一次,称为一拍,每一拍转子所转过的角度,称为步距角 θ_s。如上所述,电源每切换四次后开始重复,一个循环为四拍,每次只接通一相绕组的四相供电方式称为四相单四拍。此外,还有四相双四拍运行方式(每次同时接通两相绕组,步距角为 15°)、四相八拍运行方式(每一循环有八种通电状态,有时一相绕组通电,有时两相绕组通电,步距角为 7.5°)等。

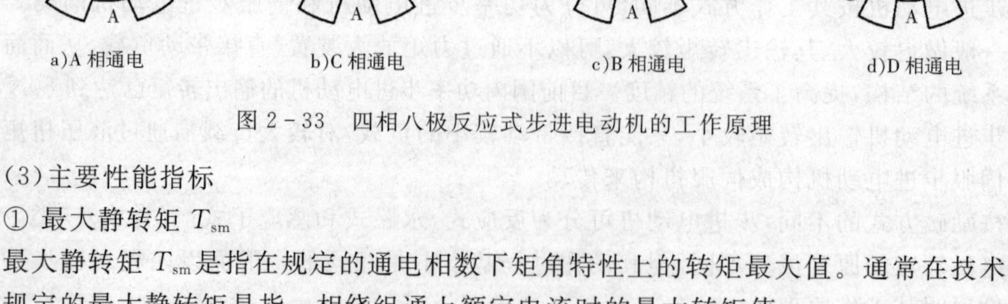

图 2-33　四相八极反应式步进电动机的工作原理

(3)主要性能指标

① 最大静转矩 T_{sm}

最大静转矩 T_{sm} 是指在规定的通电相数下矩角特性上的转矩最大值。通常在技术数据中所规定的最大静转矩是指一相绕组通上额定电流时的最大转矩值。

功率步进电动机最大静转矩一般大于 4.9N·m，因此它不需要力矩放大装置就能直接带动负载，从而大大简化了系统，提高了传动的精度。

② 步距角 θ_s

步距角是指输入一个电脉冲转子转过的角度。步距角的大小直接影响步进电动机的启动频率和运行频率。相同尺寸的步进电动机，步距角小的启动、运行频率较高，但转速和输出功率不一定高。

③ 静态步距角误差 $\Delta\theta_s$

静态步距角误差是指实际步距角与理论步距角之间的差值，常用理论步距角的百分数或绝对值来表示。通常在空载情况下测定，$\Delta\theta_s$ 小意味着步进电动机的精度高。

④ 启动频率 f_{st} 和启动频率特性

启动频率 f_{st} 是指步进电动机能够不失步启动的最高脉冲频率。技术数据中给出空载和负载启动频率。实际使用时，大多是在负载情况下启动，所以又给出启动的矩频特性，以便确定负载启动频率。启动频率是一项重要的性能指标。

⑤ 运行频率 f_{ru} 和运行矩频特性

运行频率 f_{ru} 是指步进电动机启动后，控制脉冲频率连续上升而不失步的最高频率。通常在技术数据中也给出空载和负载运行频率，运行频率的高低与负载转矩的大小有关，所以又给出了运行矩频特性。

提高运行频率对于提高生产率和系统的快速性具有很大的实际意义。由于运行频率比启动频率高得多，所以在使用时，通常采用能自动升、降频控制线路，先在低频（不大于启动频率）下进行启动，然后再逐渐升频到工作频率，使电动机连续运行，升频时间在 1s 之内。

第五节　线　束

一、概述

为了使全车的线路（除高压线以外）不零乱，且安装方便和保证性能可靠，一般都将同路的不同规格的导线用棉纱编织或用薄聚氯乙烯带缠绕包扎成束，称为线束。如果用人体作比喻，那么电子控制单元（ECU）就相当于人的头脑，传感器相当于感觉器官，执行机构相当于运动器官。显然，没有连接头脑和各器官的神经以及作为能量源的心脏和血管，仅通过头脑和各器官是无法让手脚动作的。将汽车的电气电子部件加以连接并使之工作的电线束在汽车中发挥着神经与血管的作用。

现代汽车的线束总成由包扎成束的导线、端子、插接器及护套等组成。一辆汽车可以有多个线束。线束的英文术语为 harness。harness 的原意是指拉马车的马的牵引工具（卷在背、腹、腰等处的皮带、马鞍等与马体连接的一系列部件），并没有电气方面的意思。但正如过去人们通过马车的皮带束来控制马一样，现在通过电力铜线来控制车辆各电控系统，使汽车按驾驶员的意图行驶。

汽车线束除应具备连接可信度（传输电气信号或电流的回路）、控制磁泄露、排除电气短路等基本功能外，还应确保组装作业的简易性以及组装的可信度。随着汽车电器与电子设备的增多，如果按照常规点到点间的传统布线法，则整个汽车的布线将十分复杂，显得很凌乱。这不仅增加了布线所需的金属用量，而且也使汽车的设计、试制和维修的难度加大。因此，在同一传输线上传输多种信号的多重通信系统（多路传输技术）日益受到了人们的关注。这种基于串行信息传输的汽车网络技术将在第三章详细介绍。

二、汽车电路

汽车线路通常由电源电路、启动电路、点火电路、照明与灯光信号电路、仪表信息系统电路、辅助装置电路和电子控制系统电路等组成。

电源电路也称充电电路，是由蓄电池、发电机、调节器及充电指示装置等组成的电路。电能分配（配电）及电路保护器件也可归入这一电路。

启动电路是由启动机、启动继电器、启动开关及启动保护装置组成的电路。通常也将启动预热装置及其控制电路列入这一电路。

点火电路是汽油发动机汽车特有的电路，由点火线圈、分电器、电子点火组件、火花塞及点火开关组成。一般将微机控制的点火控制系统电路列入电子控制系统电路中。

照明与灯光信号电路是由前照灯、雾灯、示宽灯、转向灯、制动灯、倒车灯、车内照明灯及有关控制继电器和开关组成的电路。

仪表信息系统电路是由仪表及其传感器、各种报警指示灯及控制器组成的电路。

辅助电器装置电路是由为提高车辆安全性、舒适性等而设置的各种电器装置组成的电路。辅助电器装置的种类随车型不同而有所差异，汽车档次愈高，辅助电器装置便愈完善。如风窗除霜（防雾）、空调、电控门锁、电动座椅调节及音响等装置。

电子控制系统电路的作用是为各种电子控制系统正常工作提供稳定可靠的电力和电子信号。目前，在电子控制系统电路中采用汽车网络技术已成为一种发展趋势。

汽车电路的基本形式可分为四类，如图 2-34 所示。

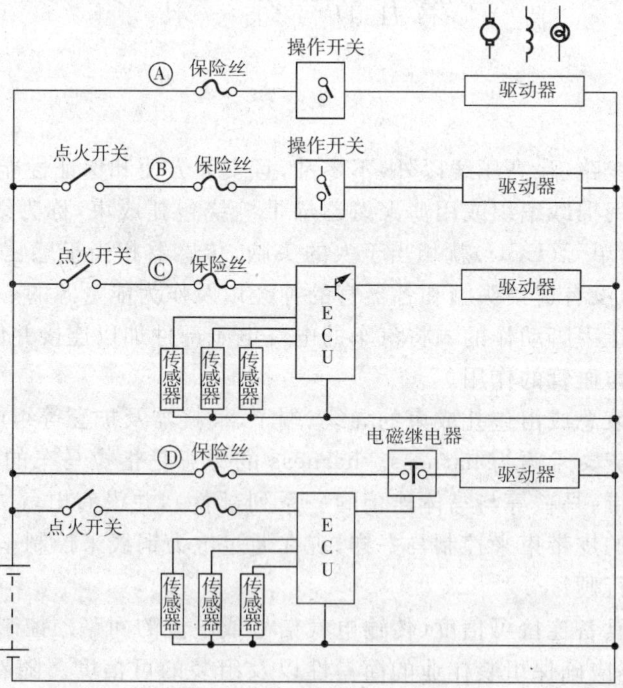

图 2-34　汽车电路的基本形式

A类电路和B类电路属于通过操作开关直接驱动电机、螺线管、指示灯等用电设备的回路。A类电路即使发动机未启动也可操作，如仪表信息系统电路与照明与灯光信号电路等。而B类电路必须在发动机启动后(点火开关为ON)时才工作，如点火电路等。

电子控制系统的ECU(控制回路)根据来自于传感器的输入值，向执行机构发出控制信号，并提供电力。电子控制系统电路有C类及D类电路两种。C类电路属于通过ECU向执行机构直接供应电力的回路，主要应用于工作电流较小的场合。D类电路由ECU向外部的电磁继电器等元件发出动作指示，从而间接供应电力的回路，主要应用于工作电流较大的场合。

一辆汽车通常有多根线束，而且由于汽车的电气电子部件存在于车辆中的任意场所，因此汽车线束的长短各异，形状也非常复杂(图2－35)。另外，为保证汽车线束的可靠性，在安装线束时应注意以下几点：

(1)线束应采用卡簧或绊钉固定，以免松动磨坏。

(2)线束不可拉得过紧，尤其在拐弯处更要注意。在绕过锐角或穿过金属孔时，应用橡皮或套管保护，否则容易磨坏线束而发生短路、搭铁故障，并有烧毁全车线束，酿成火灾的危险。

(3)线束的各接头必须连接牢固，接头间接触良好。

(4)连接电器时，应根据插接器的规格以及导线的颜色或接头处套管的颜色，分别接于电器上，以方便维修。

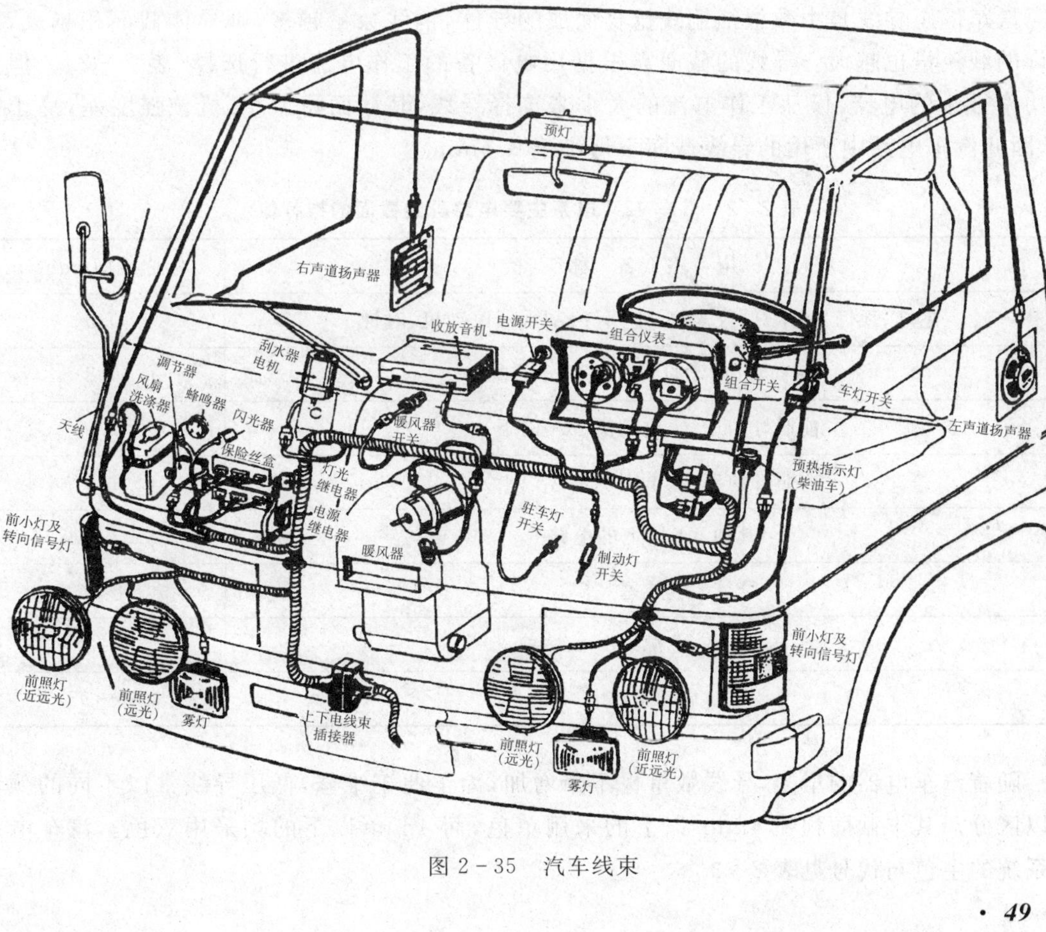

图2－35　汽车线束

三、线束的构成

线束通常由导线、连接器、开关、保险装置、中央配电盒和其他保护装置等部件构成。

1. 导线

汽车线束中的导线有低压导线、高压导线和屏蔽导线三种，如图 2－36 所示。

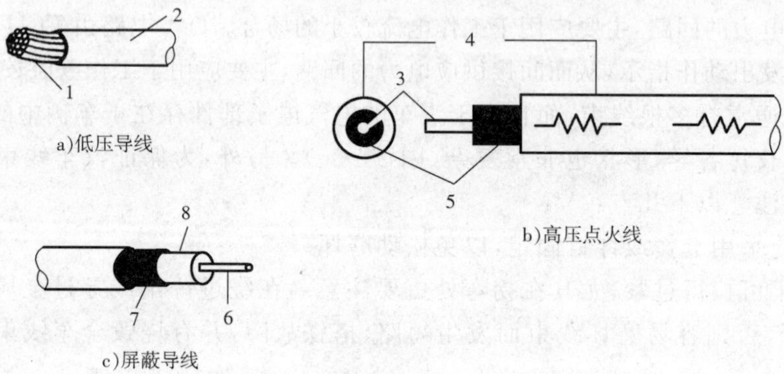

图 2－36　汽车线束中的导线

1、3、6—线芯　2、4、8—绝缘外皮　5—橡胶绝缘体　7—外导体(屏蔽层)

(1)低压导线

汽车低压导线是由数根细铜线捻合而成的导体，铜线数量越多，则导体截面积越大，可允许的载流量也越大。导线的截面需根据用电设备的工作电流进行选择(表 2－2)。但是对功率很小的电器，仅从工作电流的大小来选择导线，其截面将太小，机械强度差，易于折断，因此汽车电系中所用的导线截面不得小于 0.5mm^2。

表 2－2　汽车 12V 电系主要电路导线截面的推荐值

电　路　名　称	标称截面(mm^2)
尾灯、顶灯、指示灯、仪表灯、牌照灯、刮水器电动机、时钟	0.5
转向灯、制动灯、停车灯、分电器	0.8
前照灯的近光、电喇叭(3A 以下)	1.0
前照灯的远光、电喇叭(3A 以上)	1.5
其他 5A 以上的电路	1.5～4
电热塞	4～6
电源线	4～25
启动电路	16～95

随着汽车电器的增多，导线数量也不断增加，为了便于维修，低压导线常以不同的颜色加以区分。其中截面积在 4mm^2 以上的采用单色，而 4mm^2 以下的均采用双色。汽车电系各系统的主色与代号见表 2－3。

表 2-3　汽车电器各系统的主色与颜色代号

序　号	系统名称	主色	颜色代号
1	电源系统	红	R
2	点火、启动系统	白	W
3	雾灯	兰	Bl
4	灯光、信号系统	绿	G
5	车身内部照明系统	黄	Y
6	仪表、报警和喇叭系统	棕	Br
7	收音机、时钟、点烟器等辅助系统	紫	V
8	各种辅助电动机及电气操纵系统	灰	Gr
9	搭铁线	黑	B

汽车低压导线中又有普通导线、启动电缆线和蓄电池搭铁电缆线之分。

普通低压导线根据外皮绝缘包层的材料不同又分为 QVR 型(聚氯乙烯绝缘包层)和 QFR 型(聚氯乙烯—丁腈复合绝缘包层)两种。

启动电缆线用来连接蓄电池与启动机开关的主接线柱，截面有 $25mm^2$、$35mm^2$、$50mm^2$、$70mm^2$ 等多种规格，允许电流达 500A～1000A。为了保证启动机正常工作，并发出足够的功率，要求在线路上每 100A 的电流电压降不得超过 0.1V～0.15V。

蓄电池的搭铁电缆线是由铜丝编织而成的扁形软铜线，国产汽车常用的搭铁线长度有 300mm、450mm、600mm 和 760mm 等 4 种。

(2)高压点火线

高压点火线用来传送高电压。由于工作电压很高(一般在 15kV 以上)，电流强度较小，因此高压导线的绝缘包层很厚，耐压性能好，但线芯截面积很小。国产汽车用高压点火线有铜芯线和阻尼线两种。为了衰减火花塞产生的电磁波干扰，目前广泛使用的是高压阻尼点火线。

(3)屏蔽导线

屏蔽导线也称铠装电缆，主要用作各种传感器和电子控制装置的信号线等。这种导线内只有电压很低的微弱信号电流通过，为了不受外界的电磁感应干扰(或火花塞点火时、电器开关开闭时产生的干扰)，在其线芯外除了有一层绝缘材料外，还覆有一层屏蔽用的导体，最外层为保护用外皮。

2. 连接器

连接器用于线束之间以及线束和电子电气部件之间的连接，以便于线束的布置、拆装和线路维修。目前，插接式连接器(简称插接器)因其连接可靠、检修电路方便而被广泛使用。插接器可供连接几条到数十条线路。为了避免装配中出现差错，插接器有圆柱体、长方体、正方体等不同的型体。在发动机室等使用环境较差的场所，为防止接线头处出现锈渍而导致的腐蚀或接触不良，常采用防水型插接器。为了防止汽车行驶过程中插接器脱开，所有插接器均采用闭锁装置(如图 2－37 所示)。这样当插接器结合后,可保证线路连接的可靠性。当要拆下插接器时,应先压下闭锁,然后再将其拉开。

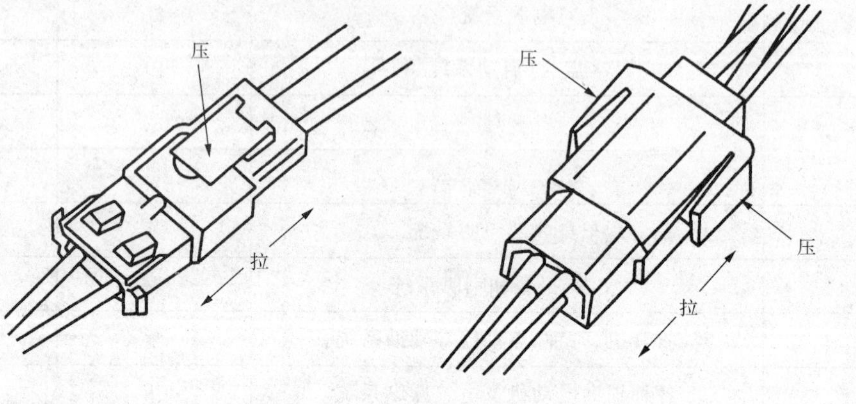

图 2－37　插接式连接器

插接器由插头与插座两部分构成。如图 2－38 所示,插座和插头均由接头(端子)和护套(外壳)组成。接头由表面镀锡(镀银)的黄铜制成,采用冷铆压合与导线挤压在一起,有柱状(针状)和片状两种;护套由塑料或橡胶制成,设有多个孔位,用以放置导线接头。导线接头上带有倒刺,当嵌入护套后自动锁止;护套的一侧带有锁止装置,当插头与插座接合后自行锁止,可防止使用中自动脱开。

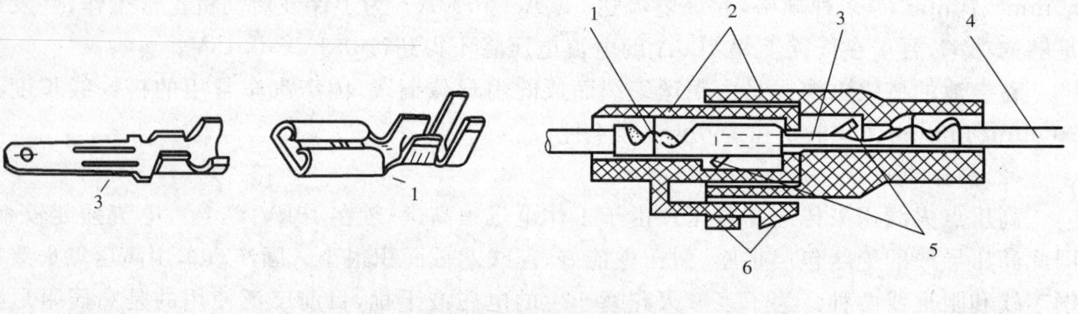

图 2－38　插接器的构成

1—插座　2—护套　3—插头　4—导线　5—倒刺　6—锁止机构

3. 开关

汽车上用来控制电器设备的开关种类很多,主要有机械式和电磁式两类。

机械式开关有手操纵和脚操纵两种。按功能和用途不同,有电源开关、照明灯开关、信号控制开关等;按结构的不同,可分为推杆式、顶杆式、旋转式、扳柄式、按钮式和组合式等多种形式,可分别安装在驾驶室内的不同位置。驾驶员经常使用的开关应安装在驾驶员手脚易触到的范围内(如仪表板、转向盘处及离合器踏板旁),并且要设计得足够坚固,有较大的手柄和按钮,便于驾驶员摸索操纵,从而保证行车中驾驶员的视线经常集中于前进的方向。

电磁式开关实际上是单纯实现电路通断与转换的电路控制继电器。它通过流经开关和继电器线圈的小电流,控制用电装置的大电流,起到减小开关电流负荷、保护开关触点不被烧蚀或实现电路的转换等作用。根据所控制的电路，电路控制继电器可分为电源继电器(减荷继电器)、充电指示继电器、启动继电器、灯光继电器、喇叭继电器、空调压缩机电磁离合器继电器及风扇电机继电器等。

4. 保险装置

为了防止过载和短路时烧坏用电设备和导线，在电源与用电设备之间应串联有保险装置。汽车上常用的保险装置有熔断丝、易熔线和电路断路保护器等。

(1)熔断丝

熔断丝俗称保险丝，常用于对局部电路进行保护。熔断丝的主要组成部分是熔体(熔片或熔丝)，材料是锌、锡、铅、铜等金属的合金，装置在一定形状的支架上。当流经的电流超过规定值时，熔断部位发生热熔断从而切断回路电流。

熔断丝按结构形式可分为金属丝式、管式、片式和平板式等多种形式，如图 2-39 所示。各种熔断丝额定电流的规格见表 2-4。

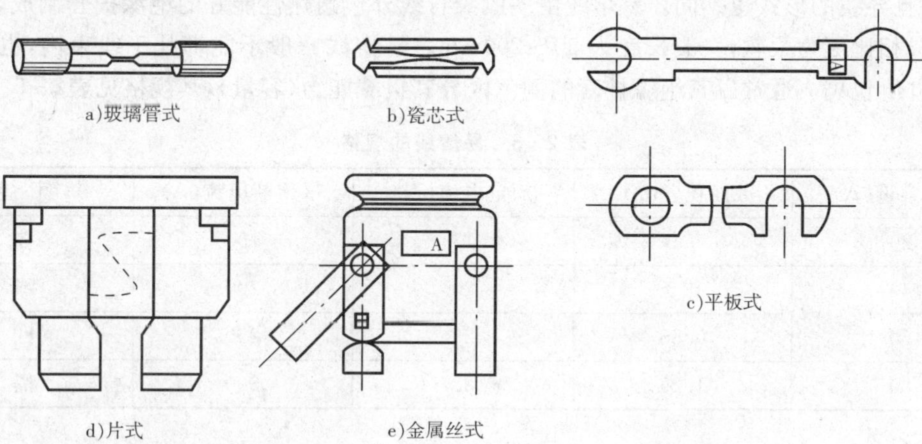

图 2-39　熔断丝

表 2-4　各种熔断丝额定电流的规格

形　式	额定电流(A)
玻璃管式	2　3　5　7.5　10　15　20　25　30　40
瓷芯式	5　8　16　20　25
片式	2(无色)　3(紫)　5(棕)　7.5(褐)　10(红)　15(浅黄)　25(白)　30(绿)
金属丝式 (直径 mm)	3(0.11)　7.5(0.20)　10(0.25)　15(0.30)　20(0.35)　25(0.40)　30(0.47)
平板式 (厚度 mm)	20(0.2)　45(0.4)　60(0.6)　80(0.8)

熔断丝能在额定电流条件下长时间工作。当电流超过额定值倍数较大时，发热量增加，熔体很快就达到熔化温度，熔化时间大为缩短。反之，在熔断丝过载倍数不是很大时，熔化

时间将延长。图 2-40 所示为 15A 保险丝的熔断特性。

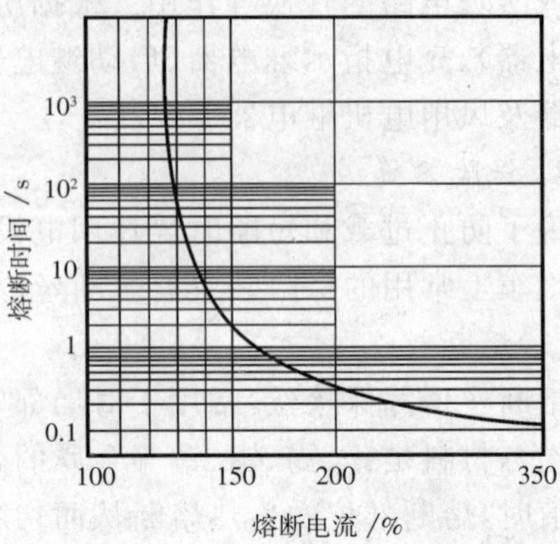

图 2-40 保险丝的熔断特性

熔断丝只能起一次作用，每次熔断后必须更换，因此汽车上总是要贮备不同规格的熔断丝。

(2)易熔线

易熔线是一种截面积小于被保护电路导线截面的、可长时间通过额定电流的铜线或合金导线，主要用于保护电源电路和大电流电路。当线路中电流超过额定电流数倍时，易熔线将首先熔断，以保护线路免遭损坏。

易熔线与一般熔丝不同之处在于其熔断反应较慢，且导线的形式也不同。易熔线由多股绞合线外包耐热性能好的绝缘护套制成，与普通低压导线相比更为柔软，一般长度为 50～200mm。易熔线一般不能绑扎于线束内，也不得被其他物件所包裹。通常以其绝缘护套的颜色区分其负载能力(容量)，其规格见表2-5。

表 2-5 易熔线的规格

标称容量(A)	截面积(mm^2)	额定电流(A)	5s 熔断电流(A)	颜 色
20	0.3	13	150	棕
40	0.5	20	200	绿
60	0.85	25	250	红
80	1.25	33	300	黑

(3)电路断路保护器

电路断路保护器简称电路断路器，常用于保护较大容量的电器设备。与易熔线和熔断丝相比，其特点是可重复使用。它的基本组成是一对受热敏双金属片控制的触点，当电路发生过载或短路故障时，超过额定电流数倍的电流使双金属片受热变形，触点断开，自动切断电路，以保护电器设备或线路。

电路断路器按其动作后的恢复形式不同可分为手撳复位式与自动复位式。对于手撳复位式电路断电器，若要重新接通电路，必须按一下按钮，使双金属片受压复位，方可继续工作。而自动复位式电路断电器在电路断路双金属片冷却后，会使触点重新闭合而自动接通电路。

5. 中央配电盒

随着汽车电气装置的增多，汽车上的继电器和熔断丝的数量也在逐渐增加，为便于在装配和使用中排除故障，现代汽车往往将各种控制继电器与熔断丝安装在一起，成为一个中央配电盒。

图 2-41 所示为桑塔纳轿车中央配电盒的正面布置图。配电盒内部通过母线(金属导体连接片)形成与保险丝以及继电器连接的电路，从而进行电源的分配。在车身内通过适当设置，可以大幅减少线束线途中所产生的回路分支，从而减少电线根数和线束的直径，同时提高了保险丝和继电器的装卸更换服务性。

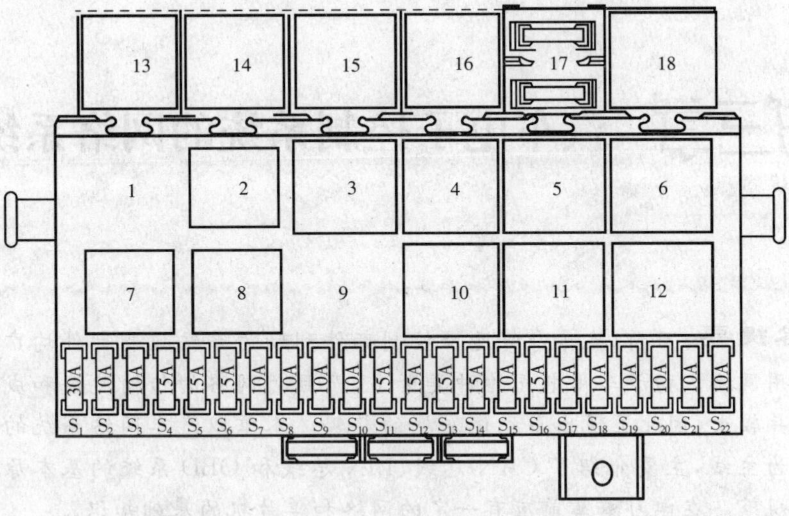

图 2-41 中央配电盒的正面布置图

1、3、4、5、11、13、15、16、17、18 号位—空位 2 号位—进气预热继电器 5 号位—空调继电器
6 号位 高、低喇叭继电器 7 号位—雾灯继电器 8 号位—减荷继电器(又称中间继电器)
10 号位—前风窗清洗刮水装置继电器 12 号位—报警及转向继电器 14 号位—冷却液不足指示控制器
S_1—30A(散热器风扇) S_2—10A(制动灯) S_3—10A(点烟器、收音机、钟、内部灯)
S_4—15A(报警灯、应急灯) S_5、S_{12}—空位 S_6—15A(雾灯 A) S_7—10A(尾灯、左侧灯)
S_8—10A(尾灯、右侧灯) S_9—10A(右大灯远光) S_{10}—10A(左大灯远光)
S_{11}—15A(刮水器及清洗装置) S_{13}—15A(后风窗除霜器) S_{14}—15A(空调鼓风机)
S_{15}—10A(倒车灯) S_{16}—15A(喇叭) S_{17}—10A(进气歧管预热热敏开关)
S_{18}—10A(喇叭、制动警报灯) S_{19}—10A(转向信号灯) S_{20}—10A(牌照灯、杂物箱灯)
S_{21}—10A(左大灯近光) S_{22}—10A(右大灯近光) S_1～S_{22}后的括号内为供保护的电器名称

6. 其他保护装置

线束的保护装置主要有夹具和波纹软管两种。夹具可以将电线束牢牢地固定在配线路径中,以防止线束干扰到其周围的部件,或者卡入可移动部位的缝隙中从而导致线束损坏。波纹软管可以将整个电线束加以包裹,从而保护电线不受金属等硬物的损伤以及电线绝缘体的腐蚀老化。

思考与练习

2-1 汽车电子控制系统主要由哪几部分组成?

2-2 简述车用传感器的具体性能要求。

2-3 简述电磁感应式和霍尔式转速传感器的工作原理和特点。

2-4 简述二氧化锆(ZrO_2)式氧传感器的工作原理。

2-5 空气流量的测量方法有哪些?简述热膜式空气流量计的基本结构和工作原理。

2-6 电子控制单元(ECU)的主要功能有哪些?

2-7 ECU 硬件系统的组成有哪些?简述微控制器(MCU)选型时主要应考虑的因素。

2-8 汽车电控系统应用软件的组成模块和基本要求有哪些?

2-9 汽车电子控制系统执行机构的主要功能是什么?有哪些种类?

2-10 汽车电路的基本形式有哪些?

2-11 简述汽车线束的基本组成。

第三章 汽车电子控制系统的网络系统

内容提要：目前，从车身舒适性控制部件到动力系统控制部件均广泛采用车用网络。由于车用电气的种类繁多，而且对网络的传输速度和成本要求差异较大，因此呈现出多元化发展的趋势。本章以汽车网络系统的基础知识为主线，主要介绍了 CAN 总线、LIN 总线和 OBD 系统的基本原理和技术规范。在学习本章前应有一定的网络和单片机的基础知识。

第一节 概 述

随着汽车电子技术的发展及对汽车性能要求的不断提高，汽车上的电子装置越来越多，如发动机电子控制装置、自动变速器、ABS、安全气囊、电控悬架、巡航控制系统、电控动力转向装置，以及车身部分的电动门窗、电动后视镜等，且随着汽车性能的提高，这个趋势仍是不可遏制的。

一辆用传统布线方法设计的高档车中，其电线的长度可达 2km，电气节点数可能高达 1500 个，并且保持大约每 10 年增长 1 倍的发展速度。在这种状况下，粗大的线束与汽车中有限的可用空间之间的矛盾越来越尖锐，而且也成为汽车轻量化和进一步电子化的最大障碍。

一般情况下，线束都装在看不到的地方(如纵梁下面等)，一旦线束中出了问题，查找维修相当困难。另外，每个车型的线束都不一样，每种车都单独设计，从而增加了设计和试制的难度。有时需替代某个落后的电器配件，要增加几根线，因无法加到原线束中，只能从外面加线，从而使线路更凌乱。所以，无论从材料成本还是从工作效率看，传统布线法都将不适应汽车的发展。因此在汽车上使用网络通信技术成为一种必然的选择。

另一方面，随着汽车电子化的深入，以网络通信为基础的线控技术(Control By Wire，CBW)将在车上普遍应用，这是汽车对网络技术需求的另一个原因。线控系统在人机接口、执行机构和传感机构之间，以及与其他的系统之间要进行大量的信息传送，基于串行信息传输的网络结构技术是实现这种通信功能的最佳结构。线控技术要求网络的实时性好、可靠性高和具有冗余的“功能实现”，以保证在故障时仍可实现这个装置(总成)的基本功能。这就要求用于线控的网络数据传输速度高、时间特性好(通信事件发生时间是确定的)、可靠性高和具有必要的冗余技术，这也是汽车网络的特点。

在智能交通体系中，一个汽车应当具有接收和提供相关信息的功能，如接收定位信号、提供地理信息服务、接收管理信息、发送本车状态信息、进行安全服务请求等。而且未来汽车上可以提供任何在办公室或家庭中的网络信息服务。要完成这些功能,需要很强的通信能力和数据的共享功能,这也是计算机网络最基本的功能。

汽车是移动平台,它的联网技术不同于一般的计算机网络。因为一般的计算机网络主要是解决用户对网络资源的共享,其主要目的是试图解除距离上的约束,解决通信容量和负载均衡的问题。而用于移动平台上的网络,除了要满足资源共享以外,它还要满足各功能子系统的实时性要求,同时通过信息的交换达到功能综合的目的,它特别强调网络的可靠性和实时性。而汽车的潮湿、振动、尘土、油污、温度变化范围大,以及电动汽车中强电系统对弱电系统在近距离内的强电磁干扰等恶劣工作环境,对电子装置之间的数据可靠通信提出了近乎苛刻的要求。

从 20 世纪 70 年代末开始研究的车用网络最初只在高档汽车中采用,而且多为各汽车厂商自行研制的通信协议。到 20 世纪 90 年代初,协议的研发到了相对成熟的阶段,从车身舒适性控制部件到动力系统控制部件都成为车用网络包罗的对象。而且由于车用电气的种类繁多,对网络的传输速度和成本要求差异较大,因此呈现出多元化的趋势。

在这些车用协议中,较为突出的是 BOSCH 公司于 20 世纪 80 年代初提出的 CAN(Controller Area Network)。还有一些适合不同传输速率等级及特殊用途的网络协议,如低速的 LIN、用于 X-by-wire 的 FlexRay 和 TTCAN、多媒体应用中的 MOST 等协议。如图 3-1 所示是各类典型总线在应用领域上所对应的网络特性与节点成本的统计。其中 J1850 和 Byteflight 目前尚未得到广泛认同。

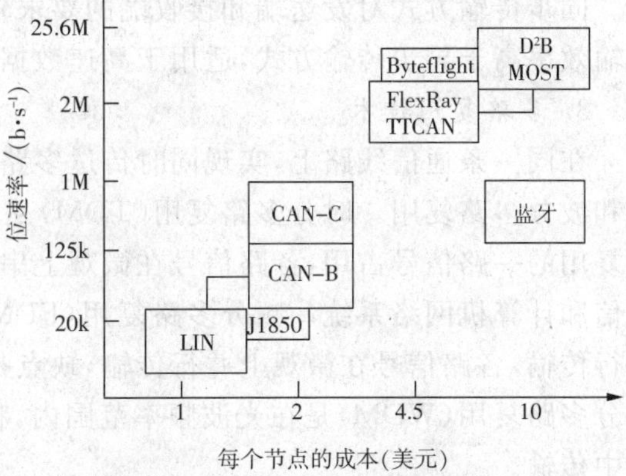

图 3-1 各类典型总线的应用领域

从图中统计结果可以看出,除蓝牙技术外(因为它属于无线通讯的范畴),它们在位速率和成本上所占据的范围几乎不存在重叠区域。这反映出网络在汽车领域已被不同的车用总线“瓜分殆尽”,而且这些车用总线在各自领域中呈现出“独霸一方”的情形。在近期不可能出现一套统一的解决方案,能够完全满足人们针对车载网络在性能及成本上所提出的一切要求。车用总线领域还将长期维持目前这种多套协议规范互相竞争的态势,甚至会出现在同一国际标准下并存有多种兼容总线的格局。

CAN—B、CAN—C 和 TTCAN 是由 CAN 规范所衍生出来的总线标准。其中,CAN—B 指的是用于 SAE 中 B 类场合下的 CAN,也就是低速容错 CAN;同理,CAN—C 指的是高速 CAN。它们连同 TTCAN 一起,覆盖了汽车中绝大部分可以用到网络的范围。另外,从节点成本上看,这三类基于 CAN 规范的车用总线也比较有市场竞争力。因此,如今在汽车行业中,CAN 受到人们的格外青睐,它被普遍认为是车载网络领域最有发展前途的总线规范之一。

第二节　网络基础

一、数据传输方式

1. 串行传输与并行传输

串行传输的数据是一位一位在设备间进行传输，在发送站需将并行数据位流变成串行数据位流，然后发送到传输信道上；而在接收站又要将从传输信道接收到的数据位流变换成并行数据位流。并行传输时，多个位在设备间同时传输。串行传输的速度比并行传输要慢得多，但费用低，通常传输距离较远的数字通信系统多采用串行传输，并行传输的速度高，但设备费用也高，适用于近距离传输。

2. 同步传输与异步传输

同步传输方式中，各字符没有起始位和停止位，采用按位同步的原则。位同步即接收端接收的每一位数据信息都要和发送端准确地保持同步。异步传输方式是在位同步基础上的同步，要求发送端与接收端必须保持一个群内的同步。异步传输方式实现简单，但传输效率低。同步传输方式对发送端和接收端的要求较高，由于取消了每个字符的起始位和停止位，传输效率高于异步传输方式，适用于高速数据通信。

3. 多路复用技术

在同一条通信线路上，实现同时传送多路信号。该技术分为时分多路复用、频分多路复用和波分多路复用。时分多路复用（TDM）是在传输时将时间分成小的时间段，每一时间段由复用的一路信号占用，各路信号在微观上串行传输，宏观上并行传输。它广泛应用于数字通信和计算机网络系统。频分多路复用（FDM）是将多路信号分别调制到互不交叠的频段进行传输，各路信号在微观上并行传输，缺点是各路信号之间易互相干扰，多用于模拟通信。波分多路复用（WDM）是在光波频率范围内，将不同波长的光波，按一定间隔排列在一根光纤中传输。

二、数据传输介质

传输介质是在通信的发送方和接收方之间传输电信号的物理介质，其性能影响到数据传输速率、通信距离、数据传输的可靠性、成本和安装维护的难易度等。传输介质有架空明线、双绞线、同轴电缆、光缆、微波、红外线、卫星等。其中双绞线、同轴电缆和光缆最常用。

1. 双绞线

能传输模拟信号和数字信号，通信距离可达几千米到十几千米。当通信距离长时，要加放大器或中继器。双绞线电缆中封闭着一对或一对以上的双绞线，在其外面再包上硬的护套。每一对双绞线由两根绝缘铜导线按一定密度互相绞合在一起，以降低信号干扰。每根铜导线的绝缘层上分别涂以不同的颜色以示区别。

2. 同轴电缆

由内导体铜芯线、绝缘层、网状编织的外导体屏蔽层及塑料保护层构成，铜芯线与网状导体同轴，称同轴电缆。同轴电缆的屏蔽性能和抗干扰性能优于双绞线，具有较高的带宽和较低的误码率。通常传输速率越高，传输距离越短。

3. 光缆

光纤没有网状屏蔽层，中心是光传播的玻璃芯。多条光纤组成一束构成光纤电缆，简称光缆。光纤传输信号不受电磁干扰的影响，其传输频带非常宽、数据传输速率非常高、误码率很低、传输损耗小、中继距离长、抗电磁干扰性能很强、保密性好、质量轻、体积小等，因此光缆是数据传输中最有效、最有前途的一种传输介质。

三、局域网拓扑结构

拓扑是研究与大小、形状无关的线和面特性的方法。在网络中，把计算机等网络单元抽象为点，把网络中的通信媒体（如电缆）抽象为线，从而抽象出网络的拓扑结构。常见的局域网拓扑结构有星形、环形、树形和总线形等，如图 3－2 所示。

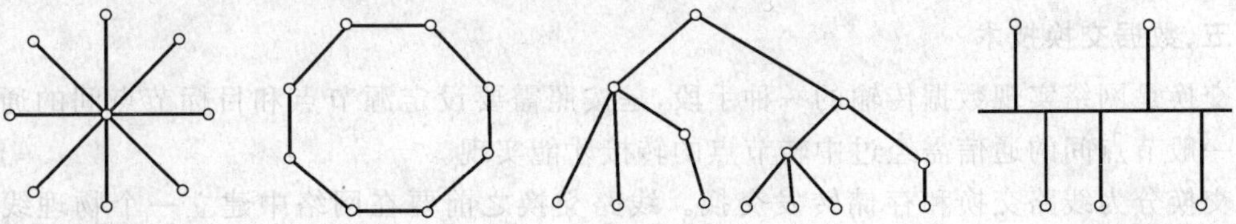

a)星形　　b)环形　　c)树形　　d)总线形

图 3－2　常见的局域网拓扑结构

1. 星形拓扑结构

星形拓扑结构的每个节点均以一条单独信道与中心节点相连，中心节点是通信控制中心。其优点是建网容易、控制简单；缺点是网络共享能力差、可靠性低，一旦中心节点出现故障，则会导致全网瘫痪。

2. 环形拓扑结构

环形拓扑结构网络中各节点通过一条首尾相连的通信链路连接而成一个闭合环形结构网，数据在环上流动。由于各节点共享环路，因此需要采取措施（如令牌控制）来协调控制各节点的发送。其优点是无信道选择问题，缺点是不便于扩充，系统响应延时大。

3. 树形拓扑结构

树形拓扑结构为天然的分层网络结构，网络成本低，结构简单，适合于分主次、分等级的层次型管理系统。

4. 总线形拓扑结构

总线形拓扑结构将各个节点和一根总线相连，网络结构简单、灵活，可扩充性好、可靠性高、资源共享能力强，因此是汽车网络首选的拓扑结构。但由于同环形结构一样采用共享信道，因此需处理多站争用总线的问题。

四、介质访问控制技术

环形和总线形拓扑结构的网络中，由于网上设备必须共享信道，为解决在同一时间多台设备争用共享信道的问题，必须使用介质访问控制（MAC）技术协调各设备访问介质的顺序，完成交换数据的任务。

1. 带碰撞检测的载波侦听多址访问

包含载波侦听多址访问（CSMA）和碰撞检测（CD）的技术，用于总线形网络拓扑结构中被称为“讲前先听、边讲边听”。“讲前先听”指每个站点在发送数据前进行载波侦听传输线上是否有信息在发送，以减少碰撞。即防止由于同一时刻有多个站点向传输线路发送信息，会引起信息在传输线上因相互混淆而遭到破坏。“边讲边听”指每个站点发送信息后，还要继续侦听传输线，判定是否发生了碰撞。一旦站点检测到碰撞，就立即取消剩余信息的传送。

2. 控制令牌

令牌(Token)是一个特殊的控制帧，用于控制数据发送。该访问方式是在环形和总线形网中建立的一种逻辑环，每个站点均有自己的前驱站和后继站，末站的后继站就是首站，首尾相连。逻辑环初始化后，站号最大的站点即可发送第一帧，然后通过下发令牌帧将发送权转交给它的后继，令牌沿逻辑环从一个站点传递到另一个站点，只有持有令牌的站点才能发送帧。对于采用控制令牌的网络，由于任一时刻只有一个站点拥有令牌，因此不会产生碰撞。

五、数据交换技术

交换是网络实现数据传输的一种手段，是按照需要设定源节点和目标节点间的通信路径。一般节点间的通信需经过中转节点的转接才能实现。

交换分为线路交换和存储转发交换。线路交换之前要在网络中建立一个物理线路连接。线路交换包括信道建立、数据传输和信道拆除三个通信过程。线路交换需建立源端到目标端的直通路径，线路建立时间长；但线路一旦建立起来，信息传输延迟时间短，不同数据传输速率和不同数据代码格式之间不能进行交换。线路交换适于实时性要求高、交互式的通信。存储转发交换是中转节点先将待传输的信息暂存到缓冲存储器中，并等待信道空闲时再把信息转发给下一个节点。若信道不空，则信息可在缓冲存储器中等待。

六、差错控制技术

差错即数据通信中接收端接收到的数据与发送端发出的数据不一致。差错控制是指在数据通信过程中发现差错，并对差错进行纠正，从而将差错限制在数据传输所允许的最小范围内，包括差错检测和差错校正。

差错控制编码是差错控制的核心。通过对信息序列作某种变换，使得原来彼此独立、没有相关性的信息码经变换后产生某种相关性，接收端据此来发现和纠正传输序列中的差错。差错控制编码分检错码和纠错码两种。纠错码既能发现错误，又能自动纠正错误；但纠错码实现复杂、造价高。检错码能自动发现错误，如奇偶校验码和循环冗余码。检错码虽然需要通过重传机制达到纠错，但原理简单、实现容易、编码与解码速度快，因此应用广泛。

七、ISO/OSI 参考模型

为实现不同制造商的计算机相互通信，国际标准化组织制定了“开放系统互连参考模型(ISO/OSI)”，1983 年正式成为国际标准，即 ISO7498。我国相应的标准为 GB/T 9387。OSI 参考模型分七层(图 3-3)，即物理层、数

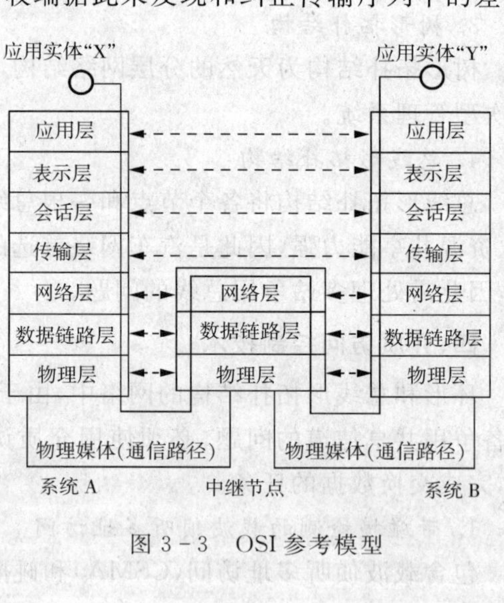

图 3-3　OSI 参考模型

据链路层、网络层、传输层、会话层、表示层和应用层。其说明见表 3－1。

表 3－1　开放系统互连参考模型

ISO/OSI 的基本参考模型		各层定义的主要项目
软件控制	7 层:应用层	提供各种可以实际应用的服务
	6 层:表示层	对数据的表现形式进行变换,如文字的调整、数据的压缩、加密
	5 层:会话层	为实现会话通信,按正确的顺序控制数据的发送与接收
	4 层:传输层	保证按顺序控制数据及更正错误等的通信品质,如修正错误、重新发送控制
	3 层:网络层	选择数据的传输途径和中转,如各单元之间的数据交换及地址管理
硬件控制	2 层:数据链路层	将从物理层获得的信号(字符集)汇总成具有某种意义的数据,提供控制顺序,以便对控制传输错误等的数据加以传输,如访问时的方法及数据形式;通信方式、连接控制方式、同步方式、错误检测方式;响应方式、通信方式、帧的构成;组帧方式
	1 层:物理层	规定通信时所使用的电缆、插座等媒体、信号的标准等,以实现设备之间信号的交换,如信号电平、发送与接收、电缆及插座等的形式

OSI 参考模型提供了要领件和功能性的结构,七层协议细节的研究是各自独立进行的。OSI 参考模型分层的原则是将相似的功能集中在同一层内,功能差别较大时就分层处理,每层只对相邻的上、下层定义接口。从物理层开始到应用层依次分别赋予 1 到 7 的编号。

模型中的每一层利用其下一层提供的服务并为其上一层提供服务,而与其他层的具体实况无关。这里所谓的“服务”,就是下一层向上一层提供的通信功能和层之间的会话规定。两个开放系统中的同等层之间的通信规则和约定称为协议。通常,第 1—3 层功能称为低层功能(LLF),即通信传送功能,这是网络与终端均需具备的功能。第 4—7 层功能称为高层功能(HLF),即通信处理功能,通常需由终端来提供。

八、网络互连设备

网络互连是指处于同一地域或不同地域的同类型或不同类型网络之间通过中间设备的互连,以实现网络资源共享。ISO 将其定义为中继系统。根据中继系统工作在 ISO/OSI/RM 的七层模型的层次不同,将互连划分为四层,即物理层、数据链路层、网络层和传输层及传输层以上,与之对应的网络互连设备分别是中继器(Repeater)、网桥(Bridge)、路由器(Router)和网关(Gateway)。

1. 中继器

中继器又称转发器,负责在两个节点的物理层上按位传递信息,完成信号的复制、调整和放大功能,以此延长网络的长度。中继器由于不对信号作校验等其他处理,因此即使是差错信号,中继器也照样整形放大。中继器两端连接的传输介质可相同,也可不同。网络中加入中继器的个数受限制。

2. 网桥

网桥又称桥接器，在数据链路层上对帧进行存储转发。网桥接收一个整帧，并将其向上传输到数据链路层检测校验，再向下传输到物理层，通过传输介质送到另一个子网或网段。网桥通过对帧进行检测，能过滤出错帧。网络上适当使用网桥，可调整网络的负载，提高整个网络传输性能。

3. 路由器

路由器在网络层上实现多个网络互连，对分组信息进行存储转发。路由器比网桥更复杂，管理功能更强，更具灵活性，常被用于多个局域网、局域网与广域网以及异构网络的互连。经过路由器的每个数据分组，按某种路由策略选择一条最佳路由，并将该数据分组转发出去。网络中的路由器能定时更新或动态更新，以保持路由信息有效。路由器还具有协议转换、分组分段和组装、过滤、介质转换、流量控制、网络管理等功能。

将网桥和路由器组合在一起称为桥路器，桥路器既可当网桥使用，也可当路由器使用。

4. 网关

网关在传输层以上实现网络互连，具有从物理层直到应用层各层的协议转换能力。网关总是与特定的网络互连相联系，不存在通用的网关。

5. 集线器(HUB)

集线器相当于一个有多个端口的中继器，随机选出某一端口，并独占全部带宽，与集线器的上连设备(如交换机、路由器或服务器)进行通信。

集线器分为无源集线器、有源集线器、智能集线器和交换式集线器。无源集线器只将传输介质连接在一起，从一个端口接收数据然后向所有端口广播；有源集线器具有支持多种传输介质、信号放大、检测和修复数据等功能；智能集线器除具有有源集线器的全部功能外，还有网络管理等智能性功能；交换式集线器可均衡网络负载和提高网络可用带宽。

第三节　汽车网络系统的类型

现阶段的车载网络必须用到多种总线。这些车用总线由于在应用对象和网络性能上各有特色，将会在竞争中共存相当长一段时间。另外，随着车载网络技术的发展进步，一些特定用途的新型总线还会被陆续研发出来。

一、SAE 分类总线

目前，绝大多数车用总线都被 SAE(Society of Automotive Engineers：美国汽车工程师协会)下属的汽车网络委员会按照协议特性划分为 A、B、C、D 四类。A 类是面向传感器或执行器管理的低速网络，它传输数据的位速率通常小于 10kb/s，主要用于调整后视镜、电动窗和灯光照明等设备；B 类是面向独立控制模块间的信息共享的中速网络，位速率一般在 10～125kb/s 之间，主要用在车身电子的舒适性模块和显示仪表等设备中；C 类是面向闭环实时控制的多路传输高速网络，位速率多在 125kb/s～1Mb/s 之间，主要服务于动力传动系统；D 类则是面向多媒体设备、高速数据流传输的高性能网络，位速率一般在 2Mb/s 以上，主要用于 CD 播放机、VCD/DVD 播放机和液晶显示等设备。

1. A 类总线

大多数 A 类总线都遵循 UART(Universal Asynchronous Receiver/Transmitter:通用异步接收/发送器)标准,它们用起来简单经济。A 类总线以 LIN(Local Interconnect Network:本地互联网)规范最有前途。它是由摩托罗拉(Motorola)与奥迪(Audi)等知名企业联手推出的一种新型低成本的开放式串行通讯协议,主要用于车内分布式电控系统,尤其是面向智能传感器或执行器的数字化通讯场合。

LIN 采用了 UART 的数据格式和简单的单线连接,位速率能够满足绝大多数低端应用的需求。另外,LIN"单主多从"的媒体访问机制省去了复杂的仲裁过程,从属节点可以在没有晶体振荡器的情况下自行同步,因此它的软硬件平台极为简化。这既保证了数据传输的可靠性,也缩减了电控系统的开发、生产和维护成本。由于业界尚未出现受广泛欢迎的低端多路通讯协议,LIN 正在力图成为这一领域的行业标准。

2. B 类总线

B 类总线以 CAN 最为著名。CAN 是 20 世纪 80 年代中期由德国博世(Bosch)公司开发出来的一种车用现场总线,不久便在业界得到了推广普及。比如欧洲,各大汽车公司从 1992 年起就一直用的是位速率在 47.6～125kb/s 之间的 CAN 标准 ISO11898—1。而且近年来,低速容错 CAN 的标准 ISO11519—2 也开始在欧洲的一些车型中得到广泛应用。至于美国,它在逐步淘汰曾经盛行一时的 SAE J1850 通讯协议的同时表现出积极向 CAN 靠拢的态势。如通用、福特和戴姆勒—克莱斯勒这些公司,都开始在多种车型上使用基于 ISO11898—1 的通讯协议,比如 GMLAN 和 J2284 等。

3. C 类总线

C 类总线主要用于车上动力传动系统中对通讯的实时性要求比较高的场合。在欧洲,汽车厂商大多使用"高速 CAN"作为 C 类总线,它实际上就是 ISO11898—1 中位速率高于 125kb/s 的那部分标准。美国则在卡车及其拖车、客车、建筑机械和农业动力设备中大量使用专门的通讯协议 SAEJ1939。这是一种基于高速 CAN 的比较成熟的车用高层协议,它的位速率为 250kb/s,可以在分散布置的多个车载 ECU 间实现闭环实时控制功能。此外,通用汽车公司自定的高速总线标准 GMLAN(高速部分),也是一种基于 CAN 的通讯协议,位速率为 500kb/s。福特和戴姆勒—克莱斯勒等公司则在给许多车型推广使用另一种基于高速 CAN 的总线标准 J2284,它的位速率也是 500kb/s。

4. D 类总线

D 类总线一度被称为多媒体总线,随着汽车信息娱乐系统的兴起,才被纳入 SAE 对总线的分类范畴之中。信息娱乐系统既包括了一些传统设备,比如车载收音机、电话和电视等,也融入了一些基于数字化音像与宽带网络的新装置,比如车载计算机、全球定位系统(GPS:Global Positioning System)和语音识别及指令系统等。所以,D 类总线的带宽范围相当大,用到的传输介质也有好几种。针对这种情况,D 类总线又被划出低速、高速和无线三大范畴,分别对应于 IDB－C。

(1)低速多媒体总线

低速多媒体总线在汽车信息娱乐系统中多用来进行远程诊断或传输通用信息,比如 SAE 中的基于 CAN 的智能交通系统数据总线 IDB－C(Intelligent Transportation System Data Bus-CAN)。IDB－C 具有 CAN 的数据格式,位速率为 250kb/s。由于成本低廉,它有望成为汽车行业的内部标准。

(2)高速多媒体总线

高速多媒体总线主要被汽车信息娱乐系统中的高档音像设备用来进行音频和视频数据流的实时传输,因此它们的物理链路一般都使用光纤。这类总线的主流标准除 SAE 中的智能交通系统多媒体数据总线 IDB－M(IDB-Multimedia)外,还有家用数字总线 D2B(Domestic Digital Bus)、面向媒体的系统传输 MOST(Media Oriented Systems Transport)、通用串行总线 USB(Universal Serial Bus)和 IEEE1394 等。

(3)无线通讯总线

车用无线通讯总线可用于汽车的远程通讯和信息娱乐等领域。SAE 中的基于无线通讯方式的智能交通系统数据总线 IDB-Wireless 就用于这类场合。近年来兴起的"蓝牙(Bluetooth)"技术是车用无线通讯领域一种比较好的解决方案。

二、新型专用总线

在汽车电子系统的网络化进程中,许多总线新近被研发出来。其中有些车用总线由于面世不久,要么在理论上还不成熟,要么缺乏充分的实践考验,所以尚未被 SAE 吸收,姑且称之为新型总线;还有一些,则因为它们新颖的网络特性或独特的应用领域无法对应到现成的 SAE 中,也游离于 SAE 的分类范畴,姑且称之为专用总线。

1. 故障诊断总线

排放法规的越来越严是促成电控技术大量用于汽车的主要原因。很自然的,ECU 的工作稳定性也就成为控制污染的重要前提。为此,人们对网络化的汽车电子系统提出了更为严格的诊断要求,发展出了第二代车载自诊断 OBD－Ⅱ(On Board Diagnose VersionⅡ)、OBD－Ⅲ和 E－OBD(European-On Board Diagnose)等一系列在板诊断规程。

2. 安全总线

安全总线是为了增进汽车的被动安全性而被单独开发出来的,它专用于实现对安全气囊的管理。现在,有些公司已经开发出了相关的总线规范和协议,比较突出的有德尔福(Delphi)公司的 SafetyBus 和宝马公司的 Byteflight。

3. X-by-wire 总线

X-by-wire 诞生于航空业,最初被称为"电传控制",已在飞机的电控系统中用的非常成熟。近年来随着车载网络对可靠性的要求日益增加,汽车电子系统业开始尝试引进 X-by-wire 技术。目前,这类总线标准尚在研发之中,被普遍看好的主要有时间触发协议 TTP(Time-Triggered Protocol)、时间触发 CAN TTCAN(Time-Triggered CAN)、Byteflight 和 FlexRay 几种。

第四节 CAN 总线技术

一、CAN 总线概述

CAN 总线是德国 Bosch 公司为解决现代汽车中众多的控制与测试仪器之间的数据交换而开发的一种串行数据通信协议。它是一种多主总线,通信介质可以是双绞线、同轴电缆或光纤。CAN协议采用通信数据块进行编码,取代了传统的站地址编码,使网络内的节点数在理论上不受限制。由于CAN总线具有较强的纠错能力,支持差分收发,因而适合高干扰环境,并具有较远的传输距离。CAN特性如下:

(1)CAN是一种有效支持分布式控制和实时控制的串行通信网络。

(2)CAN协议遵循ISO/OSI参考模型,采用了其中的物理层、数据链路层和应用层。

(3)CAN可以多主方式工作,网络上任意一个节点均可在任意时刻主动地向网络上的其他节点发送信息而不分主从,节点之间有优先级之分,因而通信方式灵活;CAN采用非破坏性逐位仲裁技术,优先级发送,节省了总线冲突仲裁时间,在重负载下性能良好;CAN可以点对点、一点对多点(成组)及全局广播等方式传送和接收数据。

(4)CAN的直接通信距离最远可达10000m(传输速率为5kb/s);最高通信速率可达1Mb/s(传输距离为40m)。

(5)CAN上的节点数可达110个。

(6)CAN数据链路层采用短帧结构,每一帧为8个字节,易于纠错;CAN每帧信息都有CRC校验及其他检错措施,有效地降低了数据的错误率;CAN节点在错误严重的情况下,具有自动关闭功能,使总线上其他节点不受影响。

(7)信号调制解调方式采用不归零(NRZ)编码/解码方式,并采用插入填充位技术。

(8)数据位具有显性“0”(Dominant bit)和隐性“1”(Recessive bit)两种逻辑值,采用时钟同步技术,具有硬件自同步和定时时间自动跟踪功能。

二、CAN的技术规范

图3-4所示是CAN总线的分层结构和功能。为保证CAN总线技术的开放性,CAN

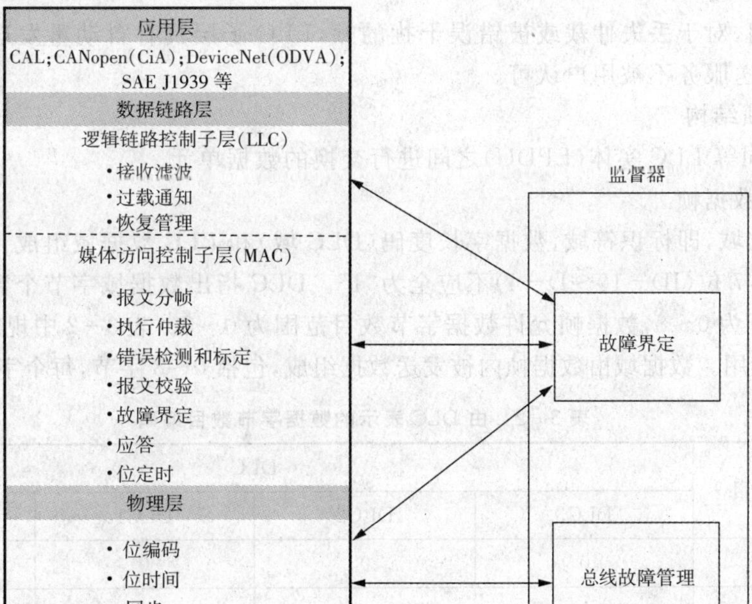

图3-4　CAN总线的分层结构

协议仅定义了物理层子协议和数据链路层子协议，并未对 CAN 总线结构体系中的应用层做出具体规定，用户可以按照各自的需要自行定义应用层子协议，如 CANopen、DeviceNet、SAE J1939 等。因此，可以将上述 CAN 协议视为 CAN 总线的基本协议。这也是 CAN 总线的应用基础。物理层分为物理层信号(PLS)、物理介质连接(PMA)和媒体从属接口(MDI)，数据链路层分为逻辑链路控制(LLC)和介质访问控制(MAC)。

MAC 层的运行借助于“故障界定实体(FCE)”进行监控。故障界定是使判别短暂干扰和永久性故障成为可能的一种自检机制。物理层可借助检测和管理物理介质对故障实体进行监控(例如总线短路或中断，总线故障管理)。LLC 和 MAC 两个同等的协议实体通过交换帧或协议数据单元(PDU)相互通信。

1. 数据链路层

(1)逻辑链路控制(LLC)

1)LLC 功能

LLC 层功能包括帧接收滤波、超载通告和恢复管理。

① 接收滤波

在 LLC 层上开始的帧跃变是独立的，其自身操作与先前的帧跃变无关。帧内容由标识符命名。标识符并不能指明帧的目的地，但描述数据的含义。每个接收器通过帧接收滤波确定此帧与其是否有关。

② 超载通告

若接收器内部条件要求延迟下一个 LLC 数据帧或 LLC 远程帧，则通过 LLC 子层开始发送超载帧。最多可产生两个超载帧，以延迟下一个数据帧或远程帧。

③ 恢复管理

发送期间，对于丢失仲裁或被错误干扰的帧，LLC 子层具有自动重发送功能。在发送完成前，帧发送服务不被用户认可。

2)LLC 帧结构

LLC 是同等 LLC 实体(LPDU)之间进行交换的数据单元。

① LLC 数据帧

由三个位域，即标识符域、数据字长度码(DLC 域)和 LLC 数据域组成。标识符长度为 11 位，其最高 7 位(ID－10～D－4)不应全为“1”。DLC 指出数据域字节个数，由 4 位构成。数据域长度可为 0～8，数据帧允许数据字节数目范围为 0～8。表 3－2 中规定数值以外的其他数值不能使用。数据域由数据帧内被发送数据组成，包括 0～8 字节，每个字节包括 8 位。

表 3－2　由 DLC 表示的数据字节数目编码

数据字节数目	DLC			
	DLC3	DLC2	DLC1	DLC0
0	0	0	0	0
1	0	0	0	1
2	0	0	1	0
3	0	0	1	1

（续表）

数据字节数目	DLC			
	DLC3	DLC2	DLC1	DLC0
4	0	1	0	0
5	0	1	0	1
6	0	1	1	0
7	0	1	1	1
8	1	0	0	0

② LLC 远程帧

LLC 远程帧由标识符域和 DLC 域组成。LLC 远程帧标识符格式与 LLC 数据帧标识符格式相同，只是不存在数据域。DLC 的数值是独立的，此数据为对应数据帧的数据长度码。

(2)介质访问控制(MAC)

1)功能模型

MAC 层功能控制如图 3－5 所示，在此模型中将 MAC 层划分为完全独立工作的发送部分和接收部分。

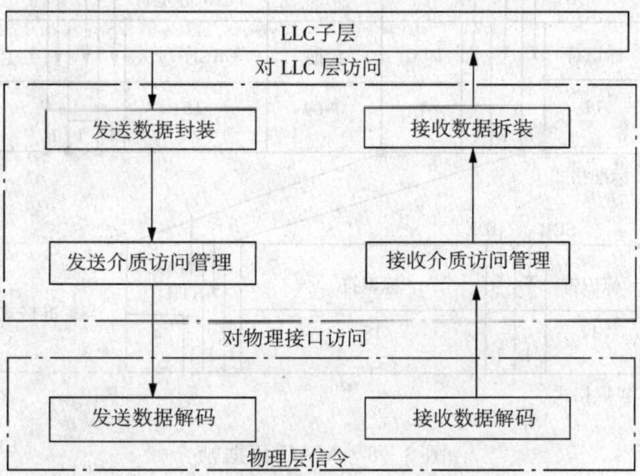

图 3－5　MAC 层功能控制

① 发送部分功能

a. 发送数据封装

接收 LLC 帧及接口控制信息，循环冗余检验(CRC)通过向 LLC 帧附加帧起始(SOF)和远程发送请求(RTR)、保留位、CRC、应答(ACK)和帧结束(EOF)。

b. 发送介质访问管理

确认总线空闲后，开始发送过程(通过帧间空闲应答)；MAC 帧串行化；插入填充位(位填充)；在丢失仲裁情况下，退出仲裁并转入接收方式；错误检测(监控、格式检验)；应答校验；确认超载条件；构造超载帧并开始发送；构造出错帧并开始发送；输出串行位流至物理层准备发送。

② 接收部分功能

a. 接收介质访问管理

由物理层接收串行位流；解除串行结构并重新构建帧结构；检测填充位(解除位填充)；错误检测(CRC、格式校验、填充规则校验)；发送应答；构造错误帧并开始发送；确认超载条件；重激活超载帧结构并开始发送。

b. 接收数据拆装

由接收帧中去除 MAC 信息；输出 LLC 帧和接口控制信息至 LLC 子层。

2)MAC 帧结构

CAN 数据在节点间发送和接收以四种不同类型的帧出现和控制，其中数据帧将数据由发送器传至接收器；远程帧由节点发送，以请求发送具有相同标识符的数据帧；出错帧可由任何节点发出，以检验总线错误；而超载帧用于提供先前和后续数据帧或远程帧之间的附加延时。另外，数据帧和远程帧以帧间空间隔同先前一帧隔开。

① 数据帧

MAC 数据帧由 7 个不同位域构成，即帧起始(SOF)、仲裁域、控制域(两位保留位＋DLC 域)、数据域、CRC 域、ACK 域和帧结束(EOF)，如图 3－6 所示。

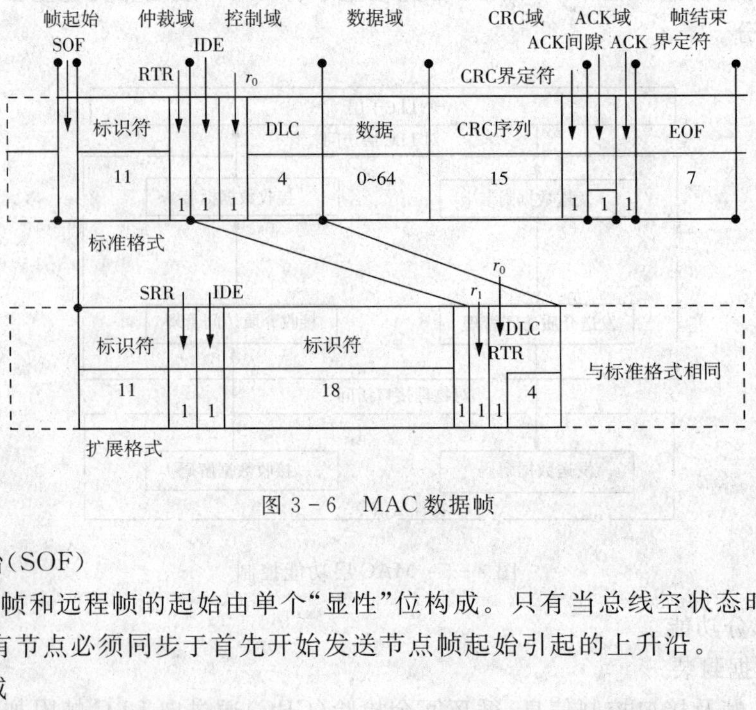

图 3－6　MAC 数据帧

a. 帧起始(SOF)

标志数据帧和远程帧的起始由单个“显性”位构成。只有当总线空状态时，才允许节点开始发送，所有节点必须同步于首先开始发送节点帧起始引起的上升沿。

b. 仲裁域

表明数据优先顺序的区域，由来自 LLC 层的标识符和 RTR 位构成。在 MAC 数据帧中，RTR 位数值为“0”。

c. 控制域

表明预约位数和数据字节数的区域，由 6 位构成，包括两位用于 DLC 扩展的保留位。接收器接收“0”和“1”位作为所有组合中的保留位。在定义保留位功能前，发送器只送“0”位。

d. 数据域

MAC 数据域与 LLC 数据域格式相同。

e. CRC 域

表示循环冗余码区域，包括 CRC 序列，后随 CRC 界定符。CRC 循环冗余检验是将发送的数据看成高次多项式，用预先选定的生成多项式对其进行模 2 除运算后，将余数附加在数据位之后发送。接收方对送来数据列用同一生成多项式进行模 2 除运算，没有余数就证明接收的数据正确。

f. ACK 域

ACK 域为两位，ACK 间隙和 ACK 界定符。发送节点的 ACK 域中，送出两个“隐性”位。在 ACK 间隙内，所有接收匹配 CRC 序列的节点，以“显性”位改用发送器的“隐性”位送出一个应答。ACK 界定符为 ACK 域的第二位，它必须是“隐性”位，因此，ACK 间隙被两个“隐性”位（ACK 界定符和 CRC 界定符）所包围。

g. 帧结束

MAC 的每个数据帧和远程帧均由 7 个“隐性”位构成的标志序列界定。

② MAC 远程帧

激活为数据接收器的节点，可通过发送一个远程帧，启动源节点发送各自的数据。一个远程帧由 6 个不同位域构成，即帧起始（SOF）、仲裁域、控制域（两位保留位＋DLC 域）、CRC 域、ACK 域和帧结束（EOF），如图 3－7 所示。仲裁域由来自 LLC 层的标识符域和 RTR 位构成。在 MAC 数据帧中，RTR 位数值为“1”。帧起始（SOF）、控制域、CRC 域、ACK 域和帧结束（EOF）等位域均与 MAC 数据帧的相应位域相同。

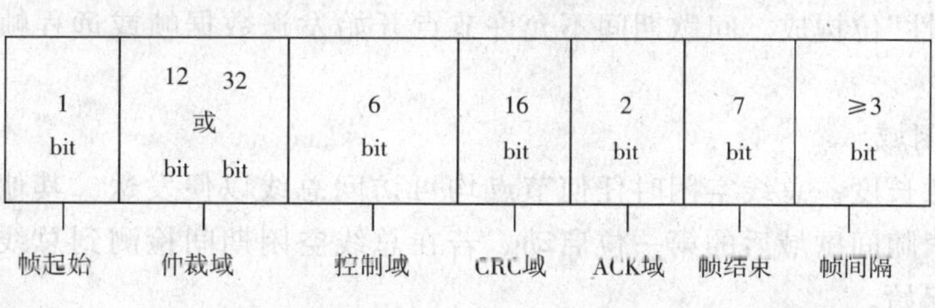

图 3－7　MAC 远程帧

③ 出错帧

由两个不同的域构成，第一个由来自不同节点的错误标志叠加给出，第二个为错误界定符。

a. 错误标志

有活动错误标志和认可错误标志，前者由 6 位连续的“显性”位组成，后者由 6 位连续的“隐性”位组成。认可错误标志部分或所有位由来自其他节点的“显性”位改写。

b. 错误界定符

由 8 位“隐性”位构成。发送错误标志后，每个节点送出“隐性”位，并监控总线，直至其检测到“隐性”位，然后开始发送剩余的 7 个“隐性”位。

④ 超载帧

存在两类具有相同格式的超载帧，即 LLC 要求的超载帧和重激活超载帧。前者为 LLC 层所要求，表明内部超载状态；后者由 MAC 层的一些出错条件而启动发送。

超载帧包括超载标志和超载界定符。超载标志的完整形式相应于活动错误标志，超载界定符与错误界定符具有相同的形式。超载标志由 6 个“显性”位构成，超载界定符由 8 位“隐性”位构成。

⑤ 帧间空间

数据帧和远程帧同前述的任何帧（数据帧、远程帧、出错帧、超载帧）均由称为帧间空间的位域隔开。相反，超载帧和出错帧前面不存在帧间空间，并且多个超载帧也不用帧间空间分隔。帧间空间包括间歇域和总线空闲域，并对先前帧已发送“错误认可”的节点还有暂停发送域，如图 3－8 所示。

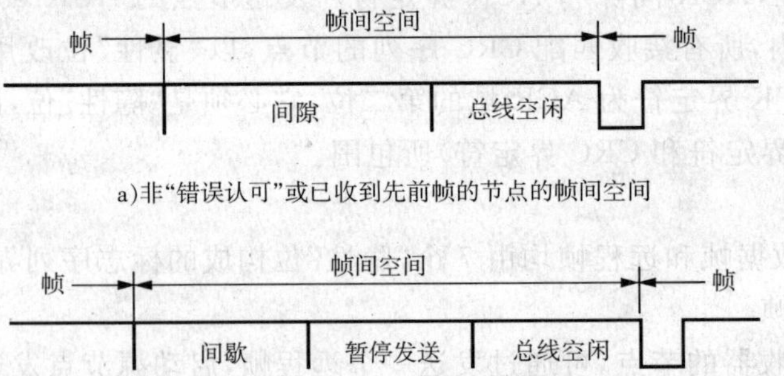

b)先前帧已发送“错误认可”的节点的帧间空间

图 3－8　帧间空间

a. 间歇域

由 3 个“隐性”位构成。间歇期间不允许节点开始发送数据帧或远程帧，仅起标注超载条件的作用。

b. 总线空闲域

可以是任意长度。总线空闲时任何节点均可访问总线以便发送。其他帧发送期间，等待发送的帧在紧随间歇域后的第一位启动。若在总线空闲期间检测到总线上“显性”位，则将被理解为帧起始。

c. 暂停发送域

“错误认可”节点完成发送后，其在紧随间歇后，被允许发送下一帧前，送出 8 位“隐性”位。其间，若有发送启动（由其他节点引起），则节点变为该帧的接收器。

（3）MAC 帧编码和发送/接收

帧起始、仲裁域、控制域、数据域和 CRC 序列帧段均以位填充方法进行编码。当发送器在发送位流中检测到 5 个数值相同的连续位（包括填充位）时，就在实际发送位流中自动插入一个补码位。数据帧或远程帧的其余位域（CRC 界定符、ACK 域和帧结束）为固定形式，不进行位填充。出错帧和超载帧也为固定格式，同样不使用位填充方法进行编码。帧中的位流按照非归零（NRZ）方法编码，即在位总计时时间内产生的位电平为常数。一帧应由 SOF 域开始逐个位域进行发送，在一域内应首先发送最高位，如图 3－9 所示。对于发送器和接收器，一帧的有效时点不同。对于发送器，若在帧结束完成前不存在错误，则该帧为有效。若一帧被破坏，则进行恢复处理。对于接收器，若在帧结束最后一位前不存在错误，则该帧为有效。

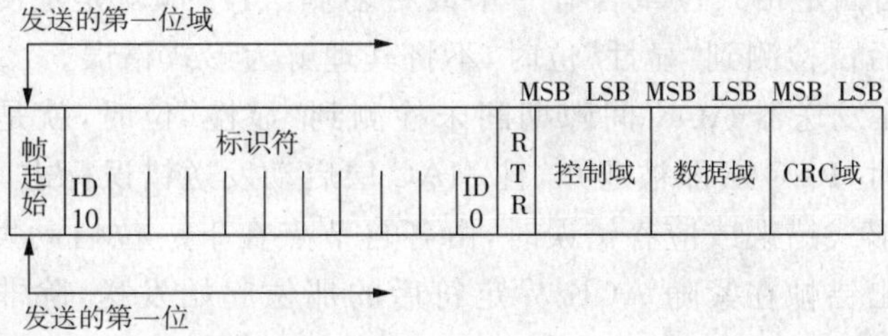

图 3-9　位发送次序

(4)介质访问和仲裁

当检测到间歇域未被"显性"位中断后,认为总线被所有节点释放。总线一旦释放,"错误活动"节点接收当前或先前的"错误认可"节点都可以访问总线。当完成暂停发送,并且其间没有其他节点开始发送时,发送当前帧或已发送完先前帧的"错误认可"节点可以访问总线。当允许节点访问总线时,MAC 数据帧和 MAC 远程帧可以起始。MAC 出错帧和 MAC 超载帧如上述规定被发送。发送期间,发送数据帧或远程帧的每个节点均为总线主站。

当许多节点一起开始发送时,只有发送具有最高优先权帧的节点变为总线主站。这种解决总线访问冲突的机理是基于竞争的仲裁。仲裁期间,每个发送器将发送位电平同总线上监测到的电平进行比较。若相等,则节点可以继续发送。当送出一个"隐性"电平而监测到"显性"电平时,表明节点丢失仲裁,不应再送更多位。当送出"显性"电平而监测到"隐性"电平时,表明节点检测出位错误。

基于竞争的仲裁依靠标识符和紧随其后的 RTR 位完成。具有不同标识符的两帧中,优先权被标注于帧中,较高优先权的标识符具有较低的二进制数值。若具有相同标识符的数据帧和远程帧同时被初始化,数据帧较远程帧具有较高优先权,通过按照 RTR 位数值标志达到。

除仅当总线释放时可以启动发送这一原则外,还存在解决冲突的下列原则:

① 在一个系统内,每条信息必须标以唯一的标识符。

② 具有给定标识符和非零 DLC 的数据帧仅可由一个节点启动。

③ 远程帧仅可由全系统内确定的 DLC 发送,该数据长度码为对应数据帧的 DLC。具有相同标识符和不同 DLC 的远程帧同时发送将导致不能解决的冲突。

(5)错误检测

MAC 层具有检测、填充规则校验、帧校验、15 位循环冗余码校验和应答校验功能。

1)错误类型

① 位错误:正在向总线发送一位的节点同时在检测总线。当检测到的位数值与送出的位数值不同时,则检验到位错误。但仲裁期间,当送出"隐性"信息位或 ACK 间隙期间送出"隐性"位时,检测到"显性"位不认为是位错误;送出认可错误标志时,检测到"显性"位的节点不将其确定为位错误。

② 填充错误:在使用位填充方法进行编码的帧场中,当出现第六个连续相同电平位的位时,就是检测到填充错误。

③ CRC 错误:CRC 序列由发送器的 CRC 计算结果构成,接收器以与发送器相同的方法计算 CRC。当计算的 CRC 序列不等于接收到的序列时,就是检测到 CRC 错误。

④ 形式错误：当固定格式位域含有一个或更多非法位时，就是检测到形式错误。但接收器在帧结束的最后位检测到“显性”位时，不将其理解为形式错误。

⑤ 应答错误：在发送器 ACK 间隙期间未检测到“显性”位时，就是检测到一个应答错误。当检测到错误时，LLC 层即被通知，且 MAC 层启动发送错误标志。当任何节点检测到位错误、填充错误、形式错误或应答错误时，由各自节点在下一位启动发送错误标志。当检测到 CRC 错误时，出错帧在紧随 ACK 界定符后的那位起始发送，除非另一个错误条件的出错帧已经准备好启动。

2)错误界定规则

网络中的任何一个节点，根据其错误计数器数值，都可能处于下列三种状态之一。

① “错误激活”节点：可正常参与总线通信，并在检测到错误时，发出一个活动错误标志。活动错误标志由 6 个连续“显性”位组成，并且遵守位填充规则和在规定帧中出现的所有固定格式。

② “错误认可”节点：不应发送活动错误标志，并参与总线通信。但在检测到错误时，发送一个认可错误标志，认可错误标志由 6 个连续的“隐性”位组成。一个“错误认可”完成报文发送后，在间隙域送出 8 个“隐性”位作为“错误认可”节点，在开始进一步发送前将等待一段附加时间。

③ “总线脱离”节点：当一个节点由于请求故障界定实体而对总线处于关闭状态时，其处于“总线脱离”状态。在“总线脱离”状态下，节点既不发送，也不接收任何帧。只有应用户请求，节点才能解脱“总线脱离”状态。

为进行错误界定，在总线上的每个单元中设置有两种计数器，即发送出错计数和接收出错计数。节点所处状态转换如图 3-10 所示。

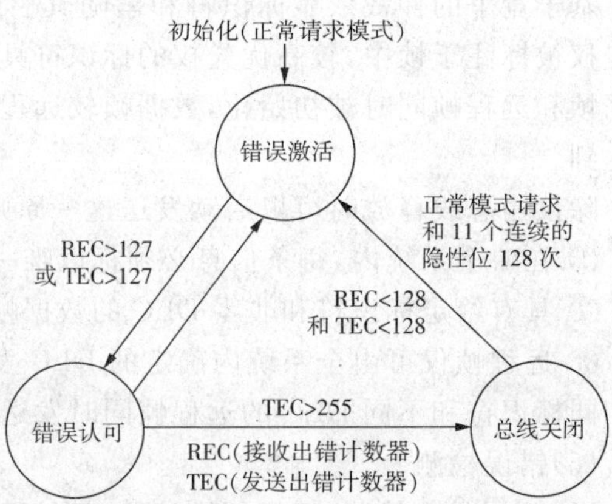

图 3-10 节点错误状态转换图

若系统启动期间仅有一个节点在线，当该节点发送一些帧且得不到应答时，检测错误并重发帧。它可变为“错误认可”，但不会由此进入“总线脱离”状态。

关闭或解脱“总线脱离”的节点，必须通过执行子程序，以便在启动发送前，同已经有效的节点同步。当 11 个“隐性”位为应答界定符＋帧结束＋间歇或错误/超载界定符＋已检测到间歇时，则可达同步；若此间不存在其他有效节点，则需等待未变为“总线脱离”的其他节点。

2. 物理层

(1)物理层结构

① 物理层信号(PLS)用于实现与位表示、定时和同步相关的功能。

② 介质访问单元(MAU)表示用于耦合节点至发送介质的物理层的功能部分。MAU 由物理层介质附属装置(PMA)和介质相关接口(MDI)构成。PMA 层实现总线发送/接收

的功能电路并可提供总线故障检测方法。MDI 实现物理介质和 MAU 之间机械和电气接口。

(2)位时间

位时间即一位的持续时间，在位时间框架内执行的总线管理功能，如 ECU 同步状态、网络发送延迟补偿和采样点定位，均由 CAN 协议集成电路的可编程位时间逻辑确定。

理想发送器在无重同步情况下，正常位速率给出每秒发送的位数。正常位时间可划分为分开的和不覆盖的时间段，即同步段(Sync-Seg)、传播时间段(Prop-Seg)、相位缓冲段 1(Phase-Seg1)和相位缓冲段 2(Phase-Seg2)，如图 3－11 所示。

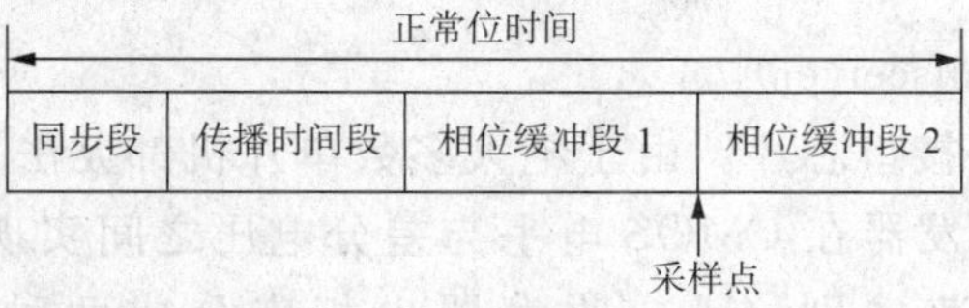

图 3－11　正常位时间的组成

同步时间段用于同步总线上的各个节点或设备，在此段内等待一个跳变沿。传播时间段用于补偿网络内的物理延迟时间，包括总线上的信号传播时间和 ECU 的内部延迟时间。相位缓冲段 1 和相位缓冲段 2 用于补偿沿相位误差，可通过重同步延长或缩短。

采样点用于读取总线电平，并转换为相应位数值，并位于相位缓冲段 1 的结束处。信息处理时间始于采样点，被保留用做计算子序列电平的时间段。

位时间按时间量程进行编程，时间量程是由振荡器周期推出的固定时间单位。当前可编程整数的预分刻度范围为 1～32，自时间份额最小值开始。

(3)同步

同步包括重同步和硬同步，遵从下列规则：

① 在一个位时间内仅允许一种同步。

② 只有先前采样点检测到的数值(先前读总线数值)不同于边沿后即现的总线数值，边沿将被用于同步。

③ 总线空闲期间，当存在"隐性"至"显性"的跳变沿即完成硬同步。

④ 所有满足规则①和②的其他"隐性"至"显性"的跳变沿(和在低位速率情况下选择的"显性"至"隐性"的跳变沿)将被用于重同步；若只有"隐性"至"显性"沿被用于重同步，由于具有正相位的"隐性"至"显性"的跳变沿，发送器将不完成重同步。

三、CAN 总线智能节点的设计

节点是网络上信息的发送和接收站，CAN 总线系统中有两类节点：不带微处理器的非智能节点和带微处理器的智能节点。如由一片 P82C150 就可以构成一个数字和模拟信号采集的节点，这种节点就是非智能节点。所谓智能节点是由微处理器和可编程的 CAN 控制芯片组成，它们有两者合二为一的，如芯片 P8xC591；也有由独立的通信控制芯片与单片机接口构成。前者设计时需要专用的开发工具，但可靠性更高一些。而后者可以采用通用的单片机仿真器，在设计时更为灵活方便，因而目前用得比较多。

1. 硬件设计

构成 CAN 节点硬件的半导体器件主要有以下几类：

(1)独立式 CAN 控制器(stand-alone CAN controller)

这是一种集成有 CAN 协议控制模块的单片机,它所有的处理器资源全都用于实现并管理 CAN 协议规范所制定的通讯功能,如 PHILIPS 的 SJA1000 是一种在市场上比较常见的产品。

(2)CAN 单片机(CAN microcontroller)

这是一种不仅嵌有 CAN 协议控制模块,还能完成其他控制任务的通用型单片机,如摩托罗拉的 MC68HC908GZ 系列、NEC 的 78K0S 系列和 PHILIPS 的 P87C591 等。由于这些型号的 CAN 单片机主要供给大规模工业应用,所以在一般的电子市场上反而比较少见。

(3)CAN 收发器(transceiver)

这是 CAN 的物理层接口芯片。由于绝大多数单片机都无法直接识别或处理 CAN 的总线信号,所以必须用收发器在 CMOS 电平与差分电压之间实现信号形式的转换。鉴于 CAN 的物理层有高低速之别,CAN 收发器也相应分成两种。高速 CAN 通常使用 PHILIPS 的 PCA82V250,这种芯片的市场供应相当丰富。低速容错 CAN 则可以使用摩托罗拉的 MC33388,它在市面上比较少见。

一般像"CAN 单片机+CAN 收发器"或"通用型单片机+独立式 CAN 控制器+CAN 收发器"这样的组合,配以适当的外部电路就构成一个完整的 CAN 节点,节点之间再经导线简单连接便形成"CAN 网络",如图 3-12 所示。

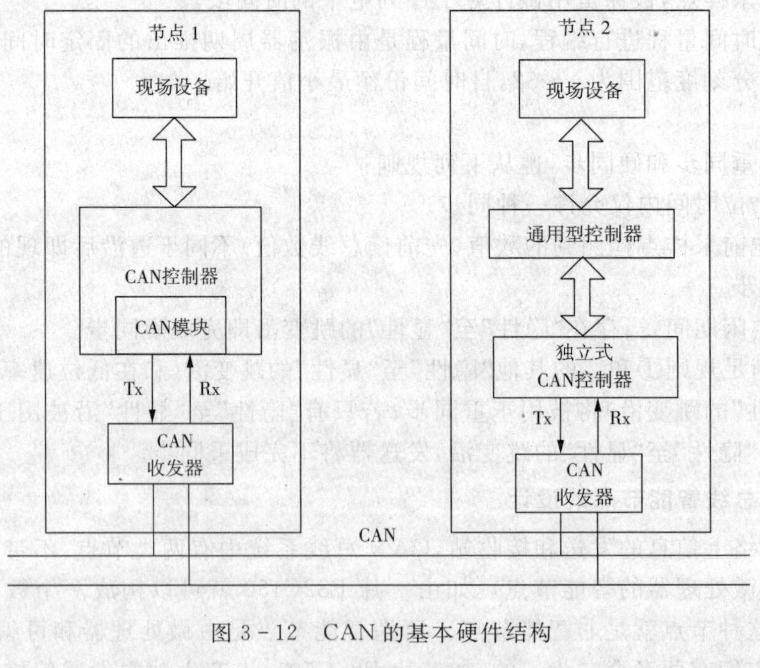

图 3-12 CAN 的基本硬件结构

图 3-13 为 CAN 系统智能节点硬件电路原理图。从图中可以看出,电路主要由四部分构成:单片机 P89C51、独立 CAN 通信控制器 SJA1000、CAN 总线驱动器 TJA1050 和高速光电耦合器 6N137。单片机 P89C51 负责 SJA1000 的初始化,通过控制 SJA1000 实现数据的接收和发送等通信任务。

SJA1000 的 AD0～AD7 连接到 P89C51 的 PO 口，$\overline{\mathrm{CS}}$连接到基地址为 0xFA00 的外部存储器片选信号，当访问地址 0xFA00～0xFA31 时，CPU 可对 SJA1000 执行相应的读写操作。SJA1000 的 $\overline{\mathrm{RD}}$、$\overline{\mathrm{WR}}$、ALE 分别与 P89C51 的对应引脚相连，$\overline{\mathrm{INT}}$接 P89C51 的$\overline{\mathrm{INTO}}$，使 P89C51 可通过中断方式访问 SJA1000。SJA1000 的复位信号$\overline{\mathrm{RST}}$为低电平有效，这一点必须注意。

为了增强 CAN 总线节点的抗干扰能力，SJA1000 的 TX0 和 RX0 并不是直接与 TJA1050 的 TXD 和 RXD 相连，而是通过高速光耦 6N137 后与 TJA1050 相连，这样就很好的实现了总线上各 CAN 节点间的电气隔离。不过，应该特别说明的一点是光耦部分电路所采用的两个电源 VCC 和 CAN_V 必须完全隔离，否则采用光耦也就失去了意义。电源的完全隔离可采用小功率电源隔离模块，或通过带多 5V 隔离输出的开关电源模块实现。这些部分虽然增加节点电路的复杂性，但是却提高了节点的稳定性和安全性。

2. 软件设计

CAN 总线智能节点的软件设计主要包括三大部分：CAN 节点初始化、报文发送和报文接收。熟悉这三部分程序的设计，就能编写出利用 CAN 总线进行通信的一般应用程序。当然，如果要将 CAN 总线应用于通信任务比较复杂的系统中，还需详细地了解有关 CAN 总线错误处理、总线关闭处理、接收滤波处理、波特率参数设置和自动检测以及 CAN 总线通信距离和节点数的计算等方面的内容。

SJA1000 的初始化只有在复位模式下才可以进行，初始化主要包括工作

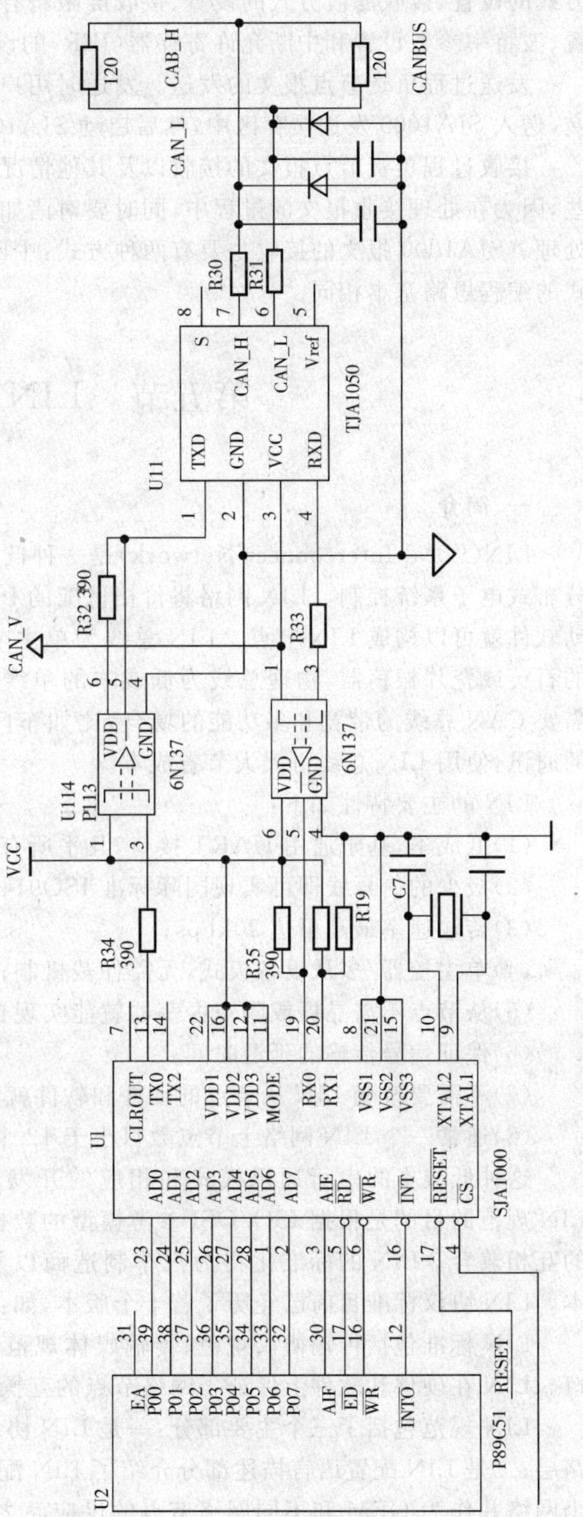

图 3－13　CAN 系统智能节点硬件电路原理图

方式的设置、接收滤波方式的设置、接收屏蔽寄存器(AMR)和接收代码寄存器(ACR)的设置、波特率参数设置和中断允许寄存器(IER)的设置等。

发送过程负责节点报文的发送。发送时用户只需将待发送的数据按特定格式组合成报文,送入 SJA1000 发送缓存区中,然后启动 SJA1000 发送即可。

接收过程负责节点报文的接收以及其他情况处理。接收子程序比发送子程序要复杂一些,因为在处理接收报文的过程中,同时要对诸如总线关闭、错误报警、接收溢出等情况进行处理。SJA1000 报文的接收主要有两种方式:中断接收方式和查询接收方式。两种接收方式的编程思路基本相同。

第五节 LIN 总线技术

一、简介

LIN(Local Interconnect Network)是一种低成本的串行通讯网络,用于实现汽车中的分布式电子系统控制。LIN 网络将价格低廉的 LIN 收发器挂在普通串行口,再配以 LIN 驱动软件就可以构成 LIN 节点。LIN 总线为单主节点/多从节点模式,从节点无须价格较高的石英或瓷片振荡器,物理总线为低成本的单线。LIN 总线是一种辅助的总线网络,在不需要 CAN 总线的带宽和多功能的场合,比如车门、座椅、空调、照明灯、智能传感器等之间的通讯,使用 LIN 总线可大大节省成本。

LIN 的主要特性如下:

(1)低成本,基于通用 UART 接口,几乎所有单片机都具备 LIN 必需的硬件;

(2)极少的信号线即可实现国际标准 ISO9141 规定;

(3)传输速率最高可达 20kbps;

(4)单主控器/多从设备模式,无需仲裁机制;

(5)从节点不需晶振或陶瓷振荡器就能实现自同步,节省了从设备的硬件成本;

(6)保证信号传输的延迟时间;

(7)不需要改变 LIN 从节点的硬件和软件就可以在网络上增加节点;

(8)通常一个 LIN 网络上节点数目小于 12 个,共有 64 个标志符。

这种低成本的串行通讯模式和相应的开发环境已经由 LIN 协会制定成标准。制定 LIN 规范的目的是根据 ISO/OSI 参考模型的数据链路层和物理层实现任何两个 LIN 设备的互相兼容。LIN 的标准化将为汽车制造商以及供应商在研发、应用操作系统中降低成本。LIN 协议标准目前已经历了若干个版本,如:LIN 1.2、LIN 1.3、LIN 2.0。

LIN 标准包括传输协议规范、传输媒体规范、开发工具接口规范和用于软件编程的接口。LIN 在硬件和软件上保证了网络节点的互操作性并有可预测 EMC 的功能。

LIN 规范包括了三个主要部分:一是 LIN 协议规范部分介绍了 LIN 的物理层和数据链路层;二是 LIN 配置语言描述部分介绍了 LIN 配置文件的格式,LIN 配置文件用于配置整个网络并作为 OEM 和不同网络节点的供应商之间的通用接口,同时可作为开发和分析工具的一个输入;三是 LIN API 部分介绍了网络和应用程序之间的接口。

LIN 规范可以实现开发和设计工具之间的无缝连接并提高了开发的速度增强了网络

的可靠性。LIN 规范的范围如图 3－14 中的虚线部分。

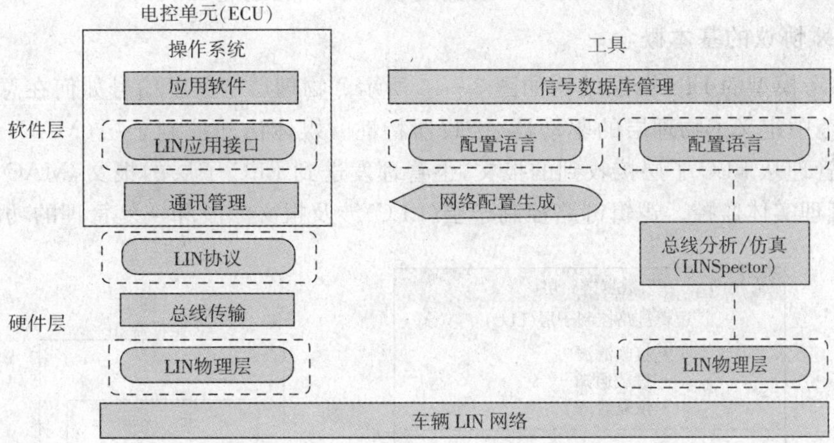

图 3－14　LIN 规范的范围

二、LIN 总线的通信规则和过程

LIN 网络由一个主节点、一个或多个从节点组成。所有节点都有发送和接收的通信任务，主节点还有一个主发送任务。一个 LIN 网络上的通信总是由主发送任务发起。主控制器发送一个起始报文(由同步间隔、同步字节、识别码组成)，从机在接收起始报文并且滤除识别码中的消息标志符后，开始应答该消息，应答由 2/4/8 个数据字节和一个校验码组成，起始报文和应答部分构成一个完整的报文帧。由报文标志符指示该报文的组成，这种通信规则可以用多种方式来交换数据：由主节点到一个或多个从节点，由一个从节点到主节点或其他的从节点。通信信号可以在从节点之间传播而不经过主节点，或者主节点广播消息到网络中的所有节点。报文帧的时序由主控制器控制。

主节点传送信号到从节点，而从节点一般在主节点询问时才传送信号。从节点在需要发出唤醒信号的时候可以主动地发送信号。标准数据帧包括帧头和响应两大部分，主机发送一个同步间隔信号来启动通信过程，接着是一个同步区，同步区包括同步定界符(在时间上占 1 或 4 位)和同步字段。在送出同步定界符之后，传送同步字段，从节点利用同步字段把它的波特速率调整到和被传送信号的波特速率同步。同步字段传送完毕便送出识别码，识别码包括识别位和两个奇偶校验位：奇偶校验位识别相关的从机，并且告知对数据应该进行的处理；识别位表示多少个节点可以收到同样的消息，它的一个确定序列可以控制接收来自从节点的数据，而其他的序列指示后续的数据类型。从节点通过识别位来识别信息。在传送识别码之后，识别位决定是寻址的从节点响应这一信息，还是主控制器继续传输数据。数据帧的最后部分是校验和，校验和表示数据帧结束，校验和是通过计算数据的全部字节而得到的(不包括识别字节及同步字段)。

LlN 总线主节点发出的另一个帧是睡眠帧，它的作用是让总线和节点进入低功耗状态。睡眠帧的识别位包含数值 0x80。除此之外，睡眠帧与标准数据帧是相似的。系统设计人员可以选择在识别位之后是否传输数据。当收到唤醒信号时，总线睡眠状态便自动中止。主节点或者从节点都可以发送唤醒信号。当主节点或者从节点发送唤醒信号时，它送出数值

0x80，紧接着是4～64位的唤醒信号定界符。如果经过128位的时间后，主节点还没有送出同步间隔信号，便送出新的唤醒信号。重复过程最多不能超过三次。

三、LIN 协议的基本概念

OSI参考模型的LIN分层结构如图3-15所示。物理层定义了信号如何在总线媒体上传输，LIN规范中定义了物理层的驱动器/接收器特性。媒体访问控制子层(MAC)是LIN协议的核心，它管理从LLC子层接收到的报文，也管理发送到LLC子层的报文，MAC子层由故障界定这个管理实体监控。逻辑链路控制子层(LLC)涉及报文滤波和恢复管理的功能。

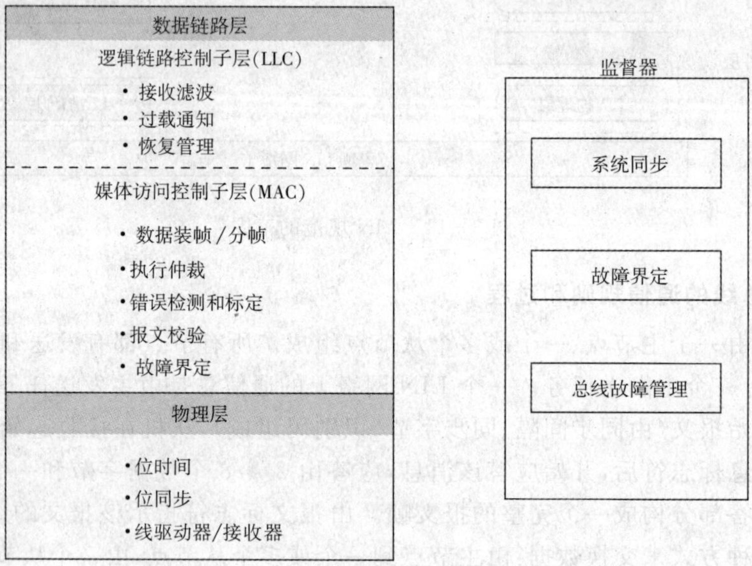

图3-15　LIN的OSI参考模型

1. 报文传输

报文传输是由报文帧的格式形成和控制。报文帧由主机任务向从机任务传送同步和标识符信息，并将一个从机任务的信息传送到所有其他从机任务。主机任务位于主机节点内部，它负责报文的进度表、发送报文头(HEADER)。从机任务位于所有的(即主机和从机)节点中，其中一个(主机节点或从机节点)发送报文的响应(RESPONSE)。

一个报文帧(如图3-16)是由一个主机节点发送的报文头和一个主机或从机节点发送的响应组成。报文帧的报文头包括一个同步间隔场(SYNCH BREAK FIELD)、一个同步

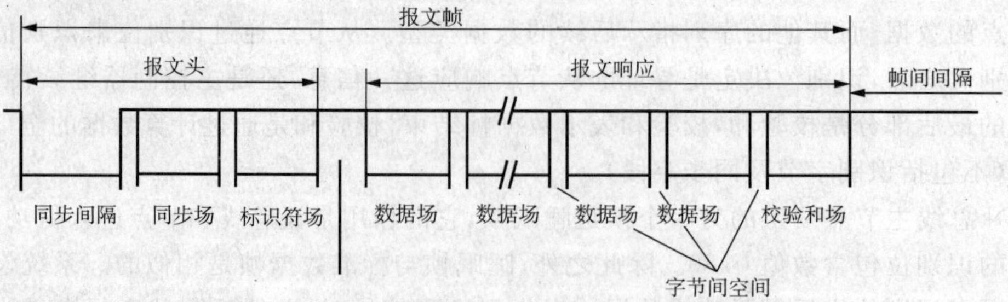

图3-16　LIN的报文帧

场(SYNCH FIELD)和一个标识符场。报文帧的响应(RESPONSE)则由3个到9个字节场组成:2、4或8字节的数据场(DATA FIELD)和一个校验和场(CHECKSUM FIELD)。字节场由字节间空间分隔,报文帧的报文头和响应是由一个帧内响应空间分隔。最小的字节间空间和帧内响应空间是0。

2. 信息路由

LIN系统中节点不使用有关系统配置的任何信息,除了单主机节点的命名。

(1)系统灵活性:不需要改变任何其他从机节点的软件或硬件,就可以在LIN网络中直接添加节点。

(2)报文路由:报文的内容由识别符命名。识别符不指出报文的目的地,但解释数据的含义。最大的标识符数量是64,其中4个保留用于专用的通讯,如软件升级或诊断。

(3)多播:由于引入了报文滤波的概念,任何数目的节点都可以同时接收报文,并同时对此报文做出反应。

3. 位速率

最大的波特率是20kb/s,它是由单线传输媒体的EMI限制决定。最小的波特率是1kb/s,可以避免和实际设备的超时周期冲突。

为使用低成本的LIN器件,建议低速时的位速率为2400bit/s、中速时的位速率为9600bit/s、高速时的位速率为19200bit/s。

4. 单主机无仲裁

只有包含主机任务的控制器节点可以传输报文头,一个从机任务对这个报文头作出响应。由于没有仲裁过程,如果多于一个从机回应,则将产生错误。这种情况下的错误界定可由用户按照应用要求指定。

(1)错误检测

① 监控,发送器比较总线"应当"的值和"现在"的值;

② 数据场的校验和以256为模并取反,将MSB的进位加到LSB上;

③ 标识符场的双重奇偶校验保护。

(2)错误检测的性能

① 发送器可以检测到所有的本地错误;

② 对整个协议的错误有很高的错误检出率。

5. 连接

LIN网络节点的最大数量不仅由标识符的数量限制(见信息路由),也由总线的物理特性限制。

建议LIN网络的节点数量不应超过16。否则,节点增加将减少网络阻抗,会导致环境条件变差,禁止无错误的通讯。每一个增加的节点都可以减少网络阻抗(约1~30kΩ)。

网络中总的通讯导线长度应少于或等于40m。

总线端电阻典型值:主机节点是1kΩ,从机节点是30kΩ。

6. 应答

正确接收报文后的应答过程在LIN协议中没有定义。主机控制单元检查由主机任务初始化的报文和由它自己的从机任务接收的报文的一致性。如果不一致(例如:丢失从机响应、校验和不正确等),主机任务可以改变报文的进度表。

如果从机检测到不一致,从机控制器将保存这个信息并将它用诊断信息的形式向主机控制单元请求。诊断信息可按普通报文帧的形式进行发送。

7. 睡眠模式/唤醒

为了减少系统的功耗,LIN 节点可以进入没有任何内部活动和被动总线驱动器的睡眠模式。用于广播睡眠模式的报文是一个专用的命令,睡眠模式命令是第一个数据字节是 0x00 的下载命令帧。睡眠模式时,总线呈"隐性"。

任何总线活动或任何总线节点的内部条件都将结束(唤醒)睡眠模式。一旦节点被内部唤醒,基于唤醒信号的过程将给主机通报这一消息,唤醒帧是一个不变的"显性"位序列,唤醒信号是字符"0x80"。

唤醒后内部的活动将重新启动,MAC 子层将等待系统振荡器稳定。从机节点则在重新参与总线通讯前等待,直到(自己)和总线活动同步(等待显性的同步间隔)。

四、LIN 总线与 CAN 总线的关系

CAN 作为汽车网络的总线标准已经成为主流。但是,低速 CAN 应用于车身控制所面临的最大困难是成本高。由于车身控制网络底层设备多为低速电机和开关型器件,对实时性要求不高,但是节点数目多,且布置分散,对成本比较敏感,因而致使低速 CAN 仍没有在车身控制中得到广泛应用。近年来,各大汽车制造商都希望有一个统一的、低成本的低端通信总线,弥补 CAN 低端通信成本高的不足。

LIN 是一种新型的低成本汽车车身总线。LIN 总线的目标定位是作为 CAN 的辅助总线,用于车身控制网络的低端场合,实现汽车车身网络的层次化,以降低汽车网络的复杂程度,保持最低成本。LIN 总线主要应用于汽车车身中的联合装配单元,如车门模块、车顶模块、坐椅模块、空调模块、综合仪表盘模块、车灯模块等。每个模块内部各节点间通过 LIN 总线构成一个低端通信网络,完成对外围设备的控制,各个模块又作为一个节点,通过作为网关的主机连接到低速 CAN 总线上,构成上层主干网,使整个车身电子系统构成一个基于 LIN 总线的层次化网络,实现了真正的分布式多路传输,使网络连接的优点得到充分发挥。由于目前尚未建立汽车车身低端多路通信的汽车标准,因此 LIN 正试图发展成为低成本低端串行通信网络的行业标准。

第六节　车载诊断系统 OBD

一、概述

随着汽车总线技术的应用和发展,诊断技术也由过去的分散、单一诊断变得更集成化。20 世纪 80 年代中后期,在电喷发动机控制系统中应用了第一代车载故障诊断系统 OBD (On Board Diagnostics)。以后,车载故障诊断系统逐步在微机控制的自动变速器、防抱死制动系统、安全气囊、巡航系统中相继得到应用。该系统能在电控装置的工作过程中,随时监测系统中各部分的工作状况。当电控系统出现故障时,故障信息存储在微机中,汽车维修人员按规定方法跨接诊断连接器中的相应端子,然后根据跨接线上发光二极管 LED 灯或仪表盘上故障报警灯的闪烁规律来读取故障信息,从而对汽车电控系统的故障进行分析、诊断。但当时世界各大汽车制造公司所采用的故障连接器故障代码和通信协议等都不相同，给汽车电控系统的故障诊断和维修带来诸多不便，车载故障诊断系统也未能充分发挥其应有的作用。因此，1994年美国汽车工程师学会（SAE）在第一代车载故障诊断系统的基础上，制定了第二代车载故障诊断系统 OBDⅡ。OBDⅡ与以前的所有车载自诊断系统不同之处在于有严格的排放针对性，其实质性能就是监测汽车排放。当汽车排放的一氧化碳（CO）、碳氢化合物（HC）、氮氧化合物（NO_x）或燃油蒸发污染量超过设定的标准，故障灯就会点亮报警。

OBDⅡ规定采用标准化的16针诊断座（DLC）、标准化的电子协议、标准化的诊断码（DTC）、标准化的技术。OBDⅡ程序使得汽车故障诊断简单而统一，维修人员不需专门学习每一个厂家的新系统。可以说，OBDⅡ给维修人员的诊断检修工作带来了空前的便利。

在 OBDⅡ计划实施之后，任一技师都可以使用标准化的16针诊断座诊断仪器来诊断任何根据标准生产的汽车。OBDⅡ成熟的功能之一是当系统点亮故障灯时，会记录下全部传感器和驱动器的数据，可以最大程度地满足诊断维修的需要。面对各国日益严格的汽车排放法规，OBDⅡ监视排放控制系统效率的目标是：随着汽车运行中效率的降低，根据联邦测试步骤，当汽车排放水平已达到新车排放标准的1.5倍时，点亮故障灯并存储故障码。此外，OBDⅡ还要求配置某些附加的传感器硬件，如附加的加热氧传感器，装在催化转换器排气的下游。采用更精密的曲轴或凸轮轴位置传感器，以便更精确地检测是否缺火，全部车型配置一个新的16针诊断接口。这样一来，计算机的能力大大提高，不仅能够跟踪部件的损坏，而且满足了汽车排放的严格限制。

虽然 OBDⅡ对监测汽车排放十分有效，但驾驶员接受不接受警告全凭“自觉”。为此，比 OBDⅡ更先进的 OBDⅢ产生了。OBDⅢ主要目的是使汽车的检测、维护和管理合为一体，以满足环境保护的要求。OBDⅢ系统会分别进入发动机、变速箱、ABS 等系统 ECU 中去读取故障码和其他相关数据，并利用小型车载通信系统，如 GPS 导航系统或无线通信方式将车辆的身份代码、故障码及所在位置等信息自动通告管理部门。管理部门根据该车辆排放问题的等级对其发出指令，包括去哪里维修的建议、解决排放问题的时限等，还可对超出时限的违规者的车辆发出禁行指令。因此，OBDⅢ系统不仅能对车辆排放问题向驾驶者发出警告，而且还能对违规者进行惩罚。

二、OBDⅡ的基本原理

在汽车使用中，车载诊断功能能够对各传感器、执行器和连接线路进行不断地监测，如果出现工作不正常现象，主控制器 ECU 则对故障的内容以代码的形式储存在存储器内，同时控制警告指示灯点亮，给驾驶员以提示，如图3-17所示。

控制系统在正常工作时，主控制器 ECU 的输入和输出信号都是在一个规定的范围内运行，当控制电路的信号出现异常时，ECU 中的诊断系统就判定该电路信号出现故障。电路的异常情况分为以下3种：

（1）电路的信号超出规定范围，这主要是用来检查传感器故障。例如，冷却液温度传感器（CTS）在正常工作时，其输出电压在0.1V～4.8V范围内，如超出这一范围，诊断系统则判定为故障信号。如在运行中发现这些故障，ECU 或者用一个预设的值代替传感器信号，让 ECU 按正常流程工作；或者转入其他运行方式，如出现 MAF 故障后，由空气质量流量法转入速度—密度法，出现 EGO 故障后，由 A/F 闭环控制转向开环控制等。

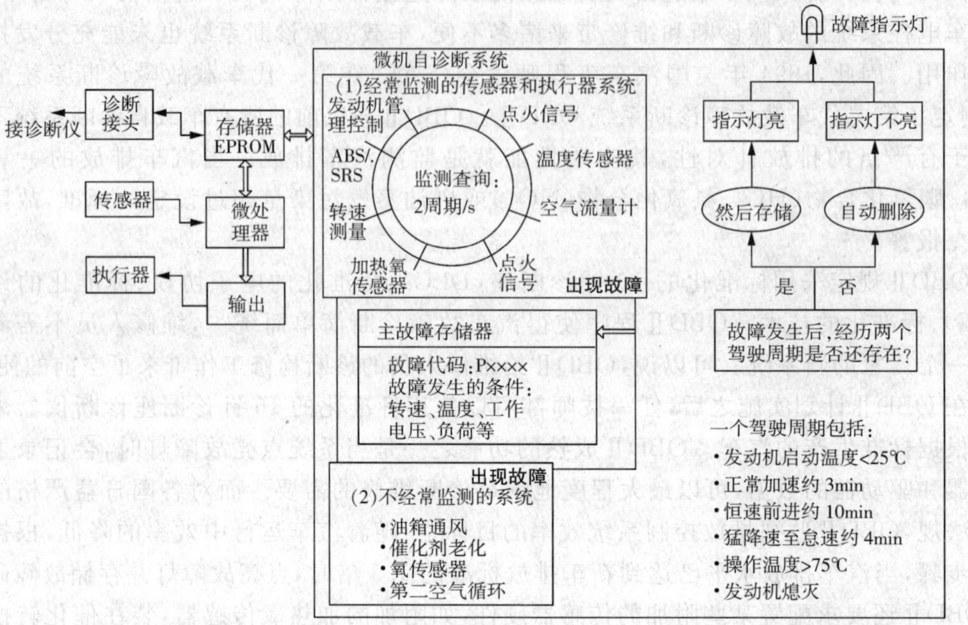

图 3-17　OBDⅡ的基本原理

(2)主控制器 ECU 在一段时间内接收不到信号,或接收到的信号在一段时间内不变,诊断系统也会判定为故障信号。这主要用来检查执行器的故障,如氧传感器在正常工作时其输入电压应在 0.1V～0.9V 内波动不少于 8 次/10s。

(3)主控制器 ECU 中的诊断系统偶然发现一次不正常的输入信号时,不会诊断为故障信号,只有不正常的输入信号多次出现或持续一定时间,才会判定为故障信号。如转速信号是一个脉冲信号,发动机转速在 100r/min 以上时丢失几个信号,ECU 不会判定为故障。

当主控制器 ECU 中的诊断系统检测到故障信号后,便立刻将故障信息以故障代码的形式存储到储存器中,同时点亮警告灯,以显示故障信息。

在装备 OBDⅡ系统的车辆上,所有的故障代码都以英文字母开头,后面跟随 4 个数字。开头的字母表示被监测到的故障系统:P 为动力系统、B 为车身系统、C 为底盘系统、U 为网络或数据通信传输系统故障码。OBDⅡ故障诊断代码的含义,如图 3-18 所示。

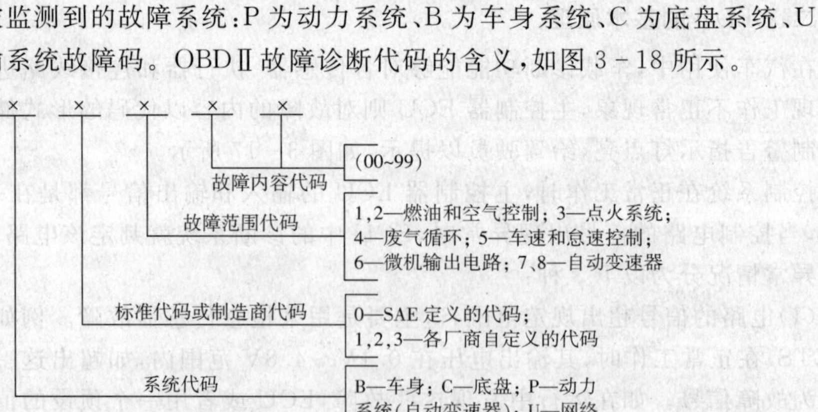

图 3-18　OBDⅡ故障诊断代码

三、OBDⅡ通信中的一些约定

在 OBDⅡ诊断仪与 OBDⅡ随车诊断系统通信的过程中，应遵循以下一些约定，以使通信能正常进行，并确保不会干扰 OBDⅡ系统内部的正常通信。

1. 单请求多应答

在某些汽车上，由于安装了多个控制模块，此时可能会出现一个请求信号对应多个应答信号的情况。即使是单模块的汽车，在某些条件下也有可能出现单一请求多个应答的情况。因此，OBDⅡ诊断仪应尽量避免这种类型的请求信号。

2. 应答时间

OBDⅡ系统应在收到请求信号后 100ms 内发出应答信号，否则诊断仪将认为无应答信号，在 100ms 以外收到的信号都将被诊断仪忽略。

3. 请求信号之间的最小间隔

OBDⅡ系统对诊断仪所发请求信号的最小时间间隔并无特殊要求，即在某个请求信号的应答信号或无应答信号到达后(100ms 后)，即可发送下一个请求信号。

4. 无数据应答

无应答信号包含两层含义，其一是 OBDⅡ系统不支持诊断仪所请求的模式，其二是尽管支持但目前无数据。当此类情况发生时，OBDⅡ不发送任何信号给诊断仪，也就是说，发送了一个 100ms 延时的无应答信号。

5. 应答信号的最大值

当传感器发送给 OBDⅡ系统的数据值超过系统规定值时，OBDⅡ系统应发送一个规定的最大值给诊断仪($FF 或 $FFFF)。同时，诊断仪应能判断出该值已非正常值，并显示出来。这种情况在实时诊断中通常不会出现，但在某些特殊情况下，如当汽车以 260km/h 的速度行驶出现熄火现象时，该瞬时的帧将作为固定帧被保存，这将是重要的诊断信息。

四、OBDⅡ的诊断协议

带有 OBDⅡ随车诊断系统的汽车电控系统，是建立在 B 类数据通信网络协议基础上的。目前，在汽车 OBD 系统中普遍采用的汽车通信协议包括：SAE J1850、ISO9141—2、ISO14230—4 和 ISO15765—4。

SAE J1850 协议由美国汽车工程协会 SAE 制定，是 B 类网络数通信协议中比较常用的一种数据通信，是实现故障诊断与测试平台与控制器 ECU 之间信息互传的唯一通道通信协议，是实现数据通信的基础和通信双方必须遵守的相同约定方，可实现准确的数据传送和数据解码。通信协议的选择，直接关系着故障诊断测试系统的通用性和可移植性。

SAE J1850 协议，又称 CLASS2 协议，它支持两种方式：脉宽调制(PWM 41.6kb/s)和可变脉宽调制(VPW 10.4kb/s)。其主要特点是总线仲裁、低成本、无主和单总线拓扑。因为没有主控节点，所以当检测到总线上有空闲时，任何一个节点都有相等的机会开始一个数据发送。然而，并非所有节点的地位都是相同的，帧优先是存在的，优先级最高的帧总是能够完成，不会发生数据丢失现象。

图 3-19 所示为 SAE J1850 的 ISO/OSI 参考模型。应用了 OSI 参考模型 7 个层中的 3 个：应用层、数据链路层和物理层。

图 3－19　SAE J1850 的 ISO/OSI 参考模型

1. 应用层

在 OSI 模型的最顶端是应用层，该层建立了不同的输入、输出设备之间的应用关系，其中包括人的操作。将网络中的数据从一个字节传送到另一个字节，包括操作信息和诊断信息(运行工况参数数据和故障码)。只要按规定接通规定接口，就可以得到上述信息。此外，在某些法规规定的诊断中也要指明应用层的要求。

2. 数据链路层

数据链路层的主要功能是：将位或标志转化为有效的、无差错的帧或数据。一个典型的数据链路层的应用是将并行数据转化为串行数据，或者是提供位同步。数据链路层的另一个主要功能是出错检查。当有错误发生时，数据链路层或者是对其出错检查，或者通知上一层。因此，数据链路层的内容包括：地址策略、网络存取和数据同步、帧元素结构、差错检查和应答等。数据链路层的特性包括：地址策略、网络存取和数据同步、帧元素和结构、差错检查及差错响应。

3. 物理层

物理层及其线路形成了数据链路层之间传递的信息路径。物理层的主要元素包括：电压、电流值、位的定义以及时序等。它规定了工作介质、最大节点数、最大网络长度、电气参数、数据信号定义、检测以及故障容错等。物理层的属性要求为：介质、最大节点数量、最大网络长度、电气参数、数据位/符号定义/检测、故障容错。

思考与练习

3－1　简述在汽车上使用网络通信技术的必要性。

3－2　为什么车用总线领域要有多种协议规范？

3－3　汽车网络首选的拓扑结构是什么？

3－4　什么是网络互连？网络互连设备有哪些？

3－5　SAE 车用总线是如何划分的？

3－6　CAN 总线的特性有哪些？LIN 总线的主要特性有哪些？简述 LIN 总线与 CAN 总线的关系。

3－7　简述 ISO/OSI 参考模型的 CAN 分层结构、LIN 分层结构和 SAE J1850 分层结构。

3－8　构成 CAN 节点硬件的种类有哪些？

3－9　简述 OBDⅡ的基本原理和故障诊断代码的含义。

第四章 汽油机电子控制技术

内容提要：汽油发动机是汽车主要的动力源之一。本章以改善汽油机的性能为主线，主要介绍了汽油机电控喷射系统和电控点火系统的分类、组成和控制原理。在学习本章前应有一定的汽油机结构和原理方面的专业知识。

第一节 汽油机性能的改善途径

发动机是将某一种形式的能量转变为机械能的机器，是汽车的动力源。汽油发动机（简称汽油机）是热力发动机的一种，其通常先使汽油和空气混合成可燃混合气，再输入发动机汽缸并加以压缩，然后用电火花使之点火燃烧而产生热能，最后再转变为机械能并对外作功。因此，汽油机性能的改善可通过提供特定数量与空燃比的混合气以及准确、可靠的点火来实现。

一、汽油机对空燃比的要求

为了使汽油发动机正常运转，首先必须为其提供连续的、特定数量的和具有特定混合比的燃料空气混合气，该过程称为燃料配给。可燃混合气的成分通常可用空燃比来表示。空燃比是发动机燃料供给系统的一个非常重要的参数，对发动机动力性、经济性及排放性均有较大的影响，如图 4-1 所示，但影响的程度和变化规律各不相同。所以，如何精确控制混合气的空燃比是比较复杂而且非常重要的问题。

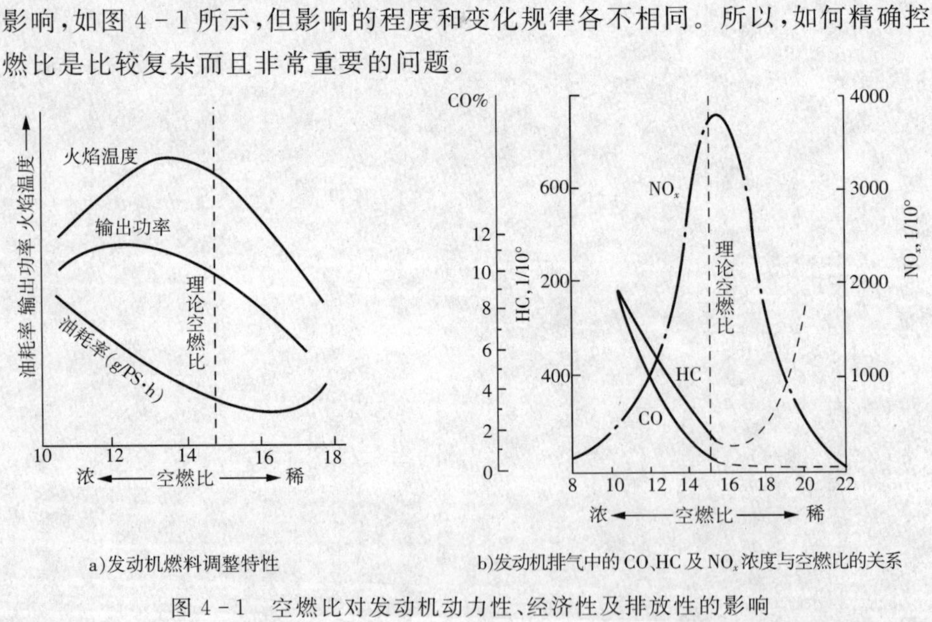

a）发动机燃料调整特性　　b）发动机排气中的 CO、HC 及 NO_x 浓度与空燃比的关系

图 4-1　空燃比对发动机动力性、经济性及排放性的影响

1. 空燃比对发动机性能的影响

(1)空燃比对发动机动力性、经济性的影响

进入发动机的可燃混合气中空气与燃油质量之比称作空燃比，其数值可用 A/F 值表示。理论上 1kg 汽油完全燃烧约需 14.7kg 空气，因此通常把 A/F 值(约为 14.7)称为理论空燃比，相应的混合气称为标准混合气，而 A/F 值大于 14.7 的混合气称为稀混合气；A/F 值小于 14.7 的混合气称为浓混合气。

图 4－1a 表明，当 A/F 值约为 12.5 时，燃烧速度最快，发动机所产生的功率与转矩最大，故发动机的动力性最好，所以又称其为功率空燃比。

当 A/F 值约为 16 时，混合气较稀，有利于燃料完全燃烧，故可降低发动机的油耗。由于此时发动机的经济性最好，故又称其为经济空燃比。

(2)空燃比对发动机排放性能的影响

汽油发动机排出的排气成分主要是 CO_2、H_2O 和 N_2，剩余的 O_2，以及完全没被燃烧的 HC，燃烧不完全的 CO 及高温富氧条件下燃烧生成的 NO_x。其中 CO、HC 和 NO_x 是主要的有害成分。

图 4－1b 所示为 CO、HC 和 NO_x 三种有害成分的浓度随空燃比而变化的规律。其中 CO 和 HC 以理论空燃比为界，随着混合气变浓(空燃比变小)而逐渐上升；而在空燃比略大于理论空燃比的区域内，CO 及 HC 的浓度均比较低。但由于 NO_x 是高温富氧的产物，故在此范围内将出现最大值。

2. 发动机工况对混合气空燃比的要求

汽车发动机的工作模式是变工况模式，即在车辆运行过程中，其工况(负荷和转速)在工作范围内是不断变化的，且在工况变化时，发动机对可燃混合气的空燃比要求差异较大。

(1)稳定工况对混合气的要求

发动机的稳定工况是指发动机已完全预热，进入正常运转，且在一定时间内转速和负荷没有突然变化的情况，又可分为怠速、小负荷、中等负荷、大负荷和全负荷等几种。

① 怠速和小负荷工况

怠速工况发动机对外无功率输出且以最低稳定转速运转。怠速工况下混合气燃烧所做的功只用于克服发动机内部的阻力，维持最低转速稳定运转。汽油机怠速转速一般为 300～1000r/min。怠速工况下节气门处于关闭状态，此时吸入汽缸内的可燃混合气数量极少，且汽油雾化蒸发不良，进气管中的真空度很高；当进气门开启时，缸内压力仍高于进气管压力，结果导致汽缸内的混合气废气率较大。因此，为保证混合气能正常燃烧，须供给小空燃比浓混合气，如图 4－2中 A 处所示。

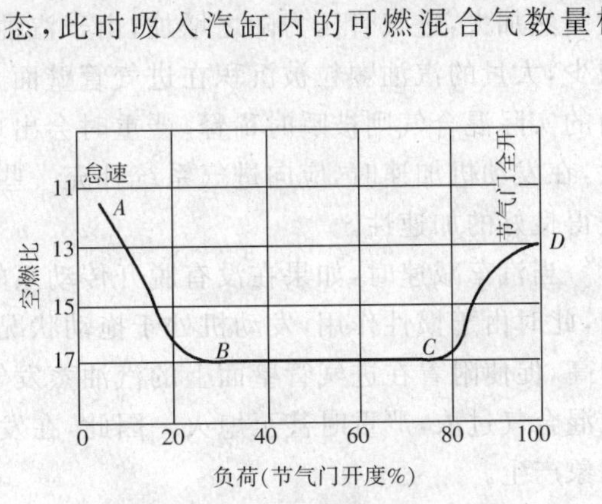

图 4－2 汽油机不同负荷所需的空燃比

随着负荷的增加，节气门开度逐步增大而转入小负荷工况，此时吸入混合气的品质逐渐改善，所以小负荷工况对混合气成分的要求如图 4－2 中的 AB 线段所示。即发动机在小负荷运行时，供给混合气亦

应加浓，但加浓的程度随负荷的增加而减小。

② 中等负荷工况

汽车发动机的大部分工作时间都处于中等负荷状态。此时，节气门已有足够大的开度，上述影响因素已不复存在，因此可供给发动机较稀的混合气，以获得最佳的燃油经济性。这种工况相当于图 4-2 中的 *BC* 段，A/F 值约为 16～17。

③ 大负荷和全负荷工况

大负荷工况节气门开度已超过 3/4，此时应随着节气门开度的开大而逐渐地加浓混合气以满足发动机功率的要求，如图 4-2 中的 *CD* 段。

实际上节气门未全开时，如需获得更大的转矩，只需进一步加大节气门开度即可实现，没有必要改变混合气 A/F 值来提高功率，而应当继续使用经济混合气来达到省油的目的。因此，在节气门全开之前所有的部分负荷工况都应按经济混合气配给。只是在全负荷工况时，节气门已经全开，此时为了获得该工况下的最大功率必须供给功率混合气，如图 4-2 中的 *D* 点。在从大负荷过渡到全负荷工况的过程中，混合气的加浓也是逐渐变化的。

(2)过渡(非稳定)工况对混合气的要求

汽车运行中过渡工况主要包括冷启动、暖机、加速和减速等三种状况，其典型特征就是在一定时间内，转速和负荷处于非稳定的工作状况。

① 冷启动

冷机启动时，燃料和空气的温度均很低，汽油蒸发率很小，雾化不良。为了保证冷启动顺利，发动机要求供给很浓的混合气，以保证混合气中有足够的汽油蒸气。一般要求 A/F 值达到 2∶1，才能保证在汽缸内形成足够浓度的可燃混合气。

② 暖机

冷机启动后汽缸开始点火做功，发动机温度逐渐上升，即为暖机。在暖机过程中，由于温度较低、燃油雾化较差，因此也需要较浓的混合气，而且随着温度增加而逐渐减小，直至达到正常工作温度时发动机进入怠速工况。

③ 加速和减速

发动机加速是指负荷突然迅速增加的动态过程。此时，驾驶员猛踩加速踏板，节气门开度突然加大，进气管压力随之增加，由于汽油的流动惯性和进气管压力增大后汽油蒸发量的减少，大量的汽油颗粒被沉积在进气管壁面上，形成厚油膜，称之为“附壁”现象，因此进入缸内的实际混合气则被瞬时稀释，严重时会出现过稀，使发动机转速下降。为了避免该现象发生，在发动机加速时，应向进气系统补充一些附加汽油以弥补加速时的混合气瞬间减稀，以获得良好的加速性。

当汽车减速时，如果在没有脱开传动系的状况下，迅速松开加速踏板，即突然关闭节气门，此时由于惯性作用，发动机处于拖动状况，且仍保持很高的转速，因此进气管真空度急剧增高，促使附着在进气管壁面上的汽油蒸发气化，并在空气量不足的情况下进入汽缸内，造成混合气过浓，严重时甚至熄火。因此，在发动机减速时，应供给较稀的混合气，以避免这一现象产生。

量调节方式的化油器式燃料供给系统，利用空气流经喉管时产生的负压将汽油连续吸出、雾化、蒸发，与空气混合后形成可燃混合气，并通过若干辅助装置，对不同工况下的混合气浓度进行校正，只能满足发动机的基本工作要求，无法使燃烧过程获得最佳 A/F 值的混合气。因此现代汽油发动机普遍采用电子控制燃油喷射系统对混合气空燃比进行实时、连续、精确地控制，以满足发动机在变工况和非稳定条件下对混合气的要求。

二、汽油机对点火系的要求

汽油机点火系统的功能是依据发动机的做功顺序适时向发动机各缸提供强烈的高压火花。可见，点火系统的功能主要体现在点火的时刻和点火火花的强度两个方面。而这两个方面可以用点火系统的两个控制参数来表示，即点火提前角和闭合角（闭合时间）。

点火提前角是指从火花塞电极间跳火开始，到活塞运行至上止点时这一段时间内曲轴所转过的角度。为了保证各种工况下在活塞绕过上止点以后的适当转角范围内能够出现燃烧峰值压力，使发动机的性能达到最佳，要求在压缩行程上止点以前将混合气点燃，因此，点火时刻必须适度提前，应有恰当的点火提前角。点火提前角受运行环境和运行工况的影响，对应发动机不同的工况，都有一个使其燃烧进行得最佳的点火时刻，此时的点火提前角称为最佳点火提前角。点火过迟或过早，都会使发动机功率下降，油耗增加，所以在发动机工作过程中，必须对点火提前角进行实时调节控制。

传统点火系统的闭合角是指断电器触点闭合的时间，即初级电路接通时分电器轴转过的角度。在微机控制的点火系统中是沿用了传统点火系统闭合角的概念，指初级电路接通的时间，即闭合时间。只有当通电时间到达一定值时，初级电流才可能达到饱和。因此，初级电路接通的时间（即闭合角）决定着初级电路断开时的初级电流的大小，从而决定了点火电压的高低。如果点火电压不足，可燃混合气就不能被点燃，发动机就会出现失火现象，失火会使发动机的使用性能变差，导致排放增加，过高的排放很容易导致催化转换器损坏。将混合气点燃所需的点火电压与发动机的运行环境和运行工况有关。因此，点火电压必须满足各种工况下将混合气可靠点燃的要求。

点火系统工作性能的好坏决定着汽油机的性能，影响着汽油机的动力性、经济性、排放污染及工作稳定性。为了保证汽油机在各种工况下可靠并准确地点火，点火系统必须满足以下要求。

1. 提供足够高的次级电压，使火花塞电极间跳火

能使火花塞电极间产生电火花的电压，称为击穿电压。启动时，需要最高击穿电压 17kV 左右，发动机在低速满负荷时需要 8kV～10kV 的击穿电压。为了使点火可靠，通常点火系统的次级电压大于击穿电压。现代发动机中大多数的点火系统都能提供 20kV 以上的次级电压。

2. 火花要具有足够的能量

火花的能量不仅和火花的电压有关，而且还和火花电流以及火花持续时间有关，点火能量越大，着火性能越好。在发动机启动、怠速及急加速等情况下要求较高的点火能量。目前采用的高能点火装置，点火能量都要求超过 80mJ～100mJ。

3. 点火系统应按发动机的发火顺序并以最佳时刻（最佳点火提前角）进行点火

最佳点火提前角随发动机结构不同而各不相同，并且同一发动机在不同工况和使用条件下的最佳点火提前角也不相同。影响最佳点火提前角的主要因素有：

（1）转速

当发动机转速升高时，由于混合气压力和温度的提高，以及扰流效应的增强，使混合气

燃烧速度随之加快，所以最佳点火提前角应随发动机的转速升高而增大，但不是线性关系。

(2)负荷

发动机的负荷增加时节流损失将减小，吸入汽缸内的混合气量增多，压入汽缸内的混合气量增多，压缩终了时的压力和温度增高，致使燃烧速度加快。因此，在转速不变的情况下，最佳点火提前角应随负荷增加而减小。

(3)汽油的辛烷值

“辛烷值”表示汽油的抗爆性能。汽油的辛烷值越大，其抗爆性越好。现代控制系统追求使发动机尽量处于“微爆”的临界工况，各项性能均较为理想。如果采用高辛烷值汽油，可抑制爆震趋势，最佳点火提前角可适当增加。因此现代发动机点火系统应具备根据所使用的汽油辛烷值的变化而自动调整点火提前角的功能。

(4)混合气的成分

混合气空燃比(A/F)直接影响燃烧速率。当 A/F 值为 11～14 时，燃烧速率最快，最佳点火提前角最小。过稀(A/F 值＞18)或过浓(A/F 值＜12)的混合气，因燃烧速率变慢，故必须相应增大点火提前角。

(5)压缩比

压缩比增大则汽缸压缩终了的压力和温度相应增高，致使混合气的燃烧速度加快。因此，随着压缩比的增高，最佳点火提前角应相应减小。

(6)进气压力

进气压力的减小，会导致混合气雾化和扰流强度降低，使燃烧速度变慢，因此点火提前角应增大。如高原地区，由于大气压力低，空气稀薄，就应适当加大点火提前角。

(7)火花塞的数量

缸内同时装有两个火花塞可缩短火焰传播距离，加快燃烧进程，因此所对应的点火提前角比用一个火花塞时为小。另外，位于燃烧室中温度和混合气成分不同地点的火花塞，将由于火焰传播速度的差异而导致点火提前角也存在差异。如处于排气门处火花塞的点火提前角比位于进气门处火花塞的稍大(约 2°)。

(8)启动和怠速

发动机启动和怠速时，虽然混合气的燃烧速度较慢，但混合气燃烧时间只占较小的曲轴转角。点火时间过早可能会使曲轴反转。因此，要求点火提前角减小或不提前。

综上所述，点火提前角受制于燃烧速度和燃料性能，所有引起燃烧速度和燃料性能变化的因素，必将同时影响最佳点火提前角的数值，而且变工况发动机对点火提前角的要求是多变的、复杂的、随机的和相互制约的。因此，只有采用现代发动机点火控制系统才可使发动机在各种工况和使用环境条件下的工作性能达到最佳。

第二节　汽油机电控喷射系统

一、汽油机喷射系统概述

汽油喷射作为汽油机的燃料供给系统，是在与化油器相互竞争过程中发展起来的。它经历了从机械式喷射到电子控制喷射的发展过程。

20 世纪 60 年代以前，车用汽油喷射装置大多数采用机械式柱塞喷射泵，其结构和工作原理与柴油机喷油泵十分相似，控制功能也是借助于机械装置实现的，结构复杂，价格昂贵，因此发展缓慢，技术上无重大突破，应用范围也仅仅局限于赛车和为数不多的追求高速和大功率的豪华型轿车上。在车用汽油发动机领域内化油器仍占有绝对优势。

1967 年，博世公司(Bosch)研制成功 K-Jetronic 机械式汽油喷射系统，由电动汽油泵提供 0.36MPa 低压汽油，经汽油分配器输往各缸进气管上的机械式喷油器，向进气口连续喷射，用挡流板式空气流量计操纵油量分配中的计量槽来控制空燃比。后来，经改进发展成为机电结合式的 KE-Jetronic 汽油喷射系统(在 K-Jetronic 系统的油量分配器上增设一只电液式压差调节器)。1973 年，博世公司开始批量生产用进气管绝对压力控制空燃比的 D-Jetronic 模拟式电子控制汽油喷射系统。后经改进发展成为 L-Jetronic 电控汽油喷射系统，用叶片式空气流量计直接测量进气空气体积流量来控制空燃比，比用进气管绝对压力间接控制的方式精度高，稳定性好。1981 年，L-Jetronic 系统又进一步改进发展成为 LH-Jetronic 系统，用新颖的热线式空气流量计代替机械式空气流量计，可直接测出进气空气的质量流量，并且进气阻力小，加速响应快。1979 年，博世公司开始生产集电子点火和电控汽油喷射于一体的 Motronic 数字式发动机集中控制系统。与此同时，美国和日本各大汽车公司也竞相研制成功与各自车型配套的数字式发动机集中控制系统，例如：美国通用汽车公司(GM)DEFI 系统、福特汽车公司(Ford)EEC－Ⅲ系统，以及日本日产汽车公司 ECCS 系统、丰田汽车公司 TCCS 系统等。这些系统能够对空燃比、点火时刻、怠速转速和废气再循环等多方面进行综合控制，控制精度愈来愈高，控制功能也日趋完善。

与化油器式汽油发动机相比，电控汽油喷射发动机具有以下优点：

1. 进气阻力小，充气效率高

在进气系统中，由于没有像化油器供油那样的喉管部位，进气压力损失小。只要合理设计进气管道，就能充分利用吸入空气的惯性增压作用，增大充气量，提高输出功率，增加发动机的动力性。

2. 能够精确控制各工况下的混合气空燃比

电控燃油喷射系统采用各种传感器检测发动机运行工况的变化，并能随着工况参数的变化，控制喷油器的喷油量，从而连续地、精确地供应适当空燃比的混合气。特别是对过渡工况的动态控制更是传统化油器式发动机所无法做到的，因此汽车加减速反应灵敏。此外，电控汽油喷射发动机能根据空气密度变化修正空燃比。当汽车在不同地区行驶时，对大气压力或外界环境温度变化引起的空气密度变化，可以进行适量的空燃比修正。

3. 加速性能好

化油器发动机加速时，节气门开度突然加大，通过化油器的空气流量随之加大。由于液体燃料的惯性大于空气的惯性，燃油流量的增加比空气流量的增加要慢，加速的瞬间会造成混合气过稀。虽然现代化油器中设置了加速加浓装置，但由于附加的燃油要经过进气歧管、进气道才能进入发动机，因而加速响应较迟缓。在电控汽油喷射系统中，喷油器装在进气门附近，喷油量由 ECU 控制，ECU 能够使送至汽缸的混合气的空燃比及时地随节气门开度的变化而立即改变。

4. 减速断油功能

汽车减速时，节气门关闭，由于惯性的作用，发动机还会高速运转一段时间，进入汽缸的空气量减少，进气歧管内的真空度增大。在化油器式发动机中，此时会使黏附于进气歧管壁面的汽油蒸发后进入汽缸，使混合气变浓，燃烧不完全，汽车排气中的 HC 含量会增加。而在电控汽油喷射发动机中，当急速关闭节气门而发动机转速超过预定转速时，喷油就会自动停止，因而降低了排放，同时改善了燃油经济性。

5. 良好的启动性能

绝大多数电控汽油喷射发动机都通过检测冷却液温度、启动转速、启动经历次数和时间等来确定启动时混合气的浓度，因而可以精确地控制空燃比，使发动机启动容易，且暖机性能提高。

6. 各缸混合气的分配均匀

在多点汽油喷射系统中，每个汽缸都有一个喷油器，电控单元(ECU)可控制喷油器使每一缸得到相等的燃油量，从而使吸入汽缸内的混合气空燃比一致。因此，多点汽油喷射系统从根本上解决了发动机各缸混合气分配不均匀的问题。

7. 燃油雾化好，使燃烧效率提高

在电控汽油喷射系统中，汽油以一定的压力从喷油器喷出，燃油的雾化良好，可与空气充分地混合，发动机便可在较稀薄的混合气下工作。因此，能有效地降低排放，节省燃油。

二、汽油机电控喷射系统的组成

汽油机电控喷射系统主要分为三大部分：空气供给系统(进气系统)、燃油供给系统(燃油系统)、电子控制系统(控制系统)。如图 4-3 所示。

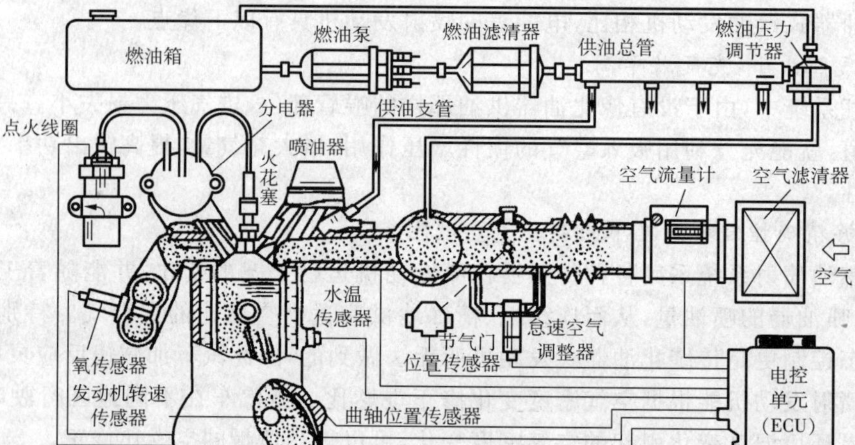

图 4-3　电控式汽油喷射系统

进气系统：空气滤清器—进气流量传感器(进气温度传感器)—进气管—节气门(节气门位置传感器)—进气管—进气歧管—进气门—汽缸。

燃油系统：油箱—燃油泵—燃油滤清器—供油总管—供油支管—喷油器—进气道进气门后方—汽缸。

电子控制系统：各种传感器和开关—ECU—执行器(喷油器等)。

1. 进气系统

进气系统的作用是为发动机可燃混合气的形成提供必需的空气，并且能够通过电控单元对进气量进行测量和控制。进气系统的组成包括空气滤清器、空气流量计、进气温度传感器、节气门、节气门位置传感器、怠速调整机构和进气管(进气总管和进气歧管)等,如图 4-4 所示。

节气门总成位于空气流量计与进气总管之间,其作用是通过改变进气通道面积来控制发动机运转状态,一般由节气门、节气门位置传感器、怠速旁通气道和怠速调整装置组成。

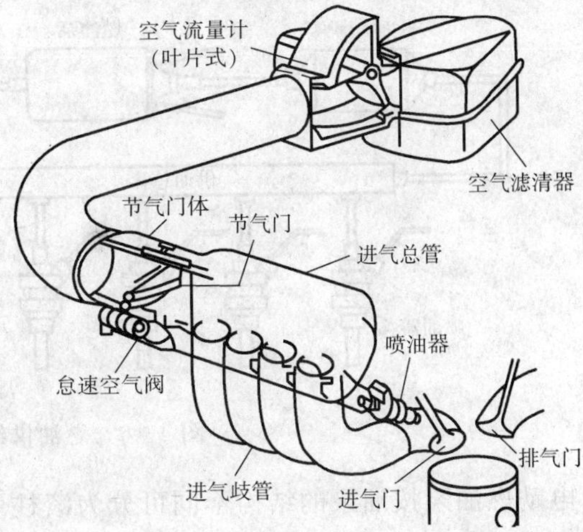

图 4-4　进气系统的组成

节气门总成上怠速空气量的供给是十分重要的,直接影响着发动机怠速工作情况和使用中对怠速的调整方法。在有些电控喷油系统中,怠速时节气门完全关闭,怠速工况所有的空气量均由怠速空气旁通道提供,如图 4-5 所示。怠速调整方法是:顺时针旋转怠速调整螺钉,旁通道进气量减少,发动机转速降低;逆时针旋转调整螺钉,旁通道进气量增加,发动机转速提高。

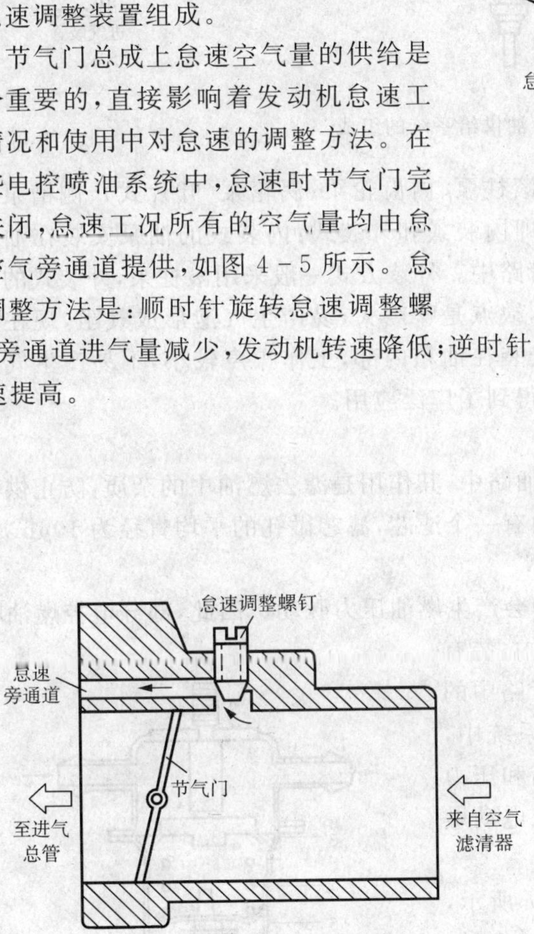

图 4-5　怠速空气旁通道

2. 燃油系统

在电控燃油喷射系统中,燃油量的供给是靠电控单元控制喷油器来完成的。所以,燃油供给系统比传统的机械式系统简单。燃油系统的主要作用是供油,喷油器根据电脑(ECU)的喷油指令,在适当的时刻(喷油时刻)将适量的燃油(喷油量)喷于进气道内进气门的后方。燃油供给系统主要由油箱、燃油泵、燃油滤清器、燃油压力调节器、供油总管(也叫燃油分配管)、供油支管、喷油器等组成,有的还有燃油脉动减振器、冷启动喷油器。图 4-6 为四缸发动机电控燃油喷射系统燃油供给部分的组成。

燃油泵将燃油从油箱内泵出,以 0.25MPa 的压力送入输油管道,经燃油滤清器过滤后,输送到供油总管内,然后经供油支管分配给各缸喷油器。在供油总管的末端有燃油压力调节器,用来调节供油管路中的油压,并根据系统所需压力将过量的燃油通过回油管流回到油箱。

(1)电动燃油泵

电动燃油泵的作用是将燃油从油箱中吸出,加压后通过燃油管道输送给喷油器。

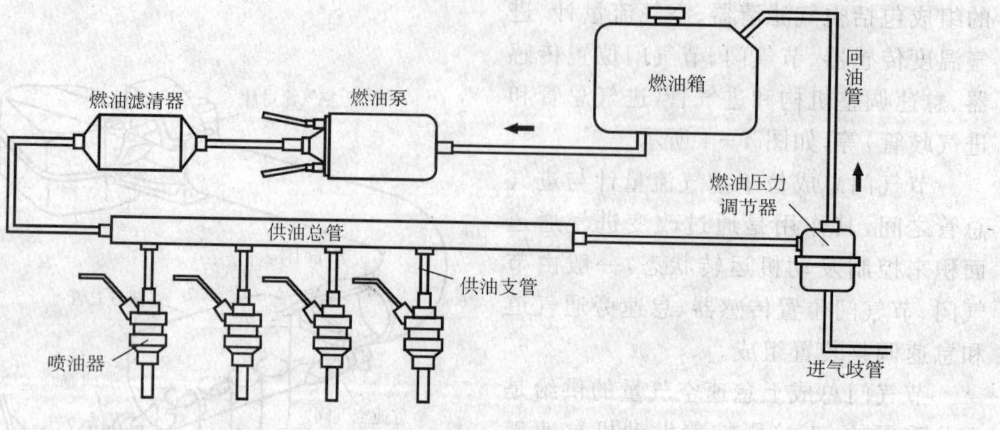

图 4-6　燃油供给系统的组成

电动燃油泵按油泵的结构不同可分为滚柱泵、内齿轮泵、涡轮泵(叶片式)、侧槽泵。电动燃油泵在供油系统中有两种安装方式,即内装式和外装式:内装式的油泵安装在油箱内部;外装式的油泵串装在油箱外部的输油管路中。外装方式一般采用滚柱泵,外装式的优点是油泵可以安装在输油管路中的任何位置,缺点是噪声大,易产生气泡形成气阻,现在已很少使用。内装式与外装式相比,由于油泵安装在油箱内部,工作噪声较小,不易产生气阻和泄漏,有利于热油输送,因此在现代汽车上得到了广泛应用。

(2)燃油滤清器

燃油滤清器串联安装在燃油泵之后的油路中,其作用是滤去燃油中的杂质,防止供油系统堵塞。其结构与普通滤清器相似,壳体内有一个滤芯,滤芯微孔的平均直径为 10μm。

(3)燃油压力脉动减振器(阻尼器)

油泵泵油和喷油器喷油时,供油管路中会产生燃油压力脉动。因此,部分电控燃油喷射系统(如燃油泵为滚柱式)的燃油供给系统中,装有燃油压力脉动减振器,其功用是减弱供油管路中的压力脉动,降低噪声。在早期的汽油喷射系统中,脉动减振器大多安装在回油管上,位于油箱和压力调节器之间,现在则一般安装在供油总管或电动燃油泵上。

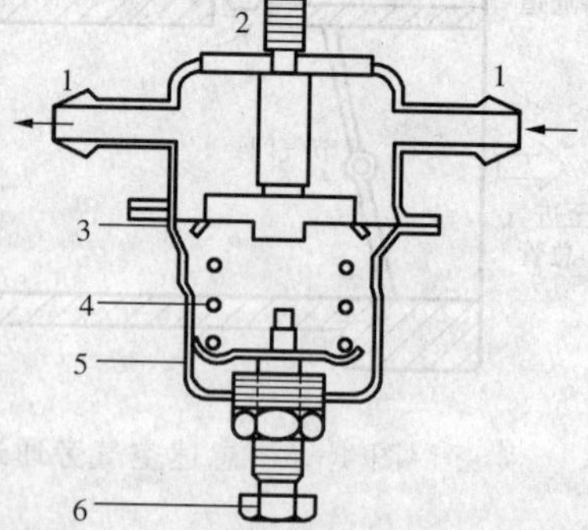

图 4-7　燃油压力脉动减振器结构

1—燃油接头　2—固定螺纹　3—膜片
4—压力弹簧　5—壳体　6—调节螺钉

燃油压力脉动减振器的结构如图 4-7 所示,其主要由膜片和膜片弹簧等组成。发动机工作时,燃油经过脉动减振器膜片上方进入输油管,当燃油压力产生脉动时,膜片弹簧被压缩或伸张,膜片上方的容积略有增减,从而起到稳定油压的作用。同时,膜片弹簧的变形可吸收脉动能量,迅速衰减燃油压力的脉动。图 4-8 为燃油压力脉动减振器的减振效果。

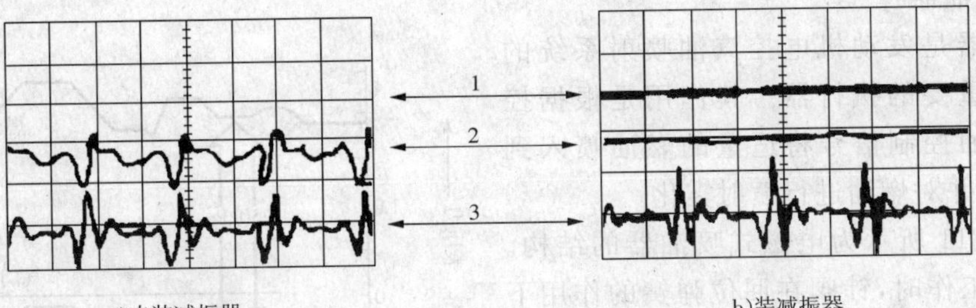

图 4-8　燃油压力脉动减振器的效果

1—喷油器脉冲信号　2—减振器上游压力　3—减振器下游压力

(4)燃油压力调节器

燃油压力调节器的作用是使供油系统油压(即供油总管内的油压)与进气歧管压力之差保持常数,一般为 0.25MPa～0.3MPa,以保证喷油器的喷油量唯一地取决于喷油时间。无论进气歧管真空度如何变化,喷油器的喷油压力与进气歧管的压力之差是恒定不变的。因为发动机所要求的燃油喷射量,是通过 ECU 输出的驱动脉冲控制喷油器的通电时间来实现的。而进气歧管的真空度在汽车运行过程中随着发动机负荷的变化而不断变化。如果不控制燃油压力,即使加给喷油器的通电时间相同,当燃油压力高时,燃油喷射量也会增加;而当燃油压力低时,燃油喷射量则会减少。于是,控制器根据喷油时间控制喷油量就无需对进气歧管压力的变化进行修正了。

燃油压力调节器一般安装在供油总管的末端,结构如图 4-9 所示,为膜片式结构,主要由弹簧、阀体、阀门和壳体等构成。油压调节器是一个金属壳体,在壳体上设有油管接头和真空管接头,进油口接头与供油总管连接,回油口接头连接回油管并与油箱相通,真空管接头与节气门至进气歧管之间的真空管连接。中间通过一个卷边的膜片将壳体内腔分成两个小室:一个是弹簧室,内装一个带预紧力的螺旋弹簧作用在膜片上,弹簧室由一真空软管连接至进气歧管;另一个室为燃油室,直接通入供油总管。阀体固定在金属膜片上,阀体与阀门之间安装有一个球阀,由球阀弹片托起,球阀与阀体之间设有一个弹力较小的弹簧,使球阀与阀门保持接触。

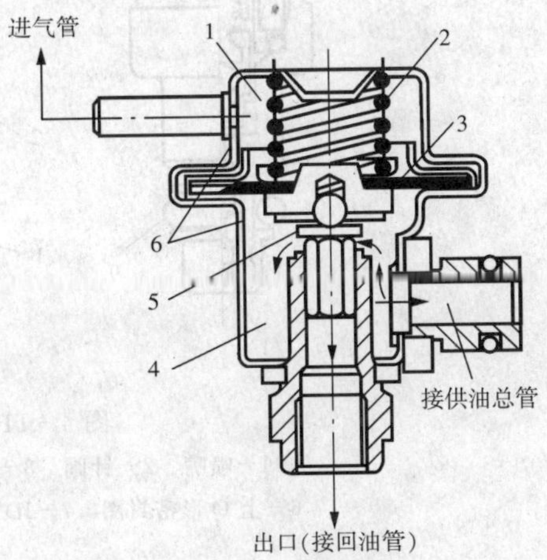

图 4-9　燃油压力调节器

1—弹簧室　2—弹簧　3—膜片

4—燃料室　5—阀　6—壳体

当供油管的燃油压力大于弹簧力加进气管压力时,膜片压缩弹簧向上拱起,回油阀打开,燃油通过回油管流回到燃油箱中;当燃油压力小于弹簧力加进气管压力时,膜片恢复,回油阀关闭。弹簧的预紧力一般设为 250kPa,因此当进气管真空度变化时,会影响到膜片的上、下动作,从而使燃油压力随着进气管真空度的变化而变化,使两者之差始终保持恒定,如图 4-10 所示。

(5)喷油器

喷油器是发动机电控汽油喷射系统的一个非常重要的执行器。其作用是根据控制器的喷油控制信号将适量的燃油喷入到进气歧管,并对燃油进行喷射雾化。

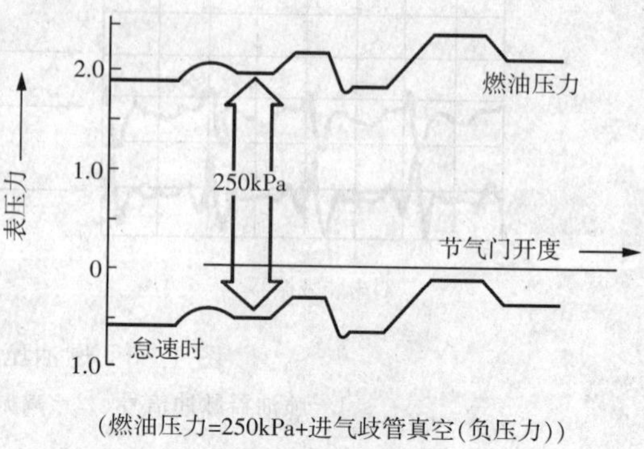

图 4-10　节气门开度与燃油压力的关系

图 4-11 所示为电磁式喷油器的结构。喷油器不工作时,针阀在回位弹簧的作用下将喷油口封住。当 ECU 的喷油控制信号将喷油器的电磁线圈与电源回路接通时,针阀在电磁力的吸引下克服弹簧压力、摩擦力和自身重量,从静止位置往上升起,燃油便从喷油器喷嘴中喷出。由于燃油压力较高,因此喷出燃油的雾化较好。

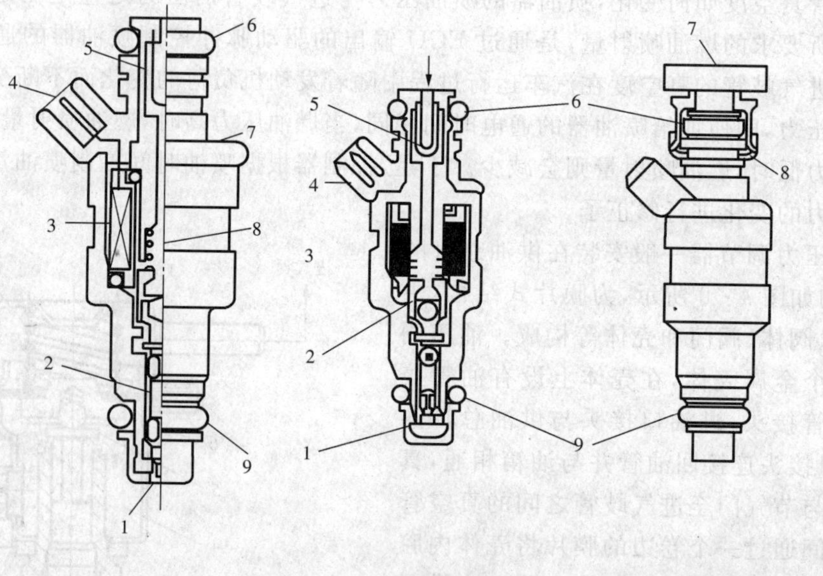

图 4-11　典型喷油器结构

1—喷嘴　2—针阀　3—电磁线圈　4—电线接头　5—滤网
6—上 O 形密封圈　7—ID 号　8—回位弹簧　9—下 O 形密封圈

通常,对发动机喷油器的主要要求有:

① 有良好的流量特性,喷射范围要大,既能满足发动机最大功率时的供油量需要,又能供给怠速时很小的油量。

② 具有良好的雾化和适当的喷雾形状,以利于怠速稳定性、冷启动性的提高和排气污染的降低。

③ 具有良好的抗污物堵塞能力。

④ 耐久性要好。

为了满足不同用途、不同使用条件的需要,喷油器的种类较多,目前主要有以下几种分类方法:

① 按喷口形式可分为轴针型(针阀型)喷口和孔型(球阀型和片阀型)喷口。轴针型喷口的喷油器不易堵塞,如图 4-11 所示;孔型喷口的喷油器喷出的燃油雾化好,孔型喷口一般为 1~2 个孔,孔型喷口的喷油器按阀体结构的不同又分为球阀型(图 4-12)和片阀型(图 4-13)两种。

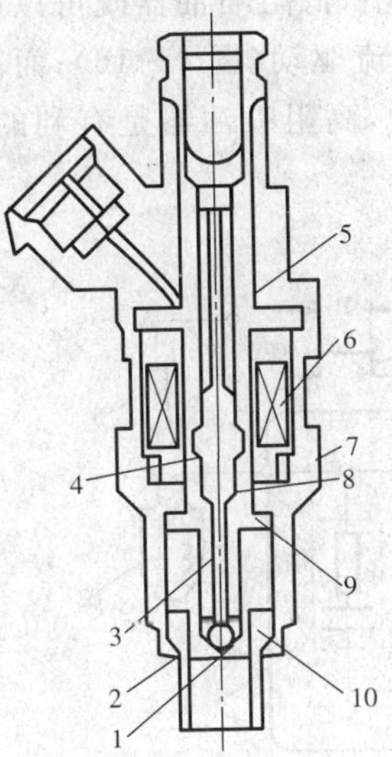

图 4-12　孔型(球阀式)喷油器

1—喷孔　2—阀座　3—阀针　4—弹簧　5—盖　6—电磁线圈　7—喷油器体　8—衔铁　9—挡块　10—护套

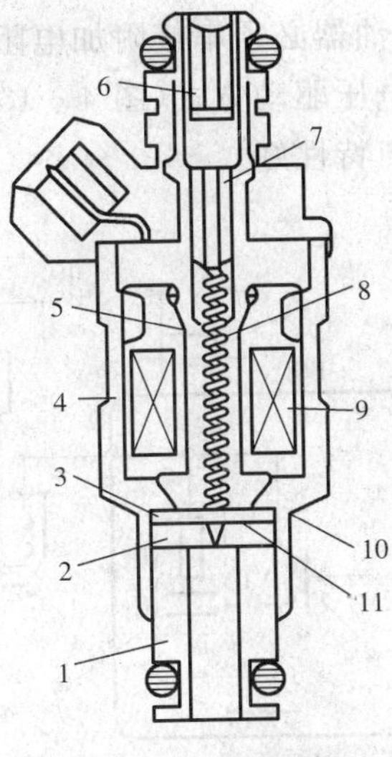

图 4-13　片阀式喷油器

1—喷嘴套　2—阀座　3—挡圈　4—喷油器体　5—铁芯　6—滤清器　7—调压滑套　8—弹簧　9—电磁线圈　10—限位圈　11—阀片

② 按供油方式可分为顶部供油和底部(或侧部)供油,如图 4-14 所示。从底部或侧部供油可降低发动机的高度,并有利于喷油器头部的冷却。

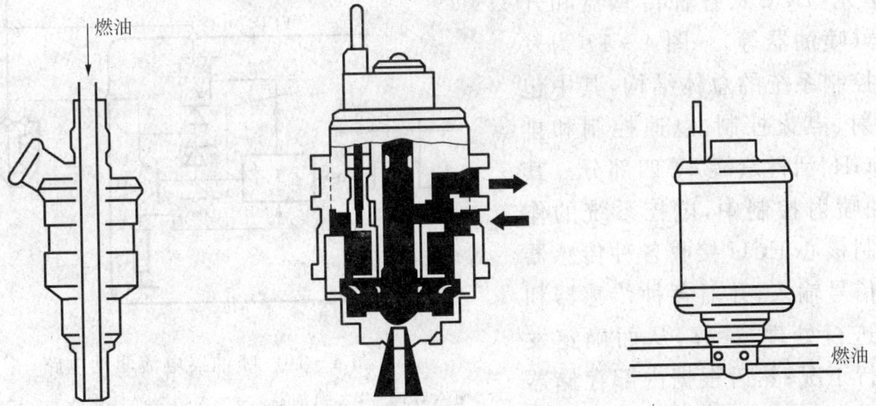

a)顶部供油　　b)侧部供油　　c)底部供油

图 4-14　喷油器的供油方式

③ 按用途可分为单点喷射(SPI)用喷油器和多点喷射(MPI)用喷油器。MPI 系统所用的喷油器一般为细长型,采用上部供油方式;SPI 系统所用的喷油器较粗、短,供油量大,且

多为下部供油方式。

④ 按电磁线圈的阻值大小不同，喷油器又可分为低阻式喷油器和高阻式喷油器。低阻喷油器电磁线圈的电阻值为 0.6～3Ω；而高阻喷油器电磁线圈电阻值(或内装附加电阻)为 12～17Ω。

喷油器驱动电路有电压驱动和电流驱动两种方式。其中，低阻喷油器既可以电压驱动(此时低阻喷油器必须串接附加电阻，图 4-15a)，也可以电流驱动(图 4-16)；而高阻喷油器只能采用电压驱动方式(图 4-15b)。从成本和安装来说，高阻喷油器是有利的，但低阻喷油器的响应特性好。

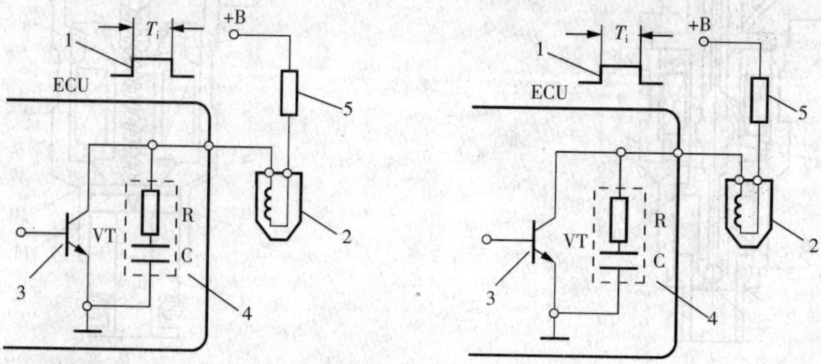

a)采用低阻喷油器时电压驱动回路　　b)采用高阻喷油器时电压驱动回路

图 4-15　喷油器电压驱动电路

1—输入脉冲　2—喷油器　3—大功率晶体管 VT　4—消弧回路　5—附加电阻

3. 电子控制系统

电子控制系统的主要组成有三部分：电控单元(ECU)、各种传感器和开关、执行器(喷油器等)。图 4-17 为发动机电子控制系统的总体结构，其中包括燃油喷射、点火控制、怠速控制和排放控制(EGR、活性炭罐)等四部分。其中，在燃油喷射控制中，电控系统的作用是由控制核心 ECU 接收各种传感器和开关的信号输入，并对各种传感器和开关信号进行处理、计算，从而确定发动机的运行工况；然后根据内部存储器里的 MAP 图(控制规律)查出该工况下适用的空燃比；再根据进气流量传感器测得的进气量，计算出基本喷射量(喷油持续时间)；最后根据温度、海拔高度、节气门开度等各种工作参数进行修正，得到发动机在这一工况下运行的最佳喷油持续时间，转换成相应的喷油驱动脉冲驱动喷油器工作。可以精确控制喷油量，并通过氧传感器进行反馈控制。

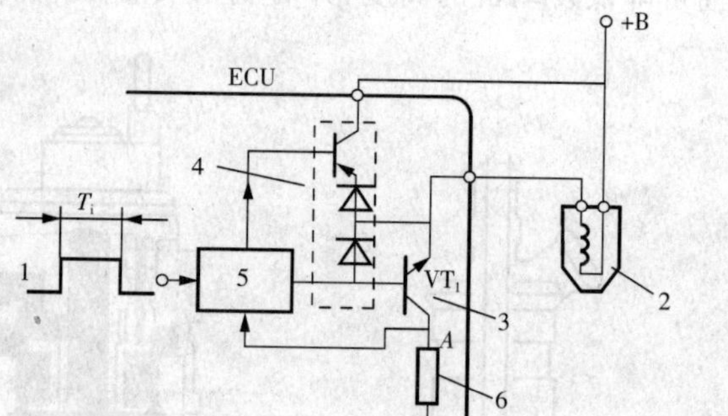

图 4-16　喷油器电流驱动电路

1—输入脉冲　2—喷油器　3—大功率晶体管 VT　4—消弧回路　5—电流控制回路　6—电流检测电阻(反馈电阻)

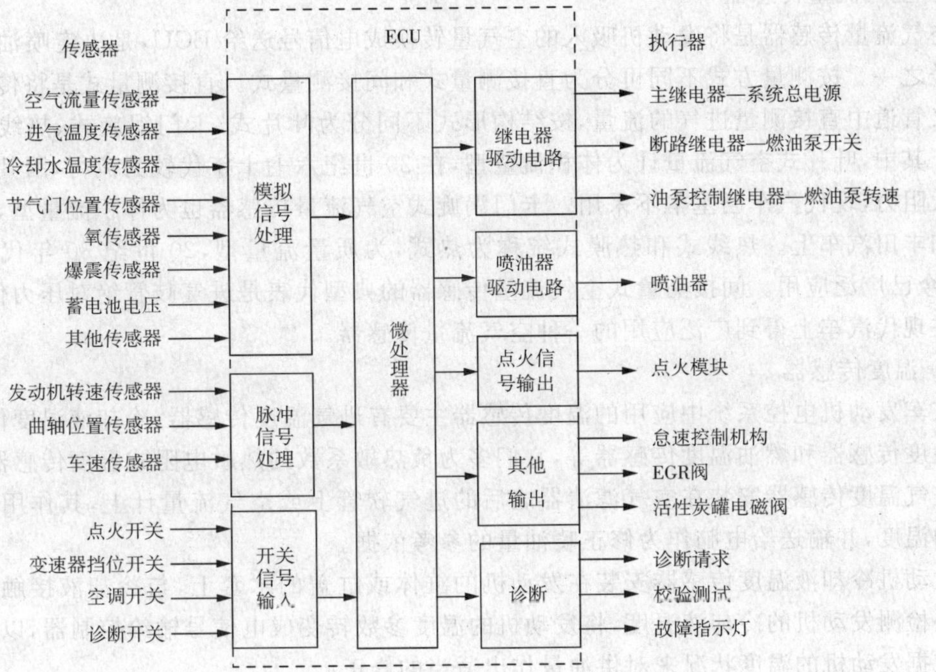

图 4－17　发动机电子控制系统的总体结构

(1)传感器

电控汽油喷射系统中用到的传感器如表 4－1 所列。

表 4－1　汽油喷射控制用到的传感器

传感器				安装位置	功　能
空气流量传感器	间接测量型	进气歧管绝对压力传感器		防火墙上	检测进气歧管的绝对压力，从而间接获得进气量
	质量流量型	热式	热线式	空气滤清器与进气管之间	检测发动机吸入的空气的质量
			热膜式		
	体积流量型	叶片式			检测发动机吸入的空气的体积
		卡门涡旋式			
进气温度传感器		负热敏电阻式		空气滤清器或空气流量传感器上	检测进气温度，用以计算进气量
冷却水温传感器		负热敏电阻式		发动机机体的冷却水道上	检测发动机温度
节气门位置传感器		开关式		节气门轴上	检测节气门开度
		线性式			
发动机转速和曲轴位置传感器		电磁式		曲轴前端、凸轮轴前端或分电器内	检测发动机转速和曲轴位置
		光电式			
		霍耳式			
车速传感器		同转速传感器		变速器输出轴上	检测车速
氧传感器		氧化锆式		排气管上	检测排气中氧浓度，用以对空燃比进行反馈修正
		二氧化钛式			

① 空气流量传感器

空气流量传感器是将发动机吸入的空气量转换成电信号送给 ECU,是决定喷油量的基本信号之一。按测量方式不同可分为直接测量式和间接测量式。直接测量式是将传感器放在进气管道中直接测量进气的流量,按结构形式不同分为叶片式、卡门涡旋式、热线式和热膜式。其中,叶片式空气流量计为体积流量型,在 20 世纪六七十年代较为流行,因其对进气有较大阻力,现代汽车已基本不采用。卡门涡旋式空气流量传感器也为体积流量型,多见于三菱和丰田汽车上。热线式和热膜式统称为热式,为质量流量型,20 世纪 80 年代开发研制,现今已广泛应用。间接测量式空气流量传感器的典型代表是进气歧管绝对压力传感器,也是在现代汽车上得到广泛应用的一种空气流量传感器。

② 温度传感器

汽车发动机电控系统中应用的温度传感器主要有进气温度传感器、冷却液温度传感器、排气温度传感器和燃油温度传感器等,它们多为负热敏系数的热敏电阻式温度传感器。

进气温度传感器安装在空气滤清器之后的进气软管上或空气流量计上,其作用是测量进气的温度,并输送给电脑作为修正喷油量的参考依据。

发动机冷却液温度传感器安装在发动机的缸体或缸盖的水套上,与冷却液接触。主要作用是检测发动机的冷却液温度,将发动机的温度参数转变成电信号输给控制器,以使控制器能根据发动机的温度状况来对供油量作出适当的修正。

③ 节气门位置传感器

节气门位置传感器安装在节气门总成上,与节气门同轴,其作用是将节气门的开度转化成电信号输送给 ECU。节气门位置传感器有开关式和线性式两种。开关式节气门位置传感器结构比较简单,但其只能反应节气门全关闭、中等开度和大开度三种位置状态。线性节气门位置传感器是一种电位计,可以输出节气门由全闭到全开的所有开启角度的连续变化的模拟信号,以及节气门开度的变化速率,从而可更精确地判定发动机的运行工况。

④ 发动机转速传感器和曲轴位置传感器

发动机转速传感器和曲轴位置传感器是发动机控制系统中最重要的传感器之一。发动机转速传感器的作用是检测发动机转速,以确定基本喷油量和基本点火提前角;曲轴位置传感器用来检测活塞上止点的位置,以确定各缸喷油器的喷油时刻和点火系的点火提前角,并提供判缸信号。常用的转速传感器和曲轴位置传感器有电磁感应式、霍耳效应式和光电式三种。其安装位置通常在曲轴前端(飞轮上)、凸轮轴前端或分电器内。

⑤ 氧传感器

氧传感器安装在发动机的排气管上,其作用是检测排气中氧分子的浓度,并将其转化成电压信号或电阻信号;在汽车上应用的氧传感器主要有两种类型:主要是电池式的氧化锆氧传感器和可变电阻式的二氧化钛氧传感器。其中氧化锆氧传感器应用最多。

(2)开关信号

① 启动信号(STA)

STA 信号用来判断发动机是否处在启动状态。在启动时,进气管内混合气流速慢,温度低,因此燃油的雾化差。为了改善启动性能,在启动发动机时必须使混合气加浓。ECU 检测 STA 信号,确认发动机处于启动状态时将自动增加喷油量。从图 4－18 可看出:STA 信号和启动机的电源连在一起,由空挡启动开关控制。

② 空挡启动开关信号(NSW)

在装有自动变速器的汽车中,ECU 用这个信号区别变速器是处于“P”(停车)或“N”(空挡),还是处于“L”、“2”、“D”或“R”等行驶状态。NSW 信号主要用于怠速系统的控制,电路如图 4-18 所示。

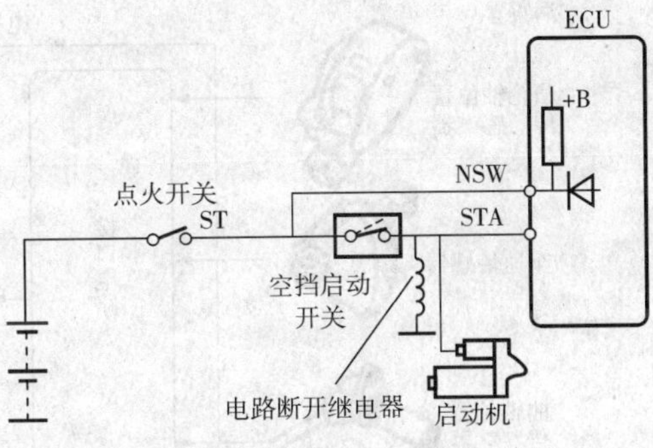

图 4-18 空挡启动信号电路

当点火开关闭合时,NSW 端与蓄电池正极相连。若自动变速器处于“L”、“2”、“D”和“R”等行驶挡时,空挡开关断开,NSW 端是高电位;若自动变速器处于“P”或“N”挡时,空挡开关闭合,由于启动机的载荷造成压降,NSW 端是低电压信号。

③ 空调信号(A/C)

A/C 信号用来检测空调压缩机是否工作。空调信号与空调压缩机电磁离合器的电源接在一起,空调压缩机工作时,向电脑输送高电平信号,电脑根据 A/C 信号控制发动机怠速时的点火提前角、怠速转速和断油转速等。

(3)电子控制单元(ECU)

ECU 主要由带有微处理器和程序及数据存储器的微型计算机、数字电路(包括 A/D、D/A 转换器)、功率输出级电路(喷油、点火和怠速等)与外部通信电路和电源管理电路等组成,并通过总插头将 ECU 与蓄电池、各种传感器和执行器连接在一起。

发动机启动时,ECU 进入工作状态,ROM 中的主控程序进入 CPU。这些程序可以是控制点火时刻、控制燃油喷射、控制怠速等。通过 CPU 的控制,一个个指令逐个地进行循环。执行程序过程中,所需的发动机信息来自各个传感器。从传感器来的信号,首先进入输入回路,对其信号进行处理。如是数字信号,则经 I/O 接口直接进入微机;如是模拟信号,还要经过 A/D 转换,转换成数字信号后,才能经接 I/O 口进入微机。CPU 对这些数据比较运算后,作出决定并发出输出指令信号,经输出回路去控制执行器动作。如是喷油器驱动信号,则控制喷油正时和喷油脉宽,完成控制喷油功能。

(4)执行器

发动机电控燃油喷射系统中的执行器都为磁执行器,如喷油器、燃油泵、怠速调节机构等。执行器控制主要包括喷油器控制、冷启动喷油器控制、燃油泵控制(包括燃油泵开关控制和燃油泵转速控制)和怠速调节机构控制等。

三、汽油机电控喷射系统的控制原理

发动机燃油喷射系统的控制过程如图 4-19 所示。ECU 根据各种传感器的信号判断发动机当前的工况,并查表获得该工况下的最佳空燃比,同时根据空气流量计和转速传感器算出每循环的进气量,然后计算出每循环每缸所需的供油量,经过修正后,换算成基本喷油时间(喷油脉宽),再根据发动机工况确定喷油定时,从而控制喷油器工作。

可见,ECU 对喷油器的控制包含两个主要方面:一个是喷油器的喷油量,即喷油器应该喷多少油的问题;另一个是喷油定时,即喷油器何时打开喷油的问题。其中,喷油量的控制是由 ECU 输出一定宽度的脉冲(称喷油脉宽)来控制喷油器电磁线圈的通电时间,进而控制喷油器打开喷油的时间来确定的。

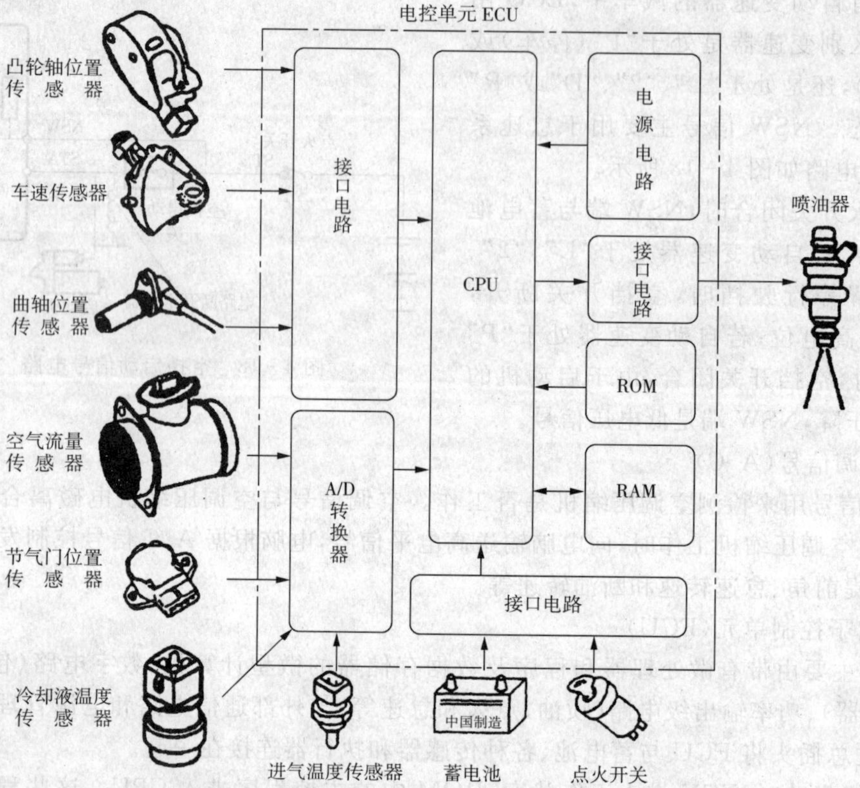

图 4-19　L 型燃油喷射系统喷油控制原理图

1. 喷油定时

喷油定时，是指喷油器开启进行喷油的时刻所对应的曲轴转角。在发动机燃油喷射控制系统中，喷油器的喷油时刻可分为同步喷射和异步喷射两种方式。

同步喷射是喷油量控制的基本模式，其喷油时刻与发动机旋转同步，是在固定的曲轴转角位置进行喷射，即对应固定的曲轴转角。异步喷射根据传感器的输入要求控制喷油时刻，其喷油时刻与曲轴转角无关，而与发动机的实际运行工况有关，如急加速时的临时性喷射。此外，采用卡门涡旋流量计的发动机，其喷油器的开启时间与其涡流频率同步。

异步喷射是同步喷射的补充。在发动机大多数运转工况下，喷油系统采用同步喷油方式工作，只有在启动、起步、加速等工况才采用异步喷射方式工作。在同步喷射发动机中，又分为同时喷射、分组喷射和顺序喷射三种基本类型。它们对喷油定时的要求各不相同。

(1)同时喷射

早期生产的间歇式燃油喷射发动机多是同时喷射。图 4-20 所示为其控制电路，所有的喷油器并联连接。其特点是所有喷油器在发动机固定的曲轴转角位置同时开启，同时关闭，喷油间隔为 360°曲轴转角。通常，曲轴每转一转，各缸喷油器同时喷射一次。即在发动机的一个工作循环中各喷油器喷射两次，在进气门打开时，两次喷射的燃油一起进入汽缸。图 4-21 为同时喷射定时。

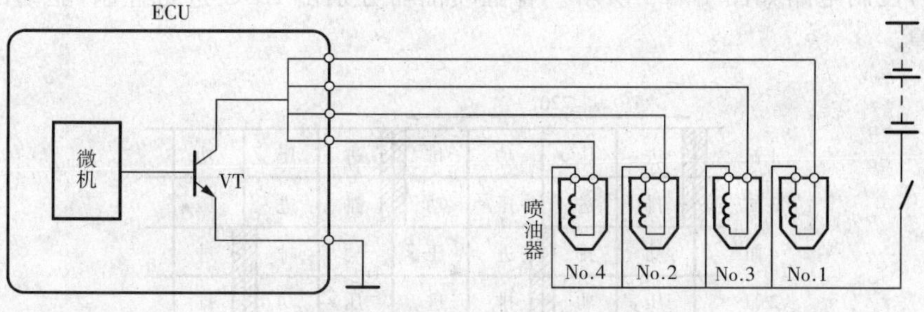

图 4－20　同时喷射控制电路

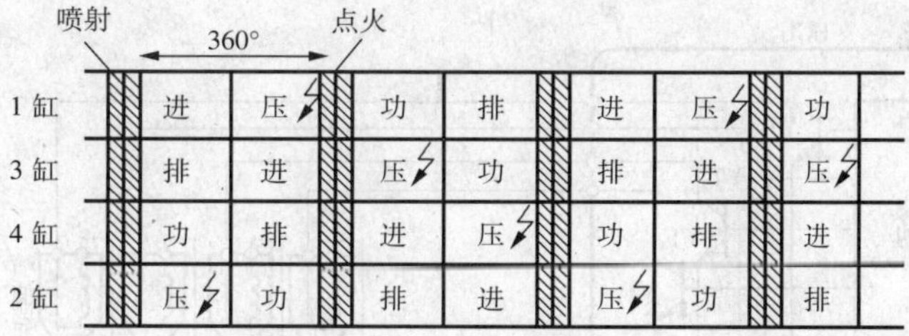

图 4－21　同时喷射定时

同时喷射的喷射方式不需要汽缸判别信号，而且喷射驱动回路通用性好，其电路结构与软件都较简单。但由于各缸对应的喷射时间不可能最佳，有可能造成各缸的混合气形成不一样。

(2)分组喷射

分组喷射一般是把所有汽缸的喷油器分成 2～4 组。如四缸发动机一般把喷油器分成两组，做功相邻的两缸为一组，ECU 分组控制喷油器，两组喷油器轮流交替喷射。分组喷射的控制电路如图 4－22 所示。每一工作循环中，各喷油器均喷射一次，一般发动机每转一转，只有一组喷油器喷射，喷油器的喷油间隔是 720°。图 4－23 所示为四缸发动机分组喷射的定时。

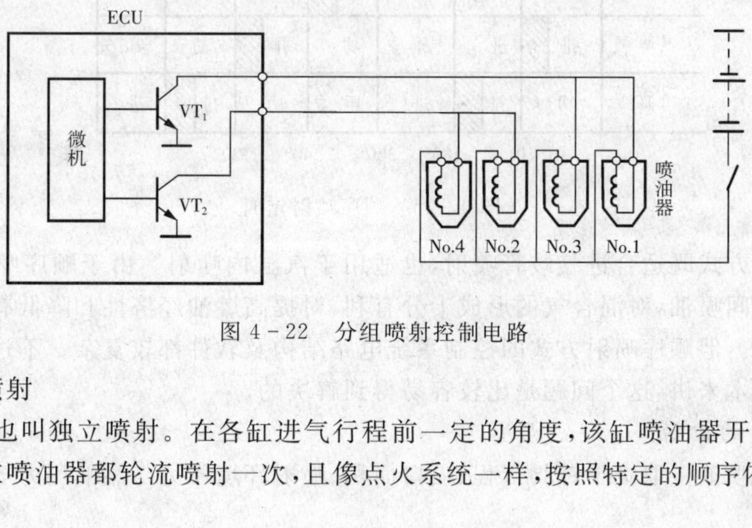

图 4－22　分组喷射控制电路

(3)顺序喷射

顺序喷射也叫独立喷射。在各缸进气行程前一定的角度，该缸喷油器开始喷油。曲轴每转两转，各缸喷油器都轮流喷射一次，且像点火系统一样，按照特定的顺序依次进行喷射。

顺序喷射的控制电路如图 4-24 所示。各缸喷油器分别由 ECU 进行控制，驱动回路数与汽缸数目相等。

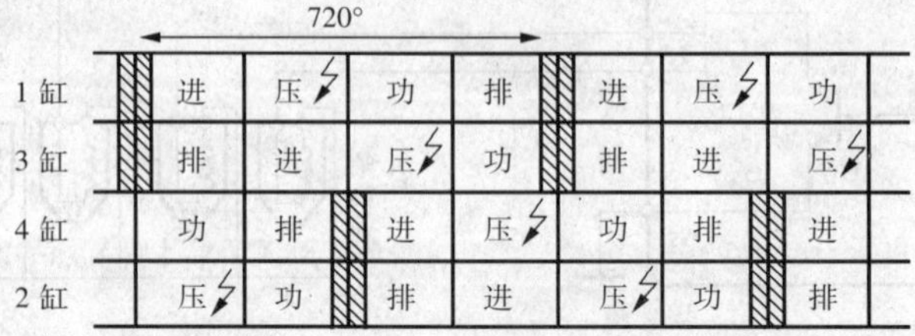

图 4-23　分组喷射定时

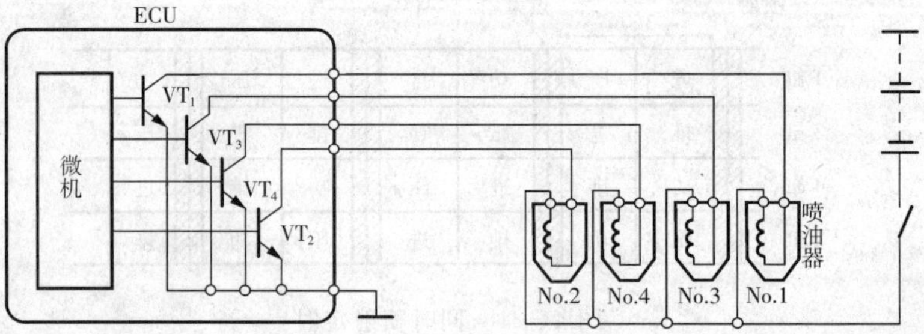

图 4-24　顺序喷射控制电路

由于要知道哪一缸喷油器需要开启喷射，因此顺序喷射方式应具备汽缸判别信号，常叫判缸信号。采用顺序喷射控制时，应具有正时和缸序两个功能。ECU 工作时，通过曲轴位置传感器输入的转速信号和判缸信号，可以确知各缸的工作行程及活塞运行的具体位置。从而适时输出喷油控制信号，控制各缸喷油器在各缸进气行程前一定的角度开始喷射。图 4-25 为四缸发动机顺序喷射的定时。

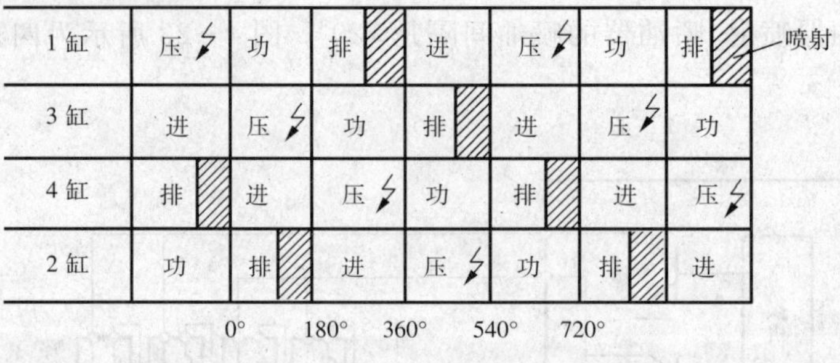

图 4-25　顺序喷射定时

顺序喷射方式既适合进气歧管喷射，也适用于汽缸内喷射。由于顺序喷射可以将各缸设立在最佳时间喷油，对混合气的形成十分有利，对提高燃油经济性和降低有害物的排放等都有一定好处。但顺序喷射方式的控制系统电路结构及软件都较复杂。不过对于日益发展的先进电子技术来讲，这个问题是比较容易得到解决的。

2. 喷油量的控制

喷油器的喷油量取决于针阀行程、喷口面积、喷射环境压力与燃油压力等因素。这些因

素一旦确定，则喷油量就由针阀的开启时间，即电磁线圈的通电时间来决定。

由于喷油器针阀的机械惯性和电磁线圈的磁滞性，以及磁路效率的影响，任何实用的喷油器，在触发脉冲加到电磁线圈后，从脉冲开始到针阀呈最大升程状态，需要一定时间 T_o，称它为开阀时间。当脉冲消失到针阀落座关闭也需要一定时间 T_c，称它为关阀时间。由图 4－26 的喷油器针阀工作特性可见，喷油器针阀的升起和落座与脉宽并不完全吻合。同时还可能看出开阀时间 T_o 比关阀时间 T_c 长，(T_o－T_c)的时间是不喷射燃油的时间，称为无效喷射时间。开阀时间 T_o 受蓄电池电压的影响较大，而关阀时间 T_c 受蓄电池电压的影响很小。

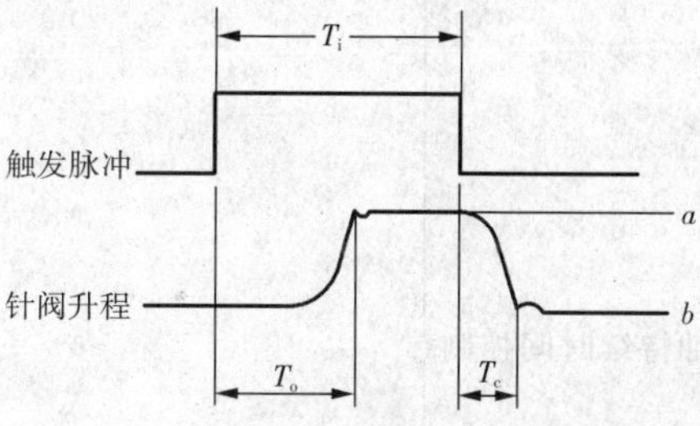

图 4－26　触发脉冲和针阀工作特性

T_i—通电时间(脉宽)　T_o—开阀时间　T_c—关阀时间

a—针阀全开位置　b—针阀全关位置

图 4－27 所示为动态喷射量 q 随喷油器电磁线圈通电时间 T_i 的变化规律，即喷油器的喷射量特性。一般情况下可用静态喷射量 Q 和动态喷射量 q 表示。静态喷射量 Q 是指喷油器在规定压力下，使针阀保持在最大行程位置时，单位时间喷射的油量(cm^3/min)。动态喷射量 q 是指某一通电时间 T_i 时的喷射燃油量(mm^3)，一般以通电时间为 2.5ms 时的每一针阀行程的喷射量来表示，其单位为 mm^3/str(毫米^3/行程)。从图 4－27 中可知，喷射量特性曲线的斜率就是静态喷油量，而在特性曲线的线性段范围内，相对任意通电时间 T_i 的动态喷射量为静态喷射量与有效喷射时间的乘积。可用下式表示：

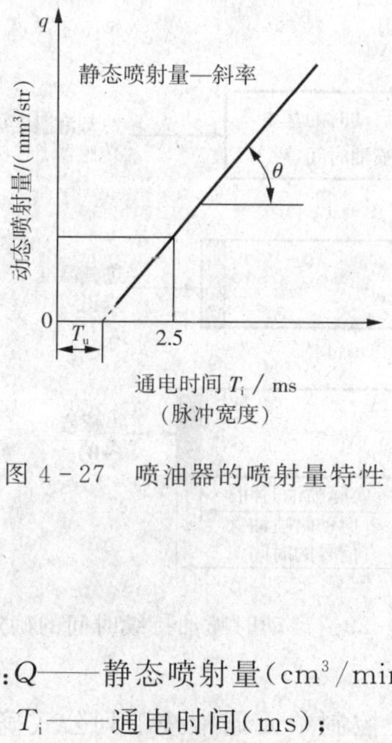

图 4－27　喷油器的喷射量特性

$$q=\frac{Q}{60}(T_i-T_u)\quad (mm^3)\qquad (4-1)$$

式中：Q——静态喷射量(cm^3/min)；

T_i——通电时间(ms)；

T_u——无效喷射量时间(ms)。

由上式可以看出，在一定条件下，喷油器动态喷油量随通电时间的长短而变化，因此在实际控制工作中，发动机电子控制系统通过控制通电时间(脉冲宽度)就能控制喷油量。

如图 4－28 所示，发动机喷油量控制主要分为两大类：一类是发动机正常工作状况下的喷油量控制，它是主要依据发动机吸入的空气质量及转速计算得出的；另一类是发动机启动时喷油量的控制，该类型实质上是特殊非稳定工况下的喷油量控制，仅仅依据发动机环境和系统状况而确定，不具备典型意义。

发动机在不同工况下运转，其基本喷油持续时间和各种参数的修正量是至关重要的。发动机型号不同，其修正特性曲线也各不相同。

- 喷油持续时间控制
  - 同步喷射(只用于综合控制系统)
    - 启动时喷油控制
      - 基本喷油持续时间控制
      - 进气温度和电压修正
    - 启动后喷油控制
      - 基本喷油持续时间控制
      - 修正
        - 启动加浓
        - 启动后加浓
        - 暖机加浓
        - 进气温度修正
        - 过渡工况空燃比控制
        - 功率加浓(大负荷)
        - 怠速稳定修正
        - 空燃比反馈修正
        - 蓄电池电压修正
        - 自学习修正
        - 断油
  - 异步喷射
    - 启动喷油控制(固定持续时间)
    - 加速喷油控制

图 4-28　喷油持续时间的控制

(1)启动时的喷油控制

在启动时,由于转速波动,大部分发动机是根据内存中冷却液温度与喷油时间的关系曲线,查出相应的基本喷油持续时间,然后进行进气温度和蓄电池电压(+B)的修正,得到启动时喷油持续时间,如图 4-29 所示。

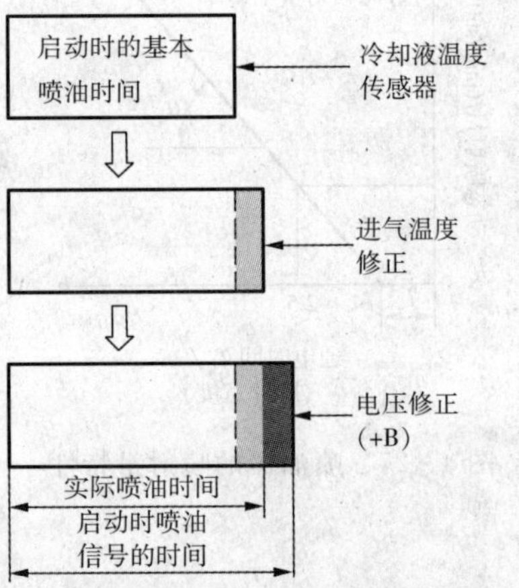

图 4-29　启动时喷油持续时间的确定

启动喷油持续时间=基本喷油时间

+进气温度修正+蓄电池电压修正　　　　(4-2)

通常启动时喷油时间随发动机冷却液的温度升高逐渐减小。有些发动机电子控制系统的启动喷油时间除了考虑冷却液温度、进气温度和电压等影响外,还考虑发动机的转速、启动次数等的影响。

(2)启动后的喷油控制

启动后,发动机转速超过了预定值。此时,发动机电子控制单元通常按下列公式确定喷油持续时间:

$$喷油持续时间=基本喷油持续时间\times喷油修正系数 \quad (4-3)$$

式中:喷油修正系数是指各种修正系数之和。

1)基本喷油持续时间 T_p

基本喷油持续时间主要是根据发动机每个工作循环的进气量,及给定的目标空燃比所确定。对于不同的进气量测量系统,计算方法不同。

① 质量流量式(热线、热膜)

质量流量式空气流量计的电控喷油系统,基本喷油持续时间可用下式表示:

$$T_p = K\frac{G/n}{A/F} \tag{4-4}$$

式中：G——进气质量流量(g/s)；

n——发动机转速(r/s)；

A/F——目标空燃比；

K——常数(与喷油器流量特性、喷射方式及缸数有关)。

② 体积流量式(叶片、卡门涡旋)

体积流量式空气流量计的电控喷油系统，其基本喷油持续时间可用下式表示：

$$T_p = K\frac{Q/n}{A/F}K_T K_p \tag{4-5}$$

式中：Q——进气体积流量(m^3/s)；

K_T——修正系数(与进气温度有关)；

K_p——修正系数(与大气压力有关)。

③ 速度密度式(进气歧管压力式)

速度密度式电控喷油系统，基本喷油持续时间可用下式表示：

$$G = \frac{P}{RT}V_c\eta_v \tag{4-6}$$

式中：G——每个进气行程进入汽缸的空气质量(g)；

P——进气管绝对压力(kPa)；

T——进气管绝对温度；

R——气体常数；

V_c——汽缸容积；

η_v——发动机容积效率(是转速、配气相速、配气相位、排气管压力、废气再循环量等的复杂函数)。

由于 η_v 无法直接测量，所以对于采用进气歧管绝对压力传感器的发动机，大多采用三维图形式将数据按一定形式存储在 ECU 中，如图 4-30 所示。它是根据目标空燃比要求，通过试验获得发动机歧管的绝对压力、转速对应基本喷射时间的数据图。汽车运行时，当转速传感器和歧管绝对压力传感器检测到转速和歧管压力时，即可通过查表方式获得基本喷油持续时间。当发动机的运行条件处于三维图工况点中间时，可用双内插法求得该运行条件下的基本喷油脉宽(持续时间)。

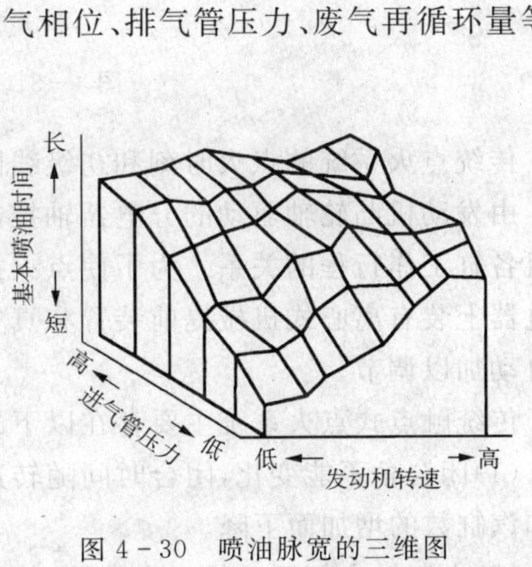

图 4-30　喷油脉宽的三维图

2)喷油量的修正

ECU 通过各种传感器获得发动机和汽车运行工况的各种信息，根据这些信息对已确定的基本喷油持续时间进行修正。这些修正包括：启动加浓、启动后加浓、暖机加浓、进气温度修正、冷却液温度修正、大负荷加浓、过渡工况控制、怠速稳定性修正、空燃比反馈修正、空燃比学习控制、电源电压修正、断油控制等。

第三节　汽油机的电控点火系统

一、汽油机的电控点火系统的分类

对汽油机而言，点火系统的工作性能的好坏决定着发动机的性能，影响着发动机的动力性、经济性、排放污染及工作稳定性。按点火系统及其控制系统的发展过程来分，点火系统可分为机械触点式（传统点火系统）、普通电子式和微机控制式点火系统。

1. 机械式点火系统

传统的机械式点火系统由电源（蓄电池）、点火开关、点火线圈、断电器、分电器、点火提前调节机构、电容器、火花塞、高压导线以及附加电阻等组成，如图 4-31 所示。

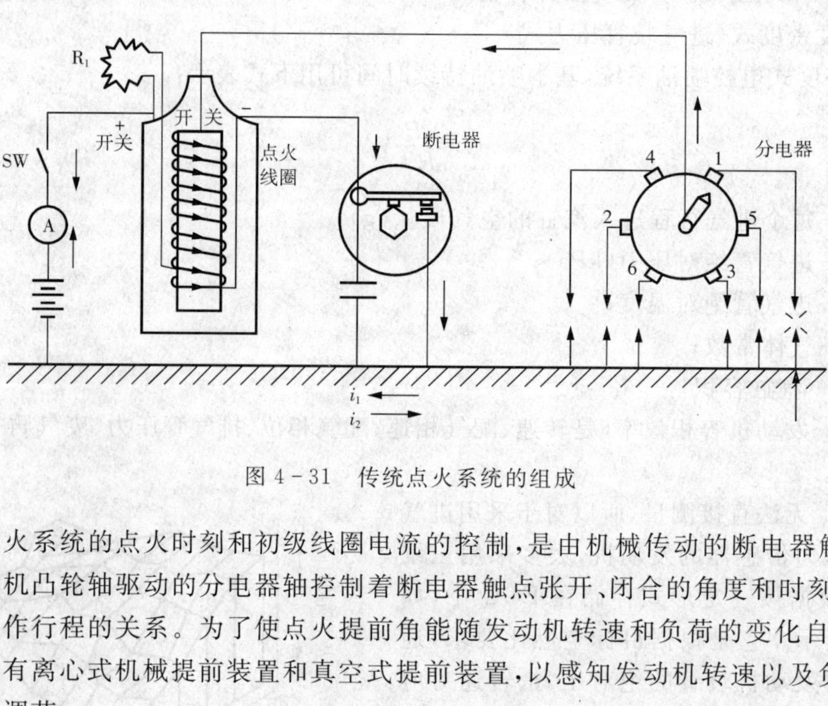

图 4-31　传统点火系统的组成

传统点火系统的点火时刻和初级线圈电流的控制，是由机械传动的断电器触点来完成的。由发动机凸轮轴驱动的分电器轴控制着断电器触点张开、闭合的角度和时刻，以及与发动机各缸工作行程的关系。为了使点火提前角能随发动机转速和负荷的变化自动调节，在分电器上装有离心式机械提前装置和真空式提前装置，以感知发动机转速以及负荷的变化并自动加以调节。

传统触点式点火系统主要存在以下缺点：

(1)闭合角不能变化，闭合时间随转速变化较大。次级电压的最大值随发动机的转速升高和汽缸数的增加而下降。

(2)由于触点打开时易产生火花，使触点容易烧蚀。

(3)由于初级电流大小受触点允许电流强度的限制（一般不超过 5A），因此火花能量的提高受到了限制。

(4)点火提前角的控制精度差。

(5)由于传统点火系统次级电压上升慢，因此对火花塞积炭和污染很敏感。

2. 普通电子式点火系统

普通电子式点火系统按有无断电器触点又分为有触点电子点火系统(或晶体管辅助点火系统)和无触点电子点火系统两种。其中,晶体管辅助点火系统是电子点火系统发展的早期,为了解决传统点火系统断电器触点烧蚀的问题,而用大功率晶体管来控制电流较大的初级线圈电路的通和断,将断电器触点放在控制晶体管导通与截止的基极电路中,由于基极电路电流较小,所以触点不容易烧蚀。目前这种点火系统已不再应用了。

无触点电子点火系统的基本组成有:点火开关、蓄电池、信号发生器、电子点火器、点火线圈、分电器、点火提前调节机构、高压穿线、火花塞等。其工作原理是:由信号发生器产生触发信号,经过电子点火器的放大电路整形、处理,并通过控制大功率三极管的导通和截止,来控制点火线圈中初级电路电流的接通时间和断开时刻,同时还可以对初级电流的大小进行控制。信号发生器用来代替传统点火系统的断电器触点。信号发生器通常有三种:光电式、磁感应式和霍耳式。如图 4-32 所示为磁脉冲式无触点电子点火系统。随着汽车电子技术的发展和发动机电控技术的广泛应用,这种点火系统已逐渐被微机控制点火系统所取代。

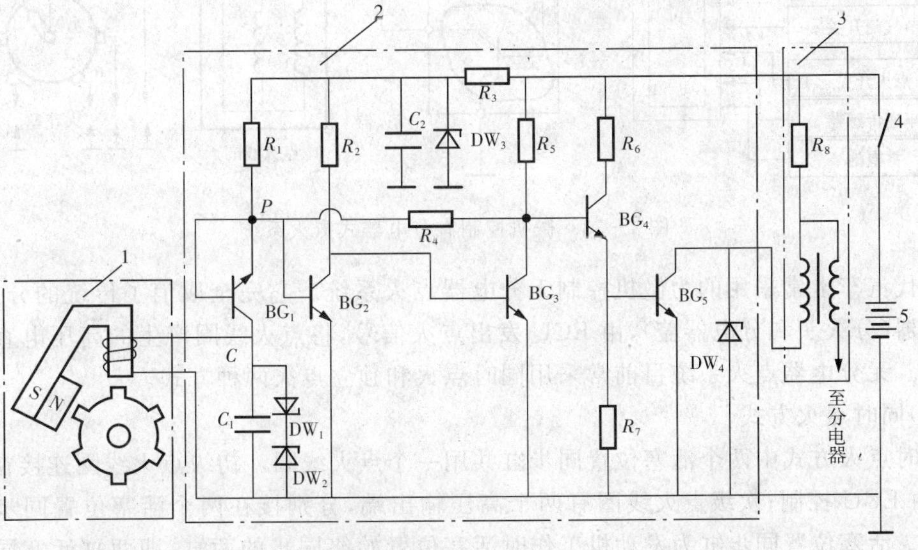

图 4-32　磁脉冲式无触点电子点火系统

1—信号发生器　2—点火控制器　3—点火线圈　4—点火开关　5—蓄电池

无触点电子点火系统的特点如下:

(1)取消了断电器触点,解决了触点烧蚀的问题。

(2)初级电流可通过电路加以控制。

(3)仍需采用机械离心提前和真空提前调节机构,无法精确控制点火提前角。

3. 微机控制点火系统

这是目前在汽车上广泛应用的一种点火方式。与电控喷油系统一样,也由传感器、电子控制单元(ECU)和执行器组成,除了采用与电控汽油喷射系统中转速和曲轴位置传感器、空气流量传感器、节气门位置传感器、冷却液温度和空气温度传感器等一样的传感器外,还有专为点火控制用的爆震传感器,其执行器是点火模块和点火线圈。点火模块的主要作用是将 ECU 输出信号送至功率管进行放大，并按发火顺序给点火线圈提供初级电流。

微机控制点火系统的基本工作原理是：电子控制单元(ECU)根据曲轴位置传感器判断出各缸的活塞位置，并由转速传感器脉冲信号计算出发动机转速，再通过节气门位置传感器和空气流量传感器确定出负荷的大小，对发动机的运行工况作出较精确的判断。根据发动机转速和负荷的大小，ECU 从存储单元中查出对应此工况的点火提前角和初级电路导通时间(闭合时间)，由这些数据对电子点火器进行控制，从而实现点火系统的智能控制。此外，ECU 还可以根据其他影响因素对这两个参数进行修正，实现点火系统的精确控制。

微机控制点火系统分为有分电器式和无分电器式。图 4－33 所示为微机控制有分电器式点火系统的基本组成。其与传统点火系统、普通电子点火系统都只有一个点火线圈产生高压电，然后由分电器按照点火顺序，依次分配到各缸火花塞上进行点火。

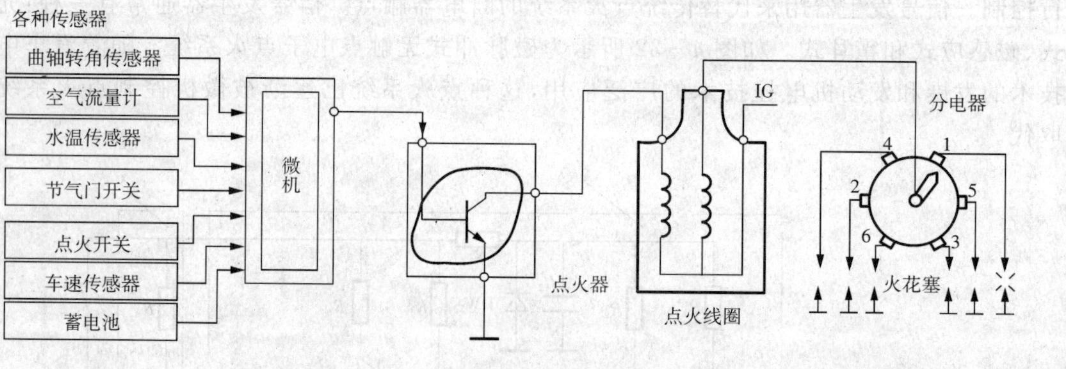

图 4－33　微机控制有分电器式点火系统

现代汽车上常采用的为微机控制无分电器点火系统。它完全取消了传统的分电器，没有配电器(分火头和分电器盖)，由 ECU 发出点火信号，将点火线圈产生的高压电直接送到火花塞。无分电器点火系统目前常采用同时点火和独立点火两种方式。

(1)同时点火方式

同时点火方式中两个活塞位置同步缸共用一个点火线圈。初级点火线圈连接在控制电路中，由 ECU 控制；次级点火线圈有两个高压输出端，分别接在两个活塞位置同步缸的火花塞上。活塞位置同步缸为发动机工作时活塞位置始终同步的两缸，即两缸活塞同时到达上止点，其中一个为压缩上止点，另一个为排气上止点。

同时点火方式的工作原理是：点火线圈的初级电路连接在控制电路中，由 ECU 进行控制，次级线圈的两端分别连接在两个火花塞上。当 ECU 控制大功率三极管截止，初级电路断开，将在两个活塞位置同步缸的火花塞上同时产生点火火花。其中运行至压缩上止点的汽缸点燃做功，运行至排气上止点的汽缸为无效点火(废火)，由于缸内压力低，废气中有很多导电离子，该缸火花塞很容易被击穿放电，消耗能量很小，不影响点火缸火花能量。次级电路中串联一只高压二极管，其作用是为了避免功率晶体管导通时，点火线圈诱生的电压(约 1000V)造成火花塞误跳火的现象发生。

图 4－34 所示为同时点火方式的六缸发动机微机控制无分电器点火系统，采用三个点火线圈。当发动机的做功顺序为 1—5—3—6—2—4 时，三个点火线圈次级电路的连接方法为：1、6 缸一组，2、5 缸一组，3、4 缸一组。

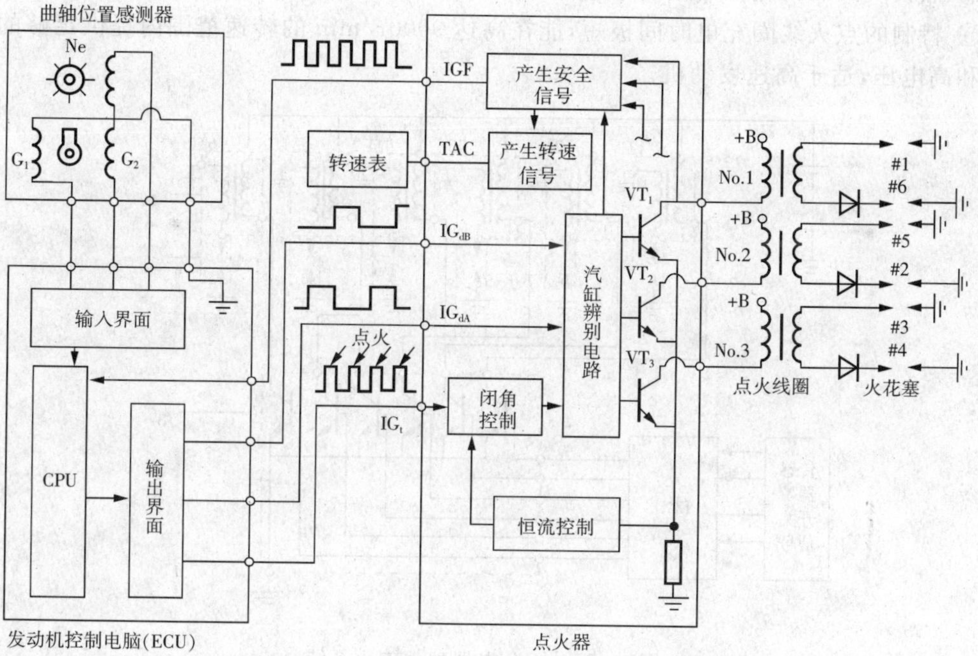

图 4－34　微机控制无分电器式点火系统

虽然此种点火系统消除了分电器，但由于废火的出现导致了火花塞加速腐蚀的趋势，为此汽车上现已开始采用独立点火方式，即每个汽缸都有一个点火线圈。这种办法虽然成本较高，但能得到较好的发动机性能。

(2)独立点火方式

独立点火方式中，每缸火花塞配用一个点火线圈，单独对本缸进行点火。各缸点火线圈的初级绕组分别由点火器中的一个功率晶体管控制，整个点火系统的工作由 ECU 进行控制。

图 4－35 所示为独立方式的六缸发动机微机控制无分电器点火系统，其特点是各缸均有一个点火线圈，而所有汽缸共用一个具有多个功率晶体管的点火器，每个晶体管分别控制一个点火线圈。ECU 根据发动机运行工况，通过查表、计算求出最佳点火提前角和通电时间后，以点火基准传感器为标准，按照发动机各缸的做功顺序确定每一缸点火线圈的接通时刻和通电时间，并将其转换为该缸点火线圈的控制信号。当某缸的控制信号为低电平时，点火器中对应此缸的功率晶体管导通，点火线圈通电；当该缸的控制信号变为高电平时，对应的晶体管截止，线圈中电流被切断，次级线圈产生高压电，将火花塞电极击穿点火。由于 ECU 直接向点火器确定的汽缸提供点火控制信号，因此，这种系统中点火器的结构和电路逻辑都比较简单。

独立点火方式有以下优点：

① 无机械分电器和高压导线漏电小，能量损失少，机械磨损或破坏机会少。

② 无分火头与旁电极间的火花，有效地降低点火系统对无线电的干扰。

③ 无两缸同时点火现象。

④ 点火线圈和火花塞由金属罩包覆，电磁干扰大大减小。

⑤ 特制的点火线圈充电时间极短，能在高达 9000r/min 的转速范围内提供足够的点火能量和高电压，适于高速发动机。

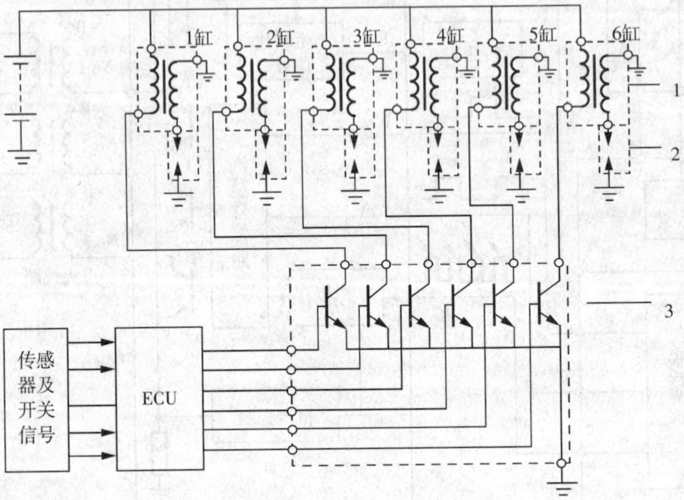

图 4-35　无分电器独立点火系统

1—点火线圈　2—火花塞　3—点火器

二、点火控制原理

点火控制包括闭合角控制、点火提前角控制和爆震控制三个方面。

1. 闭合时间（闭合角）的控制

为了使发动机在实际工作中的每种工况下，点火系统都产生一定强度的高压火花，要求初级电路断开时初级线圈的电流具有稳定的值（如 7A）。传统点火系统在高转速时，初级电流减小，次级电压下降，影响了发动机动力性和经济性；而低转速时，初级电流增大，次级电压上升，点火线圈过热。而微机控制点火系统通过采用在点火控制电路中增加恒流控制电路及准确地控制通电时间两种办法来实现初级电流的稳定。

点火线圈初级电流的大小与初级电路的接通时间（闭合时间或闭合角）和发动机电源系统电压有关。通电时间越长，电流越大，点火能量越大。但通电时间过长，电流过大，会使点火线圈发热，甚至烧坏，并会造成电能的浪费。因此，必须要控制一个最佳通电时间，既能得到较大的初级电流，获得较高的点火能量和次级电压，改善点火性能，同时又不会损坏点火线圈。

此外，线圈中初级电流的大小还会受到电源电压的影响。在相同的通电时间内，电源电压越高，线圈电流越大。因此，有必要对线圈电路的接通时间进行控制和修正，电源电压与大功率晶体管导通时间的关系，如图 4-36 所示。

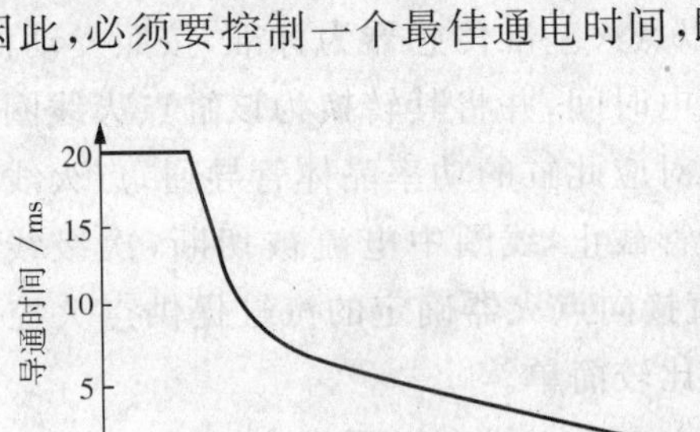

图 4-36　电源电压与大功率晶体管导通时间的关系

因此，闭合角的控制具有如下特点：

(1)随电源电压的变化而变化，即电压增大，闭合时间(闭合角)应减小。

(2)随转速变化而变化，即转速增大，闭合时间(闭合角)应增大。

通常在点火控制系统的设计过程中，将通过试验获得的点火闭合角的特性(图 4－37)存储在电控单元的存储器中。发动机工作时，ECU 根据发动机转速和蓄电池的电压，按照闭合角特性确定并控制点火线圈的通电时间，从而控制闭合时间(闭合角)。

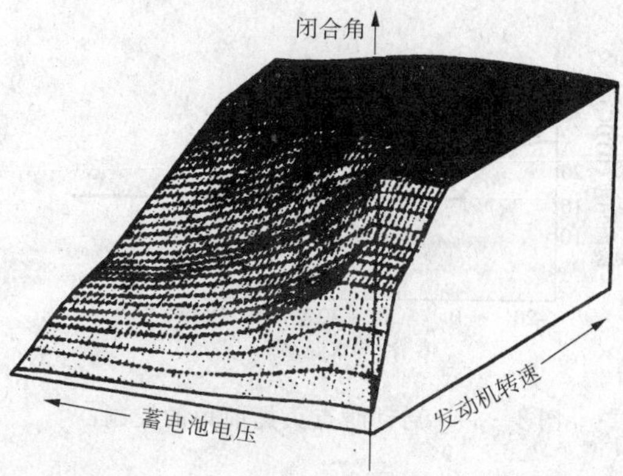

图 4－37　闭合角的控制特性

2. 点火提前角的控制

点火提前角的控制主要应满足发动机在各种工况下都有最佳的点火提前角。最佳点火提前角的确定要兼顾转矩、排放、油耗、爆震倾向和驱动性。其控制的一般标准如下：

① 怠速时，在保证运转平稳的前提下，排放控制在最低。

② 部分负荷时，经济性为主。

③ 大负荷和加速时，动力性为主。

因点火提前角的主要影响因素是发动机转速和负荷，所以对点火提前角的控制要求如下：

① 随转速的变化而变化，即转速增大，点火提前角应增大。

② 随负荷的变化而变化，即负荷增大，点火提前角应减小。

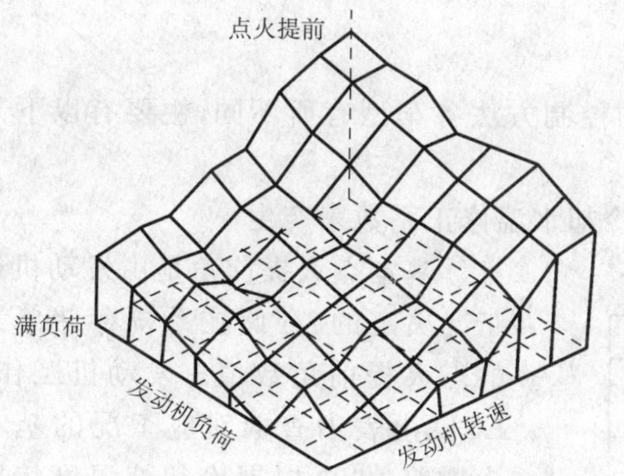

图 4－38　三维点火特性

由于点火提前角的控制属于相当复杂的多元求解问题，在微机控制点火系统中普遍采用试验法。即通过大量的台架与道路试验，并对试验数据进行处理后，可获得发动机在不同转速、不同负荷时所对应的最佳点火提前角的点(集)，以此绘出点火提前角的三维控制模型图(图 4－38)，再将其图转换成二维表，并将这些数据贮存在 ECU 的存储器中。

在发动机的实际运行中，ECU 根据各传感器输入的信息与存储器中的预存数据进行逐点对比，再根据对比的结果从上述二维表中找出点火提前角的最佳值，然后对点火系统进行适时控制。

(1)启动期间点火提前角的控制模式

发动机在启动期间或转速在规定转速(通常为 500r/min 左右)以下时，ECU 根据冷却水温的高低来确定点火提前角的值(图 4－39)。

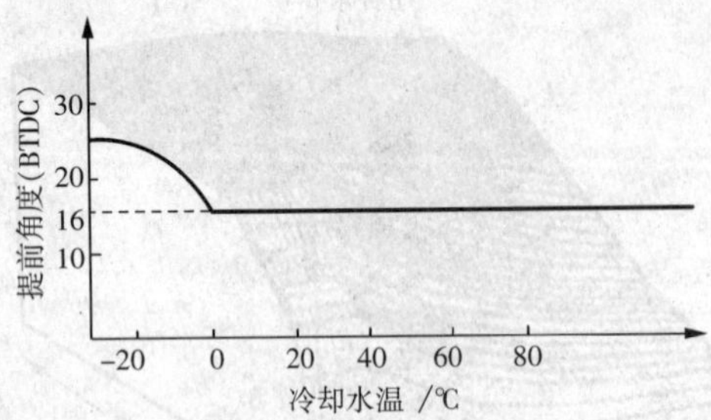

图 4-39　启动时点火提前角的控制

当水温在 0℃以上启动时，点火提前角采用定值控制法，即点火提前角为固定值(图中为 16°)。这是由于在参数变化较大的工况下，进气歧管压力或进气流量信号不稳定，ECU 无法计算和确定控制参数的数值，所以采用定值控制法。除了启动工况或转速较低工况外，当 ECU 出现故障而起用备用系统时也常采用定值控制法。

当水温在 0℃以下时，通常根据冷却水温适当地增加点火提前角。

当启动转速低于 100r/min 时，为了可靠点火，应根据转速的下降而适当降低点火提前角，此时点火提前角为：

$$点火提前角=正常启动时的点火提前角\times 当前转速/100 \quad (4-7)$$

(2)怠速及减速时点火提前角的控制模式

当节气门位置传感器的怠速触点闭合，即进入怠速或减速的状态。此时，ECU 根据发动机转速、冷却水温及车速确定点火提前角，如图 4-40 所示。

当冷却水温在 50℃以下、车速不大于 8km/h、发动机转速在 1200r/min 以上时，点火提前角几乎保持在上止点前 10°。其目的是推迟点火，加速发动机及催化反应器达到正常工作温度。

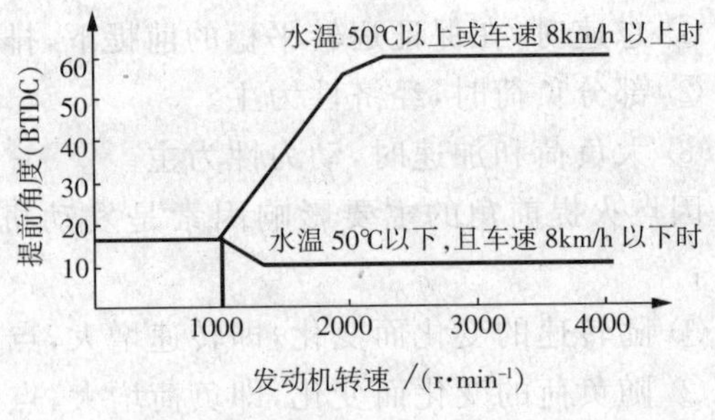

图 4-40　怠速及减速时点火提前角的控制

(3)启动后点火提前角的控制模式

启动后，发动机正常运转时，点火提前角的控制方法各车型有所不同，主要有以下几种控制方法：

① 实际点火提前角由基本点火提前角和冷却水温修正系数来产生

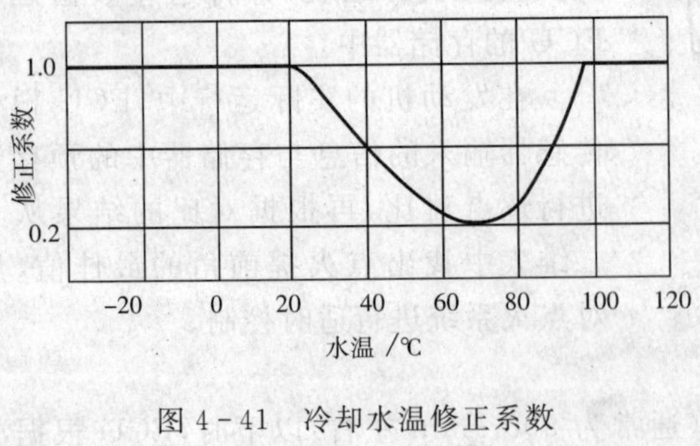

图 4-41　冷却水温修正系数

基本点火提前角是由发动机运行工况决定的、存储在系统存储单元中的点火提前角数值。发动机工作时，ECU 由表中查取对应工况的基本点火提前角，再根据冷却液温度传感器测得的水温值，由水温修正系数图(图 4-41)中查得水温修正系数，将基本点火提前角乘以修正系数，即可得出该工况的发动机点火提前角实际控制值。即：

$$实际点火提前角=基本点火提前角\times冷却水温修正系数 \tag{4-8}$$

② 实际点火提前角由初始点火提前角、基本点火提前角及修正点火提前角来产生

发动机实际点火提前角就是上述三项点火提前角之和。发动机每旋转一周后，微机就可计算并输出一次点火提前角的调整数据。当微机计算出的实际点火提前角超过最大或最小点火提前角的允许值时，则以最大或最小点火提前角的允许值进行调整。

初始点火提前角为一固定值，是在发动机出厂时便有的点火提前量，其值任何工况都保持恒定，如丰田 TCCS 系统，其值大约为 10°。

基本点火提前角存储在 ECU 的存储器 ROM 中，可分为怠速和正常行驶时的基本点火提前角。怠速时的基本点火提前角，是指节气门位置传感器的怠速触点闭合时的点火提前角，其值又可根据空调是否工作而略有不同。正常行驶的基本点火提前角，是指节气门位置传感器怠速触点打开时的基本点火提前角，其值是微机根据发动机的转速和负荷（用进气量表示），从 ROM 中查表选出的最佳点火提前角（图 4－42）。

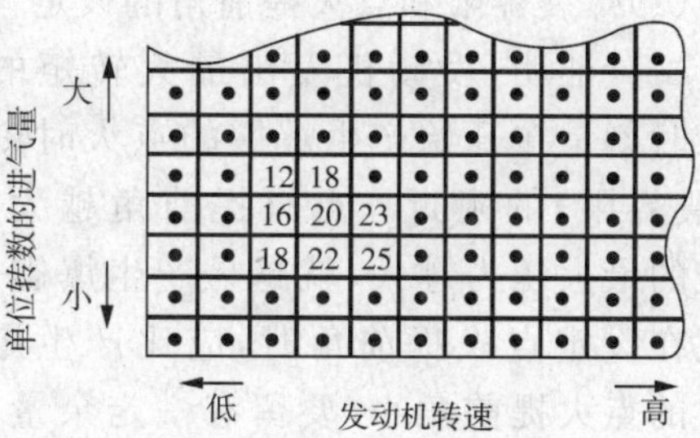

图 4－42 正常行驶的基本点火提前角

修正点火提前角通常包括暖机和稳定怠速两种点火提前特性。

图 4－43 所示为暖机点火提前特性，指在节气门位置传感器怠速触点闭合时，微机根据发动机冷却水温进行点火提前角修正。当冷却水温较低时，必须增大点火提前角，以促使发动机尽快暖机；当水温较高时（如超过 90℃），为避免发动机过热，其点火提前角必须减小。

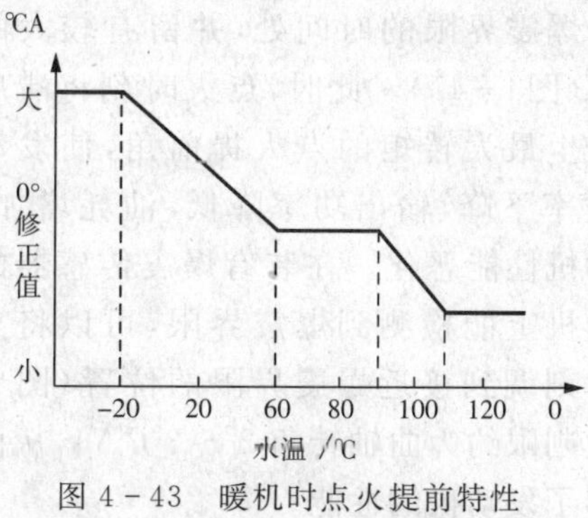

图 4－43 暖机时点火提前特性

图 4－44 所示为稳定怠速点火提前特性，指为了使怠速稳定运转而控制修正点火提前角。当微机通过曲轴位置传感器检测到发动机转速下降，并根据转速下降值（目标转速－实际转速），从图中查得修正点火提前角的大小，使发动机在怠速时稳定运转，可有效地防止发动机怠速熄火的现象。

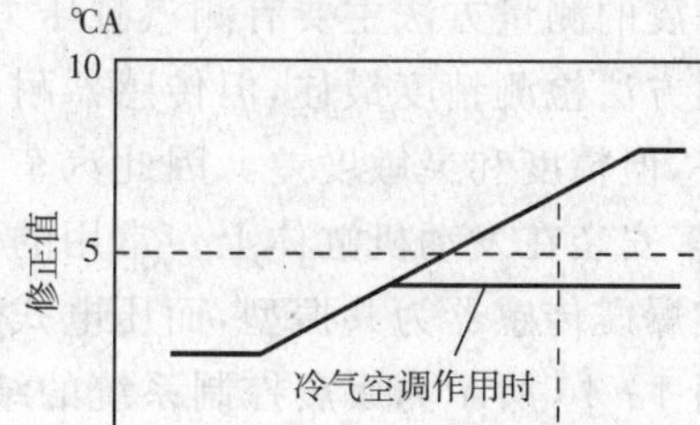

图 4－44 稳定怠速时点火提前特性

除上述暖机修正和怠速稳定性修正外，在有些车型的点火控制系统中，点火提前角的修正还包括空燃比反馈修正。

3. 爆震控制

汽油机用火花塞跳火将混合气点燃，并以火焰传播方式使混合气燃烧。如果在传播过程中，火焰还未到达时，局部地区混合气因高温、高压等自行着火燃烧，使气流运动速度加

快，缸内压力、温度迅速增加，造成瞬时爆燃，那么这种现象称为爆震。爆震是一种非正常燃烧，其危害极大，破坏了发动机的正常燃烧，从而使发动机动力性、经济性变差。爆震产生的压力会使气体强烈震荡，产生噪声；使发动机工作条件恶化，使火花塞、燃烧室、活塞等机件过热，严重情况下会使发动机损坏。

消除爆震的方法通常有采用抗爆震性能好的燃料、改进燃烧室结构、加强冷却水循环、推迟点火时间等。在发动机结构参数已确定的情况下，采用推迟点火提前角是消除爆震既有效又简单的措施之一。

(1)爆震界限和点火提前角的设定

试验证明，发动机发出最大转矩的点火时刻是在开始产生爆震的点火时刻(爆震界限)的附近。点火提前角越大，燃烧的最大压力越大，就越易产生爆震。因此在设定点火提前角时，应比产生爆震时的点火提前角小，要留有一定余量。在无爆震控制的发动机(如传统的机械控制点火系统)中，为了使其在最恶劣的条件下也不产生爆震，点火时刻均设在离开爆震界限的时间处，并留有较大的余量(图4-45)。此时，点火时刻将滞后于产生最大转矩的点火提前角，使发动机效率下降，输出功率降低，油耗增加，发动机性能恶化。在装有爆震传感器的发动机上能检测到爆震界限，可以将点火时刻调到接近爆震界限的位置(图中安全判限约为曲轴转角2°～3°CA)，从而改善了发动机的性能。

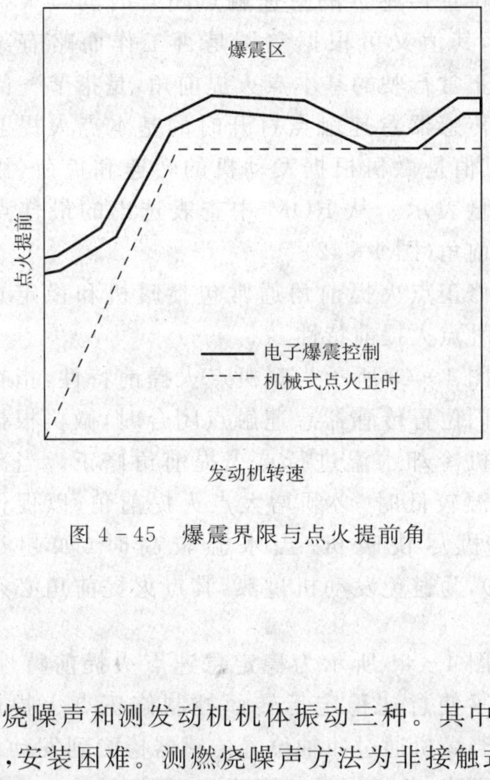

图4-45　爆震界限与点火提前角

(2)爆震控制系统

爆震的测量方法主要有测汽缸压力、测燃烧噪声和测发动机机体振动三种。其中测汽缸压力方法检测精度最佳，但传感器耐久性差，安装困难。测燃烧噪声方法为非接触式，耐久性好，但精度和灵敏度差。因此汽车上用的爆震传感器为测发动机机体振动的振动传感器，大多安装在发动机缸体上。常用的爆震传感器可分为磁致伸缩式和压电式。其中磁致伸缩式爆震传感器为共振型，而压电式爆震传感器又分为共振型和非共振型。

图4-46所示为爆震控制系统的结构示意图。爆震传感器将检测到的电压信号传送给ECU，由ECU中爆震信号处理器判断是否有爆震存在，并根据信号的强弱和频度决定爆震的等级，算出要推迟的点火提前角数值，将此点火时刻经点火模块放大后，通过点火线圈和火花塞，控制发动机内混合气的点火。然后，爆震传感器又检测下一工作循环的爆震信号，若爆震还存在，继续推迟提前角。当爆震消失后，为了使发动机性能得到恢复，又要不断增加点火提前角，直至爆震再次出现，如此不断地循环进行。图4-47所示为爆震时点火提前角的控制过程。

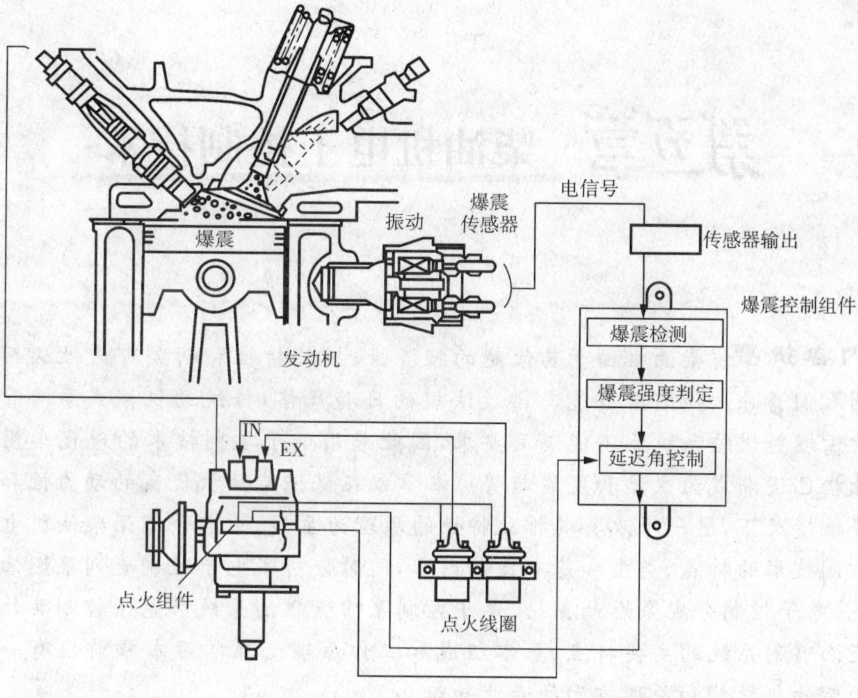

图 4-46　爆震控制系统

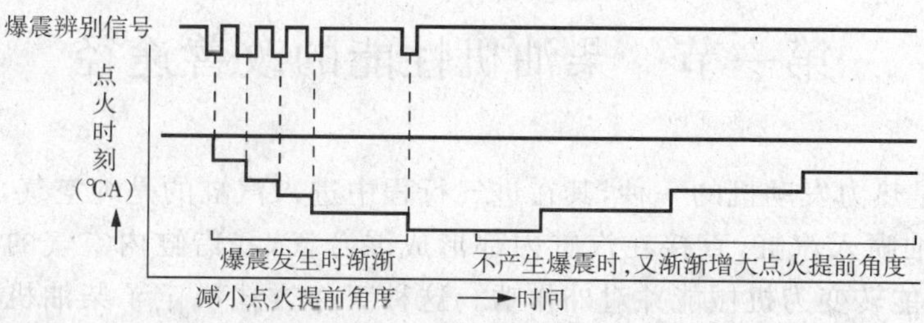

图 4-47　爆震时点火提前角的控制

思考与练习

4-1　与化油器式汽油发动机相比,电控汽油喷射系统的主要优点有哪些?

4-2　简述空燃比对发动机性能的影响。

4-3　为了保证汽油机在各种工况下准确可靠地点火,对点火系统的要求有哪些?

4-4　影响喷油器的喷油量的因素是什么?

4-5　什么是喷油定时?在发动机燃油喷射控制系统中,喷油器的喷油时刻有哪几种?

4-6　喷油器的分类有哪些?说说其工作原理。

4-7　什么是静态喷射量和动态喷射量?两者之间有何关系?

4-8　简述发动机启动后,喷油持续时间的确定方法。

4-9　微机控制无分电器式点火系统常采用哪几种方式?

4-10　点火控制包括哪几个方面?点火提前角的控制方法有哪些?修正点火提前角包括哪些修正?

4-11　什么是爆震?爆震的测量方法有哪些?简述爆震的危害及消除爆震的方法。

第五章 柴油机电子控制技术

内容提要：柴油机由于其优越的经济性、排放特性和耐久可靠性从而受到人们青睐。但随着节能与排放法规的日趋严格，传统的机械式泵—管—喷嘴燃料供给系统已不能满足要求，因此采用电子控制技术的现代车用柴油机已逐渐成为主流和发展趋势。本章以在保证柴油机优良的动力性和经济性情况下，进一步改善其排放特性的原理为主线，重点介绍了柴油机电子控制技术的特点、类型和基本控制内容，同时分析了电子控制直列泵燃油系统、电子控制分配泵燃油系统、电子控制泵喷嘴燃油系统和电子控制共轨式柴油喷射系统的主要特点、基本组成和工作原理。在学习本章前应有一定的柴油机结构和原理方面的专业知识。

第一节 柴油机性能的改善途径

柴油机也是热力发动机的一种，其在进气行程中进入汽缸的是纯空气，在压缩行程接近终了时才把柴油喷入汽缸，直接在汽缸内部形成混合气，并借缸内空气的高温自行发火燃烧，最后再将热能转变为机械能并对外作功。这种工作方式决定了柴油机可燃混合气的品质较汽油机的要差。因此，改善可燃混合气的形成条件和燃烧过程是提高柴油机性能的主要途径。目前柴油机所面临的主要课题是净化排气、维持和改善其动力性和经济性，同时降低噪声，提高舒适性。

柴油机的有害排放物主要有 CO、HC、NO_x 以及微粒（碳烟）等。由于柴油机总是在平均空燃比 A/F＞14.7（过量空气系数大于 1）的稀混合气浓度下运行，所以 CO 排放量相对点燃式发动机（汽油机）低得多；而且柴油机是在接近压缩上止点附近开始喷油压燃，燃油停留在燃烧室中的时间比较短，因而受汽缸壁面冷激效应、狭隙效应、油膜吸附、沉积物吸附等作用小，HC 排放也比较低。柴油机未燃 HC 排放物主要来源于柴油喷注外缘混合气过稀的区域并受喷油器雾化特性的影响。因此，只要改善喷油器的雾化特性，并使喷注与燃烧室良好地匹配，就可以有效地控制 HC 排放。所以，目前对柴油机控制排放的焦点问题，就是其 NO_x 和微粒的排放。

柴油机排放控制的难点在于降低 NO_x 和减少微粒排放互为矛盾。一方面控制 NO_x 排放的机内技术措施，均使微粒增加、燃料经济性恶化。另一方面，由于碳烟的最终排放量取决于膨胀过程中碳烟的氧化程度，所以改善碳烟的氧化条件可有效地控制碳烟排放，但往往

同时带来 NO_x 排放量的增加。由于柴油机的 NO_x 和碳烟的生成均与其混合气的形成和燃烧过程有密切关系，而对一定的燃烧室，柴油机的喷射系统又直接影响混合气的形成，因此对柴油机喷射系统的控制要求越来越高。

图 5-1 所示为柴油机 NO_x 和碳微粒的生成领域。根据碳烟的形成机理，控制碳烟的两条基本途径：第一个是提高火焰温度。但是这种方法与控制 NO_x 排放量互相矛盾，所以对车用发动机不可取。第二个就是控制火焰领域内的混合气浓度，避免局部过浓状态。为此需要向预混合火焰供给充足的氧气，这同时有利于抑制 NO_x 的快速生成，而对扩散火焰需要促进混合气的形成。

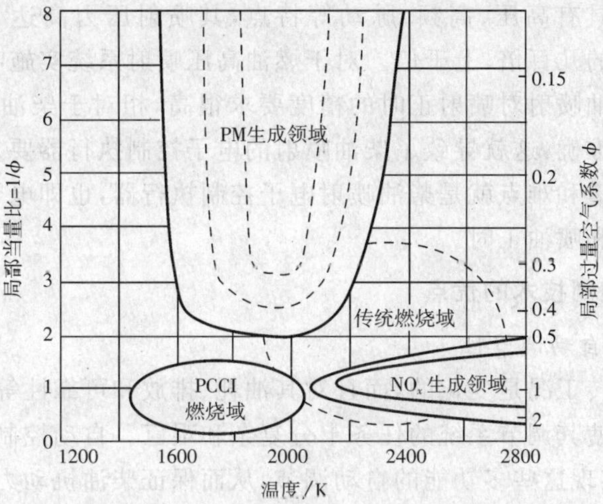

图 5-1　柴油机 NO_x 和碳微粒的生成领域

到目前为止，在柴油机上所采用的一系列先进技术，如柴油机电控技术、电控可变技术、增压技术、高压共轨喷射技术、EGR 以及后处理技术等，都是围绕着更有效地降低 NO_x 和微粒排放而开发研究的。

第二节　柴油机电子控制技术

一、概述

随着世界范围内的能源危机及环境污染的日益严重，人们对汽车发动机在节能和排放方面的要求日趋严格。由于柴油机在转矩和油耗方面比汽油机具有明显的优势，所以越来越多的汽车采用了柴油机。作为满足柴油机排放、节能和提高性能的重要途径，柴油机电子控制技术已成为当前柴油机技术的重要发展方向。汽车柴油机电子控制的内容主要有最佳喷油量控制、最佳喷油正时控制、喷油压力控制、喷油率曲线类型控制、调速系统控制、进气涡流控制、废气再循环率、增压压力控制、电控可变进气系统（可变配气正时、可变进气管长度、可变涡流比等）、断缸控制、电热塞通电时间控制和自诊断等，其中最重要的是柴油喷射系统的控制。柴油机的电控喷射，不仅可以降低 HC 和 NO_x 排放与排气烟度，还可降低噪声，改善启动性能，提高柴油机多方面的性能。

二、柴油机电子控制技术的特点

柴油机电子控制技术与汽油机电子控制技术有许多相似之处，整个系统都是由传感器、电子控制单元和执行器三大部分组成。在电子控制柴油机上所用的传感器中，如转速、压力、温度等传感器以及加速踏板传感器，与汽油机电子控制系统都是一样的。电子控制单元在硬件方面也很相似，在整车管理系统的软件方面也有近似之处。柴油机电子控制技术有两个明显的特点：一个特点是其关键技术和技术难点就在柴油喷射电子控制执行器上；另一个特点是柴油电子控制喷射系统的多样化。

柴油机燃油喷射具有高压、高频、脉动等特点，其喷射压力高达 60～150MPa，甚至达200MPa，为汽油喷射的几百倍、上千倍。对于燃油高压喷射系统实施喷油量的电子控制，困难要大得多。而且柴油喷射对喷射正时的精度要求很高，相对于柴油机活塞上止点的角度位置远比汽油机要求准确，这就导致了柴油喷射的电子控制执行器要复杂得多。因此，柴油机电子控制技术的关键和难点就是柴油喷射电子控制执行器，也即电子控制柴油喷射系统，主要控制量是喷油量和喷油正时。

三、柴油机电子控制技术的优点

1. 具有多功能的自动调节性

车用柴油机的运转工况是变化的，而且对其油耗、排放和可靠性等要求较高。柴油机多工况、多参数的优选，使其调节系统的任务十分复杂和艰巨。自动控制技术应用于柴油机的调节系统，恰好可以实现这些多功能的自动调节，从而保证柴油机动力性、燃料使用经济性、可靠性和操作方便性等性能充分发挥。

2. 减轻质量、缩小尺寸、提高柴油机的紧凑性

自动控制系统的一个重要功能是随柴油机转速和负载的变化而自动择优确定其供油提前角。对于强化柴油机来说，由于驱动喷动调节器则十分复杂，且在柴油机总体布置上也会遇到困难。采用自动控制技术解决供油前角自动调节问题，不仅可以容易地解决上述问题，而且还提高了柴油机的紧凑性。

3. 部件安装连接方便，提高了维修性

自动控制系统替代了柴油机传统的调节系统后，其部件尺寸减小，安装部位免受空间位置的约束，连接也简便得多，进而有利于柴油机日常的维护及修理等工作。

4. 扩展了诊断、联络等功能

柴油机采用自动控制技术后，除自动调节外，还可实现诊断与检测功能，柴油机运行及检测数据的储存与传递等问题也迎刃而解，也便于运输车辆的科学管理和使用。

四、柴油机电控喷射系统的类型

1. 根据其产生高压燃油的机构来分类

电控柴油喷射系统根据其产生高压燃油的机构，可分为电子控制直列泵喷射系统、电子控制分配泵喷射系统、电子控制泵喷嘴喷射系统、电子控制单缸泵喷射系统、电子控制共轨喷射系统。其中电子控制共轨喷射是由电子控制技术发展起来所形成的新型喷射机构，其他系统都是在原来的喷射机构上加上电子控制执行机构后形成的。

2. 根据其直接控制的量来分类

柴油机电控喷射系统根据其直接控制的量可分为位置控制式、时间控制式和时间—压力控制式三种。

位置控制式是第一代电控喷油系统。位置控制是在机械控制喷油正时与喷油量的基础上，用执行机构（电磁液压或电磁式）控制油量调节和喷油提前器，实现喷油正时和喷油量的电控。也可用改变柱塞预行程的方法，实现可变供油速率的电控，以满足高压喷射中高速、大负荷和低怠速喷油过程的综合优化控制。位置控制式喷油系统采用传统的喷油泵—高压油管—喷油嘴系统，还保留了喷油泵中齿条、齿圈、滑套、柱塞上控油螺旋槽等控制油量的机械传动机构，只是对齿条或滑套的运动位置，由原来的机械调速控制改为电子控制。如：直列柱塞泵电控系统或转子分配泵电控系统、电控调速器、单体泵或泵—喷嘴的电控系统等。此种控制方式的系统响应慢，控制频率较低，精度不稳定。

时间控制式是第二代电控喷油系统。时间控制是指用高速电磁阀直接控制高压燃油的适时喷射。时间控制式喷油系统可以是保留原来的喷油泵—高压油管—喷油嘴系统，也可以采用新型的可产生高压的燃油系统，而用高速电磁阀直接控制高压燃油的喷射。喷油量由喷油器开启时间的长短和喷油压力的大小来决定，喷油正时则由控制电磁阀的开启时刻所确定，从而实现喷油正时、喷油量和喷油速率的柔性一体化控制。时间控制系统的控制自由度更大，其高压喷射可使柴油雾化得更细，发动机的燃烧过程进行得相当完善，且速度快，燃烧温度也不明显提高。喷油压力的提高，可降低 HC、CO、NO_x 和碳烟的排放，也可使油耗降低。

第三代电控喷油系统是时间—压力控制式，即电控共轨式喷油系统，代表着未来柴油机燃油系统的一个发展方向。共轨喷油系统摒弃了以往传统使用的泵—管—嘴脉动供油的形式，代之以一个高压油泵。在柴油机的驱动下，高压油泵以一定的速比连续将高压燃油输送到共轨（即公共容器）内，再由共轨送入各缸喷油器。在这里，高压油泵并不直接控制喷油，而仅仅是向共轨供油以维持所需的共轨压力，并通过连续调节共轨压力来控制喷射压力，采用压力—时间式燃油计量原理，用高速电磁阀控制喷射过程。喷油压力、喷油量及喷油正时由电控单元（ECU）灵活控制。共轨喷油系统可分为高压共轨喷油系统和中压共轨喷油系统。目前已投入使用的共轨喷油系统中，大多数都是高压共轨喷油系统。

五、柴油机电控喷射系统的组成

柴油机电控喷射系统由三大部分组成：传感器、控制器（ECU）和执行器，如图 5－2 所示。

传感器主要有发动机转速传感器、齿杆位置传感器、喷油提前角传感器及加速踏板位置传感器等。传感器实时检测柴油机、车辆的运行状态及操作量等信息，并传送给控制器。

控制器负责处理所有信息、执行程序，并将运行结果作为控制指令输出到执行器。此外它还有通信功能，即和其他的控制系统如传动装置控制器进行数据传输和交换，同时考虑到其他系统的实时情况，适当修正燃油系统的执行指令，即适当修正喷油量、喷油提前角等。与此同时，还可以向其他控制系统送出必要的信息。

执行器根据控制器送来的指令驱动调节喷油量及喷油正时的相应机构，从而调节柴油机的运行状态。在直列泵系统中，有调速器执行器（调节喷油泵的齿杆位移）和提前执行器

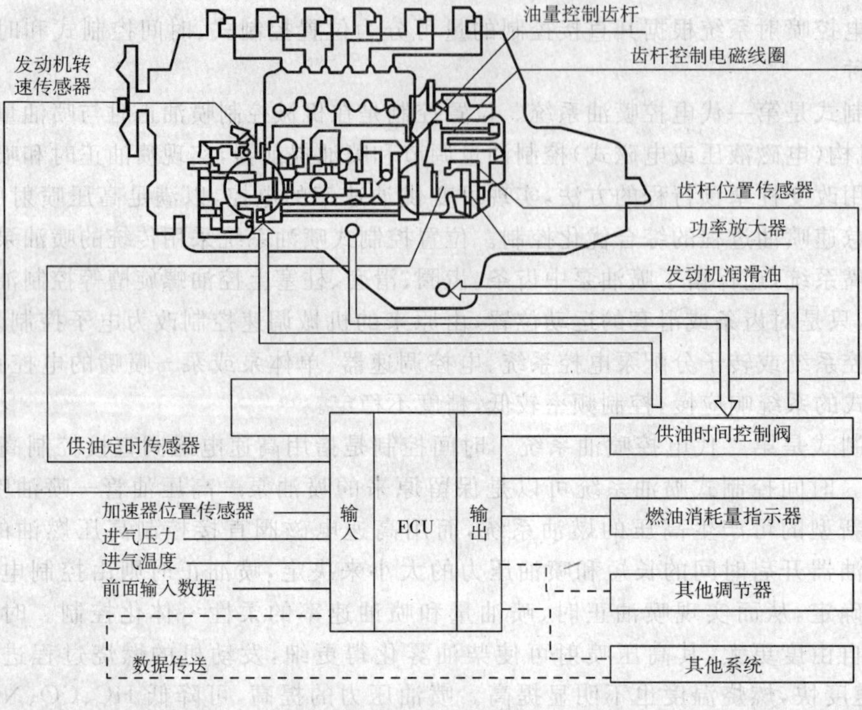

图 5-2　柴油机电控喷射系统的组成

（调节发动机驱动轴和喷油泵凸轮轴的相位差，从而调节喷油时间），在分配泵系统中也还有一些独特的执行器。

第三节　柴油机电控系统的基本控制内容

柴油机电控系统的主要控制内容包括喷射量控制、喷射时间控制、喷油压力控制和喷油率控制等。

一、喷射量控制

柴油机喷射量的控制内容包括基本喷射量控制、启动喷射量控制、各缸不均匀量控制、怠速喷射量（转速）控制、定车速控制等。

1. 基本喷射量控制

基本喷射量是指在标准试验条件下对应发动机转速和加速踏板开度确定的工况所必需的喷射量。发动机每一工况都对应着最佳喷射量，一般由控制脉谱来确定。由于控制方式的不同，控制脉谱的形式有所不同。如高压共轨电控喷射系统，为了对应工况精确确定喷油量，先制取加速踏板开度和缸内指示转矩的脉谱图，然后根据不同工况所需要的指示转矩标定对应的基本喷射量，再根据喷油器的标定将基本喷射量转换为控制量，即基本喷射时间。

实际喷射量是在基本喷射量的基础上，根据进气压力、进气温度以及冷却液温度等进行修正而得到的。图 5－3 所示为基本喷射时间设定的流程图。

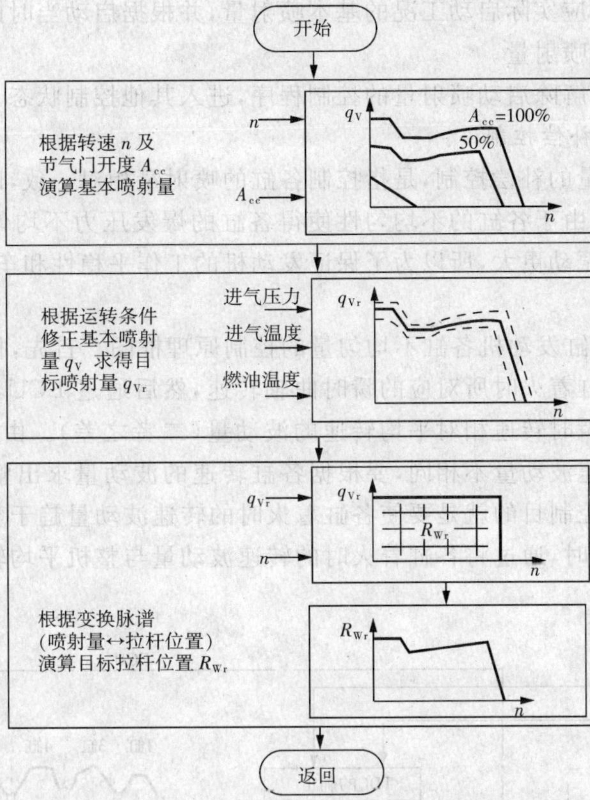

图 5－3　基本喷射时间设定的流程图

2. 启动喷射量控制

为了保证正常启动，需要控制在各种不同启动条件下所对应的最佳启动喷射量。启动喷射量通常由基本启动喷射量和冷却液温度的修正量确定。

如图 5－4 所示为启动喷射量的控制原理图。控制单元 ECU 首先根据启动开关、加速

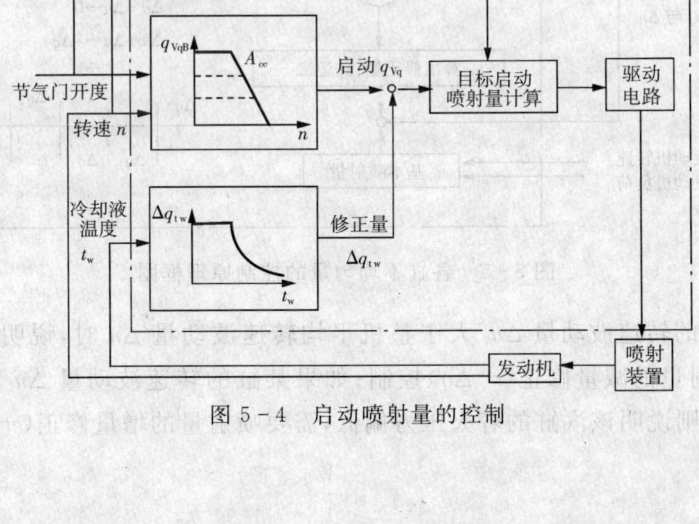

图 5－4　启动喷射量的控制

踏板开度以及发动机转速判定启动工况，由启动时的加速踏板开度和转速确定的基本启动喷射量脉谱图，求出对应实际启动工况的基本喷射量，并根据启动当时的冷却水温度进行修正，确定最终目标启动喷射量。

当发动机启动后，解除启动喷射量的控制程序，进入其他控制状态。

3. 各缸不均匀量补偿控制

所谓各缸不均匀量的补偿控制，是指控制各缸的喷射量相对一致，以保证各缸的爆发压力相等。一般情况下，由于各缸的不均匀性使得各缸的爆发压力不均匀，造成转速波动，特别是怠速时发动机的振动更大，所以为了保证发动机的工作平稳性和车辆的舒适性，需要控制各缸的不均匀量。

图 5－5 所示为 4 缸发动机各缸不均匀量的控制原理框图。首先，根据曲轴转速及转角位置传感器检测出各缸着火时所对应的瞬时曲轴转速，然后通过 ECU 演算处理，求出平均转速和各缸着火时的瞬时转速相对平均转速的波动量(二者之差)。由于各缸工作不均匀，所以各缸着火时的转速波动量不相同，要根据各缸转速的波动量求出整机的平均转速波动量。各缸不均匀量的控制目的就是要使各缸着火时的转速波动量趋于整机的平均转速波动量。所以，在实际控制时，通过将各缸着火时的转速波动量与整机平均转速波动量进行比较的方式进行补偿控制。

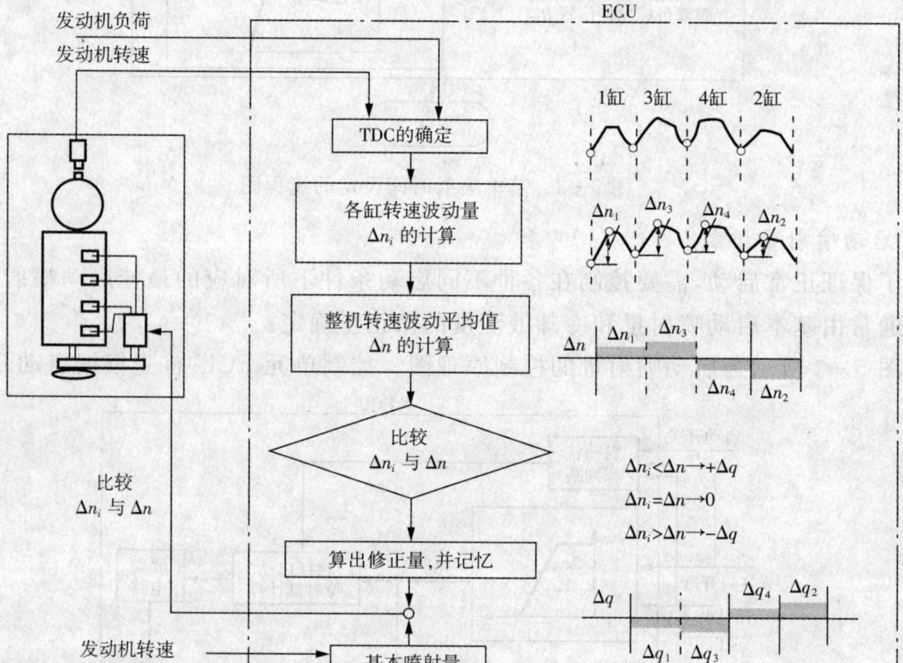

图 5－5　各缸不均匀量的控制原理框图

一般当某缸的转速波动量 Δn_i 大于整机平均转速波动量 Δn 时，说明该汽缸的着火压力偏大，需要喷射量的减量修正($-\Delta q$)控制；如果某缸的转速波动量 Δn_i 小于整机的平均转速波动量 Δn，则说明该汽缸的着火压力偏低，需要喷射量的增量修正($+\Delta q$)控制。

4. 全负荷喷射量控制

全负荷喷射量控制的目的是在各种转速下将燃料喷射量控制在全负荷喷射量以下。全负荷喷射量是在标准试验条件（如进气温度和压力条件）下对应各种转速的最大基本喷射量的基础上，根据进气压力和发动机转速进行修正而确定的。通常设定高、低温不同的进气压力修正系数脉谱，并根据发动机实际运行状态，选择不同进气压力修正值，分别对全负荷喷射量进行修正。

一般柴油机在冷态下加速噪声大，特别是在增压器尚未起作用的低转速范围内噪声更明显。所以通过采用这种控制方法，在低温低速时适当降低燃料喷射量，可以有效地降低噪声。同时当冷却液温度上升时，只有在节气门全关闭状态下才允许从低温进气压力修正脉谱状态切换到高温进气压力修正脉谱，所以可以防止加速过程中由于修正脉谱的切换所造成的发动机转矩的突变现象。

在实际控制柴油机时，ECU 通常将节气门开度和发动机转速演算确定的基本喷射量与全负荷喷射量控制的最大喷射量进行比较，选择其中小的值作为最终控制的燃料喷射量，并向燃料喷射装置发出相应的控制指令。

二、喷射时间控制

为实现发动机中的最佳燃烧，必须根据运行工况和环境条件经常性地调节喷油时间。喷射时间控制功能就是最佳喷油时间控制功能，即根据发动机的转速和负荷决定基本喷油时间。同时，还要根据大气温度、冷却水温度、进气压力等对基本进气时间进行修正，以决定目标喷油时间。

图 5－6 所示为正常控制模式下喷射时间的控制。ECU 根据目标喷射时间和实际喷射时间的误差进行演算，确定控制量。喷射时间的目标值由基本喷射时间和大气温度修正量以及加速修正量确定。其中，基本喷射时间由发动机转速和负荷确定；大气温度修正量由大气温度及实际节气门位置进行修正；加速修正量由节气门位置、发动机转速、转速变化率进行修正。

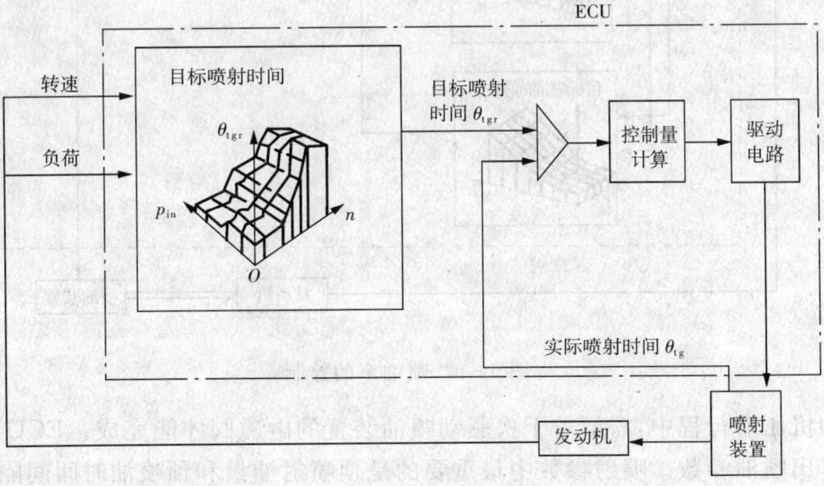

图 5－6 正常模式下喷射时间的控制

三、喷油压力控制

图 5-7 所示为共轨式燃油系统中喷油压力的控制方法。ECU 根据各个传感器的信息,定出目标喷油压力;根据装在共轨上的压力传感器的信号,计算出实际喷油压力;然后 ECU 将实际喷油压力值和目标喷油压力值进行比较,发出命令控制供油泵,升高或降低压力,以得到最佳喷射压力特性。

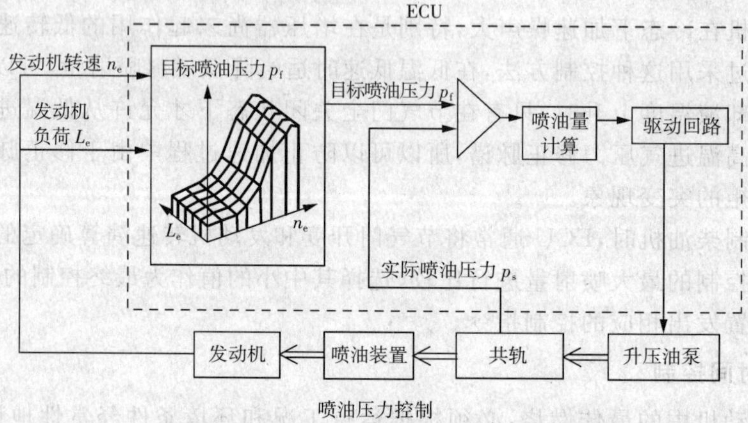

图 5-7 喷油压力的控制方法

四、喷油率控制

图 5-8 所示为某电子控制燃油系统中喷油率的控制框图。

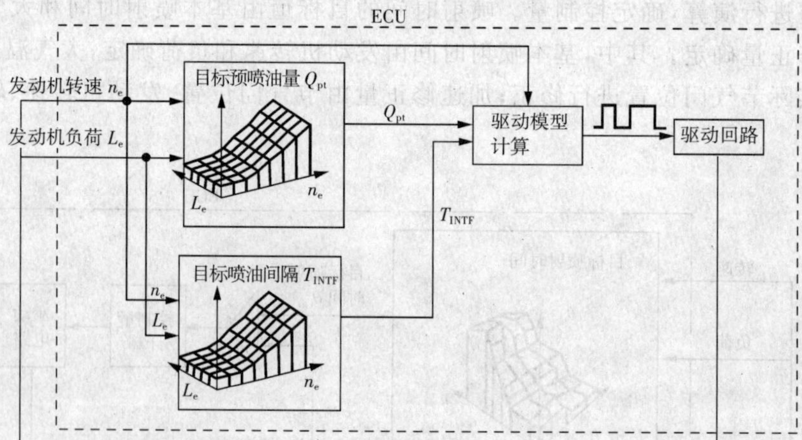

图 5-8 喷油率的控制

在发动机压缩行程中,需要若干次驱动喷油装置的电磁阀才能完成。ECU 根据传感器的信息计算出喷油参数。喷射参数中最重要的是预喷射油量和预喷油时间间隔。这些参数值根据发动机的运行情况具有其相应的最佳值。将这些最佳值作为目标最佳预喷油量和目标最佳预喷油时间间隔,具体数据表示在三维图形中,即可实现喷油率最佳控制。

第四节　电子控制直列泵燃油系统

在电子控制直列泵燃油系统中，由调速器执行机构控制调节齿杆的位置，从而控制供油量；由提前器执行机构控制发动机驱动轴和喷油器凸轮轴间的相位差，从而控制喷油时间。调速器执行机构和提前器执行机构是电子控制直列泵燃油系统中的两个特殊机构。有的发动机机型装用其中某一种，有的发动机机型将两种都装上。

一、电子控制直列式燃油系统特点

与传统的机械燃油系统相比，电子控制直列式燃油系统具有如下特点：

(1)控制自由度较大。在电子控制燃油系统中，发动机的状态和环境条件都可以用各种传感器测出，电子控制单元则可计算、判断出最适合于发动机状态的控制条件，并输出到执行器。

(2)可以检测控制对象，并可进行反馈控制。所以，因机械磨损而引起的时间效应可以给予补偿，控制精度高。

(3)具有故障诊断和故障应急等功能。

(4)通过数据信息传输功能，可以提高全系统的功能，而且可使机构简单。

二、基本组成与工作原理

图 5－9 为电子控制直列泵燃油喷射系统的示意图。从各个传感器传来的信号经计算机控制中心的微型计算机处理，转变成与发动机负荷及转速状态相适应的信号送往电子调

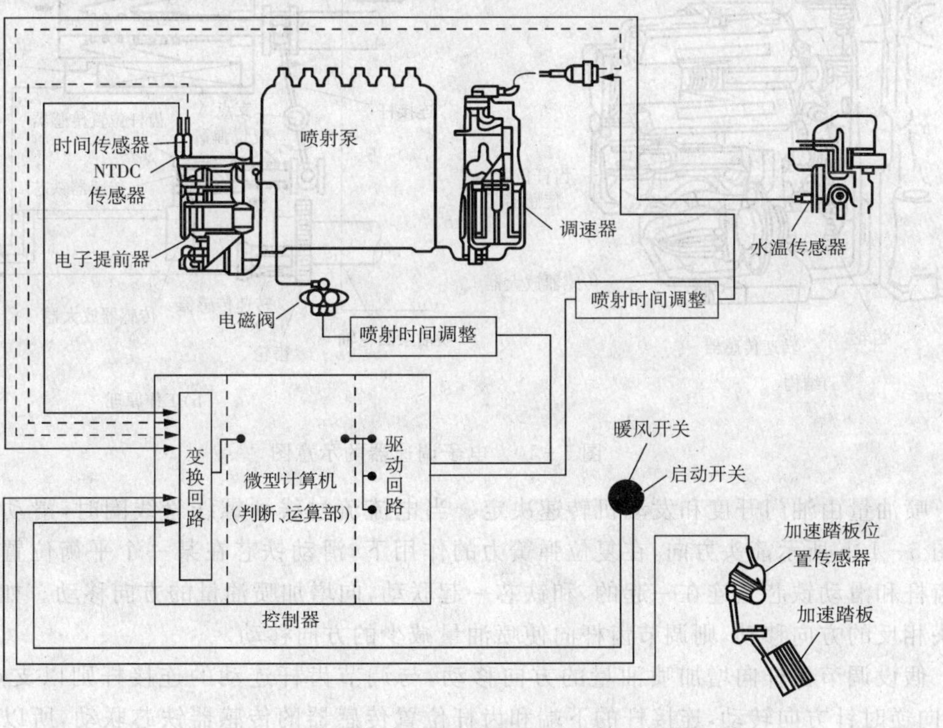

图 5－9　电子控制直列泵燃油喷射系统的组成

速器和电磁阀，使调速器和提前器动作。此外，在调速器和提前器中，有检测实际动作值的传感器。将这些传感器送来的反馈信号输入电子控制单元，以控制最适当的喷油量和喷油时间。

ECU 根据由各种传感器输入的信号计算并调节供给喷油泵油量控制拉杆执行器的电流大小。安装在一个喷油嘴体上的针阀运动传感器将泵油柱塞及套筒孔口实际关闭开始喷油的信号输入 ECU，ECU 将该输入信号与已经被程序化的存储在电子控制单元的脉谱值进行比较。然后，ECU 通过调节供给孔口关闭执行器的电流大小，来满足实际的油门或喷油量的要求。喷油泵齿条电磁执行器的行程正比于当前所需的喷油量，孔口开启，喷油结束。在电子控制式喷油泵中，改变孔口开启的方式与机械式喷油泵相同，即通过移动油量控制齿条使泵油柱塞转动。

三、电子调速器

如图 5-10 所示为电子调速器的示意图。调速器执行机构的作用相当于飞块，用电磁作用力或液力代替离心力控制齿杆位移。

电子调速器主要由线性螺线管、齿杆位置传感器、转速传感器、传感器放大器四部分构成。线性螺线管控制线圈中的电流，使喷油泵的调节齿杆移动；齿杆位置传感器检测出调节齿杆的位置；转速传感器检测出发动机的转速；传感器放大器将检测到的齿杆位置传感器的输出信号放大后送到电子控制单元中。此外，还有将加速踏板的角度转换成电信号的加速踏板位置传感器、水温传感器和启动信号等。

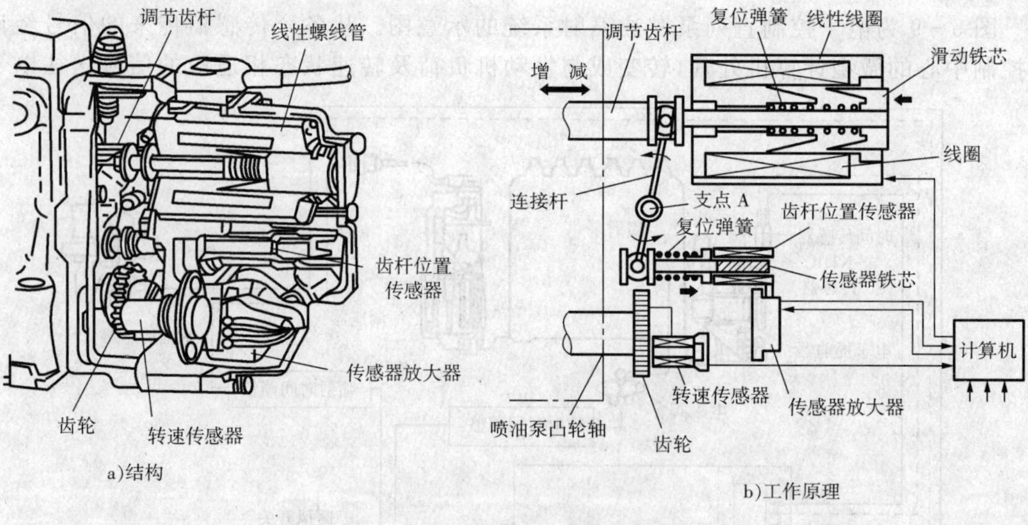

图 5-10　电子调速器的示意图

喷油量由油门开度和发动机转速决定。当电流流过线性螺线管线圈时，滑动铁芯被拉向图 5-10b 所示箭头方向，在复位弹簧力的作用下，滑动铁芯在某一个平衡位置停住。调节齿杆和滑动铁芯是连在一起的，和铁芯一起联动，向增加喷油量的方向移动。如果铁芯向箭头相反的方向移动，则调节齿杆向使喷油量减少的方向移动。

假设调节齿杆向增加喷油量的方向移动，与调节齿杆连动的连接杆则以支点 A 为中心，向逆时针方向转动，连接杆的下端和齿杆位置传感器的传感器铁芯联动，所以传感器的铁芯向右方（箭头方向）移动。因此，齿杆位置传感器的输出发生了变化。

齿杆位置传感器送来的信号经过传感器放大器进行整流、放大，输入到电子控制单元中。然后，电子控制单元将该信号和齿杆位置的目标值进行比较，根据两者的差值向线性螺线管发出驱动信号，改变喷油量。

四、喷油定时器

喷油定时器(或电子提前器)是通过改变发动机曲轴与喷油泵轴之间的相位角即喷油提前角，来实现对喷油的定时控制。喷油定时器的结构如图 5-11 所示。其位于发动机驱动轴和凸轮轴之间，调节两轴之间的相位，而且由它传递喷油泵的驱动转矩。因此，相位调节需要很大的作用力，大多采用液压方式进行调节。

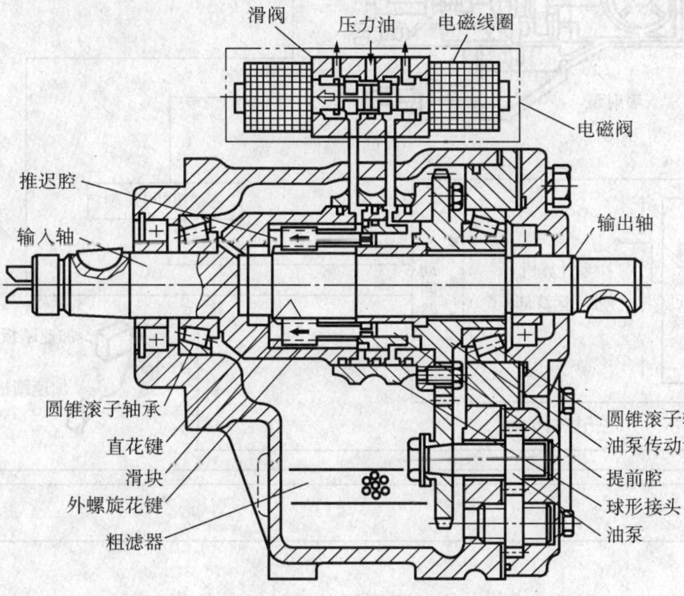

图 5-11　喷油定时器

它由带喷油泵转动的输入传动轴、输出传动轴和滑块组成。滑块有一个内直花键和一个外螺旋花键，它们分别与输出轴的直花键及输入轴的螺旋花键相啮合。此外，有一个环形接头装在输入轴的外部，上面有油路直通滑块。电磁阀由 ECU 驱动，控制作用在油压活塞上的油压。油压活塞左右移动使转换机上下运动，从而改变发动机驱动轴(输入轴)和凸轮轴之间的相位。

除了发动机的转速外，电子提前器对于发动机的负荷也可以通过适当改变喷油时间而加以控制。

第五节　电子控制分配泵燃油系统

一、组成

电子控制分配泵都是在 VE 型分配泵的基础上实现电子控制的。如图 5-12 所示为电子控制分配泵燃油系统的结构原理图。该系统可分为三大部分：传感器、电子控制单元

(ECU)和执行器。电子控制分配泵燃油系统根据各种传感器的信息检测出发动机的实际运行状态，由电子控制单元完成喷油量控制、喷油时间控制、怠速转速控制、故障诊断和应急等功能。

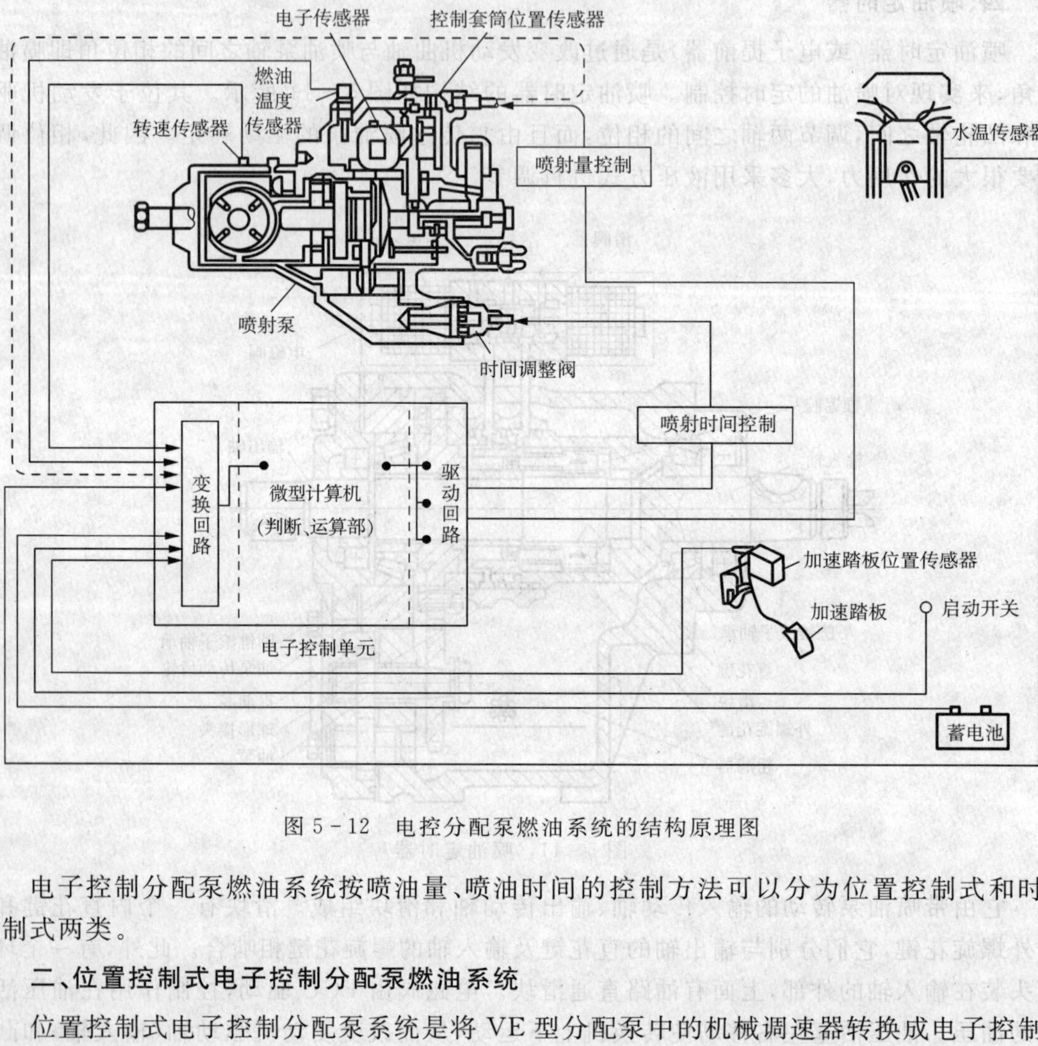

图 5-12 电控分配泵燃油系统的结构原理图

电子控制分配泵燃油系统按喷油量、喷油时间的控制方法可以分为位置控制式和时间控制式两类。

二、位置控制式电子控制分配泵燃油系统

位置控制式电子控制分配泵系统是将 VE 型分配泵中的机械调速器转换成电子控制执行机构。其特点是：保留了机械分配泵的溢油环，采用旋转式电磁铁，因此不用杠杆。电磁铁中控制轴旋转改变了控制轴下端偏心球的位置，直接控制溢油环，控制喷油量。

1. 喷油量的控制

喷油量的控制原理如图 5-13 所示。ECU 根据发动机的状态计算出目标喷油量，并将结果输出到驱动回路；驱动回路根据 ECU 的指令一边反馈控制执行机构的位置，一边控制输出。这样，VE 型分配泵的溢油环被控制在目标位置，从而控制喷油量。

2. 喷油时间控制

喷油时间的控制原理如图 5-14 所示。VE 型分配泵的提前器活塞内设有连通高压腔和低压腔的通道，按占空比控制定时调节阀，使定时活塞两侧的压力差变化，从而控制喷油时间。由传感器检测出定时活塞的位置，从而进行反馈控制。

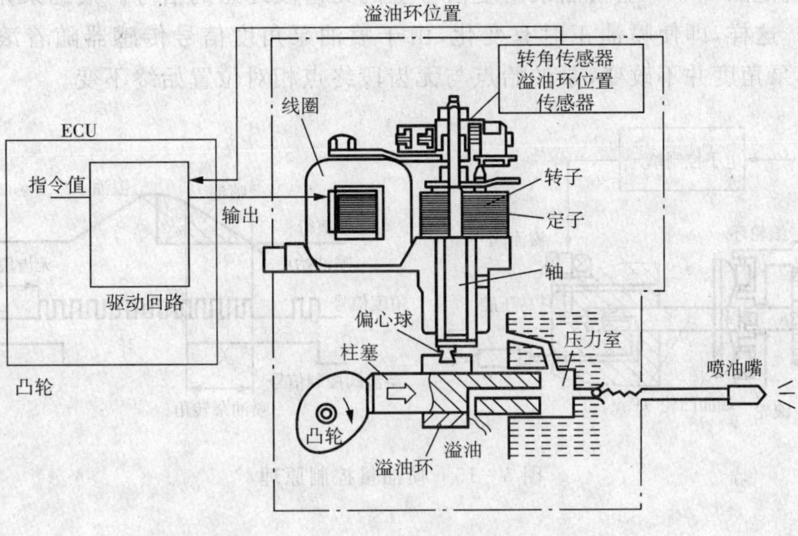

图 5-13 喷油量的控制原理

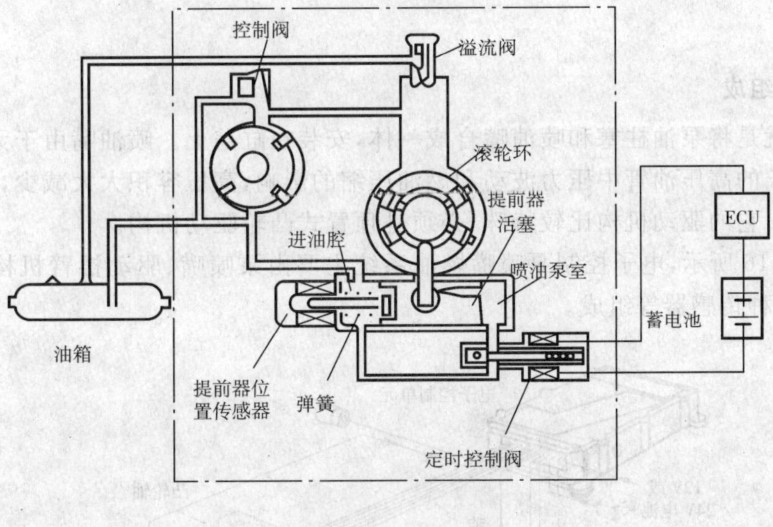

图 5-14 喷油时间的控制原理

三、时间控制式电子控制分配泵燃油系统

时间控制式电子控制分配泵燃油系统电子控制单元内设有时钟，通过时钟控制喷油终了时刻，从而控制喷油量。控制喷油终了时刻的执行机构是电磁阀，对每一次喷油都可以进行控制，因此，可以取消其他喷油控制机构。此外，时间控制方式电子回路比较简单。

时间控制式电子控制分配泵燃油系统的显著特点是取消了原 VE 型分配泵上的溢油环，在进油通路上设置一个电磁溢流阀，其喷油量控制原理如图 5-15 所示。

在柱塞泵油阶段，当电磁溢流阀断电时，溢流阀打开，高压燃油立即卸压，停止喷油。喷油始点并不取决于电磁溢流阀关闭的时刻，而是取决于分配泵端面凸轮的行程，这与采用溢油环改变喷油终点以控制油量的方式一样。电磁溢流阀打开得越晚，喷油量越多。端面凸轮行程始点就是图 5－15 上喷油泵角度信号上的无齿段终点的信号。喷油泵角度传感器装在滚轮环上。这样，即使喷油正时有变化，由于喷油泵角度信号传感器随着滚轮环一起移动，因此喷油泵角度并不改变，泵油始点与无齿段终点相对位置始终不变。

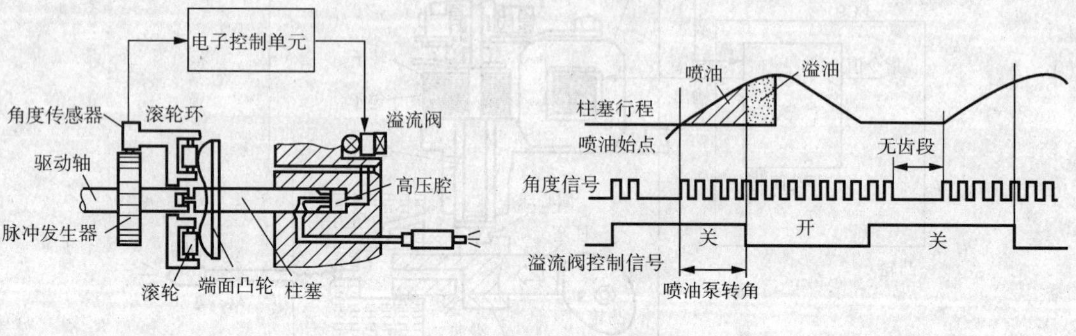

图 5－15　喷油量控制原理

第六节　电子控制泵喷嘴燃油系统

一、系统组成

泵喷嘴就是将泵油柱塞和喷油嘴合成一体，安装在缸盖上。喷油嘴由于无高压油管，所以可以消除长的高压油管中压力波动和燃油压缩的影响，高压容积大大减少，因此喷射压力可达到很高。它的驱动机构比较特殊，必须是顶置式凸轮驱动机构。

如图 5－16 所示，电子控制泵喷嘴燃油系统主要由泵喷嘴、驱动摇臂机构、电子控制单元(ECU)、各种传感器等组成。

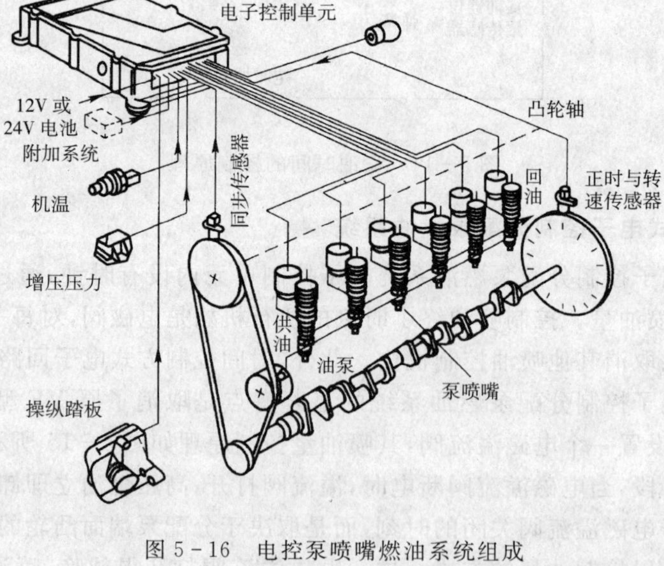

图 5－16　电控泵喷嘴燃油系统组成

二、特点

电子控制泵喷嘴系统的燃油压力升高仍然是机械式的，喷油始点和终点由电磁阀控制，即喷油量和喷油时间是由电磁阀控制的。具体而言，电子控制泵喷嘴系统的结构特点有：

(1)采用大容量齿轮式供油泵，确保将燃油稳定地供到安装在汽缸盖内部的喷油器内。

(2)主供油管和汽缸盖上的各个喷油器之间由支管连接，溢出燃油通过连接各喷油器的溢油管经调压阀排出到汽缸盖外部。

(3)ECU 直接安装在发动机机体上，缩短了线束长度。为了减低因发动机引起的振动，采用橡胶固定。同时，采用燃油冷却 ECU 的背面。

(4)ECU 根据安装在飞轮以及凸轮相关部位的两个转速传感器检测到的发动机转速和曲轴转角、加速踏板位置传感器信号及其他的传感器信号进行最佳燃油喷射控制。

(5)柱塞通过摇臂由凸轮轴驱动，压缩燃油，建立高压。

(6)喷油器的高速电磁阀是常开的，燃油通过汽缸盖内部的油路流动；当电磁阀关闭时，柱塞开始向喷油嘴压油，燃油从喷油嘴喷入汽缸；当电磁阀打开时，溢油开始，喷油结束。

(7)因为没有喷油管，所以不仅可以实现高压喷射，而且可以通过适当组合喷油嘴的喷孔流通截面和驱动凸轮的形状，使喷油率的形状徐徐上升，减少了预混合期间的喷油量，从而达到控制预混合燃烧的目的。

三、泵喷嘴的结构与工作原理

1. 结构特点

泵喷嘴安装在柴油机原普通喷油器的位置上，其外形也与普通喷油器相似。图 5－17 为泵喷嘴的结构示意图，它由喷油泵、喷油器和电磁控制阀三部分组成。

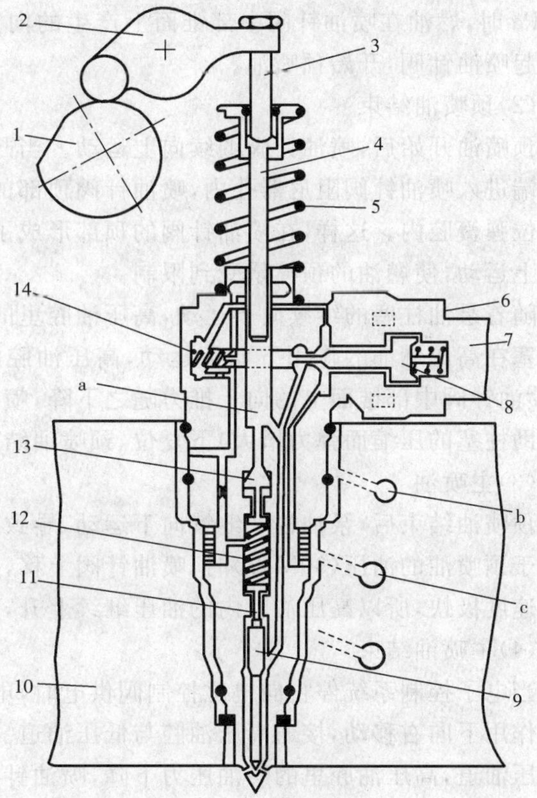

图 5－17 泵喷嘴的结构

1—喷油凸轮 2—摇臂 3—球头螺栓 4—泵油柱塞 5—泵油柱塞复位弹簧 6—电磁控制阀 7—电磁控制阀阀体 8—电磁控制阀针阀 9—喷油针阀 10—泵喷油器壳体 11—喷油针阀阻尼器 12—喷油针阀复位弹簧 13—辅助柱塞 14—电磁控制阀针阀复位弹簧 a—高压油腔 b—回油道 c—低压油道

喷油凸轮安装在控制气门打开和关闭的凸轮轴上，其上升段为陡峭的直线，有利于快速提高喷油压力；而下降段较平缓，有利于在喷油结束以后向高压油腔缓慢进油，避免在燃油中产生气泡。电磁控制阀位于泵喷嘴的中部，由柴油机电子控制系统控制。电磁控制阀针阀用于接通和切断高压油腔与低压油道之间的通道。辅助柱塞的上部为圆台，实际上是起两个阀门的作用：圆台的锥面用来开启和关闭高压油腔与辅助柱塞腔之间的通道，而圆台的底面则用来开启和关闭辅助柱塞腔与喷油针阀复位弹簧腔之向的通道。喷油针阀阻尼器为“T”形，其作用是控制燃油的预喷量。

2. 工作过程

泵喷嘴的喷油过程可分为预喷油、预喷油结束、主喷油、主喷油结束及高压油腔进油五个过程。喷油时间和喷油量由辅助柱塞、喷油针阀、喷油针阀复位弹簧、喷油针阀阻尼器与电磁控制阀共同控制。

(1)预喷油

当凸轮的直线段与摇臂接触时，电子控制系统向电磁控制阀供电，使电磁控制阀针阀向左移动，切断高压油腔与低压油道之间的通道。与此同时，泵油柱塞在摇臂的作用下，克服泵油柱塞复位弹簧的弹力而向下运动，使高压油腔中的油压迅速上升。当油压上升到18MPa时，燃油在喷油针阀中部锥面上产生的向上推力大于喷油针阀复位弹簧的预紧力，便顶起喷油针阀，开始预喷油。

(2)预喷油结束

预喷油开始后，喷油针阀继续向上运动。当凸轮转过喷油行程的1/3时，喷油针阀阻尼器下端进入喷油针阀阻尼器孔内，喷油针阀顶部的燃油就只能通过细小的缝隙流向喷油针阀复位弹簧腔内。这样，在喷油针阀的顶部形成了一个所谓的“液压垫圈”，阻止喷油针阀继续向上运动，使燃油的预喷量受到限制。

随着泵油柱塞的继续向下运动，高压油腔里的油压继续上升。当油压达到规定值时，辅助柱塞在高压燃油的作用下向下运动，高压油腔的体积突然增大，燃油压力瞬间下降。此时，喷油针阀中部锥面上的向上推力随之下降，喷油针阀在喷油针阀复位弹簧的作用(由于受辅助柱塞的压缩而弹力增大)下复位，预喷油结束。

(3)主喷油

预喷油结束后，泵油柱塞继续向下运动，导致高压油腔内的油压迅速上升。当油压上升到大于预喷油的油压(30MPa)时，喷油针阀上移，主喷油开始。由于高压油腔内燃油油压上升的速度极快，所以高压油腔内的油压继续上升，直到205MPa左右。

(4)主喷油结束

当电子控制系统停止向电磁控制阀供电时，电磁控制阀针阀在电磁控制阀针阀复位弹簧的作用下向右移动，接通高压油腔与低压油道。这时，高压油腔内的燃油经电磁控制阀流向低压油道，高压油腔里的燃油压力下降，喷油针阀在喷油针阀复位弹簧的作用下复位，辅助柱塞则在喷油针阀复位弹簧的作用下关闭高压油腔与喷油针阀复位弹簧腔之间的油道，主喷油结束。

(5)高压油腔进油

当凸轮的下降段与摇臂接触时，泵油柱塞在泵油柱塞复位弹簧的作用下向上运动，高压油腔因体积增大而产生真空。这时，低压油道(与进油管相连接)内的燃油经电磁控制阀流向高压油腔，直到充满高压油腔为止，从而为下一次喷油做好准备。

第七节　电子控制共轨式柴油喷射系统

一、概述

尽管在机械式柴油机的基础上，通过开发应用电控技术，如上述电控分配泵、TICS泵，有效地改善了动力性、经济性和排放特性，适应了不同时期的排放法规要求，但是这些电控技术在结构上仍受原机械式喷射系统的限制，不能自由、灵活控制喷射规律。为了适应日趋严格的排放法规和节能要求，开发研究了一系列新型喷射系统和技术措施。

高压共轨式电控喷射系统是在20世纪80年代后期到90年代初，针对越来越严格的汽车排放法规要求而研究开发的第三代电控喷射技术。所谓高压共轨式电控喷射系统是指该系统中有一根各缸共用的高压油管(共轨)，用高压输油泵向共轨(蓄压室)泵油，并在共轨中设置压力传感器，监测共轨中的燃油压力，通过ECU控制设置在高压输油泵上的电磁阀(溢流阀)对共轨压力进行反馈控制，保证共轨压力维持在恒定值。由此，经共轨将一定高压的柴油分别送往各缸喷油器，使各缸喷射压力一致，保证各缸的均匀性。而且，通过该系统中喷油器上的三向电磁阀(TWV)，可控制喷油正时和喷射量。

高压共轨式电控喷射系统采用的是压力—时间计量原理，ECU根据发动机工况、油温、空气温度等信号，由油压传感器测出压力值并输送给ECU，并将测得的压力与由发动机工况所给定的油压脉谱图(所设的最佳压力值)比较。ECU给出信号，控制电磁式柴油泵压力控制阀(PCV)的启闭，来调整高压油泵的供油量，以改变共轨油道中的油压，使油压为最佳值。由于高压共轨式电控喷射系统既可实现高压喷射且喷射压力可控制，又可实现喷油速率的柔性控制，适应了新排放法规的要求，因此很适合于现代车用柴油机的喷射系统。

二、高压共轨式电控喷射系统的主要特点

与传统喷射系统相比，高压共轨式电控喷射系统的主要特点有：

1. 喷油压力柔性可调

对不同工况采用最佳喷射压力，可以优化柴油机的综合性能。由于喷油压力不随转速改变，解决了传统喷射系统(包括泵—喷嘴系统)因低速时喷油压力下降而导致的低速转矩差和低速烟度大的缺陷。

2. 喷射压力高

系统紧凑、刚度大，可实现较高的喷射压力(120～170MPa)，比普通的柱塞泵高出一倍。另外它可独立柔性控制喷油定时和喷油量，将NO_x排放和微粒控制在较小范围内。

3. 可柔性控制喷油规律

可实现灵活多样的喷油规律，喷油速率柔性化。如预喷射、多段喷射、“靴形”喷射等，以及配合排气后处理使用的排气行程中的喷射，从而既保证优良的动力性、经济性，又可降低NO_x排放。

4. 控制精度高

电磁阀控制喷油，高压油路中不会出现气泡和残压为零的现象。因此在柴油机运转范围内，喷油量变动小，各缸的不均匀性可得到改善，并减小了柴油机的振动与有害排放，对于

车用柴油机来说还可改善驱动性能。

三、高压共轨式电控喷射系统的组成

高压共轨式电控喷射系统从功能方面可以分成控制和燃料供给两大分系统。其基本组成如图 5－18 所示。

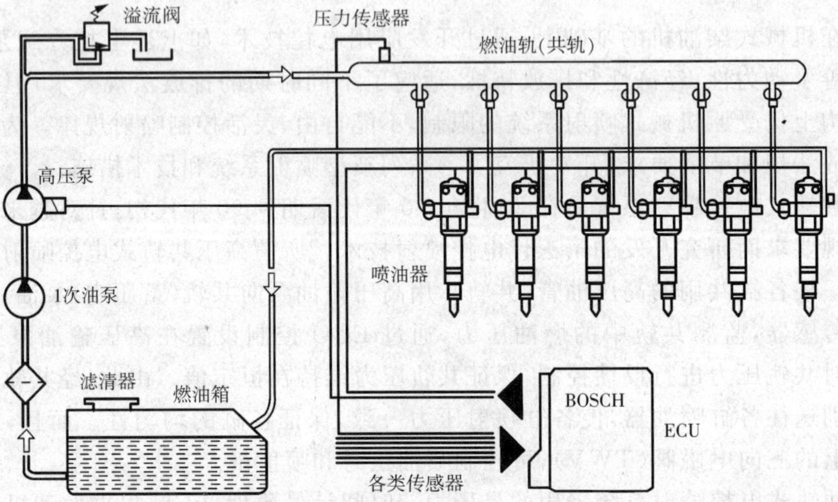

图 5－18 高压共轨式电控喷射系统

1. 控制分系统

控制分系统的功能是根据各个传感器的信息，由 ECU 进行计算、完成各种处理后，求出最佳喷油时间和最合适的喷油量，并且计算出在什么时刻、在多长的时间范围内向喷油器发出开启电磁阀或关闭电磁阀的指令等，从而精确控制发动机的工作过程。

2. 燃料供给分系统

燃料供给分系统主要由供油泵、共轨和喷油器组成，如图 5－19 所示。

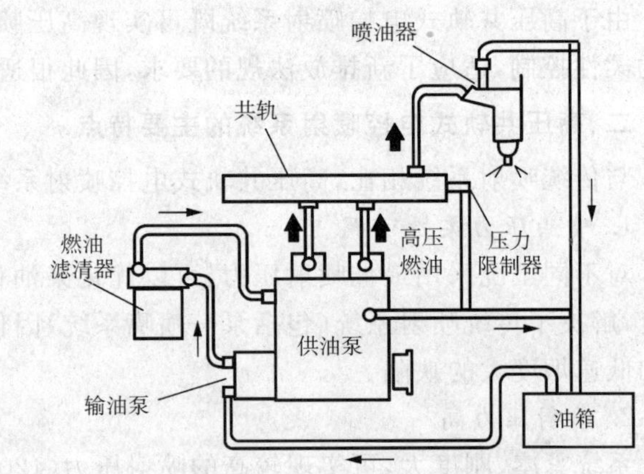

图 5－19 燃料供给分系统

供油泵将燃油加压成高压供入共轨内。共轨实际上是一个燃油分配管。储存在共轨内的燃油在适当的时刻通过喷油器喷入发动机汽缸内。电子控制共轨系统中的喷油器是由电磁阀控制的喷油阀，电磁阀的开启和关闭由计算机控制。

四、电子控制喷油器

1. 构造

电子控制喷油器主要由喷油嘴部分、油压活塞部分和电磁阀部分组成，如图 5－20 所示。

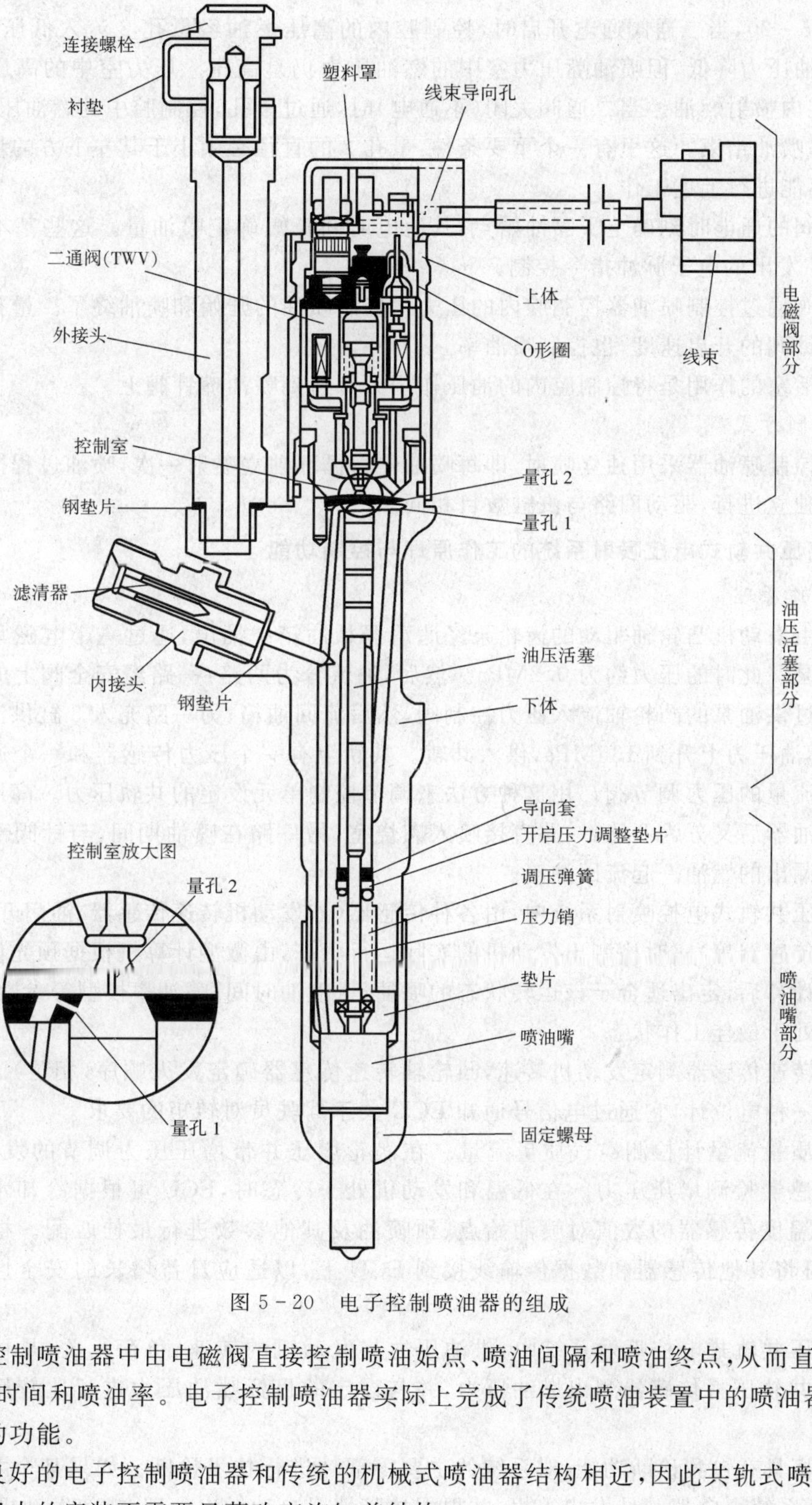

图 5-20 电子控制喷油器的组成

电子控制喷油器中由电磁阀直接控制喷油始点、喷油间隔和喷油终点，从而直接控制喷油量、喷油时间和喷油率。电子控制喷油器实际上完成了传统喷油装置中的喷油器、调速器和提前器的功能。

设计良好的电子控制喷油器和传统的机械式喷油器结构相近，因此共轨式喷油器在直喷式柴油机中的安装不需要显著改变汽缸盖结构。

2. 工作过程

如图 5 - 20,当二通阀通电开启时,控制腔内的高压燃油经量孔 2 流入低压腔中,控制腔中的燃油压力降低,但喷油嘴压力室中的燃油压力仍是高压。压力室中的高压使针阀开启,向汽缸内喷射燃油。当二通阀关闭(不通电)时,通过量孔,控制腔中的燃油压力升高,使针阀下降,喷油结束。这里有一个重要条件:量孔 2 的直径必须小于其左下方的量孔 1 的直径,否则不能进行上述工作。

二通阀的通电时刻确定了喷油始点,其通电时间长短确定喷油量。这些基本喷油参数均由 ECU 发出的电子脉冲指令控制。

二通阀通过控制喷油器控制腔内的压力来控制喷油的开始和喷油终了。量孔大小既控制喷油嘴针阀的开启速度,也控制喷油率。

控制活塞的作用是将控制腔内的油压作用力传递到喷油嘴针阀上。

3. 控制方式

电子控制喷油器采用独立喷射,即每喷油器每循环独立喷射一次,喷油过程按照特定的顺序依次独立进行,驱动回路与汽缸数目相同。

五、高压共轨式电控喷射系统的工作原理与控制功能

1. 工作原理

燃油由发动机凸轮轴驱动的齿轮泵经滤清器从油箱中抽出,通过一个电磁紧急关闭阀流入供油泵。此时的压力约为 0.2MPa。然后,油流分为两路:一路经安全阀上的小孔作为冷却油通过供油泵的凸轮轴流入压力控制阀,然后流回油箱;另一路充入 3 缸供油泵。在供油泵内,燃油压力上升到 135MPa,供入共轨。共轨上有一个压力传感器和一个通过切断油路来控制流量的压力调节阀。用这种方法来调节控制单元设定的共轨压力。高压燃油从共轨流入喷油器后又分为两路:一路直接喷入燃烧室;另一路在喷油期间,与针阀部分和控制柱塞处泄漏出的燃油一起流回油箱。

在高压共轨式电控喷射系统中,由各种传感器(如发动机转速传感器、油门开度传感器、各种温度传感器等)实时检测出发动机的实际运行状态,由微型计算机根据预先设计的计算程序进行计算后,定出适合于该运转状态的喷油量、喷油时间、喷油率模型等参数,使发动机始终都能处于最佳工作状态。

曲轴转速传感器测定发动机转速,凸轮轴转速传感器确定发火顺序(相位)。加速踏板传感器是一种电位计,它通过电信号通知 ECU 关于驾驶员对转矩的要求。

空气质量流量计检测空气质量流量。在涡轮增压并带增压压力调节的发动机中,增压压力传感器检测增压压力。在低温和发动机处于冷态时,ECU 可根据冷却水温度传感器和空气温度传感器的数值对喷油始点、预喷油及其他参数进行最佳匹配。根据车辆的不同,还可将其他传感器和数据传输线接到 ECU 上,以适应日益增长的安全性和舒适性要求。

在高压共轨式电控喷射系统中,供油压力与发动机的转速、负荷无关,是可以独立控制的。由共轨压力传感器测出燃油压力,并与设定的目标喷油压力进行比较后进行反馈控制。

计算机具有自我诊断功能,对系统的主要零部件进行技术诊断。如果某个零件产生了故障,诊断系统会向驾驶员发出警报,并根据故障情况自动做出处理:或使发动机停止运行,即所谓故障应急功能;或切换控制方法,使车辆继续行驶到安全的地方。

2. 高压共轨式电控喷射系统的控制功能

(1)调节喷油压力(共轨压力)

共轨压力就是喷油压力。高压共轨式电控喷射系统利用共轨压力传感器测量共轨内的燃油压力,从而调整供油泵的供油量,控制共轨压力。此外,还可以根据发动机转速、喷油量的大小与设定了的最佳值(指令值)始终一致地进行反馈控制。

(2)调节喷油量

以发动机的转速及油门开度信息等为基础,由计算机计算出最佳喷油量,通过控制喷油器电磁阀的通电、断电时刻直接控制喷油参数。

(3)调节喷油率

根据发动机运行的需要,设置并控制喷油率:预喷射、后喷射、多段喷射等。

(4)调节喷油时间

根据发动机的转速和负荷量参数,计算出最佳喷油时间,并控制电子控制喷油器在适当的时刻开启,在适当的时刻关闭等,从而准确控制喷油时间。

3. 喷射方式

电子控制共轨系统燃油喷射方式有三种:一段喷油法、二段喷油法和多段喷油法。

(1)一段喷油法

一段喷油法是在一个工作循环中只有一次喷射,即主喷射。应用于早期的电子控制柴油机喷射系统。

(2)二段喷油法

二段喷油法是指在主喷油之前有一个喷油相当小的预喷过程,即预喷射加主喷射。

在主喷射之前进行的预喷射(时间间隔约 1ms)可以使燃烧噪声明显降低,这是一项已经实用化了的技术。但是,由于预喷射会导致 PM 排放增加,因此可以使预喷射段靠近主喷射段,从而降低 PM 排放。

(3)多段喷油法

多段喷油法是将每一个工作循环中的喷油过程分成若干段来进行,每段喷油均是相互无关、各自独立的,其主要目的是控制燃烧速度。多段喷油法一般包括引导喷射、预喷射、主喷射;后喷射和次后喷射等多段。在多段喷射过程中,电磁阀必须完成多次开启、关闭动作,因此驱动能量和消耗能量成了问题。

在主喷射前后的预喷射、后喷射中,由于喷油的间隔相互靠近,因此前段喷射会对后段喷射的喷油量带来影响。解决的办法是利用喷油压力和喷油间隔,修正后续的喷油量指令。

在多段喷油构成中,各段喷油的作用如图 5-21 所示。

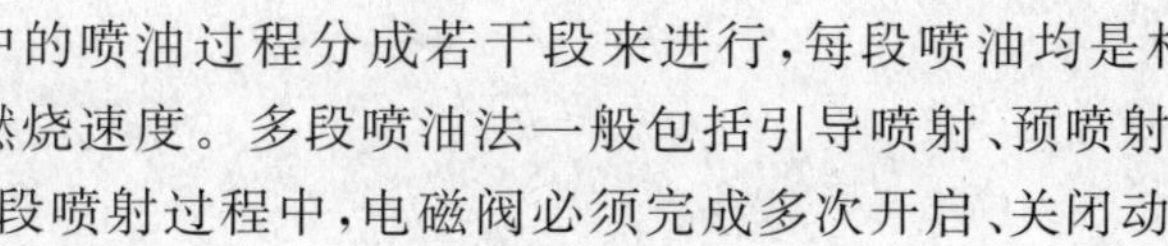

喷　射	效　果
引导喷射	通过预混合燃烧,降低颗粒排放
预喷射	缩短主喷射的着火延迟,降低 NO_x 和燃烧噪声
后喷射	促进扩散燃烧,降低颗粒排放
次后喷射	排温升高,通过供给还原剂促进后处理(催化剂)

图 5-21　多段喷油的作用

思考与练习

5-1　与汽油机电子控制技术相比,柴油机电子控制技术有哪些特点和难点?

5-2　简述柴油机电控喷射系统的类型。

5-3　柴油机喷射量的控制内容有哪些?

5-4　与传统的机械燃油系统相比,电子控制直列式燃油系统具有哪些特点?

5-5　简述电子调节器的结构和工作原理。

5-6　电子控制分配泵燃油系统按喷油量、喷油时间的控制方法可以分为几类?

5-7　简述电子控制泵喷嘴燃油系统的组成和结构特点。

5-8　与传统喷射系统相比,高压共轨式电控喷射系统有哪些主要特点?

5-9　电子控制共轨系统燃油喷射方式有哪些?

第六章　汽车发动机的辅助电控技术

内容提要：作为汽车心脏的发动机同时也是汽车的主要污染源。现代内燃机除了在供油、点火方面采用电控技术外，还广泛采用其他辅助电控技术，来进一步提高内燃机的动力性和经济性，降低有害排放物，以满足不断严格的节能与排放法规要求。本章主要介绍了目前应用较广的进气系统控制、怠速转速控制、排放净化系统和稀薄燃烧系统的特点和控制过程。在学习本章前应有一定的内燃机原理和结构方面的专业知识。

第一节　进气系统控制

一、概述

进、排气系统对发动机性能的影响主要体现在充气效率，而配气相位对充气效率的影响很大。以往发动机配气机构的配气相位是固定的，因此不能兼顾高低速的充气效率特性。就是当配气相位按低速设定时，只能满足设定的低转速下充气效率达到最佳值。随着转速的提高进气流动惯性增大，而配气相位不变，因此从气流角度考虑，即使是能实现惯性充气，却由于进气门提早关闭而使充气效率降低。反之，为了提高高速性能，将配气相位按高速设定时，虽然满足了高速时的充气效率，但是低速时由于进气门关闭时刻与高速时一样迟后，而此时因转速低，气流没有足够的惯性，所以不能良好地实现惯性充气，反而产生倒流现象，因此充气效率也降低；同时由于进气系统的容积增大，进气流速降低，不利于燃料的汽化和混合气的形成，造成燃烧不稳定等现象，直接影响发动机的动力性。

改善发动机高低速充气效率的主要途径就是充分利用进气过程中气流的静态效应和动态效应。所谓静态效应，就是减小进气系统的流动阻力。其主要措施包括扩大进气管直径、增大进气管弯曲部分的曲率半径、使进气管内表面光滑以及各缸进气支管长度一致、采用多气门机构等。所谓动态效应，主要是指利用进气过程中在进气管内气体流动时所产生的惯性及压力的脉动效果来改善充气效率的过程。由于车用发动机使用转速变化范围宽，所以为了在整个使用转速范围内都能充分地利用进气过程的动态效应，以使发动机性能达到最佳状态，常采用可变进气系统控制技术和增压技术。

可变进气系统的控制内容主要包括高低速可变进气管长度的控制、多气门控制、可变配气相位的控制以及可变进气涡流的控制等。

二、可变进气管长度的控制

进气管长度对发动机充气效率的影响如图 6－1 所示。随着进气管长度的增加，充气效率的峰值向低速区移动，而且峰值也增加，但高速时由于进气阻力增加，充气效率反而降低很多；反之，随着进气管长度的减小，充气效率的峰值向高速区移动，有利于提高发动机的高速动力性，但要以牺牲低速性能为代价。

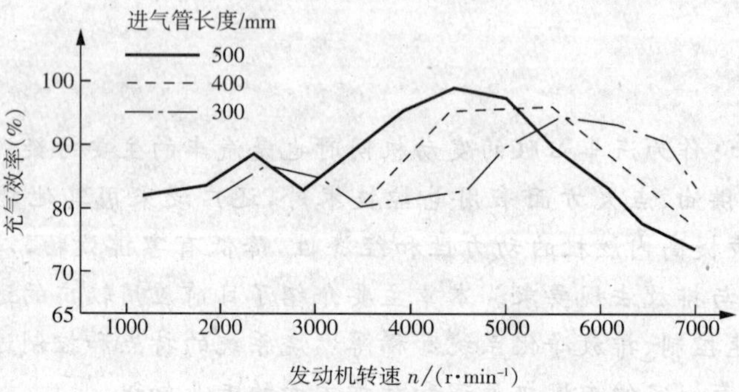

图 6－1　进气管长度对充气效率的影响

一般传统的发动机很难实现可变进气管长度，因此提高发动机性能受到限制。随着微机控制技术在发动机上的应用与普及，已广泛采用进气系统的可变机构，使得发动机的动力性、经济性以及排放特性得到大幅度的提高和改善。可变进气管长度的控制系统根据其特点主要分为压力脉动增压式进气系统、可变惯性增压进气系统、流线动力型进气系统等几种。

1. 压力脉动增压式进气系统 ACIS(Acoustic Control Induction System)

ACIS 也称进气惯性增压控制系统或谐波增压进气控制系统，是利用进气流惯性产生的压力波提高进气效率的。

当发动机工作时，由于活塞的往复运动和进气门周期性的开闭，在进气管内气体的流动产生压力疏密波，形成压力脉动。这种脉动的压力波在进气管内来回传播。通过对进气管的设计，当进气门关闭之前、在进气门上游出现压力脉动的峰值时就可以多充气，具有一定的增压效果。这种脉动增压效果，主要与发动机转速和进气管长度有关。即低速时为了获得这种脉动增压效果要求较长的进气管，而在高速区则主要考虑高速时气流的流动损失，所以要求较短的进气管。于是，应根据发动机转速控制进气管长度的变化，使得在整个转速范围内都可以有很高的充气效率，从而改善发动机的性能。

图 6－2 所示为丰田皇冠车型上 2JZ—GE 发动机所采用 ACIS 的工作原理图。ECU 根据转速信号控制电磁真空通道阀的开闭。低速时，电磁真空通道阀电路不通，真空通道阀关闭，真空罐的真空度不能进入真空气室，受真空气室控制的进气增压阀处于关闭状态。进气管内的脉动压力波传递长度为由空气滤清器到进气门的距离，这一距离较长，适应于发动机在中低速区域形成气体动力增压效果(图 6－2b)。高速时，ECU 接通电磁真空通道阀的电路，真空阀打开。真空罐的真空度进入真空气室，吸动膜片，从而将进气增压控制阀打开。由于大容量空气室的参与，使进气脉动压力波不能在空气室出口与进气门之间传播，缩短了压力波的传播距离，使发动机在高速区也能得到较好的气体动力增压效果(图 6－2c)。

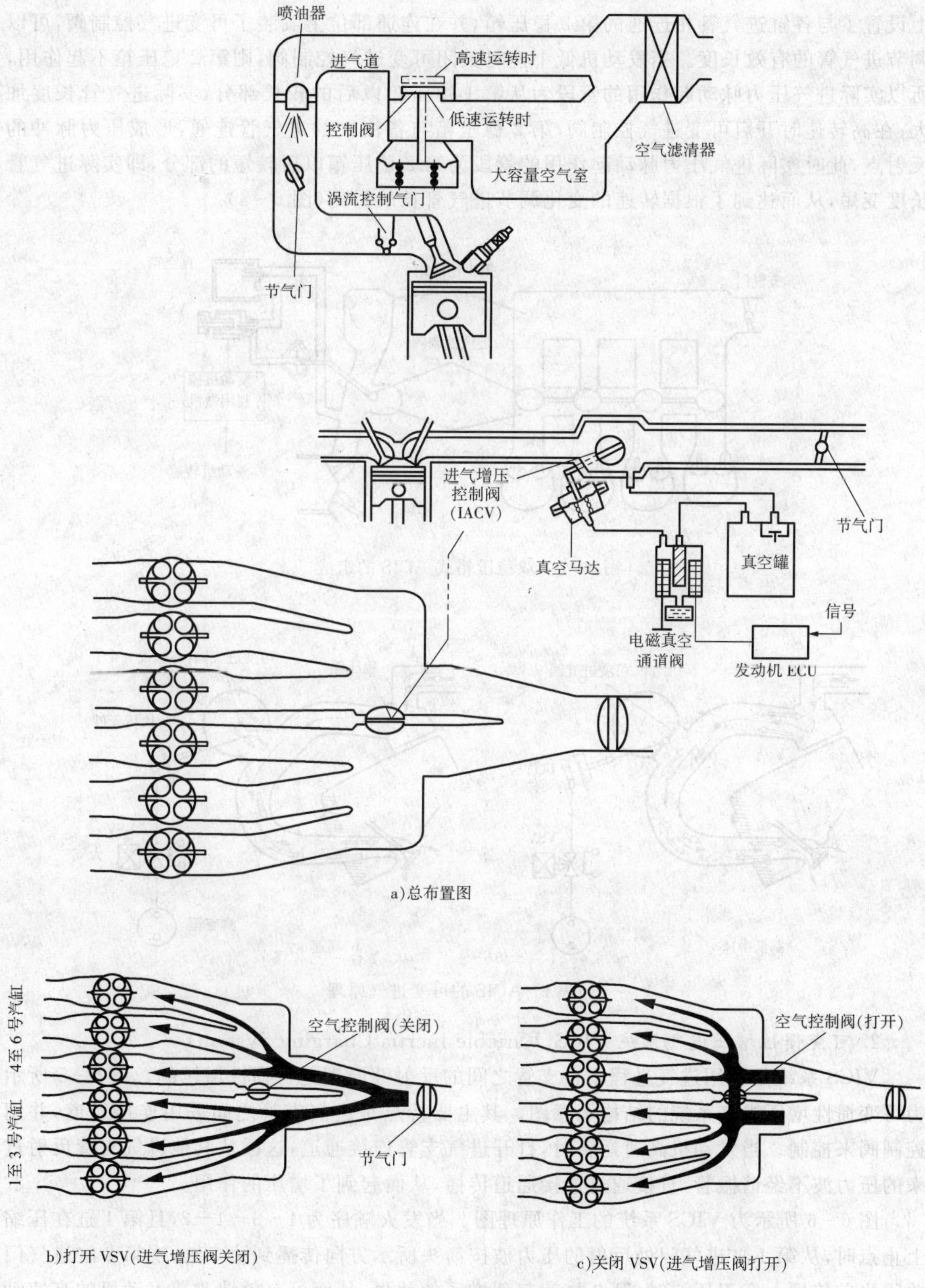

图 6－2　2JZ－GE 发动机所采用的 ACIS

图 6-3 所示为双谐振管(稳压箱)式 ACIS 的工作原理图。该系统在进气管中间通道上设置了与各缸进气管相连通的第 2 稳压箱,并在连通部位上安装了可变进气控制阀,可以调节进气管的有效长度。当发动机低中速时关闭可变进气控制阀,则第 2 稳压箱不起作用,所以实际进气压力脉动起作用的管段为从第 1 稳压箱以后的较长部分,实际进气管长度加大;在高转速时开启可变进气控制阀,第 2 稳压箱与各汽缸的进气管连通,形成压力脉冲的反射点,此时实际进气压力脉动起作用的管段为第 2 稳压箱以后较短的部分,即实际进气管长度变短,从而达到了根据转速的变化调节进气管长的目的(图 6-4)。

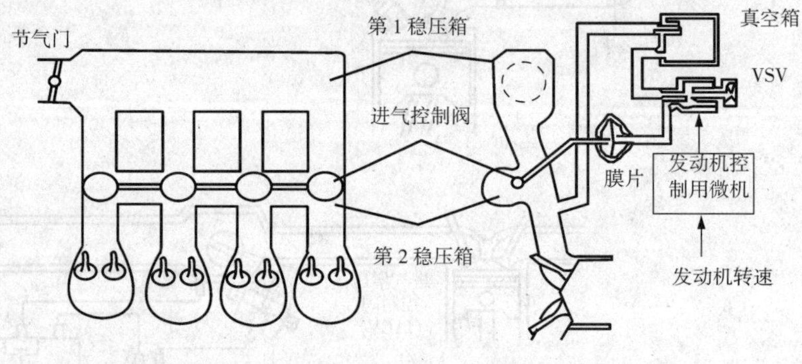

图 6-3　双稳压箱式 ACIS 的组成

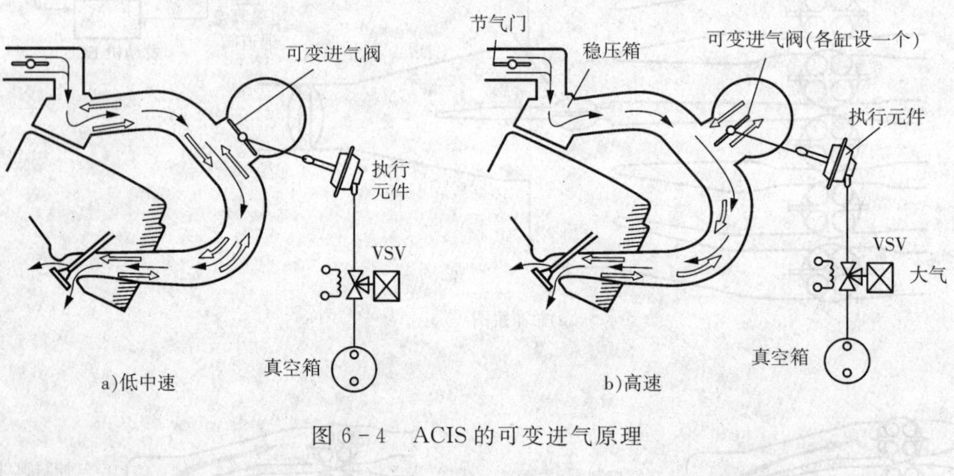

图 6-4　ACIS 的可变进气原理

2. 可变惯性增压进气系统 VICS(Variable Inertia Charging System)

VICS 系统是利用进气过程中各支管之间的反射波原理进行惯性增压的。图 6-5 所示为可变惯性增压进气系统的结构示意图。其主要特点是进气支管之间采用连接通道,并用控制阀来控制。当发动机高速运转时,打开进气支管连接通道,这样从其他进气支管反射过来的压力波不经谐振管,直接通过连接通道传播,从而起到了增压的作用。

图 6-6 所示为 VICS 系统的工作原理图。当发火顺序为 1—3—4—2,且第 1 缸在压缩上止点时,从第 1 缸进气门处反射的压力波按箭头所示方向传播到第 3 缸;当第 3 缸进气门关闭之前传播一个正压波时,第 3 缸就起到增压的效果,从而可有效地改善发动机的高速动力性。

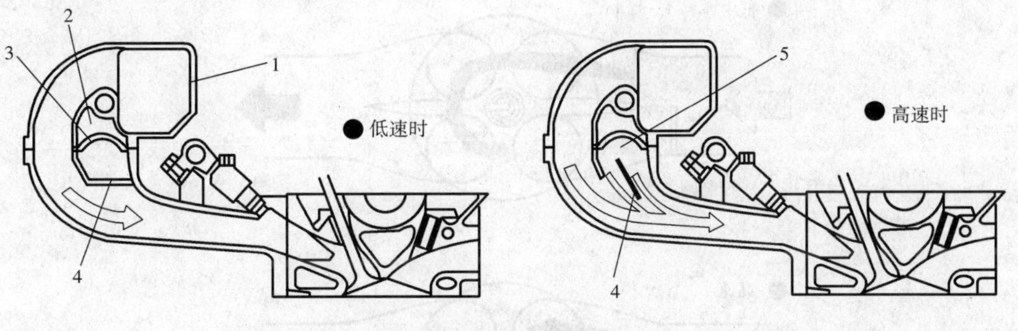

图 6-5　可变惯性增压进气系统的结构示意图

1—谐振管　2—真空室　3—密封板　4—控制阀　5—连接通道

3. 流线动力型进气系统 AD(Aero-dynamic)

流线动力型进气管的结构如图 6-7 所示，采用 U 形长管，而进气支管内径则沿燃烧室方向逐渐缩小，通过这种结构在气体流动过程中提高流速，以增加进气的流动惯性。特别是低速时通过管内径的形状也能保证一定的进气流动速度，所以可以改善低中速时的发动机充气效率。

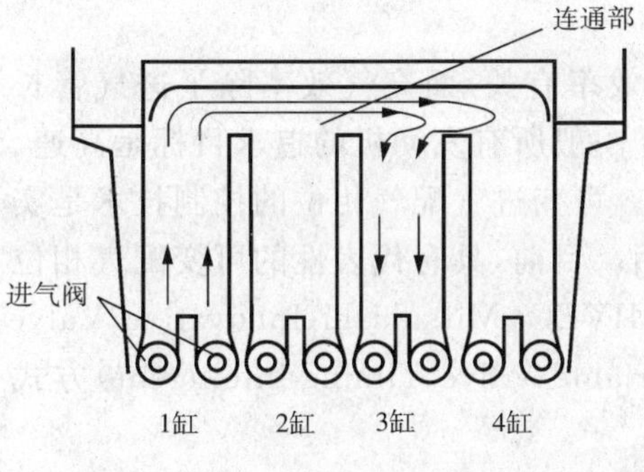

图 6-6　VICS系统的工作原理图

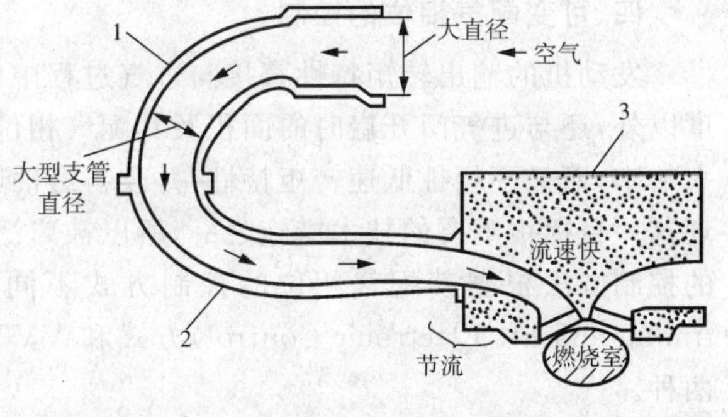

图 6-7　流线动力型进气系统的结构

1—进气总管　2—进气支管　3—汽缸盖

三、多气门控制 TICS

TICS(Triple Port Induction Control System)系统采用多气道(气门)结构。在中小负荷的常用行驶条件下，只用能产生进气涡流的进气道进气。这样，在燃烧室内形成强大的进气涡流，由此改善中小负荷时的混合气形成条件和燃烧过程，可降低燃油消耗率，改善排放特性。当发动机需要输出高功率时，打开所有进气道，以提高进气量来保证高转速、高负荷时的发动机性能。

图 6-8 所示为一种二进二排式四气门进气系统。每个汽缸设置两个不同长度的进气支管，其中一个低速进气支管设计成长 U 形管，另一个高速进气支管设计成较短的直管，并在直管上设置控制阀。当发动机中低速运转时，关闭控制阀，只用长的 U 形管进气，所以惯性充气效果好，又进气门布置偏离汽缸中心线，故进气过程中在燃烧室内产生一定强度的进气涡流，促进混合气的形成，改善燃烧速度。高速时，打开控制阀，高、低速直管同时进气，可减小进气流动损失，所以改善了充气效率，提高了发动机的高速性能。

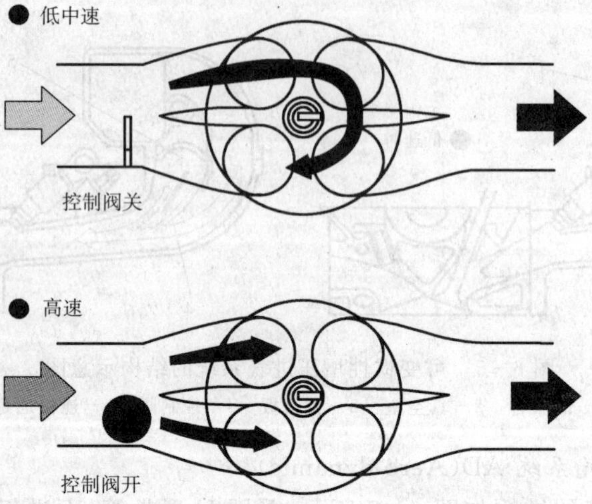

图 6-8　四气门进气系统

目前，车用发动机为了提高升功率、降低油耗和满足排放的要求，普遍采用多气门技术，其中四气门技术已经很成熟。

四、可变配气相位的控制

发动机的输出转矩特性直接与进气过程中的充气效率有关，而充气效率除了进气管长度以外，还与进气门开启时的面积及其配气相位有关。一般所有发动机的追求目标是高速、大功率，而又不牺牲低速转矩特性，并改善燃油消耗率。可变进气配气相位的控制技术是实现这一目标很重要的技术措施之一，所以被广泛地应用。目前，具有代表性的可变配气相位的控制方法根据其配气相位的控制方式不同分为 MIVEC（Mitsubishi Innovative Valve timing and lift Electronic Control）方式和 VVT-i（Variable Valve Timing-intelligent）方式两种。

1. MIVEC 方式

MIVEC 方式是指配气相位和气门升程可变的机构。配气相位和气门升程直接影响发动机的充气效率，而且最佳配气相位和气门升程随发动机转速而变化。当将配气相位和气门升程在高速区设定为高功率型时，在低速区由于产生回流现象充气效率反而下降。反之，在低速区设定为最佳值时，高速时由于气门处的节流损失增加以及高速气流惯性被堵在气门之前未能被利用，所以充气效率仍会降低，从而影响发动机的高速动力性。因此，采用电控可变配气相位机构，可实现对应发动机不同转速控制其最佳的配气相位和气门升程。

图 6-9 所示为 MIVEC 系统的结构特点和工作原理。它是比较典型的高、低速二段式可变配气相位的控制机构，主要由高、低速凸轮，高、低速摇臂，摇臂轴以及油压控制系统等组成。驱动气门的 T 形传动杆与摇臂轴固定成一体。高、低速摇臂安装在 T 形传动杆的左右，并始终与各自的高、低速凸轮相接触并随凸轮轴的旋转而摆动。在摇臂和摇臂轴之间设有控制柱塞、控制油道及回位弹簧。摇臂和摇臂轴的传动靠此柱塞来完成。当柱塞连接时，摇臂和摇臂轴变为一体而同步转动，否则摇臂在摇臂轴上空转。MIVEC 的作用就是根据 ECU 的控制指令，对应发动机的实际工况，通过油压控制柱塞的连接状态，以选择高、低速凸轮中的某一个凸轮工作，由此驱动进气门，达到控制配气相位和气门升程的目的。

图 6－10所示为与高、低速凸轮对应的配气相位和气门升程的变化特性。

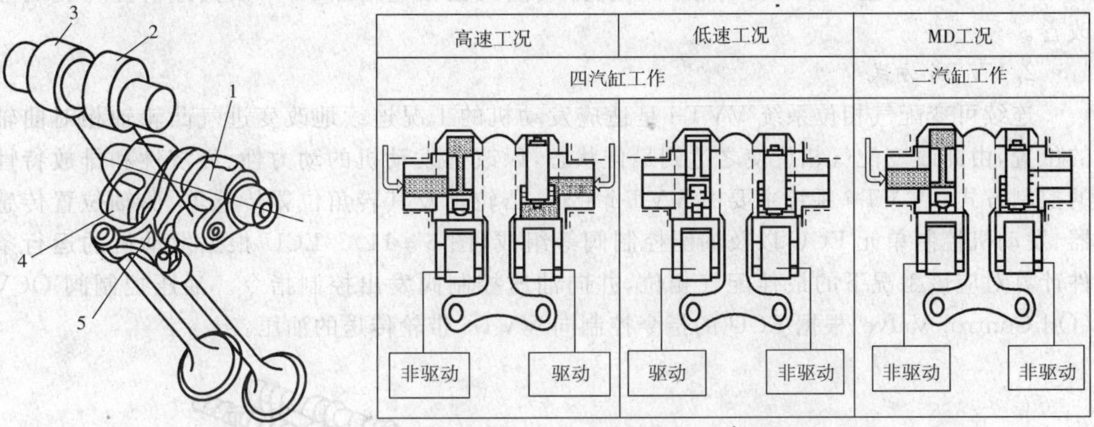

a)结构　　　　b)工作原理

图 6－9　MIVEC 系统

1　高速摇臂　2－高速凸轮　3－低速凸轮　4－低速摇臂　5－T 形传动杆

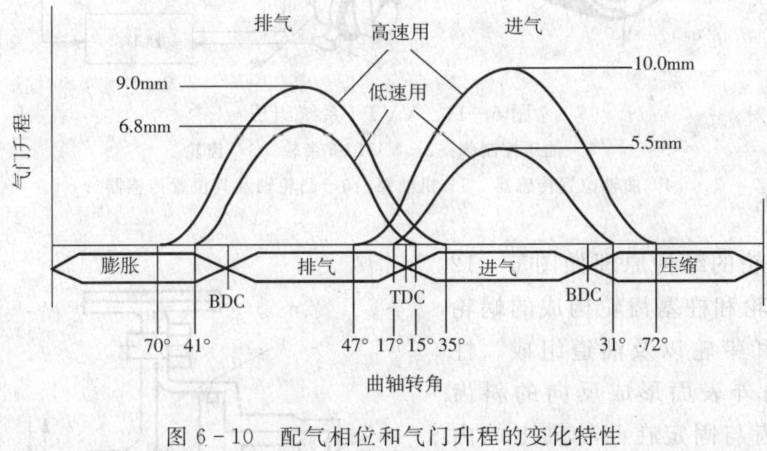

图 6－10　配气相位和气门升程的变化特性

MIVEC 系统除了可实现配气相位和气门升程可变控制以外，还很容易实现发动机排量可变控制，即 MD(Modulated Displacement)控制。所谓排量控制，是指对如总排量为 1.6L 的四缸发动机而言，根据发动机工作时的负荷大小情况实施控制。有时四缸同时工作，此时排量为 1.6L，而小负荷时只有两缸工作，此时排量为 0.8L。这种可变排量控制方式是通过 MIVEC 机构的停缸控制功能来实现的。它是在 MIVEC 的低速工况模型下，控制低速摇臂的控制油压，使柱塞销缩进摇臂轴内，即可实现停缸控制。这样低速摇臂与高速摇臂同样处于空转状态，就使得该汽缸停止工作过程，实现了汽缸排量的可变控制。对于排量非可控发动机而言，在低负荷范围内，随着节气门开度的减小，进气管内的负压升高，泵气损失增大，所以经济性不好。因此，如果汽车行驶时所需动力由两个汽缸工作也能满足时，这种排量可控发动机在低负荷时将相当于四个汽缸工作时的进气量只向两个汽缸供给，而其余两个汽缸停止工作，这样工作的两个汽缸所需要的进气量增加，故必须增大节气门开度。其结果是进气管内的负压降低，泵气损失减小。同时，相当于两个汽缸停止工作的部分机械损失（气门停止工作）、冷却损失以及排气损失也相应地减小，所以其经济性得到明显改善。

2. VVT-i 方式

连续可变配气相位系统 VVT-i 是适应发动机的工况连续地改变进气凸轮轴相对曲轴的位置，由此改变配气相位使之达到最佳状态，以改善发动机的动力性、经济性和排放特性的控制方式。VVT-i 系统主要由 VVT-i 带轮、凸轮轴及其转角位置传感器、曲轴位置传感器、发动机控制单元 ECU 以及油压控制阀等组成（图 6－11）。ECU 根据发动机的运行条件计算对应该工况下的最佳配气相位，并向油压控制阀发出控制指令。油压控制阀 OCV（Oil Control Valve）根据 ECU 的指令控制向 VVT-i 带轮传送的油压。

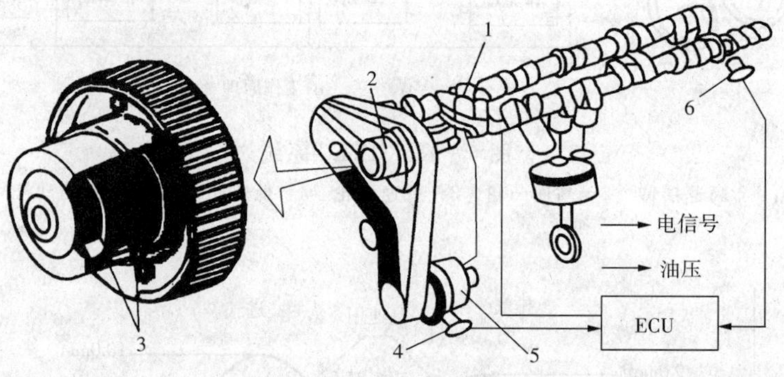

图 6－11　VVT-i 系统组成

1—油压控制阀　2—VVT－i 带轮　3—齿轮

4—曲轴位置传感器　5—机油泵　6—凸轮轴及其位置传感器

VVT-i 带轮的结构原理如图 6－12 所示。由内齿轮和柱塞齿轮构成的蜗轮蜗杆、外齿轮和带轮以及油道组成。柱塞齿轮在其内外表面形成反向的斜齿轮，其内部斜齿与固定在凸轮轴上的内齿轮（蜗杆）啮合，其外部反向的斜齿与固定在带轮上的外齿轮的内齿相啮合。柱塞齿轮的前后油压室内通过油压控制阀供给油压，控制柱塞的左右移动。随着柱塞的移动，可连续地改变凸轮轴相对带轮的相位，达到配气相位可变的目的。

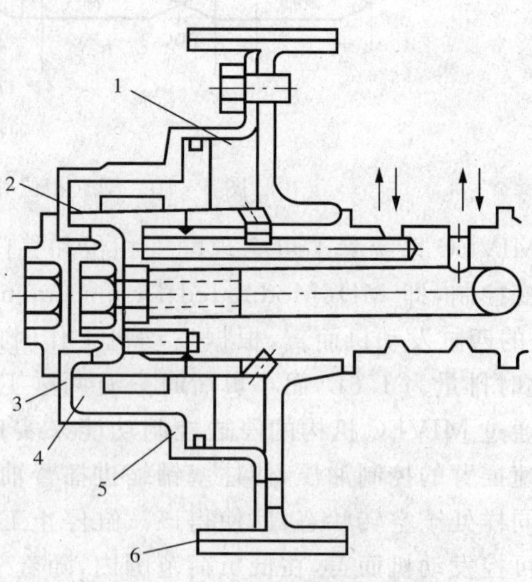

图 6－12　VVT-i 带轮的结构原理

1—迟后侧油压室　2—进角侧油压室

3—内齿轮　4—柱塞齿轮　5—外齿轮　6—带轮

一般在活塞进气上止点附近，由于排气门迟关角和进气门提前角的存在，有进、排气门同时开启的气门重叠时间。此时通过气门重叠角的控制可实现内部废气再循环(IEGR)。即在气门重叠时间进气管、燃烧室和排气管相通,此时进气管的负压可以使排气倒流,使部分废气重新流入燃烧室内。这种倒流的内部EGR量取决于进气管负压的大小和气门重叠角。因此通过VVT-i机构可连续地改变进气相位(图6－13),由此对应发动机的运行工况控制最佳的气门重叠角,以实现适合于该工况的EGR量,这样就可有效地改善发动机NO_x的排放特性。特别是在部分负荷工况下,如果适当扩大气门重叠角,则由于实现内部EGR而降低了燃烧温度,相应地减少了NO_x的排放量;同时由于在排气行程末期气门重叠期间,在汽缸内因激冷等原因所产生的未燃气体再次吸入燃烧室内重新燃烧,从而使得HC排放量也降低。这种效果在外部EGR中是看不到的。

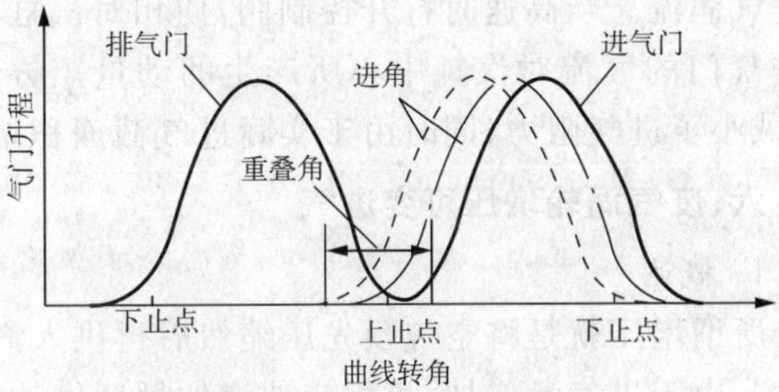

图6－13　气门重叠角的控制

当发动机实际怠速运转时将气门重叠角设定为0°CA,此时VVT-i带轮处于最迟角状态,由此提高怠速稳定性,并通过降低怠速设定转速改善怠速燃油消耗率;而在部分负荷下运行时,通过VVT-i的控制扩大气门重叠角,以降低NO_x和HC的排放量,同时降低部分负荷的燃油消耗率。在全负荷低速工况下,通过VVT-i的控制将进气门的关闭角设定在下止点附近;而在全负荷高转速运行时,为了有效利用惯性充气效果,适当增大进气迟关角,以提高高速动力性。

五、可变进气涡流的控制

进气涡流是指进入汽缸的混合气绕汽缸中心旋转的气流运动,其强度取决于发动机转速、进气道的结构形状以及气门的布置等。当进气涡流强度适当加强时,可以改善混合气的形成条件,所以能减轻燃烧变动,减小爆燃倾向。但是进气涡流强度过强时,进气阻力损失增加,充气效率降低,反而影响发动机的性能,故对应发动机的工况都存在着最佳的进气涡流强度。即低速时需要加强进气涡流强度以改善低速混合气形成条件,提高燃烧速度。但在高速时,为了减小进气流动阻力以提高高速充气效率,需要减弱进气涡流强度。所以常采用主副进气道结构方式,将副进气道设计成涡流式,并通过专门设置的控制阀选择工作进气道,由此调整进入汽缸的进气涡流强度。图6－14所示为四气门两个进气支管机构控制进气涡流强度的示意图。两个进气门分别布置在对应的两个进气道上,其中一个进气道上设置控制阀。当发动机低速时需要高强度的进气涡流,此时关闭控制阀,所以主要通过与汽缸

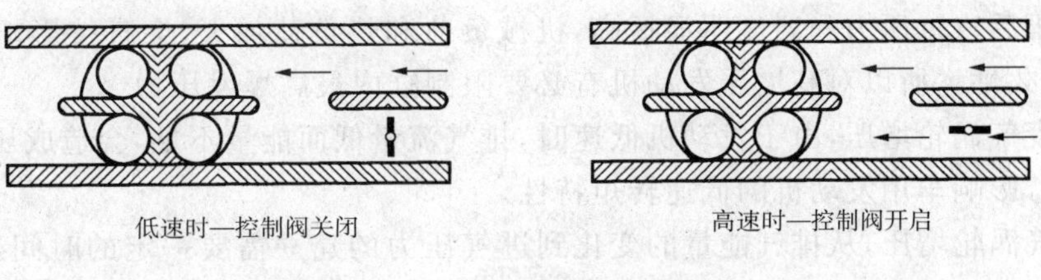

图6－14　进气涡流控制示意图

中心偏心布置的另一个进气门进气,因此进入汽缸的气流根据其惯性产生绕汽缸中心旋转的进气涡流。当高速时打开控制阀,使相对汽缸中心对称布置的两个进气门同时进气,流经各进气门的气流对汽缸中心所产生的动量矩方向相反,所以互相抵消,使进气涡流强度降低,减小了进气阻力;同时由于实际进气截面积增加,改善了高速充气效率。

六、废气涡轮增压可变进气

1. 概述

所谓增压就是将空气预先压缩然后再供入汽缸,以期提高空气密度、增加空气量的一项技术。由于进气量增加,可相应地增加循环供油量,从而可以增加发动机的功率,同时还可以改善燃油经济性和排放性能。

各种增压方法中,以废气涡轮增压技术最成熟。废气涡轮增压器由涡轮机和压气机构成(图 6-15)。它利用发动机排出的高温高压废气的能量驱使涡轮作高速运转,并带动与其同轴安装的压气机叶轮工作。新鲜空气在压气机内增压后由于温度升高,密度有所减小,因此将压缩的空气通过中冷器冷却,以提高密度后再进入汽缸,可显著提高进气效率,达到提高发动机输出功率之目的。一般增压后的车用发动机功率可以和比它排量大 40% 的发动机功率相媲美。

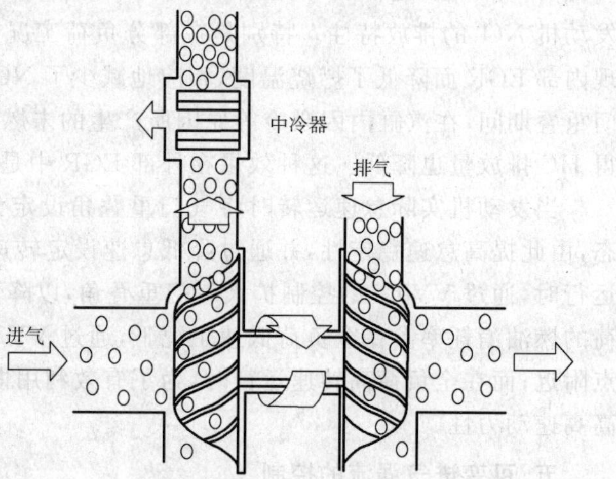

图 6-15 废气涡轮增压器工作原理

总之,发动机增压技术有以下几方面的优点:

(1)发动机增压后提高了进气密度,所以能有效提高发动机的升功率和比质量功率,从而降低单位功率的造价;提高了材料的利用率,同时改善了经济性。

(2)与自然吸气式发动机相比,由于排气能量进一步得到回收利用,因而不仅提高了热效率,而且降低了排气噪声。

(3)对柴油机增压后,缸内压力和温度水平都得到提高,使滞燃期缩短,所以有利于降低压力升高率和燃烧噪声。

(4)增压后进气密度大,常采用较大空燃比,所以可降低 HC、CO 和碳烟排放。

增压发动机存在的主要问题是:

(1)增压后汽缸压力和温度明显提高,机械负荷和热负荷加大,会直接影响发动机工作可靠性和耐久性。所以对高增压发动机有必要限制缸内最高爆发压力。

(2)对废气涡轮增压,由于发动机低速时,排气流量低而能量不足,会造成压气机低速增压效果降低,影响车用发动机的低速转矩特性。

(3)废气涡轮增压,从排气能量的变化到进气压力的建立需要一定的时间,所以加速响应特性不如自然吸气式。

2. 废气涡轮增压器种类

增压发动机在大负荷、高转速运转时，具有输出功率大、经济性好的特点，但车用发动机经常在低速大转矩的工况下运行，需要较高的转矩储备系数。而普通增压发动机的转矩特性较平坦，随增压度的提高，其转矩特性变差，不能满足车辆的要求。因此车用废气涡轮增压器主要有两类：旁通式涡轮增压器和可变几何喷嘴截面积的涡轮增压器。

(1)旁通式涡轮增压器

如图 6－16 所示，增压器按低速大转矩工况匹配。在高转速工况时，利用放气阀(旁通阀)在涡轮前放走一部分废气。涡轮前的放气阀由增压压力自动控制，当发动机转速超过一定大小时，增压压力便克服弹簧阻力使放气阀打开开始放气，从而保证不超过最佳压缩比，进而达到所要求的发动机功率。该方法由于放气阀的开启，部分废气排到大气中没有被利用，因此经济性不是最佳。

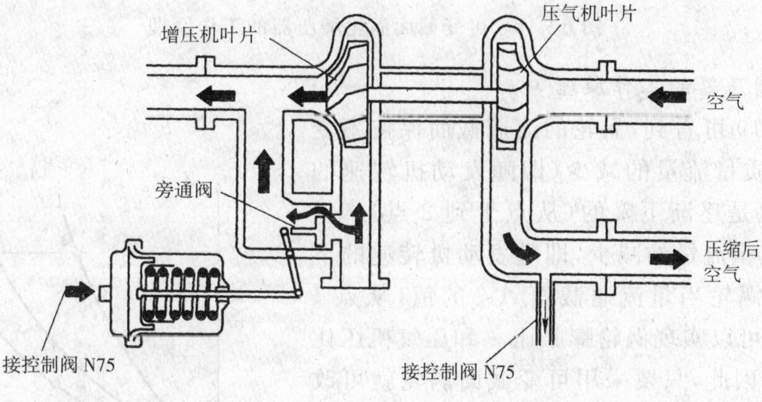

图 6－16　旁通式涡轮增压器原理

(2)可变几何喷嘴截面积的涡轮增压器

如图 6－17 所示为可变几何喷嘴截面积的涡轮增压器 VGT(Variable Geometry Turbo-charger)或 VNT(Variable Nozzle Turbo-charger)的结构图。控制连杆通过控制连杆定位销带动调整环转动，通过导向销、轴带动叶片旋转，当叶片位置变动时，涡轮的流通截面相应改变。低速时减小面径比以提高低速增压比，改善低速转矩特性；高速时扩大喷嘴截面积，增加面径比，由此降低排气阻力，保证发动机的高速性能。图 6－18 为其工作原理图。

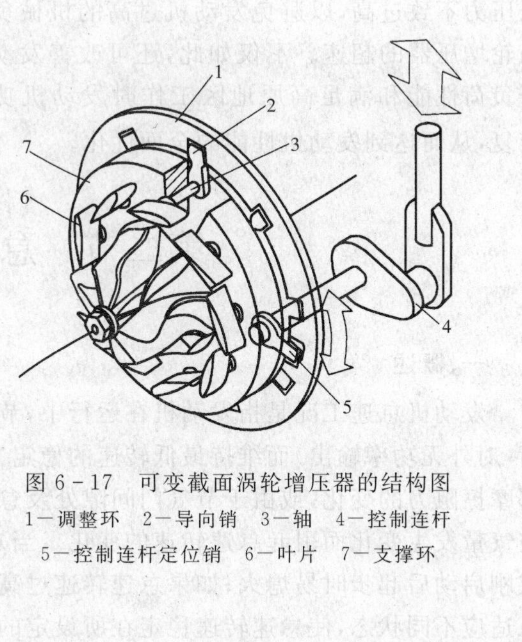

图 6－17　可变截面涡轮增压器的结构图

1—调整环　2—导向销　3—轴　4—控制连杆

5—控制连杆定位销　6—叶片　7—支撑环

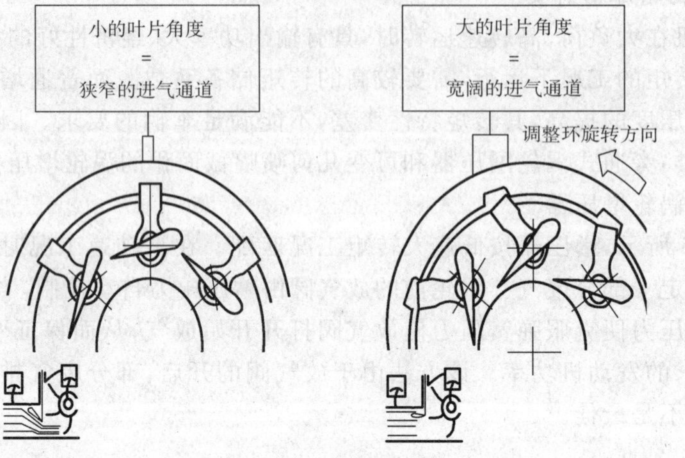

图 6-18　可变截面涡轮增压器的工作原理

3. 涡轮增压器的工作原理

从图 6-19 可看到，涡轮的流通截面保持不变时，随着相对质量流量的减少(即随发动机转速的下降)，膨胀比是逐渐下降的(从点 1 到 2 点)。但如果随相对质量流量的减少，即随发动机转速的下降，不断减小涡轮当量流通截面 A_{Teq} 的值(从点 1 到点 3、4)，则可以实现涡轮膨胀比 π_t 和压气机压比 π_c 保持不变。因此，只要采用可变截面涡轮就可改善增压器与发动机的匹配。这样既保证了在低速时有较高的转矩，又保证了发动机在标定点附近增压压力不致过高，以避免发动机过高的机械负荷和涡轮增压器的超速。不仅如此，还可改善发动机部分负荷性能和满足高原地区工作时发动机功率的恢复，从而达到发动机性能的全面优化。

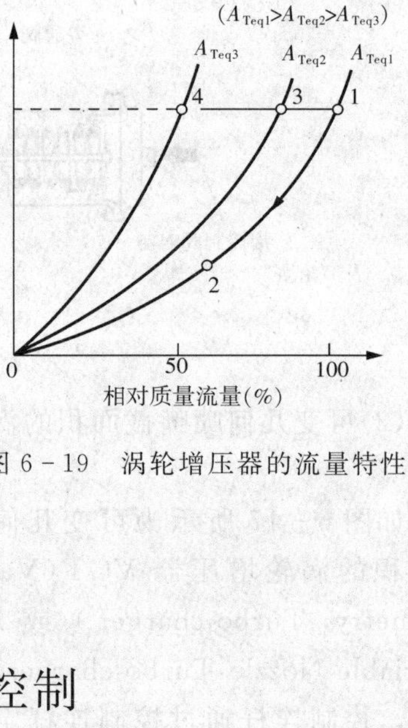

图 6-19　涡轮增压器的流量特性

第二节　怠速转速控制

一、概述

发动机怠速工况是指发动机在运行中，节气门开度到最小，汽车处于空挡，发动机无负荷(对外无功率输出)而维持最低转速的稳定工况。发动机在怠速工况下运行时，由于其内部摩擦阻力的变化，或由于节气门间隙处及怠速空气系内部附着的沉积物的影响，会使怠速空气量发生变化而引起怠速转速的变化。当怠速转速降低时，怠速不稳，造成不适的感觉，或刚启动后起步时易熄火；如果怠速转速过高，会造成油耗增加。所以，需要控制怠速转速，以适应不同状态，使怠速转速稳定在所设定的目标转速下。目标怠速转速是根据发动机冷却液温度、空调负荷以及变速器负荷等状态来确定的。因此，所谓怠速转速控制(Idle Speed Control)，就是根据不同的怠速状态将发动机怠速转速始终控制在最佳值，以提高经济性；或随怠速运行时间的变化修正怠速转速与目标值的偏差量以实现快怠速；或当使用空调等怠速外带负载时适当提高怠速转速等的控制过程。

发动机怠速工况下主要考虑两个控制指标：稳定的最低转速和良好的排放特性。要达到这样的要求，必须采用精确的电控技术。

怠速控制的内容一般有：启动控制，暖车(快怠速)控制，反馈控制，发动机转速变化的预控制，电器负荷增多时的怠速控制，以及学习控制等。

二、怠速转速控制过程

怠速控制的实质是控制发动机怠速时的进气量(充气量)。怠速时的喷油量则由 ECU 根据预先试验设定的怠速空燃比和实际充气量计算确定。

怠速转速的控制过程如图 6-20 所示。ECU 首先根据节气门开度信号(全关)和车速信号，判断发动机是否处于怠速状态。当判定为怠速工况时，再根据发动机冷却液温度传感器信号、空调开关信号、动力转向开关信号等，从存储器存储的怠速转速数据中查询相应的目标转速，然后将目标转速与曲轴位置传感器检测的发动机实际转速进行比较，再根据二者之差确定要达到目标怠速转速所需要的控制量，由此控制怠速空气量，进行怠速转速的反馈控制。这种怠速转速的反馈控制仅仅是在节气门全关的怠速状态下进行，所以一旦控制节气门开度，ECU 就停止怠速转速的反馈控制。

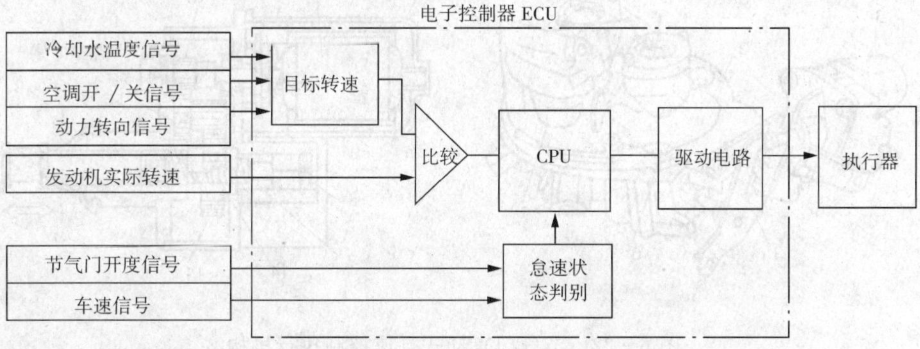

图 6-20　怠速转速的控制过程

在发动机怠速状态下，当空调开关、动力转向开关等接通或空挡启动开关断开时，发动机负荷就会增大，转速就会降低。如果转速降低过多，发动机就可能熄火，会给车辆使用带来不便。因此，ECU 控制怠速空气量，使进气量增大，从而使怠速转速提高，防止发动机运转不稳或熄火。

当空调开关或动力转向开关断开时，发动机负荷又会减小，转速就会升高，不仅油耗会增大，而且会给汽车驾驶带来一定困难(起步前冲，容易导致汽车追尾)。因此，ECU 减小进气量，从而使怠速转速降低，以免怠速转速过高。

另外，当电器负荷增大(如夜间行车接通前照灯、按喇叭等)时，电气系统的供电电压就会降低，如果电源电压过低，就会影响电控系统正常工作和用电设备正常用电。因此在电源电压降低时，需要提高怠速转速，以便提高电源电压。

三、怠速控制装置分类

目前使用的怠速装置按怠速空气量的控制方式不同，可分为节气门直接控制式和节气门旁通空气道控制式两种(图 6-21)。前者是直接操纵节气门来调节进气量，简称节气门直动式；后者是通过控制节气门旁通空气道的开度来调节进气量，简称旁通空气式。

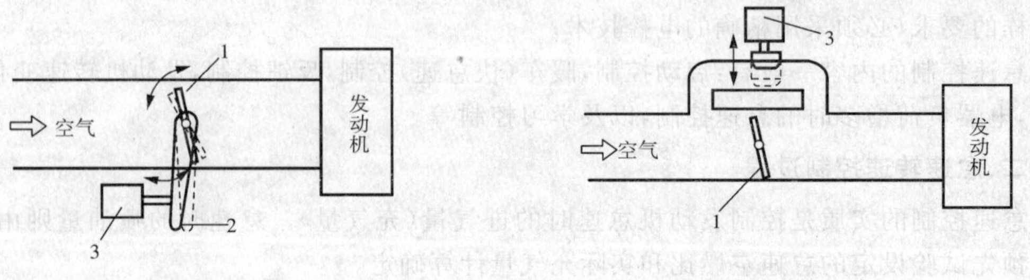

a)节气门直动式　　b)旁通空气式

图 6-21　怠速控制的空气控制方式

1—节气门　2—节气门操纵臂　3—执行元件

1. 节气门直接控制式

节气门直动式则是通过直接控制节气门开启程度，调节发动机充气量，实现怠速控制。节气门直动式怠速控制执行机构的结构，如图 6-22 所示。

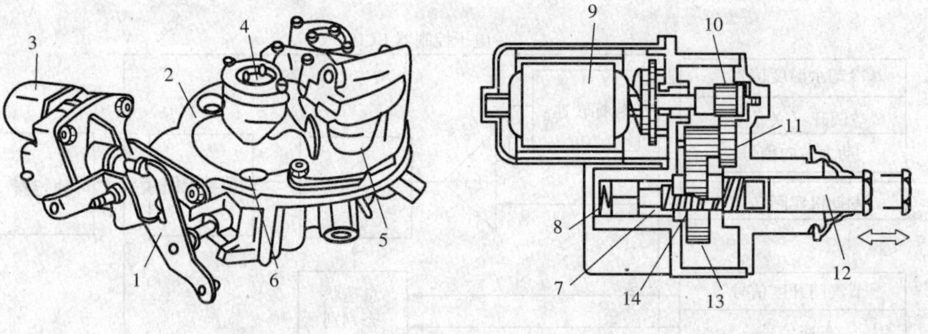

图 6-22　节气门直动式怠速控制执行机构

1—节气门操纵臂　2—节气门体　3—怠速执行机构　4—喷油器　5—压力调节器　6—节气门
7—防转动六角孔　8—弹簧　9—直流电动机　10、11、13—减速齿轮　12—传动轴　14—丝杠

怠速执行机构主要由直流电动机、减速齿轮、丝杠等部件组成。怠速执行机构的传动轴与节气门操纵臂的全闭限制器相接触。当 ECU 控制直流电机的通电即电磁通电时，电磁力矩通过减速齿轮被增大。再通过丝杠机构将角位移转换为传动轴的直线运动。通过传动轴的旋入或旋出，调节节气门全闭限制位置，达到调节节气门处空气流通截面，进而实现怠速转速控制的目的。

这种节气门直动式怠速控制机构具有较强的工作能力，控制位置稳定性好，而且由于不设置旁通空气道，所以减少了零部件的数量，减少了漏气量。但由于节气门直动式工作时，为了克服节气门关闭方向回位弹簧的作用力，使用了减速机构，使变位速度下降，造成动态响应性不佳，同时怠速执行机构的外形尺寸也较大。

2. 节气门旁通空气道控制式

旁通空气控制机构是通过改变旁通道的流通面积来控制怠速进气量，以达到怠速控制的目的。通常在节气门旁的旁通空气道中，设立一个阀门，称为怠速控制阀（ldle Speed Control Valve，ISCV）。阀门开大，旁通空气道流通截面增大，空气流量增大，则怠速转速提高；反之，则怠速转速降低。

在现代集中控制的电控汽油喷射发动机上多采用控制旁通空气通路的怠速控制系统。其完全由 ECU 根据发动机怠速运行状态信息控制怠速控制阀，以调节怠速进气量，实现对怠速工况的全面反馈控制。常用的电控式怠速控制阀根据其执行器的工作原理主要分为步进电机式、电磁阀式两种类型。

（1）步进电机式怠速控制阀

步进电机型怠速控制阀由步进电机和控制阀两大部分组成，其结构如图 6-23 所示。

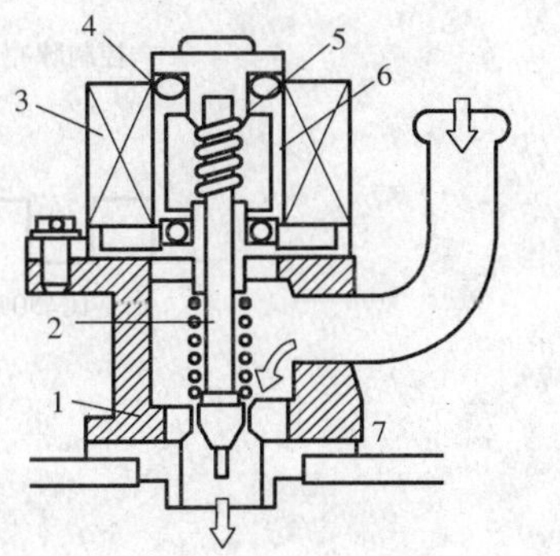

图 6-23　步进电机怠速控制阀

1—阀座　2—阀轴　3—定子线圈　4—轴承　5—进给丝杠　6—转子　7—阀芯

步进电机与怠速控制阀做成一体，装在进气总管内，上部为步进电机，它可以顺时针或逆时针旋转；控制阀阀轴另一端的丝杠旋入步进电机的转子，丝杠将步进电机的旋转运动转换成阀轴的直线运动，随着步进电机的正转或反转，阀轴上、下运动，改变阀与阀座之间的间隙大小。从空气滤清器后引入的空气经怠速控制阀到达进气总管，ECU 控制步进电机转动，可增减流过该旁通气道的空气量。

步进电机型怠速控制阀的气量调整范围大，无需附加空气阀即可完成启动控制、暖机控制等全部功能。所以这是目前在汽车上应用最为广泛的一种怠速控制机构。但由于它是按照进给步数顺序控制的，阀的位置改变需要一定时间，因此响应速度有限。

（2）电磁式怠速控制阀

电磁式怠速控制阀是通过线圈中的电流控制磁场来控制阀门的开度。由于磁场的利用方式不同，电磁式控制阀分为旋转滑阀式和线性位移式两种。

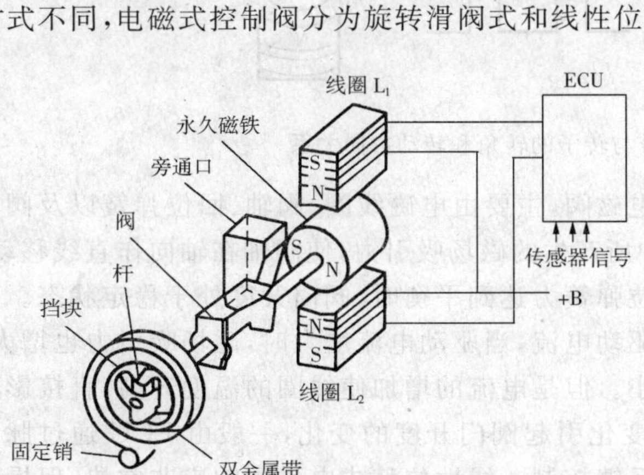

图 6-24　旋转电磁阀型怠速控制阀的工作原理

旋转电磁阀型怠速控制阀是通过控制阀片的旋转，改变控制阀处空气流通截面的大小来调整旁通进气量的，通常有两种形式：一种怠速控制阀的定子为永久磁铁，转子上绕有电磁线圈，具体结构原理参看第二章。

另一种怠速控制阀的转子为永久磁铁，电磁线圈绕在定子上。旋转电磁阀装在节气门体上，通过永久磁铁及周围的磁化线圈控制机构来控制阀门的旋转角度，从而改变怠速空气通道的截面积。其工作原理如图 6-24 所示。通过对旋转电磁阀中两个对称布置的定子线圈 L_1 和 L_2 通入幅值相同但相位相反的占空比信号时，两线圈产生的磁场对转子（永久磁铁）的作用力使转子的转动方向是相反的。它们相互作用的力矩使转子旋转，从而带动阀片旋转。当合力矩等于零时，电枢停止转动，阀片的位置也固定下来。阀片的转角通常限制在 90°之内。

当控制信号占空比为 50%时，一个信号周期中两线圈 L_1、L_2 的通电时间各占一半，平均电流相同，产生的磁场强度也相同，对转子的作用力相互抵消，故转子保持在原来的位置，如图 6-25a 所示。当控制信号占空比大于 50%时，L_2 的通电时间大于 L_1 的，两线圈产生的磁场合力使转子逆时针转动，如图 6-25b 所示。当控制信号占空比小于 50%时，L_1 的通电时间大于 L_2 的，两线圈产生的磁场合力使转子顺时针转动，如图 6-25c 所示。因此，ECU 通过输出不同占空比的控制信号就可以控制电磁阀转子的转角和转动方向。

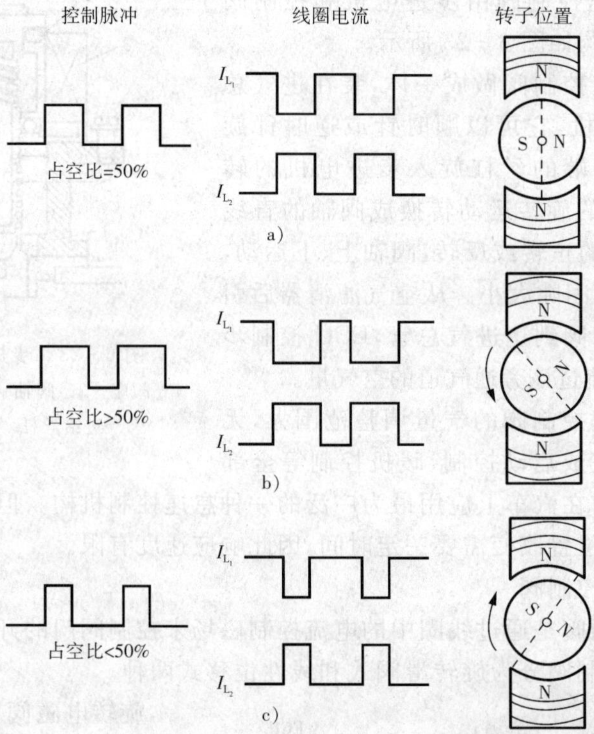

图 6-25　控制信号与转子的转角和转动方向关系

线性位移式电磁阀是一种线性比例电磁阀，主要由电磁线圈、阀轴、回位弹簧以及阀等构成（图 6-26）。它是利用在电磁线圈中所产生的磁场吸引力，使阀轴在轴向作直线移动，从而控制阀的开度。当磁场吸引力和回位弹簧力达到平衡时，阀门开度处于稳定状态。磁场吸引力的大小取决于流经电磁线圈的驱动电流，当驱动电流增大时，磁场吸引力也增大，阀门开度随之变大；反之，阀门开度就变小。但是电流的增加使线圈的温度升高，直接影响阀门的开度。为了防止由于线圈温度的变化引起阀门开度的变化，一般由 ECU 通过脉冲信号占空比对电磁线圈的驱动电流进行反馈控制。线性位移式电磁阀响应非常快，但操纵力相对比较弱。为了使控制阀的位置不受其上下游压差的影响，采用波纹管以消除作用在阀门上的压差。

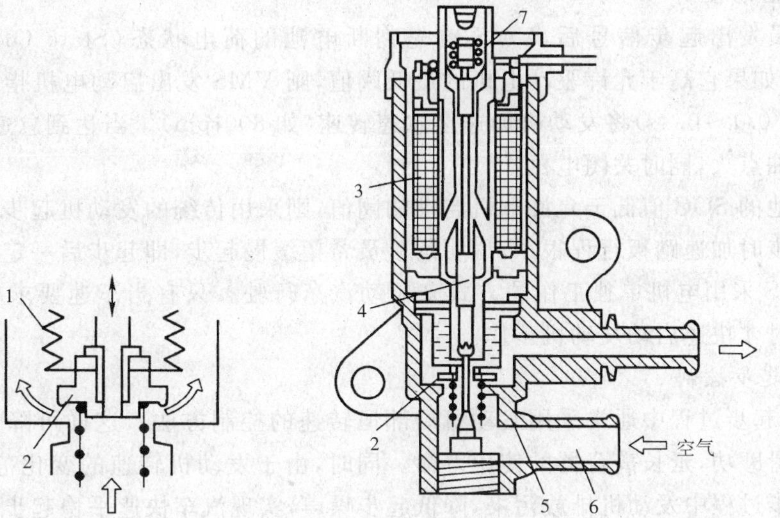

图 6-26　线性位移式电磁阀

1—波纹筒(消除负压)　2—阀　3—线圈　4—推杆　5—阀体　6—进气口　7—弹簧

四、怠速停止和启动系统

怠速停止和启动系统(Idling Stop and Start System,简称 ISS),可以在汽车遇到红灯或堵车时自动关闭发动机,而当驾驶员松开制动踏板或脚踩加速踏板时,发动机会自行启动。该系统可以大大减少发动机的怠速空转,具有明显的节能减排功效。怠速停止和启动系统的启停功能是由发动机管理系统来完成,通常被集成在发动机控制器的软件中。

轻型混合动力汽车的重要工作模式之一是发动机自动启停。目前制造成本最低、最容易实现批量生产的是采用一体化启动/发电机(Integrated Starter Generator,简称 ISG)技术的轻型混合动力汽车。它只需要对内燃机进行改造,比较容易在现有传统内燃机汽车,尤其是在轿车上实现。

目前一体化启动/发电机和内燃机的布置方式大致可分为同轴和非同轴两种类型。典型的同轴式布置方案是将 ISG 的转子与内燃机曲轴的输出端直接固结,并取代了内燃机的飞轮及原有的启动机和发电机。典型的非同轴式布置方案是在发动机前端,用皮带传动机构将 ISG 电机和发动机联结起来,也称 B-ISG(Belt-driven Integrated Starter Generator)。

如果汽车较长时间处于怠速状态,整车管理系统(VMS)自动使内燃机停止运行,同时 ISG 也处于停止状态。当需要起步时,ISG 可在短时间内将内燃机加速至怠速转速,然后才使内燃机启动。由于怠速停止和启动系统利用 ISG 快速启动的特点避开了内燃机低速启动和长时间怠速,因此提高了整车的燃油经济性和排放性能。

怠速停止和启动控制通常包括发动机怠速停机、自动启动及平稳起步三个部分。

1. 怠速停机控制

当加速踏板行程为零、车速为零且发动机转速较长时间处于怠速工况时,整车管理系统(VMS)就及时切断供油,停止发动机工作。

通常在怠速停机时还需要控制离合器的工作状态,并将变速器速比调至最大位置,为重新起步做好准备。

2. 自动启动控制

在驾驶员发出起步信号后，VMS 首先判断电池的荷电状态（State Of Charge，简称 SOC）的值。如果它高于允许驱动电机的最低阈值，则 VMS 发出启动电机指令。电机可在短时间内（如 0.1～0.4s）将发动机加速至怠速转速（如 800rpm）。当达到怠速转速后，发动机才开始喷油点火，同时关闭电机。

如果电池的 SOC 值低于允许电机启动的阈值，则采用传统的发动机起步方式。

如果起步时加速踏板行程很小，说明驾驶员希望缓慢起步，即起步后一定路程内的车速不高，则 VMS 采用电机单独工作的方式来驱动汽车行驶。只有当车速要求较高时或驾驶员要求加速时才快速启动发动机工作。

3. 平稳起步控制

VMS 在起步过程中通常采用发动机局部恒转速的控制方法。这样可降低离合器接合过程产生的滑磨功，延长离合器的使用寿命。同时，由于发动机转速的变化范围较小，还可达到减少起步过程中发动机排放污染，降低起步噪声，实现汽车快速平稳起步的目的。

第三节　排放净化系统

一、概述

随着汽车保有量的增加，汽车排出的尾气已成为大气污染的主要污染源之一。汽车排放的主要有害气体通常有 CO、HC、NO_x 和微粒等。

1. 排气污染物的形成机理

CO 形成的原因主要是汽油、柴油（可用 C_nH_m 表示）在空气量不足情况下的不完全燃烧。因此 CO 的排量基本上受空燃比支配。当空燃比小于 14.7 时，随着空燃比的减小，CO 浓度呈线性增加；当空燃比大于 14.7 时，理论上不会有 CO。但因为混合气混合及分配不均，以及燃烧后高温等会造成有少量的 CO 产生。

NO_x 主要成分是 NO（含量为 99%）和 NO_2（含量为 1%）。

汽车排出的 NO 主要由热 NO 和燃料 NO 两部分组成。热 NO 主要由空气中的 N 与 O 在汽缸内的燃烧高温作用下生成。燃料 NO 则由燃料中含 N 的成分生成。由于燃料中的含 N 成分小于 0.02%，因此汽车产生的 NO 主要是热 NO，其生成的三要素是高温、富氧、氧与氮在高温中的停留时间长。当空燃比小于 14.7 时，随着空燃比的减小，含氧量降低，从而 NO 含量减少（氧浓度起主要作用）；当空燃比大于 14.7 时，随着空燃比的增大，NO 含量增加。当空燃比达到大于理论空燃比 10% 处时，燃烧速度和温度最高，NO 生成量最大；随着空燃比的增大，燃烧温度下降，从而 NO 含量减少。

NO_2 不是在汽缸内产生的，而是在废气排入大气、温度下降后由 NO 生成的。因此，NO_2 的数量取决于燃料产物和外界空气之间的扩散条件。

HC 主要是未燃的或分解的燃料产物。一切妨碍燃料燃烧的因素都是 HC 形成的原因。当空燃比小于 14.7 时，随着空燃比的减小，会缺氧和雾化不良，从而导致 HC 增加；当空燃比大于 14.7 时，随着空燃比的增大，混入废气量增多，氧化反应慢，导致 HC 增加。

柴油机的 CO 和 HC 排放量相对汽油机低得多，所以柴油机的有害排放物主要是 NO_x 和微粒（碳烟）。碳烟可分为可溶性有机成分（SOF）和不可溶成分两种，主要由燃烧时生成的含碳粒子（碳烟）及其表面上吸附的多种有机物组成。在高温环境下由于热分解而形成的低级碳氢化合物中，没有与空气再接触的部分最终变成微粒。

燃烧火焰温度和局部混合气含量是影响碳烟的主要因素。研究结果表明碳烟一般在空燃比为 5.25～5.65 的比较狭窄范围内形成。另外，对预混合火焰，在 2100～2400K 的温度范围碳烟生成量最大。对于柴油机，由于其边喷边燃烧的混合气形成和燃烧方式的特点，缸内混合气极不均匀。尽管总体上是富氧燃烧，但是其局部地方高温缺氧是导致柴油机产生碳烟的主要原因。

2. 排气污染物的排放途径

汽车有害气体排入大气的途径有三条：排气管排出的废气、曲轴箱排出和汽油蒸发。其中 65%～85%的有害气体来自废气，20%左右由曲轴箱排出，其余的则由于油箱、化油器等汽油蒸发造成。

汽车的有害排放物主要来自于排气管排出的废气。汽车废气中所含的各种有害气体的比例，随着汽车运转情况的不同而不同。如在怠速运转时，CO 的排放量最大，NO_x 的最小；在行驶时，NO_x 排放量最大，HC 最小；在加速时，各种有害气体的排放量都增加，NO_x 的增加特别显著；在减速时，NO_x 排放量最小，而 HC 却显著增加。

曲轴箱排出，是指发动机在从压缩行程到作功行程时，从活塞、汽缸的间隙中排出的气体。这些气体是汽缸内燃烧气体的一部分。这些气体进入曲轴箱会造成使机油产生热分解、使金属零件加速磨损、加速金属氧化等不良影响，是造成各种故障的原因。所以，必须有新鲜空气不断在曲轴箱内循环。如果这些气体进入大气，则将成为污染源之一。

随着外界温度的降低，油箱内部的汽油蒸气凝结，因此产生部分真空，从油箱吸入空气，而随着外界温度的上升，空气与油箱内蒸发的汽油蒸气一起排出。此外，还有从油泵接头处渗出的汽油蒸气，也排入大气。

3. 排气净化的途径

根据有害气体产生的机理和排放的途径，解决排气净化有如下途径：

(1)研制低污染动力源的汽车。

(2)促进燃料的完全燃烧。

(3)对发动机进行排气净化处理。

(4)防止汽油蒸气的泄漏，如曲轴箱通风、蒸发损失控制等。

二、机内净化

机内净化措施主要是针对发动机常用工况、降低排气管内有害气体排放的技术。主要技术措施包括燃烧系统的改善、通过电控技术精确控制空燃比和废气再循环技术等。

1. 废气再循环系统的工作原理

废气再循环系统 EGR（Exhaust Gas Recirculation）是在发动机工作过程中通过 EGR 阀门，将部分废气返回进气管送入燃烧室进行再循环利用的机构。由于废气的主要成分是惰性气体，一方面使混合气热容量增大，造成相同量的混合气升高到同样温度所需的热容量增大，从而降低最高燃烧温度；另一方面，废气对新鲜充量的稀释也相应降低了氧的浓度，从

而有效的抑制了 NO_x 的生成。

但是，由于 EGR 直接影响燃烧过程，过量的 EGR 量将会影响发动机的着火特性，降低发动机的性能，因此需要选择 NO_x 排放量多的发动机工况，实施有效的 EGR，同时精确控制 EGR 量。即 EGR 的控制目的就是适应发动机的不同工况，控制最佳的 EGR 率，以有效控制 NO_x 的排放量。

通常用 EGR 率作为 EGR 量的控制指标。EGR 率的定义方式有几种，其中常用的近似定义式为

$$\text{EGR 率}=\frac{\text{EGR 流量}}{\text{吸入空气流量}+\text{EGR 流量}}\times 100\% \tag{6-1}$$

2. 废气再循环系统的种类

(1)根据废气进入汽缸时是否通过发动机的进气系统，EGR 系统可分为内部 EGR 系统和外部 EGR 系统

内部 EGR 系统通过改变配气正时实现。该系统不需要外加其他设备，结构简单，应用方便，而且可以避免再循环废气对管道的腐蚀，有利于提高系统耐久性。由于是在进气行程内，直接开启排气阀使废气回流，因此难以精确控制 EGR 率。同时废气未经冷却直接回流，引起混合气温度升高，这一点又有利于 NO_x 的生成。因此内部 EGR 对 NO_x 的抑制效果并不显著。但是随着控制技术的不断提高，内部 EGR 因其简单、便利，日益受到青睐。

外部 EGR 利用专门的管道将废气引入进气歧管，使废气与新鲜充量在进入汽缸前充分混合。由于外部 EGR 不但可以通过电控系统精确控制 EGR 率，优化发动机性能，而且可以在外部系统中通过加装 EGR 冷却器，有效降低燃烧温度，因此是目前较为常用的方式。

(2)根据 EGR 阀的控制方式，EGR 系统可分为机械式 EGR 系统和电控式 EGR 系统

机械式 EGR 控制系统是通过进气压力和排气压力调节 EGR 阀的开度，由此控制 EGR 率。机械式 EGR 系统所能控制的 EGR 率较小，约为 5%～15%，而且其控制自由度受限制，只限应用于化油器式汽油机。

电控式 EGR 控制系统是通过电磁阀任意控制 EGR 率，不仅结构简单，而且可精确地实施较大的 EGR 率(15%～20%)。因此现代汽车上，通常都采用电控式 EGR 控制系统。

3. 电控式 EGR 控制系统

电控式 EGR 控制系统主要由 EGR 阀及其控制系统组成。EGR 阀的结构如图 6－27 所示。

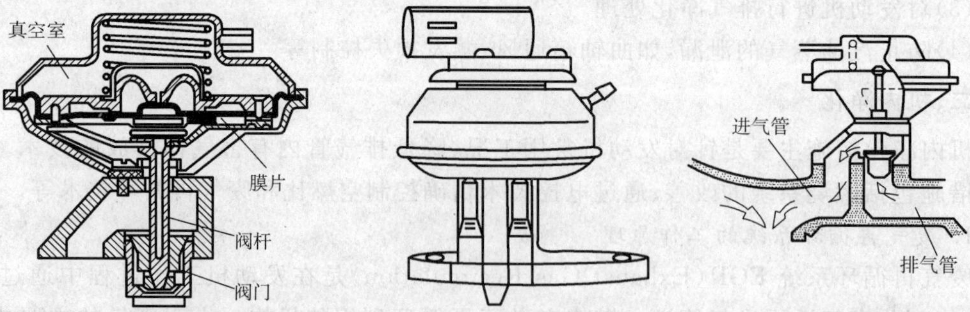

a)EGR 阀的结构　　b)EGR 阀的外形　　c)EGR 阀开启

图 6－27　EGR 阀

膜片将阀分为上、下两腔，上腔为真空室，通过废气再循环电磁阀 VCM（Vacuum Control Modulator）与进气管相连，下腔与大气相通。阀杆末端与膜片相连，真空室真空度的变化会引起膜片的变形，而膜片的变形则带动阀杆和阀门上下移动，使阀门打开和关闭。因此，EGR 阀的开启和关闭是由上方真空气室的真空度控制，而真空气室的真空度则又受 ECU 控制的 VCM 阀控制。

根据 EGR 的控制方式不同，电控式 EGR 控制系统分为 EGR 开环控制系统和 EGR 闭环控制系统。EGR 开环控制系统中，EGR 率只受 ECU 中预先设计的 EGR 控制程序的控制，即根据发动机运行工况按程序中预先设定的 EGR 率脉谱进行控制，而不检测发动机实际工况下的 EGR 率，所以无 EGR 率的反馈信号；而在 EGR 闭环控制系统中，ECU 直接检测 EGR 率或 EGR 阀的开度，并以此作为反馈信号，将 EGR 率的实际值与目标值进行比较，从而实现 EGR 率的反馈控制。

EGR 开环控制系统根据发动机台架试验确定的 EGR 率与发动机转速、进气量的对应关系，将有关数据存入发动机 ECU 内的 ROM 中。发动机工作时，ECU 根据各种传感器送来的信号，确定发动机在哪一种工况下工作，经过查表和计算修正，输出适当的指令，控制电磁阀的开度，以调节排气再循环的 EGR 率。按 EGR 阀的控制特点，EGR 开环控制系统有开关式电控 EGR 控制系统、可变 EGR 率电控 EGR 控制系统和背压修正式电控 EGR 控制系统三种。

图 6-28 所示为可变 EGR 率的 EGR 控制系统。它主要通过 VCM 阀控制作用在 EGR 阀上的真空度，来调节 EGR 阀的开度。其中 VCM 阀是一个真空调节阀，内有两个电磁阀：一个是排气再循环控制电磁阀；另一个是怠速调节电磁阀。当发动机工作时，微处理机根据曲轴位置传感器、节气门位置传感器、水温传感器、点火开关、电源电压等，给排气再循环控制电磁阀提供不同占空比的脉冲电压，使其具有不同打开、关闭频率，以调节进入 VCM 阀负压室的空气量，得到控制 EGR 阀不同开度时所需的各种真空度，从而获得为适应发动机工况所需不同的 EGR 率。

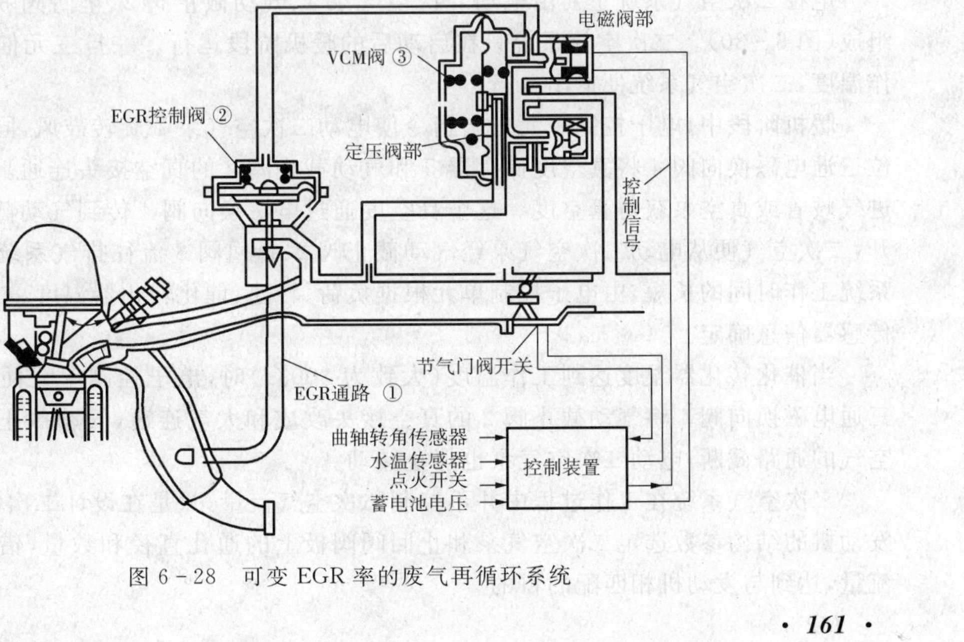

图 6-28 可变 EGR 率的废气再循环系统

脉冲电压信号的占空比越大,电磁阀打开时间越长,进入 VCM 阀负压室的空气量越多,真空度越小,排气再循环控制阀开度越小,EGR 率越小。当小至某一值时排气再循环阀关闭,排气再循环系统停止工作;反之,脉冲电压信号的占空比越小,EGR 率越大。

三、机外净化

机外净化方法是在排气管中安装附加装置,用化学或物理方法对排气中的有害成分加以净化处理的技术。常用的机外净化方法包括空气喷射法(二次空气法)、热反应器法和催化剂法等。

1. 二次空气喷射法

二次空气喷射法是将新鲜空气(二次空气)喷射到排气门的背后,利用排气高温使废气中的 HC、CO 在这里与空气接触进一步燃烧。其中,HC 与空气中的氧反应生成水,并成蒸气状,而 CO 和氧反应生成无毒的二氧化碳,从而减少了 HC 和 CO 的排放量。

为了区别于发动机的正常进气,这种把新鲜空气喷入排气管装置的过程称为二次空气喷射。如图 6-29 所示为位于排气门后方不同位置的二次空气喷嘴。

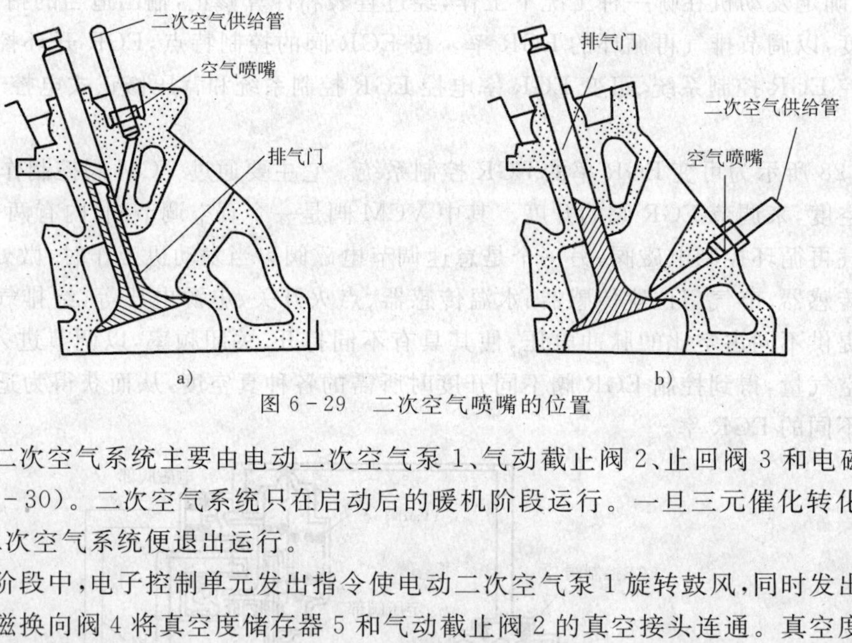

图 6-29　二次空气喷嘴的位置

电控二次空气系统主要由电动二次空气泵 1、气动截止阀 2、止回阀 3 和电磁换向阀 4 组成(图 6-30)。二次空气系统只在启动后的暖机阶段运行。一旦三元催化转化器达到工作温度,二次空气系统便退出运行。

暖机阶段中,电子控制单元发出指令使电动二次空气泵 1 旋转鼓风,同时发出指令使二位三通电磁换向阀 4 将真空度储存器 5 和气动截止阀 2 的真空接头连通。真空度储存器从进气歧管或真空泵获得真空度。这个真空度通过电磁换向阀 4 传到气动截止阀 2 并将它打开,二次空气便从电动二次空气泵经气动截止阀 2、止回阀 3 流往排气系统。电控二次空气系统工作时间的长短,由电子控制单元根据负荷、转速、催化转化器温度、二次空气压力和氧传感器信息确定。

当催化转化器温度达到工作温度(大致为 300℃)时,电子控制单元便发出指令使二位三通电磁换向阀 4 将气动截止阀 2 的真空接头改成和大气连通,气动截止阀 2 立即将二次空气的通路截断,电动二次空气泵也停止转动。

二次空气系统在工作过程中并不控制二次空气流量,只是在设计二次空气系统时,根据发动机的结构参数选定二次空气泵和止回阀阀板上的通孔直径和数量,借此调整二次空气流量,达到与发动机相匹配的目的。

二次空气输入排气系统时，混合气要适当加浓，以便使废气中有较多的HC和CO与二次空气进行燃烧，使三元催化转化器迅速加热；二次空气输入排气系统时，点火要适当推迟，以便提高排气温度，确保废气中的HC和CO能与二次空气进行燃烧。

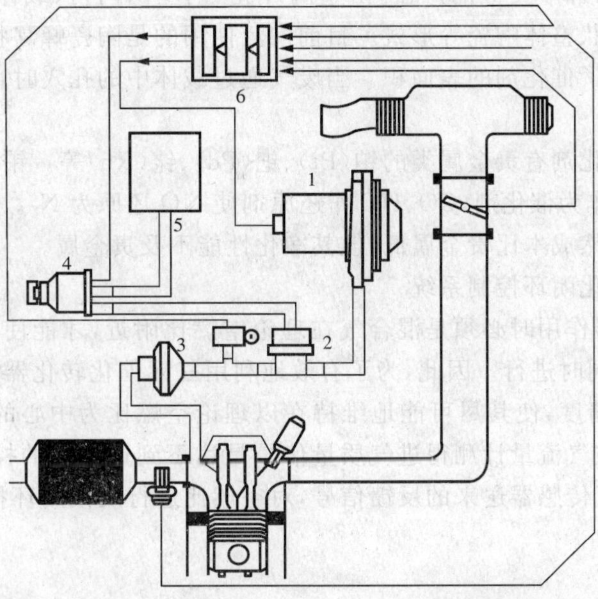

图6-30　电控二次空气喷射系统

1—电动二次空气泵　2—气动截止阀　3—止回阀

4—电磁换向阀　5—真空度储存器　6—电子控制单元

2. 热反应器法

热反应器法常与二次空气喷射并用，如图6-31所示。这种反应器安装在排气道出口处，它将排气中的未燃气体和喷射的空气混合起来，并保持在高温下给予一定的反应时间，从而使废气中的CO、HC进一步燃烧，以降低其排放量。

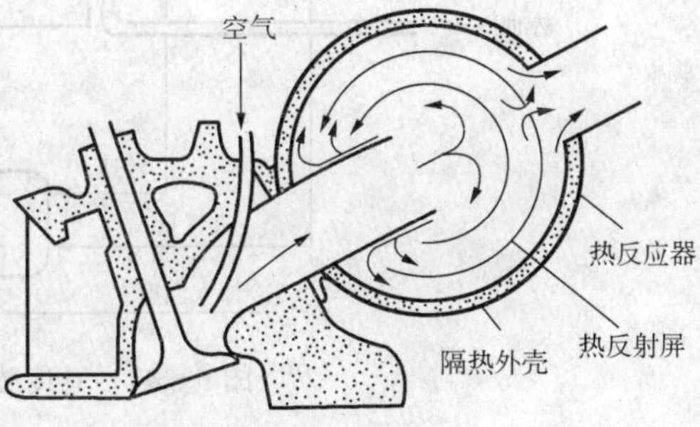

图6-31　热反应器

3. 催化剂法

催化剂法是利用催化剂促使排气中的CO、HC、NO_x起氧化或还原反应，从而降低其含量的技术方法。相应的装置称为催化转化器，放在像消声器的容器内，靠近排气歧管安装，如图6-32所示。其主要分类有：氧化催化转化器、还原催化转化器和三元催化转化器。目前，在汽车上应用的主要是三元催化转化器。

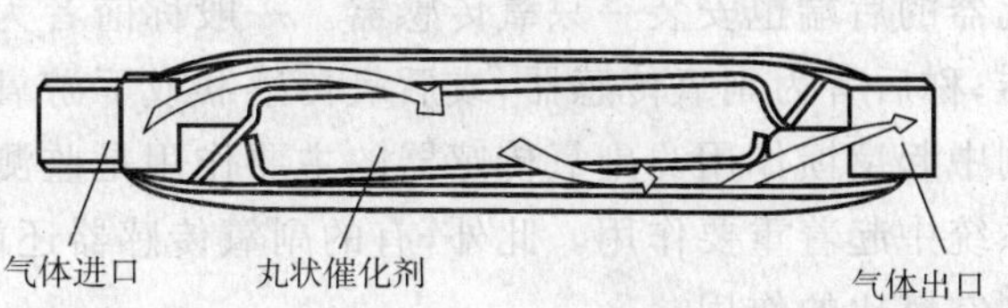

图6-32　催化转化器

(1)三元催化转化器的工作原理

三元催化转化器是利用催化剂将排气中的三种有害成分 CO、HC、NO_x 进行化学反应，转化为无害的 CO_2、H_2O 和 N_2 的一种反应器。

三元催化反应器外形类似消声器，由金属外壳、钢丝网内衬、载体和催化剂涂层组成。载体有颗粒状、蜂窝状整体陶瓷等形式。目前广泛使用的是陶瓷蜂窝状的载体，载体上有无数的孔穴，从而扩大了催化剂的表面积。当废气通过载体中的孔穴时，因反应表面积增加而提高转化率。

目前，常用的催化剂有贵金属类的铂(Pt)、钯(Pd)、铑(Rh)等。铂、钯作催化剂，使 CO、HC 进一步氧化；铑作为催化剂，CO、HC 作还原剂使 NO 还原为 N_2。也有采用稀土金属氧化物作为催化剂，虽然成本比贵金属低，但其净化性能不及贵金属。

(2)三元催化转化闭环控制系统

三元催化反应器作用时必须是混合气在理论空燃比附近，才能使 CO、HC 的氧化作用与 NO_x 的还原作用同时进行。因此，为了有效地利用三元催化转化器，充分净化排气，就要提高空燃比的配制精度，使其尽可能地维持在以理论空燃比为中心的非常狭窄的范围内。在这种情况下单凭空气流量计测得进气质量信号是达不到这么高的控制精度的，必须借助安装在排气管中的氧传感器送来的反馈信号，对空燃比进行反馈闭环控制(λ 闭环控制)，如图 6-33 所示。

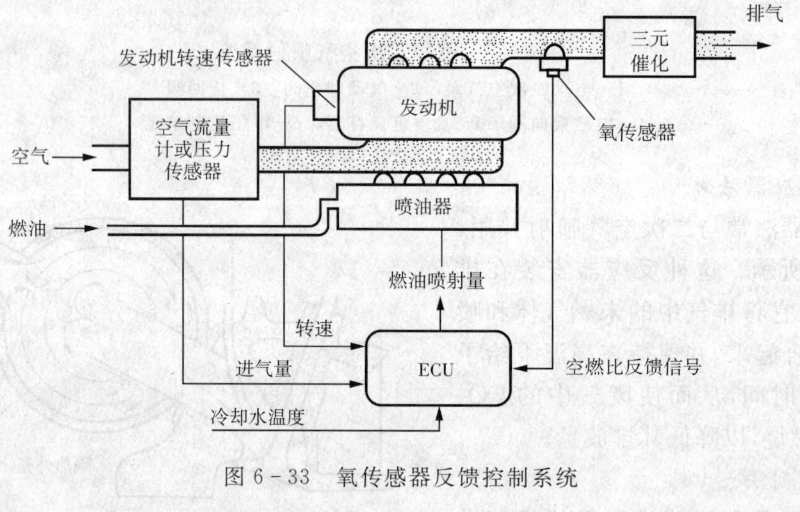

图 6-33　氧传感器反馈控制系统

氧传感器安装数量的多少随车型不同而不同。为了监测三元催化反应器的转化效率，现代汽车一般都设两个氧传感器。除在三元催化器的前端安装一只氧传感器外，在三元催化器的后端也安装一只氧传感器。一般称前者为主氧传感器，或前氧传感器或上游氧传感器；称后者为副氧传感器，或后氧传感器或下游氧传感器。主氧传感器在理论空燃比闭环控制中起反馈作用。副氧传感器的主要作用是监测三元催化反应器的转化效率的，在自诊断系统中起着重要作用。此外，有的副氧传感器还能辅助主氧传感器在闭环控制中进一步控制空燃比的作用。

(3)空燃比反馈控制的控制过程

氧传感器的输出特性在理论空燃比(过量空气系数 λ=1)处发生跃变。当混合气较理论空燃比浓(λ<1)时,氧传感器输出高电位信号(约为800mV～1000mV);当混合气较理论空燃比稀(λ>1)时,氧传感器输出低电位信号(约为100mV左右)。微机有效地利用这一空燃比反馈信号,将其信号电压与基准电压(450mV)进行比较,判定混合气的浓稀程度以进行控制。如较理论空燃比浓,则缩短喷油时间;反之,则增加喷油时间。这就是空燃比反馈控制,如图6-34所示。

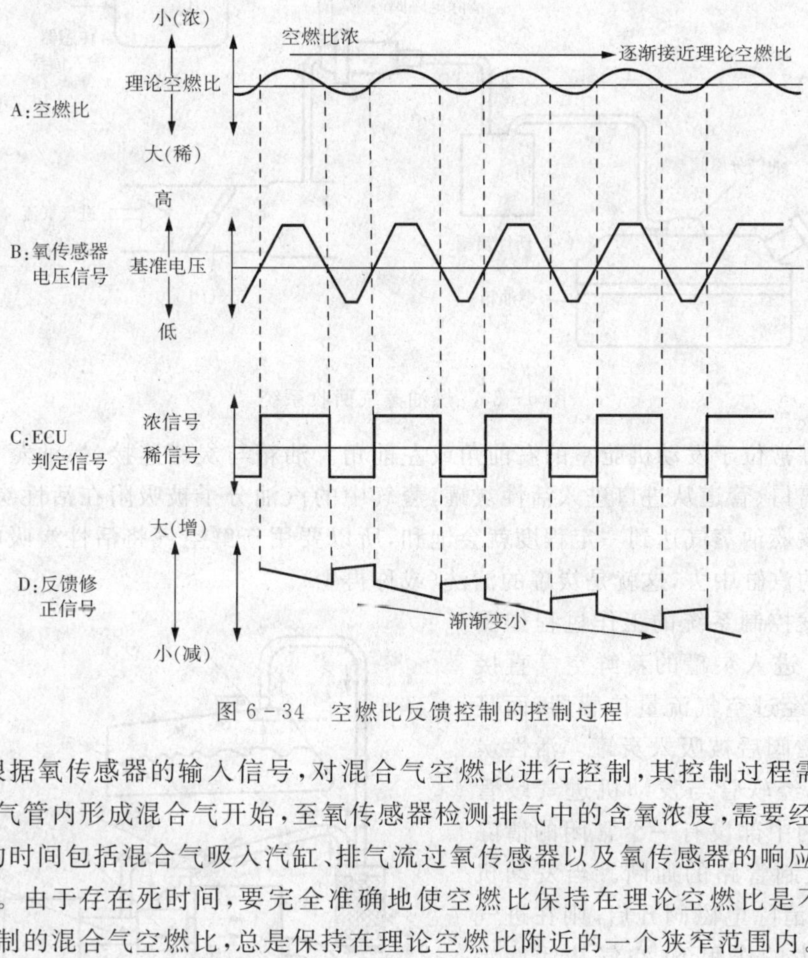

图6-34 空燃比反馈控制的控制过程

微机根据氧传感器的输入信号,对混合气空燃比进行控制,其控制过程需要一定的时间,即从进气管内形成混合气开始,至氧传感器检测排气中的含氧浓度,需要经过一定时间。这一过程的时间包括混合气吸入汽缸、排气流过氧传感器以及氧传感器的响应时间(统称为死时间)等。由于存在死时间,要完全准确地使空燃比保持在理论空燃比是不可能的。因此,实际控制的混合气空燃比,总是保持在理论空燃比附近的一个狭窄范围内。

四、防止燃油蒸气的泄漏

汽车发动机燃油,特别是汽油,是一种挥发性很强的物质。燃油箱、曲轴箱、气门室和燃油管路内部的燃油受热后,表面就会产生蒸气,如不妥善处理,就会散发到大气之中造成环境污染。燃油蒸发控制系统的功用就是防止燃油蒸气排入大气而污染环境,同时还可节约能源。

目前,燃油蒸发控制系统是利用活性炭吸附原理,把燃油箱、曲轴箱、气门室及管路中挥发出来的燃油蒸气收集起来,待发动机启动后,再将燃油蒸气从活性炭中分离出来,适时地送入进气歧管,与空气混合后进入燃烧室燃烧。这样不仅能使燃油蒸气排放减少(燃油蒸气的排放量降低95%以上),而且还能节约能源。

燃油蒸发控制系统又称燃油蒸气回收系统,其组成和构造随汽车制造厂和生产年代的不同而不同。如图 6-35 所示为目前常见的燃油蒸发电子控制系统。它主要由燃油箱、油气分离阀、活性炭罐(或吸附罐)、清除电磁阀和 ECU 等组成。

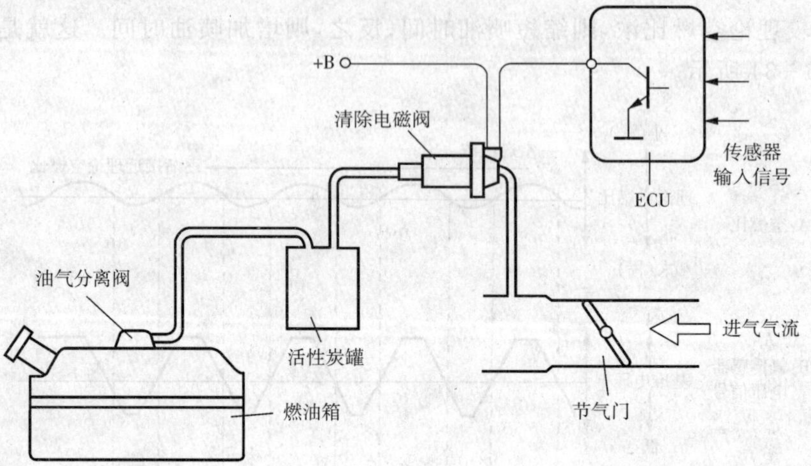

图 6-35　燃油蒸气回收系统

活性炭罐常位于发动机舱室的右前角或左前角。油箱与炭罐连接,燃油蒸气经油箱顶部的油气分离口、管道从进口进入活性炭罐,蒸气中的汽油分子被吸附在活性炭颗粒表面。但活性炭吸收燃油蒸气达到一定程度就会饱和,所以要用新鲜空气将活性炭吸收的燃油输送到发动机的汽缸中去,这就是炭罐的清洗(或称再生)。

燃油蒸发控制系统的工作过程如图 6-36 所示。进入炭罐的新鲜空气直接来自大气,不经过空气流量传感器,而是经过一个电磁阀后被吸入炭罐。活性炭罐有一出口,经软管与发动机进气歧管相通。软管的中部设有一个常闭的清除电磁阀,以控制管路的通断。当发动机运转时,如果清除电磁阀开启,则在进气歧管真空吸力的作用下,空气从活性炭罐底部进入,经过活性炭至上方出口,再经软管进入发动机进气管,使吸附在活性炭表面的汽油分子又重新蒸发,随新鲜空气一起被吸入发动机汽缸燃烧。汽油蒸气回收后,进入发动机进气歧管的时机和进入量都必须进行控制,以防止破坏发动机正常工作时的混合气成分,影响发动机正常工作。

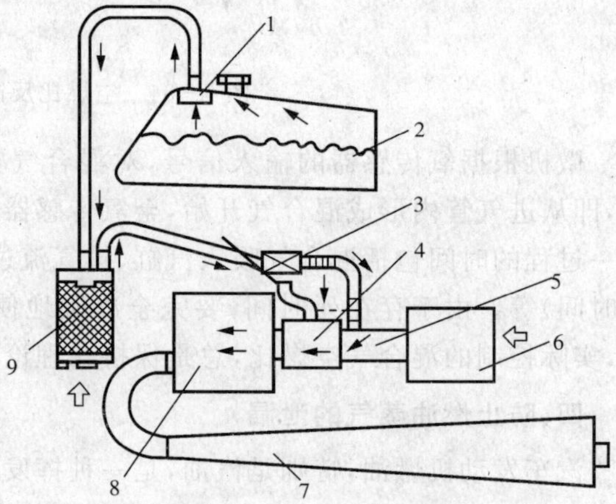

图 6-36　燃油蒸发控制系统的工作过程

1—油气分离器　2—油箱　3—油气清除控制阀
4—节流阀体　5—空气导管　6—空气滤清器
7—排气管　8—发动机　9—活性炭罐

清除电磁阀由 ECU 控制,对清除气流进行精确的定量。ECU 根据发动机的温度和负荷等情况,给清除电磁阀发出脉冲信号,控制电磁阀门何时打开与关闭,以求发动机达到更高的工作效率。

一般在发动机升温后的特定工作期限内(车速和节气门开度在一定的范围内),打开清除电磁阀,燃油蒸气进入发动机较多。如果蒸气进入过量,在排气管上的氧传感器就会"告知"ECU,ECU会命令电磁阀停止工作。倘若燃油蒸气进入量减少,ECU再控制电磁阀开启。

较先进的燃油蒸发控制系统还能根据发动机负荷等情况,适时控制清除电磁阀的通电占空比,以达到控制电磁阀门的开启程度。

第四节 稀薄燃烧系统

一、概述

开发稀薄燃烧系统的目的就是使发动机在最佳百公里油耗的稀薄空燃比下稳定工作。在理论空燃比下,通过三元催化转换装置,将CO、HC及NO_x的排放量已经控制在很低的水平。但从经济性角度考虑,此时并不是最经济的工作点。为了更有效地降低油耗,以达到既节能又降低排放量的目的,要求进一步提高空燃比。

图6-37所示为整车油耗(每升燃油所行驶的里程)、NO_x排放量以及发动机输出转矩的变动量随空燃比的变化特性。一般情况下,随空燃比的增加,NO_x排放量增加;当空燃比(A/F)在16左右时,NO_x排放量达到最大值。继续增加空燃比(A/F>16)时,由于空气的冷却作用,燃烧温度降低,所以NO_x排放量反而降低,但发动机输出转矩的变动量ΔT_{tq}却增加。因此,要求稀薄燃烧系统必须精确地控制空燃比,将转矩变动量控制在所允许的界限范围之内。即将空燃比控制在同时满足油耗最佳、NO_x排放量又低而且发动机输出转矩变动量ΔT_{tq}又小的范围之内。同时满足这三种条件的空燃比范围很窄,所以稀薄燃烧系统的关键就是如何精确地控制空燃比,以及改善燃烧条件使得在稀薄混合气下稳定燃烧。

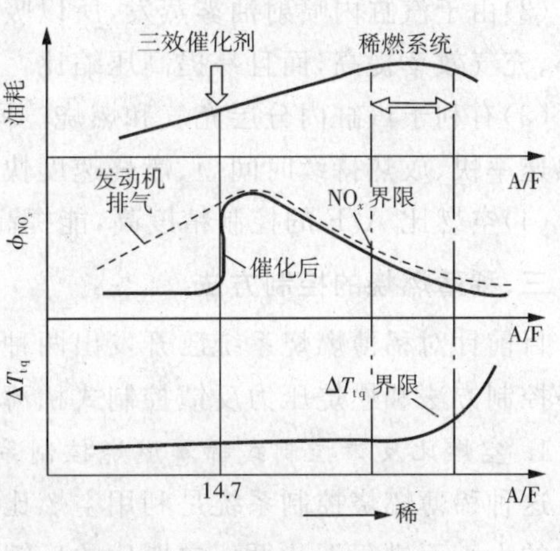

图6-37 空燃比变化特性

为了改善燃烧过程,扩大稀薄燃烧范围,主要采取改进进气道的方法,通过立式(滚动式)进气道,在燃烧室内形成强大的纵向进气涡流,以提高混合气的湍流强度;同时,在进气行程中进行燃料喷射,利用混合气的涡流,在火花塞附近形成比平均混合气浓度更浓的混合气,形成分层燃烧状态,以扩大稀薄燃烧范围。

二、稀薄燃烧方式及特点

稀薄燃烧技术是建立在混合气分层燃烧的基础上。所谓分层燃烧,是在着火时刻火花塞周围分布适合于着火的浓混合气,而燃烧室其他地方为稀混合气。

分层燃烧的主要特点，是通过喷雾和气流的配合，在汽缸内形成含量梯度分布的混合气，并在火花塞附近形成较浓的混合气（空燃比 A/F＝12～13.4），而在燃烧室其他区域为梯度分布的混合气。由此保证火花塞可靠点燃，并向缸内平均含量小但成梯度分布的混合气传播火焰。而这种混合气含量的梯度分布，主要是靠燃烧室内组织适合的气流，并与喷射方式相配合而实现的。

根据混合气形成方式不同，分为化油器式稀薄燃烧技术和汽油喷射式稀薄燃烧技术；根据汽缸内涡流形式的不同，分为轴向分层稀薄燃烧方式和纵向分层稀薄燃烧方式；根据喷射方式不同，分为进气道喷射式(PFI)和缸内直喷式(GDI)稀薄燃烧方式。

缸内直喷式(GDI)汽油机将喷油器安装在燃烧室内，如同柴油机那样直接向缸内进行喷射。这种混合气形成方式在汽缸内更容易形成不均匀的混合气浓度梯度分布，不仅消除了气道油膜蒸发量对缸内混合气质量的影响，而且减小泵气损失，更容易实现稀薄燃烧，所能实现的稀薄燃烧混合气范围变宽，有利于进一步改善经济性和排放特性。因而缸内直喷及其稀薄燃烧技术作为汽油机节能与控制排放的主要技术措施而备受国内外重视。

缸内直喷式发动机的主要特点有：

(1)在中低负荷区，可减小节气门的节流作用，使泵气损失降低，而且直喷后更容易实现稳定的分层燃烧。

(2)由于汽缸内喷射油雾蒸发，所以吸收了汽化潜热，使燃烧室壁面温度降低、传热损失减小、充气效率提高，而且易提高压缩比。

(3)有利于汽缸内分层充气和燃烧。同时，与进气管喷射式发动机的燃烧方式相比，其放热速率快、放热持续时间短、燃烧速度快、热效率高，所以可有效地推迟点火时间。

(4)空燃比 A/F 的控制精度高，能提高过渡工况的响应特性。

三、稀薄燃烧的控制方法

目前针对稀薄燃烧系统已开发出两种精确控制空燃比的方法：空燃比反馈控制式稀薄燃烧控制方法和燃烧压力反馈控制式稀薄燃烧控制方法。

1. 空燃比反馈控制式稀薄燃烧控制系统

这种稀薄燃烧控制系统是利用空燃比传感器测出排气中的氧浓度，由此求出该循环空燃比的大小而进行下一循环空燃比的反馈控制。

图 6－38 所示为空燃比反馈控制流程图。空燃比传感器输出的信号经 A/D 转换、调幅

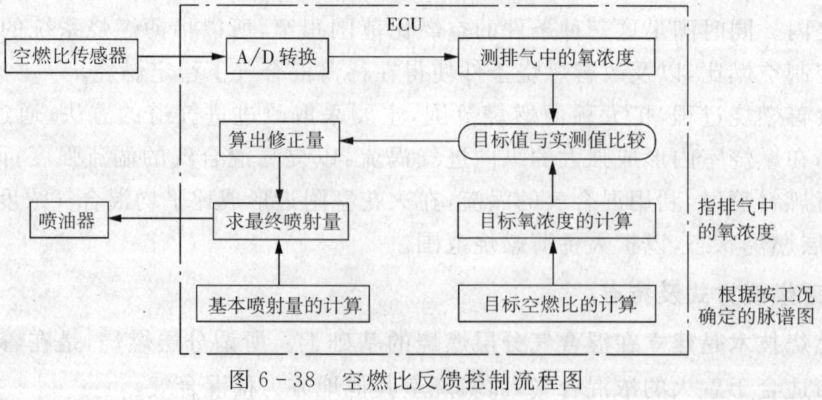

图 6－38 空燃比反馈控制流程图

等处理后，输入到ECU中计算出排气中氧浓度的实测值，并利用储存在ROM中由发动机工况确定的目标空燃比的脉谱图，算出该工况下排气中的目标氧浓度。然后将目标值与实测值进行比较，求出偏差量，并对偏差量进行修正，确定最终的喷射持续时间。

2. 燃烧压力反馈控制式稀薄燃烧系统

该系统是通过燃烧压力传感器直接检测汽缸内的燃烧压力，由此求出发动机每循环输出转矩的变动量ΔT_{tq}，并通过对空燃比的反馈控制，使发动机输出的实际转矩变动量控制在所允许的范围之内。由于这种控制方式是直接测发动机输出转矩的变动量，所以可控制空燃比使实际转矩变动量更接近于所允许的界限值。因此，与空燃比传感器方式相比较，它将空燃比控制范围变得更大，由此可以进一步降低NO_x的排放量。

燃烧压力反馈控制式稀薄燃烧系统的控制方法主要按计算输出转矩、求出输出转矩的变动量以及空燃比反馈控制三步骤进行(图6-39)。ECU将实测计算的发动机输出转矩的平均变动量ΔT_{tq}与事先设定的目标值(允许界限)进行比较，根据二者之差确定控制量，并通过修正燃料喷射量，使实际输出转矩的变动量控制在小于或等于目标转矩变动量的范围之内。

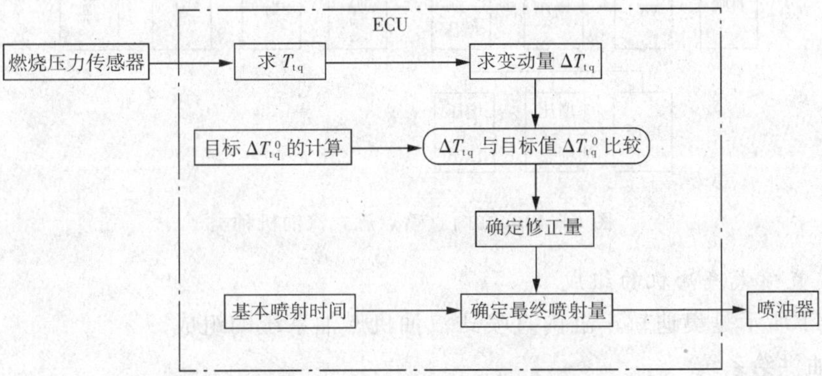

图6-39 燃烧压力反馈控制式控制方法

四、缸内直喷式稀薄燃烧方式

1. 概述

为了提高汽油机的热效率，人们在很多年以前就已经开始研究汽油缸内直喷技术。从20世纪50年代到70年代，在欧洲和美国先后出现了一些缸内直喷点燃式汽油机，其中一些曾少量生产并装车进行车队试运行，例如美国福特公司的PROCO发动机。由于这类发动机通常采用分层燃烧，常被称为直喷分层混合气DISC发动机(Direct-Injection Stratified-Charge)。在1980年以后，进气道喷射的电喷汽油机开始出现在市场以满足美国更严格的排放法规。虽然当时的缸内直喷点燃式汽油机已展示出较高的热效率，但无法满足新的排放法规而被放弃。

从1990年前后开始，缸内直喷点燃式汽油机又逐渐被重视，并被改名称为DISI(Direct-Injection Spark-Ignition)发动机。正是由于新汽油喷射系统的出现才使缸内直喷点燃式汽油机有了成功的机会。与过去的缸内直喷汽油喷射系统相比，新的喷射系统主要有两个特点。首先，喷雾特性有了很大改善以满足汽油缸内直喷发动机的需要；其次，采用了蓄压油道(共轨,common rail)电控喷油,喷射时间可以根据需要调整。这两个特点结束了过去因喷油系统能力不足而对缸内直喷技术发展的一些限制,成为现代缸内直喷点燃式汽油机被广泛应用的基础。

迄今为止,缸内直喷点燃式汽油机已有很多种类(图 6-40),开发了各种缸内直喷技术。其中有些正在产品中应用,包括软喷射分层燃烧系统、均匀混合直喷加可变气门定时机构、均匀混合直喷加增压,甚至有均匀混合直喷同时加可变气门定时和增压。有些还没有应用,包括气流阻滞型分层燃烧系统、空气夹喷型分层燃烧系统以及单纯均匀混合直喷系统。还有一些曾经在产品中应用,但现在已经退出市场,如壁面阻挡型分层燃烧系统。

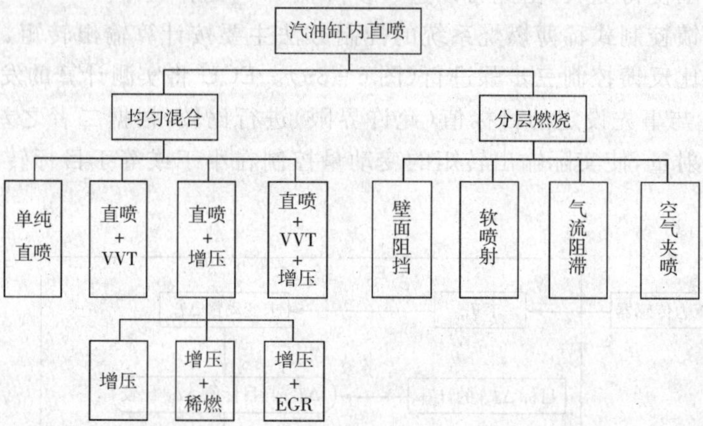

图 6-40　缸内直喷点燃式汽油机种类

2. 缸内直喷式汽油机的组成

图 6-41 所示是奥迪轿车缸内直喷式汽油机燃油系统的组成。

(1)燃油供给系统

① 低压油路

低压油路主要由电子燃油泵及压力调节装置组成,它产生压力 0.35MPa 的燃油供给发动机驱动的高压泵。

② 高压油路

高压部分主要由高压油泵、油轨、压力控制阀等组成。它将油压从 0.35MPa 升高到 12MPa,并使油轨的压力波动最小,向各喷油器供油。

(2)控制系统

发动机进行负荷计算时,控制单元所需获取的传感器信号主要包括通过安装在发动机控制单元内的高度传感器传递的环境压力;通过安装在节气门前的温度传感器传递的吸入空气温度;通过进气管上的双传感器传递的进气管中压力和温度以及节气门的位置、废气再循环阀的气门位置、充气运动阀门的位置、进气凸轮轴的位置等。

3. 缸内直喷式汽油机的喷雾要求

与电喷汽油机不同,缸内直喷点燃式汽油机的油气混合是在缸内实现的。由于只能在进气和压缩行程中进行,油气混合的时间比电喷的要短得多,因此要实现理想的油气混合,对喷雾有独特的要求。

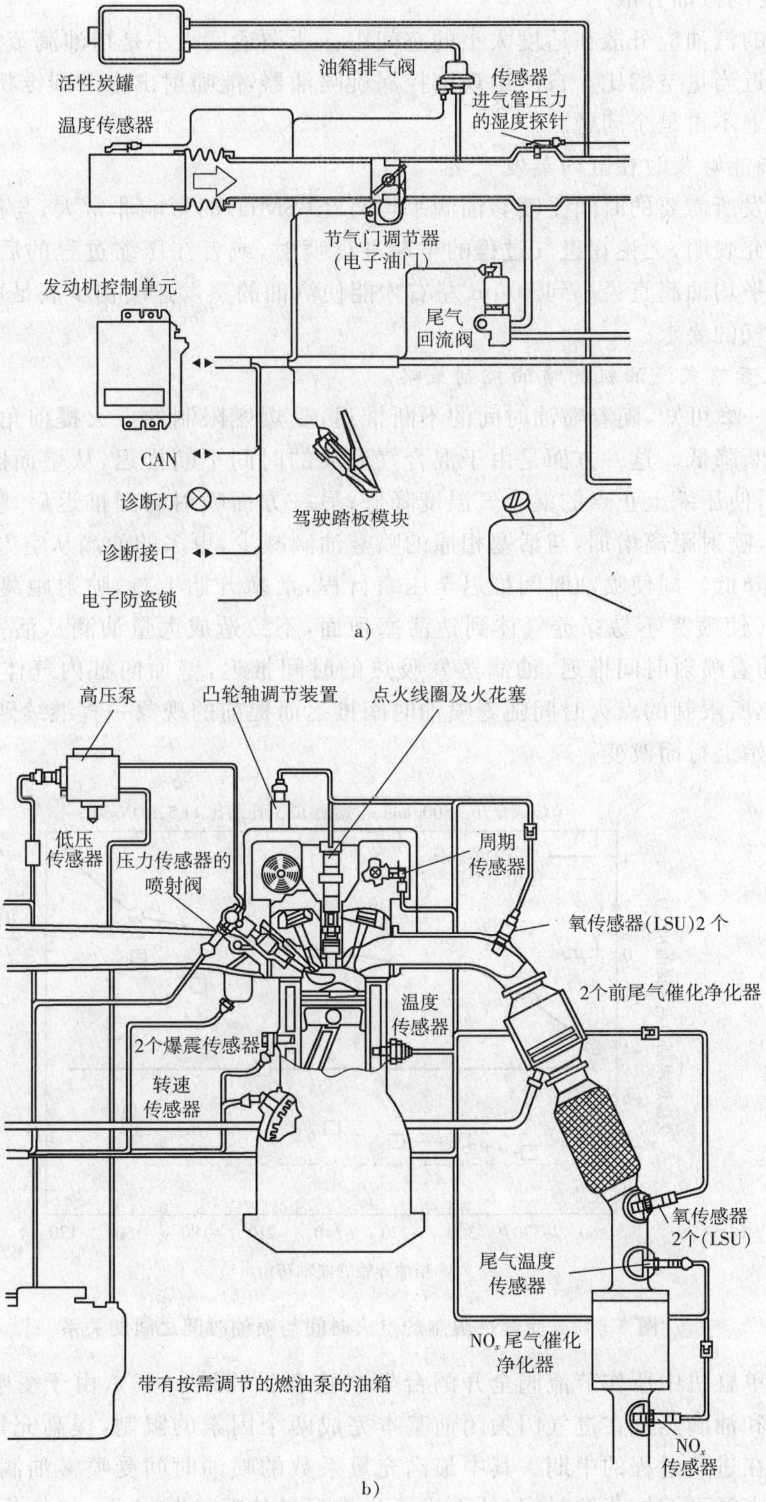

图 6－41　缸内直喷式汽油机燃油系统组成

(1)适度的汽油分散

所喷射的汽油应分散在适度大小的空间中。所谓适度大小是指油滴蒸发后含油区的空燃比应当接近当量空燃比。自从出现电控涡旋喷油器,能喷射出中空圆锥状油雾后,汽油分散度已基本上不再是个问题。

(2)油滴能够及时在缸内蒸发

汽油蒸发所需要的时间受喷雾油滴平均直径(SMD)的影响非常大,与油滴直径的平方成正比。研究表明,无论在进气过程的早期进行喷射,或者在压缩过程的后期进行喷射,只有当喷雾的平均油滴直径小到 20μm 左右才能使汽油的蒸发速度初步满足用汽油直喷在缸内形成混合气的要求。

4. 缸内直喷式汽油机的喷油控制策略

从图 6-42 可知,随着喷油时间的不断推迟,受爆燃限制的点火提前角单调增加,说明爆燃倾向不断降低。这一方面是由于混合气形成的时间不断推迟,从壁面向缸内气体的传热不断减少,使压缩上止点的混合气温度降低;另一方面喷射时间推迟后,喷射过程中活塞的位置下降,喷射距离增加,与活塞相撞的喷雾油滴减少,更多的油滴从空气中吸热蒸发,使混合气温度降低。即使喷油时间推迟至压缩行程,活塞开始上行,喷射距离缩短,但缸内气体密度增加,使喷雾不易穿透气体到达活塞顶面,不致造成大量油滴从活塞顶面吸热的现象。同时,随着喷射时间推迟,油滴蒸发吸热的时间推迟,壁面向缸内气体的传热量减少。因此,被爆燃所限制的点火时间随着喷油时间推迟而提前的现象一直继续到压缩行程,并不因为活塞开始上行而改变。

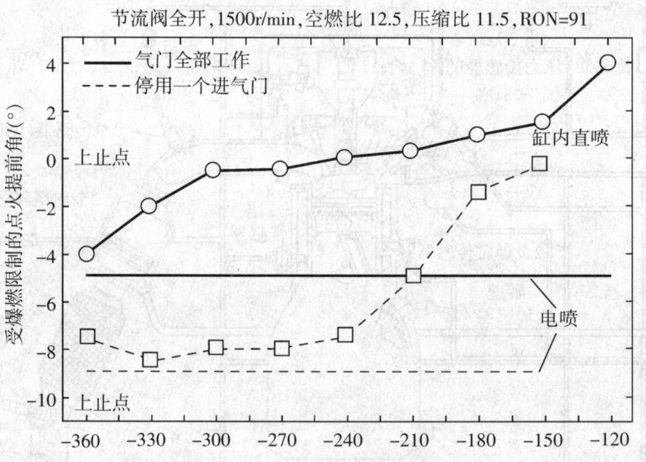

图 6-42 受爆燃限制的点火时间与喷油时间之间的关系

在一台单缸机中所作节流阀全开的台架试验表明(图 6-43),由于受喷雾油滴从空气中吸热蒸发和油滴蒸发在进气门关闭前基本完成两个因素的限制,提高充量系数的最佳喷油时间大致在进气过程的中期。其中最高充量系数的喷油时间受喷雾油滴直径的影响,减小油滴平均直径可缩短蒸发时间,从而进一步推迟最佳喷油时间。

因此,降低爆燃倾向和提高充量系数对喷油时间的要求是有所不同的。降低爆燃倾向希望喷油时间越迟越好,而提高充量系数则希望喷油在进气过程大致过半的时间进行。为了使两者都能兼顾，喷油控制策略通常将喷油量分成两份进行喷射(图 6-44)。首先在进气过程中的适当时间进行第一次喷射，其主要目的是提高充量系数；然后再在压缩过程中进行第二次喷射，其主要目的是降低爆燃倾向。

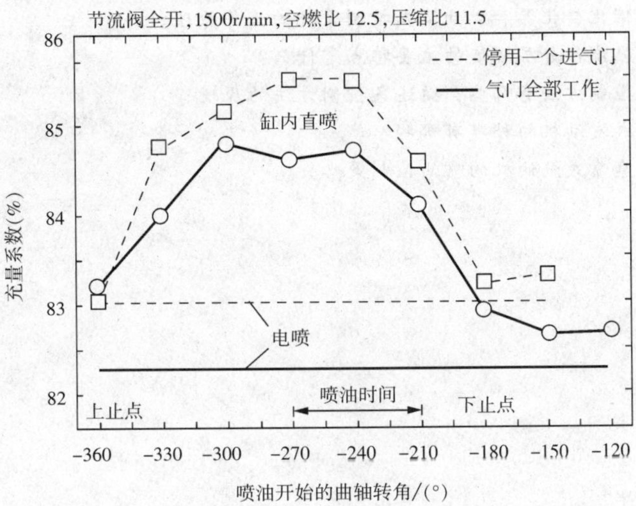

图 6-43　发动机的充量系数与喷油时间之间的关系

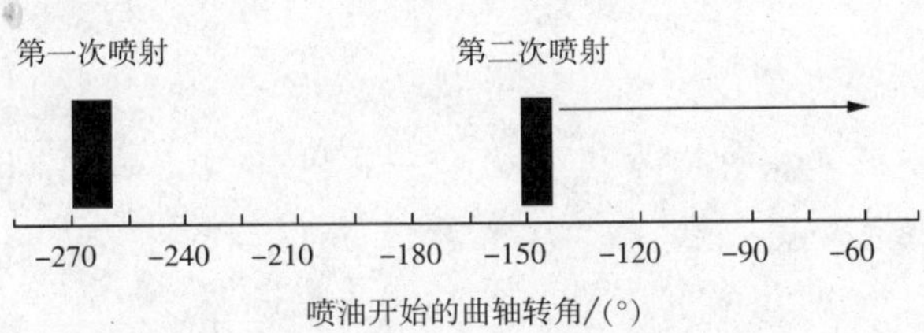

图 6-44　二次喷油控制策略示意图

有些直喷点燃式汽油机在暖机时，还在主喷射和点火后再进行一次后期喷射，即在膨胀过程中喷射，以提高排气温度，使排气后处理系统能迅速升温。采用后期喷射时，主喷射的油量要减少一些，使燃气中仍含有一些氧气来和后期喷射的汽油进行氧化反应。

思考与练习

6-1　改善发动机高、低速充气效率的主要途径有哪些？

6-2　可变进气系统的控制内容主要有哪些？

6-3　简述可变惯性增压进气系统 VICS 的工作原理。

6-4　目前，具有代表性的可变配气相位的控制方法有哪些？

6-5　简述废气涡轮增压器的组成和工作原理。

6-6　发动机增压技术的优点及存在的主要问题有哪些？

6-7　何谓怠速转速控制？为何要控制怠速转速？

6-8　怠速控制的主要内容有哪些？简述怠速转速的控制过程。

6-9　目前使用的怠速装置有哪些？

6-10　简述排气污染物的形成机理、排放的途径以及排气净化的途径。

6-11　机内净化主要技术措施有哪些？

6-12　何谓EGR率？为何要控制EGR率？EGR系统的种类有哪些？

6-13　常用的机外净化方法有哪些？

6-14　简述三元催化转化器和燃油蒸发控制系统的工作原理。

6-15　何谓分层燃烧？分层燃烧的主要特点是什么？

6-16　稀薄燃烧控制方法有哪些？简述各控制方法的原理。

6-17　缸内直喷式发动机的种类有哪些？

6-18　简述缸内直喷式汽油机的喷油控制策略。

第七章　汽车动力性的电子控制系统

内容提要：汽车的动力性是汽车性能中最重要、最基本的性能之一，汽车的运输效率在很大程度上取决于其动力性。本章以改善汽车动力性能的原理为主线，主要介绍了自动变速器、驱动防滑电子控制系统和四轮驱动系统的特点、基本组成及控制过程。在学习本章前应有一定的汽车理论和底盘构造方面的专业知识。

第一节　汽车动力性能的改善途径

汽车的动力性是汽车性能中最重要、最基本的性能之一，它是指汽车在良好路面上直线行驶时，由汽车受到的纵向外力决定的可能达到的平均行驶速度。

汽车的动力性表征汽车以最大可能的平均速度运送货物或乘客的能力，主要由最高车速、加速能力和爬坡能力三个方面的指标来评定。

根据汽车理论，汽车能够行驶必须要满足两个条件，通常称为汽车行驶的驱动—附着条件，即

$$F_f + F_w \leqslant F_t \leqslant \varphi F_z \tag{7-1}$$

式中：F_f——滚动阻力，N；

F_w——空气阻力，N；

F_t——汽车驱动力，N；

F_z——作用于驱动轮法向上的反作用力，N；

φ——路面附着系数。

(7-1)式的左边部分称为汽车行驶的驱动条件，是汽车行驶的必要条件。它表明，当汽车驱动力等于滚动阻力和空气阻力之和时，后备驱动力等于零，汽车可在水平道路上维持等速行驶；当汽车驱动力大于这两个阻力之和时，后备驱动力大于零，可用于克服加速阻力使汽车加速行驶或克服坡度阻力使汽车上坡行驶；当驱动力小于这两个阻力之和时，汽车将不能开动，正在行驶中的汽车将减速直至停车。

(7-1)式的右边部分称为汽车行驶的附着条件，是汽车行驶的充分条件。它表明，汽车行驶的驱动力还受轮胎与路面附着条件的限制。即地面对驱动轮的切向反作用力不能大于附着力，否则驱动轮将会发生滑转。

因此,汽车动力性能可通过降低汽车行驶阻力、提高汽车驱动力和提高地面附着力三种途径来进行改善。

一、降低汽车的行驶阻力

汽车行驶阻力有滚动阻力、空气阻力、坡度阻力和加速阻力。上述诸阻力中,坡度阻力和加速阻力仅在一定行驶条件下存在,而滚动阻力和空气阻力是在任何行驶条件下均存在的。因此汽车行驶阻力的降低主要是滚动阻力和空气阻力的降低。

滚动阻力等于滚动阻力系数与车轮负荷之乘积。滚动阻力系数与路面的种类、行驶车速以及轮胎的构造、材料、气压等有关。因此选择合适型号的轮胎、合理使用轮胎对于降低滚动阻力具有非常重要的作用。

汽车总质量是指已整备完好、装备齐全并按规定载满客、货时的汽车质量。除空气阻力外,滚动阻力、坡度阻力和加速阻力都与汽车的总质量成正比。所以汽车总质量对动力性的影响很大。减轻汽车自身质量是降低汽车总质量的有效途径,因此现代汽车越来越广泛地采用轻金属材料和非金属材料等,并开展轻量化设计。

汽车底盘的技术状况直接影响其机械效率,所以也直接影响汽车的动力性。因此正确维护和调整传动系各部件可提高其机械效率,从而可改善汽车的动力性。

根据汽车理论,空气阻力与空气阻力系数和迎风面积成正比。由于迎风面积受到乘坐使用空间的限制而不易进一步减少,所以降低空气阻力系数是降低空气阻力的主要手段。其中车身的造型及车身表面的平整度等都直接影响空气阻力系数。

二、提高汽车的驱动力

汽车的驱动力与作用在驱动轮上的转矩成正比、与车轮半径成反比。作用于驱动轮上的转矩是由发动机产生的转矩经传动系传至车轮上的,因此汽车的驱动力与发动机的特性、传动系的传动比、传动效率、车轮半径等参数有关。

发动机功率和转矩愈大,汽车的动力性就愈好。但根据汽车行驶的驱动—附着条件,汽车驱动力的提高受到道路附着条件的制约,不能无限制地增大,所以过分地增大发动机功率和转矩对汽车的动力性是无益的。

发动机外特性曲线的形状对汽车动力性也有明显的影响。通常将等功率发动机的特性曲线称为理想的汽车发动机特性。在低车速时,等功率发动机的后备功率逐渐增大,因此,若无驱动轮上附着力等因素的限制,理论上可以克服任何坡度。但活塞式内燃机的外特性远不如等功率发动机的好。为了克服活塞式内燃机在特性曲线上的缺陷,一般汽车都装有分级式变速器,可使汽车具有接近于装有等功率发动机时的驱动功率与驱动力,从而改善了汽车的动力性,如图 7-1 所示。增加变速器的挡数,相当于增加了发动机发挥最大功率附近较高功率段的机会,有利于提高汽车的动力性能,但同时也增加了变速器的复杂度,并加大了驾驶员的劳动强度。所以

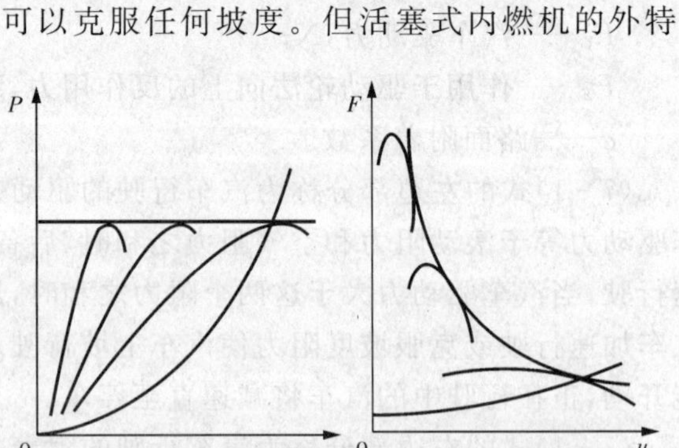

图 7-1　内燃汽车装有三级式变速器后的驱动功率与驱动力图

现代汽车多采用电控自动变速器。采用自动变速的汽车，驾驶员只要控制油门就可以了，这使汽车易于驾驶，而且自动变速器的速比能根据行驶条件按照汽车最佳性能自动地改变，可获得最佳的经济性、动力性。

三、提高轮胎与路面的附着力

汽车附着力的大小取决于地面作用于驱动轮的法向反作用力和附着系数。而驱动轮的地面法向反作用力与汽车的总体布置、行驶状况及道路条件有关。

显然，在一定附着系数的路面上，不同驱动方式的汽车具有不同的附着力。只有四轮驱动的汽车才有可能充分利用由汽车总重力产生的附着力。但只有当汽车前、后轴驱动力的分配比值刚好等于其前、后轴法向反作用力的分配比值时，四轮驱动的汽车才能真正充分利用此附着力。因此，如果采用电控四轮驱动系统，根据车轮运动状况自动调节前、后驱动力的分配，可使前、后驱动力同时达到附着力的限值，则全部附着力均可转化为驱动力，从而提高了汽车的动力性能。

提高附着系数可以增大汽车的有效驱动力。附着系数主要取决于路面的种类与状况，另外轮胎的花纹、结构尺寸、橡胶成分、帘线材料及汽车的行驶速度等对附着系数也有一定的影响。具有细而浅花纹的轮胎在硬路面上可有较好的附着性能；具有宽而深花纹的轮胎，在松软路面可以增大嵌入轮胎花纹内土壤的剪切断面，从而可提高附着系数。

如果车轮上受到的地面驱动力或地面制动力大于附着力时，轮胎不再处于纯滚动状态，附着系数会随车轮的滑动(转)程度而变动。通常滑动(转)率在15%以下时，附着系数随车轮的滑动(转)率线性增长。当滑动(转)率在15%～30%之间时，附着系数可达到最大值，称为峰值附着系数。当滑动(转)率超过30%时，附着系数随着滑动(转)程度的加剧而逐渐下降，在滑动(转)率为100%时降为滑动附着系数，此时的路面附着力称为极限附着力。采用驱动防滑系统将滑转率控制在最佳滑转率(15%～30%)范围内，可获得较大的附着系数，使路面能够提供的附着力得到充分利用，从而提高了汽车的动力性能。

第二节　自动变速器

一、自动变速器的发展历程

汽车自动变速器的研究和应用可以追溯到20世纪30年代。1939年美国通用汽车公司首先在其生产的奥兹莫比尔(Oldsmobile)轿车上装用了液力变矩器——由行星齿轮组成的液力变速器，可谓之现代自动变速器的雏形。20世纪40年代末，出现了根据车速和节气门开度自动控制换挡的液力控制换挡自动变速器，使自动变速器进入了迅速发展时期。到1975年，自动变速器在重型汽车及公共汽车上的应用已相当普及。

自动变速器采用电子控制系统始于20世纪60年代中期。法国雷诺(Renault)公司于1968年率先在自动变速器上使用了电子元件。70年代中期，电子控制技术开始应用于汽车变速器，日本丰田汽车公司首先研制成功了世界上第一台电子控制变速装置，并在1976年实现了批量生产。但由于这种电子控制自动变速器在控制精度和自由度方面效果并不十分理想，因此，包括日本在内的许多国家又把主要精力转向计算机控制变速器的研究和开发。

以计算机为控制核心的电子控制自动变速器迅速发展。电子控制自动变速器的真正飞跃发展是在1982年，这一年丰田公司将微机技术应用于电子控制变速器系统，实现了自动变速器的智能控制。它首先应用于豪华型皇冠牌轿车上，换挡精确性好，具有良好的燃料经济性、动力性，降低了污染。随后，德国博世(Bosch)公司于1983年研制成功发动机和自动变速器共用的电子控制单元。这种电控自动变速器可实现与发动机的最佳匹配，并可获得最佳的经济性、动力性、安全性，达到降低发动机排气污染的目的。从此电子控制变速器广泛用于轿车、客车、大型公共汽车、越野车及重型牵引车上，装车率迅速提高，尤其在美、日、德等国生产的轿车上，采用电子控制器的比例越来越高。

二、自动变速器的功用和特点

自动变速传动与目前广泛使用的人工操纵有级式机械传动相比具有下列优点：

(1)简化操作，减轻驾驶员劳动强度，提高行车安全性。据统计，装了有级机械式变速传动的汽车在交通密度大的市区行驶时，每行驶100km，驾驶员须换挡400～600次，踩离合器踏板600～700次，也就是平均每隔30～40s须操作一次。如此频繁操作，使驾驶员在精神上和体力上感到疲劳，分散注意力，易于引发交通事故。而采用自动变速的汽车，驾驶员只要控制油门就可以了。这不仅改善了驾驶员工作条件，而且使汽车易于驾驶，有利于汽车普及使用。

(2)驾驶平顺、舒适，在汽车起步和速比变化过程中不致于产生纵向冲击或抖动。

(3)可使汽车行驶过程中经常地处于良好的性能状态。汽车使用性能除与结构设计因素有关外，还取决于正确的操作。对于人工操纵的有级式机械传动，其速比的变化常依赖于驾驶员的经验与技术。因此，汽车行驶性能与驾驶技术有密切关系。而自动变速，其速比能根据行驶条件按照汽车最佳性能自动地改变，消除了人为换挡技术的影响。

(4)可改善汽车排放。汽车行驶时所排出的有害物质含量常与发动机工作状态有关，当发动机在非稳态工况时，它所排出废气中的有害物质含量较高。对于有级式机械传动，速比变化量由人工操作完成，导致发动机转速变化较大，使发动机处于非稳态工况。所以，汽车排放废气中有害物含量高，环境污染严重。对于自动变速，可控制发动机在排放污染较小的工况下工作。

由于汽车自动变速传动有如此众多的优点，因此，汽车特别是轿车采用自动变速传动已成为趋势。

三、自动变速器分类

按结构和控制方式的不同，自动变速器可分为液力式自动变速器、无级自动变速器和机械式自动变速器。

1. 液力式自动变速器，简称AT(Automatic Transmission)

液力式自动变速器是目前应用最广泛、技术最成熟的自动变速器。按照控制方式的不同，液力自动变速器可以分为液控液力自动变速器和电控液力自动变速器，目前轿车上都是采用电控液力自动变速器；按照变速机构(机械变速器)的不同，液力自动变速器又可以分为行星齿轮自动变速器和非行星齿轮自动变速器，行星齿轮自动变速器应用最广泛，非行星齿轮自动变速器只在本田等个别车系应用。

2. 机械式有级自动变速器

在液力自动变速器发展的同时，利用电子技术改造传统的手动、有级、普通齿轮机械变速器(manual transmission,MT),以电控方式实现自动化操作,从而开发出了机械式有级自动变速器。目前,典型的机械式有级自动变速器有机械自动变速器(Automated Mechanical Transmission,简称 AMT)和双离合器式自动变速器(Dual Clutch Transmission,简称 DCT)。

AMT 是在原有 MT 基础上增加了电子控制系统,以便自动控制离合器的接合、分离和变速器挡位的变换。由于原有的机械传动结构基本不变,所以 AMT 具有传动效率高、结构紧凑、工作可靠、生产成本相对低等优点,在重型车的应用上具有很好的发展前景。将来如果电路用 42V 电压,离合器和换挡作动器可以用电机,可缩短换挡反应时间,且由于只在换挡时电机才工作,因此能节省能量。AMT 的缺点是由于装的是传统干式单片离合器和手动机械变速器,换挡时会动力中断,使车速降低,影响动力性,且不够舒适。

DCT 是传统意义上 AMT 的发展,它的基本工作原理相当于采用两套变速器和两个离合器:一个变速器处于工作状态时,另一变速器空转。通过两个离合器的切换来实现两变速器交替进入工作状态,可以在动力中断时间很短或不中断动力的情况下完成换挡过程。

3. 无级变速器,简称 CVT(Continuously Variable Transmission)

CVT 采用 V 形金属传动带和工作直径可变的主.从动带轮相配合来传递动力,可以实现传动比的连续改变。CVT 可以更精确地适应发动机的特性,是一种具有广阔发展前景的自动变速器,目前多在 2L 以下的轿车上采用。

四、电控液力自动变速器

1. 基本组成

电控液力自动变速器主要由液力变矩器.行星齿轮变速器、液压控制系统和电子控制系统等组成,如图 7-2 所示。

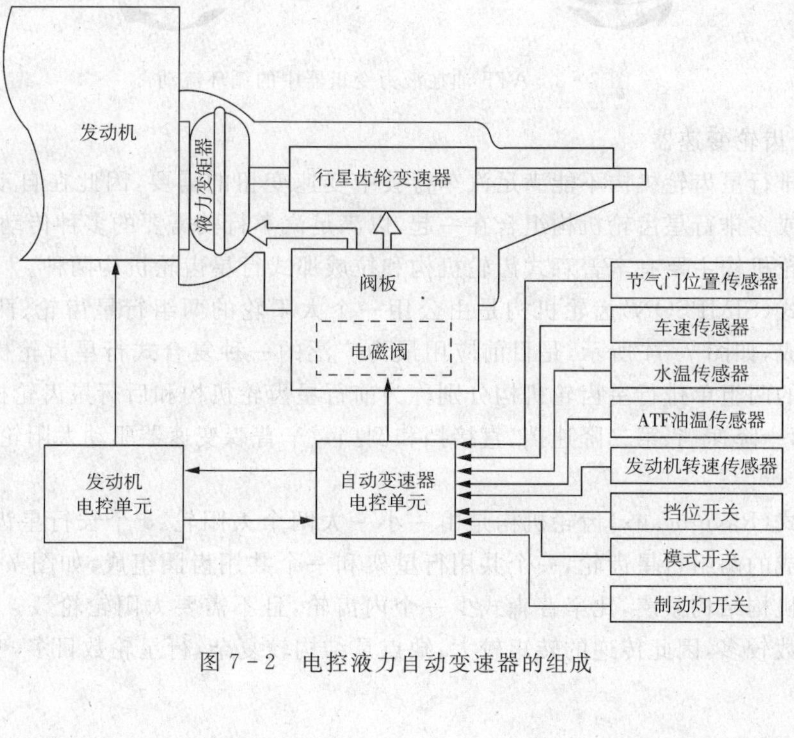

图 7-2　电控液力自动变速器的组成

(1)液力变矩器

液力变矩器是一个通过液压油(ATF 油)传递动力的装置,其由泵轮、涡轮和导轮等三个基本元件组成。泵轮为主动元件,与变矩器壳连成一体并用螺栓固定在发动机曲轴后端的凸缘上,它将发动机输出的机械能转换为 ATF 油的动能;涡轮为从动件,通过输出轴与变速器相连,它将液体的动能又还原为机械能输出。

液力变矩器工作时,发动机带动壳体旋转,壳体带动泵轮旋转,泵轮的叶片将 ATF 油带动并冲击到涡轮的叶片;如果作用在涡轮叶片上的冲击力大于作用在涡轮上的阻力,涡轮将开始转动,并带动变速器的输入轴一起转动。由涡轮叶片流出的 ATF 油经过导轮后再流回泵轮,形成如图 7-3 所示的循环流动。液力变矩器的主要功用有:

① 在一定范围内自动、连续地改变转矩比,以适应不同行驶阻力的要求。

② 具有自动离合器的功用。在发动机不熄火、自动变速器位于行驶挡的情况下,汽车可以处于停车状态。驾驶员可通过控制节气门开度来控制液力变矩器的输出转矩,逐步加大输出转矩,实现动力的柔和传递。

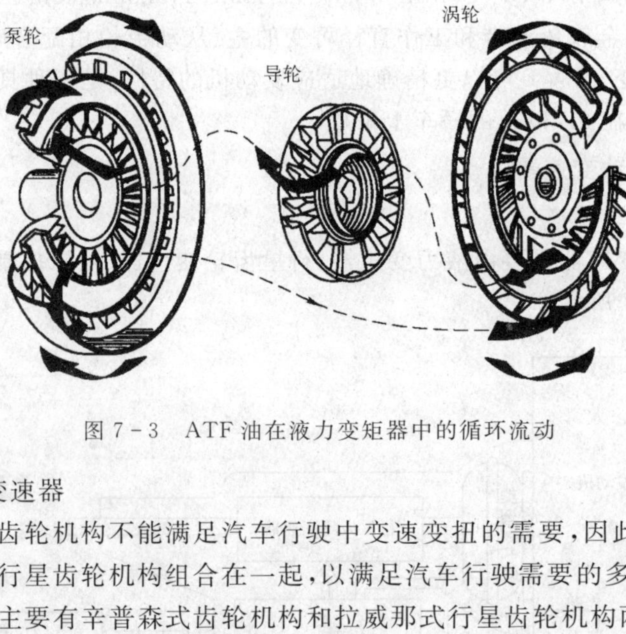

图 7-3　ATF 油在液力变矩器中的循环流动

(2)行星齿轮变速器

由于单排行星齿轮机构不能满足汽车行驶中变速变扭的需要,因此在自动变速器中一般采用两排或多排行星齿轮机构组合在一起,以满足汽车行驶需要的多种传动比。目前,复合式行星齿轮机构主要有辛普森式齿轮机构和拉威那式行星齿轮机构两种。

辛普森式(SIMPSON)齿轮机构是由公用一个太阳轮的两组行星齿轮、两个齿圈和两个行星架组成,如图 7-4 所示,是目前应用最为广泛的一种复合式行星齿轮机构。辛普森式齿轮机构的两组单排行星齿轮机构分别称为前行星齿轮机构和后行星齿轮机构。它可以提供空挡、第一降速挡、第二降速挡、直接挡和倒挡。辛普森变速器驱动太阳轮需要大轮毂,体积较大。

拉威那式(Ravigneaux)齿轮机构是由一小一大两个太阳轮、3 个长行星齿轮和 3 个短行星齿轮组成的两组行星齿轮,一个共用行星架和一个共用齿圈组成,如图 7-5 所示。拉威那式齿轮机构结构紧凑,比辛普森式少一个内齿轮,且不需要太阳轮轮毂。此外,由于相互啮合的齿数较多,因此传递的转矩较大;缺点是结构较复杂,行星轮数目多,工作原理较难理解。

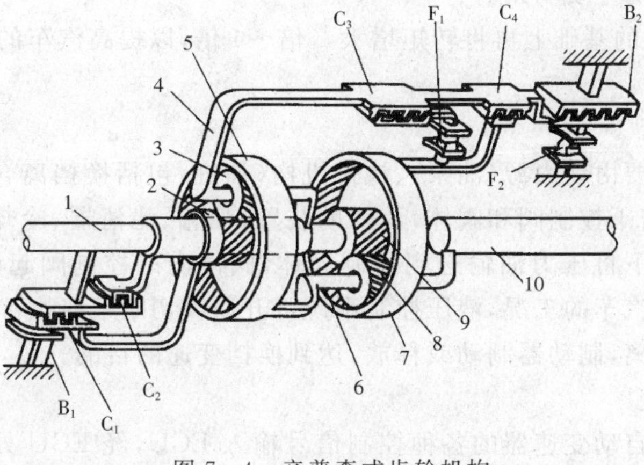

图 7－4　辛普森式齿轮机构

1－输入轴　2－前太阳轮　3－前行星齿轮　4－前行星架　5－前齿圈

6－后行星架　7－后齿圈　8－后行星齿轮　9－后太阳轮　10－输出轴

C_1－倒挡离合器　C_2－高速挡离合器　C_3－前进离合器　C_4－前进强制离合器

B_1－2 挡、4 挡离合器　B_2－低挡、倒挡离合器　F_1－前进单向离合器　F_2－低挡单向离合器

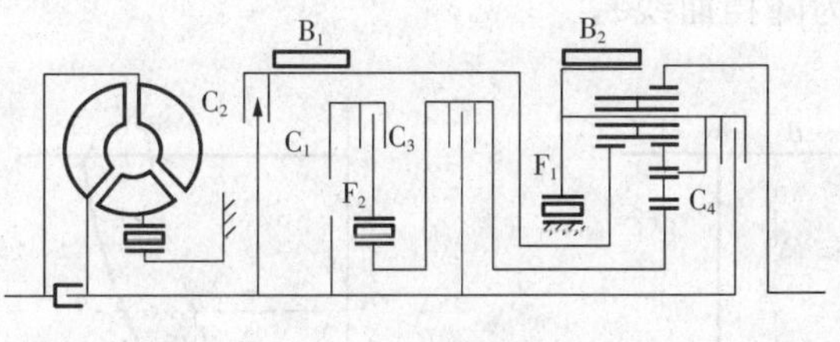

a)结构

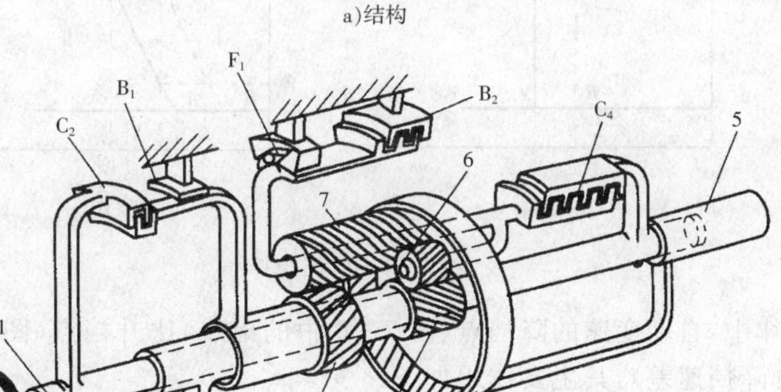

b)结构

图 7－5　拉威那式齿轮机构

1－输入轴　2－大太阳轮　3－小太阳轮　4－齿圈

5－输出轴　6－短行星齿轮　7－长行星齿轮

C_1－前进离合器　C_2－倒挡离合器　C_3－前进强制离合器　C_4－高速挡离合器

B_1－2 挡、4 挡离合器　B_2－低挡、倒挡离合器　F_1－低挡单向离合器　F_2－前进单向离合器

行星齿轮变速器的主要功用有：

① 在液力变矩器的基础上再将转矩增大 2 倍～4 倍，以提高汽车的行驶适应能力。

② 实现倒挡传动。

(3)液压控制系统

液压控制系统主要由动力源(油泵)、执行机构(油缸，包括换挡离合器油缸和制动器油缸)、液压控制机构(若干控制阀和阀体)及辅助装置(油箱、滤清器、冷却器)等几部分组成。油泵在发动机的驱动下将压力油输送到控制阀体，阀体内的控制阀起油路“开关”的作用。根据驾驶员的要求和汽车的工况，液压控制系统可开通或切断某些执行机构油缸的油路，从而使离合器结合或分离，制动器制动或释放，达到换挡变速的目的。

(4)电子控制系统

电子控制系统将自动变速器的各种控制信号输入 ECU，经 ECU 处理后发出控制指令控制液压系统中的各种电磁阀实现自动换挡，并改善使用性能。

2. 换挡规律

自动变速是根据汽车的行驶参数来控制的，这些参数主要有车速、发动机节气门开度、发动机转速、液力变矩器涡轮转速和汽车加速度等，目前应用最多的是车速和发动机节气门开度两个参数信号。自动换挡点与控制参数之间的变化规律，称为换挡规律，如图 7－6 所示(实线为升挡曲线，虚线为降挡曲线)。

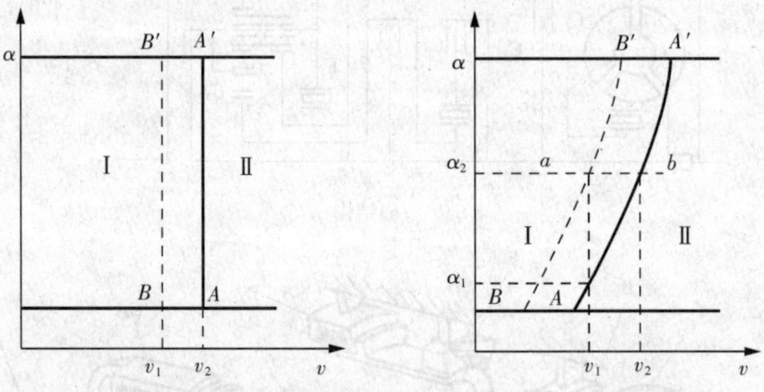

a)单参数　　b)双参数

图 7－6　换挡规律

在换挡规律中，自动变速的降挡点(图 7－6 中的虚线)比升挡点(图中的实线)晚，称为换挡延迟(也称降挡速差)，其主要作用如下：

(1)保证换挡控制的相对稳定性。当自动换入新的挡位后，不会因为油门踏板振动或者是车速稍有升降时而重新换入原来的挡位。

(2)有利于减少循环换挡(一会儿降到低挡，一会儿又升入高挡)，避免对汽车行驶性能的有害影响。

(3)驾驶员可以干预换挡，即可以通过控制油门踏板而改变换挡点，进行提前升挡或提前降挡。

(4)通过改变换挡延迟可以改变换挡点，以适应动力性、经济性等方面的不同需要。

3. 换挡规律类型

动力传动系统和汽车类型不同，换挡规律也不同。换挡规律的确定，一般需经过理论设计、台架与道路试验来完成。

(1)按照换挡延迟的变化,换挡规律可分为等延迟型、收敛型、发散型、组合型等

如图 7-7a 所示为等延迟型换挡规律。换挡延迟与节气门开度信号无关,不管节气门开度信号的大小,换挡延迟都相等。在单参数换挡规律中常用,换挡次数最少,主要用于城市公共交通车辆。

如图 7-7b 所示为收敛型换挡规律。换挡延迟随着节气门开度信号的增大而减小。大节气门开度时换挡延迟小因而有利于换入高挡,动力性好;小节气门开度时换挡延迟大,有利于减少换挡次数,可改善经济性。这种换挡规律用于经常在大节气门开度下工作的重型汽车上。

如图 7-7c 所示为发散型换挡规律。换挡延迟随着节气门开度信号的增大而增大。小节气门开度时换挡延迟小因而有利于换入高挡,燃油经济性好;大节气门开度时换挡延迟大,有利于减少换挡次数。这种换挡规律适用于行驶阻力变化不大,经常在小节气门开度下工作的轻型汽车。

如图 7-7d 所示为组合型换挡规律,由两种以上换挡规律所组成。它可以在不同的节气门开度下得到不同的换挡规律。一般是在小节气门开度时以减少油耗和污染、提高舒适性为主;大节气门开度时则以提高动力性能为主。汽车实际上采用的都是组合型换挡规律。

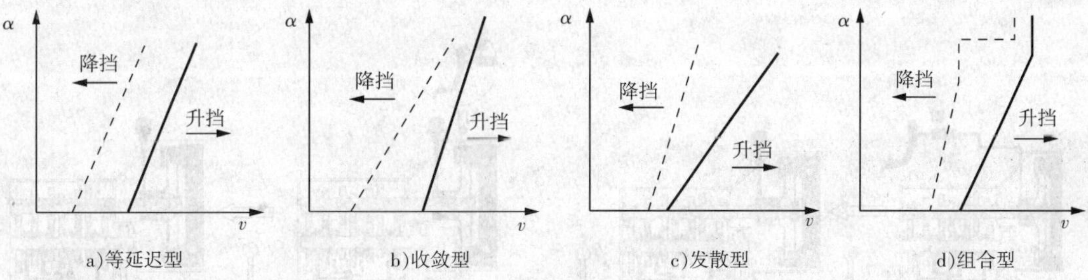

图 7-7 换挡规律的类型

(2)按照参与换挡控制的参数,换挡规律主要有单参数和双参数两种类型

单参数换挡规律是通过一个控制参数进行换挡控制的。当控制参数达到预定值时,电子控制单元(ECU)自动发出换挡控制指令,接合合适的挡位。作为控制参数,可选择节气门并度,发动机转速或车速等。这种单参数控制方法,系统结构最为简单,但动力性和经济性的要求难以兼顾。为保证良好的动力性能,升挡点多设计在发动机最高转速点。

双参数换挡规律是目前应用最多的形式。采用这种换挡控制,当两个控制参数(具有一定的比例关系)达到一定值时就自动发出换挡指令,接合合适的挡位。作为控制参数,最常用的是车速和发动机节气门开度。实际操作中,驾驶员可以通过控制节气门开度干预换挡,例如快速松开油门踏板时可以提前换入高挡,而猛踩油门踏板时则可以强制换入低挡。这种控制方法相对复杂,但可以选择最优的动力性或经济性进行换挡,或两者兼顾。

(3)按照自动变速系统的控制目标,换挡规律可分为普通型、动力型和经济型

普通型(NORM)换挡规律是指动力性和燃油经济性介于经济型与动力型之间的换挡规律。普通型换挡规律适用于一般驾驶条件下选用,以便兼顾汽车的动力性和经济性。

动力型(PWR)换挡规律是以汽车在行驶当中的动力性能(指最大车速、爬坡性能、加速

性能等)最优为目标而设计的换挡规律,设计原则主要是充分发挥发动机的功率潜力,提高汽车平均行驶速度。动力型换挡规律适用于坡道和山区驾驶,能够通过改变变速器换挡时机和变矩器锁止时机,充分利用液力变矩器增加转矩的功能来提高汽车的动力性。

经济型(ECON)换挡规律是以汽车发动机的燃油消耗最低为目标而设计的换挡规律。因为经济型换挡规律是以提高燃油经济性为目的,汽车基本上都是以经济车速行驶,所以特别适用于道路条件良好的城市和高速公路行驶时选用。

通常在换挡控制器上有这三种控制模式的选择开关。

五、机械有级自动变速器

1. 概述

机械有级自动变速器是在现有机械传动系统的基础上,以电控方式实现换挡的自动化操作。它的第一步是实现离合器操作的电气化,取消了离合器踏板,改由电机来实施离合器的分离和接合,变成了所谓的电控离合器。在此基础上,进一步把变速器换挡也改成电动自动换挡。这两者有机地联合,就成为一般意义上的机械自动变速器(Automatic Mechanical Transmission,AMT)。AMT 在自动换挡过程中存在功率中断和冲击等问题,因此努力提高装有机械自动变速器系统汽车的行驶品质是 AMT 系统的发展方向。双离合器变速器(Dual Clutch Transmission,DCT)的开发就是一个鲜明的标志。

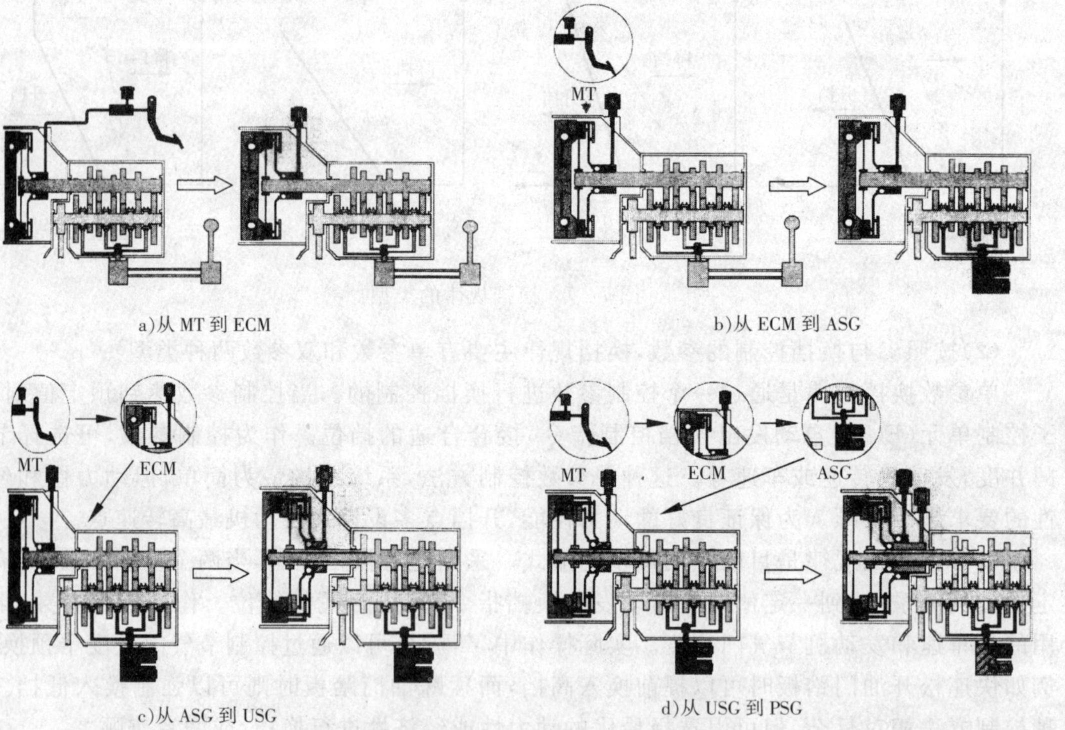

图 7-8　机械有级自动变速器的开发历程

从图 7-8 中可以大致了解机械有级自动变速器的开发历程:

机械有级自动变速器的第一步是将人力操纵离合器的手动变速器(Manual

Transmission，MT)改成电子管理操作的离合器(Electronic Clutch Management，ECM)，它的突出优点就是取消了踏板，大大减轻了驾驶员的体力。它也是开发 AMT 的基础。

第二步是将变速器换挡操作由手动改成自动，称为自动变速箱(Auto Shift Gearbox，ASG)。它用两个电机操作，一个控制选挡，另一个控制挂挡。它的优点是，通过对换挡作用点的优选，可以达到省油；此外，由于取消换挡杆，消除变速器的振动，直接向车内传递功率，有利于车内噪声的改善。

ASG 换挡时虽已自动化，但换挡时功率传递要中断，仍免不了换挡中的冲击。因此机械有级自动变速器的第三步是改用不中断换挡变速箱(Uninterrupted Shift Gearbox，USG)。它可在换挡中部分填补功率中断的空白，使换挡过程的舒适性进一步提高。在 USG 结构中离合器要改成双离合器。双离合器有两个输出，但分离操作机构仍只有一个。USG 相对 ASG 来说，费用增加很小，但因传动比固定，传递发动机的转矩仍有一定限制，更完善的是采用并列换挡变速箱(Parallel Shift Gearbox，PSG)，它的另一名称为双离合器变速器。

2. 电控机械式自动变速器(Automatic Mechanical Transmission，简称 AMT)

电控机械式自动变速器是在传统的手动齿轮式变速器基础上改进的。它结构简单，保留了干式离合器与手动变速器的绝大部分总成部件，只将其中的手动操作系统的换挡杆部分，改为自动控制机构。AMT 的生产继承性好，改造投入费用少，易于被生产厂接受，是融合了 AT 与 MT(手动)两者优点的机电液一体化的第三代变速器产品。

(1)AMT 与 AT 的区别

AMT 虽然与 AT 同样以电脑代替人的思维，其传感器相当于感觉神经，并用作动器(即执行机构)完成人手与脚的功能，但是它们之间仍有下述区别，使 AMT 在换挡控制上有更大的难度。

① AMT 换挡需要切断动力，但没有液力变矩器在起步、换挡过程中缓和冲击与振动的优越条件。

② 固定轴式变速器比旋转轴式难于自动化，一般情况下拨叉式换挡比 AT 采用离合器与制动器换挡时冲击大。

③ AMT 需在换挡过程中变化油门，远远难于定油门状态下换挡的 AT 系统。

④ AT 系统一般采用湿式多片离合器，与 AMT 采用单、双片干式离合器相比，允许长时间打滑而不会烧损摩擦片，因而有利于起步、换挡。

⑤ 由于 AT 系统中的液力变矩器具有自动适应性，坡上起步很容易，而机械式变速器则要靠驾驶员熟练的驾驶技术使制动、离合器、发动机油门三者协调工作，才能实现起步。因此 AMT 需增加坡道辅助启动装置，以提高安全性。

由于以上特点，AMT 控制功能的关键是起步与换挡。

(2)AMT 分类

① 根据执行机构的不同，AMT 可分为电液式、电气式和全电式三种。

电气式 AMT 采用气压系统为其执行机构。由于气体的体积可压缩性，因此换挡速度变慢，但对于有气源的车辆可以不用再为 AMT 增加能源、调压与蓄能器等设备，可使成本降低。

全电式 AMT 采用电动系统为其执行机构。虽在价格、质量上有优势，但调整困难，还不太适合大量生产。

电液式 AMT 采用液压系统为其执行机构，它不仅可用于高扭矩范围，有最快的换挡速度而且与其他液压系统可实现最佳配合。因此是目前应用最多的控制方式。

② 根据对发动机节气门控制方式的差异，AMT 分为刚性 AMT 和柔性 AMT。

刚性 AMT 是指加速踏板和节气门之间有固定的机械联系，柔性 AMT 是指加速踏板和节气门之间不直接机械联系，而是通过电子控制器经步进电动机等执行机构控制节气门的"软"连接。一般地，在电喷发动机上采用刚性结构，在化油器发动机上则采用柔性结构。

(3)AMT 的基本原理

AMT 的基本原理如图 7-9 所示。驾驶员通过加速踏板和操纵杆(包括选挡范围、换挡规律、巡航控制等选择器)向 ECU 传递控制信号。大量的传感器时刻掌握着车辆的行驶状态，ECU 按存储于其中的控制程序(最佳换挡规律、离合器最佳接合规律、发动机油门的自适应调节规律等)，通过液压系统对离合器的分离与接合、变速器换挡进行控制；通过发动机节气门控制机构对发动机进行供油控制，并使三者的动作与时序实现最佳匹配，从而实现汽车平稳起步与迅速换挡，使之获得优良的燃料经济性与动力性能。

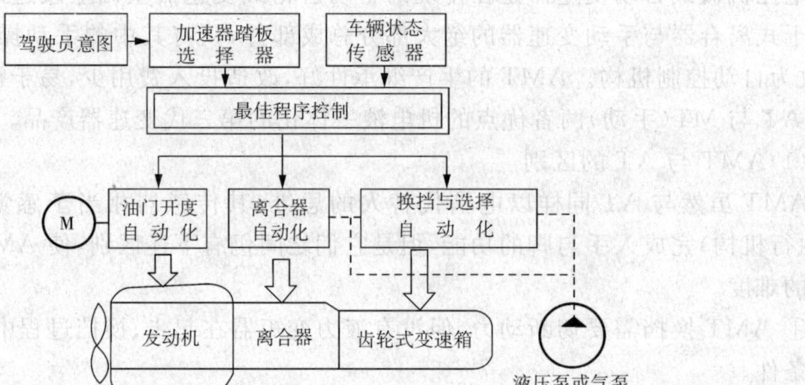

图 7-9 AMT 的基本原理

(4)离合器的自动控制

AMT 没有离合器踏板，离合器的工作需与发动机节气门及换挡操纵配合协调，控制系统对这种配合的要求很高。只有实现离合器的最佳接合，才能保证汽车起步、换挡过程的质量，减少对传动系统零部件的冲击，延长这些零部件的使用寿命和提高乘坐舒适性。

从离合器分离到接合为止，其行程大致可分三个阶段(图 7-10)：

图 7-10 离合器行程与传递转矩关系

第一个阶段，零转矩传递。此阶段无转矩传递，故接合速度较快，可实现快速起步或减少换挡时功率中断的时间。

第二个阶段，转矩传递急速增长。此阶段速度较慢，以获得平稳起步或换挡，提高乘坐舒适性和减少传动系冲击载荷；但过慢的速度又会造成滑摩时间长，影响离合器寿命，故需控制在一定时间内完成。

第三个阶段，恒转矩传递。此阶段速度也较快，以使压紧力尽快达到最大值，并保留分离轴承与分离叉之间的间隙。

离合器最佳接合规律一般是根据节气门开度、发动机转速、挡位、坡度及车速等影响离合器接合的因素来确定的。

① 节气门的开度：节气门踏板的操纵反映了驾驶员的意图，被用于控制离合器的接合速度。在离合器接合的前阶段，其速度正比于节气门开度。但在踩下节气门踏板准备启动发动机时，离合器不接合，而需发动机达到目标转速（即发动机在该节气门开度下最大转矩对应的转速）后才平稳接合，以防止熄火。在离合器接合的后阶段，因发动机与变速器输入轴已接近同步，接合速度不再受节气门控制。

汽车起步时离合器接合的速度分缓慢、正常和急速等不同程度，主要按节气门踏板的踏入量来控制。中、高车速范围时的离合器控制，除受节气门大小的影响外，还与节气门开度的变化率有关。

② 发动机转速：离合器接合时，发动机转速会出现变化。接合的速度越快，转速的波动量越大。为防止发动机输出转矩小于离合器从动轴转矩，使发动机转速下降过低而引起车身振动甚至发动机熄火，控制系统需先计算发动机的目标转速。如果发现该节气门开度下发动机的转速小于目标转速，则离合器分离，停止接合。

③ 挡位与车速：由于变速器输出转矩的大小与挡位及传动比成正比，低挡传动比大，后备牵引力就大，从而使汽车的加速度也大，传动系统可能产生的动载荷也越大。因此从提高离合器接合平顺性、乘坐舒适性及减小动载考虑，应放慢离合器接合速度，故低挡时换挡时间长，如图 7－11 所示。此外，由于车速间接地反映了外界的负荷大小，在同一节气门开度下行驶时，车速越高说明外部阻力越小，所以离合器接合速度可以加快。

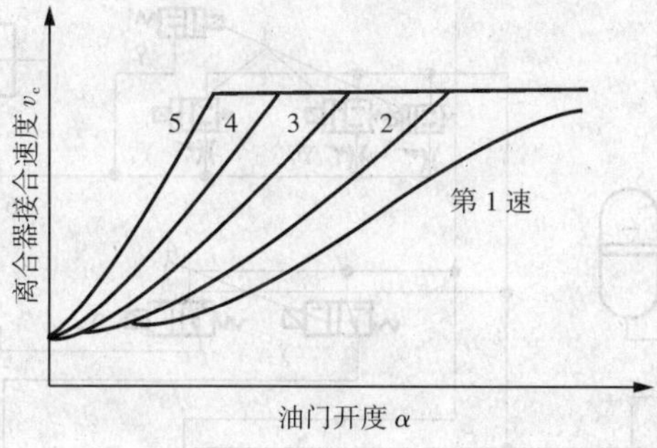

图 7－11　离合器接合速度与挡位关系

④ 坡度与载荷：道路坡度和汽车载荷的增加，均会引起发动机转速的峰值及输出转矩的明显变化。为了降低动载荷与提高接合平稳性，离合器的接合速度被适当放慢。

离合器的执行机构有液动和气动两种。如果从使用性能来看，液动的执行机构要优于气动的，但对已有气压系统的汽车而言，使用气动方案可降低成本。

图 7－12 所示为一种液动系统的执行机构，其中右上部分是离合器操纵机构。当电磁阀 2

接通后，压力油进入液压缸 3 的左腔，推动活塞 1 右移，使离合器分离；离合器行程传感器 4 则将离合器的位置信号随时提供给微电脑，以使微电脑能根据工况对电磁阀进行控制，达到离合器适时分离或接合的目的。当关闭整车电源开关后，电磁阀电流也被切断，离合器接合。

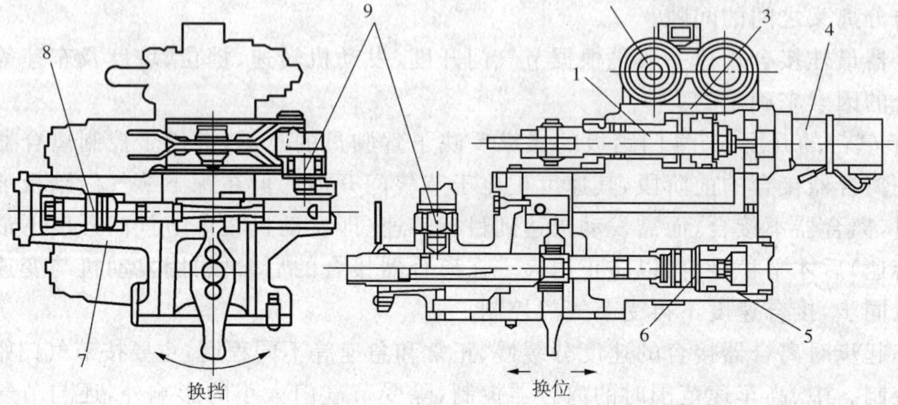

图 7-12　液动系统的执行机构

1—离合器缸活塞　2—电磁阀　3—离合器液压缸　4—离合器行程传感器　5—换位液压缸
6—换位缸活塞　7—换挡液压缸　8—换挡缸活塞　9—挡位开关

(5)变速器换挡的自动控制

变速器换挡自动控制有换挡和换位两种执行机构，如图 7-13 所示，采用的是双作用液压缸，分别由电磁阀 Y_5、Y_6 和 Y_7、Y_8 操纵。液压缸在空间的布置相互正交(图 7-12)，故称 x—y 换挡器，它们各自有三个工作位置，运动范围组成"王"字型。活塞工作的三个位置，两端的两个由缸壁或挡板限位，中间位置由液压压力差自动定位。换挡操纵与手动变速器相同。

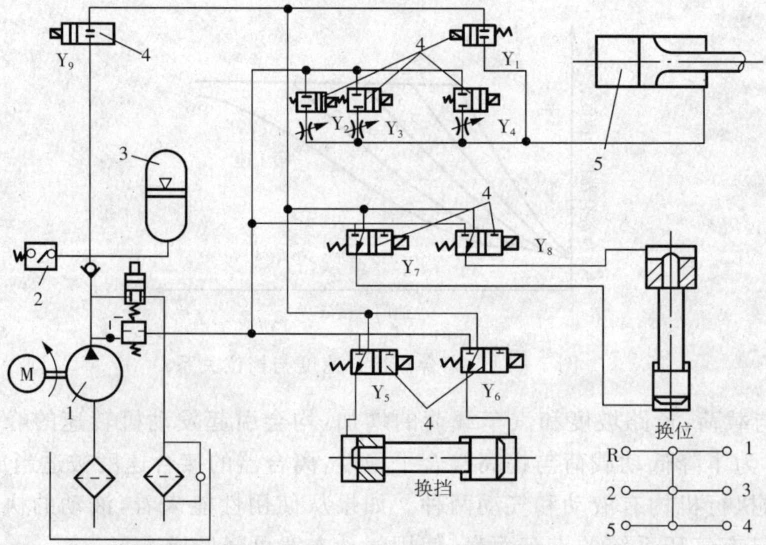

图 7-13　AMT 的液动系统

下面以一挡换二挡为例进行说明。微电脑发出指令，首先分离离合器，同时减小发动机节气门，换挡电磁阀 Y_5、Y_6 接通，压力油经顺序阀流入换挡液压缸，在压力差的作用下活塞左移，从一挡位置退回到空挡。然后换挡电磁阀 Y_6 再通入压力油，阀 Y_5 接回油，换挡缸动作，换入二挡。此时，换挡开关传递信息给微电脑，告知换挡动作已完成，所有电磁阀均被断电，操纵力解除。与此同时，离合器接合，节气门开度按自适应要求重新调节，在新的开度下工作。

(6)发动机节气门开度的自动控制

节气门控制的方法通常是用步进电机代替机械传动。节气门踏板的行程通过传感器传至微电脑，电脑再按对应的开度控制步进电机。在正常行驶时，加速踏板踩下行程与步进电机驱动的节气门开度是一致的。在换挡过程中，步进电机按换挡规律要求先松节气门，以便挂空挡，在挂上新挡并接合新离合器的同时，按微电脑中设置的自适应调节规律供油。然后再回到正常的节气门开度。

节气门执行机构的主要部件步进电机，是由输入脉冲改变其电磁铁励磁条件而转动一定角度的电动机。它的控制电路保证了电压的变化不会对电动机的输出转矩产生影响。

(7)坡道辅助起步装置

为使汽车在坡道上起步时，节气门踏板和制动踏板之间的操纵配合变得容易，不至于因节气门跟不上而发生汽车倒溜；或者防止由于制动器动作不当时，发动机熄火，设有坡道辅助起步装置，以提高在坡上起步时的安全性。

坡道辅助起步装置(Hill Aid Starting，HAS)的系统如图 7-14 所示。它由主液压缸、HAS 阀、压力调整装置、制动器组成。坡道辅助起步装置的工作状态由相应的条件决定。

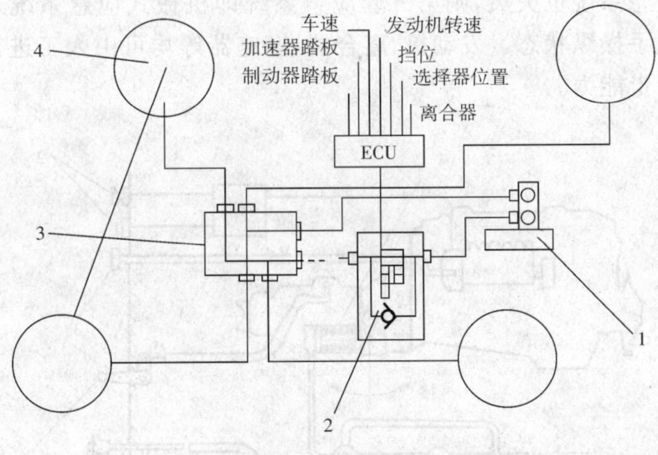

图 7-14 坡道辅助起步装置

1—主液压缸 2—HAS 阀 3—压力调整装置 4—前、后、左、右制动器

当节气门踏板放松、离合器分离、制动踏板踩下、发动机正常运转和选挡手柄置于行驶位时，HAS 阀保持制动状态。其中，节气门踏板放松、离合器分离和制动踏板踩下的条件是为了不发生误操作而进行强制制动。

当离合器已进入接合状态，开始传递驱动力；节气门踏板被踩下，车速达 3km/h 以上时，则认为汽车已起步，HAS 阀可以松开。

如点火开关断开，或选挡手柄置于空挡位，则 HAS 自动解除。

HAS 阀的结构如图 7－15 所示，其内装有电磁止回阀。当电磁线圈无励磁时，HAS 阀处于开放状态，制动器按通常情况工作（图 7－15a）。当电磁线圈通电时，电磁力推动芯杆，将阀门关闭，保持车轮轮缸内的制动油压不会降低（图 7－15b）。如果压力不够，可踩下节气门使制动油压进一步上升，通过单向止回阀向轮缸输入高压油（图 7－15c）。

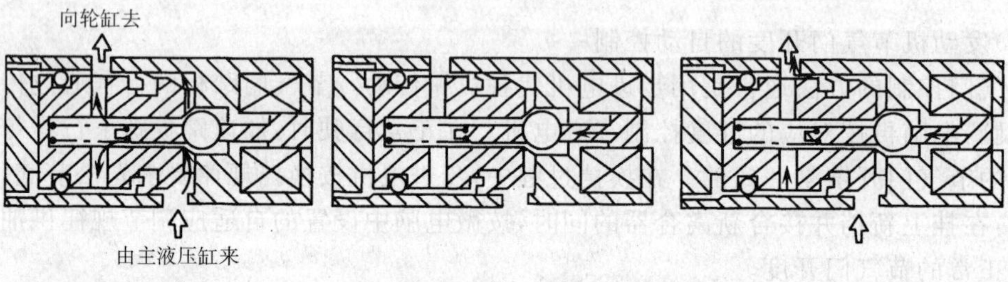

图 7－15　HAS 阀

(8)应急系统

当 AMT 控制系统出现故障时，则第一套应急系统即电控式应急系统进入工作状态。其工作过程是首先双机控制单元的两个控制单元互相检测彼此的工作状态是否正常。如果主单元出现的故障较严重，以致不能完成控制功能，指示灯亮，主机自动切换到应急系统工作，此时驾驶员可观察运行是否正常；如工作仍不可靠，则通过换挡开关转向应急系统位置，微电脑退出对系统的控制，整车只能在低挡或倒挡行驶，维持基本行驶能力。

如果电控式应急系统也失灵，则第二套应急系统即机械式应急系统进入工作。整个变速控制系统恢复至手操纵状态。发动机、离合器、变速器等均可由人工进行操纵（图 7－16），汽车可维持基本行走能力。

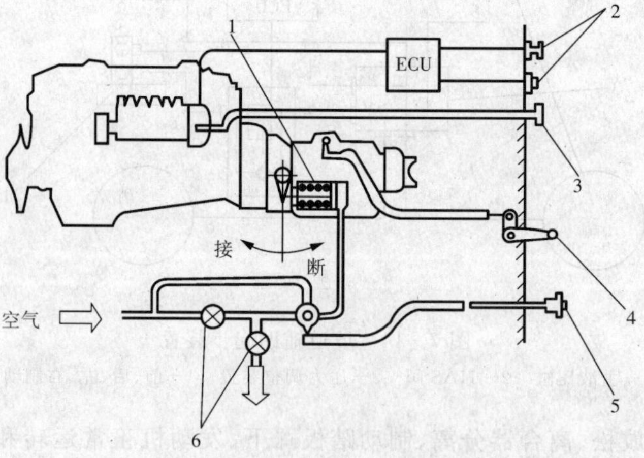

图 7－16　机械式应急系统

1—弹簧、汽缸　2—紧急用替换开关　3—紧急用发动机停止按钮
4—安全用变速杆　5—安全用离合器控制旋钮　6—电磁阀

3. 双离合器自动变速器

双离合器自动变速器(DCT)是传统意义上 AMT 的发展,它进一步解决了不中断动力变速器(USG)在换挡时不能一步到位的缺点。

(1)双离合器自动变速器的基本工作原理

双离合器自动变速系统的基本工作原理相当于采用两套变速器和两个离合器,一个变速器处于工作状态时,另一变速器空转。通过两个离合器的切换来实现两变速器交替进入工作状态,可以在动力中断时间很短的情况下完成换挡过程。

双离合器自动变速系统主要有 C1、C2 两个离合器,以及按奇、偶数挡位分别与两个离合器布置连接的变速器齿轮组组成,如图 7-17 所示。其中,Ⅰ、Ⅲ、Ⅴ挡与离合器 C1 连接在一起,Ⅱ、Ⅳ、R 挡连接在离合器 C2 上。当车辆以某一个挡位运行时,下一个即将进入运行的挡位可以始终处于啮合状态;当达到下一个挡位的换挡点时,只需将正处于接合状态的离合器分离,将处于分离状态的离合器接合,即切换两个离合器的工作状态,就可以完成换挡动作。由于在两个离合器的切换过程中只会使发动机动力传递出现一个减弱的过程,而不需要完全切断动力传递,因此,DCT 实现的是动力换挡,其换挡过程与 AT 的换挡过程基本类似。其控制原理如图 7-18 所示。

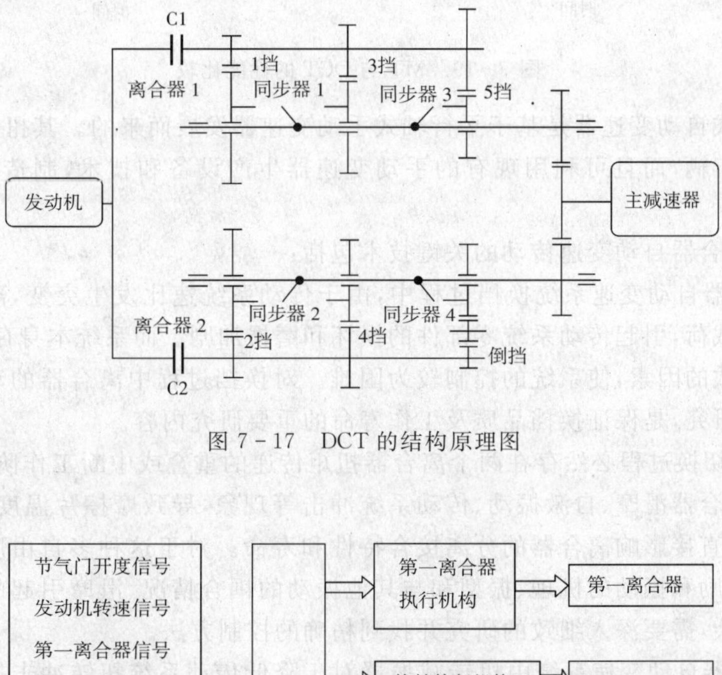

图 7-17 DCT 的结构原理图

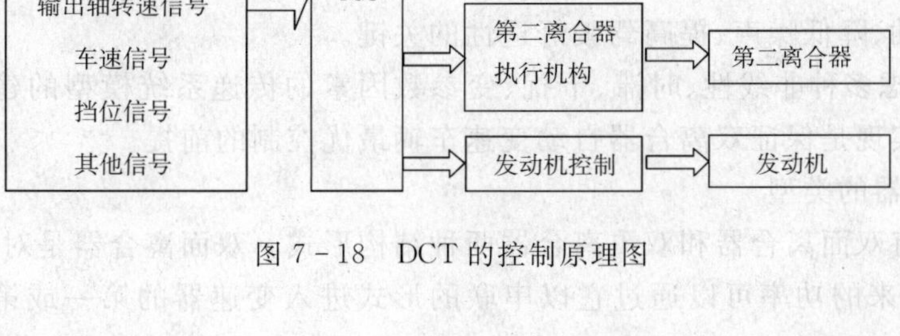

图 7-18 DCT 的控制原理图

(2)双离合器自动变速器的特点

双离合器自动变速器(DCT)在一个挡位工作时,可预选下一个挡位,换挡时只是离合器的切换。换挡时间不会超过 0.2 秒,使换挡在动力传递不中断的情况下完成,从而消除了电控机械变速器(AMT)换挡时的扭矩振荡冲击,实现了换挡过程的动力换挡。既保留了 CVT 和 AT 自动变速器换挡特性好的优点,又继承了手动变速器传动效率高、结构紧凑、重量轻、价格便宜等许多优点。而且由于车辆不再产生换挡动力切断引起的冲击,在保证了车辆的动力性和经济性的同时,也极大地改善了车辆运行的舒适性。如图 7-19 所示。

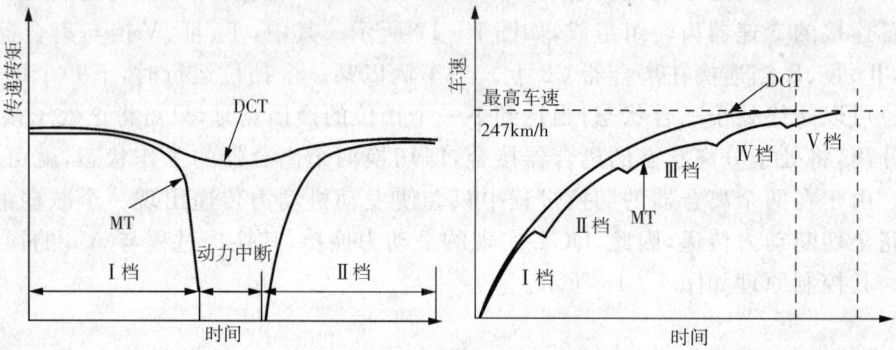

图 7-19　MT 与 DCT 的性能比较

双离合器式自动变速器是基于平行轴式手动变速器发展而来的。其扭矩传递能力适合于各种排量的车辆,而且可利用现有的手动变速器生产设备和技术,制造难度较 CVT 和 AT 低。

目前,双离合器自动变速传动的关键技术包括:

① 双离合器自动变速系统换挡过程中,由于传动系统速比发生突变,离合器切换时将产生较大的动载荷,引起传动系统零部件的损坏和磨损加剧。而系统本身存在的非线性、时滞、干扰、变参数的因素,使系统的控制较为困难。对换挡过程中离合器的动力学机理及动态响应特性的研究,是保证换挡品质及工作寿命的重要研究内容。

② 离合器切换过程必然存在两个离合器扭矩传递的重叠或中断工作阶段,造成扭矩突变,从而产生离合器滑摩、自激振动、传动系统冲击等现象,导致摩擦片温度升高,产生变形甚至烧蚀破坏,直接影响离合器的分离接合特性和寿命。对于这种多自由度扭转振动传动系统,系统的激励和振动的机理、振型和与其他振动的耦合情况、滑摩引起的摩擦系数的变化等均十分复杂,需要深入细致的研究并找到精确的控制方法。

③ 双离合器自动变速系统中扭转减振器对于降低传动系统扭转冲击振动作用极其重要,扭转减振器工作机理以及结构参数变化对减振作用的影响的研究是保证汽车各种行驶工况下减少振动、降低噪声、提高驾驶舒适性的关键。

④ 综合考虑多种非线性、时滞、干扰、变参数因素的传递系统模型的建立,匹配控制策略的制定及其实现是保证双离合器自动变速车辆最优控制的前提。

(3)双离合器的类型

双离合器有双面离合器和双重离合器两种结构形式。双面离合器是对单面离合器的改进,从发动机传来的功率可以通过它以串联的形式进入变速器的第一或第二输入轴,如图

7-20所示。

双重离合器采用两个单独的离合器分别传递动力，发动机的功率通过双重离合器以并联的形式从两路传递到变速器，如图7-21所示。

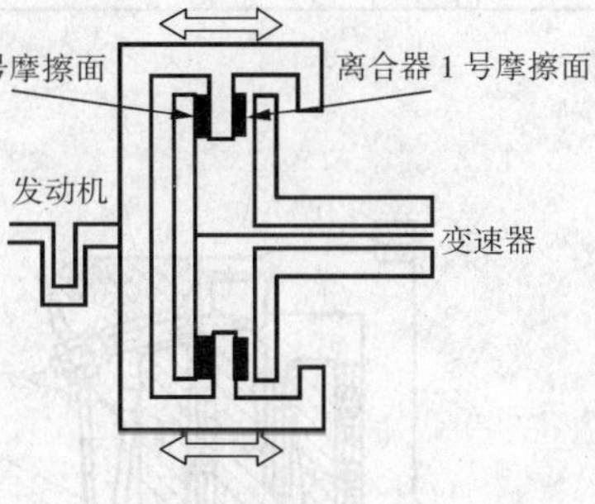

图7-20　双面离合器

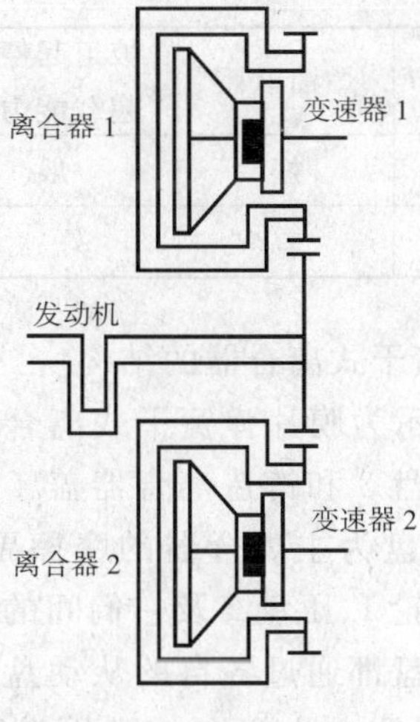

图7-21　双重离合器

双面离合器和双重离合器在应用中各有优缺点，其性能对比如表7-1所示。

表7-1　双面离合器与双重离合器性能对比

	功率中断时间	离合器形式	换挡品质	车辆燃油消耗	结构复杂性	控制	费用	质量	包装	润滑
双面离合器	短	干式	良好	改善	不复杂	相同	稍微增加	稍微增加	很好	传统形式
双重离合器	无	湿式	极好	显著改善	很复杂	相同	明显增加	明显增加	很好	非标准

DCT中双重离合器的构思并不是新的发明，它是拖拉机上曾用过的双作用离合器（其中一个作为主离合器，另一个作为功率输出用辅助离合器）在汽车上创新性的应用。现有的双重离合器有干式双离合器和湿式双离合器两种。

干式离合器可以通过压板和飞轮吸收较大热量，对滑摩产生热量的速度不敏感。但因为空气散热较慢，热量不易在短时间内散发出去，因此它受滑摩产生的总热量限制。干式离合器适于在短时间内结合，这样滑摩时间短，产生的热量少。目前，干式离合器采用膜片弹簧作压紧弹簧，可使得离合器结构大为简化，质量减轻，并显著地缩短了离合器的轴向尺寸。

湿式离合器用油冷却摩擦片，它受限于产生热量的速度，但不受总热量的限制，所以适用于离合器结合过程中压力逐步增加、发热速度较慢的场合。在设计中可以选用较小的离合器储备系数，并控制加压油缸的油压增长速度，使摩擦扭矩逐步增加。

湿式离合器工作环境对外全封闭，免受了外界温度、粉尘及内部机油的影响，工作性能稳定，而且由于摩擦副间有油膜存在，接合过程中为混合摩擦状态，因此接合过程平顺。但工作过程中需要采用强制冷却系统，同时由于摩擦片间油膜的产生，导致不能彻底分离，从而造成功率损失。另外,湿式离合器结构比干式离合器的复杂,制造难度大,制造成本高。干式和湿式离合器的性能如表 7-2 所示。综合几方面的性能,DCT 中常采用膜片弹簧干式离合器。

表 7-2　干式与湿式离合器的比较

	燃油消耗	坡道起停超载能力	零部件的继承性	装配空间尺寸	失效保护性能	换挡可控性能
干式离合器	好	一般	好	一般	好	好
湿式离合器	差	好	一般	一般	一般	一般

(4)膜片弹簧干式离合器的结构

图 7-22 所示为膜片弹簧干式离合器的一种结构形式。压盘 3 和铸造离合器盖 4 的表面及它们间的从动盘为主离合器的摩擦副,另一摩擦副就是由飞轮 1、压盘 2 及它们间的从动盘所组成。两从动盘都通过各自的从动盘毂分别输出功率,压盘 2 和 3 之间有一膜片弹簧 5,为主、辅离合器所共有。主、辅离合器各有一套分离杆 6 和 8,但分离轴承 7 为两者共用。

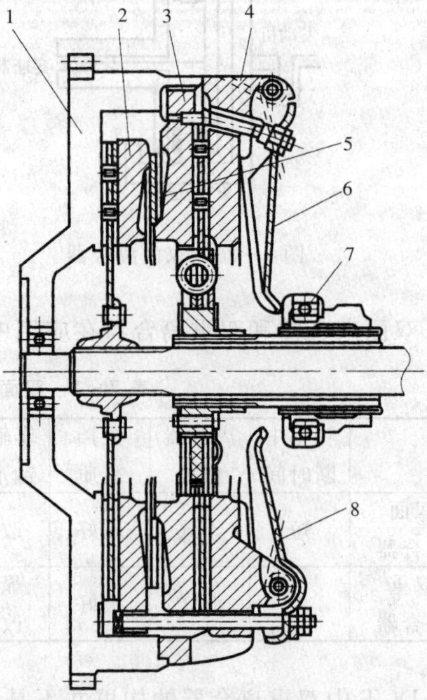

图 7-22　膜片弹簧干式离合器

1—飞轮　2—压盘(前)　3—压盘(后)　4—离合器盖　5—膜片弹簧　6、8—分离杆　7—分离轴承

主、辅离合器可以有三种工作状况:

① 同时起作用,双功率平行输出;

② 主离合器分离,辅助离合器接合,单纯功率输出;

③ 主、辅离合器全都分离,无任何功率输出。

(5)双离合器自动变速系统的换挡过程

双离合器自动变速系统的换挡过程是一个离合器分离,同时另外一个离合器接合的过程。两离合器切换之前目标挡位已经进入预选状态。具体的换挡过程包括两部分:首先预选无转矩传递的下一挡位,然后两离合器之间动力的切换。

两离合器之间的动力切换包括两个阶段:

① 转矩相:发动机转矩由离合器 C2 传递转变为由离合器 C1 传递;

② 惯性相:调节发动机转速使其与离合器 C1 转速同步。

为了保证换挡过程中动力不中断,实现平顺换挡,离合器的分离、接合应有重叠时间,称为换挡重叠。如图 7-23 所示为换挡重叠对传动系的影响。从图中可以看出由不同的双离合器切换控制时序引起的三种换挡重叠情况:

① 重叠合适(图 7-23 中实线)。发动机转速变化平稳,变速器输出转矩振荡小,离合器滑摩功小;

② 重叠不足(图 7-23 中虚线)。此时双离合器自动变速器传递功率极小,由此引起发

动机空载超速，变速器输出转矩振荡大，严重时会发生挡位的双锁死，离合器滑摩功较大，车辆加速性变坏；

③ 重叠太多(图 7 - 23 中点划线)。双离合器循环摩擦功率较大，离合器片滑摩严重，同时消耗发动机功率使发动机转速急剧下降，变速器输出转矩振荡大，这种换挡重叠是不允许的。

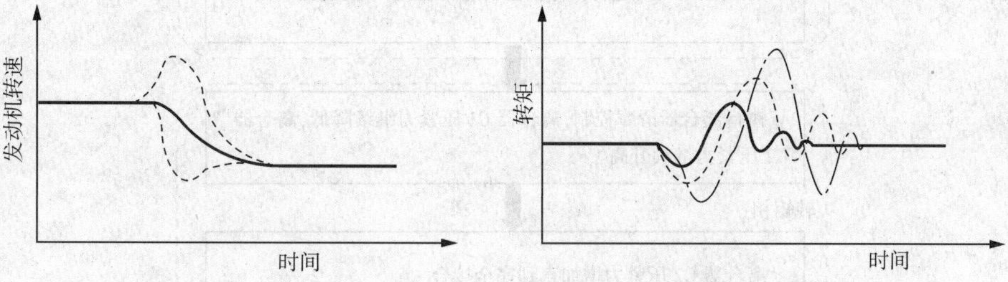

a)换挡重叠对发动机转速的影响　　b)换挡重叠对传动系输出转矩的影响

图 7 - 23　双离合器换挡重叠对传动系的影响

两离合器的切换控制策略与行星齿轮自动变速系统的控制策略基本相同。但由于结构设计的不同，特别是双离合器自动变速系统不能使用单向离合器的限制而使转矩相的控制相当困难，其主要原因是两离合器的接合和分离时序控制要达到相当精度。换挡重叠过多引起两离合器之间功率循环，传动系输出转矩不足而使车辆冲击度过大并有可能引起发动机熄火；换挡重叠不足引起传动系动力中断并有可能引起发动机出现超速运转。因此双离合器自动变速系统换挡过程的关键问题是控制两离合器切换的时序。

当双离合器自动变速系统升挡时(图 7 - 24)，首先进入转矩相初始阶段，离合器 C2 压紧力降低到开始滑摩的压紧力附近。该值越接近，传动系转矩越小。在转矩相第二阶段，两离合器都处于滑摩状态，离合器滑摩控制系统控制离合器 C2 的滑转率在 5%附近，且不能出现负转矩。转矩相结束时，离合器 C2 压紧力降低到零，进入惯性相阶段。在惯性相初始阶段，离合器 C2 压紧力降低到零而分离，这时需控制发动机转速与目标挡位转速相适应，发动机转速控制可以通过调节节气门开度和点火提前角来实现。转矩相结束时离合器 C1 压紧力升高到完全接合时的压紧力。

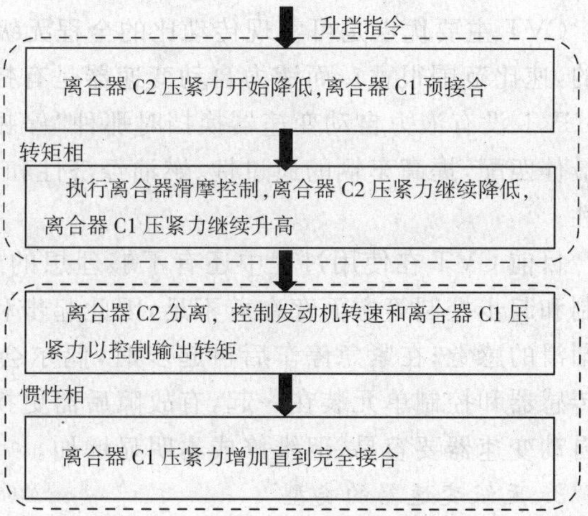

图 7 - 24　DCT 升挡控制过程

降挡过程时双离合器的切换控制与升挡过程相反(图 7 - 25)，以惯性相开始，转矩相结束。通常在降挡时，换挡重叠最好是稍微的重叠不足，这样发动机可以在离合器分离后卸载升速，有利于结合离合器的同步。

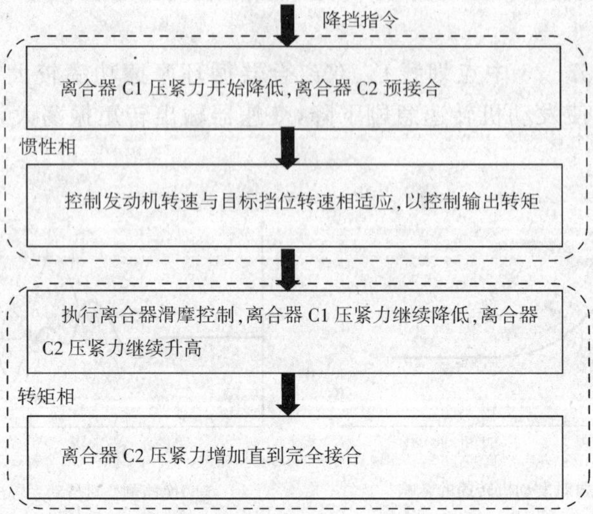

图 7-25　DCT 降挡控制过程

六、无级变速器

1. 概述

目前，在汽车上广泛使用的是由变矩器和行星齿轮机构组合而成的自动变速器，但这种自动变速器存在着传动比不连续、效率不高等明显的缺陷。无级变速器(CVT)采用传动带和工作直径可变的带轮与普通齿轮式变速器传递动力。无级变速器里的行星齿轮机构、离合器和制动器，只负责前进挡和倒挡的转换，而车速的变化最终是通过带轮活动面上的位移来实现的。因此可实现传动比的全程无级连续改变。

CVT 主要优点是可实现传动比的全程无级连续改变，即前进挡位是由无数个速比点组成的，速比范围很宽。而液力自动变速器是有挡位的，仅在两挡之间才可实现无级变速。因此，CVT 没有液力自动变速器换挡时那种"停顿"的感觉，从而得到传动系统与发动机工况的最佳匹配，提高车辆的通过性、燃油经济性和动力性，改善驾驶者的操纵方便性及乘坐舒适性。

目前 CVT 在使用过程中还有不够理想的地方，主要表现在：变速控制、传动带夹紧力控制和起步控制等方面存在着不足，因此起步和低速行驶时会有种无级变速器独特的滞涩、不圆滑的感觉；在紧急停车后再起步时，偶尔会发生低速无法起步的现象；由于 CVT 的主要传感器和控制单元装在一起，有故障后需更换时要连同控制单元一起更换，虽然故障诊断比自动变速器要容易，但维修成本明显增加。

2. 无级变速器的类型

根据无级变速器工作原理，可以分为机械无级变速器、液压无级变速器和电力式无级变速器三种。目前常见的机械传动式无级变速器是锥块金属 V 带式传动，使用在轿车上。液压传动式无级变速器(Hydro Static Transmission，简称 HST)，应用于工程车辆和农业机械中。电力式无级变速器主要用于电动汽车。

机械无级变速器又可分为摩擦式、链式、带式和脉动式四种。

(1)摩擦式无级变速器：靠旋转体间的接触摩擦力来传递动力，通过改变输入、输出的作用半径，连续地改变了传动比。金属带式无级变速器也属于摩擦式无级变速器。

(2)链式无级变速器：链式无级变速器的变速传动机械由主、从动链轮及套于其上的钢质挠性链组成，利用链条左右两侧面与作为链轮的两锥盘相接触所产生的摩擦力进行传动，并通过改变两锥盘的轴向距离来调整它们与链的接触位置和工作半径，从而实现无级变速传动。链式无级变速器与一般利用链与链轮啮合的链传动是不同的。目前应用最多的是滑片链式变速器。

(3)带式无级变速器：带式无级变速器的变速传动机构是由作为主动带轮(也称初级轮)、从动带轮及张紧在其上的传动带组成(图 7－26)。每个带轮都是由两个带有斜面的半带轮组成一体，其中一个半轮是固定的，另一个半轮可以通过液压控制系统控制其轴向移动，两个带轮之间的中心距是固定的。由于两个带轮的直径可以连续无级变化，所以形成的传动比也是连续无级变化的。

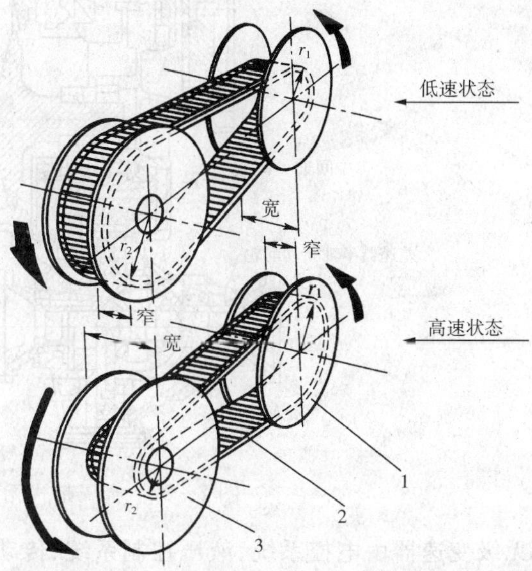

图 7－26　带式无级变速器的变速原理

1－主动带轮　2－金属传动带　3－从动带轮

带式无级变速器按传动带材料不同，可分为橡胶带、金属带和金属链三种。

带式无级变速器根据传动带的形状不同分为平带无级变速器和 V 形带无级变速器。V 形带无级变速器根据传动带的不同又可以分为普通 V 形橡胶带无级变速器和 V 形钢带无级变速器。V 形钢带无级变速器和链式无级变速器由于其 V 形钢带和传动链传递功率大、传动效率高和工作寿命长等优点而被用在现代汽车上。

(4)脉动式无级变速器：脉动式无级变速器的变速传动机构主要由三至五个连杆机构组成，或者是由连杆与凸轮和齿轮等机构组成，其工作原理与连杆机构相同，但为了使输出轴能够获得连续的旋转运动，需配置输出机构(如超越离合器)。

轿车无级变速器按起步装置不同，可分为电磁离合器式、电子控制湿式摩擦片式和液力变矩器式三种形式。

(1)电磁离合器式：重量和尺寸大，热负荷能力低，一般仅用于微型车辆上。

(2)电子控制湿式摩擦片式：结构尺寸小，响应快，能量损失小，用在中排量轿车上。

(3)液力变矩器式：起步转矩大，坡道起步性能好，驾驶容易，蠕动性能好(靠液力传动进出车库)，而且能减轻因发动机转矩不均匀所引起的振动和冲击。

3. 无级变速器的结构组成

金属带式无级变速器的结构如图 7－27 所示。汽车的横置发动机通过变速器壳内的离合器与换向机构带动金属带锥盘变速器、主减速器、差速器和差速器半轴齿轮等，通过半轴带动左右万向节轴驱动前轮。

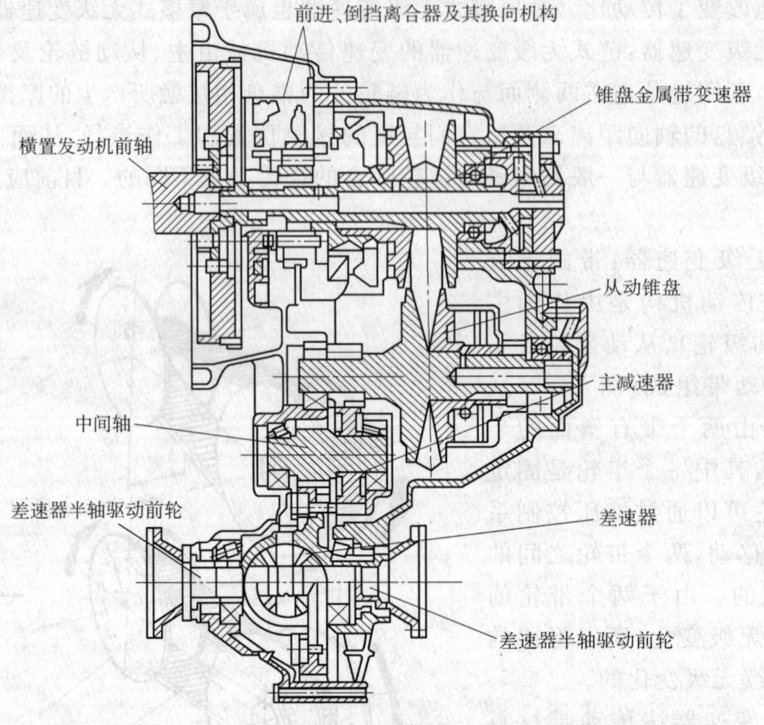

图 7-27　金属带式无级变速器的结构

无级变速器由电控系统、液压控制系统、传动装置、速比调节装置、安全缓冲装置和金属带组成。

(1)电控系统

无级变速器电控系统主要由传感器、控制单元和执行器(电磁阀)等组成。该系统主要作用是根据发动机转速、车速和换挡控制等信号,控制电磁离合器以及主、从动伺服液压缸的压力,从而实现自动变速。

常见的传感器有节气门位置传感器、输入轴转速传感器、车速传感器、变速器液压传感器等。开关信号主要有手动增减挡模式开关、强制降挡开关、制动开关信号等。

无级变速器的执行器主要是电磁阀,分别控制速比变化、离合器和制动器的工作油压、离合器和制动器的工作温度和压力过高时迅速分离。如变速杆锁止电磁阀、主动轮压力电磁阀、从动轮压力电磁阀和起步离合器压力电磁阀等。

(2)液压控制系统

液压控制系统主要由油泵、主阀体、控制阀、离合器和制动器等组成。主阀体通常由螺栓固定在飞轮壳上,控制阀则装在变速器内的控制单元旁边。

无级变速器主动轮与中间轴主动轮的啮合与分离是靠起步离合器完成的。前进挡和倒挡的转换是靠前进挡离合器和倒挡制动器的接合与分离完成的。在汽车无级变速器中通常采用的离合器换向机构,是由摩擦片式离合器和行星轮式换挡机构所组成的,无级变速器一般采用前进挡离合器、倒挡离合器和行星齿轮机构所组成。

(3)传动装置

无级变速器传动装置主要由行星齿轮机构和四根平行轴组成。

行星齿轮机构主要由太阳轮、行星齿轮和齿圈组成。其中太阳轮通过内花键与输入轴相连，齿圈与前进挡离合器相连。行星齿轮机构负责前进挡和倒挡的转换。在前进挡时，行星齿轮没有自转，只是随行星架一起公转。倒挡时倒挡制动器行星架被固定，行星齿轮只能自转，齿圈旋转方向和太阳轮相反。

四根平行轴是输入轴，主动轮轴即主动锥盘轴，从动轮轴即从动锥盘轴以及主传动轴（包括中间齿轮轴、主减速器和差速器轴）。其中输入轴、主动轮轴和发动机曲轴呈直线布置，主动轮轴和从动轮轴上均有由活动面和固定面组成的带轮，两个带轮通过钢带连接。

(4)速比调节装置

速比调节装置是无级变速器的关键部件，其作用是使变速器在多种传动比之间连续调整，最终自动选用最佳传动比，使发动机始终处于理想传动比范围之内。

无级变速机构主要由主、从动工作轮组成。主动工作轮由固定部分（固定锥盘）和可动部分（可动锥盘）组成，从动工作轮也是由固定部分和可动部分组成。主、从动工作轮的可动部分可做轴向移动；工作轮的固定部分和可动部分间形成V形槽，金属带在槽内与它啮合；工作面大多为直线锥面体，也有球面锥体、复合母线锥体。在控制系统的作用下，可动锥盘依靠钢球—滑道结构做轴向运动，可连续地改变传动带的工作半径，从而实现无级变速传动。

(5)安全缓冲装置

无级变速器的安全缓冲装置主要是起步离合器蓄压器和起步离合器减压阀，它们都装在发动机的飞轮上。起步离合器减压阀负责在挂挡的瞬间将蓄压器的背压油泄入油底壳，保证蓄压器起到缓冲作用，对工作油压起稳定作用，防止前进挡离合器和倒挡制动器因接合过快而发生挂挡冲击。

装在飞轮上的减振缓冲盘使发动机和传动系之间的刚性连接变成挠性连接，并使传动系的振动频率始终低于发动机的振动频率，避免了因发动机和传动系产生共振而造成的变速器在中速区域急剧改变车速时的异常响声。

(6)金属带

金属带组件由多个金属片和两组金属环组成，如图7-28所示。每个金属环的厚度为1.4mm。它在两侧工作轮挤压力的作用下传递动力。每组金属环由数片厚为0.18mm的带环叠合而成。在动力传递过程中，它正确地推动引导金属片的运动。

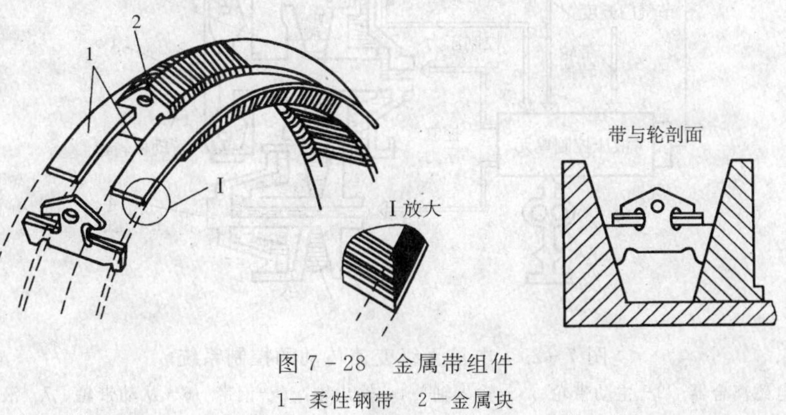

图7-28 金属带组件

1—柔性钢带 2—金属块

4. 无级变速器的工作原理

如果仅仅移动某一个工作轮的移动盘,则其上的金属带将沿锥面向工作轮外沿移动,而另一工作轮上的金属带在张力的作用下将沿锥面向工作轮内沿移动,因此而造成工作节圆变化。为保证金属带维持稳定工作于节圆上,必须同时移动另一个工作轮的移动盘。

工作轮可动部分的移动将产生传动比的变化,同时也导致对金属带夹紧力的变化。通过大量的试验与数据分析计算得知:主、从动工作轮上的夹紧力存在着特定关系;就主动轮而言,则夹紧力与节圆工作半径以及传动比存在特定关系。所以,CVT 控制问题可归结为如下两个目标:

(1)金属带夹紧力控制。为了提高传动效率,必须合理控制对金属带的夹紧力。如夹紧力过小,则金属带在轮上滑转。这不仅降低传动效率,还加快金属带与轮的磨损,缩短带与轮的使用寿命。而夹紧力过大,因为除带的节圆层外,带与轮之间必然存在滑动,故夹紧力过大也将增加不必要的摩擦损失,同样也会降低传动系的效率。同时,还会导致金属带的张力过大,缩短带的使用寿命。因此,CVT 需要根据汽车的运行条件,始终把夹紧力控制在目标值的小范围内。

(2)速比控制。在汽车的所有运行工况,为了满足它的经济性和动力性要求,CVT 应使传动系的速比在汽车的行驶阻力和发动机输出功率之间,按驾驶员的意图自动实现动态最佳匹配,把汽车的经济性、动力性发挥到极限状态。

通常 CVT 根据车辆控制目标确定主(从)动轮移动盘控制油缸压力,则从(主)动轮工作油缸压力也跟随做相应调整。车辆设计原则的不同导致优先控制对象的区别,但原理与方法则基本相同,即传动速比控制转换为工作轮控制油缸压力控制。

图 7-29 所示为一种电液控制的电控无级变速传动的控制系统。系统中包括电磁离合器的控制和金属带变速控制。变速比由发动机节气门信号和主动带轮转速所决定,ECU 根

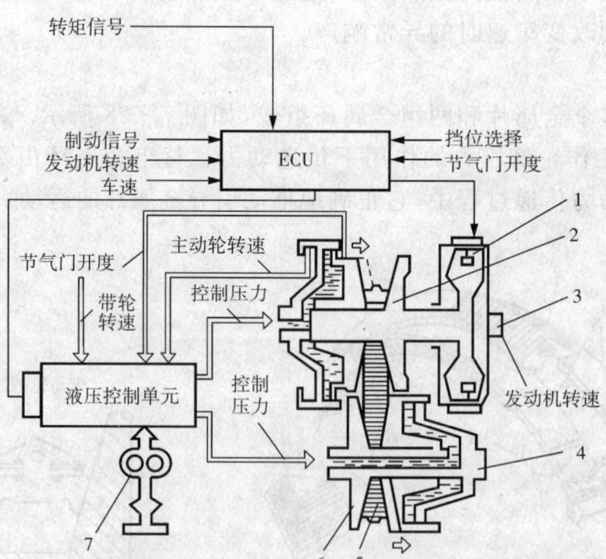

图 7-29 电控无级变速传动的控制系统

1—电磁离合器 2—主动带轮 3—输入轴 4—输出轴 5—钢带 6—从动带轮 7—液压泵

据发动机的转速、车速、节气门位置、换挡控制器（一般仅有 P、R、N、D 选择）信号控制电磁离合器，以及控制带轮上液压伺服缸的压力，实现无级变速。一般在最高传动比（低挡）时控制压力最大，约 2.2MPa；在最低传动比（高挡）时的控制压力最小，约 0.8MPa。由于传动比的改变仅受节气门和主动带轮转速的控制，因而控制的灵活性相对受到了限制。

图 7－30 是以发动机的输入转速作为反馈信号，以节气门开度等作为控制输入信号，来控制 V 带轮的压力、调节传动比的闭环电控无级变速传动系统。这是一个全部输入和输出转速都能检测的闭环电子控制系统。驾驶员的意图通过节气门开度及换挡控制器，输入到电子控制系统，并可以选择动力型（S）或经济型（E）的最佳换挡规律。根据发动机的转速和转矩，确定施加到主、被动轮上的压力，并有发动机转速（相应与主动轮转速）构成转速反馈闭环控制，根据转速的偏差信号，决定升挡或降挡变速，并输出控制信号到电液比例控制阀，控制作用在两个运转带轮上的伺服液压缸的压力。为了改善控制系统的动态与稳态性能，在控制系统中采用了 PID（比例—积分—微分）控制技术。

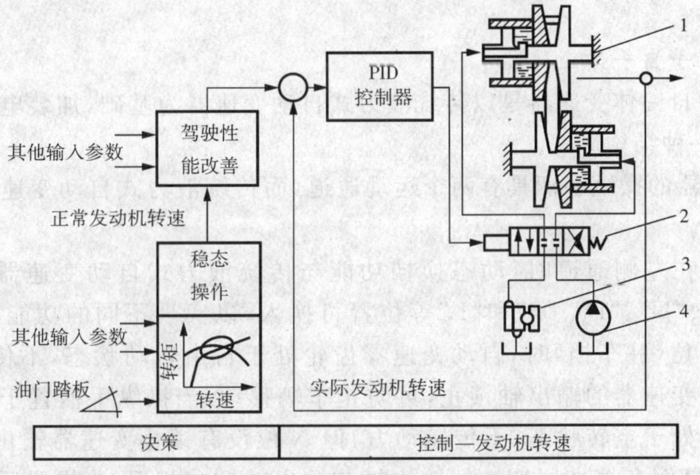

图 7－30　无级变速器的闭环控制原理

1—输入轴　2—控制阀　3—转矩传感器　4—液压泵

七、手自一体变速器

1. 手自一体变速器的类型

开手动变速器汽车的人常常为在拥堵路段行车时，需要频繁地踩离合换挡而感到身心疲惫；而开自动变速器汽车的人又常常希望能享受到手动挡驾驶的乐趣。为解决这对矛盾，人们发明了手自一体变速器。这样驾驶员能在同一辆车上既可以利用手动换挡来体验驾车的乐趣，又可以采用自动变速方式舒适轻松地驶过拥堵路段。

手自一体变速器按结构可分为液力式手自一体变速器、机械式手自一体变速器和手自一体 CVT 变速器三种不同的形式。它们都是在自动变速器的基础上，通过电控单元模拟出手动换挡的动作而实现的。因此，手自一体式变速器与传统自动变速器的主要区别是软件而不是硬件。目前液力式手自一体变速器比较常见，机械式手自一体变速器由于具有传动效率高、生产继承性好、成本低等特点，而日益受到重视。

(1)液力式手自一体变速器

以传统液力式自动变速器技术为基础,通过在控制软件中增加手动换挡功能来实现的。实际上,普通液力式自动变速器在出现故障而进入应急状态(或失效保护状态)时或进行用于故障诊断的手动换挡试验时,所有的换挡电磁阀断电,电控单元失去自动控制换挡作用,此时操纵手柄的位置与变速器的挡位之间存在有对应的关系。如大多数情况下,当将液力式自动变速器的电磁阀线束接线器拔开后,操纵手柄的前进挡("D"位)对应变速器实际的超速挡;前进低挡2挡("S"位或"2"位)对应实际的3挡;前进低挡1挡("L"位或"1"位)对应实际的1挡等。

(2)机械式手自一体变速器

以手动变速箱为基础,把离合器的自动控制和电子一液压顺序换挡相结合。机械式手自一体变速器又可以分为手自一体AMT变速器和手自一体DSG变速器。

(3)手自一体CVT变速器

在传统的CVT变速器基础上,人为地将无级变速划分出几个区域,以允许手动换挡功能。

2. Tiptronic手自一体变速器

Tiptronic手自一体变速器是以传统液力式自动变速器为基础,加装电子和液压控制装置,因此属于第一种结构形式。

该自动变速器的操纵手柄具有两个运动通道,而传统液力式自动变速器的操纵手柄只有一个运动通道。

当操纵手柄在左侧通道时,动态换挡功能与传统液力式自动变速器相同,操纵手柄通常有"P"、"R"、"N"、"D"、"S"和"L"等位置可换入,以实现不同的功能。当自动变速器操纵手柄置于P位(驻车挡)时,自动变速器齿轮处于自由转动状态,不传递动力。同时,通过锁止机构将变速器的输出轴锁止,可防止车辆移动;当操纵手柄置于N位(空挡)时,自动变速器齿轮处于空转状态,不传递动力,但N位没有锁止变速器输出轴的作用;当操纵手柄置于R位(倒车挡)时,变速器输入轴与输出轴转向相反;当操纵手柄置于D位(前进挡)时,自动变速器可根据车速和节气门的开度自动换挡。对于有4个前进挡的自动变速器,其中3挡为直接挡,4挡为超速挡。超速挡可以通过超速挡开关(O/D开关)来控制。如果O/D开关断开时,此时仪表板上的"O/D OFF"指示灯亮起,自动变速器最高只能升至3挡,而不能升入超速挡;当操纵手柄置于S位(前进低挡2挡,有的汽车自动变速器标为"2位")时,变速器在前进挡1、2挡之间自动变换,可以有较大的动力性,较适用于长坡路和坏路行驶;当操纵手柄置于L位(前进低挡1挡,有的汽车自动变速器标为"1位")时,自动变速器被锁定在1挡,无法升入高挡,可以获得更大的动力性,较适用于陡坡和坏路行车。

当操纵手柄在右侧通道时,自动变速器即进入手动换挡功能。此时操纵手柄通常有"+"和"-"两个位置。如果向前("+"位)拨操纵手柄,可控制自动变速器升挡(Tap up);向后("-"位)拨操纵手柄,可控制自动变速器降挡(Tap down)。

但这种控制升、降挡的方式并不象手动变速器那样直接控制内部齿轮的啮合与分离。它只是给自动变速器的ECU提供一个电压信号,具体的换挡是由ECU识别此换挡信号,并结合其他传感器及控制开关的信息,来实现升挡或降挡的功能。

第三节　驱动防滑电子控制系统

一、概述

汽车驱动防滑电子控制系统在不同的车系当中使用不同的名称。如在欧洲车型中称防滑调节控制系统 ASR（Anti Slip Regulation）；在日本车型中称牵引力调节系统 TRC（Traction Regulation Control）；在韩国车系中称牵引力控制系统 TCS（Traction Control System）。但它们的系统组成原理与元件检测都是相同的。该系统是继防抱制动系统（ABS）后应用于车轮防滑的电子控制系统，其目的是防止汽车在起步、加速和在低附着系数路面（如泥泞路面、冰雪路面）行驶时的驱动轮滑转。

驱动车轮的滑转会使车轮与地面的附着力下降。纵向附着力的下降，会使驱动车轮产生的牵引力减小，导致汽车的起步性能、加速性能和在低附着系数路面的通过性能下降；而横向附着力的下降，又会降低汽车在起步、加速、低附着系数路面时的行驶稳定性。此外，当汽车在越野条件下行驶时，如果某个（或某些）驱动轮处在附着系数很低的路面（如泥泞路面）上，那么地面施加给车轮的反作用转矩会很小。尽管另一个车轮处在附着系数较高的路面上，但根据差速器转矩分配特性，它能提供的驱动转矩只能与处在低附着系数路面上车轮提供的驱动转矩相等。在如此驱动力不足的情况下，汽车将无法前进，发动机输出的功率大部分消耗在车轮的滑转上，不仅浪费燃料和加速轮胎磨损，且会降低车辆的通过性能和机动能力。

驱动防滑电子控制系统（ASR）的主要功用是：在车轮开始滑转时，采取降低发动机的输出转矩或控制制动系统的制动力等方法来减小传递给驱动轮的驱动力，防止驱动力超过轮胎与路面之间的附着力而导致驱动轮滑转，提高车辆的通过性，改善车辆的方向操纵性和行驶稳定性。

二、驱动防滑电子控制系统的基本理论

汽车制动时，使用滑动率来描述滑移的程度。在汽车起步或加速时，可能出现车轮速度大于汽车车身速度而导致车轮打滑或空转，称这种现象为滑转，滑转的程度采用滑转率来描述。车轮的滑转率定义为

$$s=\frac{u_w-u_v}{u_w}\times100\%=\left(1-\frac{u_v}{r_{ro}\omega_w}\right)\times100\% \tag{7-2}$$

式中：u_v——汽车行驶（平移）的瞬时速度；

u_w——车轮的瞬时线速度；

r_{ro}——车轮的有效滚动半径；

ω_w——车轮旋转的角速度。

当车轮在路面上自由滚动时，$u_v=r_{ro}\omega_w$，滑转率 $s=0$；当车轮在路面上完全滑转时，$u_v=0$，滑转率 $s=100\%$；当车轮在路面上一边滚动一边滑转时，$0<s<100\%$。所以，在车轮转动中，滑转所占的比例越大，车轮滑转率的数值也就大。

汽车 ASR 和 ABS 在理论依据上有相似之处。图 7－31 所示为车轮滑动率、滑转率与

纵向附着系数的关系。车轮制动时的滑动率分布在坐标系的第一象限,车轮滑转率分布在坐标系的第三象限。由图可见,附着系数随路面性质的不同而发生大幅度的变化;在各种路面上,附着系数均随滑转率的变化而变化,且在各种路面上当滑转率为20%左右时,附着系数达到最大值。若滑转率继续增大,则附着系数逐渐减小。

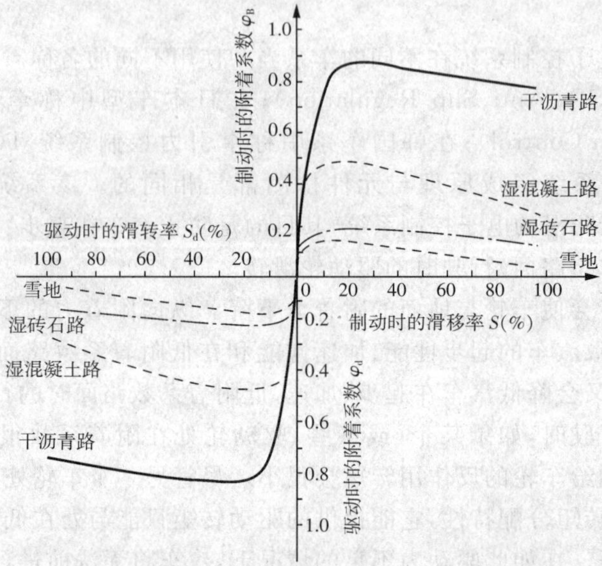

图 7-31 车轮滑动率、滑转率与纵向附着系数的关系

驱动防滑电子控制系统的基本控制原理就是将滑转率控制在最佳滑转率(10%~30%)范围内,从而获得较大的附着系数,使路面能够提供的附着力得到充分利用。

汽车装备驱动防滑电子控制系统之后,当汽车起步、加速或在低附着系数路面上行驶时,驾驶员无须特别小心地踩下加速踏板,ASR就能根据路面状况调节驱动力,使驱动力达到最大值。

三、驱动轮防滑转调节方法

防止驱动轮滑转的控制方法主要有控制发动机的输出转矩、控制驱动轮的制动力以及控制防滑转差速器的锁止程度三种。这些控制方法的最终目的都是调节驱动轮上的驱动力,并将驱动轮的滑转率控制在最佳滑转率范围内。

1. 控制发动机的输出转矩

通过调节发动机的输出转矩来调节驱动轮的驱动力是实现防滑转调节的方法之一。这种控制方法能够保证发动机输出转矩与地面提供的驱动转矩达到匹配,因此可以改善燃油经济性,减少轮胎磨损,使汽车具有良好的行驶稳定性和乘坐舒适性。对于前轮驱动汽车,能够得到良好的转向操纵性。在装备电子控制燃油喷射系统的汽车上,普遍采用了控制发动机输出转矩的方法来实现防滑转调节。

控制发动机输出转矩的方法有控制点火时间、控制燃油供给量、控制节气门开度等。

(1)控制点火时间

由内燃机原理可知,减小汽油发动机的点火提前角或切断个别汽缸的点火电流,均可微量降低发动机的输出转矩。在汽车行驶过程中,驱动防滑电子控制系统的控制单元(ASR

ECU)根据轮速传感器和车速传感器信号即可计算确定驱动轮滑转率的大小，通过减小点火提前角，即可微量降低发动机的输出转矩。当驱动轮滑转率很大，延迟点火时刻不能达到控制滑转率的目的时，则可中断个别汽缸点火来进一步减小滑转率。

在中断个别汽缸点火时，为了防止排放增加和三元催化转换器过热，在中止点火时必须中断燃油喷射。恢复点火时，点火时刻应缓慢提前，保证发动机输出转矩平稳增加。

(2)控制燃油供给量

短时间中断供油也可微量调节发动机的输出转矩，但响应速度没有减小点火提前角迅速。这种控制方法适用于未采用燃油喷射系统的汽油发动机或柴油发动机汽车。

(3)控制节气门开度

控制节气门位置(开度)可以控制进入汽缸的进气量，从而能够显著改变发动机的输出转矩。

2. 控制驱动轮的制动力

控制驱动轮的制动力实际上是利用差速器的差速作用(效能)来获得较大的驱动力。

如图 7－32 所示，处于高附着系数 φ_H 路面上的右侧驱动轮能够产生的驱动力为 F_H，处于低附着系数 φ_L 路面上的左侧驱动轮能够产生的驱动力为 F_L。根据差速器转矩等量分配特性，此时汽车的驱动力只取决于低附着系数路面上的驱动力 F_L。尽管右侧驱动轮能够产生的驱动力为 F_H，但是其获得的驱动力只能与左侧驱动轮能够产生的驱动力 F_L 相等($F_H=F_L$)，即两只驱动轮能够获得的驱动力为 $F_{tL}=F_H+F_L=2F_L$。为了阻止低附着系数路面上行驶的左侧驱动轮产生滑转，对其施加一个制动力 F_B，通过差速器的差速作用，在右侧驱动轮上也会产生作用力 F_B($F_H=F_L+F_B$)，此时两只驱动轮能够获得的驱动力就为 $F_{tH}=F_H+F_L=2F_L+F_B$，即驱动力增大了一个相当于制动力 F_B 的值，发动机的输出转矩就可按增大后的驱动力进行调节。

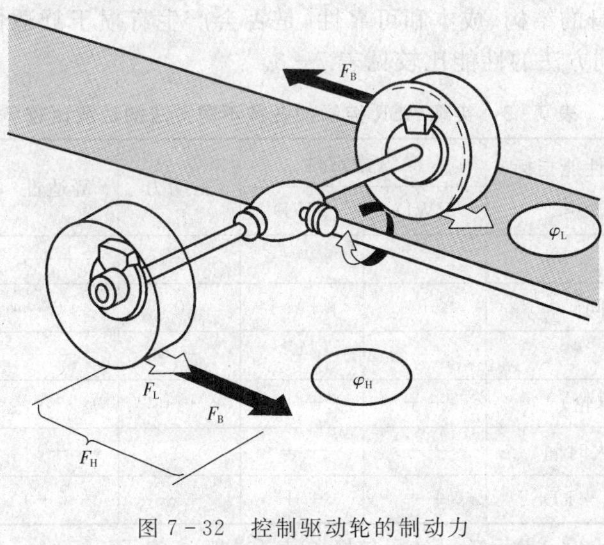

图 7－32　控制驱动轮的制动力

对驱动轮施加制动力是使驱动轮保持最佳滑转率且响应速度较快的控制方法，一般作为仅采用控制节气门开度来调节发动机输出转矩的补充控制。在设计控制系统时，为了保证乘坐舒适性，制动力不能太大；此外，为了避免制动器过热，施加制动力的时间不能过长，因此，这种方法只限于低速行驶时短时间使用。

3. 控制差速器的锁止程度

当出现某一驱动轮附着系数等于零的全滑转状况时，系统自动运行锁止驱动轮差速器，强迫处于较好附着状态的驱动轮转动提供牵引力，使车辆摆脱困境，因此提高了汽车的通过性。这种控制方式特别适用于越野汽车。

差速器锁止程度控制是采用防滑转差速器进行控制。防滑转差速器是一种由电子控制器控制的可锁止差速器，如图 7－33 所示。在防滑转差速器向车轮输出驱动力的输出端设置有一个离合器。调节作用在离合器片上的油液压力，即可调节差速器的锁止程度。油压逐渐降低时，差速器锁止程度逐渐减小，传递给驱动轮的驱动力就逐渐减小；反之，油压升高时，驱动力将逐渐增大。

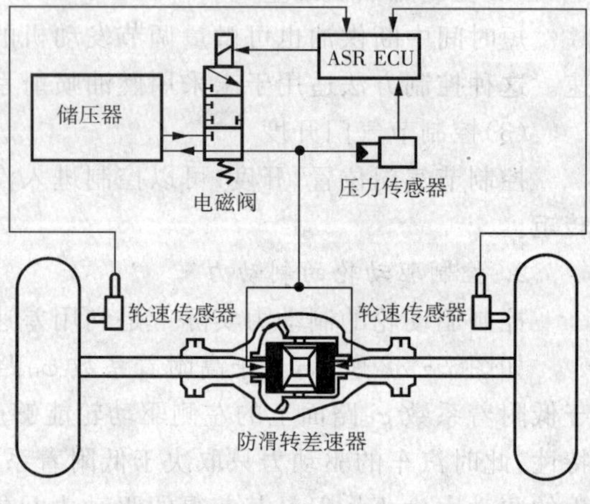

图 7－33　防滑转差速器的锁止控制

油液压力来自蓄能器的高压油液，压力大小由 ASR 的电控单元(ASR ECU)通过控制电磁阀使压力“升高”、“保持”、“降低”进行调节，并由压力传感器和驱动轮上的车轮转速传感器反馈给 ECU，从而实现反馈控制。

四、实现 ASR 不同方式的性能比较

ASR 系统通过控制作用在驱动轮上的转矩，从而对传到驱动轮上的转矩实现最佳分配，从而改善汽车的动力性、方向稳定性和操纵性。在车辆上究竟采用什么控制方式取决于许多因素，如汽车本身的结构、成本和可靠性，是否会产生有损于舒适性的副效应等。实现 ASR 控制的各种不同方法的性能比较见表 7－3。

表 7－3　实现 ASR 控制的各种不同方法的性能比较

性能指标 / 控制方式	操纵稳定性		驱动力	舒适性	传动系统载荷	系统复杂程度
	RWD	FWD				
节气门	－－	－	－	＋＋	＋＋	＋
喷油＋点火时间	＋	＋＋	0	0	0	＋＋
制动(单轮)	＋	＋	＋＋	－－	－－*	－
节气门＋制动(单轮)	＋＋	＋＋	＋＋	＋	＋	－－
节气门＋喷油、点火时间	＋＋	＋＋	0	＋	＋	＋
节气门＋喷油、点火＋LDS	＋＋	＋＋	＋＋	＋(＋)	＋	－－－

注：＋＋表示很好；＋(＋)表示好；＋表示较好；0 表示一般；－表示不好；－－表示很不好；－－－表示非常不好；* 表示仅在低速下是可行的；RWD 表示后轮驱动；FWD 表示前轮驱动；LDS 表示限滑差速器。

采用单一的节气门控制，结构简单，便于实现，不会给传动系统带来任何附加载荷，舒适性也好，但驱动控制的效果不好。单独采用制动方式，多余的功率都以热的形式在制动器上

消耗掉，因而发热严重，不宜在高速下也不宜长时间使用。此外，在制动时对传动件和轴等产生附加动载荷，引起传动轴的振动和噪声。

两种综合性能好的组合方式分别为发动机与制动器组合、发动机与限滑差速器组合。由于现代车辆通常都有ABS，很容易就可把ABS扩充到ASR方式，不需要添加更多的硬件设备；而采用发动机与限滑差速器组合，需要不同的液压驱动装置和控制系统，成本较高。因此，发动机与制动器组合是ASR系统的最佳组合方式和最完备的硬件配置形式。只要采用合理的控制算法，充分发挥发动机控制和制动控制的优势，它完全可以满足车辆在各种路面条件下的驱动控制的要求，使车辆的方向稳定性、操纵性、舒适性和加速性达到最佳状态。

ASR控制在非对称路面提高驱动力与方向稳定性方面是相互矛盾的，最大限度地利用高附着系数路面一侧的驱动力，必然降低车辆的方向稳定性。在这种工况下，即使车辆没有转向要求，也可能会使车辆偏离期望的行驶方向。为此驾驶员必须通过转向盘产生纠偏力矩以抵消非稳态力矩（由两侧驱动力之差产生）的影响。当车辆在高速行驶时，驾驶员是否能做出及时正确的反应，并把车辆的行驶方向控制在期望的状态，这是ASR控制系统无法保证的。从这一方面说，ASR系统只是通过它的控制作用，保证车辆处于一个可控的状态；而能否准确控制车辆的行驶方向，则取决于驾驶员的心理状态、技术的熟练程度等多种因素。要主动实现车辆行驶方向的稳定性，就必须采用综合控制系统，如增加转向盘转角信号传感及导向轮转角偏转驱动机构，构成车辆行驶方向闭环自动控制系统（即ESP系统），在各种路面条件下就可实现车辆方向稳定性的主动控制。可以肯定，随着汽车电子控制技术的发展，必然出现由当前的单目标（驱动）控制逐步向多目标（驱动、方向稳定性）的综合控制方向过渡。

五、ASR系统的基本组成

ASR系统是在ABS系统的基础上发展起来的，在原理和结构上互相沟通，因此这两个系统通常是做成一体的，称为ABS/ASR系统。

图7－34所示为典型ABS/ASR系统的示意图。这是一种发动机节气门开度调节与驱动轮制动力矩控制综合应用的ASR系统。该系统与ABS共用轮速传感器、液压驱动元件等，并扩展了ECU功能，增设了ASR制动执行器、节气门执行器、ASR工作指示灯及ASR诊断系统等。

1. 传感器

ASR系统的传感器主要是轮速传感器和节气门位置传感器，轮速传感器通常与ABS系统共用，而节气门位置传感器与发动机电控燃油喷射系统共用。

2. 电子控制单元（ECU）

ASR系统与ABS系统可以共用一个ECU，也可各自独立。如图7－35所示为ASR系统与ABS系统的常见四种组合形式。

对于共用一个ECU的ABS/ASR系统，ABS所设定的阈值计算及判定程序可为ASR防滑控制系统共用。但在ASR模式下实行车轮制动时，驱动轮与分驱动轮将采用不同的控制方法，且发动机转矩控制仅用于驱动轮控制（非全轮驱动车辆）。如果在ASR控制过程中ECU监测到制动系统工作信号（制动踏板工作，或制动系统压力增大等），则ASR自动退出控制而转入ABS控制模式。系统出现故障时将自动关闭控制通道转为常规人工控制模式，以提高系统的可靠性。

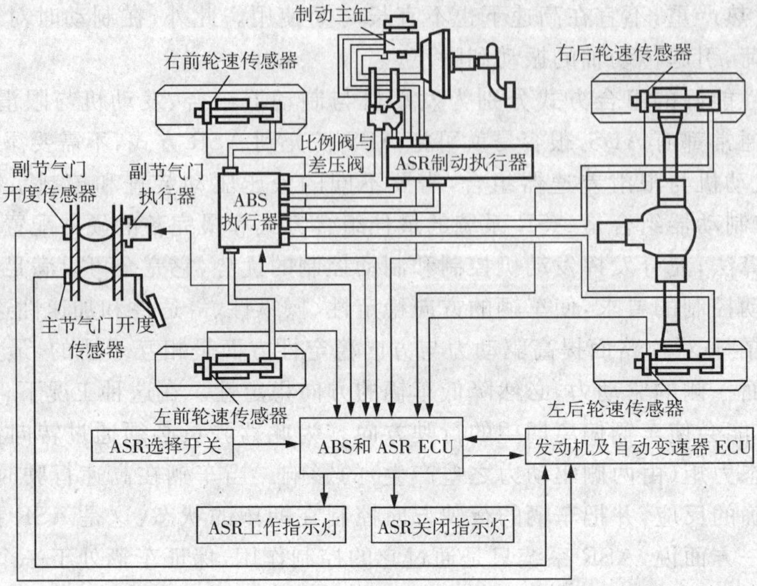

图 7－34　典型 ABS/ASR 系统的示意图

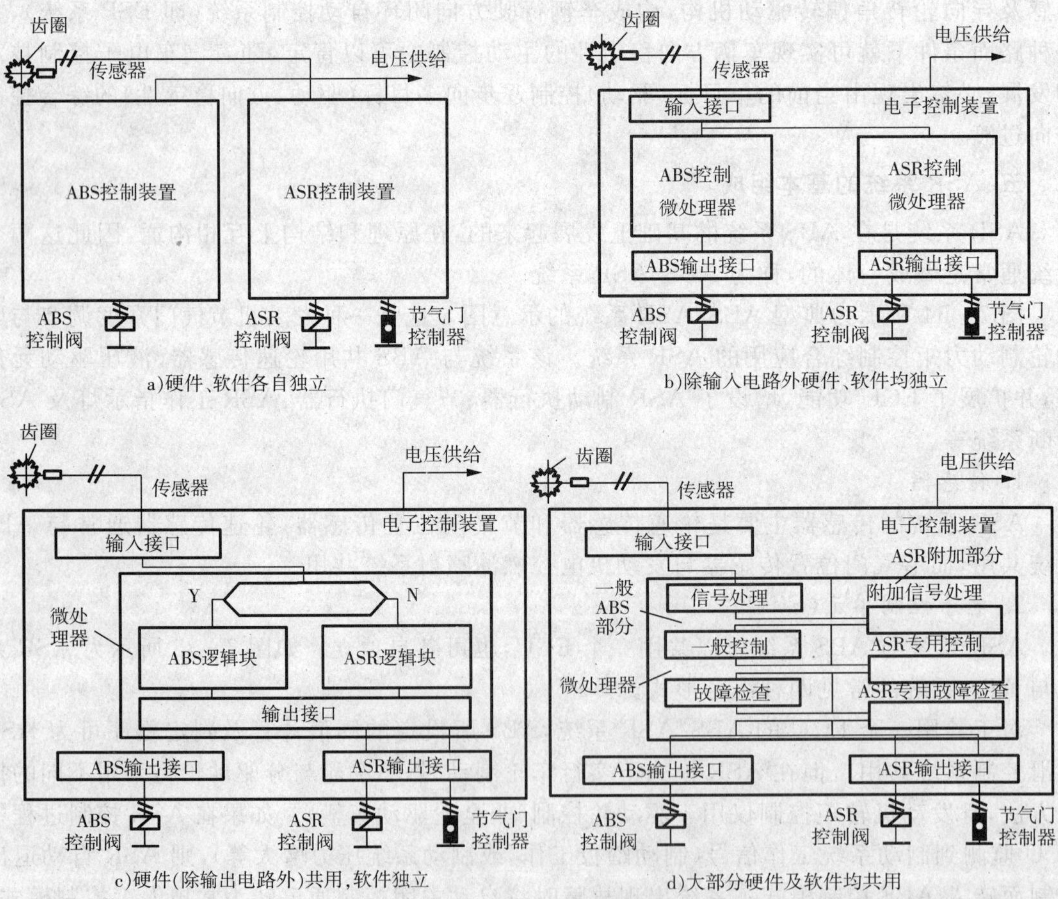

图 7－35　ABS/ASR 系统的常见组合形式

3. 执行系统

ASR 系统根据控制方式的不同，采用的执行系统有发动机转矩控制执行系统、驱动轮制动控制执行系统和差速器锁止控制装置等。其中差速器锁止控制装置的构成及工作原理在前文中已介绍。

(1)发动机转矩控制执行系统

目前广为采用的控制方法是进气量控制。该方法连续性强、过渡圆滑、较少排气污染并且可以利用发动机制动效应以增强控制效果。具体手段是在发动机主节气门前方设置一个副节气门，如图 7-36 所示。正常工作状况或制动状况时，副节气门处于初始全开位置。副节气门由步进电机根据 ABS/ASR ECU 发出的控制指令驱动偏转，改变进气系统流通面积，达到控制进气量从而减少发动机输出转矩的目的。

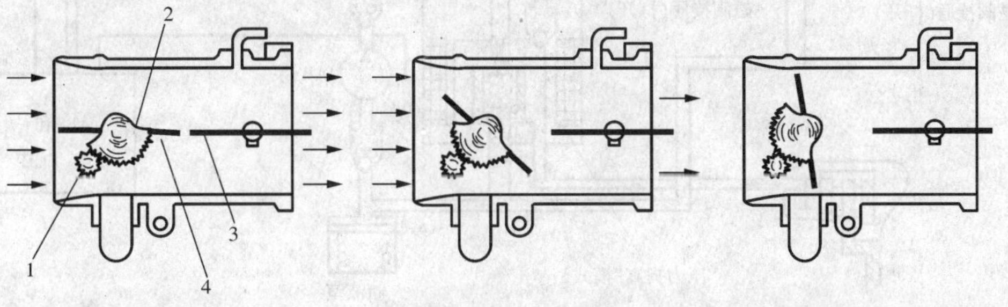

a)ASR 不工作，副节气门全开　　b)ASR 工作，副节气门半开　　c)ASR 工作，副节气门全闭

图 7-36　副节气门工作原理

1—小齿轮　2—凸轮齿轮　3—主节气门　4—副节气门

(2)驱动轮制动控制执行系统

在 ABS 压力调节装置基础上，增设 ASR 控制分系统以及相应的控制通道，实现驱动轮制动控制。当 ABS 工作时，ASR 自动退出工作。车辆采用 ABS/ASR 综合控制则驱动轮必须采用轮控布局。ABS 工作模式对所有车轮实行制动压力控制，而处于 ASR 工作模式时仅控制驱动轮。压力调节装置仍由三位三通或二位三通电磁阀和相应的压力管路以及制动轮缸组成。当 ECU 判定驱动轮滑移率超过阈值时，必须适时确定车辆是处于驱动工况，并发出控制指令，压力调节装置根据指令运行完成制动系统减压、保压或增压过程。

①“压力提高”模式

当踩下加速踏板，一个后轮开始空转时，ASR 执行器的所有电磁阀都由来自 ECU 的信号接通。同时，ABS 执行器的三位置电磁阀也转接至“压力提高模式，如图 7-37 所示。在这一模式，制动总缸切断电磁阀接通(闭合)，蓄压器切断电磁阀接通(打开)。这就使蓄压器中的加压制动液，经蓄压器切断电磁阀和 ABS 中的三位置电磁阀，作用在制动轮缸。当压力传感开关检测到蓄压器中压力下降时(不论 ASR 如何工作)，ECU 便接通 ASR 泵以提高液压。

②“压力保持”模式

如图 7-38 所示，当后轮制动轮缸中的液压提高或降低到所需要的压力时，系统就切换至“压力保持”模式。ABS 泵制动总缸切断电磁阀、蓄压器切断电磁阀、储液室切断电磁阀均接通。模式转换是由 ABS 执行器的三位置电磁阀的切换完成的，其结果是阻止蓄压器中的压力降低，保持制动轮缸中的液压。

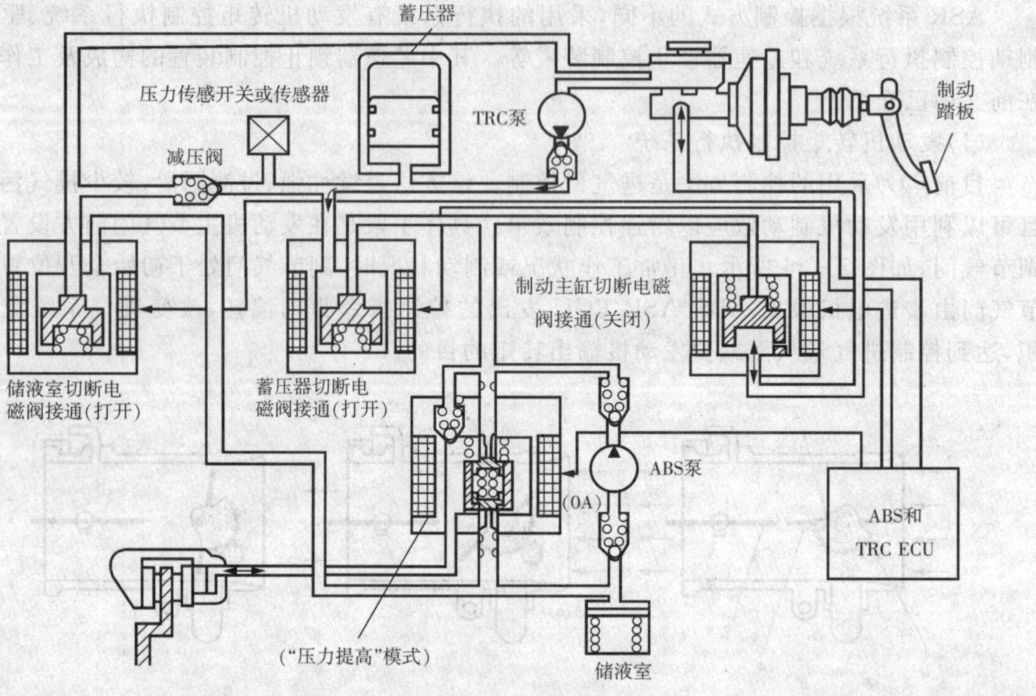

图 7-37 "压力提高"模式

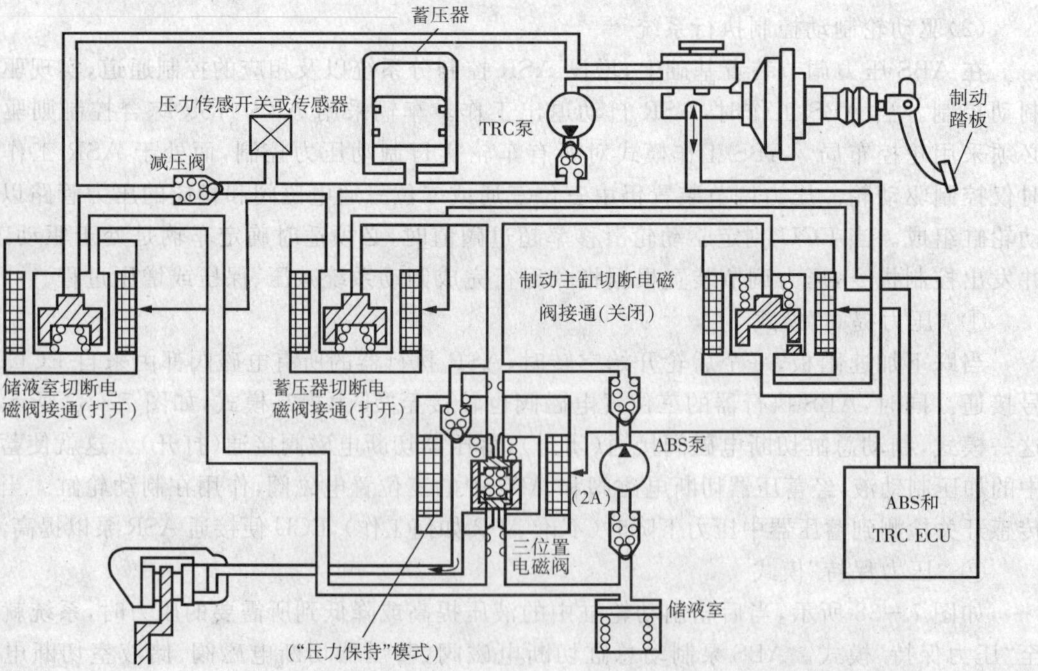

图 7-38 "压力保持"模式

③ “压力降低”模式

当需要降低后轮制动轮缸中的液压时，ABS/ASR ECU 将 ABS 执行器的三位置电磁阀转换至“压力降低”模式。这就使制动轮缸中的液压，经 ABS 三位置电磁阀和储液室切断电磁阀流回至制动总缸储液罐，导致液压降低（图 7－39），这时 ABS 执行器泵保持不工作。

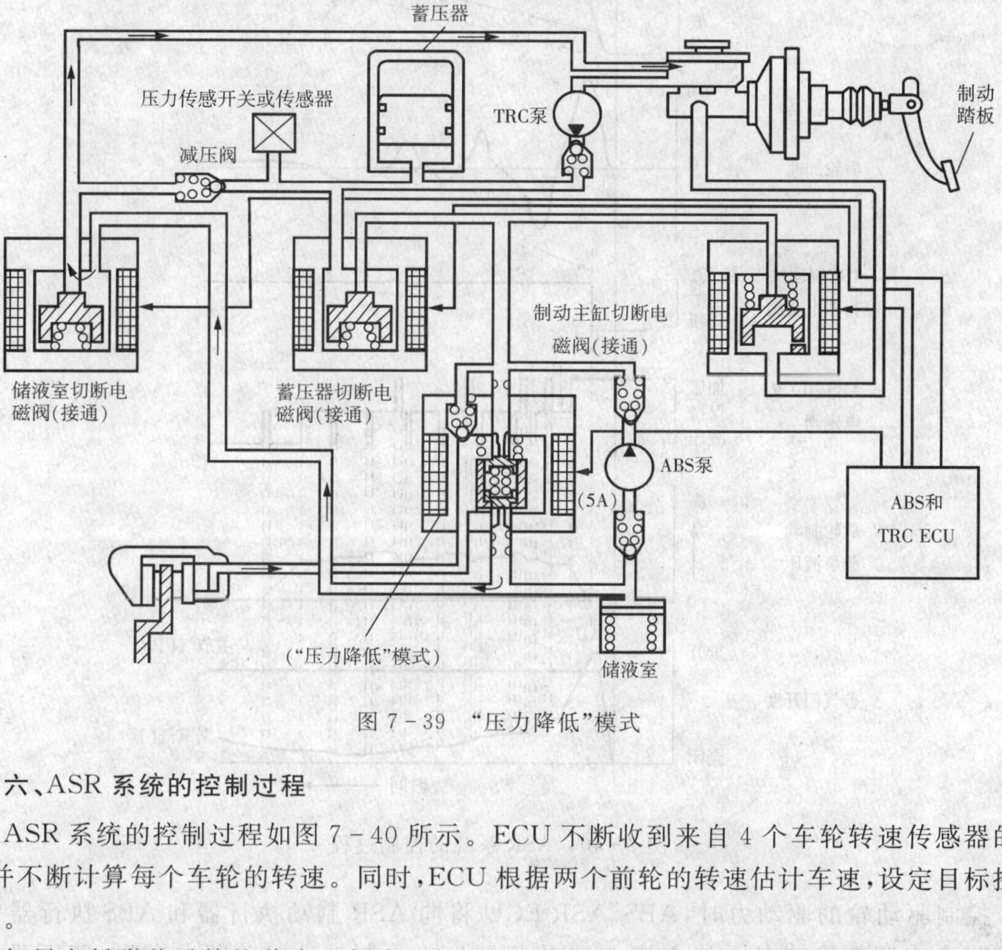

图 7－39 “压力降低”模式

六、ASR 系统的控制过程

ASR 系统的控制过程如图 7－40 所示。ECU 不断收到来自 4 个车轮转速传感器的信号，并不断计算每个车轮的转速。同时，ECU 根据两个前轮的转速估计车速，设定目标控制速度。

如果在低附着系数的道路上启动和突然加速时，后轮（驱动轮）开始空转，那么后轮转速就会超过目标控制速度。ECU 于是发出关闭副节气门信号至副节气门执行器。同时，它还发送一个信号到 ASR 制动执行器，使其输出较高压力的制动液至后轮制动轮缸。而且 ABS 执行器的三位置电磁阀转换至控制后轮制动轮缸液压，从而阻止车轮空转。

控制发动机输出转矩时，ABS/ASR ECU 首先向发动机与变速器 ECU 发送控制副节气门步进电机的指令，然后再控制副节气门步进电机动作。当副节气门控制步进电机通电时，步进电机步进转动，其轴一端的驱动齿轮就驱动副节气门轴上的扇形齿轮转动，使副节气门开度减小（副节气门在 ASR 不起作用时处于全开状态），减少发动机的进气量，使发动机的输出转矩减小。因为副节气门与主节气门为串联关系，所以，即使主节气门开度不变，发动机的进气量也会因副节气门开度减小而减小，从而使发动机输出转矩减小，驱动轮的驱动力随之减小。

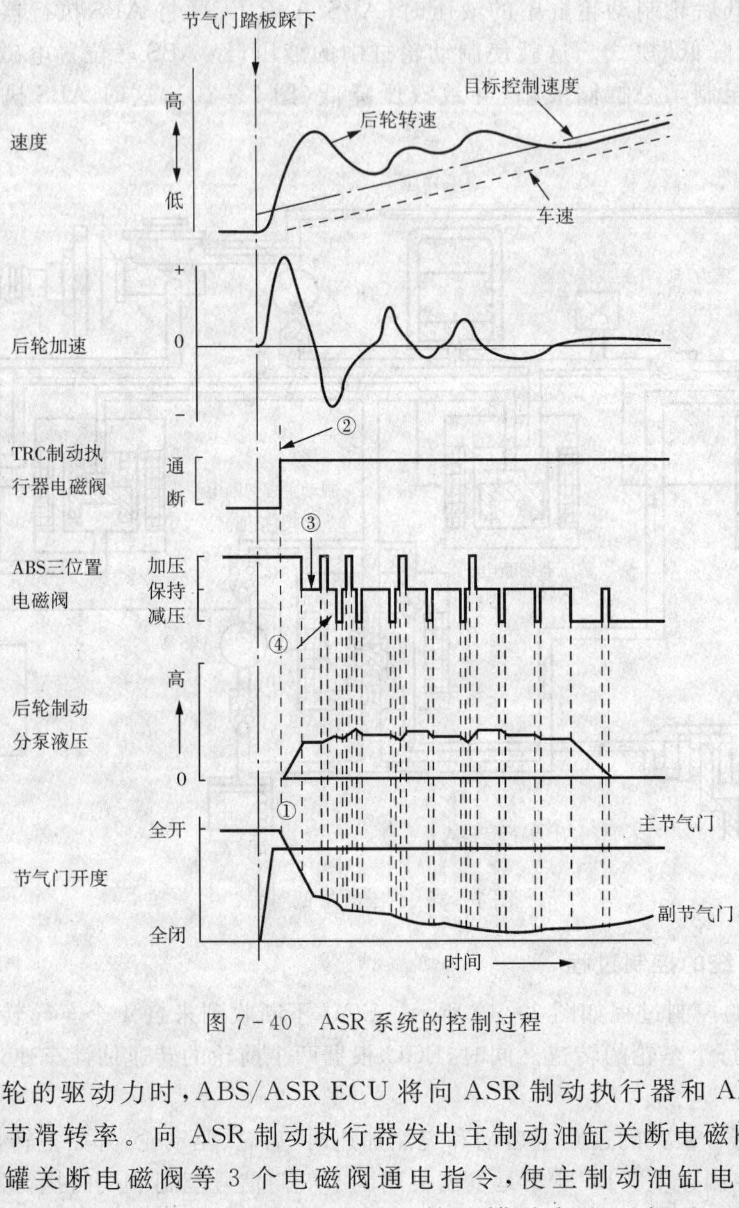

图 7-40　ASR 系统的控制过程

控制驱动轮的驱动力时，ABS/ASR ECU 将向 ASR 制动执行器和 ABS 执行器发出控制指令来调节滑转率。向 ASR 制动执行器发出主制动油缸关断电磁阀、蓄压器关断电磁阀和储油罐关断电磁阀等 3 个电磁阀通电指令，使主制动油缸电磁阀处于关闭(断流)状态，使蓄压器(储能器)关断电磁阀和储油罐关断电磁阀处于打开(通流)状态，蓄压器中具有较高压力的制动液就会进入后制动轮缸，后制动轮缸的制动压力即可随之增大。与此同时，ABS/ASR ECU 再像控制防抱死制动一样，向 ABS 执行器发出控制指令，通过独立地调节两后轮调压电磁阀的工作状态，使两个后制动轮缸的制动液压力“升高”、“保持”和“降低”，从而将滑转率控制在设定范围内实现防滑转调节功能。

通过反复进行上述控制，ABS/ASR ECU 使转速保持在目标控制速度附近。在防滑转调节过程中，如果驾驶员踩下制动踏板进行制动，ABS/ASR ECU 就会自动退出控制状态，不会影响防抱死制动功能的发挥。

第四节　四轮驱动系统

一、四轮驱动系统的发展历程

四轮驱动汽车将发动机的动力传递给四个车轮，并通过这些车轮驱动、行驶。与两轮驱动汽车相比，四轮驱动汽车具有更强的动力性能和机动能力，能够在无路和坏路地带以较高的速度行驶。

四轮驱动汽车的发展走过了漫长的历程。自从汽油机汽车诞生之日起，人们就试图开发这种车辆。人类社会刚刚进入20世纪，四轮驱动汽车便开始制造销售了。当时美国的四轮驱动汽车销量较大，主要原因是因为美国当时的道路条件远不如欧洲。1909年美国FWD汽车公司引进并开始生产当时最先进的"战舰"四轮驱动汽车。其传动系统虽然非常粗糙，却已经具有安装在汽车中部的整体式变速器/分动器和转向主销式的转向前轴。1912年公司将此技术应用在载货车生产上，并于第一次世界大战开始之前通过了英国和美国军方的测试。其中唯一的也是最重要的改进是增加了可锁止的轴间差速器，这使得其驱动系统在概念上相当于现代全时四轮驱动系统。

第二次世界大战中，四轮驱动军用车辆成了机动部队的重要交通工具，在战争中广泛使用。尤其是产量达到64万辆的吉普，更是声名远扬。二战结束后，人们力图把吉普的优越性能用于其他运输领域。特别是在美国，这种趋势十分明显，社会广泛需求各种用途的四轮驱动汽车。这种汽车不单纯是作为越野车使用，更多的是应用于野营、运输、通勤等，其用途可谓多种多样。

二、四轮驱动系统的功用和特点

四轮驱动就是将发动机发出的扭矩通过传动系统分别传递到四个车轮，使得四个车轮同时驱动汽车。由于四个车轮同时作为驱动车轮，使得汽车具备了更好的越野性能。

四轮驱动系统可分为短时四轮驱动和常时四轮驱动。在短时四轮驱动汽车上，驾驶员必须时时判断汽车的行驶状态，把汽车切换成两轮驱动或者四轮驱动。正因为短时四轮驱动汽车操作起来相当麻烦，汽车设计者首先考虑的肯定是常时四轮驱动汽车。实际上也是如此，在历史上早期出现的四轮驱动汽车几乎全是常时四轮驱动汽车。由于常时四轮驱动汽车的发动机和车轮是直接连在一起的，因此产生了许多机械上的问题，所以实用化的四轮驱动汽车通常都是短时四轮驱动汽车。

对于四轮驱动汽车而言，许多在两轮驱动根本不是问题的问题却成了大问题。除此之外，还出现了四轮驱动所固有的新问题。在这些四轮驱动的问题和现象中，特别重要的是急转弯制动现象、前后轮互相干涉、动力传动效率低及传动系的振动和噪声大。

产生上述现象的很重要的原因就是前后传动轴的转速相同。因此，只要在前后传动轴之间加上一个差速器就可以解决。这个差速器叫做中间差速器。中间差速器是四轮驱动汽车一个非常关键的部件。这样，在四轮驱动汽车上，就出现了三个差速器。即原车固有的前差速器和后差速器，再加上这个中间差速器。

按前后轮扭矩分配比分类的话，中间差速器有两种形式，一种和前后差速器一样，分配给前后轮的扭矩大小相等。另外一种是将扭矩按一定比例分配给前后轮。

在四轮驱动汽车上布置了中间差速器，可以解决四轮驱动汽车的许多问题，但同时也给四轮驱动汽车带来了许多新问题。因为四轮驱动汽车布置了三个差速器，即前后差速器和中间差速器，所以汽车的四个驱动车轮上的驱动力矩相等（假设中间差速器的前后扭矩分配比例为 1:1）。这时，只要有一个车轮打滑空转，由于差速器的作用，其他三个车轮所产生的驱动力将大幅度下降，整车的驱动力矩几乎为零。这样则严重影响了四轮驱动汽车的越野性能，有违四轮驱动提高汽车越野性能的初衷。

为了彻底解决关于四轮驱动汽车上述的一系列的问题，人们提出了各种各样的方案，主要的有以下几种：

(1)短时四轮驱动防止车轮打滑。

(2)采用单向超越离合器防止急转弯制动现象。

(3)用湿式多片离合器控制驱动力矩。

(4)使用差动限制装置补偿差速器的缺点。

(5)使用等速联轴节降低驱动系振动和噪声。

三、全时四轮驱动的传动系统

图 7－41 表示了具有油压多板离合器差动限制机构的全时四轮驱动的动力传动路线图。

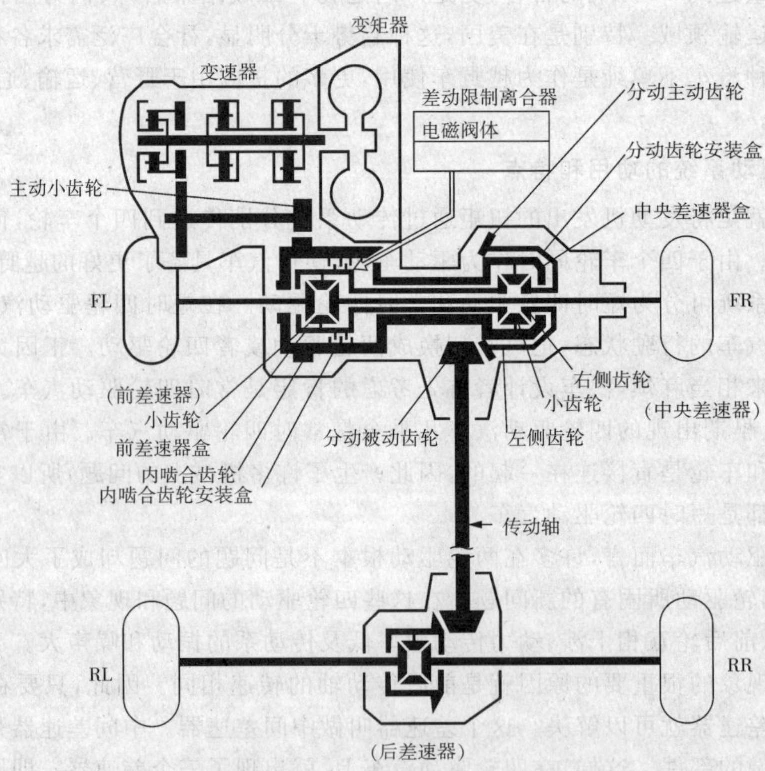

图 7－41　全时四轮驱动的动力传动路线

来自发动机的输出经变速器变速后，由主动小齿轮传动到内啮合齿轮，通过中央差速器分配给前后驱动轴，再由前差速器和后差速器分别传动到前后的左右轮。

1. 中央差速器

中央差速器具有将来自变速器的动力均匀分配给前轮驱动轴和后轮驱动轴的功能，以及吸收旋转时所发生的前轮驱动轴和后轮驱动轴的旋转差的功能。右侧齿轮经由变速器安装盒→主动齿轮→分动被动齿轮而向后差速器传动驱动力。左侧差速器经前差速器盒向前差速器传动驱动力。

2. 差动限制机构

当在前轮和后轮之间产生转速差时，它可根据该转速差控制油压多板离合器的结合力，从而控制前后轮的扭矩分配。如图 7-42 所示，差动限制离合器由湿式多板式的离合器片和板以及活塞所构成，可改变内啮合齿轮安装盒和前差速器盒的结合状态。这就是说，根据活塞上所施加油压的大小改变多板离合器的压实力，从而控制向前差速器所分配的扭矩。另外，由 ECU 可以判别适应行驶状态的差动限制量，控制电磁阀，从而控制活塞的动作油压。

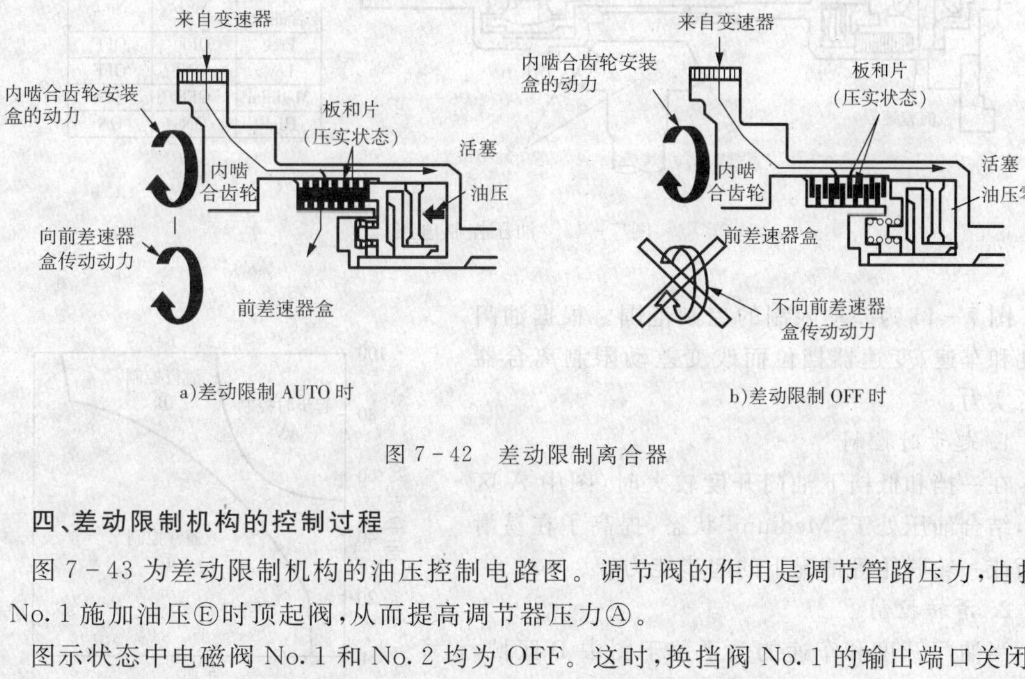

图 7-42　差动限制离合器

四、差动限制机构的控制过程

图 7-43 为差动限制机构的油压控制电路图。调节阀的作用是调节管路压力，由换挡阀 No.1 施加油压Ⓔ时顶起阀，从而提高调节器压力Ⓐ。

图示状态中电磁阀 No.1 和 No.2 均为 OFF。这时，换挡阀 No.1 的输出端口关闭，不向活塞室供给油压，差动限制离合器处于自由(Free)状态。

当电磁阀 No.1 和 No.2 处于 ON 时，换挡阀 No.1 和 No.2 的阀上部油压分别由电磁阀排油，所以阀门因回位弹簧的弹力而被顶起来。因此，管路压力沿图中箭头的路径供给输出端口Ⓓ，差动限制离合器的油压处于高压状态(High)，使差动限制离合器的活塞结合。

仅有电磁阀 No.1 处于 ON 时，经调压的管路压力沿 A→B→D 的路径施加到活塞上。这时差动限制离合器的油压较小(Low)，所以离合器的结合力较弱。

仅有电磁阀 No.2 处于 ON 时，经调节的油压沿 A→C→D 的路径施加到活塞上。这时的油压因换挡阀 No.1 向Ⓔ反馈管路压力，将变得稍高(Medium)一些。

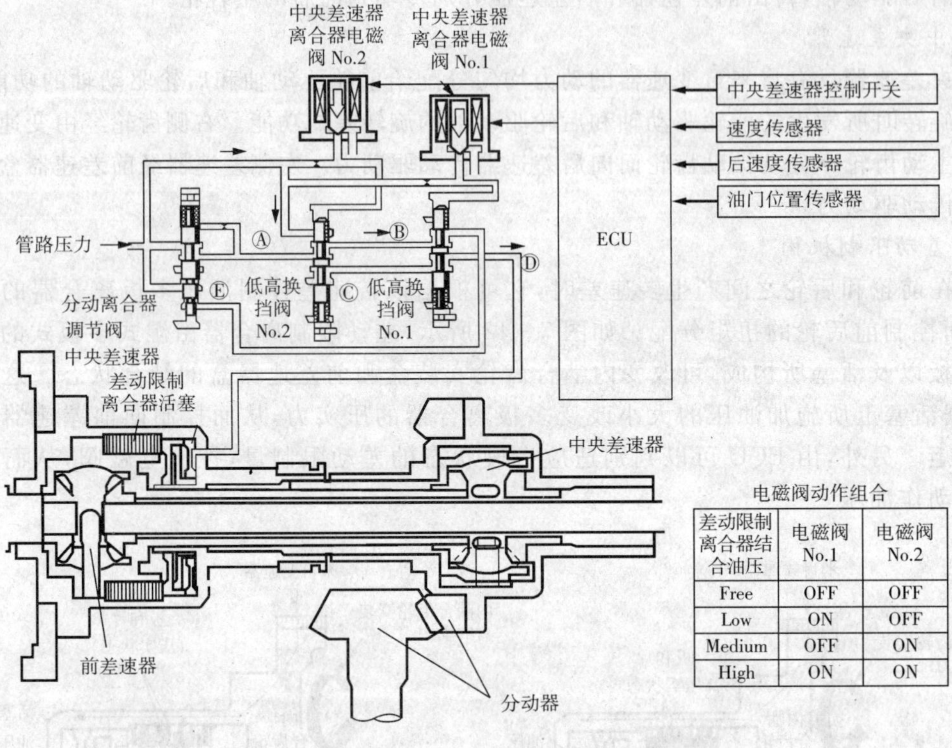

电磁阀动作组合

差动限制离合器结合油压	电磁阀 No.1	电磁阀 No.2
Free	OFF	OFF
Low	ON	OFF
Medium	OFF	ON
High	ON	ON

图 7－43　油压控制电路

图 7－44 为差动限制的控制范围。根据油门开度和车速、变速器挡位而改变差动限制离合器的压实力。

1. 起步时控制

在一挡和低挡下油门开度较大时（图中 A 区域），结合油压处于“Medium”状态，提高了在易滑路面或一轮脱轮等情况下的起步能力。

2. 滑转控制

当油门开度和车速的关系位于图中 B 区域，且前后轮的转速差在 2～3km/h 以上时，将结合油压置于“High”状态，使差动限制处于最大。

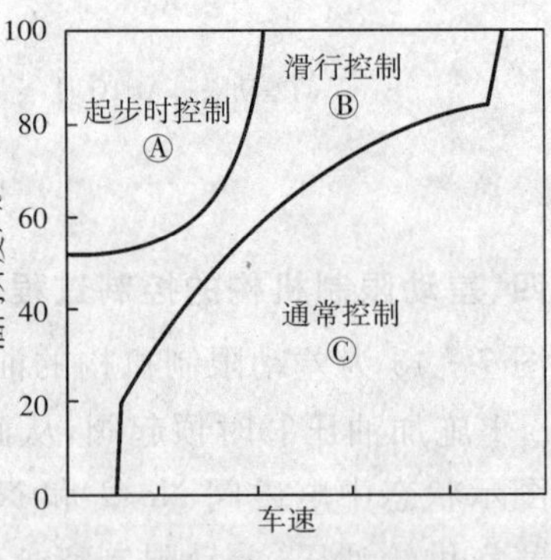

图 7－44　差动限制的控制范围

3. 常规控制

在分时四轮驱动行驶时，前轮和后轮可能会产生转速差，如果不吸收该转速差时，就会施加制动而难以转弯，此即是分时四轮驱动的转弯制动现象。为防止该现象产生，应将结合油压置于“Low”状态，进行弱差动限制（图中 C 区域）。

思考与练习

7-1　汽车动力性能的改善途径有哪些？

7-2　自动变速器有哪些类型？有哪些优点？

7-3　什么是换挡规律？常见的换挡规律有哪些？

7-4　简述机械有级自动变速器的开发历程。

7-5　简述 AMT、DCT、CVT 的基本原理。

7-6　汽车驱动防滑转调节系统 ASR 的主要作用是什么？

7-7　ASR 调节驱动轮滑转的控制方法有哪几种？试比较各控制方式的性能。

7-8　简述四轮驱动系统的类型和功用。

7-9　简述全时四轮驱动的动力传动路线和差动限制机构的控制过程。

第八章 汽车制动性的电子控制系统

内容提要：汽车制动性的优劣直接关系到交通运输的安全性，所以它是汽车主动安全性能中最主要的性能之一。本章以改善汽车制动性能的原理为主线，主要介绍了汽车制动防抱系统、电涡流缓速器和汽车电制动控制系统的发展历程、特点、基本组成和控制原理。在学习本章前应有一定的汽车理论和底盘构造方面的专业知识。

第一节 提高制动性能的途径

汽车的制动性能是汽车安全性能的重要指标之一，它是指使行驶的车辆减速或停车，以及在下长坡时维持一定车速和在坡道驻车的能力。使行驶中的汽车速度减低甚至停车可通过行车制动系统来实现；使下长坡中汽车的速度保持稳定可通过辅助制动系统来实现；使已停驶的汽车驻留原地不动可通过驻车制动系统来实现。其中行车制动系统是在行车过程中经常使用的，因此汽车的制动性能评价主要是针对行车制动系统进行的。

行车制动系统是由制动器和制动驱动机构组成的。制动器是指产生阻碍车辆运动或运动趋势的力的部件。驾驶员能根据道路和交通等情况，使外界（主要是路面）对汽车某些部分（主要是车轮）施加一定的可控制的力。除一些缓速的辅助制动系统以外，一般制动器都属于摩擦式制动器，即通过其中的固定元件对旋转元件施加制动力矩，使后者的旋转角速度降低，同时依靠车轮与路面的附着作用，产生路面对车轮的制动力，以使汽车减速。

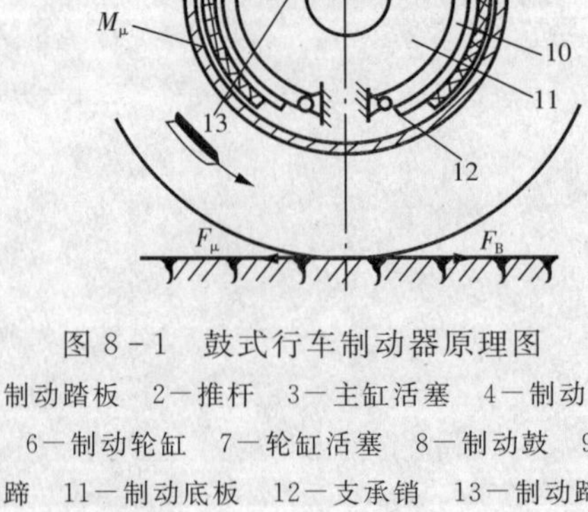

图 8－1　鼓式行车制动器原理图

1—制动踏板　2—推杆　3—主缸活塞　4—制动主缸　5—油管　6—制动轮缸　7—轮缸活塞　8—制动鼓　9—摩擦片　10—制动蹄　11—制动底板　12—支承销　13—制动蹄回位弹簧

例如最常见的鼓式行车制动器（图 8－1），金属制动鼓固定在车轮轮毂上随车轮一同旋转，外圆柱面上装有摩擦片的制动蹄安装在固定不动的制动底板上。制动系统不工作时，制动鼓的内圆柱面与制动蹄摩擦片的外圆柱面之间保持一定的间隙，使车轮和制动鼓可以自由旋转。当驾驶员踩下制动踏板，制动主缸内的油液在一定压力的作用下流入轮缸，并通过轮缸活塞推动两制动蹄绕支承销转动，从而使其摩擦片压紧在制动鼓的内圆柱面上。这样，不旋转的制动蹄就对旋转着的制动鼓作用一个摩擦力矩，其方向与车轮旋转方向相反。制动鼓将该力矩传到车轮后，由于车轮与路面间有附着作用，车轮对路面作用一个向前的周缘力，同时路面也对车轮作用着一个向后的反作用力，即制动力。制动力由车轮经车桥和悬架传给车架及车身，迫使汽车减速乃至停车。制动力越大，则汽车减速度也越大。当放开制动踏板时，制动蹄和轮缸活塞被回位弹簧拉回原位，并将制动液压回主缸，摩擦力矩和制动力消失，制动作用即行终止。

汽车的制动性能可通过制动效能、制动效能的恒定性和制动时汽车的方向稳定性三个指标进行评价。制动效能是指在良好路面上，汽车以一定初速制动到停车的制动距离或制动时汽车的减速度，它是制动性能最基本的评价指标。制动效能的恒定性，主要是指抗热衰退性能，表明汽车高速行驶或下长坡连续制动时制动效能保持的程度；制动时汽车的方向稳定性，是指汽车在制动过程中维持直线行驶或按预定弯道行驶的能力。重大交通事故往往与制动距离太长、紧急制动时发生侧滑等情况有关，因此完善制动性能是减少交通事故和促进汽车工业发展的重要措施。

一、提高制动效能的主要途径

图 8-2 是经过简化后的驾驶员在接受了紧急制动信号后，制动踏板力、汽车制动减速度与制动时间的关系曲线。从图可见，驾驶员接到紧急停车信号时，并没有立即行动（a 点），而要经过 t_1 后才意识到应进行紧急制动，并移动右脚，再经过 t_2 后才踩着制动踏板（b 点）。从 a 点到 b 点所经过的时间称为驾驶员反应时间，一般为 0.3～1 秒；之后，随着制动踏板力的增加，制动器首先消除了制动蹄片与制动鼓的间隙，然后制动器制动力也随之增加，从 b 点到 e 点所经过的时间一般为 0.2～0.9 秒，称为制动器的作用时间，它一方面取决于驾驶员踩制动踏板的速度，另一方面取决于制动系的结构形式；从 e 点到 f 点期间，汽车的制动减速度基本保持不变，这段时间称为持续制动时间，是真正使得汽车减速停车的时间。f 点之后，驾驶员松开了制动踏板，但制动器制动力要到 g 点时才消除，这段时间通常为 0.2～1 秒，时间过长会耽误随后的起步行驶。

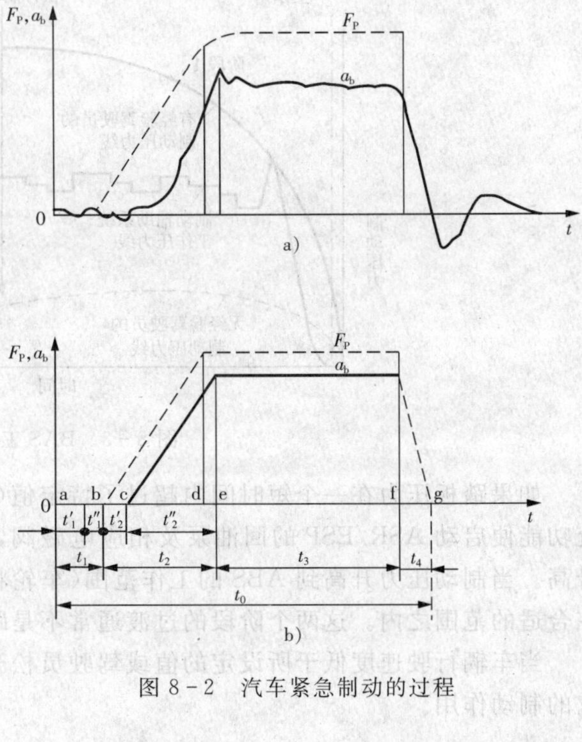

图 8-2　汽车紧急制动的过程

在驾驶员反应时间和制动器起作用时间内，汽车的制动减速度几乎为零，汽车基本上以制动初速度行驶。减少驾驶员反应时间和制动器起作用时间可缩短制动距离，从而可显著改善汽车的制动效能。减少驾驶员反应时间主要应从保障驾驶员的身心健康及提高驾驶员的驾驶技能方面解决，而制动器起作用时间的缩短可通过改进制动系的结构形式来解决。

传统制动系统包含许多机械杆件、油管和阀门等，使用气体或液体作为力的传递媒介。由于制动管路较长，阀门元件多，所以存在反应速度慢、制动器的作用时间长等问题。线控制动系统(Brake-By-Wire)利用高速的中央处理器控制执行器件进行制动，省去了传统制动系统中的很多管路和阀门，可大大缩短制动器起作用的时间。此外，在线控制动系统中还可以通过相应的控制程序来控制各轮的制动力大小和各轴的制动力分配，因此也可改善制动时汽车的方向稳定性。

线控制动系统(Brake-By-Wire)，有些文献也称汽车电子制动系统(Electronic Braking System，简称 EBS)，它将传统液压或气压制动执行元件改为电驱动元件，因此大大提高了汽车制动系统的响应速度和可控性。它基于线控技术(X-by-Wire)，集成了一系列智能制动控制系统，提供了诸如 ABS、车辆稳定性控制、牵引力控制等功能，并通过车载网络把各个系统有机的结合成一个完整的功能体系。

当一位驾驶员由于缺乏经验时，在紧急情况下可能会未能将制动踏板踩到足够的位置(即使是踩得够快)，导致只能产生轻微的制动力，而使制动距离过长。制动辅助系统(Brake Assist System，简称 BAS)，就是在紧急制动情况下为驾驶员提供支持，迅速将制动压力提高至 ABS 工作状态，以使车辆尽快减速的系统(图 8-3)。目前制动辅助系统的核心部件是集成了 ABS 控制单元和 ASR/ESP 回液泵的液压单元。

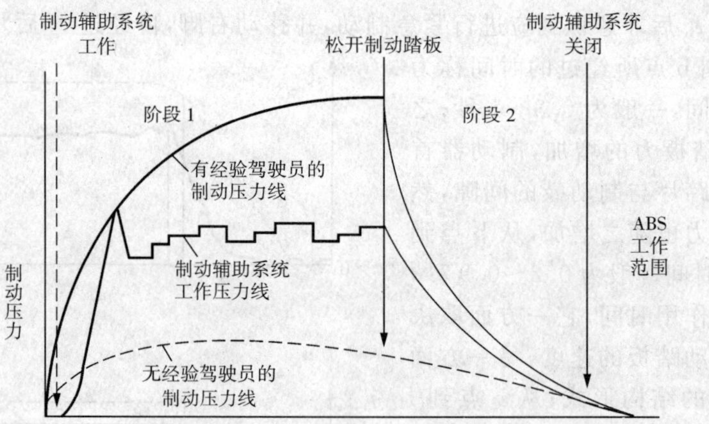

图 8-3　BAS 工作曲线

如果踏板压力在一个短时间内超过了特定值(制动辅助系统的启动阈值)，制动辅助系统功能便启动 ASR/ESP 的回油泵及相应电磁阀，通过主动式建压将制动分缸的压力迅速升高。当制动压力升高到 ABS 的工作范围(车轮将被抱死)，ABS 开始工作，将制动力保持在合适的范围之内。这两个阶段的过渡通常不是跳跃式的，而是一种平滑的过渡。

当车辆行驶速度低于所设定的值或驾驶员松开制动踏板时，制动辅助系统会自动终止它的制动作用。

二、提高制动效能恒定性的主要途径

目前汽车的行车制动器都属于摩擦式制动器，即将汽车的动能通过摩擦转化成热能消耗掉，从而达到制动的目的。因此，汽车在繁重的工作条件下制动时(如下长坡制动)，制动器温度常在300℃以上，有时高达600℃～700℃。制动器温度上升后，摩擦力矩常会有显著下降，这种现象称为制动器的热衰退。此外，制动器长时间的高温也容易引起爆胎甚至车辆自燃等严重事故。

热衰退是目前制动器不可避免的现象，只是在程度上有所差别。制动效能的恒定性主要指的是抗热衰退性能。抗热衰退性能与制动器摩擦副材料及制动器结构有关。如以铜粉或铁粉为主要成分的粉末冶金摩擦材料，其抗热衰退性能优于石棉纤维的摩擦材料。又比如盘式制动器的抗热衰退性能优于鼓式制动器的。鼓式制动器中双向自增力式及双领蹄式制动器的抗热衰退性能最差，领从蹄式制动器次之，双从蹄式制动器最优。

为了从根本上解决行车制动器的热衰退，往往在经常要下长坡(如矿山或山区公路)和经常在行车密度很高、交通情况复杂的城市街道上行驶的汽车上增装辅助缓速制动系统。

辅助缓速制动系统的作用是在不使用或少使用行车制动系统的条件下，使车辆速度降低或保持稳定，但不能将车辆紧急制停，这种作用称为缓速作用。故辅助缓速制动系统也称为缓速器(Retarder Braking System)。从现代汽车的应用前景来看，发动机排气制动、液力缓速制动和电涡流缓速器制动是最常用的辅助缓速制动方式，其他的辅助缓速制动方式则只出现在特殊场合，如针对电动汽车的牵引电动机缓速法和针对竞赛汽车的空气动力缓速法。

电涡流缓速器的主要元件包括由驱动轮通过传动系统带动的盘状金属转子和由若干个固定不动的电磁铁组成的定子(图8-4)。两者端面之间留有不大的间隙(0.5～1.5mm)。当有电流通过定子的励磁线圈时，便产生磁场，对在此磁场中旋转的转子造成阻力矩，即制动力矩。在磁场作用下，在转子中产生的涡电流可将转子及整个汽车的部分动能转换成热能。

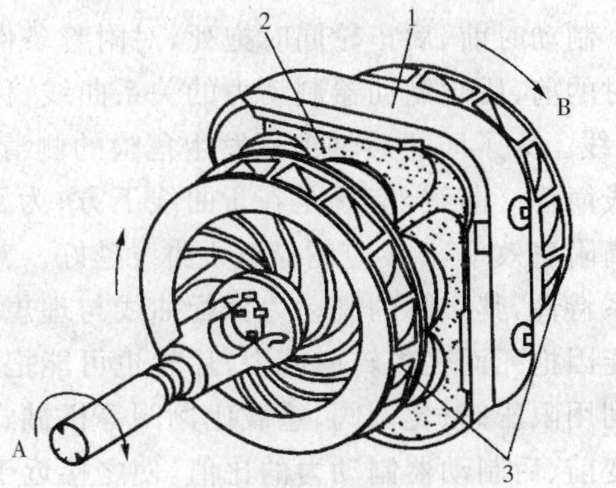

图8-4　电涡流缓速器的结构图

1—定子外壳　2—电磁铁　3—转子盘

A—接变速器　B—接主减速器

与发动机排气辅助制动系统和液力缓速器相比，电涡流缓速器具有以下显著的优点：结构简单，生产制造成本也不高；制动力矩范围广，可达300～3300N·m，适合于各种型式(5～45吨)的车辆；响应时间短(仅有40ms，比液力缓速器的响应快20倍)，无明显时间滞后；车辆在低速运行时，也可产生较高的制动力矩；制动力矩的大小可以通过控制励磁电流来调节，易于和其他汽车电控制动系统相配合，实现制动力的自动控制。

三、提高制动时汽车方向稳定性的主要途径

汽车在制动过程中维持直线行驶或按预定弯道行驶的能力称为制动时汽车的方向稳定

性。方向稳定性不好的汽车在制动过程中会出现制动跑偏、后轴侧滑或前轮失去转向能力的现象。制动跑偏是指制动时汽车总是固定地自动向一侧(左或右)偏驶,造成制动时汽车跑偏的原因通常是由于汽车设计、制造或调整误差不正确,属于汽车故障的范围,因此需要通过提高汽车的设计、制造及维修质量来解决。侧滑是指制动时汽车的某一轴或两轴发生横向移动,其每次制动时的偏驶方向(向左或右)是随机的。其中最危险的情况是在高速制动时发生后轴侧滑,此时汽车常发生不规则的急剧回转运动而失去控制。前轮失去转向能力是指弯道制动时汽车不再按原来的弯道行驶而沿弯道切线方向驶出,或者在直线行驶制动时,虽然转动转向盘但汽车仍按直线方向行驶的现象。

由试验与理论分析得知,后轴侧滑或前轮失去转向能力是由于车轮抱死拖滑造成的,不属于汽车故障的范围。制动时若后轴车轮比前轴车轮先抱死拖滑,就可能发生后轴侧滑。而如果在制动过程中只有前轮抱死或前轮先抱死拖滑,则汽车基本上沿直线向前行驶(减速停车),从而丧失转向能力。

因此,从保证汽车方向稳定性的角度出发,首先不能出现只有后轴车轮抱死或后轴车轮比前轴车轮先抱死的情况,以防止危险的后轴侧滑;其次,尽量少出现只有前轴车轮抱死或前、后车轮都抱死的情况,以维持汽车的转向能力。最理想的情况就是防止任何车轮抱死,前、后车轮都处于滚动状态,这样就可以确保制动时的方向稳定性。

汽车制动防抱装置(Antilock Braking System,简称 ABS)就是为了防止这些危险状况的发生而研制的。它是在制动过程中通过调节制动管路压力的方法来控制车轮的制动力,以防止车轮抱死,从而提高了汽车制动时的方向稳定性。同时由于能尽量发挥轮胎与路面间的潜在附着力,获取最大的路面制动力,因此也可减少制动距离,提高制动效能。

制动时前、后车轮同时抱死,对附着条件的利用、制动时汽车的方向稳定性均较为有利。此时的前、后轮制动器制动力的关系曲线,称为理想的前、后轮制动器制动力分配曲线,简称 I 曲线。为了防止后轴抱死发生危险的侧滑,汽车制动系实际的前、后轮制动器制动力分配曲线简称 β 曲线,应总是在 I 曲线下方;为了减少制动时前轮抱死而失去转向能力的机会,提高附着效率,β 线应越靠近 I 曲线越好。对于具有固定比值的前、后轮制动器制动力的制动系特性,其实际的制动力分配曲线与理想的制动力分配曲线相差很大,制动效率低,前轮可能因抱死而丧失转向能力,后轮也可能抱死而使汽车有发生后轴侧滑的危险。因此,汽车可利用限压阀、比例阀、感载比例阀等机械式制动力调节装置,根据制动强度、载荷等因素来改变前、后制动器制动力的比值,使之接近于理想制动力分配曲线。

机械式制动力调节装置不能实现理想的制动力分配,尤其是空载和满载情况下制动力调节性能曲线与理想的制动力分配曲线相差较大,制动效率低。因此,现代汽车常装备有电子制动力分配系统(Electronic Brake-force Distribution System,简称 EBD),其主要作用有:

(1)根据前后轮负荷的变化,可适时调整前后轮制动力的分配,以缩短制动距离。如图 8-5a 所示,图中阴影范围为前、后车轮制动器的制动力可调范围。由图阴影部分可见,装备 EBD 系统后,后轮制动力的大小可在轻载与重载分配曲线之间进行调节,随着前轮制动力增大,后轮制动力明显增大。

(2)在转向制动时,为减少外侧车轮的侧滑,可适时调整左右轮制动力的分配,以确保转向制动时的安全性。从图 8-5b 中可见,EBD 系统根据转向盘转角传感器信号对左、右车轮制动力的分配进行调节，使外侧车轮的制动力明显大于内侧车轮的制动力，从而保证汽车弯道制动时的稳定性。

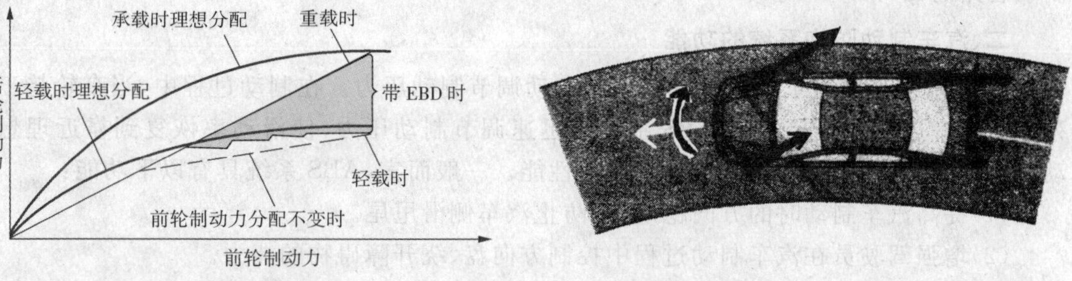

a)前后轮制动力分配曲线　　b)左右轮制动力大小示意图

图 8-5　制动力分配控制效果

EBD 系统的调节过程和 ABS 系统的调节过程是相似的，即通过对车轮制动压力实行不断降压、保压、升压的循环控制来实现的。因此，在装备有 ABS 的汽车上，不需要改变 ABS 系统的硬件组成，只要通过修改控制软件程序就可同时实现 EBD 和 ABS 的功能。

制动时 EBD/ABS 的电子控制单元接收轮速信号，并根据这些信号计算车辆的参考速度及滑移率。当识别出后轮有抱死趋势时，电子控制单元通过制动压力调节器控制后轮的制动力，使 β 线始终位于 I 线下方且无限接近于 I 线(图 8-6)。因此 EBD 系统在保证制动稳定性的同时，使后轮获得了最大制动力，从而提高了整车的制动效能。

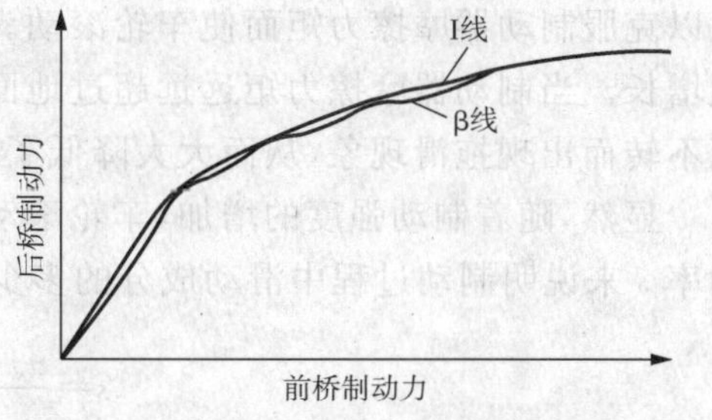

图 8-6　EBD 系统的前后轮制动力分配曲线

汽车制动过程中，EBD 系统先于 ABS 系统起作用。当车轮接近抱死时，ABS 系统才起作用，而 EBD 系统即停止工作。

第二节　汽车制动防抱系统

一、汽车制动防抱系统的发展历程

制动防抱系统最早出现在 20 世纪初的西方国家，首先应用于火车上，主要用来防止汽车制动时钢轮抱死而产生局部摩擦。之后，制动防抱系统在飞机上得到了应用，提高了飞机在着陆时的行驶方向稳动性。20 世纪 30～50 年代，西方国家研制出纯机械式制动防抱系统并少量装备于汽车。到了 60 年代，模拟电子技术在制动防抱系统上开始应用，但因成本太高，可靠性也不稳定，未能在汽车上广泛应用。70 年代后期出现了数字式电子制动防抱系统，从而揭开了现代汽车制动防抱系统大发展的序幕。

目前，汽车制动防抱系统的基本思路还是沿用 1936 年德国波许公司的专利技术，即将电磁传感器用于测量车轮转速，当传感器探测到车轮抱死拖滑时，调节装置立即启动，调节制动管路的压力。

二、汽车制动防抱系统的功能

ABS 系统是根据车轮滑移率变化来自动调节制动压力。在制动过程中，当车轮趋于抱死即滑动率进入非稳定区时，ABS 系统能迅速调节制动压力，使滑动率恢复到靠近理想滑动率的稳定区域内，从而获得最佳的制动性能。一般而言，ABS 系统具有以下功能：

(1)提高汽车制动时的方向稳定性，防止汽车侧滑甩尾。

(2)增强驾驶员在汽车制动过程中控制方向盘、绕开障碍物的能力。

(3)缩短制动距离。ABS 系统能保证汽车在雨后、冰雪及泥泞路面上获得较高的制动效能(但松散的沙土和积雪很深的路面除外)。

(4)减小驾驶员的疲劳强度，特别是汽车制动时人的紧张情绪得到舒缓。

(5)减少汽车制动时轮胎的磨损。ABS 能防止轮胎在制动过程中产生剧烈的拖痕，延长轮胎使用寿命。

三、汽车制动防抱系统的基本理论

当制动踏板力较小时，制动器摩擦力矩不大，地面与轮胎之间的摩擦力即地面制动力，足以克服制动器摩擦力矩而使车轮滚动。随着踏板力逐渐增加，制动器摩擦力矩也成正比地增长。当制动器摩擦力矩远远超过地面制动力矩时，车轮将在车速降为零之前就提前抱死不转而出现拖滑现象，从而大大降低了汽车制动时的方向稳定性。

显然，随着制动强度的增加，车轮滚动成分越来越少，而滑动成分越来越多。通常用滑动率 s 来说明制动过程中滑动成分的多少，即

$$s=\frac{u_w-r_{ro}\omega_w}{u_w}\times 100\% \tag{8-1}$$

式中：u_w——车轮中心的速度；

r_{ro}——没有地面制动时的车轮滚动半径；

ω_w——车轮的角速度。

在纯滚动时，$u_w=r_{ro}\omega_w$，滑动率 $s=0$；在纯拖滑时，$\omega_w=0$，$s=100\%$；边滚边滑时，$0<s<100\%$。所以，滑动率的数值说明了车轮运动中滑动成分所占的比例。滑动率越大，滑动成分越多。

地面制动力与垂直载荷之比称为纵向附着系数，纵向附着系数越大，可提供的地面制动力越大。侧向力与垂直载荷之比称为侧向附着系数。侧向附着系数越大，保持转向和防止侧滑的能力越强。

制动时车轮的滑动率不同，纵向和侧向附着系数是不一样的。图 8-7 所示为试验所得的一般道路条件下轮胎与路面间的附着系数曲线，即 $\varphi-s$ 曲线。从图可见，纵向附着系数曲线 OA 段近似于直线且上升快，表示纵向附着系数随着滑动率的增大而迅速增大。过 A 点后，纵向附着系数上升率减慢，到 B 点达到最大值 φ_p，称为峰值附着系数。在干燥路面条件下 φ_p 通常出现在车轮滑动率 $s=15\%\sim25\%$ 的范围内。随着车轮滑动率进一步增加，纵向附着系数将有所下降。当车轮抱死拖滑，即 $s=100\%$ 时的纵向附着系数 φ_s 称为滑动附着

系数。一般而言，φ_s 与 φ_p 差别不是很大，但侧向附着系数会迅速下降，当车轮抱死拖滑，即 $s=100\%$ 时，侧向附着系数几乎为 0，车轮将呈现不稳定运动状态。所以，如能使制动车轮滑动率保持在 15%～25%之间，便可获得较大的纵向附着系数和侧向附着系数，使汽车在具有较好制动效能的同时，保持较强的转向能力和防侧滑能力。

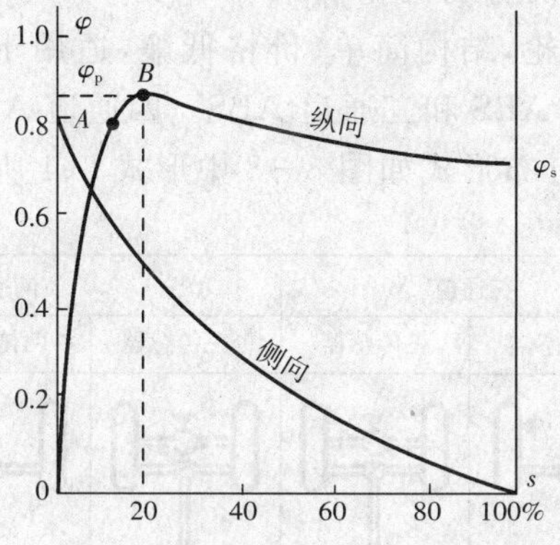

图 8-7　纵向和侧向附着系数曲线

从图 8-6 可知，导致车轮滑动率过大的原因是制动器制动力超过了地面附着力。因此，根据地面附着力实时调节制动器制动力（通常是实时调节制动管路压力），就可使制动车轮滑动率保持在理想的范围，这就是制动防抱系统的工作思路。

四、汽车制动防抱系统分类

纯机械式 ABS 系统早已淘汰，目前主要采用机电一体化控制的电子控制式 ABS 系统。电子控制式 ABS 系统的种类很多，分类方法如下。

1. 按结构形式分类

（1）按 ABS 制动压力调节器的动力源可分为液压式 ABS 和气压式 ABS 两种。

对于采用液压式制动系统的车辆必须选装液压式 ABS，所以乘用车装备的一般都是液压式 ABS，而商用车装备的一般都是气压式 ABS。

（2）按 ABS 制动压力调节器与制动主缸的结构形式分为分离式和整体式两种。

分离式 ABS 的制动压力调节器为独立总成，通过制动管路与制动主缸和制动轮缸（液压式 ABS）或与制动阀和制动气室（气压式 ABS）相连。其突出优点是零部件安装灵活，适合于 ABS 作为选装部件时采用。气压式 ABS 一般都采用分离式 ABS 形式。

整体式 ABS 的制动压力调节器与制动主缸以及制动助力器组合为一个整体，其优点是结构紧凑、节省安装空间，但结构复杂，一般作为轿车的标准装备。

2. 按控制通道和传感器数量分类

根据控制通道和传感器数量不同，电子控制防抱制动系统可分为以下七类，如图 8-8 所示是其具体的分布形式。

（1）四通道四传感器 ABS（形式 1、2）；

（2）三通道四传感器 ABS（形式 3）；

（3）三通道三传感器 ABS（形式 4）；

（4）两通道三传感器 ABS（形式 5）；

(5)两通道两传感器 ABS(形式 6、7)；

(6)单通道一传感器 ABS(形式 8)；

(7)六通道六传感器 ABS(适用于带挂车的汽车，图中未画)。

3. 按控制车轮数量分类

按控制车轮的数量不同，可分为两轮 ABS 和四轮 ABS。

两轮 ABS 只控制两个后轮，结构简单、价格低廉，适用于轻型载货汽车和客货两用汽车。四轮 ABS 又分为四通道 ABS 和三通道 ABS。四通道 ABS 的分布形式如图 8-8 中形式 1、2 所示，三通道 ABS 的分布形式如图 8-8 中形式 3、4 所示。

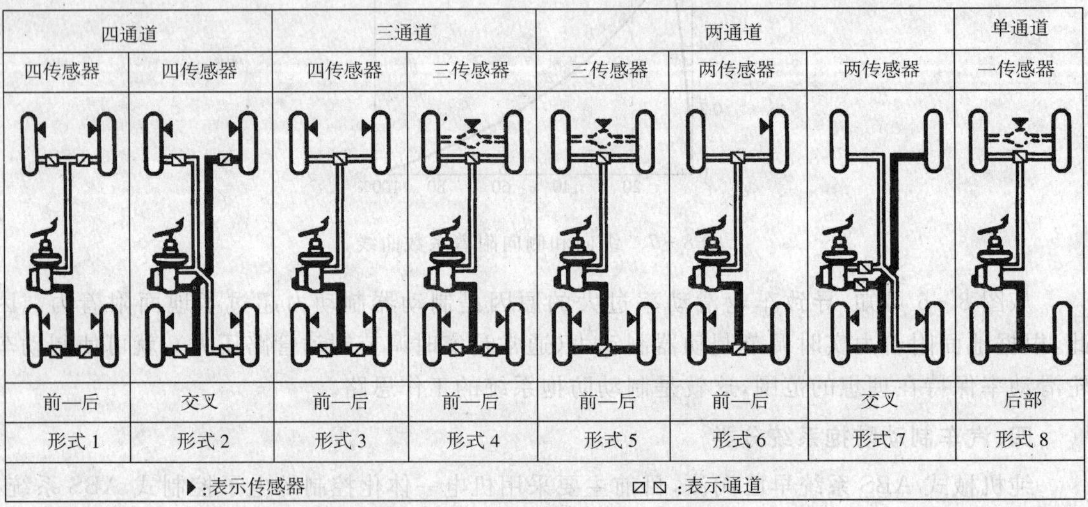

图 8-8　ABS 的类型和分布形式

4. 按车轮控制方式分类

按车轮控制方式不同，电子控制防抱死制动系统可分为轮控式与轴控式两种。轴控式又分为“低选控制 SL(Select Low)”和“高选控制 SH(Select High)”两种。

在制动系统中，制动压力能够独立进行调节的制动管路称为控制通道。每个车轮各占用一个控制通道的称为轮控式(又称为独立控制式或单轮控制式)；两个车轮占用同一个控制通道的称为同时控制。当同时控制的两个车轮在同一轴上时，则称为轴控式。

在采用轴控式 ABS 的汽车上，当左、右车轮行驶在附着系数不同的路面上时，由于左、右车轮与路面之间的附着力不同，因此，左、右车轮在制动时抱死的时机就会不同。附着系数小的车轮先抱死，附着系数大的车轮后抱死。如果以保证附着系数较小的车轮不发生抱死为原则来调节制动压力，这两个车轮就是按低选原则进行控制，简称“低选控制(SL)”；如果以保证附着系数较大的车轮不发生抱死为原则来调节制动压力，这两个车轮就是按高选原则进行控制，简称“高选控制(SH)”。

目前有部分轿车采用三通道 ABS，即对两前轮采用独立控制，对两后轮采用“低选控制(SL)”。对两前轮进行独立控制，主要是考虑到小轿车(特别是前轮驱动轿车)前轮的制动力占总制动力比例较大(可达 70%左右)，可以充分利用两前轮的附着力。这样一方面使汽车获得尽可能大的总制动力，有利于缩短制动距离；另一方面可使两前轮在制动过程中始终保持较大的横向着力,使汽车保持良好的转向控制能力。尽管两前轮独立控制可能导致两前轮制动力不平衡,但是两前轮制动力不平衡对汽车行驶的稳定性影响相对较小,并可通过驾驶员操纵转向盘进行修正。

对两后轮采用“低选控制”可以保证汽车在各种条件下,左右两个后轮的制动力相等。由于两侧后轮即使在附着系数不同的路面上紧急制动也不会抱死,因此具有良好的制动方向稳定性。虽然两后轮按低选原则控制存在后轮附着系数较大一侧的附着力不能充分利用、汽车的总制动力有所减小的问题,但是在紧急制动时,由于汽车轴荷向前转移,在总制动力中后轮的制动力所占比重较小。尤其是小轿车,前轮的附着力比后轮的附着力大得多,后轮制动力通常只占总制动力的30%左右。因此,后轮附着力未能充分利用对汽的总制动力影响不大。

五、汽车制动防抱系统的结构组成

虽然各型汽车制动防抱系统的结构形式各不相同,但都是在常规制动系统(液压制动系统或气压制动系统)的基础上,增设一个电子控制系统而构成。

制动防抱系统与典型控制系统基本组成相似,仍然是由传感器、控制器和执行机构等分系统组成。传感器的作用是识别车轮的旋转情况或车轮的动力学状态,并将它变为数据信号传送给控制器。控制器通过对获取的信息按照特定预编程序模型进行处理后得出控制指令,并向执行系统发出控制指令。执行机构的作用是根据接收到的控制指令自动调节系统制动压力,使车轮获得相应的滑动率。图 8-9 为 ABS 基本回路构成示意图。在车辆采用总线控制技术实行综合控制时,ABS 传感系统获得的信息可以为其他系统,如发动机系统、变速器系统和驱动防滑系统等共享。

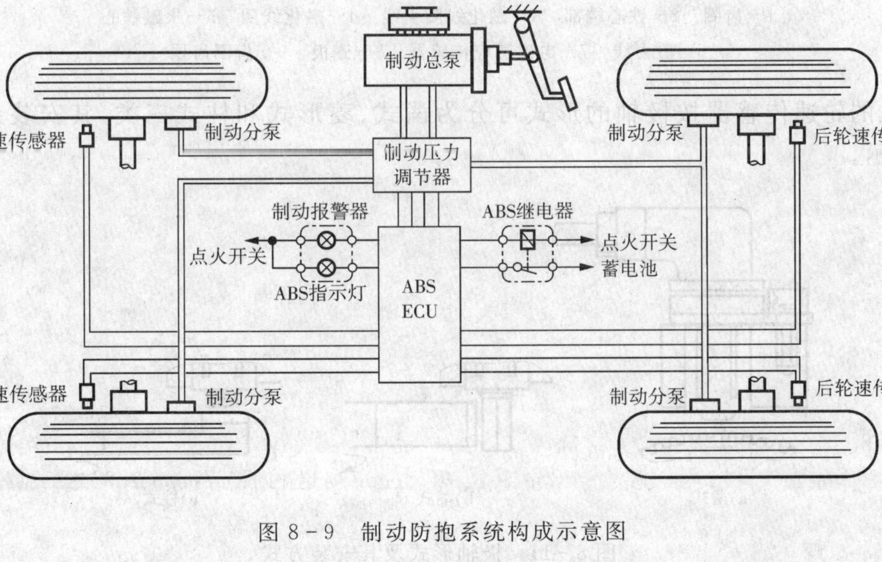

图 8-9　制动防抱系统构成示意图

1. 传感器

ABS 系统所用的传感器主要是车轮速度传感器简称轮速传感器,其功用是检测车轮转速,并转换为电信号输入控制器,用以识别车轮的旋转情况。通常是每个车轮上安装一个传感器,也有些后轮轴控式 ABS 系统是在主减速器或变速器中安装一个传感器,传感器检测的是两个后轮的平均速度。个别四轮驱动汽车的 ABS 系统还采用加速度传感器，用以检测汽车的减速度大小，以便判别路面状况并采取相应的控制措施。

轮速传感器有磁感应式和差动霍尔式两种。目前，ABS 普遍采用磁感应式轮速传感器，由传感探头和信号转子组成。传感探头为静止部件，由永久磁铁、信号线圈（感应线圈）和线束插头等组成，安装在车轮附近的静止部件（如转向节、半轴套管、悬架构件等）上，不随车轮转动。信号转子由铁磁材料制成带齿的圆环，又称为齿圈转子，安装在与车轮一同转动的部件（如轮毂、半轴等）上。

如图 8-10 所示，当车轮旋转时齿圈随之同步旋转，使得传感探头与齿圈齿顶之间的间隙发生变化，导致传感线圈的磁场磁通发生变化，从而感生出交变电压。感生电压的频率和幅值与齿圈转速成正比即与车轮转速成正比，经整形和 A/D 转换处理后以电子数字脉冲的形式输出至 ECU。

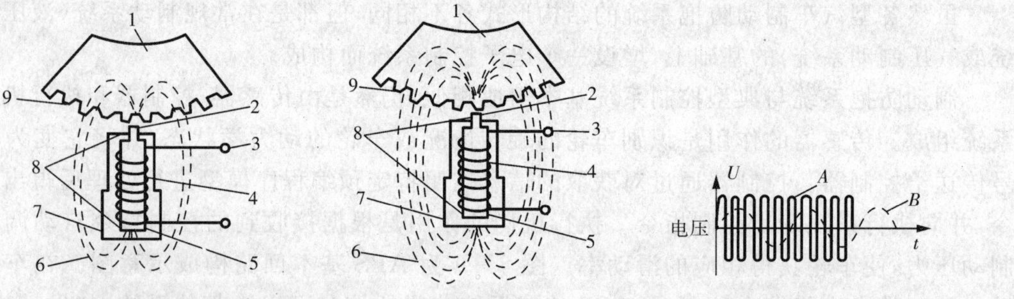

a)齿隙与铁心端部相对　　b)齿顶与铁心端部相对　　c)传感器输出电压信号

图 8-10　磁感应式轮速传感器工作原理

1—齿圈　2—铁心端部　3—磁化线圈引线　4—磁化线圈　5—永磁铁心　6—磁力线　7—电磁感应传感器　8—磁极　9—齿圈齿顶

常见的轮速传感器按极轴的形式可分为凿式、菱形式和柱式三类，其安装形式如图 8-11所示。

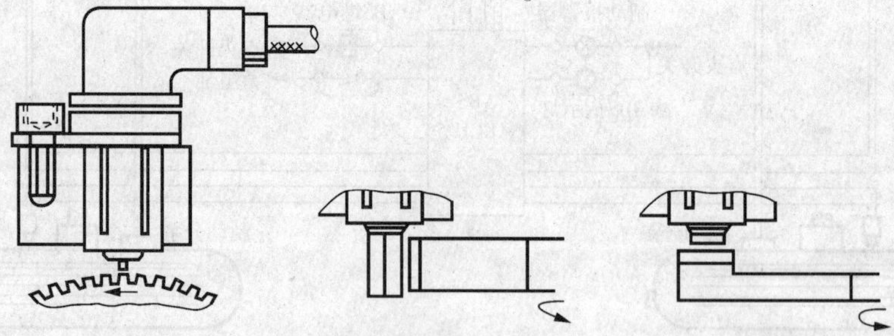

a)凿式　　b)菱式　　c)柱式

图 8-11　极轴形式及其安装方式

传感器安装必须牢靠，传感探头与信号转子之间应留有一定的间隙，一般为 0.4～2.0mm，否则就会影响传感器正常输出信号或在汽车行驶振动时受到损伤。为了避免灰尘和飞溅的水、泥等影响传感器工作，安装前应在传感器上涂敷防锈液。

2. 控制器

ABS控制器(也称电子控制单元,简称ECU)是ABS的控制中枢,其主要功用是接收传感器信号和各种控制开关信号,根据设定的控制逻辑,通过数学计算和逻辑判断输出控制指令,控制制动压力调节器调节制动压力。虽然各种车型ABS控制器的内部电路及控制程序各不相同,但是其基本组成都大致相同。

ECU包括硬件及软件两部分。硬件由安装在印刷电路板上的单片微型计算机和一系列电子元器件构成,目前大多数是由集成度高、运算速度快的数字电路组成,并封装在金属壳体内形成一个独立的整体,固定安装在行李舱、乘员室等少尘和防潮的地方。

如图8-12所示为某液压ABS系统电子控制单元的组成框图,主要由主控CPU、辅控CPU、稳压模块电路、电磁阀电源模块电路、电磁阀驱动模块电路、回液泵电动机驱动模块电路、信号处理模块电路、安全保护电路等组成。

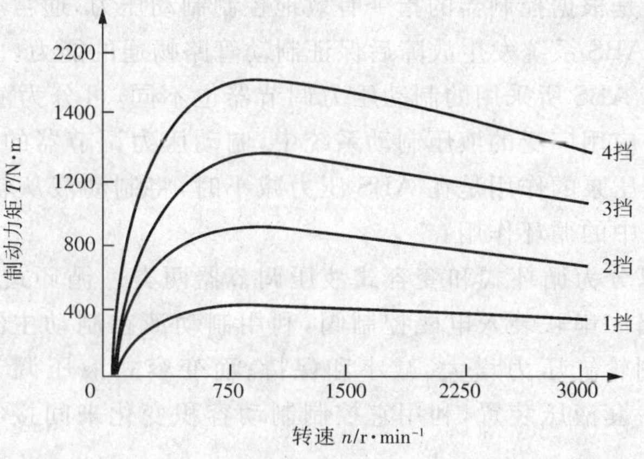

图8-12　ABS ECU电路组成框图

由于汽车的制动性能是汽车安全行驶的重要保障,因此出于保证ABS系统可靠性的目的,ABS控制器通常采用两个微处理器CPU,其中一个为主控CPU,另一个为辅控CPU。两个CPU接收同样的输入信号,在运算处理过程中,通过通信对两个处理器的处理结果进行比较。如果两个微处理器处理结果不一致,微处理器立即发出控制指令使ABS退出工作,防止系统发生逻辑错误。

信号处理模块电路由低通滤波电路和整形放大电路等组成,其功用是对轮速传感器输入的交变电压信号进行处理,并传送给主控CPU和辅控CPU。与此同时,信号处理电路还要接收点火开关等外部开关信号。

驱动模块电路的主要功用是将CPU输出的数字信号(如控制压力升高、保持、降低信号)进行功率放大并驱动执行元件(电磁阀、电动机)工作。

安全保护电路由电源监控、故障记忆和ABS指示灯驱动电路等组成。其主要功用是接收蓄电池(或发电机)的电压信号,监控电源电压是否在稳定范围内,同时将12V或14V电源电压变换为ECU工作需要的5V电压。当发现影响ABS工作的故障(如电源电压、轮速传感器信号、计算电路、电磁阀控制电路等出现异常)时,CPU就会发出指令使ABS停止工作,恢复常规制动功能,起到失效保护作用。同时接通仪表盘上的ABS指示灯电路使ABS

指示灯发亮，提醒驾驶员及时检修。

软件是固存于只读存储器(ROM)中的一系列控制程序和有关数据，主要包括初始检测程序、ABS控制程序、故障检测和失效保障程序等。

每当点火开关打开时，ECU的初始检测程序就对硬件电路、传感器、执行元件等进行状态检测，以检验其是否正常。ABS控制程序是ABS软件的核心，用于制动时车速的控制，以防止制动时车轮出现抱死。故障检测和失效保障程序用于对ABS系统的各部件进行实时监测，如果存在故障，则断开相关继电器，切断ECU流向执行器的电流，防抱制动系统不起作用，但常规制动系统仍可运作。同时点亮防抱制动系统报警灯，并将故障信息编成代码储存起来，以备自诊断时读取故障代码，供维修时参考。

3. 执行机构

制动压力调节器是ABS执行机构的主要部件，它装于制动管路中，属于制动系的阀类部件。调节器的作用是根据控制器的指令有效地控制制动压力，通常有增压、降压和保压功能，同时还应具有当ABS系统发生故障后保证制动管路畅通的能力。

不同制动系统的ABS所采用的制动压力调节器也不同，可分为液压式、气压式和空气液压加力式。在目前应用广泛的液压制动系统中，制动压力调节器的主要元件是电动液压泵和液压控制阀。液压泵的作用是在ABS压力减小时，将制动液从轮缸中送回制动主缸；同时促进油液在系统中的循环作用。

液压调节器可以分为循环式和变容式液压调节器两类。循环式液压调节器主要是在汽车原有的制动管路中串联装入电磁控制阀，利用制动液在制动主缸和制动轮缸之间不断的循环来直接控制轮缸压力增大、减小和保持；而变容式液压调节器则是在汽车原有的制动管路上增加一套液压装置，利用它控制制动容积变化来间接实现增压、减压、保压功能。

循环式液压调节器结构简单，灵敏性较好。当液压泵工作时，高压制动液返回制动主缸或增压过程制动液从制动主缸流回制动轮缸的瞬间，制动踏板行程均会发生变化(称为踏板反应)，这种反应能让驾驶员知道ABS已经开始工作。目前大多数汽车的液压ABS系统都采用这种压力调节方式。循环式液压调节器根据结构不同又分为整体式和分体式液压调节器。整体式液压调节器将液压调节器和制动主缸安装成一个整体，分体式液压调节器则是液压调节器和制动主缸独立安装的。

(1)循环式液压调节器

如图8-13所示，循环式液压调节器的关键元件是具有三个通道的电磁阀：进液通道、出液通道和泄压旁通道。进液通道与总泵连接，出液通道与分泵连接而泄压旁通道则与储液容器连接。

① 增压阶段(图8-13a)：电磁阀动作关闭泄压通道，工作介质从制动总泵经电磁阀直接流向制动轮缸，此时系统按照普通液压制动系统工作规律运行，制动力正比于制动踏板力。

② 减压阶段(图8-13b)：ECU指令使进液通道关闭而泄压通道开启，此时系统介质经由泄压通道与回流管路进入储能器，使轮缸压力降低。

③ 保压阶段(图8-13c)：ECU输出控制指令使衔铁运动，关闭进压与泄压通道，此时由于参与工作的介质数量保持不变，且踏板力无法传递至轮缸，通道中压力保持恒定。

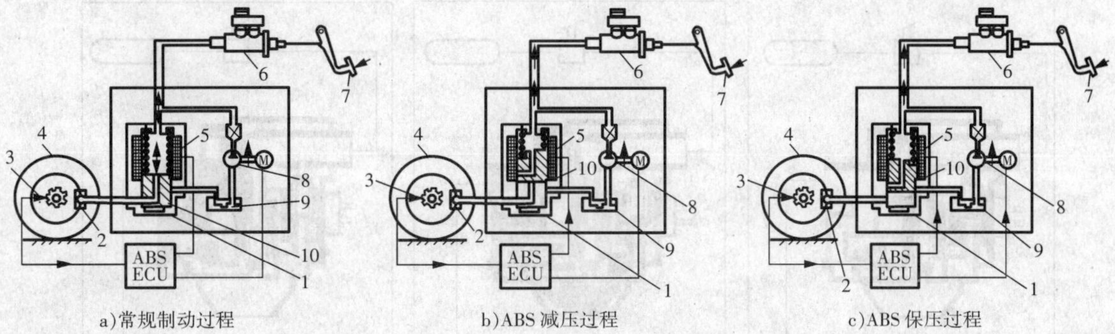

图 8-13　循环式 ABS 基本原理与结构

1—电磁阀　2—制动分泵　3—车轮转速传感器　4—车轮

5—电磁阀线圈　6—制动总泵　7—制动踏板　8—电动泵　9—储油器

(2)气压制动压力调节器

大、中型商用车一般采用气压ABS系统进行制动控制，其基本类型可以分为气压直接控制与气—液综合控制两种。

图 8-14 所示为气压直接控制式调节器的结构示意图。在其进气通道1与排气通道3分别有一个膜片式隔离阀，电磁阀根据ECU的指令动作通过导气通道控制其打开与关闭来控制进、排气气路，从而实现控制系统的增压、保压与减压过程。

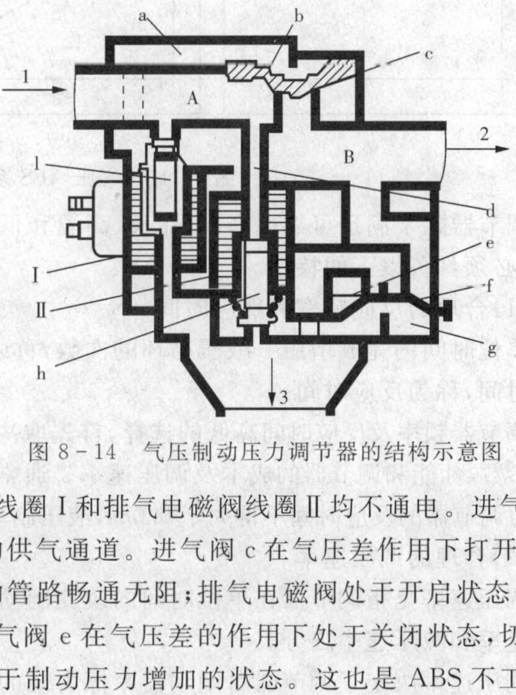

图 8-14　气压制动压力调节器的结构示意图

① 增压阶段(图 8-15a)：进气电磁阀线圈Ⅰ和排气电磁阀线圈Ⅱ均不通电。进气电磁阀处于关闭状态，切断了进气先导气室a的供气通道。进气阀c在气压差作用下打开，A—B畅通，制动阀1到制动气室2之间的制动管路畅通无阻；排气电磁阀处于开启状态，接通了排气先导气室g与气源之间的通道。排气阀e在气压差的作用下处于关闭状态，切断了制动气室到大气之间的通道。制动气室处于制动压力增加的状态。这也是ABS不工作时的常规制动状态。

② 减压阶段(图 8-15b)：两个电磁阀线圈Ⅰ、Ⅱ均通电，进气电磁阀处于开启状态，进气先导气室a的供气通道畅通，进气阀c在气压差的作用下关闭，切断了制动阀1到制动气室2之间的制动管路；排气电磁阀处于关闭状态，切断了排气先导气室g与气源之间的通道，排气阀在气压差的作用下开启，使制动气室与大气相通，制动气室中的压缩气体排到大气，制动气室的制动压力降低。

③ 保压阶段(图 8-15c)：进气电磁阀线圈Ⅰ通电，排气电磁阀线圈Ⅱ不通电，进气阀c和排气阀e均处于关闭状态，切断了制动气室到外界的通道，因而制动气室中的压力保持不变。

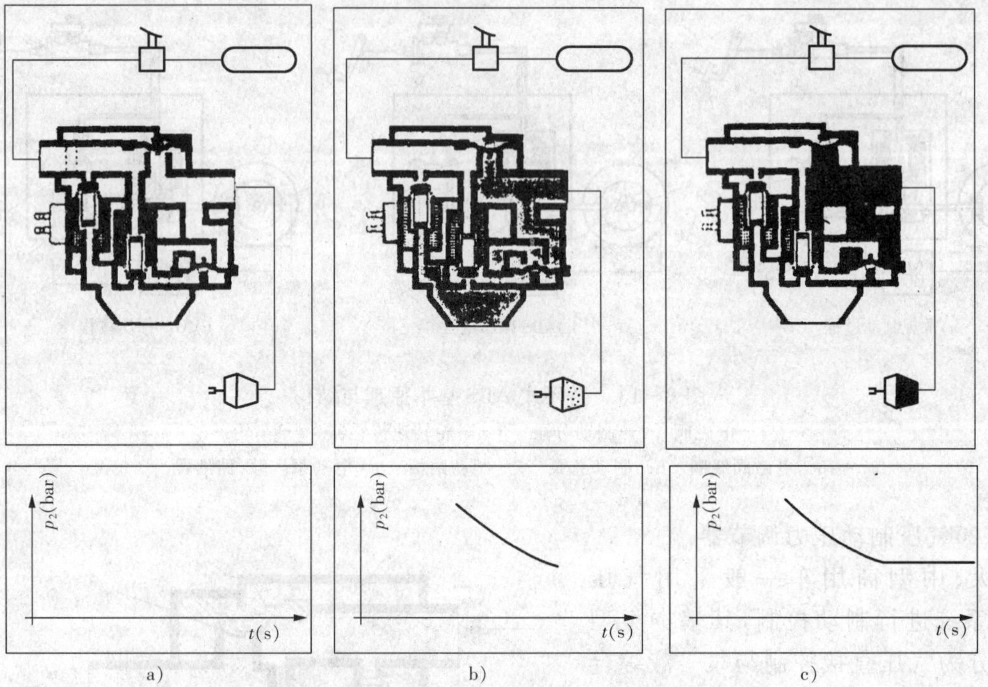

图 8－15　气压 ABS 系统的控制过程

调节器除了满足可靠性高、寿命长、高温和低温性能良好、密封性好和便于维护等要求外，还必须具备以下的特性。

(1)合理的反应频率和反应时间

单位时间内完成增压—减压循环的次数，称之为反应频率；完成一次增压—减压循环所需的时间，称为反应时间。

调节器频率及反应时间高低的选择，首先取决于 ABS 功能的需要，其次取决于制动系的技术参数、性能和调节器的成本及调压速率。通常调节器的反应频率不得低于 12Hz，气压制动压力调节器的反应时间不得大于 0.08s，液压制动压力调节器的反应时间不大于 0.02s。

(2)合理的调压速率

调压速率是指调节器在单位时间内改变制动轮缸（或制动气室）中制动压力的能力，有增压速率和减压速率之分。

调压速率决定了调节器对制动器摩擦力矩的控制能力。若调压速率过小，则 ABS 对制动压力的修正会表现出迟钝；若调压速率过大，则 ABS 对制动压力的修正会表现出修过头的现象。通常要求汽车装用 ABS 后，增压速率保持装用 ABS 前汽车制动过程中促动增压速率，而装用 ABS 后的减压速率一般不得大于增压速率。

六、汽车制动防抱系统的控制策略

目前由于受成本、器件频响速度等因素的制约，汽车上安装使用的制动防抱系统普遍采用逻辑门限值控制策略。通过设定一些控制参数的门限值，来识别车轮是在稳定区还是非稳定区转动，并进行控制。

1. ABS 的控制参数

目前作为 ABS 控制参数来描述车轮运转情况或动力学状态的参数有：车轮滑动率 s、车

轮转动角加速度 $\dot{\omega}$ 和车轮转动角加速度的变化率 $\ddot{\omega}$ 等。通常仅用一个控制参数难于保证ABS在各种行驶条件下都有良好的性能。

对于高附着系数路面，峰值附着系数一般较大，对应滑动率的值较小，变化的范围也很小。因此如果仅用滑动率作为控制参数，ABS的响应频率就跟不上车轮滑动的变化。

反之，对于低附着系数路面，车轮转动角加速度的绝对值比高附着系数路面的大得多，车轮运动状态达到稳定极限的时间很短。如果ABS选用车轮转动角加速度作为唯一的控制参数，ABS的响应频率将跟不上车轮转速的变化。

目前汽车上安装使用的制动防抱系统较多采用车轮转动角加速度和滑动率联合控制的方式，其中车轮转动角加速度为主控制参数，滑动率为辅助控制参数。这主要是因为车轮转动角加速度可根据车轮速度传感器信号直接获得，精度较高。而滑动率是估算出来的，精度较低。根据式(8-1)可知，确定滑动率要用到汽车速度，现今汽车上一般不采用直接测量的方法获得实际车速，而是采用间接的方法由车轮的角速度和负加速度构造车辆的参考速度作为汽车实际速度的估计值。

采用车轮转动角加速度或滑移率作为ABS的控制参数存在制动过程终止不及时的缺点。如果降压终止过晚，会出现欠制动情况，导致制动效能下降；而增压终止过晚，会出现过制动的情况，车轮运动可能进入不稳定状态区。因此也有的ABS系统采用车轮转动角加速度的变化率作为控制参数。在汽车制动时，在每一给定的时间间隔之后测量车轮的转动角加速度，并将它与前三个时间间隔中的转动角加速度作比较，以此为依据来调整制动压力。

2. ABS的控制过程

ABS一般都将制动控制过程分为高附着系数、低附着系数和附着系数由高到低三种路面情况分别进行控制。虽然附着系数不同路面上的控制过程也有所不同，但其控制原理基本相同。下面以图8-16所示高附着系数路面的制动控制过程为例来说明车轮转动角加速度和滑动率联合控制原理。

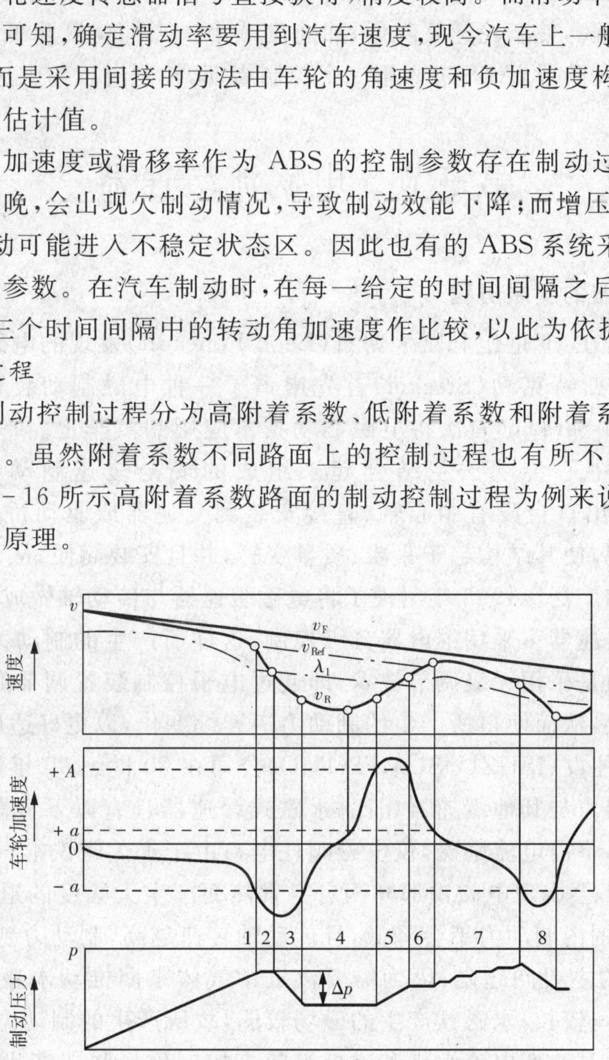

图8-16　ABS的控制过程

汽车在紧急制动时，车轮减速度迅速上升(阶段1)。当车轮减速度超过设定的减速度门限值 $-a$，控制过程进入阶段2，电磁阀进入“保压”状态，维持制动压力。此后轮速可能会进一步降低，并在阶段 2 末车轮的滑动率开始低于设定的滑动率门限值 s_1。在减速度信号和滑移率信号同时出现时，立即控制电磁阀进入"减压"状态(阶段 3)，轮速将随制动压力的降低而减速趋缓，导致车轮减速度下降。当车轮减速度越过减速度门限值 $-a$ 时，控制过程进入阶段 4，电磁阀立即停止减压过程，并进入"保压"状态。由于高附着系数路面上附着力较大，轮速可能会进一步回升加速。在阶段 4 终了，车轮加速度超过了设定的加速度门限值 $+A$。此时控制过程进入阶段 5，电磁阀进入"升压"状态，控制制动压力上升，迫使车轮加速度减小。当车轮加速度低于门限值 $+A$，控制过程进入阶段 6，电磁阀进入"保压"状态。因为此时车轮加速度高于设定的加速度门限值 $+a$，说明车轮工作在附着系数—滑移率曲线的稳定区域，且制动力不足。所以当加速度降低到加速度门限值 $+a$ 时，ABS ECU 将发出指令使相应的电磁阀在"压力升高"和"压力保持"状态之间交替转换，控制过程进入第 7 阶段(也称为慢升压过程)，使车轮速度降低，加速度减小。当加速度降低到减速度门限值 $-a$ 时，控制过程进入第 8 阶段，ABS 进入第二个控制周期，控制过程与上述相同。

第三节　电涡流缓速器

一、电涡流缓速器的发展历程

电涡流缓速器是在 19 世纪利欧·傅科(Leon Foucault)发现的电磁感应理论基础上发展起来的。1903 年，斯特克勒(Steckel)首先申请了一种电磁制动装置的专利。1936 年，鲁尔·塞瑞真(Raoul Sarazin)首次将电磁制动技术应用到汽车上。1938 年出现将电涡流缓速器用万向节与中心传动法兰结合起来组成的安全缓速制动器。1965 年泰乐马(TELMA)公司设计出首台没有中心轴、直接安装到变速器或驱动桥上的电涡流缓速器。该类型缓速器的出现，使其结构趋于紧凑、质量变轻，并且安装简便，从而使得电涡流缓速器在汽车上的应用更加广泛。1993 年出现了将电磁缓速器与传动轴做成一体的产品。

现有的电涡流缓速器多采用继电器分级控制，这样所产生的制动力矩是分级阶梯状不连续的。其发展方向是采用无级调节技术，即通过电子控制装置调节激磁线圈中的电流大小来控制磁场的产生，从而使得所产生的制动力矩连续变化，以更好适应车辆的制动要求。

日本的五十铃/住友(ISUZU/SUMITOMO)公司在 20 世纪 90 年代开发出使用永磁铁励磁的电涡流缓速器。与其他缓速器相比，永磁式缓速器具有以下显著优点：质量轻，体积小；基本不消耗电能(不需电流励磁，仅电磁阀耗电)；由于永久磁铁本身不会发热(温升最高在 60℃左右)，因此不会出现电磁铁那样因自身发热而产生大幅度的退磁现象，故制动力矩比较稳定；在高速范围内制动力不会降低，且传动轴转速越高，制动力越大；保养简单。目前永磁式缓速器存在的主要问题是：因为需要汽缸中气体来回推动永磁铁进退，故结构较复杂，同时工作响应时间较长；永磁铁产生的磁场较弱，故所产生的制动力力矩较小；由于不能像电磁铁那样可以通过改变电流大小和磁极组数来控制磁场强弱产生，因此不能根据车辆实际情况的需要提供大小不同的制动力矩。

二、电涡流缓速器的功能和特点

随着现代汽车运行速度越来越快，汽车的制动负荷也越来越，特别是在频繁停车的市内公共汽车上和山区行驶的汽车上，制动负荷过大的问题更加突出。若这些制动负荷全部由行车制动系统来承担，就会造成制动鼓和制动摩擦片过热，从而造成制动效能下降，甚至制动能力完全消失，这是汽车的安全要求所不能允许的。另外，行车制动系统的负荷过重，也使制动摩擦片和制动鼓的使用寿命大大缩短，使汽车的使用成本上升，维修工作量加大。为解决该问题，必须在汽车上加装辅助制动系统。

辅助制动系统可在不使用或少使用行车制动器的情况下，使车辆行驶速度降下来或保持稳定，但不能将车辆紧急制停（称为缓速作用），因此辅助制动系统也称为缓速器。缓速器具有延长传动系和制动系寿命、增强车辆的安全性的功效。

与液力缓速器相比，电涡流缓速器采用无接触制动方式，通过转子高速转动与电磁作用，吸收车辆制动能量，达到减速的目的。

电涡流缓速器具有以下显著优点：结构简单，生产制造成本也不高；制动力矩范围广，可达300～3300N·m；适合于采用无论是机械变速器还是液力变速器的各吨位车辆(5～45t)；响应时间短(仅有40ms)，无明显时间滞后；工作时噪声很小；车辆在低速运行时，也可产生较高的制动力矩；制动力矩的大小可以通过控制励磁电流来调节，易实现自动控制；另外，它还具有故障率低、维修方便、可靠性高等优点。其缺点是：体积较大，质量较重；制动减速能力和使用时间长短受转子温升、缓速器周围气流条件和环境温度的影响；要消耗一定的电能，不能实现制动能量回收。

三、电涡流缓速器的安装方式

电涡流缓速器在汽车上的安装位置和形式主要有以下两种。

1. 中央减速安装方式

把电涡流缓速器安装在某个车桥的中部，控制整个车桥的制动减速。电涡流缓速器产生的制动力矩先作用在传动轴上，再分配于左右两侧驱动轮上，使整个汽车减速。即使两侧驱动轮的制动力矩大小有所差别，但它们只承受部分的制动力矩，只占整个制动力矩的很小部分，这样能有效抑制制动器的差异而形成制动跑偏的问题。具体又可分为三种安装方式：

(1)电涡流缓速器装在传动轴上

这种安装方式适合于传动轴较长的车型，缓速器定子固定在车架大梁上，转子通过连接凸缘与前后传动轴相连。这种安装方式的特点是电涡流缓速器安装在前后两根传动轴之间，只改变传动轴的长短，安装比较方便。这种结构型式发展得最早，也是使用范围较广的一种。此类电涡流缓速器在汽车上的安装方式如图8-17a所示。

(2)电涡流缓速器装在变速器上

这种安装方式是将缓速器定子固定在变速器后端盖上，转子通过过渡法兰与变速器的输出端和传动轴的前端相连。这种安装方式的特点是结构紧凑，对整车的结构布局影响小，但对变速器的后端结构改动较大，同时对其后端轴承承载能力和油封的密封性要求较高。该安装方式特别适合于发动机后置的客车和短轴牵引车。此种电涡流缓速器在汽车上的安装方式如图8-17b所示。

(3)电涡流缓速器装在主减速器上

这种安装方式也是适合于发动机后置的客车和短轴距牵引车，缓速器定子固定在主减速器外壳上，转子通过连接环与主减速器的输入端相连。这种安装方式比较紧凑。但对主减速器前端的密封圈和输入轴轴承的使用寿命以及使用效果影响较大。此种电涡流缓速器在汽车上的安装方式如图 8－17c 所示。

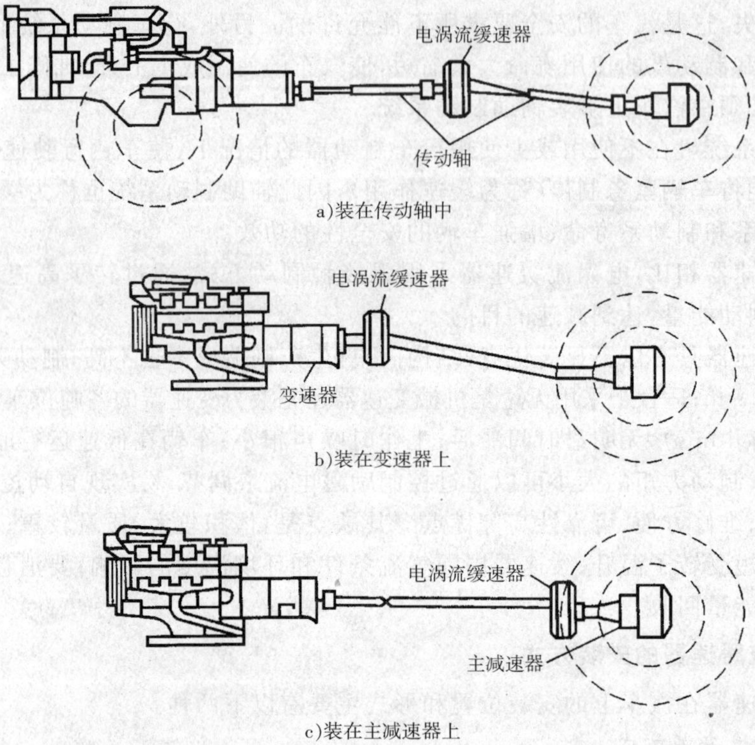

图 8－17　电涡流缓速器的安装方式

2. 车轮减速安装方式

对于矿山采掘和特大型运输车辆、特殊要求的运输车辆以及港口大型车辆和集装箱运输车辆，宜在每个车轮上安装一个电涡流缓速器。根据各个车轮的不同工况，电涡流缓速器可与制动器进行灵活匹配，得到均匀、连续、无冲击的制动力，制动十分平稳，可以实现车辆平缓、柔和制动的要求。

四、电涡流缓速器的结构组成

目前在国内市场上安装的电涡流缓速器通常包括缓速器本体、控制箱、手柄控制、脚控、低速断开开关和 ABS 接口(选装)。从功能来分，电涡流缓速器由电控装置和机械装置两部分组成。

电涡流缓速器的电控装置部分主要由电涡流缓速器指示器、驱动控制器、电涡流励磁线圈、车速信号传感器、制动压力信号传感器等装置组成(图 8－18)。

电涡流缓速器指示器是装于驾驶室仪表板上的，其上有电涡流缓速器当前励磁电流工作状态的显示，还有按钮可进行手动励磁或自动励磁的切换操作。驱动控制器是电涡流缓速器的中央控制器，也是励磁线圈的功率驱动模块。它根据指示器的操作信号、车速信号及制动气压信号等工况传感输入信号，自动调节和控制各对磁极励磁电流的大小，并进行电流的自动切换与叠加。

励磁线圈是电涡流缓速器的执行部分，它直接控制所产生磁场的强弱，能根据当时车速

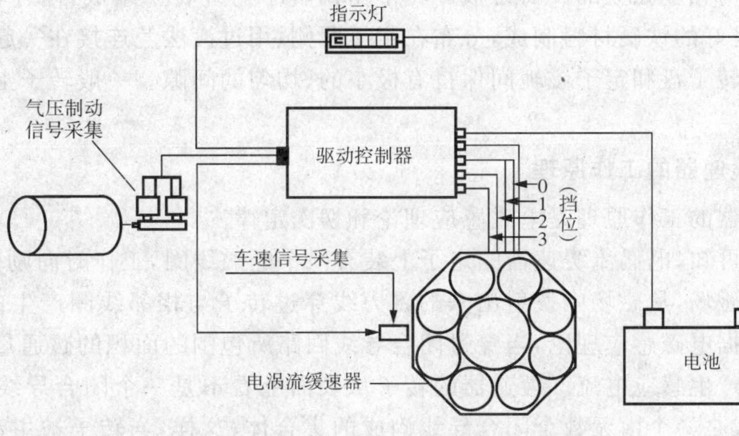

图 8-18　电涡流缓速器电控系统

的高低，在传动轴上自动产生与车速成比例的、合适的阻力矩，迫使车辆迅速制动减速。

车速传感信号实际上产生零速开关信号，通过驱动控制器的控制，使得当车辆被制动静止时，自动切断电涡流缓速器的励磁电流，避免驾驶员在车停后仍踩住制动踏板，造成仍向电涡流缓速器励磁线圈供电浪费及损坏线圈。

制动压力传感器有开关型和线性型可供选择。线性型传感器产生的电信号反映了制动压力的线性变化大小，并向驱动器传输，以控制电涡流缓速器的励磁电流量值的大小，宏观上实现了电涡流缓速器的减速制动力矩随制动压力值作比例变化。即驾驶员重踩制动踏板则制动压力高，电涡流缓速器的制动力矩也大；轻踩则电涡流缓速器制动力矩变小。

电涡流缓速器机械装置部分的结构如图 8-19 所示，主要由定子和转子组成。定子通过固定支架固定在车辆底盘上（车架、变速器外壳或后桥外壳）。缓速器定子上有 8 个由高导磁材料的磁极作为磁轭，呈圆周分布形式均匀安装在优质铝板上的磁极；8 个励磁线圈套于磁极上，圆周上对面每 2 个磁极的励磁线圈串联连接，而且相邻 2 个磁极均为北、南相间。

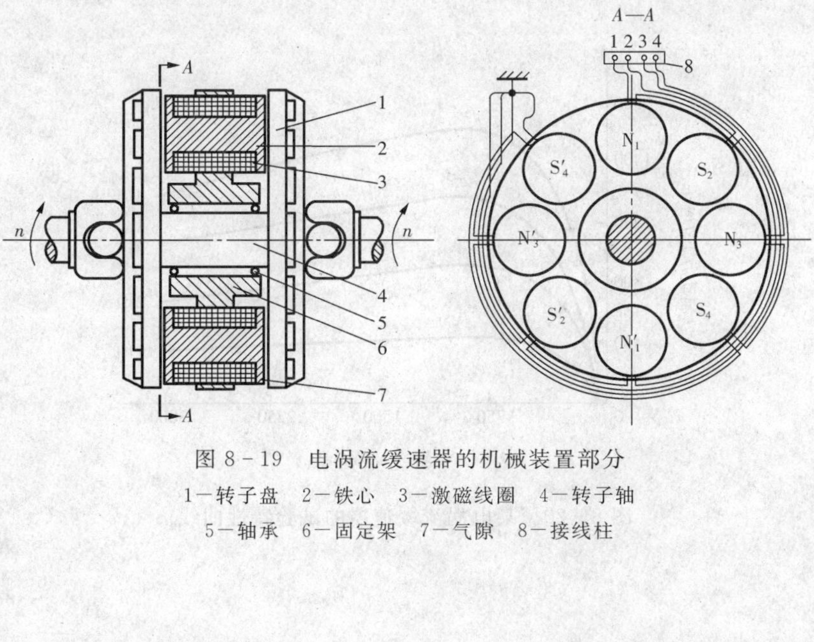

图 8-19　电涡流缓速器的机械装置部分

1—转子盘　2—铁心　3—激磁线圈　4—转子轴

5—轴承　6—固定架　7—气隙　8—接线柱

这样就形成了相对相互独立的 4 对磁极。转子由内转子与外转子组成，内外转子均为圆环状，用导磁性能良好的铁磁材料制成，分布在定子两侧，用过渡法兰连接在一起，同时与传动系统相连。内外转子盘和定子磁轭间保持有极小的、均匀的间隙。一般转子上都铸有风道，以便散热。

五、电涡流缓速器的工作原理

电涡流缓速器的工作原理是电磁感应理论和楞次定律。

从图 8 - 19 可知，电涡流缓速器的定子上装有八个电磁线圈，工作时向励磁线圈通入直流电流用以产生磁场，从磁场中发射出来的磁力线穿过转子与相邻线圈产生的相反极性磁场构成回路。根据电磁感应理论，当穿过闭合导线回路所包围的面积的磁通量发生变化时，在导线回路中将产生感应电流。缓速器的转子从表面上看不是一个闭合导线，但从微观角度，可以把它看成是一个由无数个闭合导线构成的集合体，这样，当转子被主动轴拖动旋转时，其内部无数个闭合导线所包围的面积内的磁通量就发生变化，或者说其内部无数个闭合导线就切割由定子磁场产生的磁力线，从而在转子内表面及一定深度（所谓透入深度）范围内，产生无数段感应电流，这种电流称为涡电流。

涡电流的作用有两个方面：一是这些涡流在具有一定的电阻的转子内部流动时会产生热效应而导致转子发热。车辆的动能就通过感应电流转化为热能，并通过转子风叶产生的强劲风力将热量快速散发出去。因此为了增强冷却效果，通常在转子夹层中铸有若干风道。二是涡流会产生新的磁场，根据楞次定律，闭合导线回路中所产生的感应电流总是使它自己所产生的磁场反抗任何引起电磁感应的变化，也就是说转子内部涡流所产生的新的磁场与定子线圈产生的磁场相互作用，而阻止转子的转动，这样就形成了迫使车辆降低速度的制动力矩。

稳态制动力矩的大小与转子转速、励磁的大小和磁通量的变化有关。因此通过控制装置选择不同的励磁电流强度级别可产生不同大小的制动力矩。另外，当励磁电流不变时，制动力矩随转子旋转速度而变化。制动力矩在转速比较低时几乎是直线上升的，随转速的增高达到最大值，然后有所下降。图 8 - 20 为试验获得的某电涡流缓速器的特性曲线。

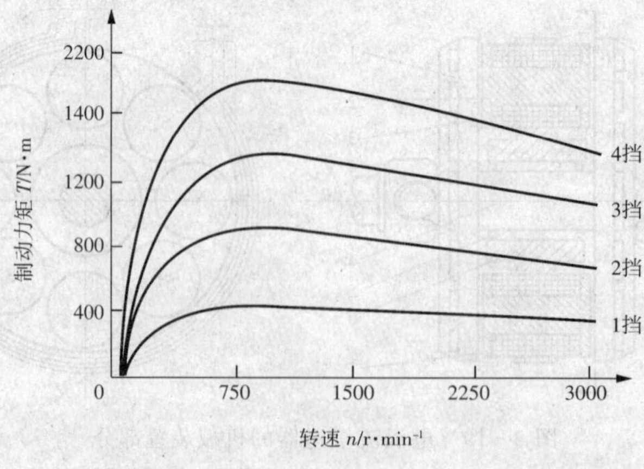

图 8 - 20　某电涡流缓速器的试验特性曲线

六、电涡流缓速器的控制方式

图 8－21 所示为电涡流缓速器的典型控制系统。控制部分包括手控开关、脚控开关、切换开关、继电器盒、ABS 插接器等。

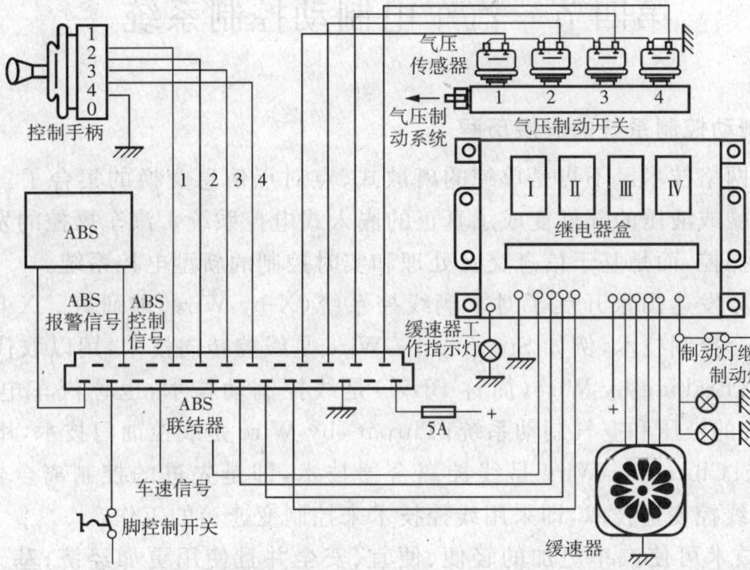

图 8－21　电涡流缓速器的典型控制系统

手控开关一般分 4 个挡位。开关处于 0 挡位时，5 条线全部断开；处于第 1 挡位时，1 号线搭铁，继电器盒内 1 号继电器吸合，则第一组励磁线圈通电，这时缓速器产生的制动力矩约为最大力矩的 1/4；处于第 2 挡位时，1 号线与 2 号线同时搭铁，继电器盒内 1 号与 2 号继电器吸合，则第一组和第二组励磁线圈同时通电，这时缓速器产生的制动力矩约为最大力矩的 1/2；第 3、第 4 挡位依此类推。

脚控开关是为方便驾驶员的操纵使用而增加的一个让缓速器能自动工作的开关，它受制动气压控制。当驾驶员踩下制动踏板时，缓速器自动起作用，并根据制动踏板的行程，脚控开关上 4 个压力传感器将依次接通，其作用与手控开关一样。

继电器盒内有 4 个大电流继电器，分别为每组励磁线圈提供励磁电流。同时，通过二极管接通缓速器工作指示信号灯与车辆制动信号灯。该电流取自每一个继电器输出端，因此，无论哪一个继电器吸合，都会有指示。

ABS 联结器由数十片数字逻辑电路组成，其作用是根据车辆状况自动调节缓速器的工作状态。其输入信号有：ABS 调整信号、ABS 指示灯信号、车速表信号、手控开关与脚控开关信号等。ABS 联结器的主要功能是：

(1)如果 ABS 探测到某个车轮打滑，它将立即终止缓速器的制动作用；当打滑一旦结束，ABS 联结器又一级一级地接通缓速器挡位，始终保持缓速器力矩受到路面的支持。

(2)当车速低于某一值时，它将切断缓速器的脚控功能，以避免不必要的电流消耗。

(3)当 ABS 有故障时，它将切断缓速器的脚控功能，但仍保留手动控制功能，以保证行车安全。

车速信号传感器实际上产生零速开关信号，通过控制器的控制，使得当汽车被制动静止时，自动切断缓速器的励磁电流，避免驾驶员在汽车停后忘掉将控制手柄开关置于0挡(或仍踩住制动踏板)，而仍向励磁线圈通电造成浪费和损坏线圈。

第四节 汽车电制动控制系统

一、汽车电制动控制系统的发展历程

如今的汽车网络技术已不再是单纯的离散式、点对点信息交换的集合了。汽车网络技术使得曾经是机械或液压的部件变成了真正的嵌入式电控系统。汽车操控的发展方向也不再是单纯的机械操控，而是基于信息交互处理和实时控制的新型电控系统。

近十年来西方发达国家开展了对车辆线控系统(X-by-Wire)的研究。X-by-Wire代表一系列的车辆综合控制技术，例如Steering-by-Wire是线控转向技术，用以取代传统的机械和液压转向系统；Braking-by-Wire(简称BBW)是线控制动技术，也称汽车电制动控制系统，用以取代传统的液压和空气制动系统；Throat -by-Wire是线控油门技术，用以取代传统的油门控制系统；Clutch-by-Wire是线控离合器技术，即是先进的控制离合器的新技术；Shift-by-Wire是线控变速技术，即采用线控技术来控制变速箱的工作。

X-by-Wire技术可使汽车更加的轻便、便宜、安全并且使用更加经济；基于X-by-Wire技术研发的这些系统可以很轻易的应用到各种车型上去，而不需要做大的修改和调校，并且不会产生对环境和人体有危害的有害液体；通过X-by-Wire技术进行整合的汽车底盘综合控制系统可极大地提高车辆的安全性、操纵稳定性、燃油经济性等，这些特点使其成为汽车新技术发展的一个重点。

2000年9月，由德国宝马、戴姆勒—克莱斯勒、美国摩托罗拉、荷兰飞利浦4家公司联合成立了FlexRay协会。该协会的目标是开发并推广面向X-by-Wire的车内CAN接口通讯系统——FlexRay。目前，通用、福特、德姆勒—克莱斯勒、丰田、大众、日产、宝马和本田等知名汽车公司都是该协会成员。2002年通用汽车公司在巴黎车展上展出了一款氢燃料电池概念车(Hy-Wire)。这辆车没有离合器、制动和油门踏板，全部通过一个称为X-Drive的可实用的装置来控制汽车。

二、汽车电制动控制系统的功能和特点

汽车电制动控制系统是X-by-Wire中的一种，指一系列智能制动控制系统的集成，它提供诸如ABS、车辆稳定性控制、辅助制动、牵引力控制等现有制动系统的功能，并通过车载有线网络把各个系统有机地结合成一个完整的功能体系。

汽车电制动控制系统的主要特点包括：

(1)BBW减少了制动系统机械传动的滞后时间，缩短了制动距离，提高了制动效能。

(2)由于将传统液压或气压制动执行元件改为电驱动元件，因此简化了制动系统的结构，减轻了系统的重量，降低了布置、装配和维修的难度，同时消除了液压回路泄漏的隐患，因此增加了制动安全性，降低了制动液污染环境的风险。

(3)只须改动控制软件，便可扩展制动系统的功能，以适应各种不同的制动要求。如可根据轴荷分布进行制动力匹配；可根据制动强度进行制动力最佳控制；在上坡起步时，该系统在松开

制动踏板，踩下加速踏板的间隔时阻止车辆后溜，提高车辆斜坡起步的安全性和可靠性等。

(4)可方便地通过网络与驾驶辅助系统（如车辆间距控制系统、导航系统、防撞系统等）组成一个集中控制系统，同时可实现良好的故障诊断功能。

三、汽车电制动控制系统的分类

目前线控制动系统主要有电液制动系统（Electro-Hydraulic Brake，简称 EHB）和电子机械制动系统（Electro-Mechanical Brake，简称 EMB）两种类型。EHB 是由电子控制系统和传统的液压系统构成，其中电子控制系统提供柔性控制，传统的液压系统提供制动力。EMB 则是将传统制动系统中的液压油或空气等传力介质完全由电制动取代，是未来制动控制系统的发展方向。

1. 汽车电液制动控制系统 EHB

汽车电液制动控制系统是在传统的液压制动器基础上发展而来的。图 8－22 为 EHB 的结构组成示意图。电液制动系统取消了制动踏板和制动主缸之间的机械连接，通过蓄能器提供制动压力。

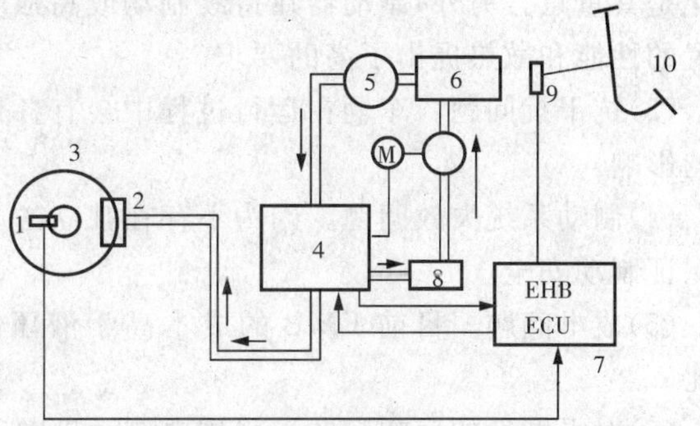

图 8－22　EHB 的结构组成示意图

1－轮速传感器　2－制动轮缸　3－车轮　4－EHB 电子执行器　5－高压需能器　6－制动主缸　7　EHB 中央控制单元　8－储液箱　9－踏板行程传感器　10－制动踏板

EHB 由传感器、ECU（中央控制单元）及执行器等构成。制动时，驾驶员踩下制动踏板，踏板行程传感器捕捉到制动踏板信息并把该信息传给中央控制器，中央控制器汇集轮速传感器的信息，根据车辆的行驶状态计算出每个车轮的最大制动力，并发出制动指令，电子执行器快速而精确地向轮缸提供所需的制动压力。同时，其他的电子辅助系统（例如 ABS，ASR 等）可以以控制程序的形式写入中央控制器 ECU 单元，从而保证所需的减速度和行驶稳定性。

电液制动系统和液压 ABS 制动系统在车轮附近的布置都是一样的，无需占用车轮制动器附近的额外空间，也不会增加额外的重量。经过合理的设计，12V 电源能满足要求。在电制动失效情况下，制动主缸的压力还可直接施加给两个前轮。但是 EHB 还是有其局限性，那就是整个系统仍然需要液压部件，其工作过程还是离不开制动液。

2. 电子机械制动系统 EMB

图 8－23 为汽车电子机械制动系统的结构组成示意图。

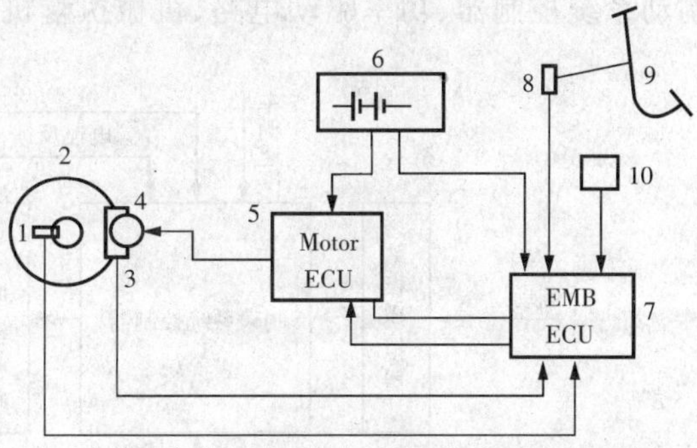

图 8－23　EMB 的结构组成示意图

1－轮速传感器　2－制动轮　3－制动力传感器　4－电制动器　5－制动器控制单元　6－电源　7－电制动控制单元　8－踏板传感器组　9－制动踏板　10－驻车制动按钮

EMB 和 EHB 最大的区别就在于它不再需要制动液和液压部件，制动力矩完全是通过安装在 4 个轮胎上的由电机驱动的执行机构产生。因此相应的取消了制动主缸、液压管路等，可以大大简化制动系统的结构，减轻系统的重量，便于布置、装配和维修，同时由于不需要制动液，因此降低了污染，保护了环境。

目前要实现完整的电子机械制动系统功能，并确保制动过程安全有效，需要解决下列主要问题：

(1)驱动能源问题。目前的12V汽车电源无法满足电子机械制动的功率要求，需采用42V电源系统。

(2)制动电机的设计问题。由于要满足最恶劣的工况，电机需要在极短的时间内产生极高的峰值力，因此电机的尺寸、重量和能耗都较大。在机构设计方面轻量化和系统结构的集成化是其重点。另外，制动器在持续制动或高强度制动过程中会产生高温，这对电机和传动装置的性能和散热提出了高的要求。

(3)抗干扰问题。车辆在运行过程中会有各种干扰信号，必须要消除这些干扰信号对控制的影响。

(4)制动系统失效问题。因为不存在独立的主动备用制动系统，所以需要一个备用系统以保证制动安全。

(5)成本问题。目前EMB的成本高于液压制动系统，因此需要提高电制动系统的性价比。

(6)对平顺性的影响问题。采用电制动后整车质量有所减少，但是非簧载质量可能会有所增加，使得汽车的行驶平顺性变差。

四、汽车电子机械制动系统的结构原理

汽车电子机械制动系统的工作原理如下：当汽车遇到紧急情况需要制动时，驾驶员踩踏制动踏板，踏板模拟器发送制动信号给制动系统控制器，驱动机械执行机构开始工作并提供制动力矩。制动系统控制器按车轮速度传感器信号计算出汽车的实时滑移率，并根据此实时滑移率和期望滑移率的差值，调节电机的电流来改变输出力矩大小以控制制动力矩，使得汽车制动时的制动力系数总是在峰值附着系数的附近变化。

图8-24是EMB的组成框图。汽车电子机械制动系统主要包含四个部分：踏板模拟器、制动系统控制器、功率驱动电路、机械执行机构。

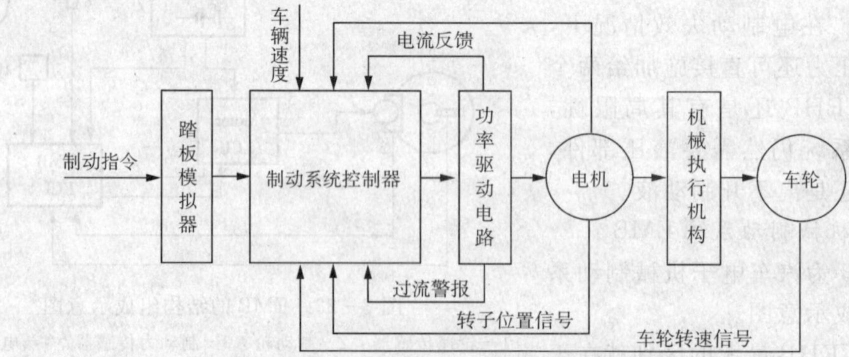

图8-24　EMB的组成框图

1. 踏板模拟器

在电控机械制动系统中，由于已经不需要制动液，而是由无刷直流电机来产生制动力矩，因此不会产生所谓的制动打脚，但是由于长期使用传统的制动器会形成一定的驾驶习惯，因此需要一个踏板模拟器来模拟传统制动器的驾驶感受。

踏板模拟器原理如图 8-25 所示，主要功能是：

(1)能辨识出驾驶员踩踏制动踏板的程度，从而产生近似大小的制动力矩。

(2)把路面状况反馈给驾驶员，便于操纵。

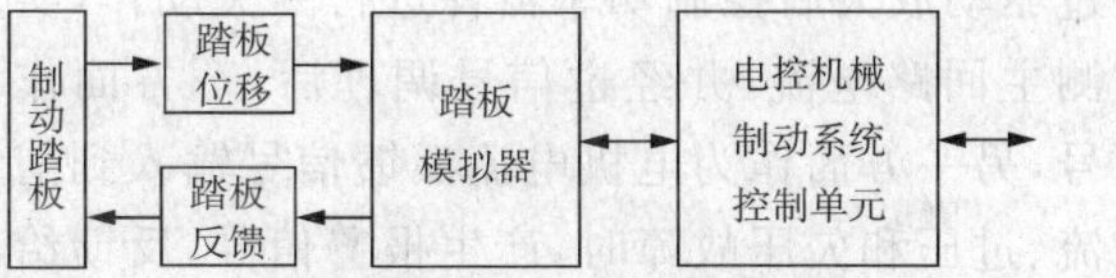

图 8-25　踏板模拟器原理图

(3)模拟传统制动器踏板的路感特性，以适应驾驶员所养成的驾驶习惯。

2. 制动系统控制器

制动系统控制器是 EMB 系统的核心部件，其性能的优劣直接决定制动系统的整体性能。它接受各个传感器的信号，根据一定的算法对制动电机进行控制，并给踏板模拟器提供反馈信号。制动系统控制器通常包含制动管理和电力管理功能。

制动管理器(Brake-by-Wire Manager，简称 BBWM)负责读取各种传感器(包括制动踏板传感器、轮速传感器及驻车制动传感器等)的信息，并计算出各个车轮相应的制动力设定值。这些设定值通过总线传给各个制动节点的电控单元，由电制动器完成制动。此外，线控制动管理器的程序存储芯片中还可以写入许多高级功能程序如 ABS、ASR、TCS 等，以实现相关的制动功能，提高整车的制动性能。

电力管理器(Power Manager，简称 PM)控制电池的充、放电，监控电池的电力供应状况，并且依据系统能源消耗情况调配备用电池和车载发电机的电能供应。如果发电机及电池线路发生故障，电力管理器能自动将电力供应切换到备用电源上，同时发出警告消息，提醒驾驶员及时处理，以避免发生严重交通事故；如果出现电池电力不足或电池负荷过大，电力管理器会自动关掉一些与安全无关的用电设备等。

电控机械制动系统要控制四个轮胎上的四个电机，这些电机作为制动系统执行机构的动力来源。系统控制任务十分繁重，且汽车对各系统的可靠性、重量和体积都有严格的要求。因此采用高可靠性、功能强大、功耗较低的芯片作为系统的中央处理器。图 8-26 所示是以复杂可编程逻辑控件(CPLD)为核心的制动系统控制器示意图。CPLD 具有较强的在系统编程能力和高度的集成度，可以极大地简化系统结构，提高系统设计的灵活性、稳定性和可靠性。因此，它在电机控制中逐渐得到了广泛的应用。

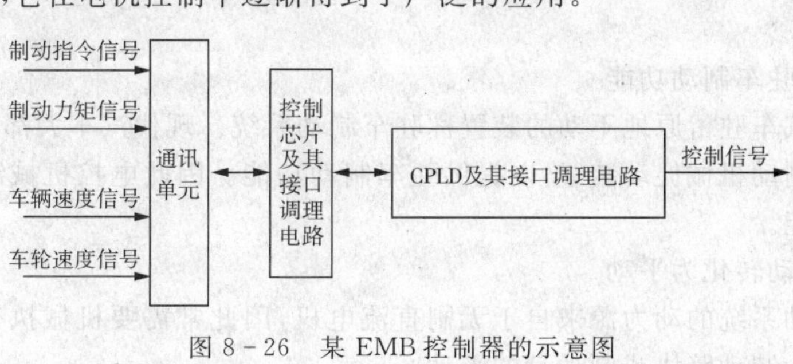

图 8-26　某 EMB 控制器的示意图

3. 功率驱动电路

功率驱动电路为电机提供电流并对其进行一定的保护，是制动系统控制器对电机进行控制的接口。它主要由功率器件、接口驱动芯片及外围元器件组成。

功率驱动电路将前级控制单元输出的调制信号经过光电隔离输入到功率驱动芯片，经过驱动放大后控制功率器件进行开关动作，实现对电机的控制。同时，电流检测电路实时检测主回路电流，并经过信号调理后，一方面作为功率驱动芯片自身过流检测单元的输入信号，另一方面作为电机电流反馈信号输入到前级控制芯片的 A/D 转换单元。当电路产生过流、过压和欠压故障时，产生报警信号，反馈给前级控制电路，以切断输入到功率驱动电路的调制信号，从而实现电机电流的闭环控制。

设计优良的驱动电路能改善功率器件的开关特性，从而减小开关损耗，提高整个系统的效率及功率器件工作的可靠性。

4. 机械执行机构

EMB 的机械执行机构也称电制动器。目前的电制动器是在传统制动器基础上研制出的，有盘式电制动器和鼓式电制动器两种，但是由于鼓式制动器存在制动热衰减性大等缺点，因此将来汽车上将以盘式电制动器为主。其主要功能是根据控制信号，利用电动机给制动盘或者制动鼓施加制动力，以产生所需的制动力矩。

电制动器应该满足如下几个基本的要求：

(1)结构紧凑，便于布置

由于车轮轮毂内空间狭小，对制动系统的体积和重量有严格的限制和要求，因此要求机械执行机构的结构紧凑，便于布置。

(2)具有减速增矩、自增力机构

由于考虑到功耗的因素，因此无刷直流电机的功率不能太大，一般在 100～200W 左右，输出扭矩也就在 1.5N·m 左右。因此必须经过机械执行机构的减速增矩，使得输出力矩达到制动的要求值。此外，还常通过自增力机构把制动过程中的动能利用起来，达到增大制动力矩、降低功耗的目的。

(3)能够自动补偿制动间隙

制动器不工作时，制动器的摩擦副之间应保持合适的间隙(简称制动器间隙)。制动器间隙过小，就不易保证彻底解除制动，造成摩擦副的拖磨；过大又将使制动踏板行程太长，以致驾驶员操作不便，同时也会推迟制动器开始起作用的时刻。但是在制动器工作过程中，摩擦片的不断磨损必将导致制动器间隙逐渐增大。严重时，即使将制动踏板踩到极限位置，也产生不了足够的制动力矩。因此，要求任何形式的制动器在结构上必须保证能够检查和调整其间隙。

(4)能够提供驻车制动功能

使已停驶的汽车驻留原地不动的装置称驻车制动系统。现代汽车大都在后轮行车制动器中装设了驻车制动机械促动装置，以提供驻车制动功能。因此电控机械制动系统也应能提供驻车制动功能。

(5)能够把转动转化为平动

电控机械制动系统的动力源来自于无刷直流电机，因此常需要机械执行机构将电动机的旋转运动转化为制动蹄块或制动盘的平动。

(6)安全可靠、工作时间长

车辆制动系统关系到行车安全,是车辆各系统中非常重要的一个系统。因此需要电控机械制动系统安全可靠,可持续工作时间长,以保证车辆的行车安全。

通常电制动器分为三个主要部分:电动机、传动装置和机械制动器。其中,电动机是机械执行机构的驱动动力源。适用于EMB机械执行机构的电动机应该有合适的转速、工作电压,足够的转矩;此外电机的尺寸要尽可能小,以节省空间。目前常用永磁无刷直流电机一类的伺服电机。传动装置主要是把电机输出轴的周向回转运动转变为螺母的直线运动,同时把电机的输出力矩放大变为作用在制动盘上的制动压力,它设计的好坏直接决定了机械执行机构能否正常可靠的工作。

目前盘式电制动器常采用电动机与传动装置呈直线布置的结构形式,且都与制动器的制动盘片(即车轮中心面)垂直。这种布置方案不仅尺寸小,而且可直接将电动机的旋转运动转变为螺母的水平移动,使放大的力直接加至制动器制动盘上,因此结构简单。

思考与练习

8-1　提高制动性能的途径有哪些?

8-2　简述汽车制动防抱系统的功能和类型。

8-3　ABS制动压力调节装置如何分类?说明气压式制动压力调节装置的组成和调压过程。

8-4　ABS的控制参数有哪些?试说明高附着系数路面上ABS的控制过程。

8-5　在制动过程中,车轮抱死滑移的根本原因是什么?为何ABS通常将滑动率控制在20%左右?

8-6　电涡流缓速器在汽车上的安装位置和形式有哪些?

8-7　简述电涡流缓速器的组成和工作原理。

8-8　汽车电制动控制系统有哪些类型?简述汽车电制动控制系统的功能和特点。

8-9　简述汽车电子机械制动系统的结构和工作原理。

第九章 汽车操纵稳定性的电子控制系统

内容提要：汽车的操纵稳定性不仅影响到汽车驾驶的操纵方便程度，而且也决定了汽车高速安全行驶的能力。因此，汽车的操纵稳定性作为汽车主动安全的重要性能之一而日益受到重视。本章以改善汽车操纵稳定性的原理为主线，主要介绍了电控动力转向系统、电子控制四轮转向系统和车辆稳定性控制系统的特点、基本组成和控制过程。在学习本章前应有一定的汽车理论和底盘构造方面的专业知识。

第一节 汽车操稳性的改善途径

汽车的操纵稳定性是指在驾驶者不感到过分紧张、疲劳的条件下，汽车能遵循驾驶者通过转向系及转向车轮给定的方向行驶，且当遭遇外界干扰时，汽车能抵抗干扰而保持稳定行驶的能力。汽车的操纵稳定性不仅影响到汽车驾驶的操纵方便程度，而且也是决定高速汽车安全行驶的一个主要性能，所以人们称之为“高速车辆的生命线”。

汽车操纵稳定性是汽车主动安全性的重要性能之一。通常认为汽车的操纵稳定性包括相互关联的两个部分：一是操纵性，即汽车能确切地按照驾驶员通过方向盘给定的转向指令行驶的能力；二是稳定性，即汽车受到外界干扰（路面扰动或突然阵风扰动）后，汽车能抵抗干扰、恢复和保持稳定行驶的能力。前者反映了汽车实际行驶轨迹与驾驶员主观意图在时间上及空间上吻合的程度，后者描述了汽车运行状态的稳定程度，两者很难截然分开。

一、汽车操纵稳定性的评价指标

汽车操纵稳定性涉及到的问题较为广泛，需要采用较多的物理参量从多方面来进行评价。通常采用汽车稳态转向特性、瞬态特性、汽车稳定极限以及驾驶员—汽车系统在紧急状态下操纵稳定性作为汽车操纵稳定性的评价指标。

汽车稳态转向特性是评价汽车操纵稳定性的重要指标。一般都要求汽车具有适度的不足转向量，以保证汽车突然出现甩尾时仍能保持良好的驾驶性能；同时还要求汽车对方向盘角输入的响应要灵敏、直行性及回正性良好、转向操作轻便等。

汽车转向行驶时的稳定性极限对安全行车影响很大。如果驾驶员对汽车的操纵动作使汽车的运动状态超过了这一限度，汽车的运动就会失去稳定，发生侧滑或倾翻，从而危及行车安全。当前轮上的侧向反力先达到附着极限时，因前轮发生的侧滑，汽车的横摆角速度减小，转向半径增大，汽车将向外侧甩出，发生“偏航”现象，很容易导致交通事故。如果后轮上的侧向反力先达到附着极限，后轮将先于前轮向外侧侧滑，发生“甩尾”现象。因转向半径减小，极易诱发汽车倾翻。

驾驶员在行车中突然遇到危险，由于驾驶员心理上的问题，极易发生操作上的失误。这时，汽车的运动状态虽未超过稳定性界限也会发生事故，这可看成是人—车系统工作失调所引起的。因此，研究人—车系统中驾驶员的特性，尤其是对反应时间和心理素质进行系统检测是非常重要的。人—车系统的操纵稳定性，可通过躲避障碍物能力试验进行评价。如汽车单、双移线试验等。

二、通过转向系统来改进汽车操纵稳定性

在汽车底盘中，专门用以控制汽车行驶方向的转向系是与操纵稳定性关系最为密切的系统。转向系的功能大体可分为两部分。其一是驾驶者通过转向盘控制前轮绕主销的转角来操纵汽车运动的方向。其二是凭借转向盘(反作用)力，将整车及轮胎的运动、受力状况反馈给驾驶者，通常称之为路感(Road Feeling)。

转向盘力在操纵汽车时起了重要的作用。转向盘力随汽车运动状况而变化的规律称为转向盘力特性。

汽车转向系应具有良好的转向盘力特性，才能很好地起到控制汽车与反馈信息的作用。通常要求汽车在原地、小半径弯道低速行驶时，要防止转向盘过于沉重；而在高速行驶时，转向盘力却不宜过小而应维持一定数值，以帮助驾驶者稳定驾驶。若转向器具有固定或变化很小的传动比，则很难使汽车达到这种要求。电动助力转向由于具有随车速而变化的转向盘力特性，因此日益受到重视。

一般两轮转向汽车在中、高速作圆周行驶时，车身后部甩出一点，车身以稍稍横着一点的姿态作曲线运动，增加了驾驶者在判断与操作上的困难。具有四轮转向系统(Four Wheel Steering System，简称 4WS)的汽车在转弯行驶时，后轮可以向两个不同方向各偏转一定角度。超过一定行驶速度时，后轮将与前轮往相同方向偏转。这可使汽车在并线行驶和高速路上转弯等情况下有很好的响应性；同时车身的角运动相对减少，行车摆动小，稳定性好，乘坐舒适性提高。汽车行驶速度较低时，后轮将与前轮往相反方向偏转。这改善了在掉头行驶和停车入库等工况下的机动性，可使汽车具有较小的转弯半径，转弯容易。所以，在十分狭小拥挤的地方，也可方便地驶出停车位置、转向或调头。

三、通过悬架系统来改进汽车操纵稳定性

根据汽车理论，稳定性因数 K 是决定汽车响应的一个重要参数，K 的数值与稳态时前、后轮侧偏角的绝对值有关。因此，稳态时的前、后轮侧偏角绝对值是与汽车响应密切相关的汽车运动学参数。汽车前、后轮(总)侧偏角包括弹性侧偏角、侧倾转向角和变形转向角。这三个角度数值的大小，不只取决于汽车质心位置和轮胎特性，而且在很大程度上决定于悬架、转向和传动系的结构形式及结构参数。

在正常工作状态下，汽车左、右车轮的垂直载荷大体上是相等的。但曲线行驶时，由于侧倾力矩的作用，垂直载荷在左、右车轮上是不相等的。这将影响轮胎的侧偏特性，导致汽车稳态响应发生变化。有的汽车甚至会从不足转向变为过多转向。另外，当汽车急速起步或加速行驶时，由于惯性力及驱动力的作用，会使车尾下蹲而产生"后仰"现象。电控悬架能够及时地改变悬架的俯仰角刚度，抑制后仰的发生。当汽车在高速行驶中紧急制动时，由于惯性力及轮胎与地面摩擦力的作用，会使车头下沉产生制动"点头"现象。电控悬架能使汽车在这种工况下车头的下沉量得到抑制。当汽车急转弯时，由于离心力的作用汽车车身向一侧倾斜，转弯结束后离心力消失。汽车在这样的工况下会产生汽车车身的横向晃动。电控悬架在这种工况下能够减少车身倾斜的程度，抑制车身横向摇动的产生。

四、通过传动系统来改进汽车操纵稳定性

由于轮胎的侧偏特性受到地面切向反作用力的影响，所以汽车操纵稳定性与传动系有密切的关系。因此可利用地面切向反作用力来改善极限工况下的操纵稳定性。

地面切向反作用力控制可分为三种类型：

1. 总切向反作用力控制

在制动时，利用制动防抱死装置(Antilock Braking System，简称 ABS)进行总制动力控制，用以抑制过大的制动力，保证较佳的滑动率，提高制动时的方向稳定性。车轮驱动时，如果滑转率过大时会出现滑转，从而会丧失侧向的稳定性。可采用驱动力控制系统(Traction Control System，简称 TCS 或 ASR)来限制总的驱动力，以提高驱动时汽车的方向稳定性。

2. 前、后轮间切向力分配比例的控制

前轮驱动汽车有较强的不足转向特性，而后轮驱动汽车有较大的过多转向趋势。因此可采用电子控制的四轮驱动(4WD)汽车来改变转向特性，使汽车具有接近中性转向的特点(即行驶路径接近原来的圆周)，使驾驶者容易判断其行驶路径，具有较好的操纵稳定性。

3. 内、外侧车轮间切向力分配的控制

普通汽车上的内侧车轮与外侧车轮间装有差速器，内侧、外侧车轮分配到的驱动力是相等的，驱动力的合力在汽车纵向轴线上。根据汽车理论，合理改变内、外侧驱动力分配的比例可以提高弯道行驶能力，进一步提高汽车的操纵稳定性。

由于改变内、外侧驱动力分配的比例，与在装有普通差速器的汽车上再施加一定数值的横摆力偶矩是一样的，所以这种驱动力的控制方式常称为横摆力偶矩控制。通常改变前、后轮间驱动力分配比例的控制方式称为间接横摆力偶矩控制，而改变内、外侧车轮驱动力分配比例的控制方式则称为直接横摆力偶矩控制(Direct Yaw Moment Control，简称 DYC)。

典型的直接横摆力偶矩电子控制系统有电子稳定性程序(Electronic Stability Program，简称 ESP)。该系统是以 ABS 为基础发展而成的，主要在大侧向加速度、大侧偏角的极限工况下工作。它利用左、右两侧制动力之差产生的横摆力偶矩来防止出现难以控制的侧滑现象，如在弯道行驶中因前轴侧滑而失去路径跟踪能力的"驶出"(Drift Out)现象及后轴侧滑甩尾而失去稳定性的"激转"(Spin)现象等危险工况。这种主动安全系统在不同地区及不同公司有不同的名称。如车辆动力学控制系统(Vehicle Dynamics Control

System,简称 VDC),车辆稳定性控制系统(Vehicle Stability Control System,简称 VSC)。

在日本汽车技术文献中,常在轮胎附着(椭)圆中的各个区域与方向上标明各种电子控制系统的名称,以表明它们的有效工作范围。从图 9-1 中可看出:四轮转向系统(4WS)的有效工作范围是附着圆中心部位,即侧向力、纵向力较小的轮胎特性线性区域;驱动力控制系统(TCS)的有效工作范围是大驱动力附近的极限区域;制动防抱死装置(ABS)工作在大制动力附近的极限区域;车辆稳定性控制系统(VSC)工作在大侧偏力的极限区域。后三种系统的有效工作区域均在较大地面反作用力的轮胎特性非线性区域。

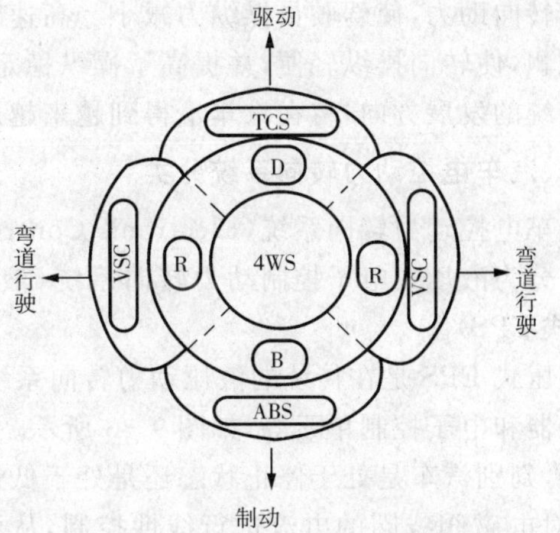

图 9-1 各电子控制系统的有效工作范围
D—驱动力分配控制 R—侧倾刚度分配控制
B—制动力分配控制

第二节 电控动力转向系统

一、概述

汽车转向系统按转向的能源不同可分为:机械转向系统和动力转向系统两类。机械转向系统是依靠驾驶员操纵方向盘的转向力来实现车轮转向;动力转向系统则是在驾驶员的控制下,借助于汽车发动机产生的液体压力或电动机驱动力来实现车轮转向。所以,动力转向系统也称为转向动力放大装置。

动力转向系统具有转向操纵灵活、轻便的优点,在设计汽车时对转向器结构形式的选择的灵活性增大,能吸收路面对前轮产生的冲击,因此已在各国的汽车制造中普遍采用。但是,目前汽车上广泛应用的动力转向系统一般具有固定的放大倍率,这种动力转向系统的主要缺点是:如果所设计的固定放大倍率的动力转向系统是为了减小汽车在停车或低速行驶状态下转动方向盘的力,则当汽车以高速行驶时,这一固定放大倍率的动力转向系统会使转动方向盘的力显得太小,不利于对高速行驶的汽车进行方向控制;反之,如果所设计的固定放大倍率的动力转向系统是为了增加汽车在高速行驶时的转向力,则当汽车停驶或低速行驶时,转动方向盘就会显得非常吃力。

电子控制技术在汽车动力转向系统的应用,使汽车的驾驶性能达到令人满意的程度。电子控制动力转向系统在低速行驶时可使转向轻便、灵活;当汽车在中高速区域转向时,又能保证提供最优的动力放大倍率和稳定的转向手感,从而提高了高速行驶的操纵稳定性。如图 9-2 所示,在车

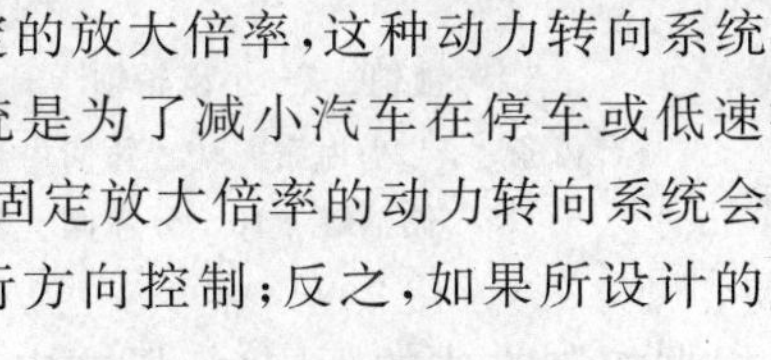

图 9-2 电动助力转向系统的特性

速大小不同时，通过控制电控转向系统可实现在两种不同的特性线之间转换。低速时提供较大的转向助力，使驾驶员操纵力减小。高速时，增加转向阻力，使驾驶员的操纵力加大，不再感觉飘，使转向操纵轻便，并提高了操纵稳定性。因而，电控动力转向系统成为汽车动力转向系统的发展方向，将在汽车上得到越来越广泛的应用。

二、汽车电控动力转向系统分类

汽车电控动力转向系统（Electronic Control Power Steering，简称 EPS），根据动力源不同又可分为液压式电子控制动力转向系统（液压式 EPS）和电动式电子控制动力转向系统（电动式 EPS）。

液压式 EPS 是在传统的液压动力转向系统的基础上增设了控制液体流量的电磁阀、车速传感器和电子控制单元等，如图 9－3 所示。电子控制单元（ECU）根据从轮速传感器传来的信号，判别汽车是处于停止状态还是处于低速行驶或高速行驶工况，再根据判别出的汽车状态，对电磁阀线圈的电流进行线性控制，从而使助力转向系统的油压随车速的变化而改变。在大转角或低速行驶时，转向轻便；在中、高速时，能获得具有一定手感的转向力。

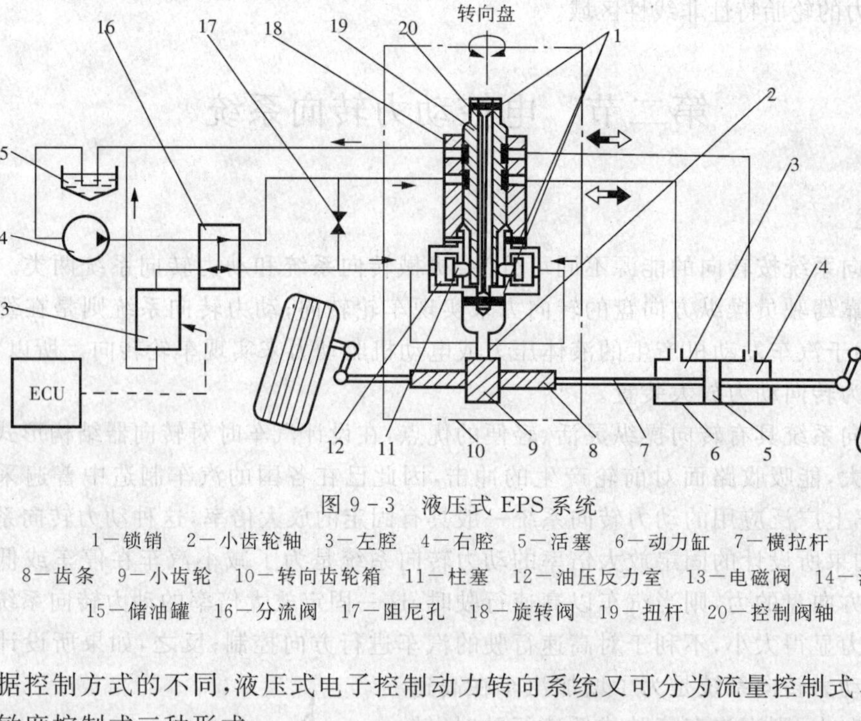

图 9－3　液压式 EPS 系统

1－锁销　2－小齿轮轴　3－左腔　4－右腔　5－活塞　6－动力缸　7－横拉杆　8－齿条　9－小齿轮　10－转向齿轮箱　11－柱塞　12－油压反力室　13－电磁阀　14－油泵　15－储油罐　16－分流阀　17－阻尼孔　18－旋转阀　19－扭杆　20－控制阀轴

根据控制方式的不同，液压式电子控制动力转向系统又可分为流量控制式、反力控制式和阀灵敏度控制式三种形式。

1. 流量控制式 EPS

流量控制式动力转向系统根据车速传感器的信号，控制电磁阀阀针的开启程度，从而控制转向动力缸活塞两侧油室的旁路液压油流量，来改变方向盘上的转向力。车速越高，流过电磁阀电磁线圈的平均电流值越大，电磁阀阀针的开启程度越大，旁路液压油流量越大，液压助力作用越小，使转动方向盘的力也随之增加。

2. 反力控制式 EPS

反力控制式动力转向系统的转向控制阀是在传统的整体转阀式动力转向控制阀的基础

上增设了油压反力室而构成。转向时，反力控制式动力转向系统根据车速大小，控制反力室油压，从而改变输入、输出增益幅度以控制转向力。其优点表现在：具有较大的选择转向力的自由度，转向刚度大，驾驶员能感受到路面情况，可以获得稳定的操作手感等。其缺点是结构复杂，且价格较高。

3. 阀灵敏度控制式 EPS

阀灵敏度控制式动力转向系统是根据车速控制电磁阀，直接改变动力转向控制阀的油压增益（阀灵敏度）来控制油压的方法。这种转向系统结构简单、部件少、价格便宜，而且具有较大的选择转向力的自由度，可以获得自然的转向手感和良好的转向特性。

电动式 EPS 是利用直流电动机作为动力源，电子控制单元根据转向参数和车速等信号，控制电动机扭矩的大小和方向。电动机的扭矩由电磁离合器通过减速机构减速增扭后，加在汽车的转向机构上，使之得到一个与工况相适应的转向作用力。

根据电动机布置位置的不同，电动式 EPS 可分为转向柱助力式、齿轮助力式、齿条助力式三种类型。转向柱助力式 EPS 的电动机固定在转向柱一侧，通过减速机构与转向轴相连，直接驱动转向轴助力转向；齿轮助力式 EPS 的电动机和减速机构与小齿轮相连，直接驱动齿轮助力转向；齿条助力式 EPS 的电动机和减速机构则直接驱动齿条提供助力。

在电动式 EPS 中，电动机、离合器与减速机构往往结合成一个整体与转向轴成垂直布置。这类 EPS 有两种形式，其中 EPS 转向轴助力式减速器被直接安装在转向盘下方；小齿轮（齿条）助力式减速器安装于齿轮齿条机构的小齿轮上。

三、电动助力转向系统的特点

电动式 EPS 与液压式 EPS 相比，具有很多优点。

1. 助力性能优

电动式 EPS 能在各种行驶工况下提供最佳助力，减小由路面不平所引起的对转向系统的扰动，改善汽车的转向特性，减轻汽车低速行驶时的转向操纵力，提高汽车高速行驶时的转向稳定性，进而提高汽车的主动安全性；并且可通过设置不同的转向手力特性来满足不同使用对象的需要。

2. 效率高

液压式 EPS 为机械和液压连接，效率较低，一般为 60%～70%；而电动式 EPS 为机械与电动机直接连接，效率高，有的可高达 90%以上。

3. 耗能少

汽车在实际行驶过程中，处于转向的时间约占行驶时间的 5%。对于液压式 EPS，发动机运转时，油泵始终处于工作状态，油液一直在管路中循环，从而使汽车燃油消耗率增加 4%～6%；而电动式 EPS 仅在需要时供能，使汽车的燃油消耗率仅增加 0.5%左右。

4. “路感”好

由于电动式 EPS 内部采用刚性连接，系统的滞后特性可以通过软件加以控制，且可以根据驾驶员的操作习惯进行调整。

5. 回正性好

电动式 EPS 结构简单，内部阻力小，回正性好，从而可得到最佳的转向回正特性，改善汽车操纵稳定性。

6. 对环境污染少

液压式 EPS 的液压回路中有液压软管和接头，存在油液泄漏问题，而且液压软管不可回收，对环境有一定污染；而电动式 EPS 对环境几乎没有污染。

7. 可以独立于发动机工作

电动式 EPS 以电池为能源，以电动机为动力元件，只要电池电量充足，不论发动机处于何种工作状态，都可以产生助力作用。

8. 应用范围广

电动式 EPS 可用于各种汽车，目前主要用于轿车和轻型载货汽车上；而对于环保型纯电动汽车，由于没有发动机，电动式 EPS 为最佳选择。

9. 装配性好且易于布置

因为电动式 EPS 系统零部件数目少，主要部件均可以组合在一起，所以整体外形尺寸比液压式 EPS 小，这为整车布置带来方便，且易于在装配线上安装。

四、电动式 EPS 系统的结构原理

1. 电动式 EPS 结构

电动式 EPS 主要由转矩传感器、车速传感器、电子控制单元、电动机、离合器、减速机构、转向轴及手动齿轮齿条式转向器等组成。其结构示意图如图 9-4 所示。

(1)转矩传感器

转矩传感器用于检测作用于转向盘上的转矩信号的大小与方向。目前采用较多的转矩传感器是扭杆式电位计传感器。它是在转向轴位置加一扭杆，通过扭杆检测输入轴和输出轴的相对扭转位移得到转矩。图 9-5 所示为转矩传感器的基本原理。在转矩传感器中，用磁性材料制成的定子和转子可以形成闭合的磁路，线圈 A、B、C、D 分别绕在极靴上，接成一个桥式回路。转向轴扭转变形的扭转角与转矩成比例，所以只要测定转向轴的扭转角，就可间接地知道转向力的大小。

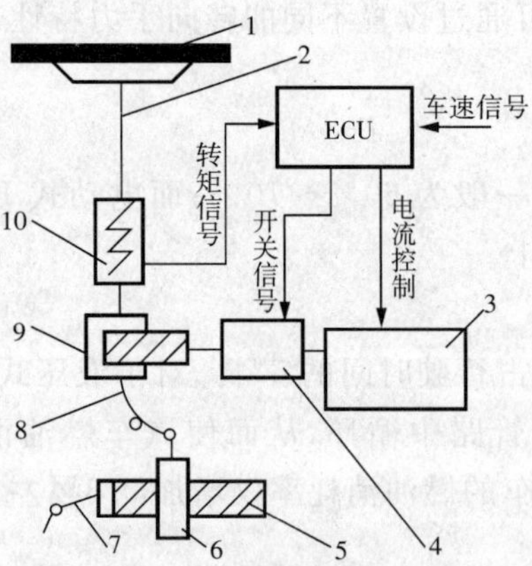

图 9-4　电动式 EPS 结构示意图

1—转向盘　2—转向轴　3—电动机

4—离合器　5—齿条　6—小齿轮　7—横拉杆

8—输出轴　9—减速机构　10—转矩传感器

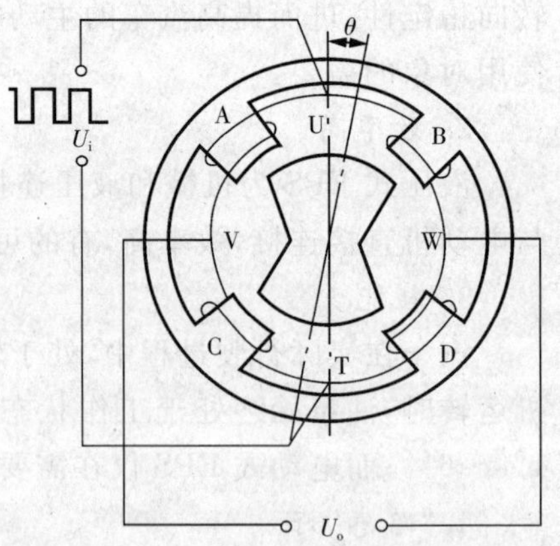

图 9-5　转矩传感器的基本原理

在线圈的 U、T 两端施加连续的脉冲电压信号 U_i，当转向轴上的转矩为零时，定子与转子的相对转角也为零。这时转子的纵向对称面处于图示定子 AC、BD 的对称平面上，每个极靴上的磁通是相同的，因而电桥是平衡的，在 V、W 两端的电位差 $U_o=0$。如果转向轴上存在转矩时，定子与转子的相对转角不为零，此时转子与定子间产生如图 9－5 所示的角位移 θ。极靴 A、D 间的磁阻增加，B、C 间的磁阻减少，各个极靴的磁通产生差别，电桥失去平衡，在 V、W 之间出现电位差。这个电位差与转向轴的扭转角 θ 和输入电压 U_i 成比例。若比例系数为 k，则有：

$$U_o=kU_i\theta \tag{9-1}$$

由 V、W 两端的电位差 U_o 就可以知道转向轴的扭转角，从而便可以知道转向轴的转矩。

另外还有采用非接触式转矩传感器的，图 9－6 所示就是非接触式转矩传感器中的一对检测环。其原理是：当输入轴与输出轴之间发生相对扭转位移时，检测环之间的空气间隙发生变化，从而引起检测线圈电磁感应系数变化。非接触式转矩传感器的优点是体积小、精度高，缺点是成本较高。

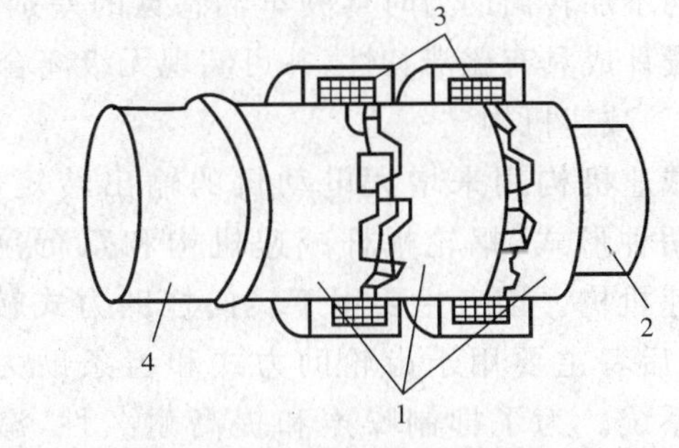

图 9－6　非接触式转矩传感器

1－检测环　2－输入轴　3－检测线圈　4－输出轴

(2)车速传感器

车速传感器常采用电磁感应式传感器，安装在变速器上。

(3)电动机

电动机是电动式 EPS 的动力源，其功能是根据 ECU 的指令产生相应的输出转矩，不仅要求低转速大转矩、波动小、转动惯量小、尺寸小、质量轻，而且要求可靠性高、控制性能好。电动式 EPS 通常采用无刷永磁式直流电动机。

转向助力用的电动机需要正反转控制。一种比较简单实用的转向助力电动机正反转控制电路如图 9－7 所示。图中 a_1、a_2 为触发信号端，从微机系统的 D/A 转换器得到的直流信号输入到 a_1、a_2 端，用以触发电动机产生正反转。当 a_1 端得到输入信号时，晶体管 VT_3 导通，VT_2 得到基极电流而导通，电流经 VT_2 的发射极和集电极、电动机 M、VT_3 的集电极和发射极搭铁，电动机有电流通过而正转。当 a_2 端得到输入信号时，晶体管 VT_4 导通，VT_1 得到基极电流而导通，电流经过 VT_1 的发射极和集电极、电动机 M、VT_4 的集电极和发射极搭铁，电动机有反向电流通过而反转。控制触发信号端的电流大小，就可以

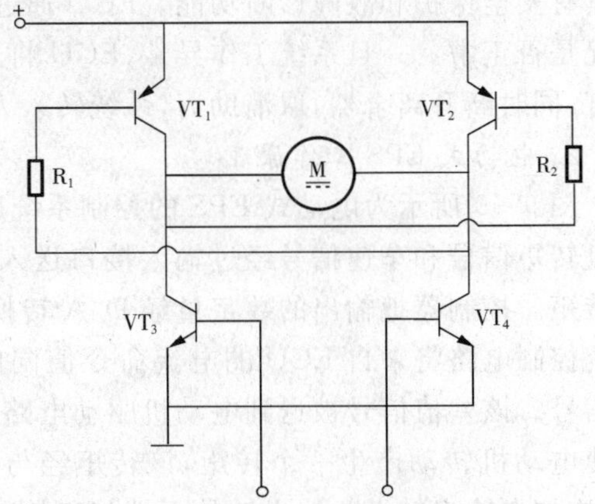

图 9－7　电动机正反转控制电路

控制电动机通过电流的大小。

(4)离合器

离合器的功能是保证EPS在预先设定的车速范围内闭合。当车速超出设定车速范围时，离合器断开，电动机不再提供助力，转入手动转向状态。另外，当电动机发生故障时，离合器将自动断开。

电动式EPS常采用干式单片电磁离合器，如图9-8所示。当电流通过滑环进入离合器线圈时，主动轮产生电磁吸力，带花键的压板被吸引与主动轮压紧，电动机的动力经过电动机轴、主动轮、压板、花键、从动轴传递给执行机构。为了减少与不加转向助力时驾驶车辆感觉的差别，离合器设计成具有磁滞特性，并可实现无级离合。

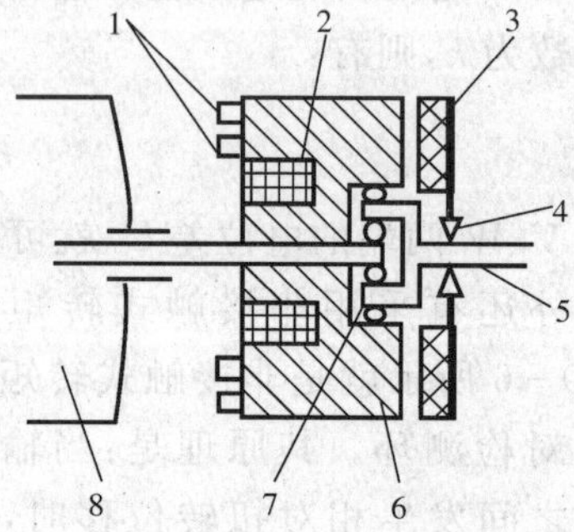

图9-8 电磁离合器

1—滑环 2—线圈 3—压板
4—花键 5—从动轴 6—主动轮
7—滚子轴承 8—电动机

(5)减速机构

减速机构用来增大电动机的输出转矩，主要有两种形式：蜗轮蜗杆减速机构和双行星齿轮减速机构。前者主要用于转向柱助力式转向系统，后者主要用于齿轮助力式和齿条助力式转向系统。为了抑制噪声和提高耐久性，减速机构中的齿轮有的采用树脂材料制成，有的采用特殊齿形。

(6)电子控制单元

EPS的电子控制单元(ECU)通常是一个8位单片机系统。其工作过程是：当转矩信号和车速信号输入单片机后，单片机根据这些信号计算出最优化助力转矩，然后输出此值给D/A转换器，输出电流指令信号给电动机控制电路，由控制电路决定电动机作用的大小和方向。ECU也有采用数字信号处理器(DSP)作为控制单元核心的。

控制系统应具有强抗干扰能力，控制算法应快速准确，以满足实时控制的要求。ECU还具有安全保护和故障诊断功能。ECU通过采集电动机电压、转速等信号判断其系统工作状况是否正常。一旦系统工作异常，ECU将进行故障诊断分析，并记录下故障类型，点亮故障灯，同时断开离合器，取消助力，系统转入人工转向状态。

2. 电动式EPS工作原理

图9-9所示为电动式EPS的控制系统原理图。该系统的核心是一个8位单片机。转向盘转矩信号和车速信号经过输入接口送入ECU，ECU根据这些信号计算出最优化的助力转矩。控制器把输出的数字量经D/A转换器转换为模拟量，再将其输入电流控制电路。电流控制电路将来自ECU的电流命令值同电动机电流的实际值进行比较，并生成一个差值信号。该差值信号被送到电动机驱动电路以向电动机提供控制电流，在离合器接合的同时使电动机转动产生一个转矩，该转矩经与电动机连在一起的离合器、减速机构减速增矩后，施加在输出轴上。输出轴的下端与齿轮齿条转向器总成中的小齿轮相连，于是由电动机发出的转矩最后通过齿轮齿条转向器施加到汽车的转向机构上，使之得到一个与工况相适应的转向助力。

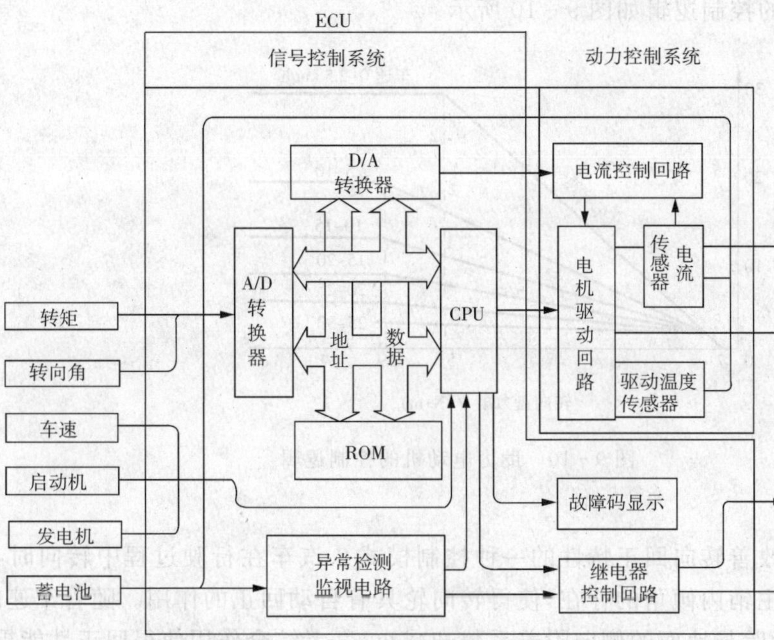

图 9-9 电动式 EPS 的控制系统原理图

通常发动机转速信号也被送入 ECU。当发动机处于怠速时,由于供电不足,助力电动机和离合器不工作。另外,当点火开关断开时,助力电动机和离合器也不工作。

3. 电动式 EPS 的控制策略

电动式 EPS 可以对转向过程中的每个环节(转向、回正、中间位置)进行精确控制,从而提高汽车转向助力性能。ECU 可以根据各种传感器的信号,判断转向状态,选择执行不同控制模式,并根据这些要求制定 EPS 的控制策略。

电动式 EPS 的控制功能归纳起来主要有以下几种:

(1)助力控制

助力控制是在转向过程(转向角增大)中为减轻转向盘的操纵力,通过减速机构把电动机转矩作用到机械转向系统(转向轴、齿轮、齿条)上的一种基本控制模式。

根据图 9-7 所示的电动机控制电路,助力控制的驱动方式为使晶体管 VT_1 导通,VT_2、VT_3 截止,VT_4 斩波。该控制方式利用电动机转矩和电动机电流成比例的特性,由转向盘转矩传感器检测的转矩信号和由车速传感器检测的车速信号输入控制器单片机中,根据预制的不同车速下"转矩—电动机助力目标电流表",确定电动机助力的目标电流,通过对反馈电流与电动机目标电流相比较,利用 PID 调节器进行调节,输出 PWM 信号到驱动回路,以驱动电动机产生合适的助力。

目前电动式 EPS 系统一般为车速感应控制型。即随着车速的升高,助力电动机的电流应该相应地减小。当车速超过 30km/h 时,转向盘上的操纵力很小,为了保持一定的操作手感,这时助力电动机和电磁离合器停止工作。另外,助力电动机的电流还随着转向盘转矩的增加而增加,当转向盘转矩增加到一定程度后,在一定的车速范围内,电动机电流就维持不变。因为更大的转向盘转矩出现的概率很小,所以从整体上说对驾驶员的转向操纵力影响不大。助力电动机的控制逻辑如图 9－10 所示。

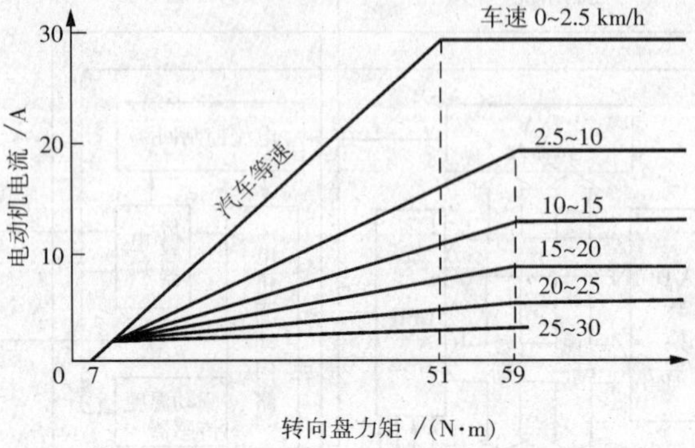

图 9－10　助力电动机的控制逻辑

(2)回正控制

回正控制是为改善转向回正特性的一种控制模式。汽车在行驶过程中转向时，由于转向轮主销后倾角和主销内倾角的存在，使得转向轮具有自动回正的作用。随着车速的提高，回正转矩增大，而轮胎与地面的侧向附着系数却减小，二者综合作用使得回正性能提高。

回正控制主要用于低速行驶，根据转向盘转矩和转动的方向可以判断转向盘是否处于回正状态。此时电动机控制电路实行断路，即四个晶体管均处于截止状态，保持机械系统原有的回正特性。

对于高速行驶，为防止转向回正超调，而采用阻尼控制方式。

(3)阻尼控制

阻尼控制是汽车运行时为提高高速直线行驶稳定性的一种控制模式。汽车高速行驶时，如果转向过于灵敏，会影响汽车的行驶稳定性。为提高直线行驶的稳定性，在死区范围内进行阻尼控制。

EPS 系统中所用电动机的电枢电感很小，产生的感应电动势可忽略不计。因此，可用一定占空比的 PWM 信号在电动机控制电路内部使电动机短路，电动机旋转产生的反电动势形成阻碍电动机继续旋转的阻尼转矩。改变占空比，即改变了阻尼转矩的大小。

(4)转矩补偿控制

补偿控制系统根据转向作用力变化率，沿转矩变化的方向产生补偿转矩，可预防由于 ECU 取样、电动机感应等引起控制系统延迟所形成的自激振荡，以确保系统稳定运行。

电动机的惯性补偿可限制在正常转向操作过程中，转向力变化时和急速转向时转向作用力上升所产生的任何不规则的传感信号。

(5)停止助力转矩控制

当系统的基本部件(如转矩传感器、电流传感器、ECU 及其连线等)出现故障，导致系统不能正常工作时，离合器分离，电源继电器释放，从而停止助力转矩控制，以确保系统安全。

(6)限制助力转矩控制

当发动机怠速、蓄电池充电不足而又过载使用时，若动力转向系统仍继续运转，则蓄电池将大量放电，会导致蓄电池失效。为了预防这种情况和保护蓄电池，系统将限制电流的大小。

另外，由于ECU安装在发动机内，若车辆长时间爬坡或热天在拥挤的道路上行驶，转向系统在发动机怠速下运行时，ECU温度会升高。因此，系统在ECU达到警戒温度之前就要限制电流，由于ECU温度和电动机温度有关，此举又可防止电动机温度过高。为了防止过热，系统对连续几秒钟内的电流消耗进行监测，且保持电流消耗不超过预设值。

第三节　电子控制四轮转向系统

一、概述

近年来，为了使汽车具有更好的操纵稳定性，一些汽车在后轮上也采用了相位可变(转向)系统。转弯时，如保持汽车前轮转向角不变，汽车将进入等速圆周运动。但由于其他方面的干扰，汽车的“等速圆周运动”在实际中不易出现。人们已经习惯于在低速转弯时具有中性转向、在高速时具有不足转向特性的汽车，这样才能保证操纵稳定性。但在汽车设计时，很难同时兼顾到这两方面。

四轮转向系统(Four Wheel Steering System，简称4WS)正是为了满足汽车在以不同车速转弯时能够得到稳定的转向性能，使四轮的转向相位根据不同车速而变化，以满足各种车速转向特性的要求，保证操纵稳定性和转向行驶的安全性而开发的。

总之，与以前的两轮转向(2WS)相比，4WS具有以下优点：

(1)提高了汽车在高速行驶时和在光滑路面上的转向性能。

(2)驾驶员操纵转向盘反应灵敏，动作准确。

(3)在不良路面和有侧向风等条件下，汽车也具有较好的方向稳定性，提高了高速下的直线行驶稳定性。

(4)提高了汽车高速转弯的行驶稳定性，不但便于转向操纵，而且在进行急转弯时，也能保持汽车的行驶稳定性。

(5)通过使后轮转向与前轮转向相反，从而减小了低速行驶时的转弯半径。不但便于在狭窄的路面上进行U形转弯，而且在驶入车库等情况下也便于驾驶。

尽管4WS能提高车辆的高速稳定性及在停车场上进出的灵活性，但目前仍有人对4WS表示异议。其主要观点是认为，尽管目前看来4WS装置的性能还算不错，但没有必要花这么多钱，并把车子搞得这么复杂。如果把同样多的研制费用于提高轮胎性能和改善悬架设计上，很可能在操纵性能良好的2WS汽车上将会收到更好的效果。不过将来，通过有效的微机控制和新型的机械连接装置，4WS肯定会得到改进，并将具有更好的操纵性能。若集成电路的电子装置降低制造成本很多，4WS的应用可能会变得与今天的动力转向和自动变速一样普遍。

二、4WS的转向特性

在车辆运行时，后轮可以向两个不同方向各偏转一定角度。超过一定行驶速度时，后轮将与前轮往相同方向偏转。这可使汽车在并线行驶和高速路上转弯等情况下有很好的响应性；同时车身的角运动相对减少，行车摆动小，稳定性好，乘坐舒适性提高。汽车行驶速度较低时，后轮将与前轮往相反方向偏转。这改善了在掉头行驶和停车入库等工况下的机动性，可使汽车具有较小的转弯半径，转弯容易。所以，在十分狭小拥挤的地方，也可方便地驶出停车位置、转向或调头，如图 9－11 所示。

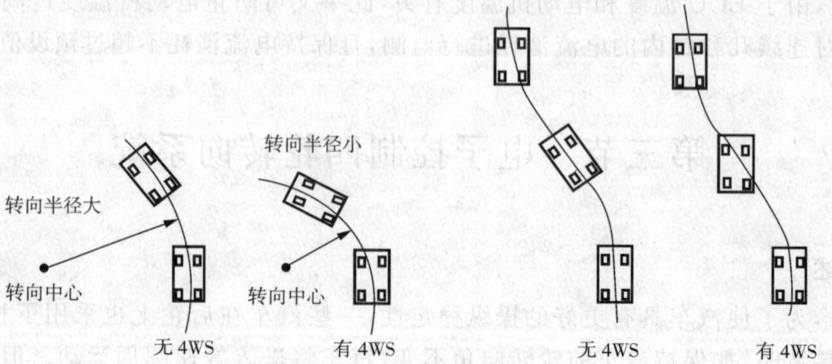

图 9－11　4WS 的转向特性

当汽车高速转弯时，离心力使车辆后部产生侧向移动的趋势，从而使后轮发生侧向滑动，车速和转向的急剧程度决定了侧滑的大小。侧滑过大，会使汽车发生横向旋转，从而失去对车辆的控制。高速时，后轮转动方向与前轮相同，侧滑将减轻，汽车稳定性得到改善。

如图 9－12 所示，后轮转角与前轮转角成一定比例，且方向一致时，转向性能类似于 2WS。但后轮与前轮转动方向相同时，横摆角度减小；中、高速行驶时，汽车转向稳定性和操纵能力均得到改善。

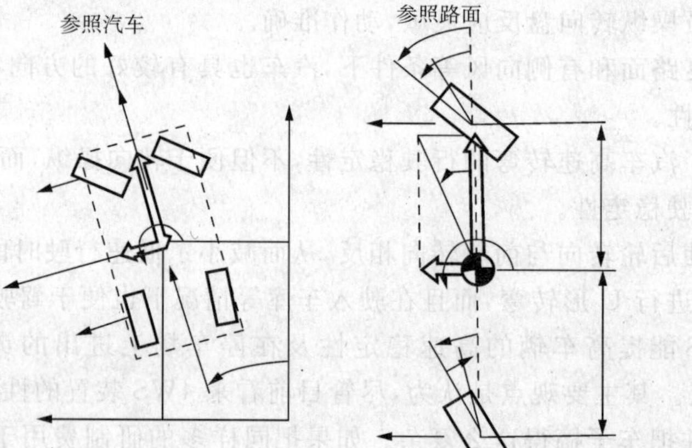

图 9－12　4WS 与 2WS 的转向特性对比

三、4WS 的分类

四轮转向系统通常由两个转向器组成，分别控制前轮和后轮。两个转向器之间，用中间轴连接或用电子控制的液压机构来进行协调。

四轮转向系统按结构可分为机械式、液压式、电控式四轮转向系统三种。

1. 机械式四轮转向系统

机械式四轮转向系统是最早开发的四轮转向系统，包括前轮的齿轮齿条转向系和前、后转向系之间的传动轴。随着前轮偏转，转向力通过传动轴传到后轮。在机械式四轮转向系统中，有时也为后轮加装第二套转向器来帮助转向。机械式四轮转向系统只在汽车高于某一行驶速度时起作用，并且起作用时，前、后轮只能往相同方向偏转。

2. 液压式四轮转向系统

第二代四轮转向系统利用液压系统来控制转向。这种类型的四轮转向系统的后轮只能偏转 1.5°左右，并且也只有在速度高于 35km/h 时才起作用。开始时，基本的齿轮齿条转向器使前轮偏转，同时把部分转向液压送到后轮转向系统的控制阀中，控制该控制阀的位置。前轮向某一方向偏转时，该滑阀向一个方向移动；前轮向另一方向偏转时，该滑阀向与前面相反的方向移动。

以后，该滑阀控制着第二套液压回路工作。这个回路利用由差速器驱动后转向油泵产生的压力油为动力。这些压力油接着又驱动一个齿轮齿条转向器像前轮一样工作。但第二个齿轮齿条转向器只能在很小的范围内移动。后轮的偏转角不得超过 1.5°。

3. 电控式四轮转向系统

电控式四轮转向系统的前轮转向器和后轮转向执行器之间没有任何机械连接装置，后轮转向执行器是由安装在左后座椅后部的行李箱内的转向电控模块来控制。其电子控制系统的主要组成有传感器(方向盘转角传感器、车速传感器、前轮转角传感器、后轮转角传感器和后轮转速传感器等)、电子控制单元(ECU)和后轮转向驱动电机。ECU 根据方向盘转角、车速和前轮转角等信号来计算并控制后轮，允许后轮与前轮以相同的方向偏转(在高速时)或者以相反的方向偏转(在低速时)。

四轮转向系统按控制方法又可分为比例于前轮转向角的后轮转向系统、比例于前轮转向力的后轮转向系统、比例于横摆角速度的后轮转向等几种。

四、四轮转向系统的控制原理

下面以比例于前轮转向角的后轮转向为例，说明四轮转向系统的控制原理。

为了使等速圆周运动时的侧偏角为零，即车辆行驶方向与车辆方向一致，前轮、后轮的转向角之比 k 应为

$$k=\frac{b-\dfrac{ma}{2k_2 l}v^2}{a+\dfrac{mb}{2k_1 l}v^2} \tag{9-2}$$

式中：a、b——前轴、后轴分别与质心的距离；

m——整车质量；

l——轴距；

k_1、k_2——前轮、后轮侧偏刚度；

v——车速。

当前、后轮转向角之比 k 为负时，表示前、后轮转向相反(称为逆相)；k 值为正时，表示前、后轮转向相同(称为同相)。

图 9-13 所示为稳态转向时侧偏角等于零时，k 值随车辆行驶速度变化的曲线。由图中可知，低速时前后轮转向相逆，以减

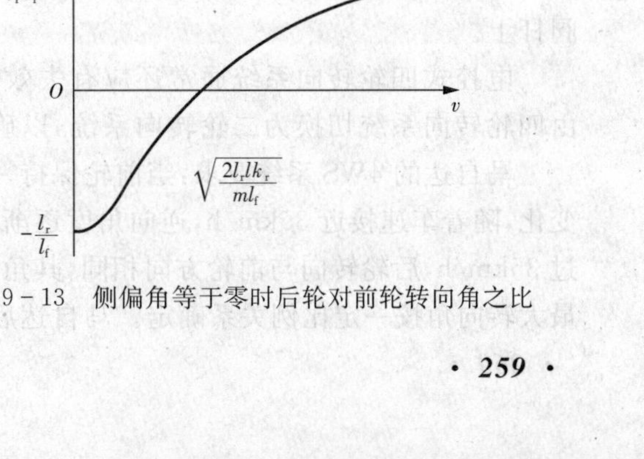

图 9-13　侧偏角等于零时后轮对前轮转向角之比

小转向半径,提高机动性;高速时转向相同,以改善操纵稳定性。

五、电控式四轮转向系统的结构和控制过程

1. 电控式四轮转向系统结构

目前各种汽车上所采用的四轮转向系统差别很大,下面以马自达(MAZDA)公司的4WS系统为例介绍电控式四轮转向系统的结构。如图9-14所示,这种4WS系统主要由前轮动力转向系统、后转向系统控制箱及动力缸、后转向传动轴、动力泵、两只车速传感器、进行信息处理和发出控制命令的ECU等构成。在后转向系统控制箱内还装有受ECU信号驱动的使后轮相位作相应变化的相位控制机构。

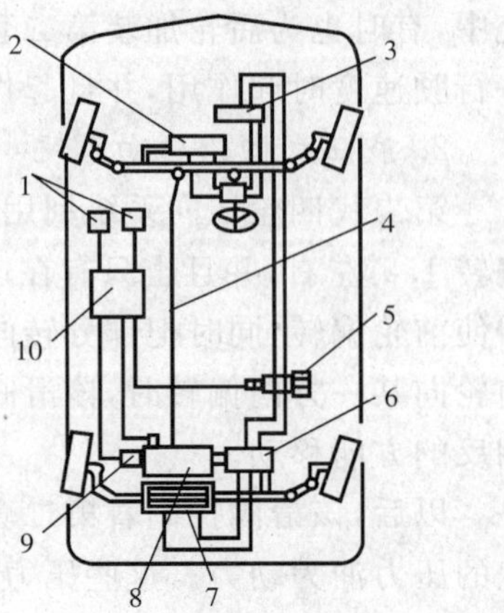

图9-14　马自达的4WS系统

1—车速传感器　2、8—动力缸　3—动力泵　4—后转向传动轴　5—电磁阀　6—控制阀　7—后转向控制箱　9—步进电动机　10—ECU

后转向系统控制箱的构造如图9-15所示,是由转向控制步进电动机、相位控制机构、控制阀总成和转向助力液压缸等组成的动作执行机构。

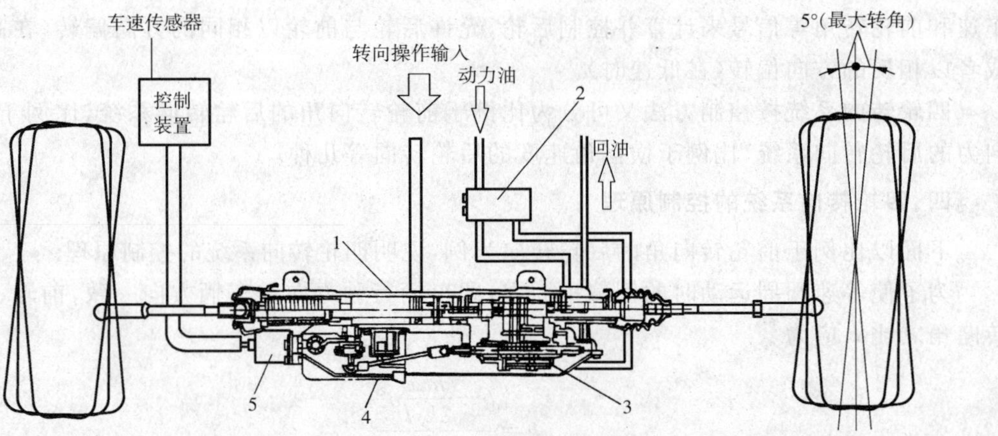

图9-15　后转向控制箱

1—转向助力液压油缸　2—电磁阀　3—控制阀　4—相位控制机构　5—步进电动机

相位控制机构的构造如图9-16所示,由步进电动机、转向比扇形齿轮、转向锥齿轮、控制杆以及控制阀等组成。扇形齿轮由步进电动机驱动,以确定转向比。锥齿轮由转向盘操纵。控制杆贯穿锥齿轮的偏心孔,一端通过球节与扇形齿轮上摇杆连接,另一端接在控制滑阀杆上。

电控式四轮转向系统通常还应有失效保护机构,当油压系统或电控系统出现异常时,可由四轮转向系统切换为二轮转向系统,以确保行驶的安全性。

马自达的4WS系统要求:当前轮保持一定的转向角,并逐渐提高车速,首先车轮出现逆向变化,随着车速接近35km/h,逆向角度逐渐减少;到35km/h时后轮转向角度为0°。当车速超过35km/h,后轮转向与前轮方向相同,其角度随车速上升逐渐增加。后轮最大转向角与前轮最大转向角按一定比例关系确定。马自达后轮最大逆相位与同相位转向角都设定为5°。

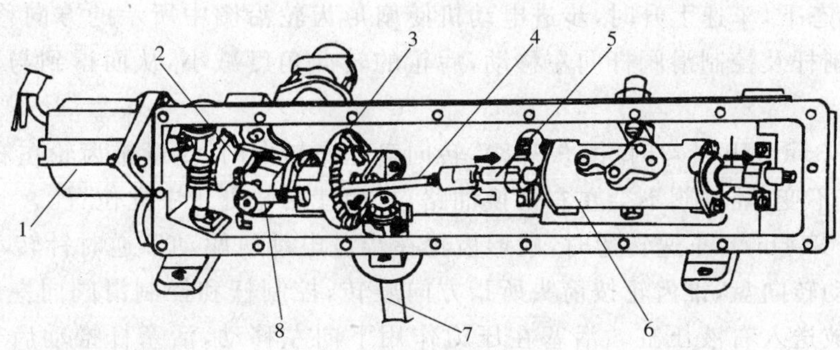

图 9-16 相位控制机构

1—步进电动机 2—扇形齿轮 3—锥齿轮 4—控制杆

5—控制滑阀杆 6—控制阀体 7—后转向输入轴 8—铰接臂

另外，车速在 35km/h 以上保持一定且转向角度很大时，后轮也具有自动选择适当增加转向角的特性。

2. 电控式四轮转向系统的控制过程

下面以汽车右转弯为例说明电控式四轮转向系统的控制过程。驾驶员将转向盘向右转，首先使前轮转动，其转向的角度通过后轮转向传动轴传给后转向控制箱内的相位控制机构。与此同时，两只车速传感器将车速信号送到 ECU，通过最佳控制运算，输出驱动信号至后转向控制箱内的步进电动机，使相位控制机构动作，以达到与车速相适应的转向角度。相位控制机构将步进电动机所得到的转向角与转向传动轴送来的前轮转向角的量相叠加，再确定最佳转向角，控制液压缸实现后轮转向。

当车速低于 35km/h 时，步进电动机驱动扇形齿轮向右侧转动(图 9-17)。这时，转向盘向右旋转，锥齿轮沿箭头所指方向转动，贯穿其间的控制滑阀杆随之运动，如图上双点划线所示。由于扇形齿轮处在倾斜状态，控制滑阀杆连接的控制杆向右侧移动，控制阀变换油路，压力油进入左侧液压缸。由于动力活塞与动力推杆一体，进入左液压缸的压力油推动活塞向右移动，使后轮向左偏转，与前轮形成相反的转向。

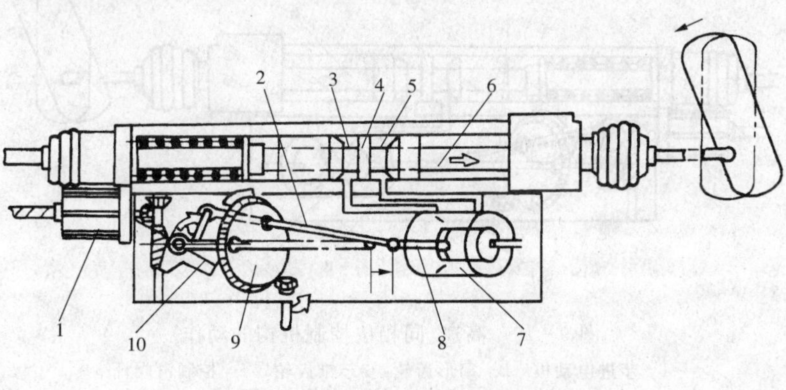

图 9-17 低速、逆相位控制机构的动作

1—步进电动机 2—控制杆 3—左室 4—动力活塞 5—右室

6—动力推杆 7—控制阀 8—控制滑阀杆 9—锥齿轮 10—扇形齿轮

在这种状态下，车速上升时，步进电动机使扇形齿轮沿图中所示的方向移动，锥齿轮保持不动，则控制杆及控制滑阀杆向左移动，后轮的转向角度减小，从而得到与车速相适应的转向比。

当以车速 35km/h 转弯时（图 9－18），转向盘左右转向时，尽管锥齿轮左右转动，但图中控制杆的长度不变，控制阀不会左右切换油路，从而使后轮处于中立位置。

当以高于 35km/h 车速转弯时，扇形齿轮在步进电动机驱动下逆时针转动，如图 9－19 所示，向左转动转向盘，锥齿轮按箭头所指方向旋转，控制杆和控制滑阀向左运动实现油路切换，压力油被送入右液压缸。活塞在压力作用下向左移动，活塞杆推动后轮与前轮同向偏转。

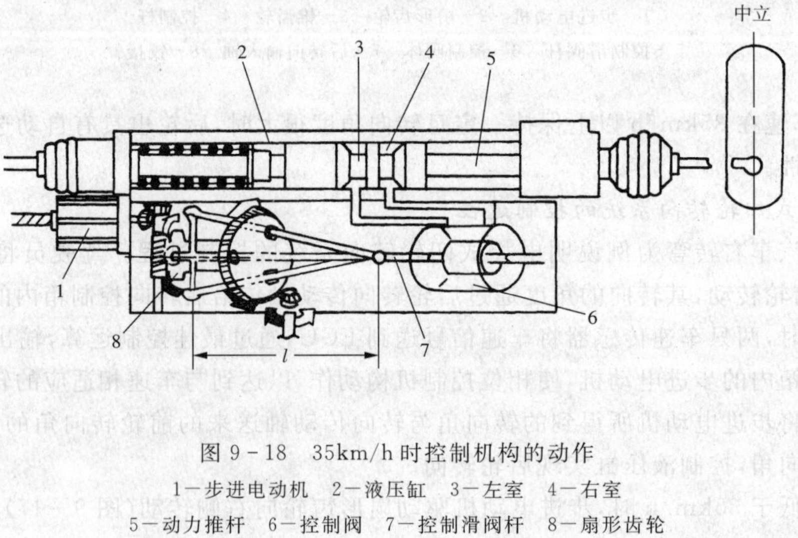

图 9－18　35km/h 时控制机构的动作

1—步进电动机　2—液压缸　3—左室　4—右室

5—动力推杆　6—控制阀　7—控制滑阀杆　8—扇形齿轮

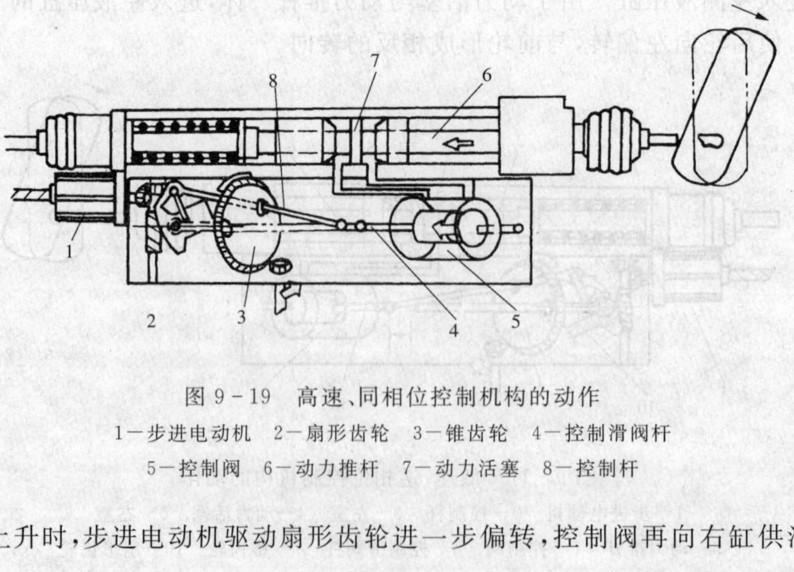

图 9－19　高速、同相位控制机构的动作

1—步进电动机　2—扇形齿轮　3—锥齿轮　4—控制滑阀杆

5—控制阀　6—动力推杆　7—动力活塞　8—控制杆

当车速上升时，步进电动机驱动扇形齿轮进一步偏转，控制阀再向右缸供油，后轮的转向角增加。

第四节　车辆稳定性控制系统

一、概述

从 20 世纪 80 年代中叶以来,利用电子控制来改善操纵稳定性越来越受到各大汽车公司的重视,先后开发了很多控制系统。比较著名的有德国博世(BOSCH)公司的车辆动力学控制系统(Vehicle Dynamics Control System,简称 VDC),BOSCH 公司后来又称其为电子稳定性程序(Electronic Stability Program,简称 ESP);日本丰田(TOYOTA)公司的车辆稳定性控制系统(Vehicle Stability Control,简称 VSC);德国宝马(BMW)公司的动力学稳定性控制系统(Dynamics Stability Control,简称 DSC)。尽管各大公司对车辆稳定性控制的叫法各不相同,结构也略有差异,但其主要功能和基本原理是一样的。

二、车辆稳定性控制系统的功用

当汽车在湿滑的路面上行驶时,如果前轮受到侧向力的作用而发生侧滑时,就会失去路径跟踪能力(又称为循迹能力)而偏离行驶轨迹;如果后轮受到侧向力的作用而发生侧滑时(如转动转向盘用力过猛即转向过度,后轮产生较大的侧偏角),后轮就会侧滑甩尾而失去稳定性。

车辆稳定性控制系统是在防抱制动系统(ABS)和驱动防滑控制系统(ASR)的基础上发展而成的车辆主动安全系统,其功用是当汽车在湿滑的路面上行驶,当前轮或后轮发生侧滑时,自动调节各车轮的驱动力和制动力,利用左右两侧制动力差产生的力偶矩来防止侧滑现象,以确保车辆的稳定行驶,实现或接近驾驶员的理想行车轨迹。

如图 9－20a 所示,当后轴出现侧滑甩尾时,会形成过多转向而产生激转的现象。此时车辆稳定性控制系统可在前外轮上施加制动力,产生一个向外侧的横摆力偶矩,即可防止后轴侧滑。

如图 9－20b 所示,当前轴出现侧滑时,会造成方向失控的现象,此时车辆稳定性控制系统可施加一个适度的向内侧的横摆力偶矩,同时还对汽车施加纵向减速力,以保证车辆的路径跟踪能力。

三、车辆稳定性控制系统的工作原理

车辆稳定性控制系统在 ABS 和 ASR 的硬件基础上利用程序主动控制实现汽车的纵向及侧向稳定。汽车在行驶过程中由于横摆和侧偏运动产生侧向失稳。横摆控制力矩通过对作用在车轮上的制动力或驱动力进行有效的分配,就会产生一个作用在整车上的横摆力矩——横摆控制力矩。通过控制这个横摆力矩,汽车的横摆和侧偏运动就能得到有效的控制。这就是车辆稳定性控制系统的一般工作原理。

当轮胎产生极限侧偏力时,其制动力或驱动力相对于车辆质心所产生的横摆力矩来源于以下三方面:

(1)制动力或驱动力本身产生的横摆力矩。

(2)载荷转移使得由于制动力或驱动力的侧偏力变化所造成的附加横摆力矩变化。

(3)制动力或驱动力的变化而造成的侧偏力变化所形成的附加横摆力矩变化。

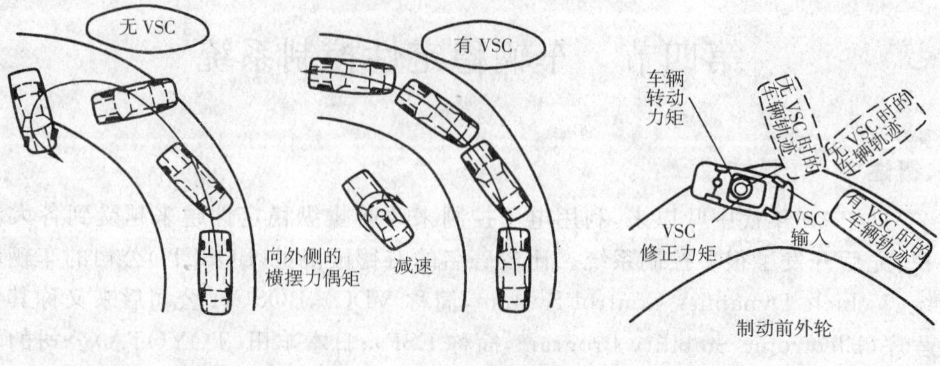

a)抑制后轴侧滑

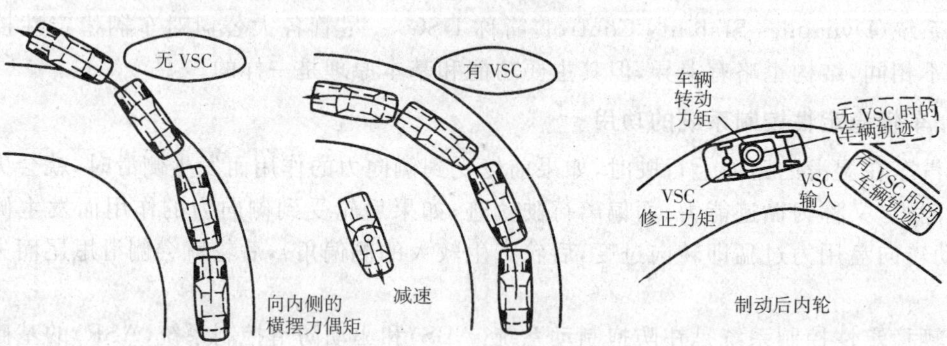

b)抑制前轴侧滑

图 9－20　车辆稳定性控制系统的作用

一个车轮所产生的总横摆力矩是上面三者之和。

如图 9－21 所示为各车轮分别在其制动力的作用下所能产生的横摆力矩变化。从图可见，由于车轮位置的不同，它通过制动力所产生的横摆力矩的能力也不一样。一般来说，前外轮最能提供外向的横摆力矩，对控制过多转向比较有效，而后内轮能最有效地给予内向的横摆力矩，对控制不足转向比较敏感。当然，在控制系统中，最有效的办法是对四个车轮的制动力或驱动力进行优化分配，从而达到车辆所要的减(加)速度横摆角速度和质心侧偏角。

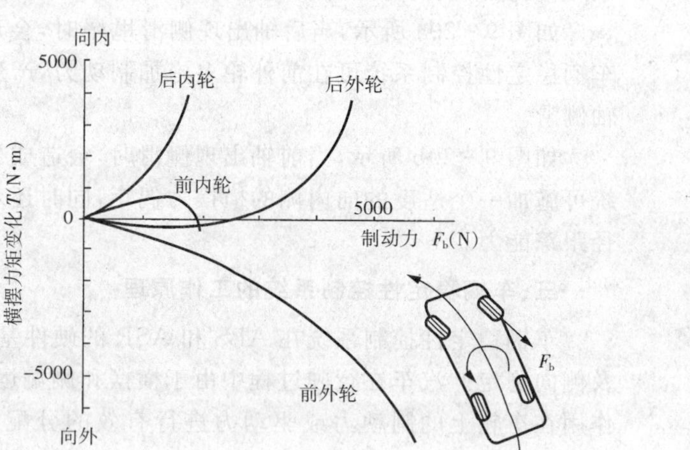

图 9－21　不同车轮施加制动力时车轮的运动

在实际应用中，由于受很多因素的影响，实现汽车稳定控制的具体方法有很多变式。但基本控制原理和方法是一致的，都是控制器的最终输出对作用在整车上的横摆力矩的控制，以达到消除汽车运动误差和不稳定的目的。

在实际控制器中通常通过控制以下几个状态变量来实现车辆稳定控制：

(1)仅控制汽车的横摆角速度；

(2)仅控制汽车的质心侧偏角；

(3)控制汽车的横摆角速度和质心侧偏角；

(4)通过控制前后轮的侧偏角来实现汽车稳定控制。

上述四种方式中，通过控制汽车横摆角速度和质心侧偏角来实现汽车稳定控制的方式应用最多，BOSCH 公司的 ESP 系统采用的就是这种控制方式。

四、车辆稳定性控制系统的组成

下面以 BOSCH 公司的电子稳定性程序(ESP)来介绍车辆稳定性控制系统的结构组成。如图 9－22 所示，ESP 系统由传感器、电控单元(ECU)和执行器三部分组成。因为 ESP 是 ABS 和 ASR 的完善与补充，所以 ESP 系统的大部分控制部件都可与 ABS 和 ASR 的公用。

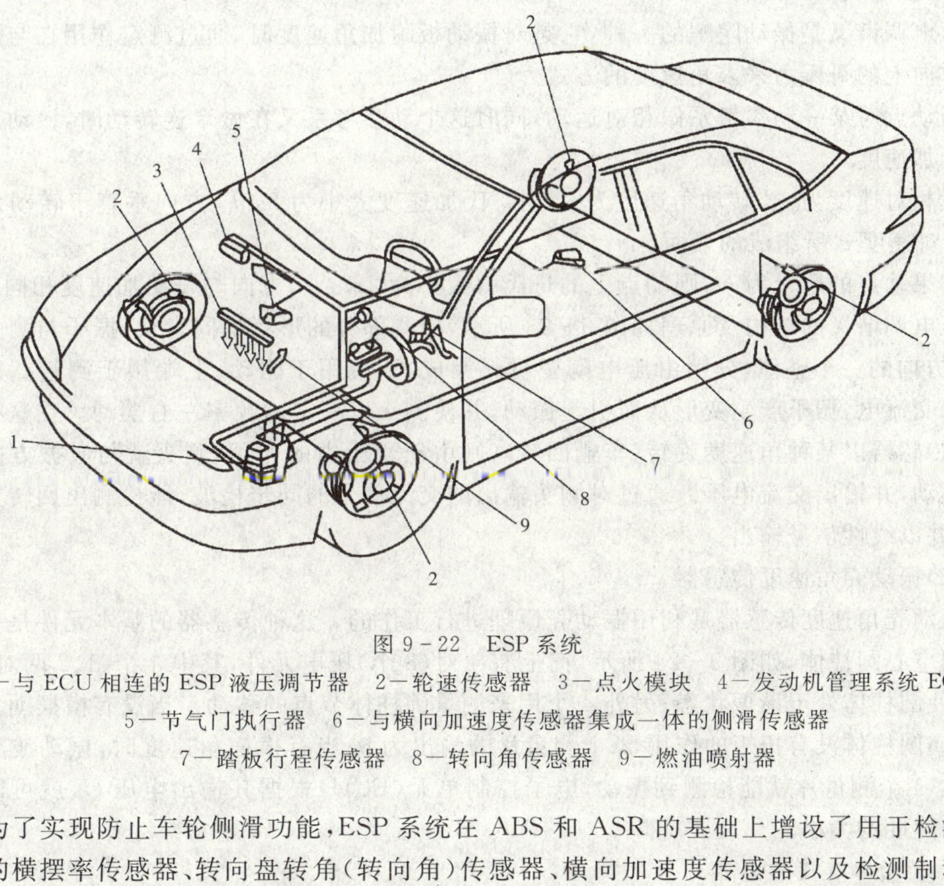

图 9－22　ESP 系统

1－与 ECU 相连的 ESP 液压调节器　2－轮速传感器　3－点火模块　4－发动机管理系统 ECU
5－节气门执行器　6－与横向加速度传感器集成一体的侧滑传感器
7－踏板行程传感器　8－转向角传感器　9－燃油喷射器

为了实现防止车轮侧滑功能，ESP 系统在 ABS 和 ASR 的基础上增设了用于检测汽车状态的横摆率传感器、转向盘转角(转向角)传感器、横向加速度传感器以及检测制动主缸(总泵)压力的制动液压力传感器等。

ESP 系统的 ECU 通常与 ABS 的 ECU 和 ASR 的 ECU 组合为一体，称为 ABS/ASR/ESP ECU。该 ECU 同样包括信号处理电路、驱动放大电路和软件程序等。由于需要与发动机、变速器控制单元等之间进行通信，因此 ABS/ASR/ESP ECU 通常采用 CAN 通信。

ESP 系统的执行器部分既可像 ABS 或 ASR 那样单独设置压力调节器和发动机输出转矩调节器，也可对液压通道进行适当改进，直接利用 ABS 和 ASR 已有调节装置对制动力和发动机输出转矩进行调节。

除此之外，还需设置 ESP 故障指示灯、ESP 蜂鸣器等指示与报警装置。

1. 横摆率传感器

横摆率传感器又称为偏航率传感器，安装在汽车行李厢内、后轴上部中央位置，并与汽车车身中心垂直轴线平行。用于检测后轴绕车身中心垂直轴线旋转的角速度（横摆率）信号。

横摆率传感器是反映后轮是否产生侧滑的关键部件。当横摆率传感器有信号输入 ECU 时，说明后轮有侧滑现象。如果后轮向右侧滑时的横摆率传感器信号为正，则横摆率传感器信号为负时表示后轮向左侧滑。

横摆率传感器有两种结构：一种是基于石英技术的线性振动系统，如压电调谐叉；另一种是振动壳角速度传感器。

(1)压电调谐叉

压电调谐叉是振动陀螺的一种，它是对振动板附加角速度时，通过测定作用在与振动相垂直方向上的哥氏力来求角速度的方式。

当动点对某一动参考系做相对运动，同时这个动参考系又在做牵连转动时，该动点将具有哥氏加速度。

设相对速度为 v_r，转动角速度为 ω，则哥氏加速度大小为 $2\omega v_r$，方向垂直于转动角速度 ω 与相对速度 v_r 所组成的平面。

如果动点的质量为 m，则动点上的哥氏力大小为 $2m\omega v_r$，方向与哥氏加速度相同。

压电调谐叉的结构及原理如图 9-23 所示，检测部分的形状如同音叉，振子与测头是互成 90°方向的一个整体，分别由压电陶瓷材料制成，下端用于驱动，上端用于测量。先将振子通以交流电，振子产生变形从而引起振动，并使测头以一定的频率左右摆动。在这种状态下，若传感器以某种角速度旋转（车辆回转），则由于哥氏力的作用，测头就与激振方向相垂直地摆动，并输出交流电压。通过对测头输出的交流信号的同步检波，能检测出回转方向和大小，并以线性信号输出。

(2)振动壳角速度传感器

振动壳角速度传感器是利用振动壳原理进行工作的。这种传感器的基本元件是一个小的金属空心圆柱体，如图 9-24 所示，筒上有 4 对（8 个）压电元件，其中 4 个（1、2 两对）用来激振，使圆柱体处于谐振状态；另外 4 个用来测量圆柱体节点的移动。当没有横摆动角速度时，金属圆柱体没有扭矩的作用，4 个测量片的输出为 0；当有横摆角速度时，振动波节就发生变化，4 个测量片就能检测到振动，电子控制单元（ECU）根据其输出电压 U_A 就可以测量横摆角速度的大小。

2. 横向加速度传感器

横向加速度传感器简称加速度传感器或 G 传感器具有不同的结构，功能与横摆率传感器相同。它安装在汽车重心前方、前轴上部中央位置的地板下面，用于检测前轴的横向加速度信号，供 ECU 判断车身状态以及前轮是否产生侧滑。

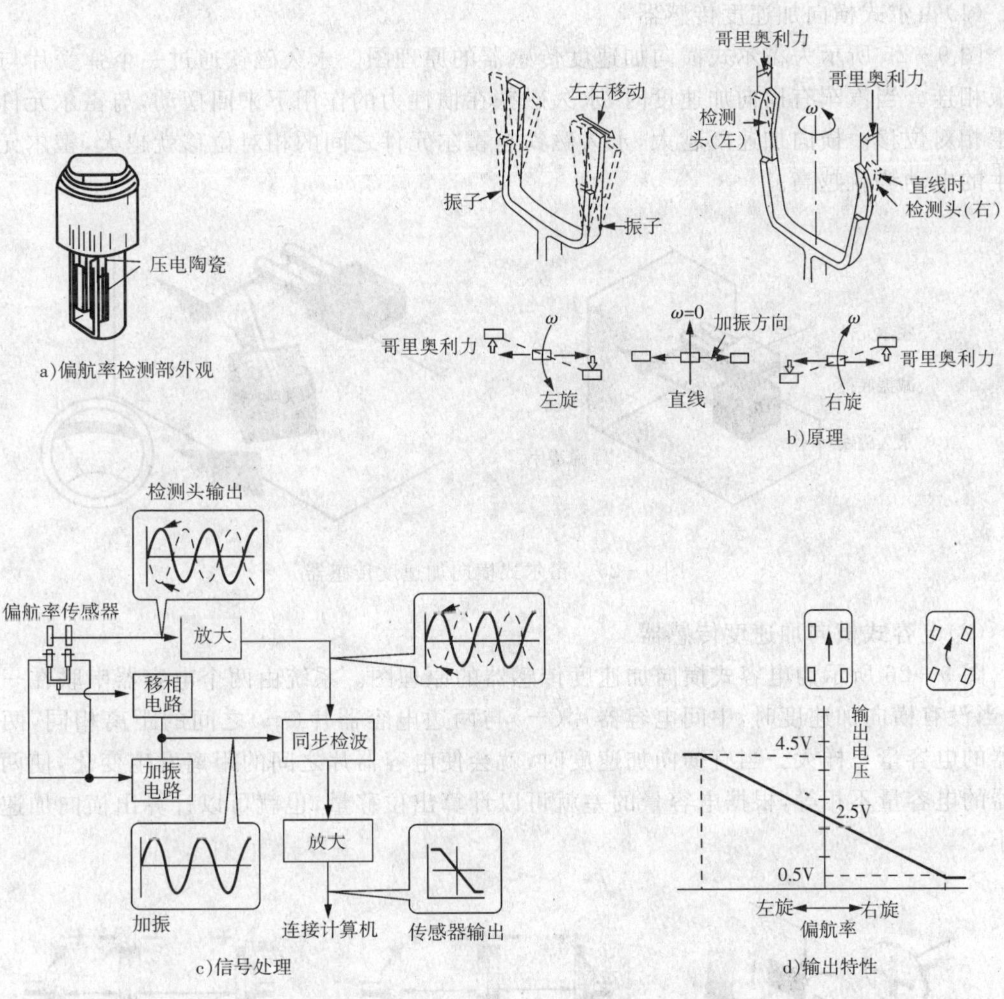

图 9－23　压电调谐叉的结构及原理

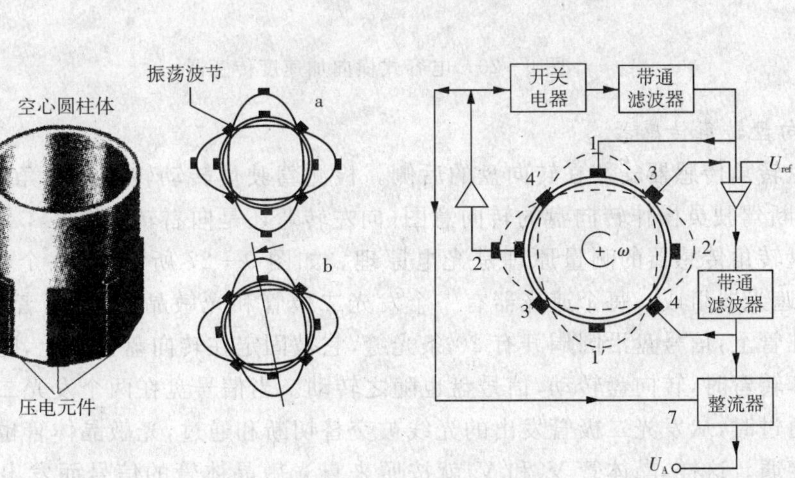

图 9－24　振动壳角速度传感器

(1)霍尔式横向加速度传感器

图 9－25 所示为霍尔式横向加速度传感器的原理图。永久磁铁通过一个弹簧片与减振底板相连。当汽车有横向加速度时，永久磁铁在惯性力的作用下来回摆动，与霍尔元件之间产生相对位移。横向加速度越大，永久磁铁与霍尔元件之间的相对位移就越大，霍尔元件上产生的电动势就越高。

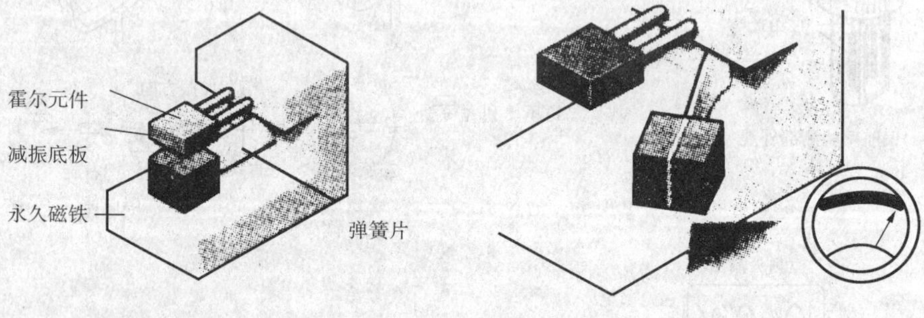

图 9－25　霍尔式横向加速度传感器

(2)电容式横向加速度传感器

图 9－26 所示为电容式横向加速度传感器的原理图。系统由两个电容器串联在一起组成，当没有横向加速度时，中间电容器片(－)与两边电容器片(＋)之间的距离相同，两个电容器的电容量一样大。当有横向加速度时，就会使电容器片之间的距离发生变化，使两个电容器的电容量不相等，根据电容量的差就可以计算出位移量，也就可以计算出横向加速度的大小。

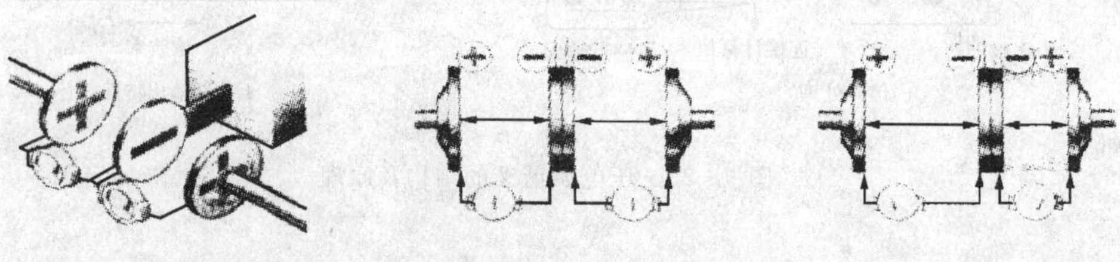

图 9－26　电容式横向加速度传感器

3. 转向盘转角传感器

转向盘转角传感器安装在转向盘的后侧。检测驾驶员转动转向盘的角度信号，主要用于 ECU 判断驾驶员操作转向盘的转向意图(向左转弯还是向右转弯)。

转向盘转角传感器的测量原理是光电原理。如图 9－27 所示，由一个信号盘(有缝圆盘)和两个遮光器组成。每个遮光器有一个发光二极管和光敏晶体管，两者相互对置，并固定在转向柱管上，信号盘沿圆周开有 20 条光缝，它被固定在转向盘主轴上，随主轴转动而转动。当汽车转弯时，转向盘转动，信号盘也随之转动。当信号盘在两个发光二极管和光敏晶体管之间通过时，从发光二极管发出的光线被交替切断和通过，光敏晶体管也就被这光线交替切断和接通。这样，晶体管 V_1 和 V_2 就按照来自光敏晶体管的信号而发出通信信号。所以，观察 SS_1 和 SS_2 信号的变化就可检测出转向盘转角的大小和方向。

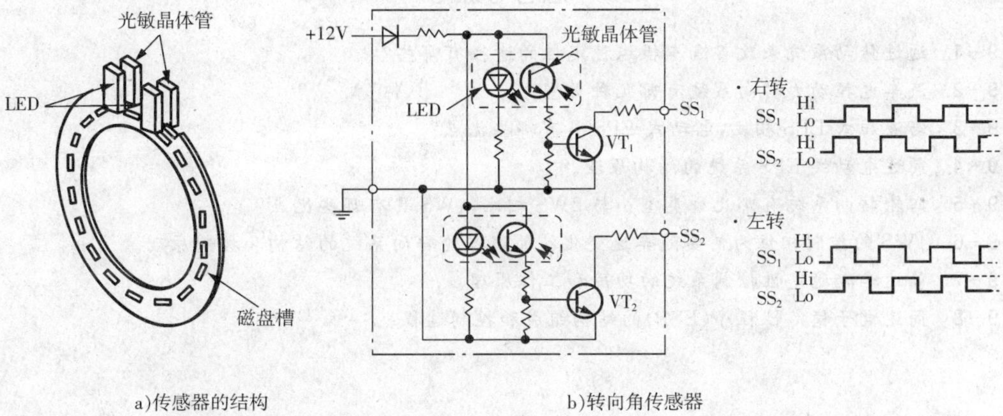

a)传感器的结构　　b)转向角传感器

图 9-27　转向盘转角传感器

4. 制动液压调节器

目前,一般都将 ABS 液压调节器、ASR 液压调节器和 ESP 液压调节器制作成一体,称为制动液压调节器。液压调节器主要由蓄压器、储液器、回液泵、回液泵电动机、选择电磁阀和控制电磁阀等组成,其结构原理与 ABS/ASR 液压调节器大同小异。通过接通或关闭制动主缸与控制电磁阀之间的液压管路,实现每个车轮制动分泵(轮缸)制动压力的升高、保持或降低,来调节每个车轮的制动力或驱动力,从而实现 ESP、ASR 或 ABS 功能。

五、车辆稳定性控制系统的控制过程

在汽车行驶(特别是在湿滑的路面上转弯)过程中,前轮发生侧滑时就会产生较大的侧向(横向)加速度,后轮发生侧滑时就会产生较大的侧偏角,横向加速度传感器和横摆率传感器分别将这两种侧滑产生的信号输入 ABS/ASR/ESP ECU,就会向发动机输出转矩调节装置(即副节气门位置控制步进电机)发出控制指令,使发动机的输出转矩减小来降低车速。与此同时,ABS/ASR/ESP ECU 还要根据制动液压力高低向液压调节器的电磁阀发出不同占空比的控制脉冲,控制相应车轮的制动力,使车身产生一个与侧滑相反的旋转运动,从而防止前轮侧滑而失去路径跟踪能力或防止后轮侧滑甩尾而失去行驶稳定性,减少交通事故。

1. 后轮侧滑的控制过程

当后轮出现向右侧滑甩尾时,如图 9-20a 所示,ABS/ASR/ESP ECU 首先向副节气门执行器发出控制指令,使发动机输出转矩减小来降低车速,同时向制动液压调节器中右前轮液压通道的电磁阀发出占空比控制脉冲,向右前轮额外施加一个制动力,使车身产生一个向外侧的横摆力偶矩,车辆将产生沿顺时针方向旋转的运动,从而防止发生甩尾或掉头现象。

2. 前轮侧滑的控制过程

当前轮出现向右侧滑时,如图 9-20b 所示,ABS/ASR/ESP ECU 首先向副节气门执行器发出控制指令,使发动机输出转矩减小来降低车速,同时向制动液压调节器中左后轮液压通道的电磁阀发出占空比控制脉冲,向左后轮施加一个制动力,使车身产生一个向内侧的横摆力偶矩,车辆将产生沿逆时针方向旋转的运动,从而保证了车辆的路径跟踪能力。

思考与练习

9-1 通过传动系统来改善汽车操纵稳定性的途径有哪些?

9-2 汽车电控动力转向系统有哪几种类型?

9-3 与液压式 EPS 相比,电动式 EPS 具有哪些优点?

9-4 简述电动式 EPS 系统的结构原理。

9-5 四轮转向系统有哪几种类型? 与 2WS 相比,4WS 具有哪些优点?

9-6 4WS 的控制相位为何要随车速变化? 简述四轮转向系统的结构和控制原理。

9-7 简述车辆稳定性控制系统的功用和工作原理。

9-8 简述电子稳定性程序(ESP)的结构组成和控制过程。

第十章　汽车平顺性的电子控制系统

内容提要：平顺性主要是根据乘坐者的舒适程度来评价的，它的好坏不仅影响到司机和乘员的疲劳强度、舒适性及货物安全可靠的运输，而且还影响到汽车操纵稳定性、可靠性及通过性等诸多方面的性能。本章以改善汽车平顺性的原理为主线，针对可调节车身高度、悬架阻尼和刚度的汽车电控悬架系统，主要介绍了它们的功用、分类、基本组成和调节原理。在学习本章前应有一定的汽车理论和底盘构造方面的专业知识。

第一节　汽车平顺性能的改进途径

汽车的平顺性主要是要保持汽车在行驶过程中产生的振动和冲击环境对乘员舒适性的影响在一定界限之内，因此平顺性主要根据乘员主观感觉的舒适性来评价，对于载货汽车还包括保持货物完好的性能，它是现代高速汽车的主要性能之一。

汽车行驶时，路面不平度和车速形成了对汽车振动系统的“输入”。此“输入”经过由轮胎、悬架、座垫等弹性、阻尼元件和悬挂、非悬挂质量构成的振动系统的传递，得到振动系统的“输出”——悬挂质量或进一步经座椅传至人体的加速度，此加速度通过人体对振动的反应——舒适性来评价汽车的平顺性。当振动系统的“输出”作为优化的目标时，通常还要综合考虑车轮与路面间的动载和悬架弹簧的动挠度。它们分别影响行驶安全性和撞击悬架限位的概率。

影响汽车平顺性的结构因素可分成4个方面，即轮胎、悬挂质量、悬架结构和“人体—座椅”系统参数。

一、轮胎

轮胎由于本身的弹性在很大程度上吸收了因路面不平所产生的振动，由此它和悬架共同保证了汽车的平顺性。近年来随着车速提高，希望轮胎的缓冲性能越来越好。提高轮胎缓冲性能的方法有：

(1)增大轮胎断面、轮辋宽度和空气容量，并相应降低轮胎气压。

(2)改变轮胎结构形式，如采用子午线轮胎，它因胎体的径向弹性大，可以缓和不平路面的冲击并吸收大部分冲击能量，使平顺性得到改善。

(3)提高帘线和橡胶的弹性，采用较柔软的胎冠。

车轮旋转质量的不平衡会引起汽车振动，影响平顺性和行驶稳定性。这在高速时尤为突出，所以必须对每一车轮（含装好的轮胎）进行静平衡和动平衡，以保证高速行驶时的舒适性。

二、非悬挂质量

非悬挂质量的振动对悬挂质量的振动加速度有较显著的影响，减小非悬挂质量，可以减小传给悬挂质量（车身）的冲击力。因此，提高悬挂质量与非悬挂质量的比值，有利于改善汽车的平顺性。与非独立悬架相比，独立悬架的非簧载质量要小得多，并且在悬架弹性元件一定的变形范围内，两侧车轮可以单独运动而互不影响，这样在不平道路上行驶时可减少车架和车身的振动，有助于消除转向轮不断偏摆的不良现象，大大改善了汽车的行驶平顺性。因此被广泛地采用在现代汽车上，特别是轿车的转向轮普遍采用独立悬架。

另外，悬挂质量的布置应尽量使悬挂质量分配系数 $\varepsilon=1$，以减少前、后悬挂质量振动的联系。

三、悬架结构

悬架是车架（或承载式车身）与车桥（或车轮）之间的所有传力连接装置的总称。它的作用除了缓冲和吸收来自车轮的振动之外，还把路面作用于车轮上的垂直反力（支承力）、纵向反力（牵引力和制动力）和侧向反力，以及这些反力所造成的力矩都传递到车架（或承载式车身）上，从而改变了汽车行驶的平顺性和操纵稳定性，以保证车辆正常行驶。

现代汽车的悬架尽管有各种不同的结构形式，但是一般都由弹性元件、减振器和导向机构（纵、横向推力杆）三部分组成。此外，还辅设有缓冲块和横向稳定器。悬架结构影响平顺性的主要因素有三个：弹簧刚度、悬架弹性特性和减振器阻尼力系数。

悬架刚度决定的悬架系统固有频率对平顺性影响最大，降低固有频率可以明显减小车身速度，这是改善平顺性的一个基本措施。但随着固有频率降低，动挠度增大，限位行程也就必须与固有频率成反比而相应增大；但限位行程受结构布置限制，不能太大。所以降低悬架系统固有频率是有限度的。

前后悬架系统刚度的匹配对汽车平顺性也有较大影响。一般希望前、后悬架系统的固有频率接近相等，但为了减小车身纵向角振动，一般将前悬架的固有频率选得略低于后悬架的固有频率。

悬架系统的弹性特性指悬架变形与所受载荷之间对应关系，分为线性与非线性两种。具有线性弹性特性的悬架刚度为常数。其车身振动的固有频率将随装载质量的多少而改变，尤其是后悬架簧载质量变化较大的货车和大客车。

由于当悬架刚度一定时，簧载质量越大，自然振动频率就越低，故具有线性弹性特性的悬架通常汽车空载或部分载荷时前、后悬架振动固有频率过高或失配，导致车身剧烈颠簸，平顺性能变差。为此，可采用具有非线性弹性特性的悬架，即悬架的刚度可随载荷的改变而变化，以保持汽车在各种载荷情况下，固有频率基本不变或变化不大，从而达到平顺性的目的。

这种悬架也称为变刚度悬架。悬架的非线性弹性特性可以通过下述办法来实现：

(1)在线性弹性特性悬架中加入辅助弹簧、复合弹簧，采用适当的导向机构以及与车架的支承方式等。

(2)选用具有非线性弹性特性的弹簧,如空气弹簧、油气弹簧、橡胶弹簧和硅油弹簧。

为衰减车身的自由振动和抑制车身的共振,以减小车身振动加速度,汽车悬架系统中应有适当的阻尼。正确选择阻尼比对汽车平顺性至关重要,阻尼比取值大,能使振动迅速衰减,但会将较大的路面冲击传递到车身;反之阻尼比取值小,振动衰减缓慢,受一次冲击后振动持续时间长,使乘客感到不舒适。为使减振的阻尼效果好,又不传递较大的冲击力,常把压缩行程的阻尼和伸张行程的阻尼取得不同。压缩行程中,为减少传递的路面冲击力,阻尼比应选择小些;而伸张行程中,为迅速衰减振动,阻尼比应选择大些。

对于不同的悬架固有频率和不同的使用条件,满足平顺性要求的阻尼比值大小应有所不同。对悬架固有频率较低、路面又较差的,动挠度会相当大,为减少悬架撞击限位块的概率,阻尼比应取偏大值。

汽车不同的行驶状态对悬架有不同的要求。一般行驶时,需要柔软一点的悬架以求舒适感,当急转弯及制动时,又需要硬一点的悬架以求稳定性。此外,汽车行驶的不同环境对车身高度的要求也是不一样的。

对悬架的设计,就是要确定其弹簧或减振器的参数,使系统在平顺性与稳定性之间找到一个最佳结合点,即弹簧刚度和减振器的阻尼系数能随汽车运行状况而变化,使悬架总是处于较优状态。但对于传统悬架(被动悬架)系统而言,由于悬架系统的弹簧刚度和阻尼系数固定不变,只能满足特定的道路状态和速度要求,使系统在舒适性和稳定性之间寻求一个折中方案,这种折中只可能在特定工况下是最优的,但不能随路况、车速等条件调节悬架参数(图 10-1)。比如赛车由于行驶速度高,道路条件复杂多变,需要确保良好的操纵稳定性,为此以牺牲一定的平顺性为代价;豪华轿车一般行驶环境良好,为确保良好的平顺性,则以牺牲一定的操纵稳定性为代价。

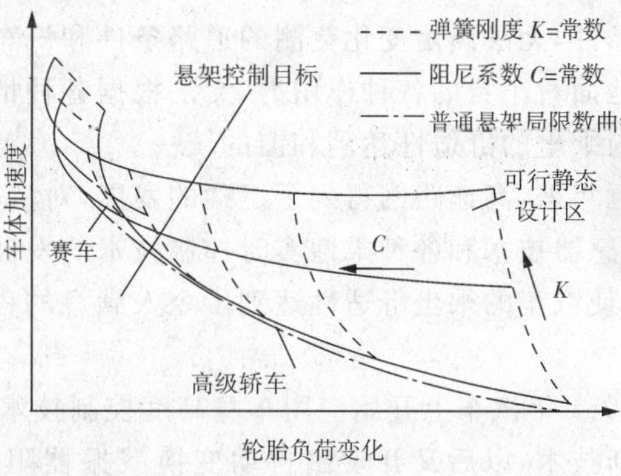

图 10-1　汽车悬架舒适性和稳定性之间的关系

电子控制悬架系统的刚度和阻尼特性能根据汽车的行驶条件(车辆的运动状态和路面状况等)进行动态自适应调节,使悬架系统始终处于最佳减振状态,从而使车辆的平顺性和操纵稳定性在各种行驶条件下都能达到最佳组合。

四、"人体—座椅"系统

为了改善平顺性,使传至人体的总加权加速度均方根值比较小,在选择"人体—座椅"系统参数时,首先要保证人体垂直方向最敏感的频率范围 4～12Hz 处于减振区。同时还要避开与车身部分固有频率重合,防止传至人体的加速度响应谱出现突出的尖峰,于是"人体—座椅"单自由度系统的固有频率通常选在 3Hz 附近。若把人体的减振效果考虑进去,实际衰减的频率范围应向低频扩展,因此"人体—座椅"系统固有频率的值可以选得高一些。

为了减少共振振幅,座椅"人体—座椅"系统选择适当的阻尼也很重要,一般来说座椅的阻尼比在 0.25 左右较合适,此时共振振幅不会太大,而高频区又能保持良好的减振效果。

第二节　汽车电控悬架系统概况

一、汽车电控悬架的发展历程

传统的汽车悬架主要由弹性元件、减振器及稳定杆组成。其中弹性元件、减振器和轮胎的综合特性，决定了汽车的行驶性、操纵性和乘坐的舒适性。由于弹性元件、减振器均是决定刚度的元件，它们对路面状况和汽车的行驶状况（如汽车直线行驶时的加速和制动、汽车转弯）的适应性均受到了很大的局限。而且汽车的乘坐舒适性和操纵稳定性是一对矛盾的两方面：如果要保证汽车的乘坐舒适性，就要求悬架比较柔和；要保证汽车的操纵稳定性，就要求悬架具有较大的弹簧刚度和阻尼力较大的减振器。如果这两方面任意地加强一面，均会使另一方面受到较大的影响。因此，在汽车设计时，为了对它们进行兼顾，只能采用折中措施，根据汽车的行驶状况、道路状况、悬架结构等进行最优化设计，如改进悬架的结构和有关参数。近年来的轿车越来越多地采用横臂式独立悬架（单横臂式和双横臂式）、纵臂式独立悬架（单纵臂式和双纵臂式）、车轮沿主销移动的悬架（烛式和麦弗逊式），使汽车的有关性能得到较大的最优化折中处理。尽管如此，汽车的悬架系统也只能适应一些特定的道路和行驶条件，无法满足变化莫测的道路条件和汽车行驶的各种状况，而且这种悬架只能被动地承受地面对车身的各种作用力，无法根据各种情况主动地调节车身的状况，使汽车的操纵稳定性与乘坐的舒适性达到和谐的统一。

近年来，高速路网得到了迅猛的发展，对汽车的性能也提出了更高的要求。随着电子技术、传感器技术和各种柔性实时控制技术的发展，各国汽车行业竞相开发了汽车电控悬架系统，既使汽车的乘坐舒适性达到了令人满意的程度，又促使汽车的操纵稳定性得到了可靠的保证。

1981 年汽车上开始应用车身高度控制技术，同年又成功开发出可变换减振器阻尼力控制的新技术，以后又开发出自动变换减振器阻尼力、自动变换弹性元件刚度的电控悬架。1987 年日本本田公司率先推出装有空气弹簧的主动悬架，它是一种通过改变空气弹簧的空气压力来改变弹性元件刚度的主动悬架。1989 年，世界上又推出了装有油气弹簧的主动悬架。20 世纪 90 年代是电子技术在汽车悬架系统中的应用越来越多的时期。现在，某些计算机控制的悬架系统已具有在 10ms～12ms 内即能对路面和行驶条件做出反应的能力，以改善行驶时的平稳性和操纵稳定性。

二、电子控制悬架系统的功用

电子控制悬架系统（Electronic Controlled Suspension System，简称 ECSS）通常称为电子调节悬架系统（Electronic Modulated Suspension System，简称 EMS）。它通过控制调节悬架的刚度和减振器阻尼，突破传统被动悬架的局限区域，使汽车的悬架特性与行驶的道路状况相适应，使平顺性和操纵性两个相互排斥的性能要求都能得到满足。

汽车电子控制悬架系统的基本功能有车身高度调整、阻尼力控制和弹簧刚度弹性系数的控制等。

1. 车身高度调整功能

无论车辆负载是多少，车身高度调整功能都可以保持一定的车高。当车辆在很差的道路上行驶时，可以使车高增加，以提高车辆的通过性；当车辆高速行驶时，又可以使车高降低，以便减少空气阻力，同时提高操纵稳定性。

2. 阻尼力控制功能

该功能的作用是在急转弯、急加速和紧急制动的情况下，通过调节减振器阻尼的大小来抑制车辆姿势的变化，防止车辆后坐、侧倾、点头等，可以提高车辆的平顺性和操纵稳定性。

3. 弹簧刚度弹性系数的控制功能

该功能是通过控制弹簧刚度(弹性系数)的方法控制车辆起步等不同状况时的姿势，防止车身出现纵向摆动，可以提高车辆的平顺性和操纵稳定性。

在装备电子控制悬架系统的汽车上，当汽车急转弯、急加速或紧急制动时，乘坐人员能够感到悬架较为坚硬，而在正常行驶时能够感到悬架比较柔软；电控悬架还能平衡地面反力，使其对车身的影响减小到最低限度。因此，许多中高档轿车、大客车以及越野汽车都装备了电子控制悬架系统。

三、电子控制悬架系统的分类

电子控制悬架系统采用的控制方式有控制车身高度、控制空气弹簧的刚度和控制减振器的阻尼等。根据电子控制悬架系统的功能不同，目前采用的电子控制悬架系统主要有车身高度电子控制系统(即电子控制变高度悬架系统)、电子控制变刚度弹簧悬架系统(即悬架刚度电子控制系统)、电子控制变阻尼减振器悬架系统(即悬架阻尼电子控制系统)、电子控制变高度与变刚度弹簧悬架系统(即悬架高度与刚度电子控制系统)和电子控制变高度及变刚度弹簧与变阻尼减振器悬架系统(即悬架高度及刚度与阻尼电子控制系统)等五种类型。

根据悬架系统有无动力源，可将电子控制悬架系统分为半主动式悬架和主动式悬架两种类型。

1. 半主动悬架

半主动悬架是指悬架组件中的弹簧刚度和减振器的阻尼系数二者之一可以根据需要进行调节。因为调节阻尼仅消耗能量，不需要外加能量源，所以为减少执行组件所需的功率，目前主要采用调节减振器阻尼系数的方法，通常称为电子控制变阻尼减振器悬架系统。该系统只需提供调节控制阀、控制器和反馈调节器等所消耗的较小功率，可以根据路面激励和车身响应对悬架的阻尼系数进行自适应调整，使车身振动控制在某个范围之内。

根据工作原理，电子控制变阻尼减振器悬架系统主要有两大类：

(1)机械式可变阻尼减振器

传统的可变阻尼减振器悬架系统是用机械式的可控阀来实现的，它是通过电子控制器控制减振器中的电磁阀来调节阻尼。机械式可变阻尼减振器悬架系统又有两种。

① 有级可变式阻尼减振器悬架系统

在有级可变式阻尼减振器悬架系统中，减振器的阻尼值只有高、中、低等几个级别，而不是连续可变的。驾驶员或控制器可根据路面条件及汽车行驶状况选择不同的阻尼级。

② 连续可变式阻尼减振器悬架系统

连续可变式阻尼减振器悬架系统中减振器的阻尼值是连续可变的。控制器根据路面条件和汽车行驶状况连续自动调节减振器的阻尼值。阻尼力可在几毫秒内由最小变到最大，使车身的振动响应始终被控制在某个范围内。

(2)磁流体可控阻尼减振器

这种减振器应用 MR 流体(磁流体)作为阻尼器的介质。最近出现的可控减振器技术应用特殊的硅质流体减振液作为阻尼器的介质，称为 MR 流体(磁流体)。这种可控阻尼减振器是通过控制阻尼介质中的磁场来达到调节阻尼介质的流体特性，从而达到控制阻尼的目的。

在这种减振液中掺了一些微小的铁质，因此，在磁场的作用下，减振液的物理特性发生变化，会变稀或变稠，从而阻尼系数随之而变。磁场是由减振器中的线圈产生的，通过控制电流实现控制磁场强度，最终达到控制阻尼的目的。

这种流体使得阻尼器不再需要机械式阀门，减振器的阻尼可以连续调节，也比较容易控制。这种系统用很少的电能，且反应很快，阻尼调节速度可达 1000 次/秒。而且，这种无阀式可控减振器技术很容易与其他底盘控制系统进行一体化。

2. 主动悬架

主动悬架又称全主动悬架，它是一种有源控制、具有做功能力的悬架，需要外加能量源。它通常包括产生力和转矩的主动作用器(液压缸、汽缸、伺服电动机、电磁铁等)、测量组件(加速度、位移和力传感器等)和反馈控制器等。当汽车载荷、行驶速度、路面附着状况等行驶条件发生变化时，主动悬架系统能自动调整悬架系统的刚度和阻尼系数(包括整体调整和单轮调整)，从而能够同时满足汽车行驶平顺性和操纵稳定性等各方面的性能要求。此外，主动悬架还可根据车速的变化控制车身的高度。

主动式悬架根据频带和能量消耗的不同，分为全主动式(频带宽大于 15Hz)和慢全主动式(频带宽 3～6Hz)；而根据驱动机构和介质的不同，可分为由电磁阀驱动的油气主动式悬架和由步进电动机驱动的空气主动式悬架。

主动悬架系统具有以下几个主要的功能和特点：

(1)增强汽车的行驶平顺性和乘坐舒适性。主动悬架能够有效地抵抗地面的不平而造成对汽车车身的垂直振动，因此它能够极大限度地改善汽车在不平路面上的行驶平顺性和舒适性。当汽车拐弯时，主动悬架也能自动提供车身抗侧倾的功能。

(2)改进轮胎和路面的接触和轮胎的动态载荷。通过对主动悬架控制的优化设计，轮胎和路面的接触(附着)条件可以得到优化，减少作用在轮胎上的动态载荷。

(3)改善汽车的操纵稳定性。操纵稳定性的改善主要是通过两个方面得到实现：一方面，悬架的设计可以在不牺牲乘坐舒适性的同时，充分满足汽车操纵稳定性的要求；另一方面，在不平路面上，若轮胎和路面的附着条件也得到改善，则会使汽车的动态特性得到改善。

(4)改进汽车的安全性。汽车安全性的改进主要通过三个方面得到实现：汽车操纵稳定性的改善显然大大地增强了汽车的安全性；轮胎和路面附着条件的改善也使汽车不容易失控；通过对主动悬架的控制可以控制各个轮胎的动态载荷分布和侧偏角，直接控制影响汽车操纵稳定性的过度转向和不足转向。

(5)有助于解决在悬架设计中操纵稳定性要求和平顺舒适性要求之间存在的矛盾。通过对主动悬架的控制，悬架的等效刚度和阻尼系数可以实时连续变化，同时满足在不同工况下操纵稳定性和平顺舒适性的不同要求。

(6)有助于解决在悬架设计中重载和轻载要求之间存在的矛盾，尤其是对于载荷变化较大的 SUV 和轻型货车，传统的悬架设计无法同时满足在不同载荷条件下稳定性和舒适性的要求。

全主动悬架比被动悬架具有较大的优越性，它可以随车速、路面输入等变化而使平顺性与稳定性同时得到保证，但全主动悬架结构复杂、成本高、可靠性差，需要另加动力源，因此其实用性受到很大限制。

半主动悬架与全主动悬架相比，虽然控制振动的性能不如全主动悬架，但其阻尼在一定范围内可以较好地调节以获得较佳的减振效果，且结构简单，工作可靠，具有非常大的应用前景，因此受到广泛的重视。

四、电子控制悬架系统的组成

虽然不同汽车电子控制悬架系统的功能与零部件组成各不相同，但通常电子控制悬架系统都是由传感器(转向传感器、车身高度传感器、车速传感器、节气门位置传感器、重力加速度传感器)、电控悬架 ECU 和执行器(压缩机控制继电器、空气压缩机排气阀、空气弹簧进/排气电磁控制阀、模式控制继电器)等组成，如图 10－2 所示。

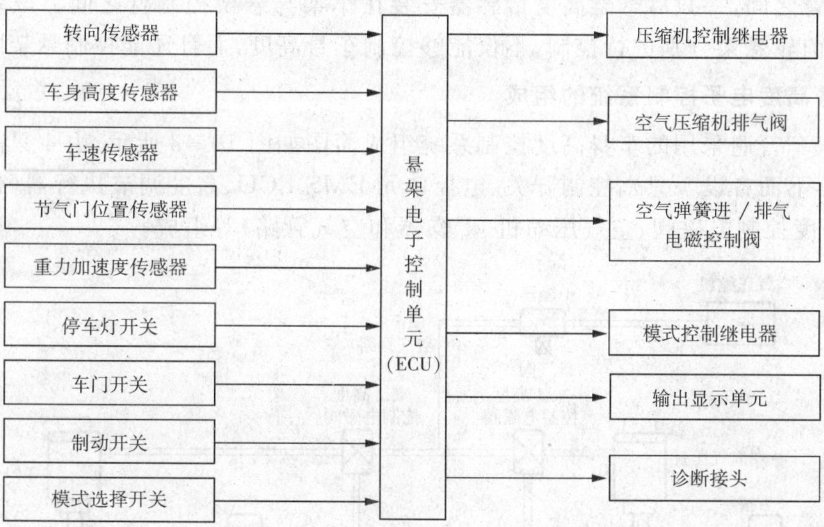

图 10－2　电控悬架系统组成

电控悬架系统由转向传感器、车身高度传感器、车速传感器、节气门位置传感器、重力加速度传感器以及车门开关、制动开关、模式选择开关、停车灯开关等接收信号，这些信号经过电控单元 ECU 的运算处理，进行车身高度、弹簧刚度和阻尼系数的控制，保持车辆平顺性和操纵稳定性。空气压缩机产生的压缩空气送入空气弹簧的空气室中，ECU 根据汽车高度信号，控制压缩机和排气阀充气或排气，使空气弹簧伸长或压缩而控制车辆高度。同时，ECU 根据车速、转向、加速、制动、车高等信号，通过控制阀改变空气弹簧主、副气室间的流通面积，进行弹簧刚度的调节；并通过控制减振器中的旋转阀和通、断油孔改变节流孔的数量，使阀体中减振液的流通快慢发生变化，从而改变减振器的阻尼系数。

第三节　车身高度电子控制系统

一、概述

车身高度控制系统又称为电子控制变高度空气弹簧悬架系统，主要功用是当车内乘员或载荷变化时，自动调节车身高度，使汽车行驶姿态稳定，从而提高乘坐舒适性和通过性。

车身高度控制系统分为两大类型，一类是仅对两个后轮悬架进行控制；另一类是对全部四个车轮的悬架进行高度控制。两种类型的控制原理基本相同。

最早也是最简单的微机控制悬架系统是福特汽车公司 Courtesy 牌轿车上采用的电子控制变高度空气弹簧悬架系统。该系统仅对两个后轮悬架进行控制，主要由一只高度传感器、电控单元、空气压缩机、空气压缩机驱动电机、空气压缩机继电器、空气干燥器、排气电磁阀、空气软管、后轮空气减振器等组成。高度传感器安装在后车架与悬架控制臂之间，用以检测车身后部高度的变化。

福特公司后来生产的汽车采用了三只高度传感器，两只前悬架高度传感器安装在横悬臂与下控制臂之间，一只后悬架高度传感器安装在车架与悬架控制臂之间。该系统对两个后轮和两个前轮悬架分别进行控制，不仅能够控制车身高度，而且还能控制悬架刚度。

二、车身高度电子控制系统的组成

目前，汽车普遍采用的车身高度控制系统组成简图如图 10－3 所示，由 4 只高度传感器（每个减振器下面各设 1 只）、控制开关、电控单元 EMS ECU、高度调节执行器（包括 4 个气压缸、2 只高度控制电磁阀、空气压缩机、干燥器和空气管路）等组成。

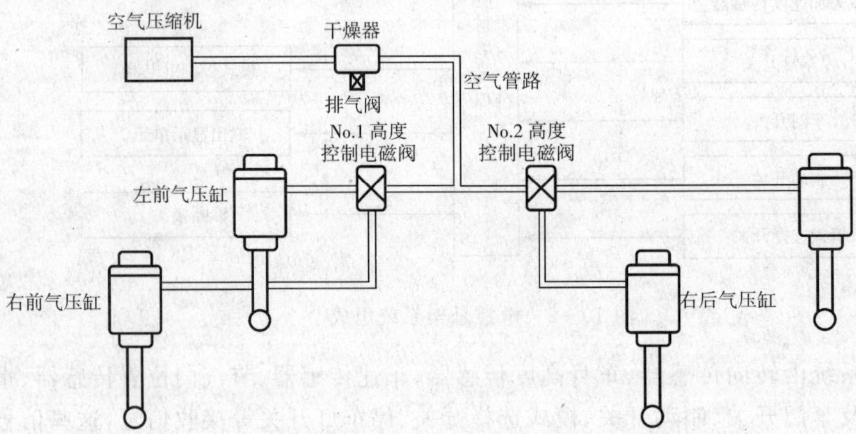

图 10－3　车身高度控制系统组成

1. 车身高度传感器的功用

车身高度传感器又称为车身位置传感器。在汽车行驶过程中，当车辆载荷变化或乘员人数增减时，车身高度就会发生变化。为了保证汽车的通过性、行驶稳定性、制动安全性和乘坐舒适性，需要将车身高度控制在规定范围内。

车身高度传感器的功用是将车身高度变化的信号输入电子调节悬架系统电控单元(EMS ECU),以便调节车身高度。EMS小轿车装备较多,车身高度的调节范围一般为10～30mm。

2. 车身高度传感器的结构特点

车身高度一般都采用光电式传感器进行检测,结构如图10-4所示,主要由光电耦合元件、遮光盘、壳体和防护盖等组成。

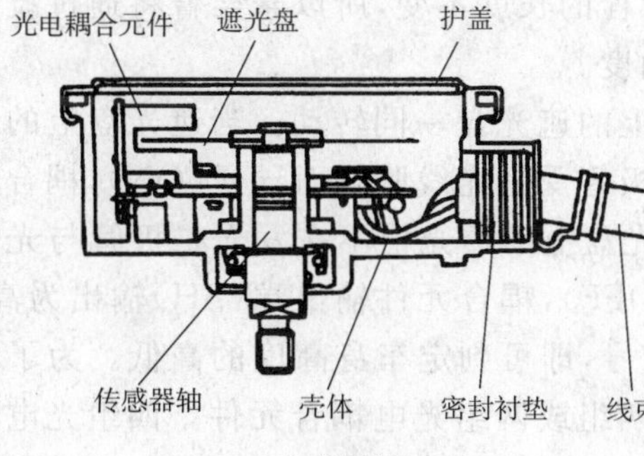

a)传感器结构

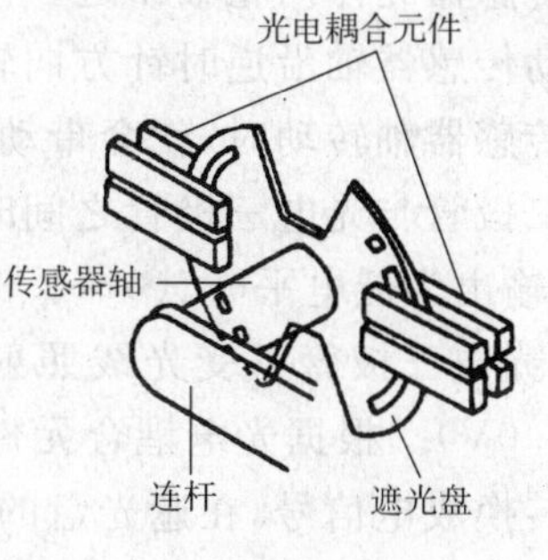

b)信号发生器结构

图10-4　车身高度传感器的结构

光电耦合元件由发光二极管和光电三极管组成。遮光盘固定在传感器轴上,圆盘圆周上制作有弧度不等的透光槽。传感器轴通过连杆和拉紧螺栓与悬架臂连接,如图10-5所示。

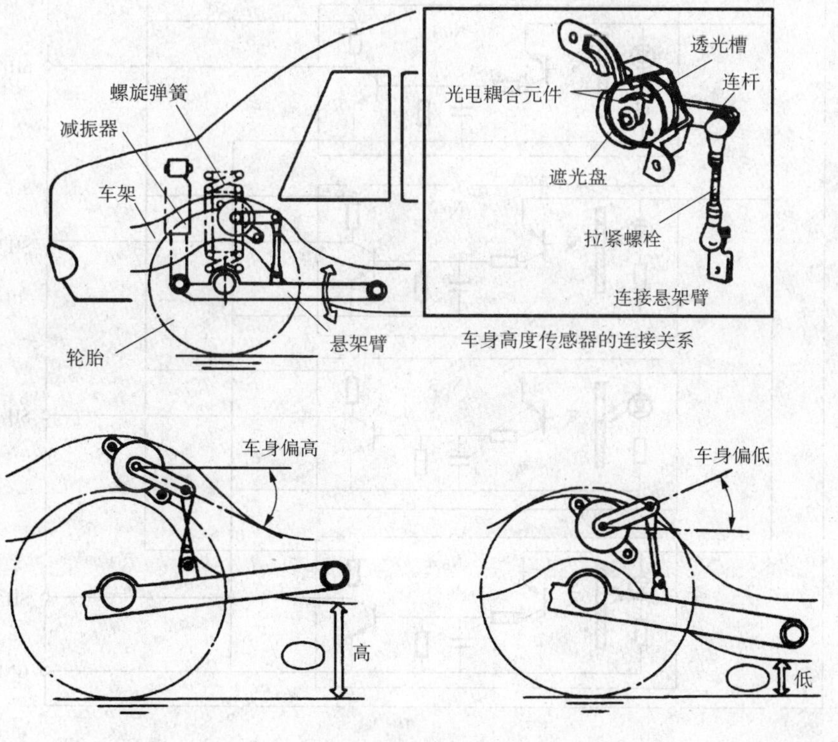

图10-5　车身高度传感器的连接方式

3. 车身高度传感器的测量原理

光电耦合元件固定在传感器壳体上，传感器壳体固定在车架上。因此，当车身高度变化时，光电耦合元件仅随车身上下移动，遮光盘将随悬架臂的摆动而转动。

当车身高度升高时，悬架臂右端离地间隙增大，并通过拉紧螺栓和连杆带动传感器轴沿顺时针方向转动一定角度。反之，当车身高度降低时，悬架臂右端离地间隙减小，安装在车架上的传感器壳体向轮轴靠近。因为拉紧螺栓的长度不变，所以悬架臂将通过拉紧螺栓和连杆带动传感器轴沿逆时针方向转动一定角度。

当传感器轴转动时，就会带动固定在轴上的遮光盘一同转动。当遮光盘上的透光槽处于发光二极管与光电三极管之间时，光电三极管受到光线照射而导通(ON)，耦合元件输出端(SH)输出为低电平“0”(0～0.3V)；当遮光盘上的透光槽不在发光二极管与光电三极管之间时，光电三极管不受光线照射而截止(OFF)，耦合元件输出端(SH)输出为高电平“1”(4.7～5.0V)。根据光电耦合元件输出的信号，即可判定车身高度的高低。为了将车身高度变化转换成电信号，在遮光盘的两侧装有四组或两组光电耦合元件。四组光电耦合元件的电路如图 10－6 所示，电控单元根据各组光电耦合元件的输出信号，可以判定车身高度和车高区间，判定结果如表 10－1 所示。

如果在遮光盘两侧只装两组光电耦合元件，那么电控单元可以判定车身处于“过高”、“偏高”、“偏低”和“过低”四种状态。

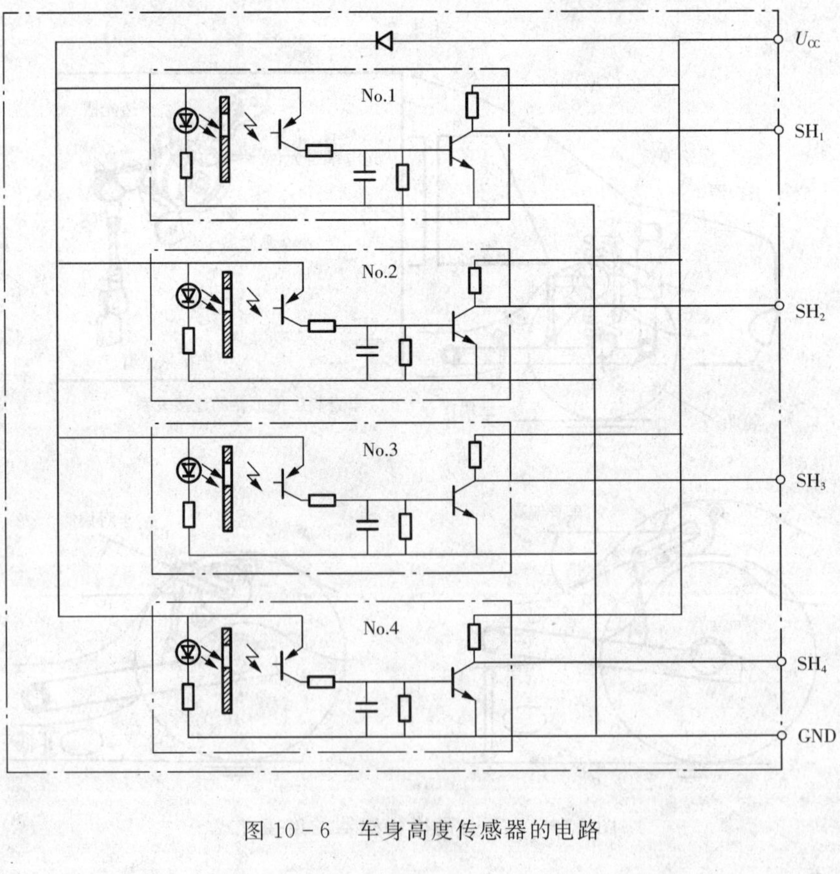

图 10－6　车身高度传感器的电路

表 10-1　车身高度与四组耦合元件输出信号的关系

光电耦合元件输出信号状态				车高区间	车身高度判定结果	备　注
No.1(SH_1)	No.2(SH_2)	No.3(SH_3)	No.4(SH_4)			
1	1	0	1	15	过高	
1	1	0	0	14		
0	1	0	0	13		
0	1	0	1	12		
0	1	1	1	11	偏高	
0	1	1	0	10		
0	0	1	0	9		
0	0	1	1	8	正常	
0	0	0	1	7		由上往下，车身降低
0	0	0	0	6		
1	0	0	0	5	偏低	
1	0	0	1	4		
1	0	1	1	3		
1	0	1	0	2		
1	1	1	0	1	过低	
1	1	1	1	0		

在汽车行驶过程中，车身高度传感器一般每隔 8ms 测定一次车身高度。当电子调节悬架系统电控单元(EMS ECU)判定的结果需要调节车身高度时，立即发出控制指令，操纵高度控制开关和空气压缩机给空气弹簧充气(使车身升高)或放气(使车身降低)，从而将车身高度调节到规定值，高度调节范围一般为 10～30mm。从操纵高度控制开关到启动空气压缩(或开始排气)约需 2s 时间，从压缩机开始充气(或开始排气)到完成高度调节需要 20～40s时间。

三、车身高度的控制原理

车身高度控制系统在汽车乘员或载荷变化时自动调节悬架(车身)高度的原理是：当乘员或载荷增加时，EMS ECU 将自动调高悬架使车身高度升高；反之，当乘员或载荷减小时，EMS ECU 将自动调低车身高度，控制过程如图 10-7 所示。

1. 车身高度不变时悬架系统的控制

当车身高度传感器输入 EMS ECU 的信号表示车身高度在设定高度范围内时，EMS ECU 将发出指令使空气压缩机停止转动，空气减振器内空气量保持不变，车身高度保持在正常位置。

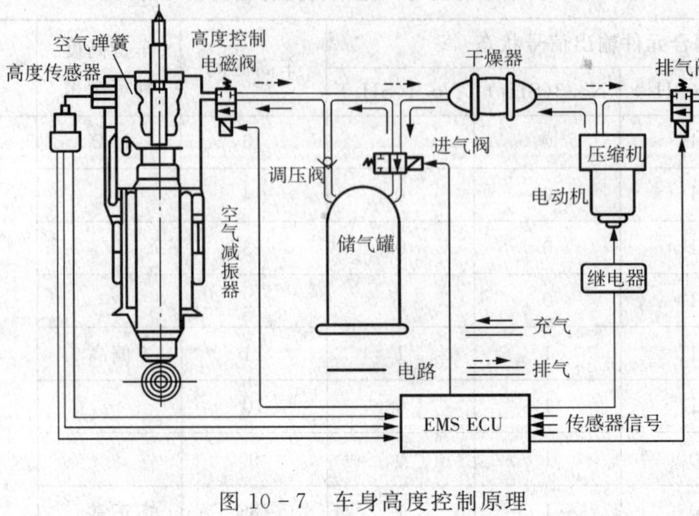

图 10-7　车身高度控制原理

2. 车身高度降低时悬架系统的控制

当汽车乘员或载荷增加使车身高度“偏低”或“过低”时，高度传感器将向 EMS ECU 输入车身“偏低”或“过低”的信号。EMS ECU 接收到车身高度降低的信号时，立即向压缩机继电器和高度控制电磁阀发出电路接通指令，在接通高度控制空气压缩机继电器电路使压缩机运转的同时，接通高度控制电磁阀线圈电路使电磁阀打开，压缩空气进入空气弹簧的气压腔（气室），气压腔充气量增加，从而使车身高度上升。

空气压缩机继电器触点接通时，直流电机带动空气压缩机运转，从压缩机输出的压缩空气进入干燥器干燥后进入储气罐，储气罐的气体压力由调压阀进行调节。

3. 车身高度升高时悬架系统的控制

当汽车乘员或载荷减少使车身高度“偏高”或“过高”时，高度传感器将向 EMS ECU 输入车身升高的信号。EMS ECU 接收到升高的信号时，立即向空气压缩机继电器发出电路切断指令，并向排气阀和高度控制电磁阀发出电路接通指令，压缩机继电器触点迅速断开使电动机电路切断而停止运转，排气阀和高度控制电磁阀线圈电路接通使电磁阀打开，空气从减振器气压腔，经高度控制电磁阀、空气软管、干燥器、排气阀排出，气压腔空气量减少使车身高度降低。

4. 系统保护措施

从减振器中放出的空气经过干燥器时，带走了干燥剂中的湿气。这样，干燥剂经过一段时间使用后不会被湿气浸透。这种保护干燥剂的再生干燥系统为许多空气悬架系统所采用。干燥器中空气的最小压力保持在不低于 55～165kPa，从而保证系统中有一定量的空气。这样在乘员或载荷减少使减振器伸长时，空气弹簧的气压腔不致凹瘪。

为了防止悬架系统正常运动时 EMS ECU 使车身升高或降低，在高度传感器发出车身高度变化信号 7～13s 以后，EMS ECU 才会向执行元件发出控制信号。在这段时间内，如果高度传感器没有输入信号，EMS ECU 就不会改变车身高度。另一个预防措施是 EMS ECU 控制空气压缩机一次运转时间最长不超过 2min，排气电磁阀打开最长时间不超过 1min。这样可以防止系统泄漏时压缩机不停地工作，并阻止排气孔不停地放气。

在行李舱中设有一个高度控制自动切断(ON/OFF)开关。当车身高度上升到极限值时,高度控制自动切断(ON/OFF)开关将切断系统控制电路使高度调节系统停止工作,防止后部车身升高过多或拖车时产生意外运动。

第四节　悬架阻尼电子控制系统

一、悬架阻尼电子控制系统的组成

如图 10-8 所示的变阻尼电子控制悬架系统由车速传感器、转向与转角传感器、节气门位置传感器、减振器工作模式选择开关(在仪表板上)、制动灯开关、空挡启动开关(装备自动变速器的汽车)、电控单元和阻尼调节执行器等组成。节气门位置传感器的信号并不是直接传递给悬架系统的电控单元,而是直接传递给发动机电控单元,再由发动机电控单元向悬架系统电控单元发送指令。

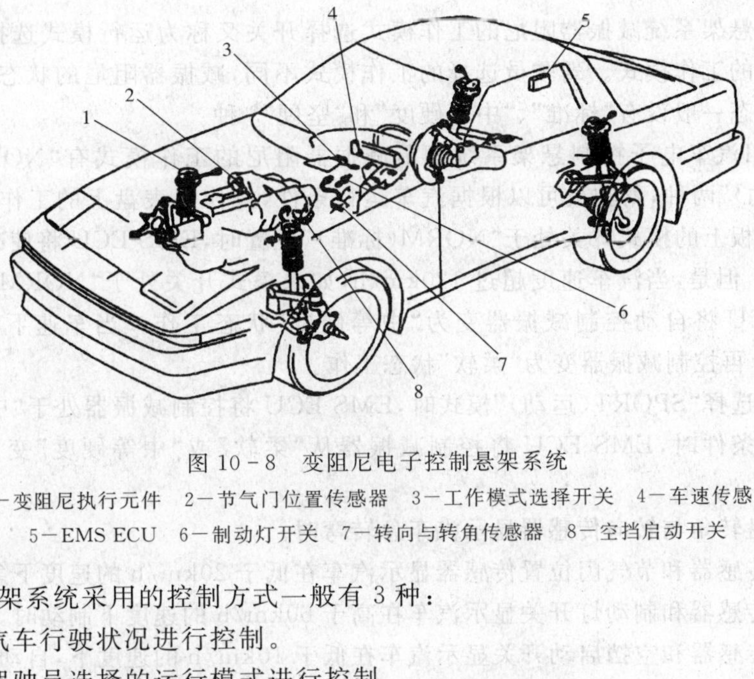

图 10-8　变阻尼电子控制悬架系统

1—变阻尼执行元件　2—节气门位置传感器　3—工作模式选择开关　4—车速传感器
5—EMS ECU　6—制动灯开关　7—转向与转角传感器　8—空挡启动开关

变阻尼悬架系统采用的控制方式一般有 3 种:

(1)根据汽车行驶状况进行控制。

(2)根据驾驶员选择的运行模式进行控制。

(3)根据汽车行驶状况和驾驶员选择的运行模式进行控制。

二、变阻尼悬架系统控制部件的结构原理

1. 转向与转角传感器

转向盘转动方向与转动角度传感器简称转向与转角传感器,其功用是检测转向盘(或转向轴)的转动方向与转动角度。

转向盘的转动方向与转动角度一般都采用光电式传感器进行检测,安装在转向轴上,如图 10-9 所示,主要由光电耦合元件、遮光圆盘、传感器壳体等组成。转向与转角传感器的工作原理可参看第九章的图 9-27。

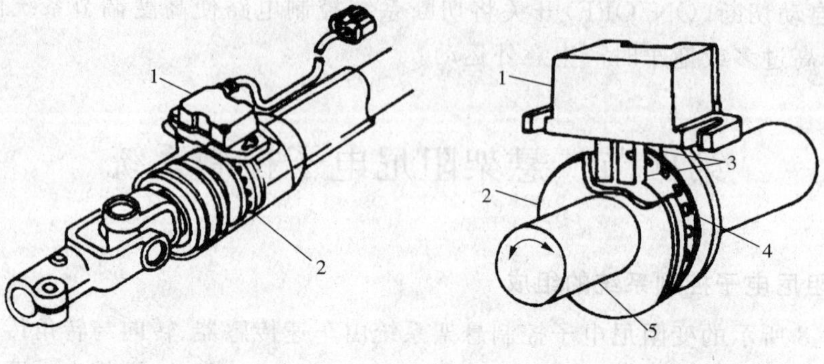

图 10-9　光电式转向与转角传感器
1—传感器壳体　2—信号圆盘　3—光电耦合元件　4—透光孔　5—转向轴

2. 运行模式选择开关

电子控制悬架系统减振器阻尼的工作模式选择开关又称为运行模式选择开关,用于选择减振器阻尼的工作模式。驾驶员选择的工作模式不同,减振器阻尼的状态也不相同。减振器阻尼的状态一般设有“标准”、“中等硬度”和“坚硬”3 种。

例如,丰田汽车电子控制悬架系统调节减振器阻尼的工作模式有“NORM(标准)”和“SPORT(运动)”两种,驾驶员可以根据汽车运行条件,操作仪表盘上的工作模式开关进行选择。当仪表板上的模式开关处于“NORM(标准)”位置时,EMS ECU 将使减振器保持“柔软”状态工作。但是,当汽车速度超过 120km/h,如果模式开关处于“NORM(标准)”位置,那么,EMS ECU 将自动控制减振器变为“中等硬度”状态工作。当车速下降到 100km/h 时,EMS ECU 再控制减振器变为“柔软”状态工作。

当驾驶员选择“SPORT(运动)”模式时,EMS ECU 将控制减振器处于“中等硬度”状态工作。在以下条件时,EMS ECU 将控制减振器从“柔软”或“中等硬度”变为“坚硬”状态工作:

(1)转向盘转角与转向传感器显示汽车急转弯时。

(2)车速传感器和节气门位置传感器显示汽车在低于 20km/h 的速度下急加速时。

(3)车速传感器和制动灯开关显示汽车在高于 60km/h 的速度下制动时。

(4)车速传感器和空挡启动开关显示汽车在低于 10km/h 的速度下,自动变速器从空挡或停车挡换入任何其他挡位时。

在下列条件下,EMS ECU 将控制减振器从“坚硬”变为“中等硬度”或“柔软”状态工作:

(1)根据转向盘转动程度,转弯行驶 2s 或 2s 以上时间时。

(2)加速时间达到 3s 或汽车速度达到 50km/h 时。

(3)制动灯开关断开 2s 时间之后时。

(4)自动变速器从空挡或停车挡位置换入其他挡位达到 3s 或汽车速度达到15km/h时。

3. 变阻尼执行元件

丰田汽车电子调节悬架系统的执行元件安装在减振器支柱顶部,结构如图 10-10 所示。

在 EMS 中，所有减振器上变阻尼执行元件的电路均为并联连接，并由 EMS ECU 控制工作。每个执行元件由步进电机、驱动小齿轮、扇形齿轮、挡块、电磁线圈及减振器阻尼控制杆（回转阀控制杆）等组成。悬架电控单元 EMS ECU 发出指令使执行元件的步进电机转动时，电机就带动其输出轴下端的驱动小齿轮转动，小齿轮带动扇形齿轮转动，扇形齿轮带动阻尼控制杆转动，控制杆再带动减振器筒内部的阻尼调节回转阀转动。

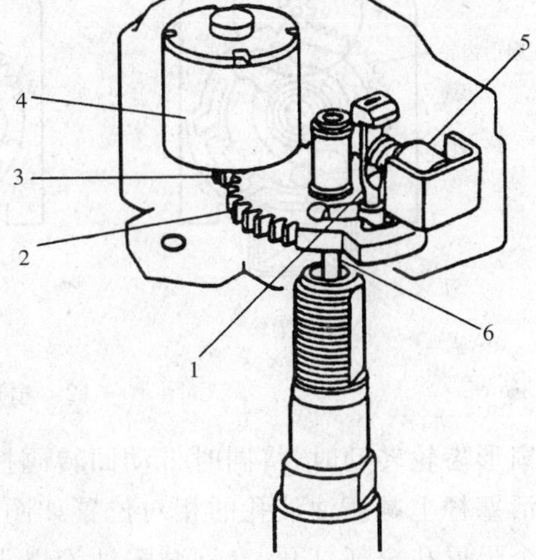

图 10－10　变阻尼减振器的执行元件

1－挡块　2－扇形齿轮　3－驱动小齿轮
4－步进电机　5－电磁线圈　6－阻尼控制杆

回转阀的结构如图 10－11 所示，减振器的阻尼控制杆与回转阀连接，在回转阀的不同截面上设有阻尼孔，分别与减振器活塞杆上的减振油液孔处于同一个截面上。控制这些阻尼孔的开闭状态，即可控制减振器油液的流动量，从而调节阻尼大小。

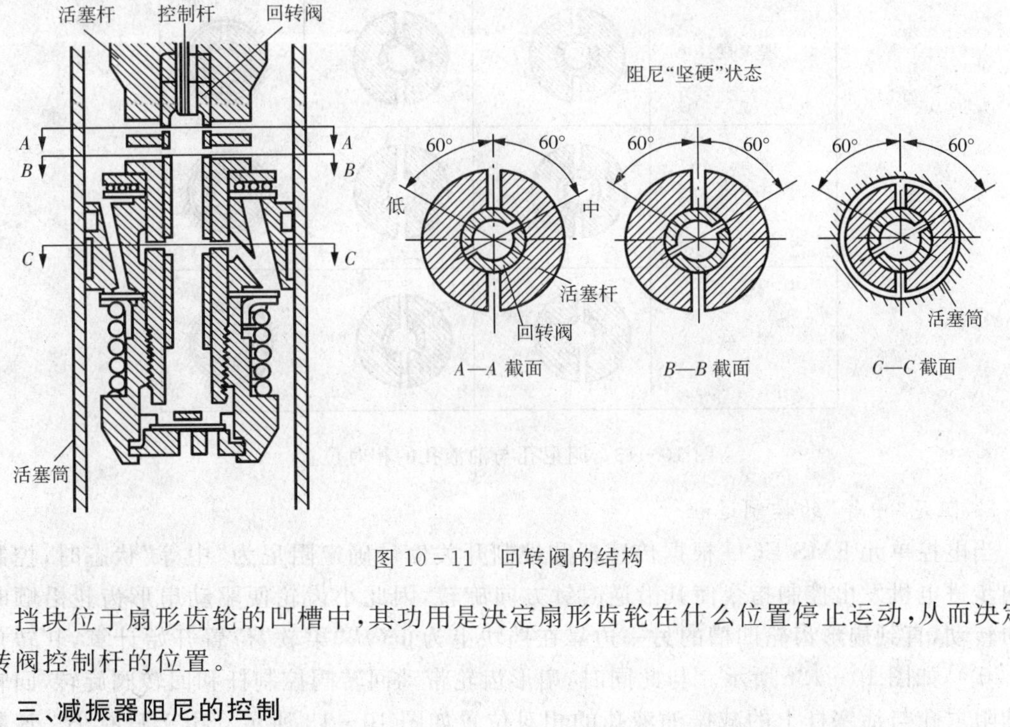

图 10－11　回转阀的结构

挡块位于扇形齿轮的凹槽中，其功用是决定扇形齿轮在什么位置停止运动，从而决定了回转阀控制杆的位置。

三、减振器阻尼的控制

1. 阻尼“柔软”的控制过程

当 EMS ECU 根据传感器和控制开关信号确定阻尼为“柔软”状态时，EMS ECU 便向步进电机发出控制指令使其沿顺时针方向旋转，因此小齿轮驱动扇形齿轮沿逆时针方向转动，直到扇形齿轮凹槽的一边靠在挡块上为止，如图 10－12a 所示。

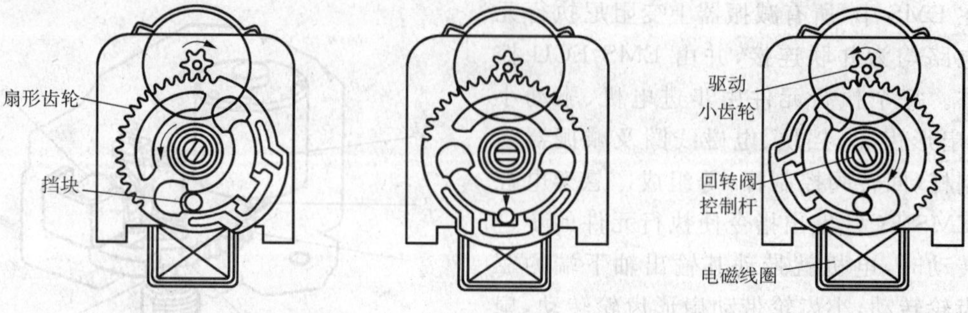

a)阻尼“柔软”　　b)阻尼“坚硬”　　c)阻尼“中等”

图 10－12　扇形齿轮旋转方向与位置

扇形齿轮转动时，将同时带动回转阀控制杆（阻尼控制杆）和回转阀转动，回转阀上阻尼孔与活塞杆上减振油液孔的相对位置如图 10－13 所示。由于 A—A、B—B 和 C—C 截面上的 3 个阻尼孔全部打开，允许减振油液以很快的速度流过活塞，因此减振器能很快伸缩，使阻尼处于“柔软”状态。

阻尼孔位置 / 阻尼	A—A 截面 阻尼孔	B—B 截面 阻尼孔	C—C 截面 阻尼孔
坚　硬		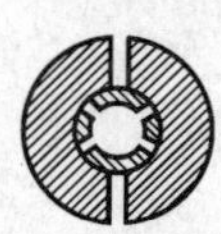	
中　等			
柔　软			

图 10－13　阻尼孔与油液孔的相对位置

2．阻尼“中等”的控制过程

当电控单元 EMS ECU 根据传感器和控制开关信号确定阻尼为“中等”状态时，控制单元向步进电机发出控制指令使其沿逆时针方向旋转，因此小齿轮便驱动扇形齿轮沿顺时针方向转动，直到扇形齿轮凹槽的另一边靠在挡块上为止（从“柔软”位置开始计算，其转角约为 120°），如图 10－12c 所示。与此同时，扇形齿轮带动回转阀控制杆和回转阀旋转，回转阀上的阻尼孔与活塞杆上的减振油液孔的相对位置如图 10－13 所示。由于只有 B—B 截面上的阻尼孔打开，允许减振油液流过活塞的流动速度不快也不慢，因此减振器能以缓慢速度伸缩，使阻尼处于“中等”状态。

3．阻尼“坚硬”的控制过程

当电控单元 EMS ECU 根据传感器和控制开关信号确定阻尼为“坚硬”状态时，控制单元将同时向步进电机和电磁线圈发出控制指令，使步进电机和扇形齿轮从阻尼“柔软”或“中等”的极限位置旋转约 60°（从“柔软”的极限位置顺时针旋转 60°，从“中等”的极限位置逆时针旋转 60°），接通电磁线圈电流，其电磁吸力将挡块吸出，使挡块进入扇形齿轮凹槽中间部位的一个凹坑内，如图 10－12b 所示。与此同时，扇形齿轮带动回转阀控制杆和回转阀旋转，回转阀上的阻尼孔与活塞杆上的减振油液孔的相对位置如图 10－13 所示。由于 *A*—*A*、*B*—*B* 和 *C*—*C* 截面上的 3 个阻尼孔全部关闭，减振油液不能流动，因此减振器伸缩非常缓慢，使阻尼处于“坚硬”状态。

第五节　悬架刚度电子控制系统

汽车主动悬架可以明显改善乘坐舒适性和操纵稳定性，但成本高、功率消耗大，在当前技术条件下，主动悬架很难在汽车上得到普遍采用，主要应用对象为数量较少的高档轿车。近年来发展起来的电控空气悬架，同时具备主动悬架、半主动悬架和被动悬架的特性。其阻尼和刚度可以根据汽车的行驶工况自动调节，具备主动悬架的特征；调节过程不需要补充能量，是典型半主动悬架特征；系统的调节是有级的，也不是根据检测到的路面扰动的实时调节，工作过程更接近传统的被动悬架。由于该类悬架成本低，性能优越，近年来很快在大型载货汽车、公交车、中高档轿车上采用。从能量消耗、生产成本及使用性能三个方面综合考虑，电控空气悬架必将成为汽车悬架的主导产品。

一、变刚度空气弹簧悬架系统的组成

由高度传感器、控制开关、刚度调节执行器（气压缸、高度控制电磁阀、空气压缩机、干燥器和空气管路）等组成。

图 10－14 所示为变刚度空气弹簧悬架系统的原理图。它由一组传感器、EMS 电控单

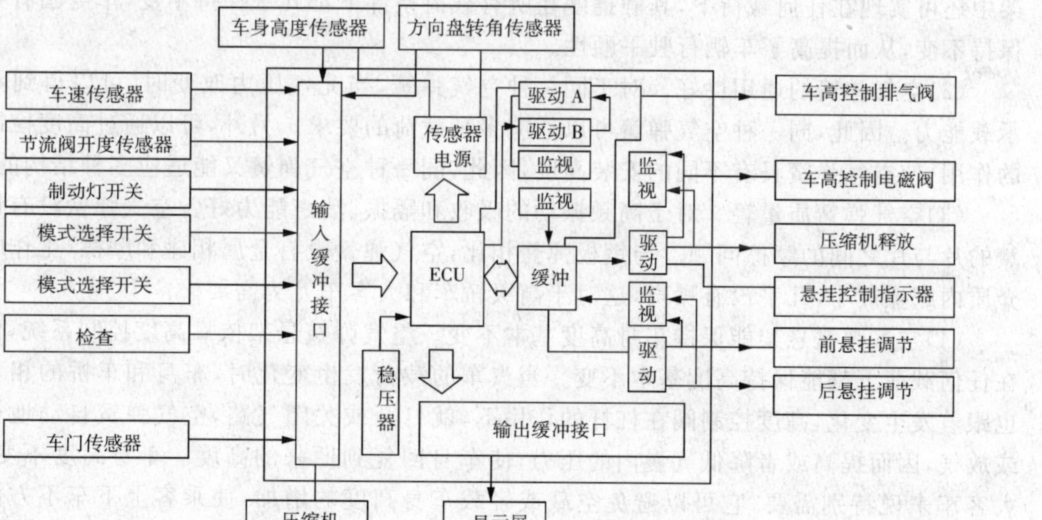

图 10－14　变刚度空气弹簧悬架系统的原理图

元、空气悬架、高度控制器等组成。变刚度空气弹簧悬架系统根据悬架位移(车身高度)、车速、转向和制动等传感信号,由EMS ECU控制电磁式或步进电动机式执行器,改变悬架的特性,以适应各种复杂的行驶工况对悬架特性的不同要求。

变刚度空气弹簧悬架系统与变高度空气弹簧悬架系统的组成基本相同,主要区别在于空气弹簧气压缸的内部结构及其调节机构有所不同。如图10-15所示为变刚度空气弹簧气压缸的内部结构。空气弹簧气压腔分为主、辅两个气压腔,并在主气压腔与辅气压腔之间设有一个由步进电机驱动的空气调节阀。主、辅气压腔设计为一体,不仅节省空间,而且质量减轻。悬架上端与车身相连,下端与车轴相连,随着车身与车轮的相对运动,主气压腔的容积将不断变化。因此,调节主气压腔的空气量(即空气压力和密度),即可调节空气弹簧的刚度。如果主气压腔与辅气压腔之间的气体可以流动,那么改变主、辅气压腔之间气体通路的大小,使主气压腔被压缩的空气量发生变化,就可改变空气弹簧悬架的刚度。

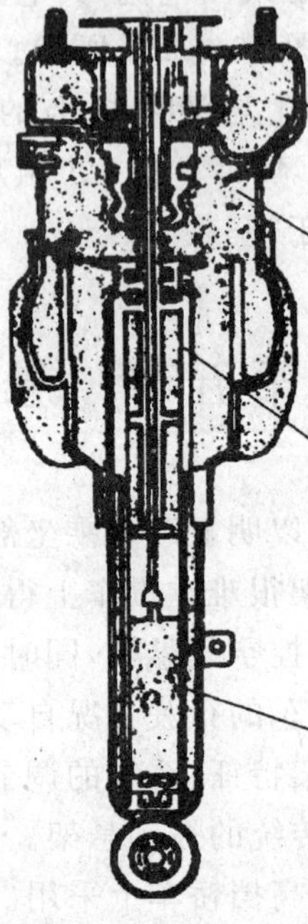

图10-15 变刚度空气弹簧悬架系统

二、空气悬架系统的特点

(1)空气弹簧具有其刚度随气囊压力和辅助气室以及底座形状的变化而改变的特点,因此可以根据需要将空气弹簧设计成具有理想刚度特性的形式。在装有高度阀的空气弹簧悬架中还可实现在任何载荷下,其静挠度在所有载荷条件下都几乎保持不变,车身固有频率也保持不变,从而提高了车辆行驶平顺性。

(2)空气弹簧的通用性好。对于同一种空气弹簧,当充气压力改变时,可以得到不同的承载能力。因此,同一种空气弹簧可以适应多种载荷的要求。另外,可以通过高度控制系统的作用,使空气弹簧具有不同的安装高度,因此,同一种空气弹簧又能适应多种结构的要求。

(3)空气弹簧质量轻。对于高频振动的吸收和隔振、消声能力好。空气弹簧没有钢板弹簧的片与片之间的摩擦问题。与钢板弹簧相比,空气弹簧没有金属相碰和摩擦,工作时空气介质内摩擦极小,几乎没有噪声,这对于高级轿车和大客车尤为需要。

(4)空气弹簧悬架能保持车身高度基本不变。空气弹簧悬架依靠高度控制系统,使车身在任何载荷下都能保持高度基本不变。当汽车的载荷发生变化时,车身和车桥的相对位置也跟着发生变化,高度控制阀在杠杆的作用下,就打开或关闭气路,空气弹簧自动地被充气或放气,因而提高或者降低气囊内的压力,使车身回复到原来的高度。车身高度不变,对于大客车来说特别需要,它可以避免空载或轻载车身高度的增加,使乘客上下车不方便的缺点。此外,车身高度可以控制,在需要时抬高车身,提高汽车在坏路上的通过能力;在好路上行驶时,可以降低车身高度,提高整车的行驶稳定性。

(5)空气弹簧悬架能减轻整车对路面的破坏。汽车行驶时，路面受到汽车静载荷作用的同时，还受到来自车轮的冲击力，即动载荷。车速越高，动载荷越大。高速行驶时，动载荷是静载荷的2～3倍。在车轮垂直力、纵向力和侧向力的综合作用下形成对路面的剪切力，使道路表面形成鼓包、波浪，以至形成车辙。装有空气弹簧悬架的车辆高速行驶时，悬架刚度低，车轮动载荷小，减轻了高速行驶车辆对路面的破坏。

三、空气弹簧悬架刚度的调节原理

在汽车行驶过程中，为了防止或抑制车身出现“点头”、“侧倾”、“后坐”等现象，需要调节相应悬架的刚度和减振器的阻尼。例如，当汽车紧急制动时，为了抑制“点头”现象，EMS ECU将根据制动灯开关接通信号和车速传感器提供的车速高低信号，向前空气弹簧执行元件发出指令使其气压升高，增大前空气弹簧的刚度，同时控制后空气弹簧执行元件使后空气弹簧放气，减小其刚度。当控制单元计算的车速变化量表明无需抗“点头”控制时，就使前后空气弹簧恢复到原来的压力。

空气弹簧悬架刚度的调节原理如图10-16所示，在主气压腔与辅气压腔之间的气阀阀体上设有大小两个通道。气阀控制杆由步进电机驱动，控制杆转动时，阀芯随之转动。阀芯转过一定角度时，气体通道的大小就会改变，主、辅气压腔之间气体的流量也会改变，从而使空气弹簧悬架的刚度发生变化。空气弹簧悬架的刚度分为“低”、“中”、“高”三种状态。

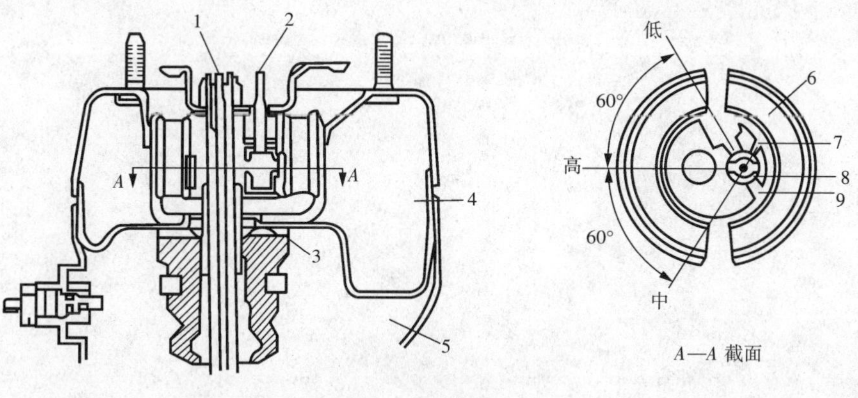

图10-16 空气弹簧悬架刚度的调节原理

1—阻尼调节杆 2—空气阀控制杆 3—主辅气压腔通道 4—辅气压腔 5—主气压腔 6—气阀阀体 7—小通道 8—阀芯 9—大通道

当气阀控制杆带动阀芯旋转到图中所示“高”位置时，阀芯的开口被封闭，主、辅气压腔之间的气体通道切断，两气压腔之间的气体不能流动。与此同时，高度控制电磁阀和压缩机继电器接通，空气充入主气压腔使空气压力升高、密度增大。因为在悬架振动过程中，缓冲任务主要由主气压腔的气体承担，所以悬架刚度处于“高”状态。

当气阀控制杆带动阀芯在如图所示位置的基础上沿顺时针方向旋转60°，使阀芯开口转到对准图中“低”位置时，气体大通道构成通路，主气压腔的气体经阀芯中央的气孔、阀体侧面的气孔通道与辅气压腔气体相通，两气压腔之间的气体流量大。与此同时，高度控制电磁阀和排气阀接通，部分空气从排气阀排出，因此主气压腔的空气减少、压力降低、密度减小，悬架刚度处于“低”状态。

当气阀控制杆带动阀芯在如图所示位置的基础上沿逆时针方向旋转60°，使阀芯开口对准图中"中"位置时，气体小通道构成通路，主、辅气压腔之间的气体流量很小。与此同时，高度控制电磁阀和压缩机继电器断电，因此主气压腔空气量变化很小，从而使悬架刚度处于"中"状态。

思考与练习

10-1　影响汽车平顺性的结构因素有哪些？简述汽车平顺性能的改进途径。

10-2　汽车电子控制悬架系统的类型和基本功能。

10-3　简述电子控制主动悬架系统的结构和工作原理。

10-4　简述车身高度的控制原理。

10-5　简述变阻尼悬架系统控制部件的结构原理。

10-6　变刚度空气弹簧悬架系统的组成和特点有哪些？

10-7　简述空气弹簧悬架刚度的调节原理。

第十一章 汽车被动安全性的电子控制系统

内容提要：汽车被动安全性能是指汽车在发生意外事故时对乘员进行有效保护的能力，故又称为“汽车碰撞安全性”。汽车车身结构、材料及乘员约束系统对汽车的被动安全性有很大的影响。本章以改善汽车被动安全性能的途径为主线，主要介绍了安全气囊系统和安全带收紧系统的功用、基本组成和工作原理。在学习本章前应对汽车碰撞安全法规和车身结构有一定的了解。

第一节 提高汽车被动安全性能的途径

一、概述

汽车安全性问题自汽车诞生以来就存在，但在早期由于车速较低，车辆相对较少而未引起人们的重视。随着轿车的大规模生产和使用，也由于车速的不断提高，安全性问题变得越来越突出。汽车发生碰撞事故后，不仅给车辆本身造成损坏，更重要的是造成乘员受伤，甚至死亡。当汽车与行人发生碰撞时，还会造成行人的伤亡。据统计，目前全世界每年死于车祸的人数达 100 万人，伤残的人数达数千万，而国内每年车祸致死的人数超过 8 万，致伤者数百万。因此，汽车交通事故已成为当今威胁、危害人类生命的一大公害。汽车交通事故造成的大量人员伤亡带来了一系列社会和经济问题，严重影响了人们的生活和生产，因此，汽车安全与节能和环保问题已成为当今汽车工程领域三大具有重要社会、经济意义的研究热点，并且得到了有关政府部门的高度重视。

汽车安全性可分为主动安全性和被动安全性两大类，其中主动安全性是指汽车避免发生意外事故的能力，主要有操纵稳定性、制动性能等；被动安全性则是指汽车在发生意外事故时对乘员进行有效保护的能力。通俗地讲，主动安全性就是要使汽车在行驶时“有惊无险”；而被动安全性则要做到汽车发生事故时“车毁人不亡”。由于汽车被动安全性总是与广义的汽车碰撞事故联系在一起，故又称为“汽车碰撞安全性”。

由汽车碰撞事故造成伤亡的人员有两类，即车内乘员和车外行人。对行人而言，汽车碰撞事故对人体的损伤都是通过汽车对人体的直接碰撞作用造成的。但对于车内乘员而言，碰撞造成的人体损伤机理较为复杂。如果没有安全带的有效保护，乘员在正撞中很容易向前翻飞，前排座乘员常撞碎挡风玻璃，飞出车外。若安全带发生作用，乘员一般不会飞离座位，但可能与汽车内饰件发生碰撞，导致不同部位的损伤。即使乘员在安全带的有效作用下不与汽车内饰件发生碰撞，乘员头部和颈部等也可能由于承受过大的加速度而损伤，或者胸部由于承受过大的安全带压力而损伤。当安全气囊发生作用时，乘员一般可免受与内饰件碰撞，但与气囊覆盖件和气囊的接触可能导致外伤或烧伤。

综上所述，大多数情况下车内司乘人员伤亡都是由于汽车碰撞导致司乘人员与车内部件的碰撞造成的。通常将汽车的碰撞称为“一次碰撞”，而将人体与车内部件的碰撞称为“二次碰撞”。显然“二次碰撞”是由于“一次碰撞”导致人体与汽车快速相对运动而造成的。

驾乘人员在碰撞过程中受到损伤的主要原因可归纳为以下四点：

(1)一次碰撞过程过分剧烈，以致传递到驾乘人员身上的加速度值超过了人体的耐受极限，使人体器官受到损伤。

(2)碰撞过程中乘坐室外部刚硬物体(如发动机)侵入乘坐室内部，直接将驾乘人员挤压伤亡。

(3)驾乘人员在车内遭受单次或多次“二次碰撞”而受伤。

(4)在碰撞过程中，乘坐室变形太大，以致驾乘人员缺乏生存空间而伤亡。

二、汽车碰撞安全法规

为了减轻汽车碰撞事故对人类造成的危害，汽车工业发达国家先后针对汽车碰撞事故中常见的人体损伤和其他危害制定了相应的汽车碰撞安全法规。其中最著名的是美国和欧洲的碰撞安全法规，除此之外，日本、澳大利亚和我国也都先后建立了自己的碰撞安全法规。汽车安全法规一般包括防止事故发生、减轻碰撞事故时对乘员的损伤以及发生事故后的防护等内容。

碰撞安全法规主要规定车辆对车内乘员、路上行人的碰撞保护性能。目前，美国、欧洲、日本和澳大利亚等国家的汽车碰撞安全法规针对的主要碰撞事故类型是前碰撞(包括正面碰撞与偏置碰撞等)和侧面碰撞，但发展的方向会将行人碰撞保护包括在内，目前碰撞安全法规主要是针对轿车而制定的，并将逐步扩大到轻型载货汽车、多用途客车等车型上。

值得一提的是，在欧美日等发达国家的汽车生产厂家对汽车安全性能的追求目标是要求更高的“新车评价程序”——NCAP(New Car Assessment Program)和企业以实际交通事故分析结果为依据而制定的汽车碰撞安全性评价方法。

与汽车碰撞安全法规不同，NCAP 是由政府、保险公司、消费者组织、汽车俱乐部或杂志社等机构共同制定的汽车碰撞安全性评价体系，并且 NCAP 规定的实车碰撞速度往往比安全法规中规定的车速要高，即在更严重的碰撞环境下评价车内乘员的损伤，并根据头部、胸部等主要部位的损伤将试验车的安全性分级，星级越高，表示该车型的碰撞安全性越好。组织者将这些信息公布给消费者，以引导消费者购车。由于 NCAP 把汽车的碰撞安全性直接与市场联系在一起，所以它在很大程度上比安全法规更能促进各汽车生产厂在汽车安全技术上的竞争，对普遍提高汽车的碰撞安全性能将起到重要作用。因此，安全法规未来的发展趋势也将是采取统一及分级的评价方式，从基本满足要求和达到更高要求两方面来评价车辆。

三、汽车被动安全措施

汽车被动安全措施主要涉及车身结构、座椅、车顶和车门强度、安全玻璃、转向盘和转向管柱、内饰件、安全带和安全气囊等，归纳起来可分为安全车身结构和乘员保护系统两大类。其中，安全车身结构主要是为了减少“一次碰撞”带来的危害，而乘员保护系统则是为了减少“二次碰撞”造成的乘员损伤或避免“二次碰撞”。

1. 安全车身结构

尽管“二次碰撞”是造成人体损伤的直接原因，但“一次碰撞”在很大程度上决定了“二次碰撞”的剧烈程度，因此“一次碰撞”对人体损伤有很大影响。控制好“一次碰撞”，对减少人体损伤有重要的意义。合理设计汽车结构的缓冲与吸能特性是控制好“一次碰撞”的关键。

为便于汽车碰撞安全性分析，通常将汽车分为两类区域：乘员安全区和缓冲吸能区。仅从乘员不被汽车碰撞变形后产生挤压受伤的角度看，乘员安全区在碰撞中的变形越小越好；从缓冲吸能角度讲，缓冲吸能区的刚性应足够小，变形应足够大。为解决乘员安全区变形小与缓冲吸能区变形大的矛盾，汽车必须设计成“外柔内刚”式的结构，即乘员安全区和缓冲吸能区交界处设计成具有较大刚性的结构，而在缓冲吸能区外围应设计成具有较小刚性和较好缓冲吸能的结构。

2. 乘员保护系统

减少“二次碰撞”的可能性和对乘员的伤害的主要措施，包括安装安全带及提高安全带的固定强度、安装安全气囊等。而可折叠的吸能转向盘、膝部的缓冲垫、车内饰件软化、仪表板的软化以及避免风窗玻璃碎片的侵害等，都是在“二次碰撞”发生时减少对乘员伤害的措施。大量实践表明，良好的汽车乘员保护系统设计可以大幅减轻乘员受伤害的程度，降低死亡率。

安全带的作用是使乘员在汽车碰撞时不飞离座椅而与汽车内饰件发生剧烈碰撞。安全气囊是避免乘员与汽车内饰件发生直接碰撞的有效手段。可折叠的吸能转向盘、车内饰件和仪表板的软化要考虑的因素主要是在保证基本刚度以满足结构功能要求的前提下，提供尽可能好的缓冲吸能性能。

第二节　安全气囊系统

一、概述

1953 年 8 月 18 日，美国人约翰·赫特里特获得了“汽车缓冲安全装置”的美国专利，他发明的安全气囊系统是纯机械式的气囊系统。压缩空气装在一个圆柱形的压力容器中，用一个弹簧装置来传感车的减速情况。当汽车减速度达到一定值时，通过弹簧移动将阀门打开，气体便从压力容器充入几个气囊中并使其膨胀。这些气囊既可在方向盘上或在仪表盘上，用以保护驾驶员，也可放在前排座椅的背后，用以保护后排乘客。这正是今天所用安全气囊的雏形。

20 世纪 80 年代，美国、德国、日本等均投入人力和物力对安全气囊进行开发，使安全气囊的性能日趋完善，并迅速地进入实用阶段。

1973 年，美国通用汽车公司首先采用现代气囊系统。

1981 年，梅塞德斯奔驰公司首先采用烟火式锁紧卷收器，为采用汽车安全气囊铺平了道路。

1984 年,美国联邦政府将汽车被动安全装置纳入法规,要求从 1987 年开始到 1994 年使轿车装配气囊率逐步达到 100%。

1992 年,美国联邦政府法律规定,1994 年以后出厂的新车必须装备驾驶座 SRS 气囊系统和自动安全带。

1993 年,在美国政府的提议下通过了严格的汽车安全法规 FMVSS—208,随后,欧洲也通过了 ECE R94 法规。只有安装汽车安全气囊系统,才能满足上述法规要求。

1994 年,欧美各大汽车公司将汽车安全气囊系统作为标准装备安装在轿车和轻卡上。

1998 年,日本丰田公司首次提出智能型安全气囊系统概念。

1999 年,美国福特公司研制成功世界首套智能型安全气囊系统。

二、安全气囊系统的功用与类型

1. 安全气囊系统的功用

安全气囊(Supplemental Restraint System 或 Supplemental Restraint Safe AirBag System,缩写 SRS,即辅助防护系统或辅助防护安全气囊系统)是一种被动安全系统。

在车辆事故中,导致驾驶员和乘员遭受伤害的主要原因是二次碰撞。当汽车发生正面碰撞时,在惯性力的作用下,驾驶员面部或胸部可能与转向盘和风窗玻璃发生二次碰撞,前排乘员可能与仪表板发生二次碰撞,后排乘员可能与前排座椅发生二次碰撞。当汽车遭受侧面碰撞时,驾驶员和乘员可能与车门、车门玻璃或车门立柱发生二次碰撞。车速越高,惯性力越大,遭受伤害的程度就越大。SRS 的功用是:当汽车遭受碰撞导致减速度急剧变化时,气囊迅速膨胀,在驾驶员、乘员与车内构件之间迅速铺垫一个气垫,利用气囊排气节流的阻尼作用来吸收人体惯性力产生的动能,从而减轻人体遭受伤害的程度。正面气囊的主要功用是保护驾驶员和乘员的面部和胸部,如图 11-1 所示,侧面气囊的主要功用是保护驾驶员和乘员的头部与腰部。

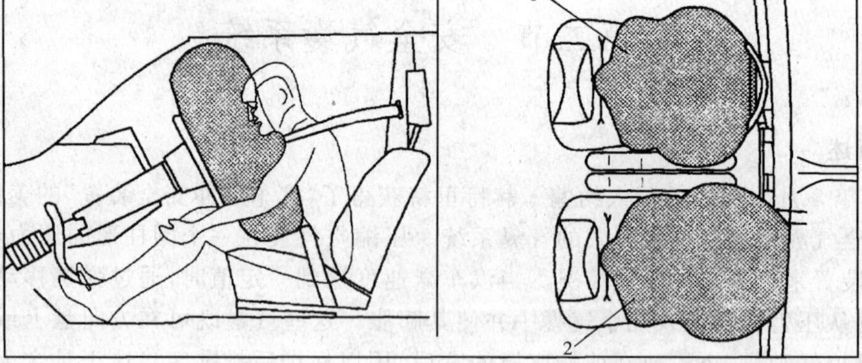

a)驾驶席气囊　　b)驾驶席与乘员席气囊

图 11-1　车辆正面碰撞时 SRS 的功用

1—驾驶员　2—前排乘员

2. 安全气囊系统分类

安全气囊系统 SRS 发展 40 多年来,按其总体结构可分为机械式 SRS 和电子式 SRS 两大类。

机械式 SRS 不需要使用电源，没有电子电路和电路配线，全部零件组装在转向盘装饰盖板下面。检测碰撞动作和引爆点火剂都是利用机械装置动作来完成的，现在已基本淘汰了。

电子式 SRS 是机械式 SRS 和电子技术发展的产物。电子式 SRS 按功用可分为正面 SRS 和侧面 SRS 两大类；按气囊数量可分为单 SRS、双 SRS 和多 SRS。安全气囊的种类和特点如表 11－1。

表 11－1 安全气囊的种类和特点

分类依据	种 类	特 点
总体结构	机械式气囊	无电源、电路、配线
	电子式气囊	用传感器检测信号，ECU 处理后控制气囊充气
数 量	单气囊	只装备驾驶员席气囊
	双气囊	装备驾驶员席气囊及前排乘员席气囊
	多气囊	装备 3 个或 3 个以上的气囊系统
功 用	正面气囊	为正面碰撞设计
	侧面气囊	为侧面碰撞设计

三、安全气囊系统的组成结构

各型汽车 SRS 采用控制部件的结构、数量和安装位置各有不同，但是其基本组成大致相同，主要由碰撞传感器、安全气囊系统控制组件（SRS ECU）、安全气囊组件、安全气囊系统指示灯（SRS 指示灯）等组成。

SRS 一般设有 3～4 只碰撞传感器，分别安装在车身前部和中部，如汽车前两翼子板内侧、两侧前照灯支架下面、发动机散热器支架左右两侧、左右仪表板下面和 SRS ECU 内部等等。

安全气囊系统控制组件通常称为 SRS 电脑，简称 SRS ECU，由备用电源电路、故障诊断与监测电路和点火引爆电路等组成，一般安装在换挡操作手柄前面或后面的装饰板内、后排座椅下面中部位置或后备箱内。当 SRS ECU 内部装有碰撞传感器时，SRS ECU 应当安装在汽车纵向轴线上，以便该传感器准确检测碰撞信号。

安全气囊组件又称为 SRS 组件，由气囊、螺旋弹簧（即螺旋线束）、气体发生器和点火器等组成。

SRS 指示灯又称为 SRS 报警灯或 SRS 警示灯，安装在驾驶室仪表板面膜下面，并在面膜表面相应位置制作有气囊动作图形或“SRS”、“AIR BAG”等字样表示。SRS 指示灯的功用是：指示安全气囊系统功能是否正常。如果 SRS 指示灯不亮、一直发亮或在汽车行驶途中突然发亮或闪亮，说明自诊断测试系统发现 SRS 故障，应及时排除。

1. 碰撞传感器

碰撞传感器相当于一个控制开关，其工作状态取决于汽车碰撞时的减速度大小。碰撞传感器按功用可分为碰撞信号传感器和碰撞防护传感器两类。

碰撞信号传感器又称为碰撞烈度（激烈程度）传感器，安装在汽车左前、右前、前部中央和 SRS ECU 内部，分别称为左前、右前、中央和中心碰撞传感器，其功用是将汽车碰撞时的减速度输入 SRS ECU，用以判定是否发生碰撞。

碰撞防护传感器简称防护传感器，又称为安全传感器、保险传感器，一般都安装在 SRS ECU 内部，其功用是控制气囊点火器电源电路，防止因碰撞传感器意外短路而造成气囊误膨开。

在安全气囊系统电路中，左前、右前、中央和中心碰撞传感器之间均为并联关系。只有当防护传感器与任意一只碰撞信号传感器同时接通时，点火引爆电路才能接通，气囊才能引爆充气。

碰撞防护传感器和碰撞信号传感器的结构原理完全相同，其唯一区别在于设定的减速度阈值有所不同。设定减速度阈值的原则是，碰撞防护传感器的减速度阈值比碰撞信号传感器的稍小。碰撞传感器按结构可分为机电结合式(Electromechanical Sensor)、电子式和水银开关式三种。

常用的机电结合式碰撞传感器有滚球式、滚轴式和偏心锤式三种，他们都是一种利用机械机构运动(滚动或转动)来控制电器触点动作，再由触点断开与闭合来控制气囊点火器电路接通与切断的传感元件。

图 11－2 所示为滚轴式碰撞传感器的结构原理图。

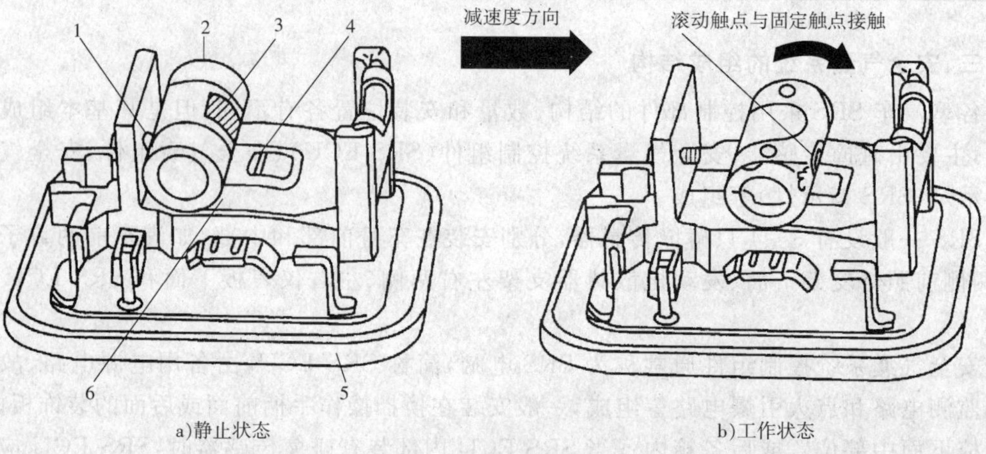

图 11－2　滚轴式碰撞传感器的结构原理

1—止动销　2—滚轴　3—滚动触点　4—固定触点　5—底座　6—片状弹簧

滚轴式碰撞传感器主要由止动销 1、滚轴 2、滚动触点 3、固定触点 4、底座 5 和片状弹簧 6 组成。片状弹簧 6 一端固定在底座 5 上，并与传感器的一个引线端子连接，另一端绕在滚轴 2 上，滚动触点 3 固定在滚轴部分的片状弹簧上，并可随滚轴一起转动。固定触点 4 与片状弹簧 6 绝缘固定在底座 5 上，并与传感器的另一个引线端子连接。

当传感器处于静止状态时，滚轴在片状弹簧弹力作用下滚向止动销一侧，滚动触点与固定触点处于断开状态，如图 11－2a 所示，传感器电路处于断开状态。当汽车遭受碰撞且减速度达到设定阈值时，滚轴产生的惯性力将大于片状弹簧的弹力。滚轴在惯性力作用下克服弹簧弹力向右滚动，滚动触点与固定触点接触，如图 11－2b 所示。当传感器用做碰撞信号传感器时，滚动触点与固定触点接触则将碰撞信号输入 SRS ECU；当传感器用做碰撞防护传感器时，则将点火器电源电路接通。

电子式碰撞传感器没有电器触点，一般用做中心碰撞传感器。常用的电子式碰撞传感器有压阻效应式和压电效应式两种，分别利用半导体的压阻效应和压电效应制成。在压阻式碰撞传感器中，电阻应变片随弹性元件受到碰撞压力作用产生变形，其阻值随之发生变化，经信号调理电路后转变成电压，送入 SRS ECU。当汽车遭受碰撞且减速度达到设定阈值时，传感器信号电压也达到设定阈值，SRS ECU 发出控制指令将气囊点火器电路接通，引爆气囊充气。在压电式碰撞传感器中，压电晶体受到碰撞压力作用，其输出电荷发生变化，经放大电路转变成相应电压送入 SRS ECU。作用力越大，晶体变形量越大，电压就越高。当汽车遭受碰撞且减速度达到设定阈值时，传感器输入 SRS ECU 的信号电压达到设定阈值，SRS ECU 立即发出控制指令，使气囊点火电路接通，引爆气囊充气，达到保护驾驶员和乘员的目的。

水银开关式碰撞传感器是利用水银（汞）导电良好的特性来控制气囊点火器电路接通或切断，一般用做防护传感器。其结构原理如图 11－3 所示，主要由水银、壳体、密封圈、电极和密封螺塞组成。

当传感器处于静止状态时，水银在其重力作用下处于如图 11－3a 所示位置，传感器的两个电极处于断开状态，点火器电路断开。当汽车发生碰撞且减速度达到设定阈值时，水银产生的惯性力在其运动方向上的分力克服其重力分力而将水银抛向传感器电极，使两个电极接通，如图 11－3b 所示。当传感器用做碰撞信号传感器时，两个电极接通则将碰撞信号输入 SRS ECU；当传感器用做碰撞防护传感器时，则将点火器电源电路接通。

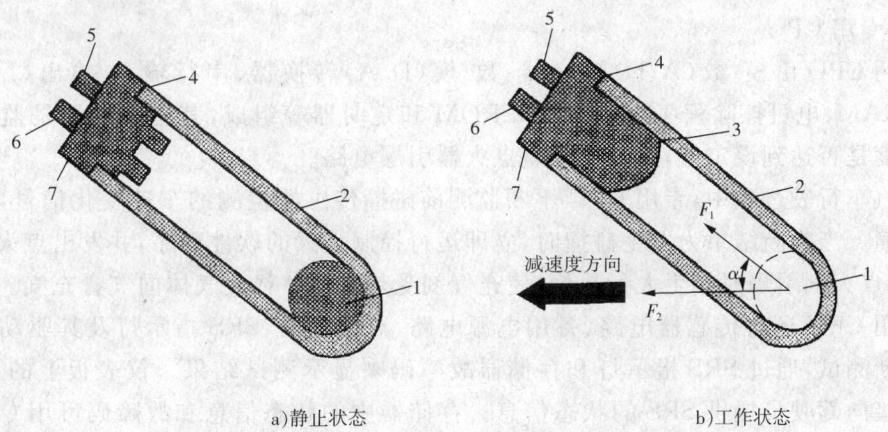

图 11－3　水银开关式碰撞传感器

1—水银（静态位置）　2—壳体　3—水银（动态位置）　4—密封圈

5—电极（接点火器）　6—电极（接电源）　7—密封螺塞

F_1—水银运动方向分力　F_2—惯性力　α—水银运动方向与水平方向之间的夹角

2. SRS 电控单元 ECU

SRS ECU 是安全气囊系统的核心部件。当防护传感器与 SRS ECU 组装在一起时，SRS ECU 应当安装在汽车纵向轴线上；当碰撞防护传感器与 SRS ECU 分开安装时，SRS ECU 安装位置依车型而异。

SRS ECU 电路原理框图如图 11－4 所示。主要由专用中央处理单元 CPU、备用电源电路、稳压电路、信号处理电路、保护电路、点火电路和监测电路等组成。

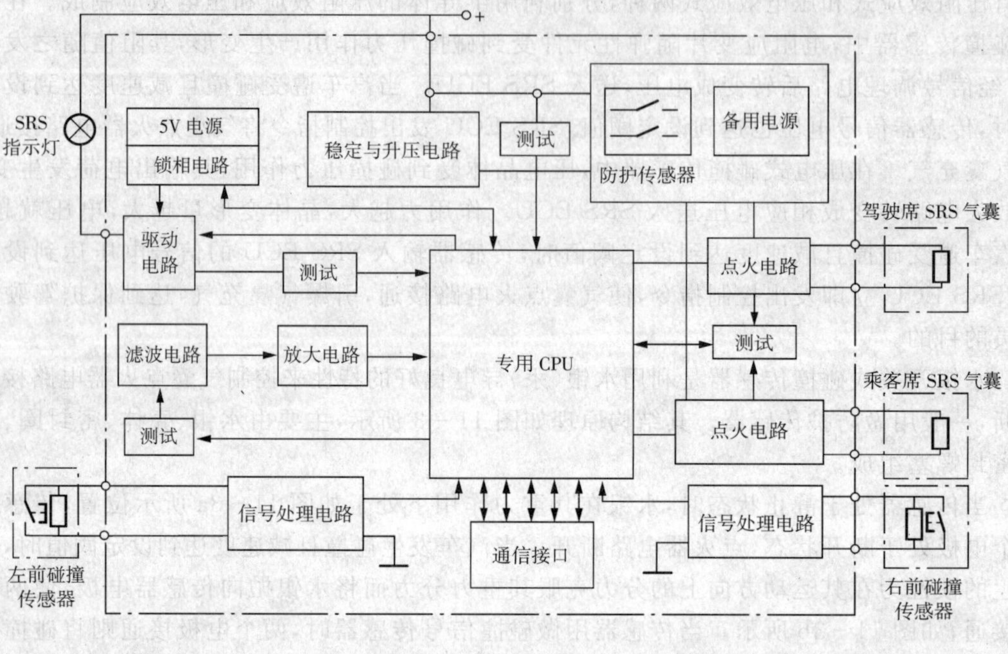

图 11－4　SRS ECU 电路原理框图

(1)专用 CPU

专用 CPU 由模/数(A/D)转换器、数/模(D/A)转换器、串行输入/输出(I/O)接口、ROM、RAM、电可擦除程序存储器 EEPROM 和定时器等组成，其主要功用是监测汽车纵向减速度是否达到设定值，以控制气囊点火器引爆电路。

在汽车行驶过程中，专用 CPU 不断监测前碰撞传感器检测的车速变化信号，判定是否发生碰撞。当判断结果为发生碰撞时，立即运行控制点火的软件程序，并发出点火指令引爆点火剂，点火剂引爆时产生大量热量，使充气剂受热分解并释放气体向气囊充气。

专用 CPU 还对传感器电路、备用电源电路、点火电路、SRS 指示灯及其驱动电路不断进行诊断测试，通过 SRS 指示灯和存储器故障码来显示测试结果。仪表板上的 SRS 指示灯可直接向驾驶员提供 SRS 的状态信息。存储器中的状态信息和故障码可用专用仪器或通过特定方式从串行接口(诊断插座)调出，以供检查和设计参考。

(2)信号处理电路

信号处理电路主要由放大器和滤波器组成，其功用是对传感器检测的信号进行放大整形和滤波处理，以便 SRS ECU 能够接收与识别。

(3)备用电源电路

SRS 有两个电源，一个是汽车电源(蓄电池和交流发电机)，另一个是备用电源。备用电源又称为后备电源或紧急备用电源，其功用是：当汽车遭受碰撞而导致蓄电池或交流发电机与 SRS ECU 之间的电路切断时，备用电源能在 6s 之内向点火器供给足够的点火能量引爆点火剂，以保持 SRS 的正常功能。时间超过 6s 之后，备用电源供电能力降低，SRS ECU

备用电源不能保证电脑测出碰撞和发出点火指令；点火备用电源不能供给最小点火能量，气囊将不能充气膨开。

备用电源电路由电源控制电路和若干个电容器组成。在单气囊控制单元中，设有一个SRS ECU备用电源和一个点火备用电源。在双气囊控制单元中，设有一个SRS ECU备用电源和两个点火备用电源，即两条点火电路各设置一个备用电源。点火开关接通10s之后，如果汽车电源电压高于SRS ECU的最低工作电压，所有备用电源即可完成储能任务。

(4)稳压保护电路

在汽车电器系统中，许多电器部件带有电感线圈，电器开关琳琅满目，电器负载变化频繁。当线圈电流接通或切断、开关接通或断开、负载电流突然变化时，都会产生瞬时脉冲电压即过电压，这些过电压如果加到SRS电路上，系统中的电子元件可能因电压过高而损坏。为了防止SRS元件遭受损害，SRS ECU中必须设置保护电路。同时，为了保证汽车电源电压变化时SRS能正常工作，还必须设置稳压电路。

3. SRS气囊组件

SRS气囊组件按功能分为正面SRS气囊组件和侧面SRS气囊组件两大类。按安装位置分为驾驶席、前排乘员席(副驾驶席)、后排乘员席气囊组件和侧面气囊组件四种。

气囊组件由气囊、点火器和气体发生器等组成。驾驶席与乘员席气囊组件一般都用同一个SRS ECU控制，其组成部件和工作原理基本相同。通常乘员席SRS气囊组件的结构特点是体积比驾驶席气囊的体积大(因气囊距离乘员的距离比驾驶员的距离长)。驾驶席气囊组件安装在转向盘的中央，前排乘员席气囊组件安装在副驾驶员席座椅正前方的仪表板上。图11－5所示为BOSCH公司驾驶席与乘员席气囊组件在车内的安装位置。

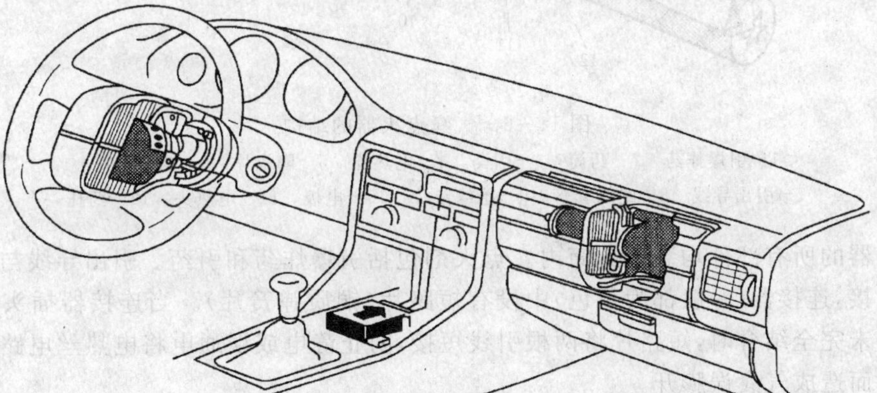

图11－5　BOSCH公司驾驶席与乘员席气囊组件的安装位置

(1)气囊

气囊用聚酰胺织物(如尼龙)制成，内层涂有聚氯丁二烯，用以密闭气体。气囊在静止状态时，像降落伞未打开时一样折叠成包，安放在气体发生器上部与气囊饰盖之间。气囊开口一侧固定在气囊安装支架上，先用金属垫圈与气囊支架座圈将气囊与气体发生器固定在一起，以便承受气体压力的冲击。气囊饰盖表面模压有撕印，以便气囊充气时撕裂饰盖，减小冲出饰盖的阻力。各种气囊的性能比较见表11－2。

表 11-2 各种 SRS 气囊性能比较

技术项目	美国驾驶席 SRS 气囊	欧洲驾驶席 SRS 气囊	美国乘员席 SRS 气囊	欧洲乘员席 SRS 气囊	侧面 SRS 气囊
体积	60～65L	40～60L	120～200L	90～140L	12～18L
充气时间	约 30ms	约 30ms	约 30ms	约 30ms	约 12ms
安装位置	转向盘上	转向盘上	仪表板下面手套箱上方	仪表板下面手套箱上方	车门或座椅靠背边缘
保护部位	面部、胸部	面部、胸部	面部、胸部	面部、胸部	腰部、头部

(2)点火器

气囊点火器外包铝箔，安装在气体发生器内部中央位置，其功用是根据 SRS ECU 的指令引爆点火剂，产生热量使充气剂分解。气囊点火器的结构如图 11-6 所示，主要由 ECU 的指令引爆炸药 1、药筒 2、引药 3、电热丝 4、电极 10 和引出导线 7 等组成。

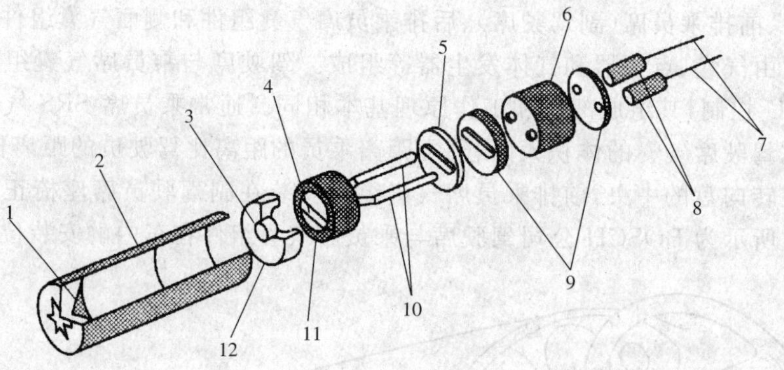

图 11-6 气囊点火器的结构

1—引爆炸药 2—药筒 3—引药 4—电热丝 5—陶瓷片 6—永久磁铁 7—引出导线 8—绝缘套管 9—绝缘垫片 10—电极 11—电热头 12—药托

点火器的所有部件均装在药筒内。点火剂包括引爆炸药和引药。引出导线与气囊连接器插头连接，连接器(一般都为黄色)中设有短路片(铜质弹簧片)。当连接器插头拔下或插头与插座未完全结合时，短路片将两根引线短接，防止静电或误通电将电热丝电路接通使点火剂引爆而造成气囊误膨开。

点火器的工作情况是：当 SRS ECU 发出点火指令使电热丝电路接通时，电热丝迅速红热引爆引药，炸药瞬间爆炸产生热量，药筒内温度和压力急剧升高并冲破药筒，使充气剂(叠氮化钠)受热分解并释放氮气充入气囊。

(3)气体发生器

气体发生器又称为充气器，用专用螺栓与螺母固定在转向盘上的气囊支架上，其结构如图 11-7 所示，由上盖 1、下盖 3、充气剂 4 和金属滤网 6 等组成，其功用是在点火器引爆点火剂时，产生气体向 SRS 气囊充气，使气囊膨开。气体发生器壳体由上盖和下盖两部分组成。上盖上制有若干个长方形或圆形充气孔。下盖上制有安装孔，以便将气体发生器安装到转向盘上的气囊支架上。上盘与下盖用冷压工艺压装成一体，壳体内装充气剂、滤网和点火器。金属滤网安放在气体发生器壳体的内表面，用以过滤充气剂和点火剂燃烧产生的渣粒。充气剂普遍采用叠氮化钠(Sodium Azide)片状合剂。叠氮化钠的分子式为 NaN_3，是无色六方形晶体，有剧毒！密度为 1.846g/cm³。

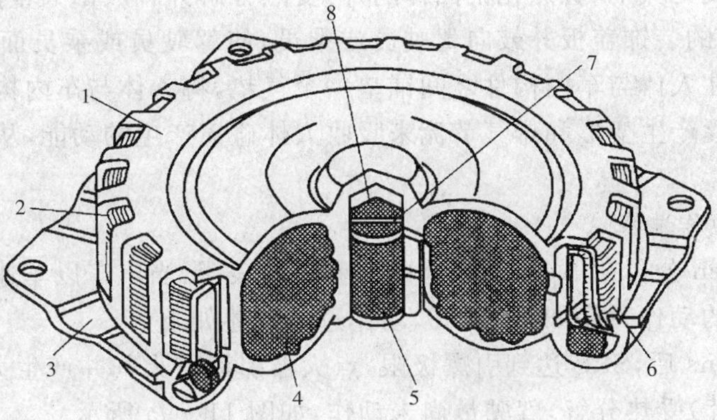

图 11-7　气体发生器结构

1—上盖　2—充气孔　3—下盖　4—充气剂　5—点火器药筒　6—金属滤网　7—电热丝　8—引爆炸药

目前，大多数气体发生器都是利用热效反应产生氮气而充入气囊。在点火器引爆点火剂瞬间，点火剂会产生大量热量，叠氮化钠药片受热立即分解释放氮气，并从充气孔充入气囊。虽然氮气是无毒气体，但是叠氮化钠的副产品有少量的氢氧化钠和碳酸氢钠(白色粉末)，这些物质是有害的。因此，在清洁气囊膨开后的车内空间时，应保证通风良好并采取防护措施。

四、安全气囊系统工作原理

1. 安全气囊控制原理

当汽车遭受正面碰撞或侧面碰撞时，SRS 的工作原理完全相同。现以正面碰撞为例，说明 SRS 控制原理，如图 11-8 所示。

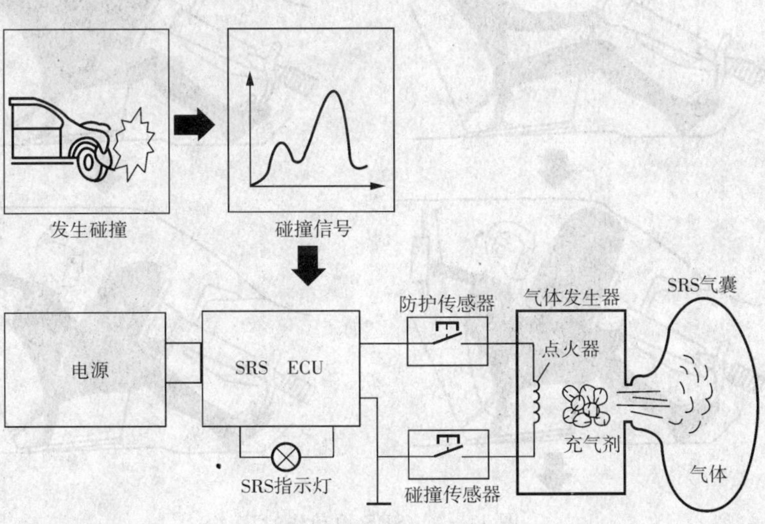

图 11-8　SRS 控制原理

当汽车遭受前方一定角度范围内的碰撞时,安装在汽车前部和 SRS ECU 内部的碰撞传感器都会检测到汽车突然减速的信号,并将信号送入 SRS ECU,判断是否发生碰撞。当汽车遭受碰撞且减速度达到设定阈值时,SRS ECU 发出控制指令将气囊组件中的点火器(电雷管)电路接通使点火器引爆,点火剂(引药)受热爆炸(即电热丝通电发热引爆炸药)迅速产生大量热量,使充气剂(叠氮化钠固体药片)受热分解并释放出大量氮气充入气囊,气囊便冲开气囊组件上的装饰盖板并鼓向驾驶员或乘员,使驾驶员或乘员面部和胸部压靠在充满气体的气囊上,在人体与车内构件之间铺垫一个气垫,将人体与车内构件之间的碰撞变为弹性碰撞,通过气囊产生变形和排气节流来吸收人体碰撞产生的动能,从而达到保护人体之目的。

2. 安全气囊动作过程

根据德国 Bosch 公司在 Audi 轿车上的试验研究表明:当汽车以车速 50km/h 与前方障碍物碰撞时,SRS 的动作时序如图 11-9,动作过程阐述如下:

(1)碰撞约 10ms 后,SRS 达到引爆极限,点火器引爆点火剂并产生大量热量,使充气剂(叠氮化钠固体药片)受热分解,驾驶员尚未动作,如图 11-9a 所示。

(2)碰撞约 40ms 后,气囊安全充满,体积最大,驾驶员向前移动,安全带斜系在驾驶员身上并拉紧,部分冲击能量已被吸收,如图 11-9b 所示。

(3)碰撞约 60ms 后,驾驶员头部及身体上部压向气囊,气囊在人体惯性力作用下产生变形和节流作用,从而吸收人体与气囊之间弹性碰撞产生的动能,如图 11-9c 所示。

(4)碰撞约 110ms 后,大部分气体已从气囊中逸出,驾驶员身体上部回到座椅靠背上,汽车前方恢复视野,如图 11-9d 所示。

(5)碰撞约 120ms 后,碰撞危害解除,车速降低直至为零。

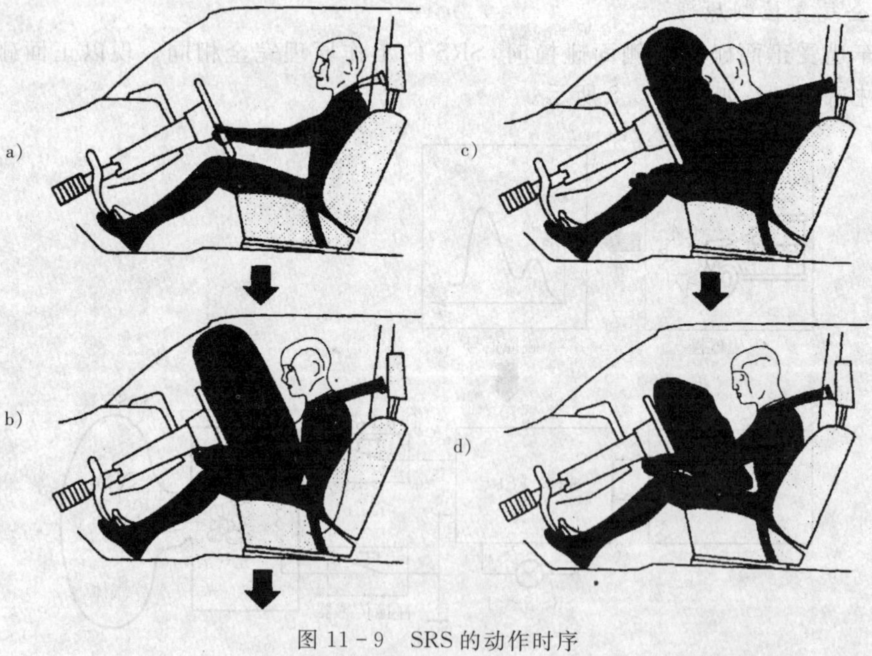

图 11-9　SRS 的动作时序

a)10ms 后　b)40ms 后　c)60ms 后　d)110ms 后

由此可见，从开始充气到完全充满约为 30ms；从汽车遭受碰撞开始到气囊收缩为止，所有时间仅为 120ms 左右，而人眨一下眼皮所用时间约为 200ms 左右。由于气囊在碰撞过程中动作时间极短，动作状态和经历时间无法用肉眼确认，因此，目前世界各国广泛采用模拟人体进行碰撞试验。SRS 动作过程与经历时间之间的关系见表 11－3。

表 11－3 SRS 动作过程与经历时间的关系

碰撞之后经历的时间/ms	0	10	40	60	110	120
SRS 气囊动作状态	遭受碰撞	点火引爆 开始充气	气囊充满 人体前移	排气节流 吸收动能	人体复位 恢复视野	危害解除 车速降零

3. 安全气囊的关键技术要求

(1)碰撞判断准确

汽车的碰撞形式是各式各样的，其碰撞强度、减速度波形、车体变形等都是不一样的，但都要求安全气囊系统能准确地判断出强度如何，并能准确控制气囊点爆，严禁出现漏点火（高速碰撞时安全气囊系统没有点爆）或误点火（低速碰撞或车体振动时安全气囊系统点爆）。

安全气囊的点爆车速与各个国家的事故形式有关。通常是根据大量的事故统计数据，总结出在不同车速的碰撞事故对乘员造成的伤害程度，据此确定何种车速需启动气囊对乘员进行保护。

(2)点火时刻准确

如果人的头部接触到气囊时，气囊尚未充气完毕（迟点火），则气囊不仅不能起到缓冲吸能作用，巨大的爆炸力反而会将人打伤。如果气囊充气完毕后很长时间人的头部才与气囊接触（早点火），由于气囊节流小孔的排气作用，气囊中没有足够的气体压力，同样会影响对人的保护作用。通常最佳情况是发生碰撞时，气囊刚刚充满气体后，人的头部即与气囊接触，这样保护作用最好。

目前国外普遍采用的是 5in(127mm)－30ms 准则，即在汽车碰撞过程中，乘员头部向前移动 5in 时的前 30ms 为最佳点火时刻。

如果乘员的乘坐位置偏离了正常位置，如驾驶员离转向盘过近或过远，则称其为离位乘员。气囊对离位乘员具有较强的伤害作用。因此美国正在推行低能量气囊，即延长气囊的充气时间，减少气囊爆出时的侵略性。此时气囊的充气时间大于 30ms，所以安全气囊的点爆时间要提前。

(3)抗干扰能力强

安全气囊系统是一次性使用的安全防护系统，若意外点爆，除了会造成经济损失外，气囊点爆时的巨大声响和体积，还会对乘员造成惊吓，并影响驾驶员的视线，引发不必要的事故。因此安全气囊系统在汽车复杂的工作环境下（如坑洼路面、扭曲路面、过台阶或铁轨路面等），具有高的工作可靠性和稳定性。

4. 减速度阈值的设定

减速度阈值根据 SRS 的性能设定，不同车型 SRS 的减速度阈值有所不同。在美国，因为 SRS 是按照驾驶员不佩戴座椅安全带来设计，气囊体积大、充气时间长，所以 SRS 应在较低的减速度阈值时引爆气囊，即汽车以较低车速（20km/h 左右）行驶而发生碰撞时，SRS 就应引爆。在日本和欧洲，由于 SRS 是按照驾驶员佩戴座椅安全带来设计，气囊体积小、充气时间短，所以设定的减速度阈值较高。汽车以较高车速（30km/h 左右）行驶而发生碰撞时，SRS 才能引爆气囊充气。

侧面气囊只有在汽车遭受侧面碰撞且横向加速度达到设定阈值时，才能引爆充气，且不会给正面气囊充气。

五、智能型安全气囊

由于气囊的点爆和展开是针对中型男性假人（体重 78kg）采取正确坐姿、佩带安全带在汽车碰撞时的惯性运动状况来布置和设计的。在乘员身材矮小（如妇女或儿童）时，因其体重和惯性运动状况的差别，气囊的保护效果会有差别。一般的气囊系统不会识别乘员的尺寸、体重、是否离气囊装饰板盖太近而确定强充气、弱充气或不点爆充气。因此实际上会出现身材矮小的妇女和儿童其坐姿处于离位状态，距离转向盘、仪表板、前风窗玻璃过近时，气囊仍然在车辆碰撞时正常点爆的情况，这样就会弹伤甚至弹死这些乘员，而不起保护作用。

智能型安全气囊就是在车身内部装上多个传感器，能够随时测出车内座椅上有没有乘员、乘员的体重和尺寸、乘员是否处于离位状态，从而判断在车辆碰撞时用不用打开气囊、对气囊弱充气还是强充气，从而自动适应不同乘员在不同乘坐状态时的保护需求，最大限度地起到保护乘员的作用。未来车载安全气囊将向智能化方向突飞猛进地发展，因此，车载安全气囊能不管乘员是男性、女性、成年人还是未成年的婴儿或儿童，也不管系或未系安全带，也不管坐姿正确或是不正确、碰撞车速和角度如何，都能够自动判断所处的状况，并提供恰如其分的保护作用。

以 TRW 公司开发的智能型安全气囊为例。从结构上说，该气囊除了具有一般安全气囊所具有的部件外，还具有更多的传感器。如乘员体重感测系统，通过各种位于座椅座垫或座椅支座上的载荷电池技术来估计乘员的体重。其优越性在于当座椅靠背向后倾斜角度很大时，仍然可以通过传感系统感测出乘员的实际体重。乘员的尺寸和位置是由电容性检测系统、超声波检测系统或红外线检测系统来感测完成的。这些系统称为智能型的动态或静态监测系统。静态监测系统是监控稳定状态下的情况，如乘员的体重和尺寸。动态监测系统是连续监控一名乘员相对安全气囊模块的位置。通过它们的监测来作出决策，根据乘员的尺寸和位置来确定安全气囊是否打开及如何打开（点爆哪一级气体发生器更合适）。这些技术往往与座椅重量传感器/座椅位置传感器及形状识别系统（如座椅安全带的使用情况和碰撞严重程度的感测系统）相连接，以提高乘员分类和位置判断的可靠程度。这些技术具有迅速感测的能力和判断作出点爆气囊或抑制气囊点爆的能力。

由于未佩带安全带的乘员比佩带了安全带的乘员更容易在碰撞中受伤，因此对于一个未佩带安全带的乘员来说，SRS 应在更低的阈值处打开。

智能型安全气囊中装备的气体发生器都是多级气体发生器，由动态和静态监测系统得到的信息判断出乘员是否佩带安全带、乘员身材和体重大小、座椅移动情况/乘员离位情况（靠近安全气囊模块的程度），确定是否打开气囊、在高阈值还是低阈值下打开气囊；同时，还根据这些信息来确定向对应的安全气囊采取不同的充气级别，这一功能的执行机构就是多级气体发生器。它是由两级单独的电雷管和相应的装药组成，可以视为两个单独的气体发生器。它们的充气强度（充气量）是不相同的，视汽车碰撞的严重程度、乘员身体参数、坐姿和安全带等的使用情况不同，由传感器将信号送入 ECU，ECU 通过预先设定的计算程序进行运算，确定是否点爆气体发生器。如需要点爆气体发生器时，则判定是点爆强充气挡，还是点爆弱充气挡。通常，碰撞强度越激烈，乘员的体重越重，气囊的充气强度要求越高，此时设置两级气体发生器同时向气囊充气。在乘员体重较轻、碰撞情况较弱时，除了点爆其中单级气体发生器外，还可以改变点爆第一级气体发生器的起始时间和点爆第一级和第二级气体发生器的间隔时间来改变气囊不同的充气强度，以适应不同类型乘员撞到气囊上时得到更好保护效果的对应充气程度，使气囊的充气时间和充气强度与乘员相应的静态和动态状况相适应，以取得最佳的保护效果。

TRW 公司还发明了充气安全带织带。发生碰撞时，在安全带预紧装置起作用后，使包裹在乘员身上的织带迅速充气变粗，以避免过大的抽紧力对乘员的颈、胸引起伤害。

第三节　汽车安全带收紧系统

一、概述

汽车座椅安全带是重要的乘员保护约束系统设施之一，在减轻碰撞事故中乘员伤害程度方面起着重要作用。早在 19 世纪后期，这种带式乘员约束设施已经出现，只是当时仅用于马车乘员的约束。直到 1964 年以后，在美国、日本等安全带应用较早的国家，才开始强制在轿车、轻型客车的驾驶座位装备两点式安全带。由于安全带的保护效果比较明显，后来就逐渐扩大了安全带的使用范围，从乘客车到载货车，从轻型车到中型车，从外侧座椅到中间座椅都开始使用。装配的安全带形式也从两点式发展到三点式带紧急锁止卷收器安全带及智能型安全带、自动脱戴式安全带和安全气囊式安全带等。随着安全带使用率的大幅度提高，事故中乘员伤亡率也随之下降。统计数据表明，佩戴安全带使碰撞事故中乘员伤亡率减少 15%至 30%。

我国汽车安全带生产和装用起步较晚，国内部分生产厂家从 1989 年才开始试制安全带，但发展很快。强制使用安全带条例于 1993 年 7 月开始实施，仅用几年时间就完成了从开发到在汽车上普遍装用。汽车安全带与其他保护约束设施（如气囊）相比，具有安全可靠、价格低廉、安装简便等优点，被各国生产厂家普遍采用。

座椅安全带收紧器与安全气囊一样，属于被动安全装置，它改善了安全带对驾乘人员的保护作用。系上安全带除了可防止乘员在碰撞事故中被抛出车外，还可以减少乘员与车内物件的二次撞击。但安全带并不能将乘员完全固定在座椅上，安全带与乘员之间尚留有些许空间。因此，在严重撞击中，虽然系上安全带所受的冲击会比未系上安全带小很多，但是乘员仍可能会碰撞到车内物件从而造成伤害。在严重的正面碰撞中，座椅安全带收紧器立即起作用，它通过快速的收紧反应，使安全带在乘员往前移动之前就回缩一定的长度，这样就可减少乘员向前的移动量。

在近几年的新车型中，座椅安全带收紧器增设了限力器。当发生严重撞击而使安全带收紧器收紧时，若安全带施加在乘员身上的张力达到预定值时，限力器则限制这一张力，以此控制施加在乘员胸部的安全带张力。安全气囊和安全带收紧器及限力器与座椅安全带搭配使用，可使驾驶员和前座乘员受到最大的保护。

安全带收紧器工作时，可能会发出工作声响，且会有少量烟雾释出。这些气体是无害的。此外，即使座椅上没有乘员，安全带收紧器也可能会工作。安全带收紧器在设计上只能工作一次。

二、座椅安全带的结构和原理

座椅安全带又称为安全带紧急自动锁紧装置 ELR(Emergency Locking Retractor)。安全带大体可分为两点式安全带、三点式安全带和全背带式安全带，如图 11－10 所示。其中用得最多的是三点式。

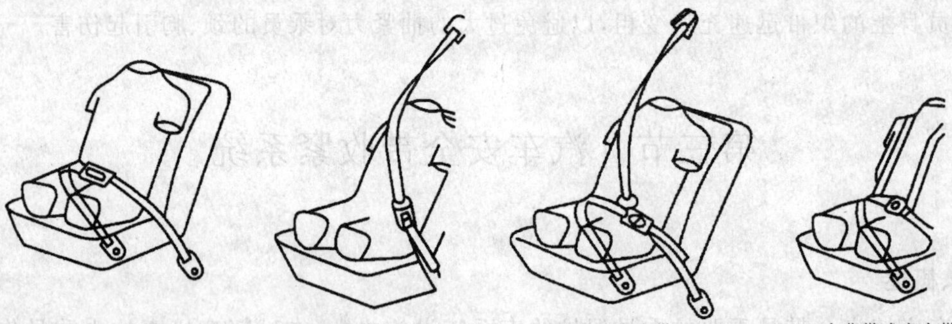

a)两点式安全带　b)两点式安全带　c)三点式安全带　d)全背带式安全带

图 11－10　安全带类型

安全带结构如图 11－11 所示，主要由织带、带扣、滑移导向件、安装附件以及卷收器等组成。

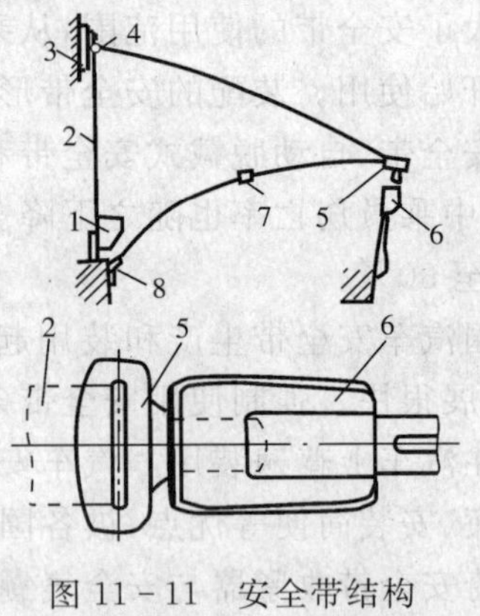

图 11－11　安全带结构

1—卷收器　2—织带　3—高度调节器　4—导向板　5—锁舌　6—锁扣　7—限位钮　8—底支架

1. 织带

织带是用合成纤维织成，发生事故时将乘员固定在座椅上，以免在冲击力的作用下离开座椅受到大的伤害，同时也要求其有适当的延伸以适应人体运动的变化。

2. 卷收器

卷收器的主要作用为当不需要使用安全带时将织带收回，是存贮织带的装置，必要时可以锁紧。这种卷收器装置使佩戴者不必随时调节织带长度。卷收器按其作用可分为：

(1)无锁式卷收器。这是一种在织带全部拉出时保持束紧力的卷收器。

(2)自锁式卷收器。这是一种在任意位置停止拉出织带动作时，其锁止机构能在停止位置附近自动锁止同时保持束紧力的卷收器。

(3)紧急锁止式卷收器。这是一种应用最广泛的卷收器,其结构如图 11-12 所示,主要由卷筒、卷筒轴、棘轮棘爪机构和离合器等组成。

在汽车正常行驶时允许织带自由伸缩,但当汽车速度急剧变化时,其锁止机构锁止并保持安全带束紧力约束乘员。这种卷收器中装有惯性敏感元件和棘轮棘爪机构或中心锁止机构。织带缠绕在卷轴上。当汽车正常行驶时,卷收器借助卷簧的作用,既能使织带随使用者身体的移动而自由伸缩,又不会使织带松弛。但当紧急制动、碰撞或车辆行驶状态急剧变化时,卷收器内的敏感元件将驱动锁止机构锁住卷轴,使织带固定在某一位置上,并承受使用者身体加给织带的载荷。

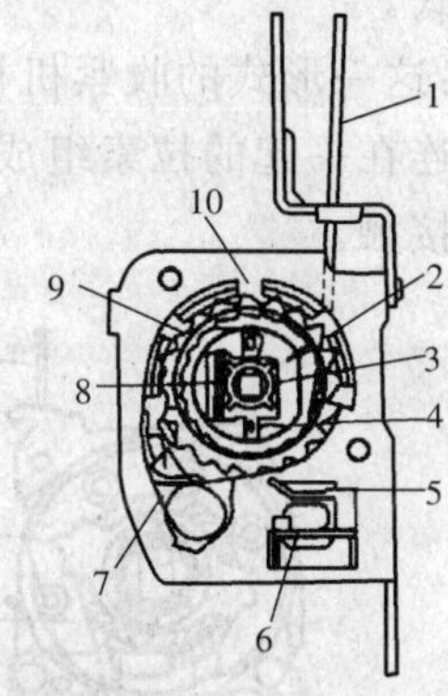

图 11-12　卷收器结构

1—织带　2—惯性卷筒　3—卷筒轴　4—平衡块　5—执行臂　6—摆锤　7—棘爪　8—平衡弹簧　9—棘轮机构　10—离合器

3. 高度调节器

高度调节器一般在肩部位置处,可以调节安全带以适应不同身高乘员的需要。

4. 带扣

带扣是既能把乘员约束在安全带内,又能快速解脱的连接装置。

安全带对乘员保护的原理是当碰撞事故发生时,安全带起作用,将乘员"束缚"在座椅上。乘员的头部、胸部不至于向前撞到转向盘、仪表板及风窗玻璃上,使乘员免受车内二次碰撞的危险,同时使乘员不被抛离座椅。事实证明,在正面碰撞、追尾碰撞及翻车事故中普通安全带对乘员保护尤其是对乘员头部、胸部的保护效果很好。为了进一步降低碰撞时乘员下沉(即乘员沿座椅下滑)造成腹部伤害,目前很多汽车生产厂采用带收紧器或织带夹紧装置的安全带。这种安全带同改进的座椅结构及气囊相结合,便可大大提高对乘员的保护性能。

三、座椅安全带收紧器的结构组成

座椅安全带收紧器通常安装在前排座椅左、右两侧或前左、右车门立柱旁边。座椅安全带收紧器按控制方式不同,分为电子式(E 型)和全机械式(M 型)。其中电子式安全带收紧器组合在安全辅助气囊系统内,由中央气囊传感器总成来驱动,即与安全气囊同时动作。全机械式安全带收紧器有自己单独的传感器,自成系统。因此,在某些碰撞的情况下,安全带收紧器和气囊可能不会同时工作,甚至左、右两个收紧器也可能不会同时工作。

座椅安全带收紧器虽然有电子式(E 型)和全机械式(M 型)之分,但两者的基本构造和工作原理实质上是一样的,只是气体发生器的点火方式不同。

座椅安全带收紧器主要由收紧机构、收缩机构和 ELR(紧急锁紧收缩器)组成。其中收缩机构和 ELR 属于不带收紧器的普通座椅安全带的组成部分。电子式安全带收紧器由中央气囊传感器总成控制工作。全机械式安全带收紧器带有自己的收紧传感器,它可检测减速惯性力,并据此点燃气体发生器。此外它还有一个安全装置来锁定此传感器。

1. 收紧机构

收紧机构的具体构造因制造厂家的不同而有差异,但其工作原理均相同。现列出两种较常用的形式。

形式一：这一形式的收紧机构的结构如图 11－13 所示，主要由气体发生器、缸筒、活塞以及与活塞连在一起的拉索组成。为不影响安全带的正常工作，拉索绕在一鼓轮上，而不与轴的外表面接触。

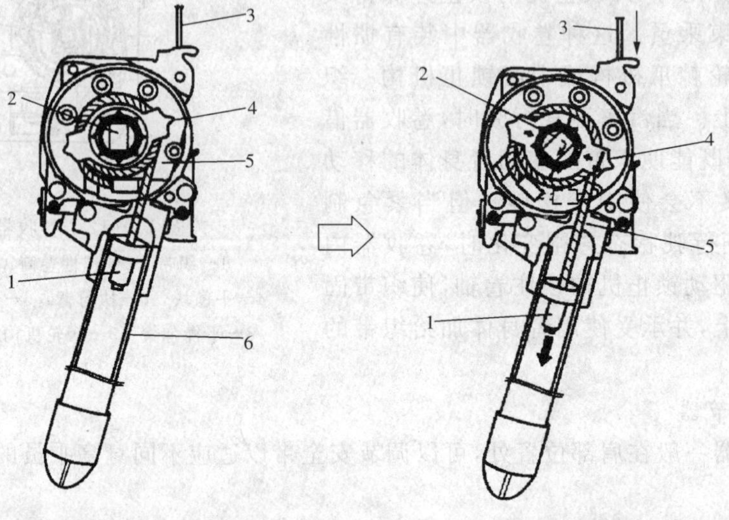

图 11－13　收紧机构的结构及其工作(形式一)

1－活塞　2－轴　3－安全带　4－鼓轮　5－拉索　6－缸筒

当收紧器动作时，由气体发生器释放出的大量气体迫使活塞向下运动。由于拉索与活塞连在一起，所以活塞带动拉索，使鼓轮夹紧轴。这样，向收紧安全带的方向转动，使安全带收紧一定的长度后，安全带便无法被拉出或回缩。

形式二：这种形式的收紧机构的结构如图 11－14 所示，主要由气体发生器、离合齿轮、离合键和转子等组成。

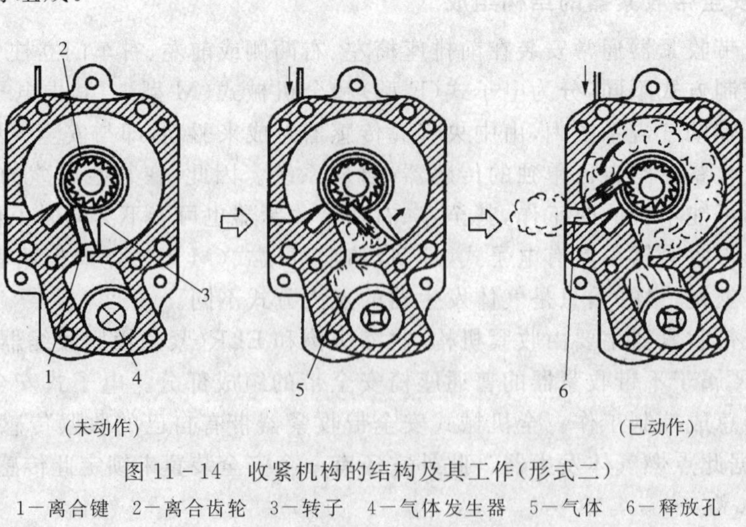

图 11－14　收紧机构的结构及其工作(形式二)

1－离合键　2－离合齿轮　3－转子　4－气体发生器　5－气体　6－释放孔

当收紧器动作时，由气体发生器释放出的大量气体首先迫使离合键插入离合齿轮，使得转子与离合齿轮一起转动，然后气体继续迫使转子转动直到尽头，最后使气体从释放孔排出。

当收紧器作用后，离合键和离合齿轮可以分离，在它们分离后，安全带即可像原来一样被拉出或回缩。

2. 安全带限力器

安全带限力器的结构如图 11－15 所示，主要由限力板、卷筒和固定轴等组成。

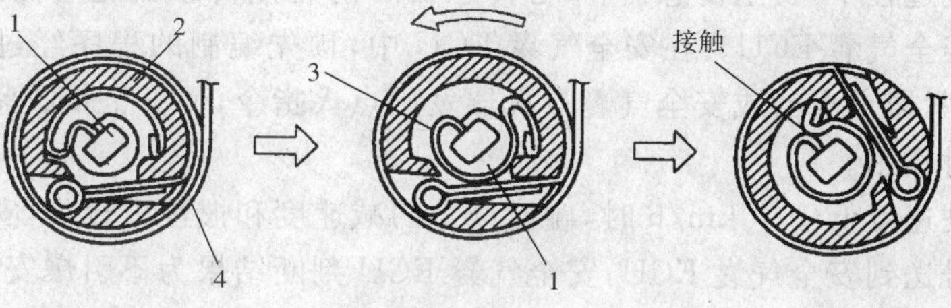

a)未动作　　b)动作　　c)动作结束

图 11－15　安全带限力器的结构

1—固定轴　2—卷筒　3—限力板　4—安全带

当车辆发生严重的正面碰撞时，由于乘员进一步向前移动而使安全带所受的力超过预定值时，限力板开始变形，卷筒立即旋转，使得绕在其上的安全带得以向外拉出。与此同时，限力板继续随卷筒的旋转而绕固定轴变形，成为安全带继续拉出的阻力。当卷筒转过 1.25 圈，随着限力板两端接触，限力板完成绕固定轴的转动，卷筒也不能再进一步转动。结果，限力器完成其工作。

四、座椅安全带收紧器的工作原理

装备座椅安全带收紧器的安全气囊系统电路图如图 11－16 所示。

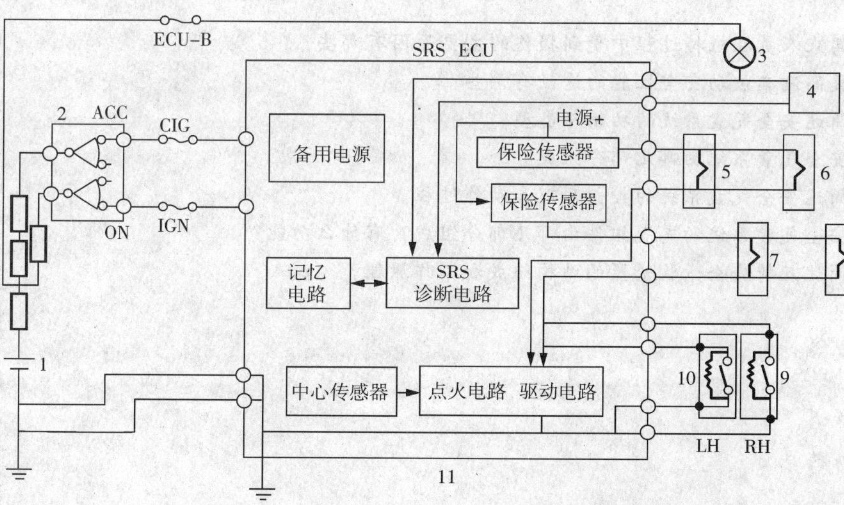

图 11－16　装备座椅安全带收紧器的安全气囊系统电路

1—蓄电池　2—点火开关　3—安全气囊指示灯　4—诊断插座　5—左侧安全带收紧器点火器　6—右侧安全带收紧器点火器　7—驾驶席气囊点火器　8—乘员席气囊点火器　9—右碰撞传感器　10—左碰撞传感器　11—安全气囊电脑

前左、右碰撞传感器9、10与安装在安全气囊ECU中的中心传感器相互并联，驾驶席气囊点火器7与乘员席气囊点火器8并联，左、右安全带收紧器点火器5、6并联。

在安全气囊ECU中，设有两只相互并联的安全传感器，其中一只与收紧器5、6和安全气囊ECU中的驱动电路构成回路，收紧器的点火器受安全气囊ECU的控制。另一只安全传感器与气囊点火器和碰撞传感器9、10构成回路，气囊点火器7、8也受安全气囊ECU的控制。

在汽车行驶过程中，安全传感器、中心传感器和前碰撞传感器随时检测车速变化信号，并将信号送到安全气囊ECU。在安全气囊ECU中，预先编制的程序经过数学计算和逻辑判断后，再向收紧器点火器或安全气囊点火器发出点火指令，使安全带收紧器动作或收紧器与安全气囊同时作用。

当汽车行驶速度低于30km/h时，碰撞产生的减速度和惯性力较小，安全传感器和中心传感器将此信号送到安全气囊ECU，安全气囊ECU判断结果为不引爆安全气囊，仅引爆座椅安全带收紧器的点火器。因此，安全气囊ECU向左、右安全带收紧器点火器发出点火指令，点火器引爆点火剂，充气剂受热分解产生大量气体，活塞在膨胀气体的推动下迅速在导管内向上运动，同时缆绳运动并向带轮传递一个转动力矩，离合器将带轮与卷筒卡住，成为一体，转动力矩便带动卷筒一起转动，将安全带迅速收紧，驾驶员和乘员向前移动距离缩短，从而防止其面部、胸部与转向盘、风窗玻璃或仪表板发生碰撞。

当汽车行驶速度高于30km/h时，碰撞产生的减速度和惯性力较大，安全传感器、中心传感器和碰撞传感器将此信号送到安全气囊ECU，安全气囊ECU判断结果为需要安全气囊和收紧器共同作用来保护驾驶员和乘员；与此同时，安全气囊ECU向左、右安全带收紧器点火器和气囊点火器发出点火指令，引爆所有点火器，在座椅安全带收紧的同时，驾驶席气囊与乘员席气囊同时膨胀展开，吸收碰撞产生的动能，达到保护驾驶员和乘员的目的。

思考与练习

11-1　驾乘人员在碰撞过程中受到损伤的主要原因有哪些？

11-2　提高汽车被动安全性能的途径有哪些？

11-3　简述安全气囊系统的功用与类型。

11-4　安全气囊系统由哪几部分组成？

11-5　简述安全气囊系统的控制原理和动作过程。

11-6　安全气囊系统的充气组件由哪几部分组成？有什么功能？

11-7　简述座椅安全带收紧器的结构组成和工作原理。

第十二章　汽车舒适性的电子控制系统

内容提要：汽车舒适性是根据乘员主观感受来评价的，它影响到驾乘人员的疲劳强度，从而直接影响到行车的安全性能。汽车舒适性主要与汽车的结构及其附属装置有关。本章针对汽车的驾驶环境舒适性和操纵轻便性，主要介绍了汽车巡航控制系统、汽车空调、电动座椅、车门控制系统和电动天窗的特点、基本组成和控制过程。目前，相对于汽车舒适性的不同要求，开发出了许多汽车电控装置，在学习本章时可以视具体情况灵活地安排课时和教学计划。

第一节　影响汽车舒适性的因素

通常将汽车为乘员提供舒适的乘坐环境和方便的操作条件称为汽车舒适性。现在汽车已不仅是可靠的交通代步工具，而已逐渐变成人际间交往的流动办公室或舒适的休闲娱乐室，成为人类社会活动中的重要场所。因此对汽车舒适性的要求越来越高。

汽车舒适性作为人的主观感受，一般包括汽车平顺性、驾驶环境舒适性和操纵轻便性等。其中提高汽车平顺性的基本方法已在第十章中详细介绍了，所以本章针对汽车的驾驶环境舒适性和操纵轻便性介绍一些常见的汽车电控系统。

一般而言，衡量一辆汽车的舒适性可以从以下三方面因素来判断：

1. 车身的尺寸及隔振的能力

汽车车身是驾驶员的工作场所，也是容纳乘客和货物的场所。车身应给驾乘人员提供宽敞的内部空间、舒适的乘坐条件，使他们能够抵御汽车行驶时的振动、噪声、废气的侵袭以及外界恶劣气候的影响，并保证完好无损地运载货物且装卸方便。车身结构和设备还应保证行车的安全性，减轻事故发生时对驾乘人员的伤害。

2. 内饰的设计

汽车的内饰设计的作用是使车厢内部接近居住房间的布置，更富于生活情趣，给人们以心理上的亲切感和舒适感。通过对“色彩”、“立面构成”及“材质”等艺术处理手法创造一个符合乘员心理要求的虚空间，同时通过细化室内空间的布局，以进一步扩展车内活动空间。

另外，车厢内装饰的材料选择也决定着汽车的舒适性能，就像谁都会认为真皮座椅比绒布座椅的舒适性更强一样。

3. 车内装备的自动化程度

汽车的舒适性与车厢内的自动化程度高低有直接的关系。比方说,汽车座椅有手动调节的有电动调节的,很显然,电动调节的更方便舒适;再拿座椅为例,电动座椅中有四方向调节的和六方向调节的,当然六方向调节的舒适性应更强。

现代汽车总的发展趋势一直是向自动化方向发展。通常汽车的配置决定了车型的档次和价格水平。目前装备于现代汽车中可提高汽车舒适性与车厢内自动化的装置有:定速巡航系统、座椅调节记忆位置组数、前/后座头枕、前/后排座椅加热、前/后排座椅腰部支撑调节、座椅通风功能、遥控行李箱盖、前灯自动清洗功能、前/后电动窗、前/后电动窗防夹手功能、后视镜电动调节、空调控制方式、GPS导航系统、车内灯光关闭延时、车内中控锁、泊车辅助系统、天窗开合方式、座椅调节形式、方向盘调节形式、动力助力转向、车载冰箱、车载电视等。

第二节 汽车巡航系统

一、概述

汽车巡航控制系统(Cruise Control System),也称定速(或恒速)控制系统。它是在驾驶员无需操作油门踏板的情况下,能够根据汽车行驶阻力的变化,自动地增减节气门开度,保证汽车以某一固定的预选车速行驶的控制系统,适用于在高速公路上长时间行驶。

随着现代汽车技术和高速公路的发展,在发达国家,无论是运输业还是个人,汽车都已成为长距离运输的主要交通工具。在高速公路上长时间高速行驶时,驾驶员长时间操纵加速踏板得不到活动,容易造成疲劳,从而带来安全隐患。自20世纪60年代开始,美国、日本等一些先进国家将巡航控制系统装在中、高级轿车上。当该系统工作时,汽车可按驾驶员选定的车速恒速行驶,无须再操纵加速踏板,减轻了驾驶员的疲劳,提高了汽车的驾驶舒适性和行驶安全性。由于减少了不必要的、人为因素引起的车速的变化,还可以节省燃料的消耗。早期巡航控制系统的车速通常设置在40km/h～65km/h之间。随着道路条件的改善,车速设置值也随之增加。

巡航控制系统主要具有以下优点:

(1)提高汽车行驶时的舒适性。这种优越性在郊外或高速公路上尤为显著,它大大减轻了驾驶员的负担,使驾驶更为轻松。

(2)节省燃料,具有一定的经济性和环保性。启动这一系统后,可使汽车燃料的供给与发动机功率之间处于最佳的配合状态,并减少废气的排放。

(3)保持汽车车速的稳定。汽车无论在上坡、下坡、平路上行驶,或是在风速变化的情况下行驶,只要在发动机功率允许的范围内,汽车的行驶速度都保持不变。

二、汽车巡航控制系统的基本组成

汽车巡航控制系统主要由主控开关(包括控制开关和解除开关)、车速传感器、巡航控制ECU和执行机构四部分组成,如图12-1所示。

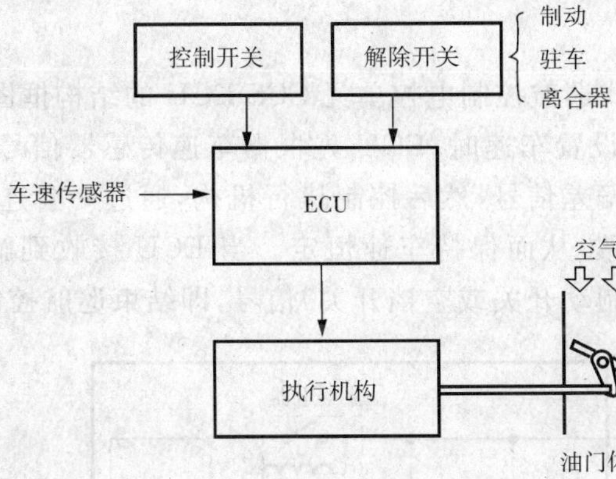

图 12-1　汽车巡航控制系统组成

1. 主控开关

主控开关包括控制开关和解除开关:控制开关是杆式或按键式组合开关,装在转向柱或方向盘等驾驶员容易接近的地方;控制开关用于打开和关闭系统,设置希望的车速以及选择其他的控制细节。

控制开关包括主开关和选择开关:主开关(MAIN)是巡航控制系统的按钮式电源开关。选择开关为手柄式控制开关,有五种选择功能:SET(设置)、COAST(减速或滑行)、ACC(加速)、RES(恢复)和 CANCEL(取消)。其中,SET/COAST 使用同一开关,RES/ACC 使用同一开关。它们可实现的功能为设定车速、加速、减速、恢复、解除等。

(1)SET(设置)

在主开关接通的情况下,当车速在巡航控制范围(40km/h～200km/h)内时,按下SET/COAST开关,巡航控制单元储存此时的车速,并以此车速稳速行驶,即进行巡航行驶。

(2)COAST(减速或滑行)

当汽车巡航行驶时,按下 SET/COAST 开关,执行元件的电机关闭节气门,汽车不断减速。当松开开关时,控制单元储存此时车速,并以此车速稳速行驶。

(3)ACC(加速)

当汽车巡航行驶时,按下 RES/ACC 开关,执行元件将节气门开大,汽车加速。当松开开关时,控制单元储存此时车速,并以此车速稳速行驶。

(4)RES(恢复或再设置)

按下 RES/ACC 开关,可恢复巡航控制方式,并以设置的车速行驶。

(5)CANCEL(取消)

按下该开关,可将汽车从巡航控制行驶状态解除出来。

巡航控制系统还有其他几个解除开关:制动开关、离合器开关、驻车制动开关和空挡开关。在汽车巡航行驶过程中,当驾驶员踩下制动踏板或离合器踏板、拉驻车制动器或将变速器挂入空挡,都将使汽车从巡航控制过程中解除出来。

2. 车速传感器

巡航控制系统的车速传感器与其他电子系统的相同,将车速信号输送给 ECU,可以有磁脉冲式、光电式、霍耳式、磁阻式等多种结构形式。车速传感器通常装于变速器输出轴端,由输出轴齿轮驱动。

3. 巡航控制 ECU

如图 12－2 所示为数字式巡航控制电控单元 CCS ECU 的结构框图。ECU 接收控制开关及车速传感器的信号。当设置车速时，ECU 先根据车速传感器信号计算车速，并与所设置的车速相比较后产生一个偏差信号，然后控制执行机构，通过一套连杆机构驱动油门，使实际车速与所设置的车速一致，从而保持车速恒定。当 ECU 接收到解除开关（CANCEL、制动开关、离合器开关、驻车制动开关或空挡开关）信号，即结束巡航控制。

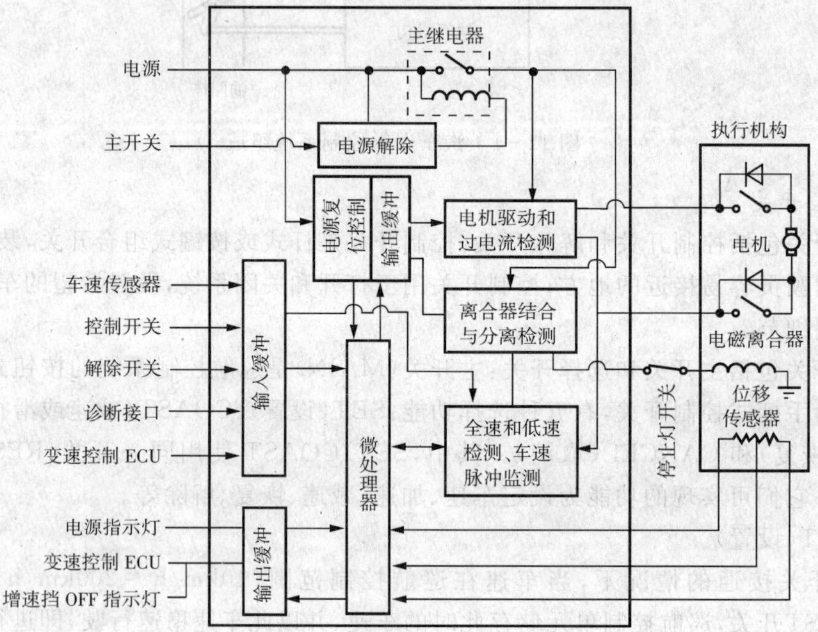

图 12－2　巡航控制 ECU 的结构框图

4. 执行机构

巡航控制系统执行机构的作用是接收 ECU 的控制信号，控制油门的开度。节气门执行机构有电动式和气动式两种形式。电动式一般采用步进电机或直流电机控制，而气动式采用由进气歧管真空度控制的气动活塞式结构。

(1)电动式执行机构

电动式巡航执行机构如图 12－3 所示，主要由安全电磁离合器、控制电机、减速机构和电位计等组成。控制电机是执行机构的动力源，既可采用永磁式直流电动机，也可采用步进式直流电动机。当采用步进电机作为动力源时，巡航电控单元 CCS ECU 每发出一个控制脉冲，步进电机就可带动节气门摇臂转过一个微小角度。因此，步进电机能够保证节气门开度平稳准确地调节。

CCS ECU 通过控制电流或脉冲来控制电机的转动方向和大小，并通过减速机构和电磁离合器带动控制臂转动，控制臂又通过专用节气门拉索拉动节气门摇臂转动，从而改变发动机节气门的开度。

一般在电动式执行机构中装有转角或位移传感器（即图 12－3 中由滑片电阻器构成的

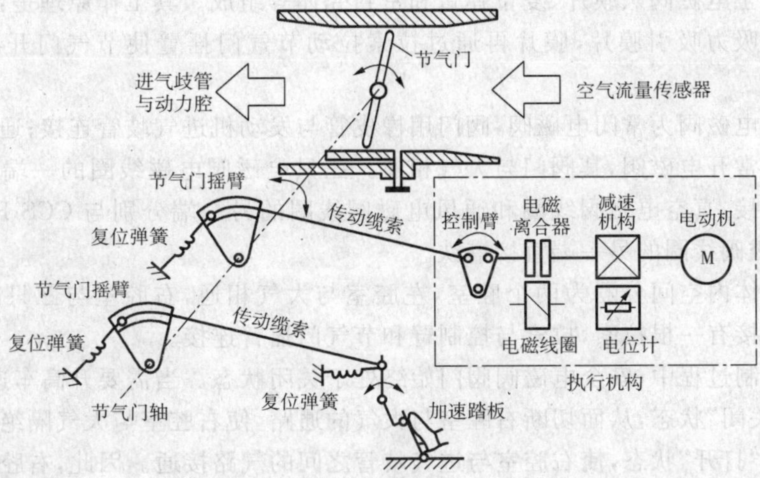

图 12-3　电动式巡航执行机构

电位计)，其功用是检测执行机构中控制臂转动的角度或拉索的位移量，并将信号输入 CCS ECU。该信号主要用于 CCS ECU 诊断执行机构是否发生故障。当 CCS ECU 向执行机构发出控制指令后，如果电位计信号没有变化或超过设计值，则说明执行机构有故障。

电磁离合器安装在驱动电机与控制臂之间。在巡航行驶过程中，当驾驶员踩下制动踏板或实际车速超过设定巡航车速一定值(一般为 15km/h 左右)或车速传感器发生故障时，CCS ECU 将立即发出控制指令使离合器分离，防止发生事故，故又称为安全电磁离合器。

由于只有在电磁离合器接合的情况下驱动电机转动才能改变节气门开度进入巡航控制，因此，当未进入巡航控制状态时，就将电磁离合器线圈电路设计为接通状态，使离合器初始状态为接合状态。如此设计的目的是：提高巡航执行机构的响应速度，防止车速突然变化而发生"游车(即车速时快时慢)"现象。

(2)气动式执行机构

气动式巡航执行机构的结构组成如图 12-4 所示，主要由三只电磁阀(真空电磁阀、通

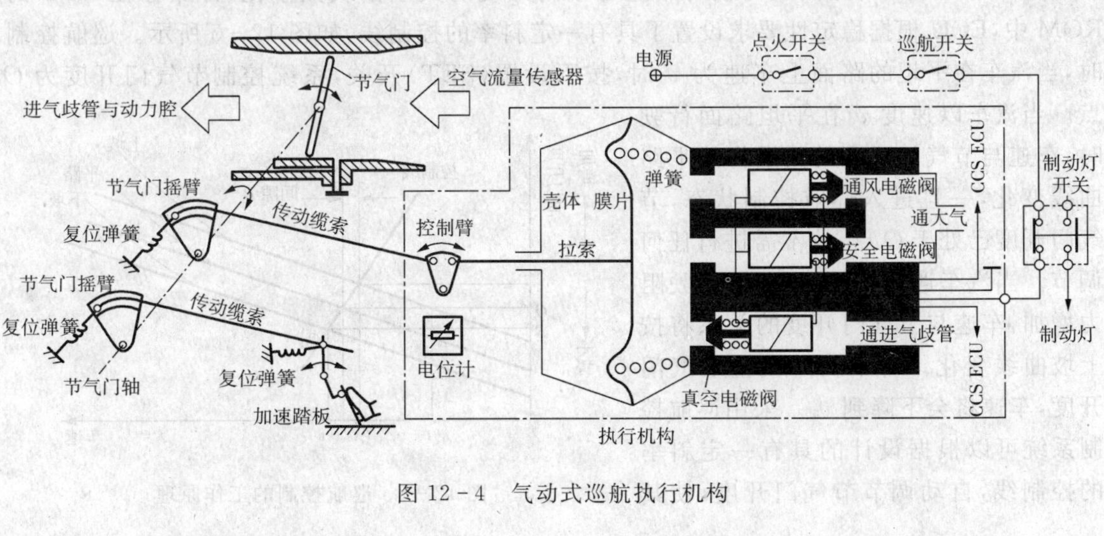

图 12-4　气动式巡航执行机构

风电磁阀和安全电磁阀)、膜片、复位弹簧和密封壳体等组成。其工作原理是:利用发动机进气歧管的真空吸力吸引膜片,膜片再通过拉索拉动节气门摇臂使节气门开度改变来调节车速。

其中真空电磁阀为常闭电磁阀,阀门用橡皮管与发动机进气歧管连接;通风电磁阀和安全电磁阀均为常开电磁阀,其阀门与大气相通。三只电磁阀电磁线圈的一端均与制动灯开关常闭触点连接,真空电磁阀线圈和通风电磁阀线圈的另一端分别与 CCS ECU 的控制端连接;安全电磁阀线圈的另一端直接搭铁。

膜片将壳体内空间分隔为两个腔室,左腔室与大气相通,右腔室与三只电磁阀阀门相通。膜片上连接有一根拉索,拉索与控制臂和节气门摇臂连接。

在巡航控制过程中,安全电磁阀阀门始终处于关闭状态。当需要升高车速时,通风电磁阀阀门处于“关闭”状态,从而切断右腔室与大气的通路,使右腔室与大气隔绝。同时真空电磁阀阀门处于“打开”状态,使右腔室与进气歧管之间的气路接通。因此,右腔室形成真空状态,膜片在进气歧管真空吸力作用下,通过控制臂和拉索带动节气门摇臂转动使节气门开度增大,汽车将加速行驶;当需要保持车速时,通风电磁阀阀门和真空电磁阀阀门均处于“关闭”状态,右腔室的真空度保持不变,因此,节气门位置保持不变,从而使车速保持在设定车速恒速行驶;当需要降低车速时,通风电磁阀阀门处于“打开”状态,部分大气进入右腔室,膜片在弹簧张力作用下向左拱曲复位,使节气门摇臂放松、节气门开度减小,车速降低。此时真空电磁阀阀门也处于“打开”状态,进气歧管真空吸力继续作用到膜片上,因此膜片向左拱曲的位移量取决于弹簧张力与真空吸力的平衡位置。

当踩下制动踏板时,制动灯开关的常开触点闭合、常闭触点断开。常开触点闭合将接通制动灯电路使制动灯发亮;常闭触点断开将三只电磁阀线圈的电源切断,电磁吸力消失,三个阀门复位到初始状态,右腔室无真空吸力作用,节气门拉索处于放松位置。当安全电磁阀线圈电源切断时,其阀门打开并引入大气,可以加速膜片左移复位,防止制动时车速来不及降低而发生危险,故称之为安全电磁阀。

三、汽车巡航控制系统的工作原理

将汽车在平坦的路面上行驶时车速与油门开度的关系曲线数字化,并储存在 ECU 的 ROM 中,ECU 根据稳定性要求设置了具有一定斜率的控制线,如图 12-5 所示。巡航控制时,当汽车在平坦的路面上车速为 v_0 时,按下设置(SET)开关,系统控制节气门开度为 O 点。当汽车以速度 v_0 在平坦路面行驶时,车速与节气门开度的关系将按平路曲线变化,一旦进入巡航控制状态,节气门开度已处于 O 点,故不需进行任何调节。当汽车遇到上坡路段时,行驶阻力增加,车速与节气门开度的关系将按上坡曲线变化。若不及时调整节气门开度,车速将会下降到 v_1。采用巡航控制系统可以根据设计的具有一定斜率的控制线,自动调节节气门开度,使其

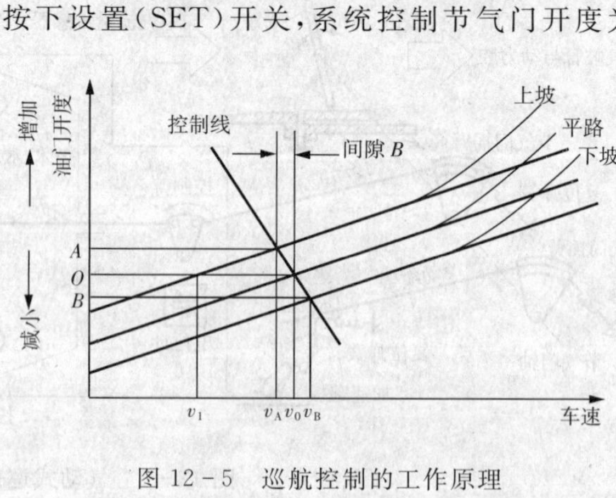

图 12-5 巡航控制的工作原理

从 O 变为 A，将车速稳定在 v_A 点，取得新的平衡。当汽车遇到下坡路段时，行驶阻力减小，车速与节气门开度的关系将按下坡曲线变化，同样控制系统也将沿控制线调节节气门，其开度从 O 变为 B，车速在 v_B 点取得平衡。因此，汽车行驶阻力在上述上坡和下坡曲线中间变化时，车速在 $v_A \sim v_B$ 范围内变化。

显然，自动调节的结果，汽车速度并不是保持在某一点，而是在一定的速度范围内变动，即与设定车速间存在一定的误差，所以是一种动态恒速。

在设计时，若使控制线垂直于车速，从理论上看则车速控制的误差(波动)可减少为零。但这样一来，行驶阻力的微小变化都会引起节气门快速变化，容易产生较大的振荡，即产生游车现象。因此，应综合考虑控制车速误差范围与游车问题，并选择适当的控制线斜率。

为了防止汽车失控，车速控制系统设置了高速和低速限制电路，当车速高于设置的速度上限或低于设置的速度下限时，系统自动停止工作。低速限制还有另一个作用：若传感器有故障或电路断开而无车速信号时，系统视车速为零而自动停止工作。

四、自适应巡航控制系统

自适应巡航控制系统(Adaptive Cruise Control，简称 ACC)是一种构想于 20 世纪 70 年代末期的汽车安全性辅助驾驶系统。它将汽车自动巡航控制系统 CCS(Cruise Control System)和车辆前向撞击报警系统 FCWS(Forward Collision Warning System)有机地结合起来，既有自动巡航功能，又有防止前向撞击功能。因此 ACC 系统通过自动保持与目标车的车间距离，可减轻驾驶员的驾驶强度，保证行驶安全性，同时提高高速公路上的车流行进效率。

自适应巡航控制系统的基本工作原理是依据雷达探测到的主车与目标车辆间的相对位置关系及相对运动关系，通过控制发动机节气门开度、行驶挡位及制动器制动力矩，实现对车辆行驶速度的调节，从而达到与目标车辆间保持安全行驶距离的目的。

1. ACC 的典型操作模式

驾驶员可通过设置在仪表盘上的人机交互界面启动或清除自适应巡航控制系统。当启动 ACC 系统后，ACC 系统将按设定的主车在巡航状态下的车速和与目标车辆间的安全距离，自动控制主车的加、减速，以保持主车与目标车辆间的距离，从而大大减轻驾驶员在驾驶时的劳动强度，让驾驶员从频繁的加速和减速操作中解脱出来。

ACC 系统通常有四种典型的操作模式，如图 12-6 所示。

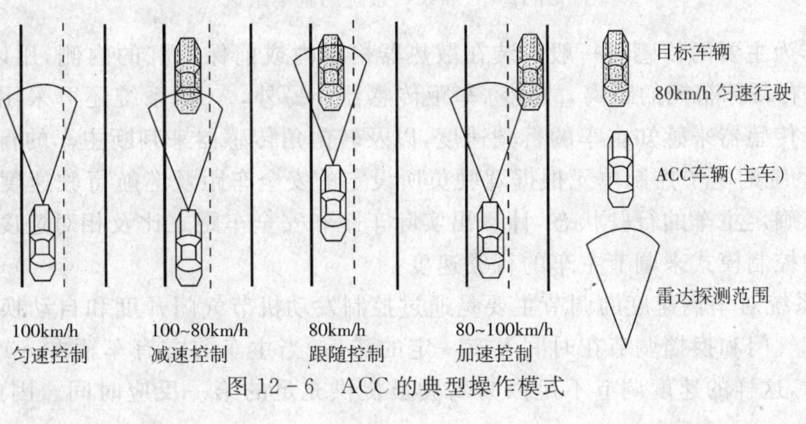

图 12-6 ACC 的典型操作模式

(1)匀速控制

当主车前方无行驶车辆时，主车将处于普通的巡航行驶状态，ACC系统按照设定的行驶车速对车辆进行匀速控制。

(2)减速控制

当主车前方有目标车辆，且目标车辆的行驶速度小于主车的行驶速度时，ACC系统将自动控制主车进行平滑的减速控制，确保两车间的距离为所设定的安全距离。

(3)跟随控制

当主车减速至两车之间的距离等于安全车距后，ACC系统将采取跟随控制，即与目标车辆以相同的速度行驶。

(4)加速控制

当前方的目标车辆换道或者主车移线行驶使得主车前方又无其他的行驶车辆时，ACC系统将对主车进行加速控制，使主车加速恢复至设定的行驶速度。在恢复行驶速度后，ACC系统又转入对主车的匀速控制。

虽然自适应巡航控制系统可以自动控制车速，驾驶员只需要进行方向的控制，但在任何时候驾驶员都可以主动进行加速或制动。当驾驶员在巡航控制状态下进行制动操作时，ACC系统将自动退出对车辆的控制；如果在巡航控制状态下进行加速操作，当驾驶者停止加速后，ACC系统会按照原来设定的车速继续进行巡航控制。

2. ACC系统的基本组成

图12-7所示为ACC系统的基本组成，主要也是由传感器、电子控制单元和执行机构组成。

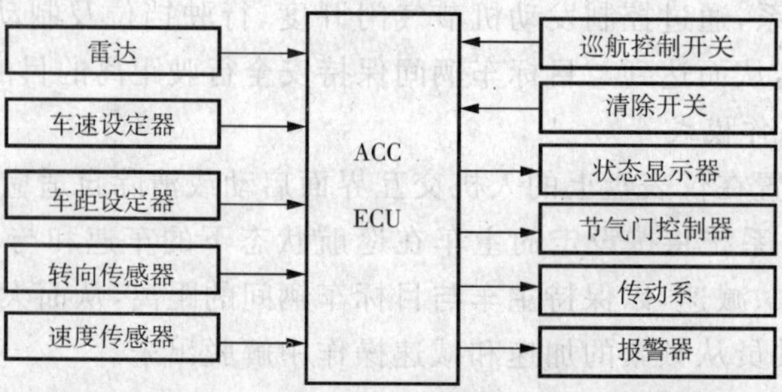

图12-7　ACC系统的基本组成

雷达作为主要的传感器一般安装在散热器格栅内或前保险杠的内侧，用以探测主车前方200m左右目标车辆的距离，故也称车距传感器。另外，ACC系统还可采用与ABS系统共用的轮速传感器来感知主车的行驶速度，以及转向角传感器来判断主车的行驶方向。

ACC系统的电子控制单元根据驾驶员所设定的安全车距及巡航行驶速度，结合各个传感器的信息确定主车的行驶状态，计算出实际车距和安全车距之比及相对速度的大小，从而选择正确的控制模式来调节主车的行驶速度。

ACC系统对车辆速度的调节主要是通过控制发动机节气门开度和自动换挡来实现的。但是由于节气门和换挡调节在时间上有一定的滞后，当主车前方有车辆并入或有其他紧急情况发生时，这样的速度调节不足以为驾驶员提供充足的第一反应时间。因此，ACC系统还可以与车辆的制动系统直接相连，具有主动制动功能。

3. ACC 的关键技术

(1)雷达的性能

雷达的功用是测知相对车距、相对车速、相对方位角等信息，其性能的优劣直接关系到 ACC 系统性能的好坏。当前应用到 ACC 系统上的雷达主要有单脉冲雷达、微波雷达、激光雷达以及红外探测雷达等。

单脉冲雷达和微波雷达是全天候雷达，可以适用各种天气情况，具有探测距离远、探测角度范围大、跟踪目标多等优点。激光雷达对工作环境的要求较高，对天气变化比较敏感，在雨雪天、风沙天等恶劣天气探测效果不理想，探测范围有限，跟踪目标较少，但其最大的优点在于探测精度比较高，价格低，易于控制和进行二次开发。红外线探测在恶劣天气条件下性能不稳定，探测距离较短，但价格便宜。

另外，无论使用何种类型的雷达，确保雷达信号的实时性处理也是要考虑的问题。

(2)目标车辆的识别和跟踪

ACC 系统的 ECU 需要对雷达所探测到的物体信息进行识别，从中确定一个主目标来用做 ACC 控制中的参照物，并依据两者间的相对运动及距离来控制主车的行驶速度。由于车辆在道路中行驶状况十分复杂，而且主车在行驶时，主目标是经常变化的，因此 ACC 系统对主目标的识别十分困难，误报率较高。

不同厂商开发的 ACC 系统对主目标的选取模式是不同的，一般 ACC 系统将与主车距离最近的车辆视为主目标，而有些系统则将与主车位于同一车道上距离最近的车辆视为主目标。

ACC 系统不但要确定主目标，而且还应该能够对其进行跟踪，以保证无论是弯道还是上下坡道都要主目标的一致性，从而避免了当主车沿直道行驶而此时主目标车辆已进入弯道时，错误地将正前方的护栏或旁车道上的车辆视为主目标。

当前 ACC 系统对目标的识别判定技术上已经有了很大进展，但对主目标的跟踪以及 ACC 系统与习惯性驾驶之间的矛盾等问题还有待解决。

4. ACC 系统的发展趋势

(1)集成化

汽车电子控制系统不仅有助于降低成本，而且可增强各系统间的内在联系，从而充分利用各种车辆信息，提高了系统的稳定性和可靠性。

ACC 系统在发展之初就与 CCS 系统结合在一起，按照 ACC 的发展方向，它还会同 ABS、ASR 以及发动机控制器等各种电控系统集成起来。

(2)走停控制

现在对 ACC 系统的研制和开发主要针对的是在高速公路上高速行驶的车辆，而不适用于城市中低速、高车流密度情况下使用。

具有走停控制功能的汽车自适应巡航控制系统正是 ACC 系统针对车速低、车距近的行驶情况所做的功能扩展，与常规 ACC 系统相比，汽车走停巡航控制系统具有更好的近距离探测能力、更快的信号处理功能、更迅速的系统反应、更高的车间相对距离和速度的控制精度，同时增加了车辆的自动起步功能。这样即使在堵车情况下也无须驾驶员参与，只需操纵车辆的转向即可，驾驶员可以完全从繁琐的驾驶操作中解放出来。

(3)具有最优燃油经济性的 ACC 系统

具有最优燃油经济性的 ACC 系统在不降低原有控制系统对车间相对距离及速度的跟踪性能的同时,实现对发动机燃油消耗量的最优控制。该系统通过综合控制节气门开度、变速器传动比等动力总成参数,协调发动机的节气门开度和转速变化,使其工作点尽可能运行在燃油消耗量最低的区域内,最终保证发动机在获得期望的输出转矩同时,实现燃油消耗量的最优化。

具有最优燃油经济性的 ACC 系统不但减少了事故发生率、减轻了驾驶人员工作强度,而且进一步改善了车辆的燃油消耗量,保护城市环境。

(4)自动驾驶

随着近几年智能公路概念的提出以及卫星导航系统的开发与应用,未来的 ACC 系统将同其他的汽车电控系统相互融合,形成智能汽车电子控制系统。驾驶这种汽车只需在显示器中指明所要到达的目的地,汽车就会在卫星导航系统的指引下,借助公路两旁的电子标志牌,无需人为参与就可安全驶达目的地,实现完全的自动驾驶功能。

第三节　微型计算机控制的汽车空调

一、汽车空调的发展

汽车空调技术的发展是从低级到高级,由功能简单向功能齐全方向发展的,其发展过程可以概括为以下五个阶段:

(1)单一供暖汽车空调阶段。即利用房间取暖的方法制作的汽车空调。1925 年首先在美国出现利用汽车冷却液通过加热器的方法取暖。到 1927 年发展到具有加热器、鼓风机和空气滤清器等比较完整的供热系统。目前在寒冷的北欧、亚洲北部地区,汽车空调仍然使用单一供暖系统。

(2)单一制冷汽车空调阶段。1939 年,由美国通用汽车帕克公司(PACKARD)首先在轿车上安装机械制冷降温的空调器,成为汽车空调的先驱。目前在热带、亚热带地区,汽车空调仍然使用单一制冷系统。

(3)冷暖一体化汽车空调阶段。1954 年美国通用汽车公司,首先在纳什(NASH)轿车上安装了冷暖一体化的空调器,汽车空调才基本上具有调节控制车内温度、湿度的功能。随着汽车空调技术的改进,目前冷暖一体的空调基本上具有降温、除湿、通风、过滤和除霜等功能。

(4)自动控制的汽车空调。冷暖一体汽车空调需要人工操纵,增加了驾驶员的工作量,同时控制质量也不太理想。1964 年美国通用汽车公司将自动控制的汽车空调安装在凯迪拉克轿车上。这种自动空调装置只要预先设置好温度,机器就能自动地在设定的温度范围内工作,达到调节车内空气的目的。

(5)微型计算机控制的汽车空调。1973 年美国通用汽车公司和日本五十铃汽车公司一起联合研究微型计算机控制的汽车空调系统,1977 年同时安装在各自生产的汽车上。微型计算机控制的汽车空调功能增加了显示数字化和冷、暖、通风三位一体化。微型计算机根据车内外的环境条件,控制空调器的工作,实现了空调运行与汽车运行的相关统一,极大地提高了调节效果,节约了燃料,从而提高了汽车的整体性能和达到最佳的舒适性。目前微型计算机控制的汽车空调都装在高级汽车上。

当前，从市场需求方面看，汽车空调装置应进一步降低成本，提高燃油经济性；从制造方面看，随着车厢地板的降低以及车辆向大型化、高级化发展，需进一步提高汽车空调各组成装置的紧凑性和效率；从乘员和驾驶员方面看，车内温度要合理分布，设备操作要简便。空调装置应向全季节型发展。

二、汽车空调性能的评价指标

汽车空调用于对汽车驾驶室和车厢内空气的温度、湿度、流速和清洁度等参数进行调节，并预防或去除风窗玻璃上的雾、霜和冰雪，保障乘员的身体健康、视野和行车安全。

评价汽车空调质量的指标主要有四个：温度、湿度、流速和清洁度。

1. 温度

在夏季人感到舒适的温度是22℃～28℃，冬季是16℃～18℃。温度低于14℃，人会感觉到“冷”，温度越低，手脚动作就会越僵硬，驾驶员将不能灵活操作。温度超过28℃，人就会觉得燥热，精神集中不起来，思维迟钝，容易造成交通事故。超过40℃，则称为有害温度，将对人体的健康造成损害。另外，人体面部所需求的温度比足部略低，即要求“头凉足暖”，温差大约为2℃。

2. 湿度

人觉得舒适的相对湿度夏季是50%～60%，冬季是40%～50%。在这种湿度环境中，人会觉得心情舒畅。湿度过低，皮肤会痒，这是由于湿度太低时，皮肤表面和衣服都较干燥，它们之间摩擦产生静电的缘故；湿度过高，人会觉得闷，这是由于人体皮肤的水分蒸发不出来，干扰了人体正常的新陈代谢过程。

3. 流速

人在流动的空气中比在静止的空气中要舒适，这是因为流动的空气能促进人体内外散热。所以，空气流速是汽车空气调节的重要内容之一。空气流速在0.2m/s以下为好，并且以低速变动为佳。

4. 清洁度

由于车内空间小，乘员密度大，全封闭空间的空气极易产生缺氧和二氧化碳浓度过高的现象；汽车发动机废气中的一氧化碳和道路上的粉尘都易进入车内，造成车内空气浑浊，严重影响乘员的身体健康，因此必须对车内空气进行净化处理。

三、汽车空调系统的分类

1. 按驱动方式分类

汽车空调系统按驱动方式可分为非独立式汽车空调系统和独立式汽车空调系统。

(1)非独立式汽车空调系统

空调制冷压缩机由汽车本身的发动机驱动，汽车空调系统的制冷性能受汽车发动机工况的影响较大，工作稳定性较差。尤其是低速时制冷量不足，而在高速时制冷量过剩，并且消耗功率较大，影响发动机动力性。这种类型的汽车空调系统一般多用于制冷量相对较小的中、小型客车上。

(2)独立式汽车空调系统

空调制冷压缩机由专用的空调发动机(也称副发动机)驱动，因此汽车空调系统的制冷性能不受汽车主发动机工况的影响，工作稳定、制冷量大，但由于加装了一台发动机，不仅成本增加，而且体积和质量也增加。这种类型的汽车空调系统多用于大、中型客车上。

2. 按结构形式分类

汽车空调按结构形式可分为整体式空调、分体式空调以及分散式空调。

(1)整体式空调

将副发动机、压缩机、冷凝器和蒸发器通过传动带、管道连接成一个整体，安装在一个专用机架上，构成一个独立总成，由副发动机带动，通过车内通风管将冷风送入车内。

(2)分体式空调

将压缩机、冷凝器、蒸发器以及独立式空调的副发动机部分或全部分开布置，用管道连接成一个制冷系统。

(3)分散式空调

将蒸发器、冷凝器、压缩机等各部件分散安装在汽车各个部位，并用管道相连接。轿车、中小型客车及货车都采用这种结构形式。

3. 按蒸发器的布置方式分类

汽车空调按蒸发器的布置方式可分为仪表台板式空调、顶置式空调。

(1)仪表台板式空调

也称为前置式空调，蒸发器安装在仪表台板之下，与车内内饰融为一体，布置美观，如微型轿车及微型单、双排座车均采用这种方式。这种布置方式的特点是前排冷气效果好，第二排次之。

(2)顶置式空调

蒸发器吊置于车内顶上，一般常安装于中部，故也称中央空调。这种布置方式的特点是车内降温平衡。

4. 按蒸发器和冷凝器的数量分类

汽车空调按蒸发器和冷凝器的数量可分为单蒸单冷式、单蒸双冷式、双蒸单冷式和双蒸双冷式。

(1)单蒸单冷式

一个蒸发器、一个冷凝器。微型车普遍采用这种方式。

(2)单蒸双冷式

一个蒸发器、两个冷凝器。一般是由于冷凝器的安装位置受限，冷凝器只能平置，无迎风效果，于是安装一个副冷凝器，在主冷凝器与副冷凝器之间形成“串联”连接。

(3)双蒸单冷式

两个蒸发器、一个冷凝器。这种结构一般是一个前置式蒸发器和一个顶置式蒸发器，两个蒸发器之间“并联”连接。前置式蒸发器主要用于前排(驾驶员)及第二排的制冷，而顶置式蒸发器则用于后两排的制冷，车内降温比较平衡。

(4)双蒸双冷式

两个蒸发器、两个冷凝器。双蒸发器带来了系统的不匹配，特别是高压太高，而主冷凝器又由于空间的限制不能做得太大，这时就需增加副冷凝器，系统高压会变得非常理想。但这种布置方式结构复杂、管路接头多、易泄漏、成本较高，安装也要困难些。

四、汽车空调的工作特点

汽车空调是房间空调的延续。但由于汽车空调是以消耗发动机的动力来调节控制汽车内的环境的，因此，汽车空调有着自身明显的特点。

(1)因汽车空调安装在运动中的车辆上，要承受剧烈和频繁的振动和冲击，所以汽车空调的各个零部件应有足够的强度和抗震能力，接头牢固并防漏。

(2)空调系统所需的动力来自发动机。其中非独立式空调系统影响汽车的动力性能，但比独立式空调系统在设备成本和运行成本方面都要经济。

(3)汽车空调的制冷制热能力要强，原因在于：

① 车内乘员密度大、产生热量多、热负荷大；而冬天人体所需的热量也大。

② 汽车为了减轻自重，隔热层薄；汽车的门窗多、面积大，所以汽车隔热性能差，热量流失严重。

③ 汽车在野外直接接受太阳的热辐射、霜雪的冷、风雨的潮湿，环境恶劣且千变万化。要在最短的时间里达到舒适的环境，要求汽车空调具有特别强的制冷制热能力。

(4)汽车空调结构紧凑、质轻。由于汽车本身的特点，要求汽车空调结构紧凑，能在有限的空间进行安装，而且安装了后不能使汽车增重太多，而影响汽车的其他性能。

(5)非独立式汽车空调一般利用发动机的冷却水来制暖。

五、汽车空调的组成

汽车安装空调系统的目的是为了调节车内空气的温度、湿度，改善车内空气的流动，并且提高空气的清洁度。因此汽车空调系统主要由以下几部分组成：

1. 制冷装置

对车内空气或由外部进入车内的新鲜空气进行冷却或除湿，使车内空气变得凉爽舒适。

2. 暖风装置

主要用于取暖，对车内空气或由外部进入车内的新鲜空气进行加热，达到取暖、除湿的目的。

3. 通风装置

将外部新鲜空气吸进车内，起通风和换气作用。同时通风对防止风窗玻璃起雾也起着良好作用。

4. 加湿装置

在空气湿度较低的时候，对车内空气加湿，以提高车内空气的相对湿度。

5. 空气净化装置

除去车内空气的尘埃、臭味、烟气及有毒气体，使车内空气变得清洁。

将上述各部分全部或部分有机地组合在一起安装在汽车上，便组成了汽车空调系统。在一般的轿车和客、货车上，通常只有制冷装置、暖风装置和通风装置，在高级轿车和高级大客车上才有加湿装置和空气净化装置。

六、汽车空调的工作原理

1. 汽车空调制冷系统

汽车空调制冷系统由压缩机、冷凝器、储液干燥器、膨胀阀、蒸发器和鼓风机等组成，如图 12-8 所示，各部件之间采用钢管(或铝管)和高压橡胶管连接成一个密闭系统。此空调制冷系统是典型的非独立式汽车空调系统，它采用的是单级蒸气压缩式制冷循环。压缩机有往复式和回转式两种形式。

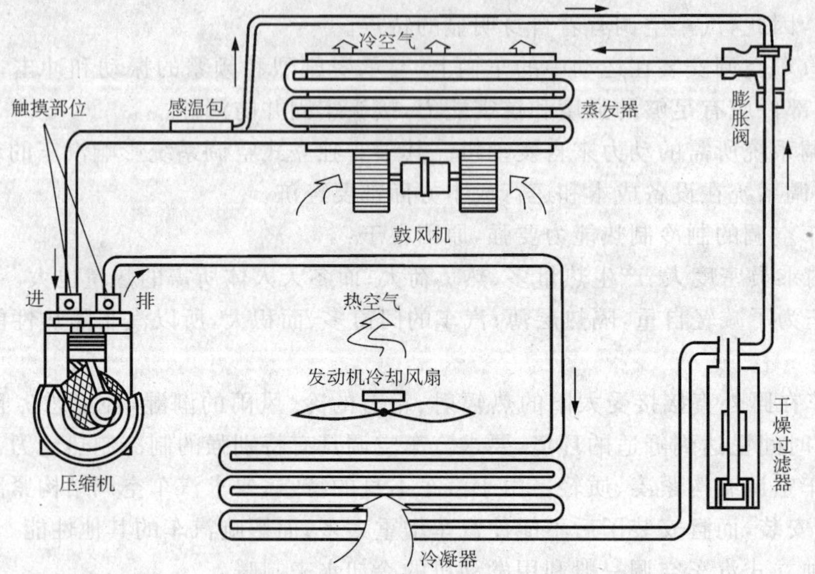

图 12－8　汽车空调制冷系统组成

空调的蒸发冷却装置一般布置在车室仪表台面板下，与仪表台面板组装成一体；冷凝器大多布置在车头散热器前面，并有单独风扇进行冷却。

储液干燥器一般都安装在发动机室内，在系统运行时，对制冷剂进行过滤、干燥吸湿和储存多余的制冷剂。

蒸发冷却机组是将离心风机装在蒸发器进风口处，属于压入式送风。膨胀阀和感温包都安装在机组里面，与机组联成一体。在蒸发器出口，感温包感受蒸发器出口温度后，能自动调节膨胀阀的开度，控制制冷剂的流量，以维持车室内一定的温度。

制冷系统工作时，制冷剂以不同的状态在这个密闭系统内循环流动，每一循环有四个基本过程：

(1)压缩过程

压缩机吸入蒸发器出口处的低温低压的制冷剂气体，把它压缩成高温高压的气体排出压缩机。

(2)放热过程

高温高压的制冷剂气体进入冷凝器，由于压力及温度的降低，制冷剂气体冷凝成液体，并放出大量的热。

(3)节流过程

温度和压力较高的制冷剂液体通过膨胀装置后体积变大，压力和温度急剧下降，以雾状(细小液滴)排出膨胀装置。

(4)吸热过程

雾状制冷剂液体进入蒸发器，此时制冷剂沸点远低于蒸发器内温度，故制冷剂液体蒸发成气体。在蒸发过程中吸收周围大量的热量，变成低温低压的蒸气又回到压缩机。

2. 汽车空调暖风装置

汽车空调暖风装置是将新鲜空气送入热交换器，吸收某种热源的热量，从而提高空气的温度，并将热空气送入车内的装置。

汽车空调暖风装置的种类很多，根据热源不同可分为：

(1)水暖式暖风装置。利用发动机冷却液的热量，这种形式多用于轿车、大型货车及采暖要求不高的大客车上。

(2)气暖式暖风装置。利用发动机排气系统的热量，这种形式多用于安装风冷式发动机的汽车上。

(3)独立燃烧式暖风装置。装有专门燃烧的机构，这种形式多用于大客车上。

(4)综合预热式暖风装置。既利用发动机冷却液的热量，又装有燃烧预热器的综合加热装置，这种形式多用于大客车上。

根据空气循环方式，汽车暖风装置又可分为如下几种形式：

(1)内气式(又称内循环式)。利用车内空气循环，将车厢内部空气作为载热体，让其通过热交换器升温，使升温后的空气再进入车厢内取暖。这种方式虽消耗热源少，但从卫生标准看，是最不理想的。

(2)外气式(又称外循环式)。利用车外空气循环，将车外新鲜空气作为载热体，让其通过热交换器升温，使升温后的空气再进入车厢内取暖。从卫生标准看，外气式是最理想的，但消耗热源也最大，也是不经济的。除非特殊要求或高级豪华轿车空调才采用这种方式。

(3)内外气并用式(又称内外混合式)。既引进车外新空气，又利用部分车内的原有空气，以新旧空气的混合体作为热体，通过热交换器，向车厢里供暖。从卫生标准和热源消耗看，正好介于内气式和外气式之间，是目前应用最普遍的方式。

不论是利用何种热源，热量都是通过热交换装置传递给空气，并通过风机把热空气送入车厢。将热交换器、风机和机壳组合在一起的装置称为汽车空气加热器。

3. 汽车空调通风装置

由于汽车车厢比一般居室窄小得多，并且车厢内乘员密度大，呼吸排出的CO_2、蒸发的汗液、吸烟的烟雾以及从车外进入的灰尘等很容易使车厢内的空气污浊，对人体健康造成危害。即使车厢内的温度和湿度合适，也不能消除污浊空气进入带来的不舒适感，因此对车厢内进行通风换气是十分必要的。

通风装置的作用是在汽车运行中从车外引入一定量的新鲜空气，并将车内的污浊空气排出车厢外，同时还可以防止风窗玻璃起雾。通风装置的通风方式一般有三种：

(1)动压通风(也称自然通风)。利用汽车行驶时对车身外部所产生的风压为动力，在适当的地方开设进风口和排风口，以实现车内的通风换气。

(2)强制通风。利用鼓风机强制将车外空气送入车厢内进行通风换气。这种方式需要能源和设备。在备有冷暖气设备的车身上大多采用通风、供暖和制冷的联合装置。这些汽车上一般设有停止、动压通风(指车内外空气通过风扇口自然流通)、吸气、排气和循环五种功能。

(3)综合通风。同时采用动压通风和强制通风。

最简单的综合通风系统是在动压通风的车身基础上，安装强制通风扇，根据需要可分别使用和同时使用。综合通风系统虽然结构复杂，但节省电力、经济性好、运行成本低。特别是在春、秋季节的天气，用动压通风导入凉爽的外气，以取代制冷系统工作，同样可以保证舒适性要求。这种通风方式近年来在汽车上的应用逐渐增多。

4. 空气净化装置

汽车空调系统的净化装置针对车外空气和车内循环空气进行除尘、除臭、去毒等处理。图 12-9 所示为空气净化装置的结构示意图，其工作过程如下：

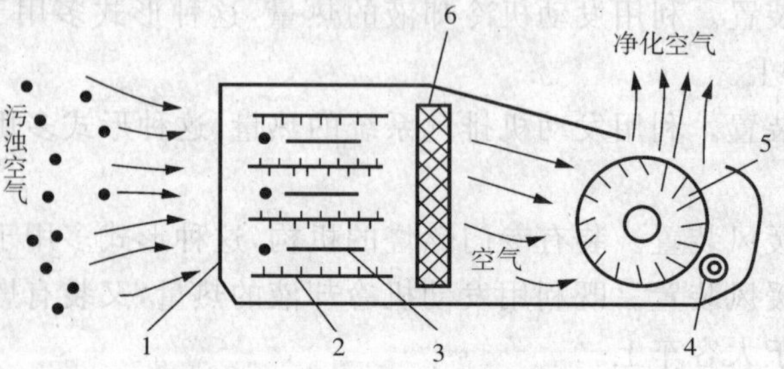

图 12-9　静电集尘式空气净化装置结构示意图

1—粗滤器　2—集尘电极　3—充电电极　4—负离子发生器　5—风机　6—活性炭滤清器

(1)过滤除尘。在空调系统的进风口和回风口处设置空气滤清装置，利用过滤网对尘埃起筛滤作用和拦截作用，还有惯性作用和扩散作用，来去除空气中较粗的灰尘和杂物。常见的过滤装置有用无纺布、过滤纤维纸组成的干式纤维滤清器和金属网格浸油滤清器。优点是结构简单、工作可靠，只需定期清理过滤网上的灰尘和杂物即可，缺点是气流阻力太大。

(2)静电除尘。利用高压电极产生高压电场，对空气进行电离，使尘粒带电，然后在电场作用下产生定向运动，沉降在正、负电极板上。此法可吸附细微尘埃。

(3)通过活性炭滤清器除去烟气。活性炭主要是由硬木材、果核、椰子壳等有机物经过缺氧锻烧后，经有关特殊水溶液处理后干燥而得。它具有大的表面积和很强的吸附能力，每 1g 活性炭的表面积为 $100m^2$，其吸附的气体量使本身增重 20%～30%。但是当活性炭表面吸附满气体分子后，就会失去作用，必须换上新鲜的活性炭过滤吸附材料。

活性炭只能吸收有气味的气体，但对 CO、NO_x、碳氢化合物等有毒气体几乎不起吸附作用。有的汽车空调系统使用催化反应器，在较低的温度下(250℃～350℃)对有毒气体进行化学反应，转化为无毒的 CO_2、N_2 和 H_2O。

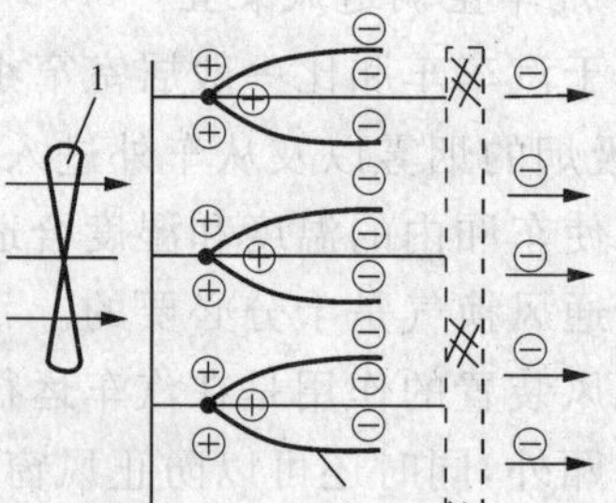

图 12-10　负离子发生器

1—风扇　2—脉冲发生器

3—金属网接地正极　4—针状电极

(4)由负离子发生器供给负离子。负离子发生器一般利用电晕放电法使空气离子化。其原理如图 12-10 所示，利用针状电极和金属网电极之间的高压作用产生不均匀的电场，使空气电离。当针状电极上加上负高压脉冲时，将针状电极附近的空气电离化，电离产生的正离子被负电极吸收，而负离子通过金属网正极，在风扇作用下，被送到空调车内，成为负离子空气。负离子发生器的电压约 50kV，脉冲频率为 50Hz，通常采用的风速在 10m/s 以内。

(5)最后鼓风机将净化的空气送入车内。

七、微型计算机控制的汽车空调系统

图 12－11 是微型计算机控制空调系统的示意图。这种汽车空调系统以微型计算机为控制中心，结合各种传感器对汽车发动机的有关运行参数（如水温、转速等）、车外的气候条件（如气温、空气湿度、日照强度等）、车内的气候条件（如平均温度、湿度等）、空调的送风模式（如送风温度、送风口的选择等）以及制冷压缩机的开停状况、制冷循环有关部位的温度、制冷剂压力等多种参数进行实时检测，并与操作板送来的信号（如设定温度信号、送风模式信号等）进行比较，通过运算处理后进行判断，然后输出相应的调节和控制信号，通过相应的执行机构（如电磁真空转换阀和真空驱动器、风门电动机、继电器等），对压缩机的开停状况、送风温度、送风模式、热水阀开度等作及时的调整和修正，以实现对车内空气环境进行全季节、全方位、多功能的最佳控制和调节。

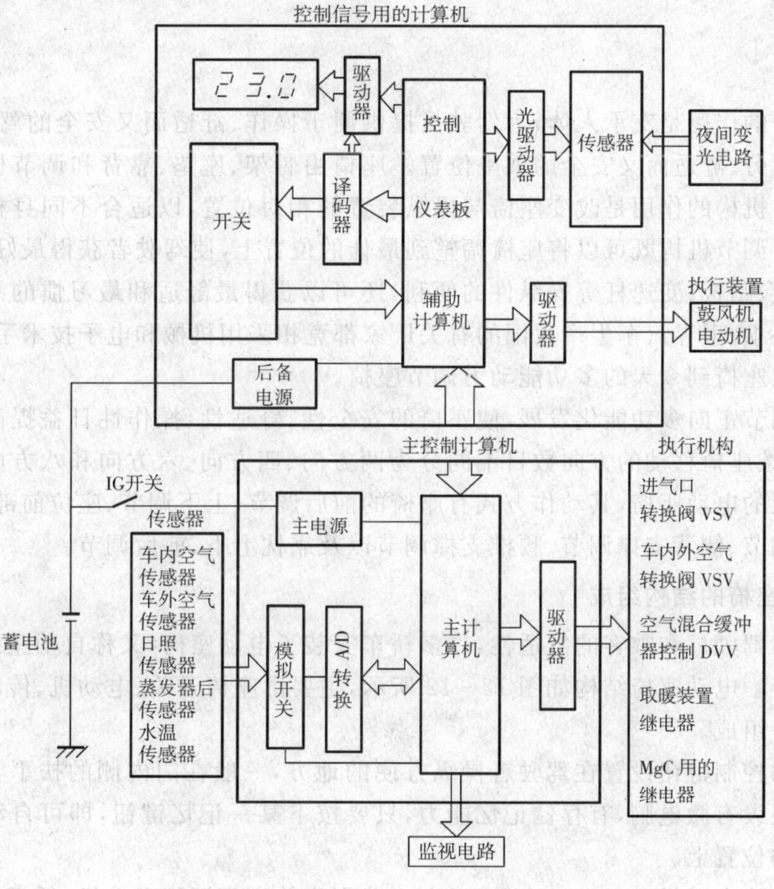

图 12－11　微型计算机控制的空调系统

微型计算机控制的汽车空调系统具有如下的功能：

（1）空调系统。温度自动控制、风量控制、运转方式给定的自动控制、换气量的控制等，满足车内空调对舒适性的要求。

（2）节能控制。压缩机运转速度的控制、换气量的最适量控制以及随温度变化进行换气切换，自动转入经济运行，根据室内外温度自动切断压缩机电源等。

(3)显示。显示给定的温度、控制温度、控制方式、运转方式的状态以及运转时间等。

(4)安全报警。制冷剂不足报警、制冷压力高出或低出报警、离合器打滑报警、各种控制器件的故障判断报警,并对故障部位用闪烁指示灯报警。计算机控制的汽车空调系统在某种器件发生故障报警的同时,将这一故障器件自动转入常规运行状态而不影响空调系统的工作。

(5)故障诊断储存。空调系统发生故障,计算机将故障部位用代码的形式储存起来,在需要修理时能指示故障的部位,所以很容易修理。

微型计算机控制的汽车空调系统,不仅能按照乘员的需要吹出最适宜温度、湿度的风,而且可根据实际需要调节风速、风量。它还极大地简化了操作。

第四节　电动座椅

一、概述

汽车座椅的作用是支承人体,为驾驶员提供便于操作、舒适而又安全的驾驶位置;为乘员提供不易疲劳、舒适而又安全的乘坐位置。座椅由骨架、座垫、靠背和调节机构等部分组成。座椅调节机构的作用是改变座椅与操纵装置的相对位置,以适合不同身材驾驶员的需要。通过座椅调节机构既可以将座椅调整到最佳的位置上,使驾驶者获得最好视野,得到易于操纵方向盘、踏板、变速杆等操纵件的便利,还可以获得最舒适和最习惯的乘坐角度。为了满足这些要求,世界汽车生产大国的有关厂家都竞相采用机械和电子技术手段,制造出从过去的固定式座椅到今天的多功能动力调节座椅。

座椅的调节正向多功能化发展,使座椅的安全性、舒适性、操作性日益提高。电动座椅的种类很多,按座椅移动的方向数目不同分为两方向、四方向、六方向和八方向等。如具有八种调节功能的电动座椅,其动作方式有座椅的前后调节、上下调节、座位前部的上下调节、靠背的倾斜调节、侧背支撑调节、腰椎支撑调节以及靠枕上下、前后调节。

二、电动座椅的结构组成

为了提高驾驶员和乘客的舒适性,许多轿车安装了电动座椅(又称自动座椅),即用电动机操作的座椅。电动座椅结构如图 12－12 所示,主要由座椅开关、电动机、传动和执行机构以及控制器等组成。

控制器的控制键钮设置在驾驶者操纵方便的地方,一般在门内侧的扶手上面。有些轿车的控制器还设有微电脑,有存储记忆能力,只要按下某一记忆键钮,即可自动将电动座椅调整到存储的位置上。

可逆性直流电动机一般有三个(或以上),分别为前高度调整电动机、后高度调整电动机和前后移动电动机,它们受控制器控制并分别驱动某个调整方向的传动部件,实现座椅前部高度、后部高度及座椅的前后移动的调整。传动部件有蜗杆轴、蜗轮、齿轴和齿条等。调整时,蜗杆轴在电动机的驱动下,带动蜗轮转动,从而将齿轴旋入或旋出,即座椅下降或上升。如果蜗轮又与齿条啮合,蜗轮转动将使齿条移动,即令座椅前移或后移。

调节电机为永磁式,通过控制开关改变各电机通电方向即可实现其正反转即实施座椅前端上下、后端上下和前后移动等方向的调节。

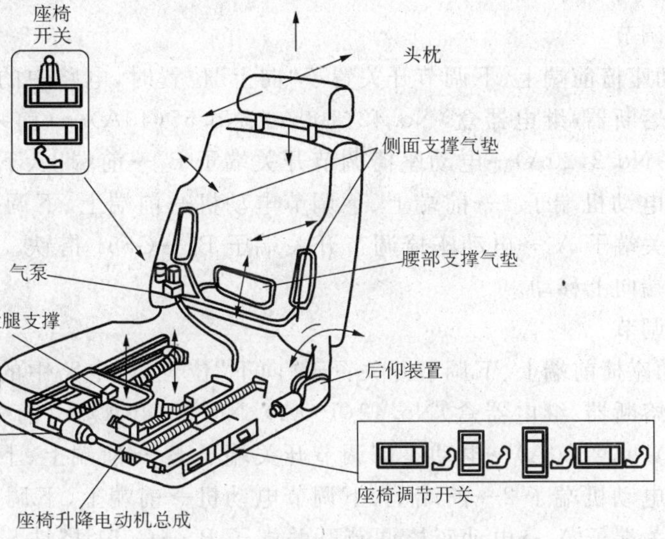

图 12－12　电动座椅结构

三、本田雅阁轿车电动座椅

广州本田雅阁轿车的驾驶席电动座椅分为八种可调方式，包括：前端上下调节、后端上下调节、前后调节、前后倾斜调节。电动座椅电路如图 12－13 所示，其具体调整过程如下：

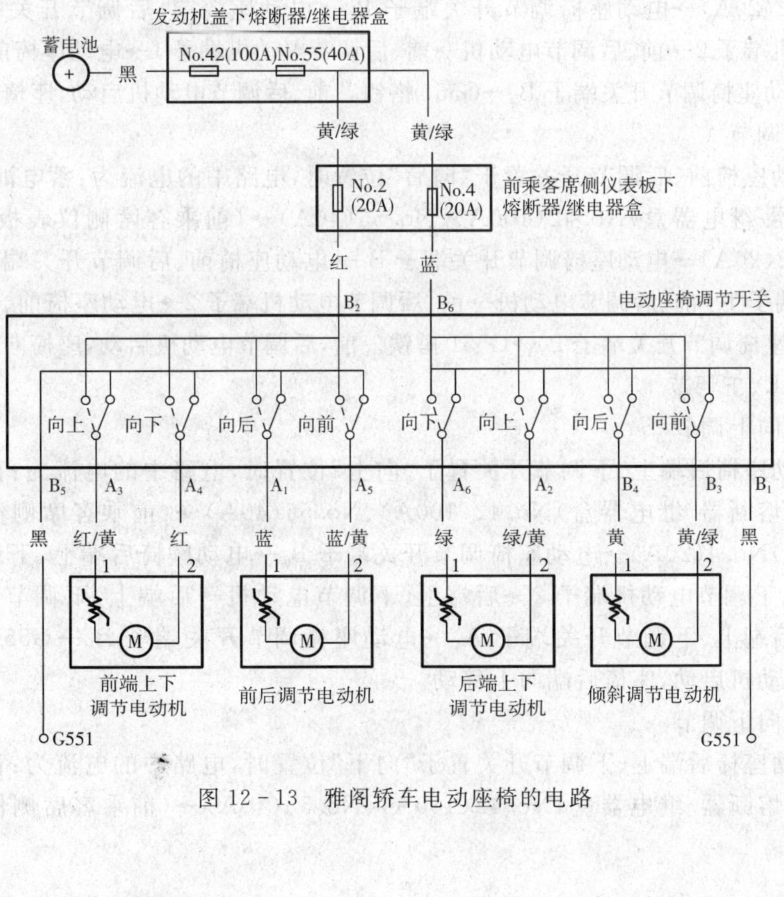

图 12－13　雅阁轿车电动座椅的电路

1. 前端上、下调节

(1)向上调节

当将电动座椅前端上、下调节开关置于“向上”位置时,电路中的电流为:蓄电池正极→(发动机盖下熔断器/继电器盒)No. 42(100A)、No. 55(40A)→(前乘客席侧仪表板下熔断器/继电器盒)No. 2(20A)→电动座椅调节开关端子 B_2→前端上、下调节开关端子 A_3→前端上、下调节电动机端子 1→前端上、下调节电动机→前端上、下调节电动机端子 2→前端上、下调节开关端子 A_4→电动座椅调节开关端子 B_5→G551 搭铁。前端上、下调节电动机启动,座椅前端向上移动。

(2)向下调节

当将电动座椅前端上、下调节开关置于“向下”位置时,电路中的电流为:蓄电池正极→(发动机盖下熔断器/继电器盒)No. 42(100A)、No. 55(40A)→(前乘客席侧仪表板下熔断器/继电器盒)No. 2(20A)→电动座椅调节开关端子 B_2→前端上、下调节开关端子 A_4→前端上、下调节电动机端子 2→前端上、下调节电动机→前端上、下调节电动机端子 1→前端上、下调节开关端子 A_3→电动座椅调节开关端子 B_5→G551 搭铁。前端上、下调节电动机启动,座椅前端向下移动。

2. 前、后调节

(1)向前调节

当将电动座椅前、后调节开关置于“向前”位置时,电路中的电流为:蓄电池正极→(发动机盖下熔断器/继电器盒)No. 42(100A)、No. 55(40A)→(前乘客席侧仪表板下熔断器/继电器盒)No. 2(20A)→电动座椅调节开关端子 B_2→电动座椅前、后调节开关端子 A_5→前、后调节电动机端子 2→前、后调节电动机→前、后调节电动机端子 1→电动座椅前、后调节开关端子 A_1→电动座椅调节开关端子 B_5→G551 搭铁。前、后调节电动机启动,座椅向前移动。

(2)向后调节

当将电动座椅前、后调节开关置于“向后”位置时,电路中的电流为:蓄电池正极→(发动机盖下熔断器/继电器盒)No. 42(100A)、No. 55(40A)→(前乘客席侧仪表板下熔断器/继电器盒)No. 2(20A)→电动座椅调节开关端子 B_2→电动座椅前、后调节开关端子 A_1→前、后调节电动机端子 1→前、后调节电动机→前、后调节电动机端子 2→电动座椅前、后调节开关端子 A_5→电动座椅调节开关端子 B_5→G551 搭铁。前、后调节电动机启动,座椅向后移动。

3. 后端上、下调节

(1)后端向上调节

当将电动座椅后端上、下调节开关置于“向上”位置时,电路中的电流为:蓄电池正极→(发动机盖下熔断器/继电器盒)No. 42(100A)、No. 55(40A)→(前乘客席侧仪表板下熔断器/继电器盒)No. 4(20A)→电动座椅调节开关端子 B_6→电动座椅后端上、下调节开关端子 A_2→后端上、下调节电动机端子 2→后端上、下调节电动机→后端上、下调节电动机端子 1→电动座椅后端上、下调节开关端子 A_6→电动座椅调节开关端子 B_1→G551 搭铁。后端上、下调节电动机启动,座椅后端向上移动。

(2)后端向下调节

当将电动座椅后端上、下调节开关置于“向下”位置时,电路中的电流为:蓄电池正极→(发动机盖下熔断器/继电器盒)No. 42(100A)、No. 55(40A)→(前乘客席侧仪表板下熔断器/继电器盒)No. 4(20A)→电动座椅调节开关端子 B_6→电动座椅后端上、下调节开关端子 A_6→后端上、下调节电动机端子 1→后端上、下调节电动机→后端上、下调节电动机端子 2→电动座椅后端上、下调节开关端子 A_2→电动座椅调节开关端子 B_1→G551 搭铁。后端上、下调节电动机启动,座椅后端向下移动。

4. 倾斜调节

(1)向前倾斜

当将电动座椅倾斜开关置于“向前”位置时,电路中的电流为:蓄电池正极→(发动机盖下熔断器/继电器盒)No. 42(100A)、No. 55(40A)→(前乘客席侧仪表板下熔断器/继电器盒)No. 4(20A)→电动座椅调节开关端子 B_6→电动座椅倾斜调节开关端子 B_3→倾斜调节电动机端子 2→倾斜调节电动机→倾斜调节电动机端子 1→电动座椅倾斜调节开关端子 B_4→电动座椅调节开关端子 B_1→G551 搭铁。倾斜调节电动机启动,座椅后端向前倾斜。

(2)向后倾斜

当将电动座椅倾斜开关置于“向后”位置时,电路中的电流为:蓄电池正极→(发动机盖下熔断器/继电器盒)No. 42(100A)、No. 55(40A)→(前乘客席侧仪表板下熔断器/继电器盒)No. 4(20A)→电动座椅调节开关端子 B_6→电动座椅倾斜调节开关端子 B_4→倾斜调节电动机端子 1→倾斜调节电动机→倾斜调节电动机端子 2→电动座椅倾斜调节开关端子 B_3→电动座椅调节开关端子 B_1→G551 搭铁。倾斜调节电动机启动,座椅后端向后倾斜。

第五节　车门控制系统

车门控制系统主要包括:电控门锁、电控门窗、电控后视镜、面板控制开关等。不同档次的汽车需要不同档次的车门控制系统。随着汽车档次的提高,对车辆舒适性的要求也逐步增加,由图 12-14 可以看到不同档次的汽车对车门控制系统配置的不同要求。

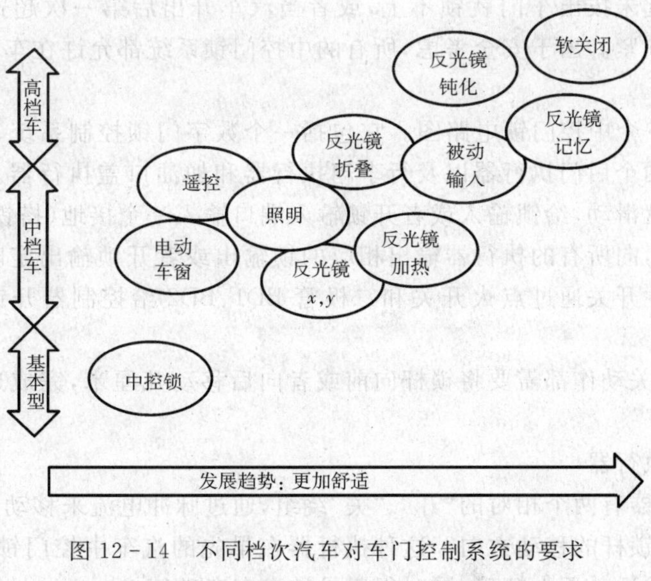

图 12-14　不同档次汽车对车门控制系统的要求

新型车门控制系统的中央控制器通过整车局域网CAN实现对车门驱动模块的控制，中央控制器与驱动模块之间通过CAN网络传递控制信息。即连接中央控制器与车门驱动单元的线路只负责传递控制信息，不需要完成对车门执行部件的驱动。基于CAN网络的车门控制系统如图12-15所示。

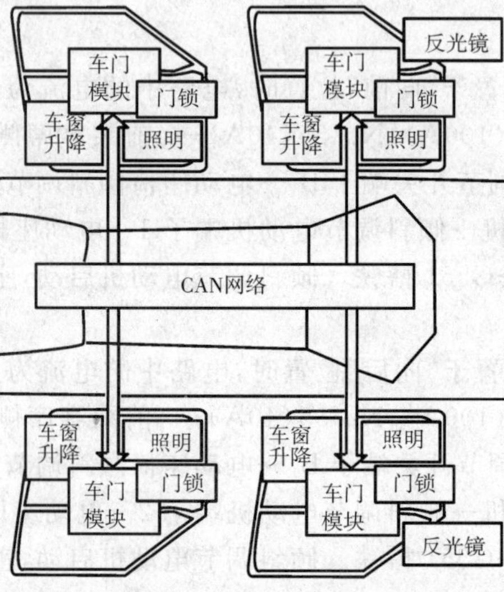

图12-15　基于CAN网络的车门控制系统

一、电动门锁

电控门锁包括中控门锁、自动门锁和密码门锁三种。

1. 中控门锁

中控门锁系统是一种比较方便的门锁控制系统，它可以让所有的门锁随着驾驶员或者前排乘员的门锁一启动作。许多汽车的中控门锁系统还包括行李箱锁，并且具有许多别的功能。比如，车钥匙未拔出车门就锁不上，或者当汽车开出后第一次超过预设的速度极限时，中控门锁自动锁紧。出于安全考虑，所有的中控门锁系统都允许在车内使用传统的机械锁按钮。

图12-16是一个中控门锁电路图。它包括一个数字门锁控制系统、两个前门执行器/触发器开关单元、两个后门执行器以及行李箱执行器和加油口盖执行器。当前门锁上或者打开时，开关滑块就滑动，给锁输入或者开锁输入端口输入一个接地(搭铁)信号。控制系统检测到接地信号后，向所有的执行器输出相应的锁输出或者开锁输出定时脉冲信号。当发生撞车事故时，惯性开关通过点火开关和二极管BD1、BD2给控制器开锁输入端发送接地信号，使车门开锁。

每个门锁的开关动作都需要将锁杆向前或者向后移动几厘米，完成这一动作的执行器通常有以下几种：

(1)电磁线圈执行器

电磁线圈执行器有两个相对的“开”、“关”绕组，通过脉冲电流来移动锁杆。改变脉冲电流的方向即可改变锁杆的移动方向。这种执行器在早先的汽车中控门锁系统中使用，现在已很少见，因为它的运动不太精确，同时很容易被盗车者破坏。

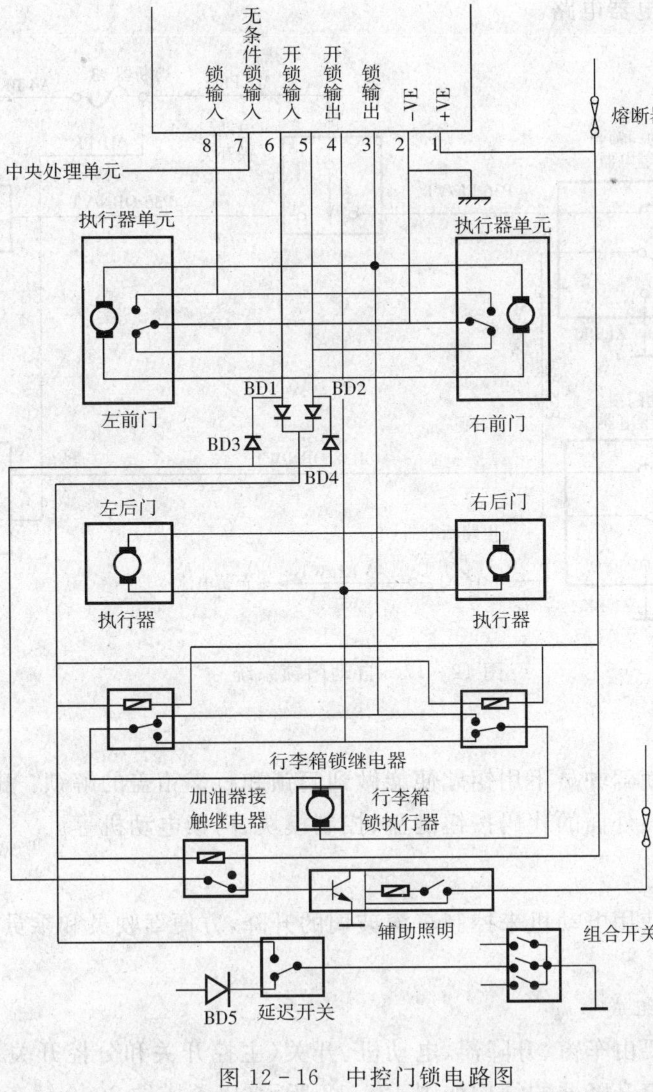

图 12-16　中控门锁电路图

(2)直流电机执行器

这种执行器使用一个简单的直流永磁式电动机来移动锁杆。锁杆的移动行程,可通过精确的时间调制后的电流脉冲来控制,而其方向的改变则由简单的电流方向来实现。

(3)步进电机执行器

这是一种复杂的方案,门锁控制器向步进电机输出事先设定好的一系列电流脉冲,使锁杆向正确的方向移动合适的距离。

2. 自动门锁

自动门锁是一种附加安全和方便性的系统,用来在满足必要条件时锁止所有的门锁。大多数系统的做法是:当变速杆挂入前进挡、点火开关在 RUN 挡以及所有车门都关严的时候自动锁止门锁。有些系统的做法是:当变速杆挂入倒挡、前进挡行驶车速超过 15mile/h 的时候自动锁止门锁。

自动门锁系统采用车身计算机控制的门锁继电器电路如图 12－17 所示，也有用单独的控制器控制的门锁继电器电路。

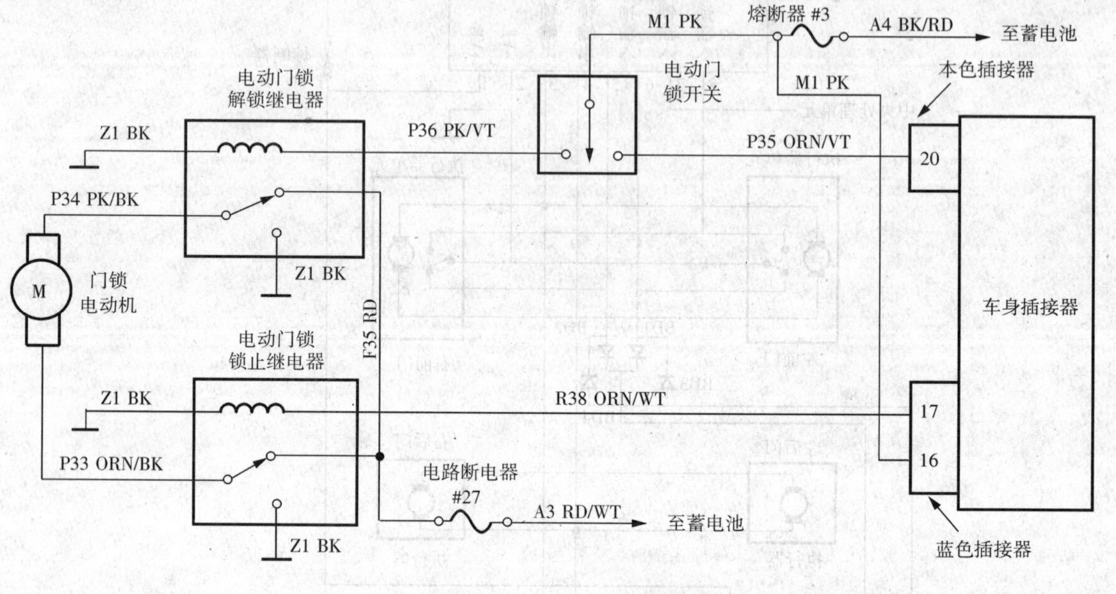

图 12－17　自动门锁系统

3. 密码门锁

密码门锁系统能使驾驶员不用钥匙便能做到门锁和行李箱盖的解锁。密码门锁系统主要包括装在驾驶员边门外面的代码按钮键盘、控制模块、门锁电动机等。

二、电动车窗

电动车窗系统是使用电动机来控制车窗玻璃的升降，方便驾驶员和乘员开启车窗，减轻劳动强度。

1. 电动车窗系统组成

电动车窗系统主要由车窗、升降器、电动机、开关（主控开关和分控开关）和继电器等装置组成。其中电动车窗升降器的结构如图 12－18 所示（以桑塔纳 2000 轿车为例）。电气部分由过热熔丝（20A）、开关、自动继电器（中央线路板 14 号位）、延时继电器（中央线路板 15 号位）、直流电动机等组成。机械部分由蜗轮、蜗杆、绕线轮、钢丝绳、导轨、滑动支架等组成。

当电动车窗玻璃升降器中的直流永磁电动机接通额定电流后，转轴输出转矩，经蜗轮蜗杆减速后，再由缓冲联轴器传递到卷丝筒，带动卷丝筒旋转，使钢丝绳拉动安装在玻璃托架上的滑动支架在导轨中上下运动，达到车窗玻璃升降的目的。

主开关的功用是控制各车窗电动机的电流，使电动机转或停。它还包括一个用于驾驶座窗的“单触电动窗”电路和一个内装的窗锁开关，用来控制所有电动车窗开关的操作。

电动车窗开关装在驾驶座车门外的每个车门上，受主开关的控制。当主开关内的窗锁开关置于“LOCK”位置时，该开关不起作用。

电动车窗电动机的功用是当有电流从主开关或电动窗开关供给此电动机时，即直接移动车窗升降器。

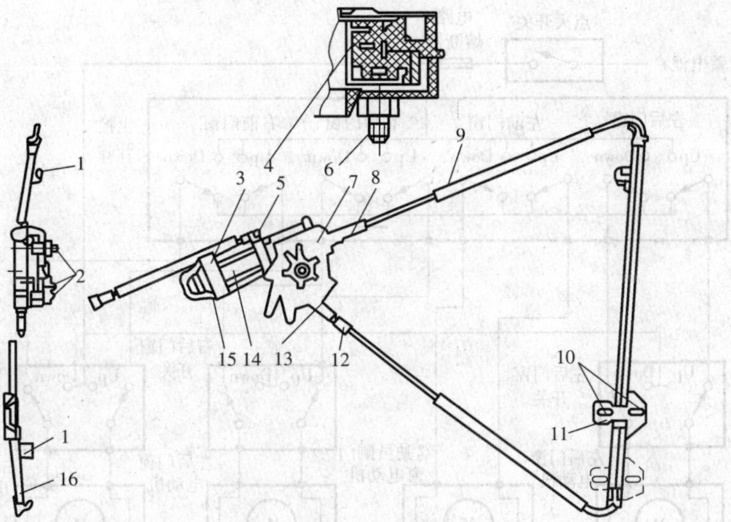

图 12－18　电动车窗升降器

1—支架安装位置　2—电动机安装位置　3—固定架　4—联轴缓冲器　5—电动机　6—卷丝筒　7—盖板　8—调整弹簧　9—绳索结构　10—玻璃安装位置　11—滑动支架　12—弹簧套筒　13—安装缓冲器　14—铭牌　15—均压孔　16—支架结构

电动车窗断路器的作用是避免电动机因超载而烧坏。如车门玻璃处于全开状态或完全关闭状态时控制开关继续接通，或者玻璃在升降过程中被卡死，这时容易发生电流过大现象，使电动机通电时间过长而烧坏。

电动车窗断路器的触点一般为双金属片式结构，当车窗升降系统电路有过载电流流过电动车窗电路时，双金属片因温度上升产生翘曲变形而使触点张开，切断电路，保护电路免受损坏。当电路断开后，双金属片冷却，变形消失，触点再次闭合。

2. 基本工作原理

电动车窗系统的控制电路，按电动机是否直接搭铁可分为电动机不搭铁和电动机搭铁两种。电动机不搭铁的电路广泛采用永磁式电动机，而电动机搭铁的电路采用的是双磁场式电动机。

电动机不搭铁的控制电路如图 12－19 所示，其永磁式电动机的搭铁受开关控制，通过改变电枢电流的方向，来改变电动机的旋转方向，实现车窗玻璃的上升或下降。

电动车窗控制系统中的主控开关，用于驾驶员对电控车窗系统进行总操纵，一般安装在左前车门控制台上或变速杆附近。分控开关安装在每个车门的中部或车门把手上，用于乘客对车窗进行操纵。电控车窗每个车窗的电动机均要通过主控开关搭铁，电流不但通过每个车窗上的分控开关，还要通过主控开关。有的汽车在主控开关上安装断路开关（锁定开关）。如将断路开关断开，各分控开关就不起作用。

电动机搭铁的控制电路如图 12－20 所示，双磁场绕组电动机有两个绕向相反的励磁绕组，一个是上升绕组，一个是下降绕组，每次励磁其中一个绕组。电动机的旋转方向是由励磁绕组决定。

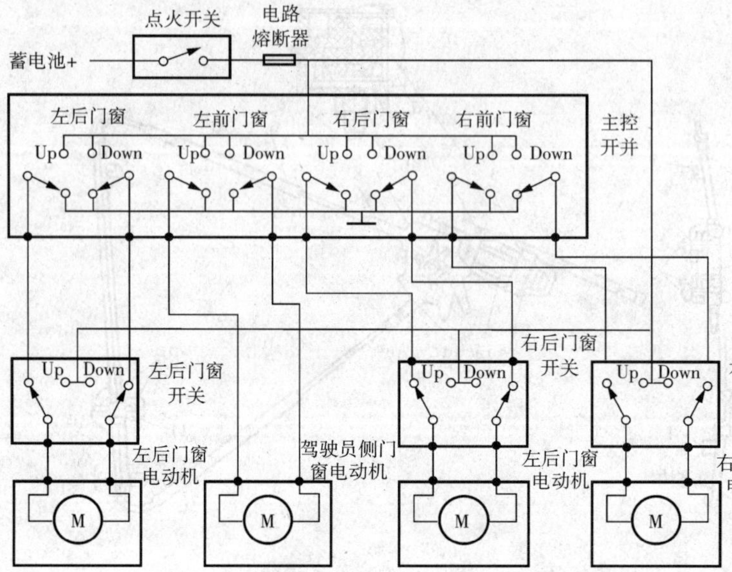

图 12-19 电动机不搭铁的控制电路

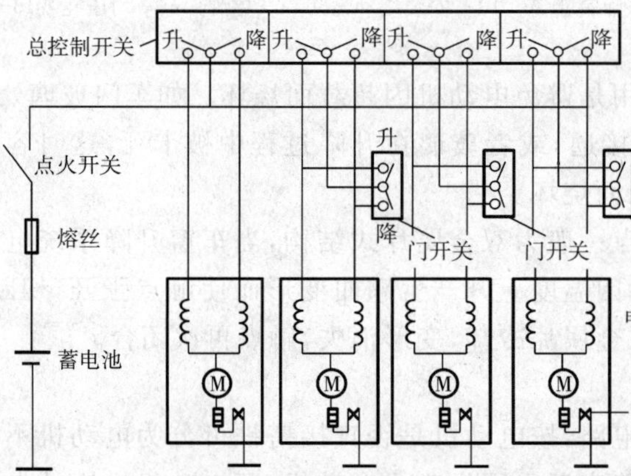

图 12-20 电动机搭铁的控制电路

第六节 电动天窗

一、概述

汽车天窗是改善车厢内通风换气状况的有效措施。以往的通风换气方式均不够理想。不开侧窗时,虽然设置了进风口、采用鼓风进气等方法增加进气量,但排气始终没有摆脱利用行车时车体内外产生的正负压差,使车厢内气体通过缝隙和设置的排风孔排出的模式。由于排气不通畅,进气受阻,车内空气无法快速更新,乘车时间较长时,便会有不舒服的感觉。

如果打开侧窗，虽然通风畅快了，但车外的尘土、噪声便会统统灌进车内。若是冬夏两季，享受车内暖风或冷气时，让窗外的寒气或热浪扑面吹来，不仅破坏空调的效果，而且也达不到有序换气的目的。

由于天窗换气利用的是负压原理，打开时会将车内的空气抽出，而不是直接进风。污浊的气体被抽走后，从进气口补充经过过滤的新鲜空气。因此，打开天窗换气是一种对空调影响小，且不易灌入尘土、噪声的方式。

天窗不仅有换气的功用，还可以给驾车摄影、照相、打猎等活动带来切实的方便。另外，对于喜爱阳光的人士来说，坐进车内，透过天窗的阳光照在脸上，去除了被封在铁皮内的压抑感，沐浴更多的头顶阳光，会倍感舒畅。

二、结构组成

电动天窗结构如图 12－21 所示，主要由天窗组件、滑动机构、驱动机构和控制系统等组成。天窗组件包括天窗框架、天窗玻璃、遮阳板、导流槽、排水槽等部分。电动天窗驱动机构如图 12－22 所示，主要由电动机、传动机构、滑动螺杆等组成。工作时，电动机驱动传动机构，使得天窗滑移开启或倾斜开启。

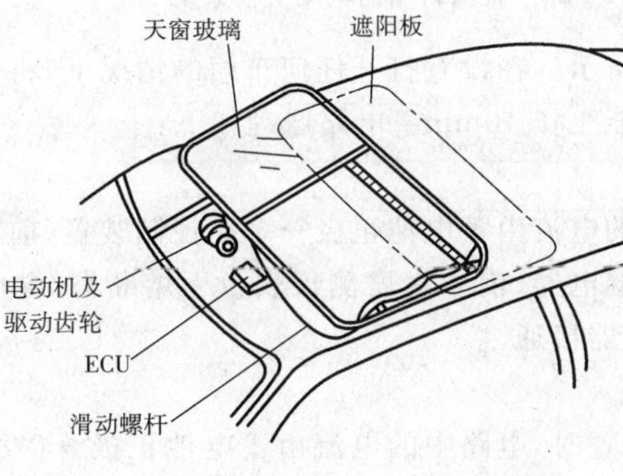

图 12－21　电动天窗结构

天窗控制系统主要包括天窗控制开关、电控单元（ECU）、继电器、限位开关等。天窗控制开关有滑动开启和倾斜开启两种功能。滑动开关有滑动打开、滑动关闭和断开三个位置；倾斜开关也有斜升、斜降和断开三个位置。

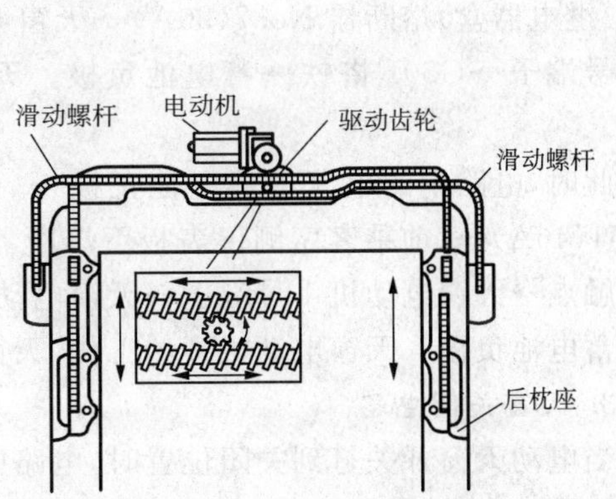

图 12－22　电动天窗驱动机构

三、雅阁轿车电动天窗

广州本田雅阁轿车的电动天窗系统具有遮挡视线（避免由外向内看）和前后倾斜功能。该系统控制元件主要由天窗开关、继电器和电动机等组成，其在车上的位置如图 12－23 所示。

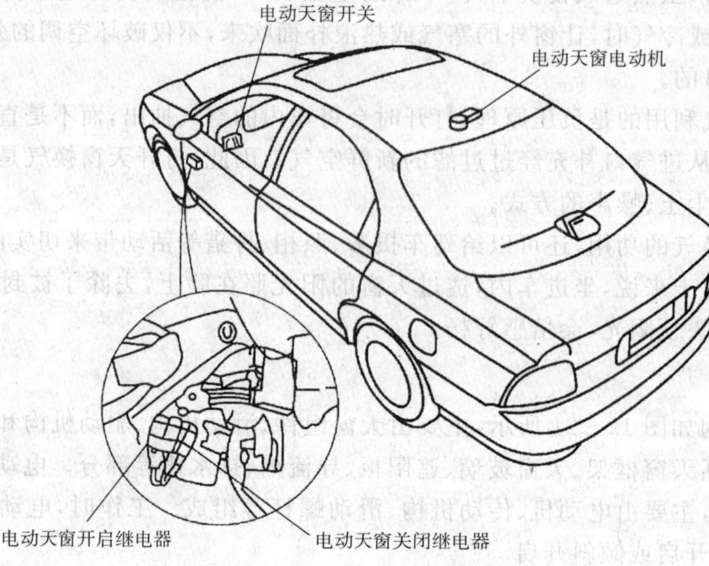

图 12-23　雅阁轿车的电动天窗系统

电动天窗电路如图 12-24 所示。在没有打开任何车门的情况下，将点火开关从打开位置旋至关闭位置时，电动天窗仍能工作 10min。电路原理如下：

1．电动天窗继电器电路

当打开点火开关时，电路中的电流由蓄电池正极→多路控制装置（前乘客席侧）（点火开关断开定时器电路）→电动车窗继电器（前乘客席侧仪表板下熔断器/继电器盒）→G581 搭铁→蓄电池负极。电动车窗继电器接通。

2．天窗开启电路

当电动天窗开关置于开启位置时，电路中的电流由蓄电池正极→（发动机盖下熔断器/继电器盒）No.41（100A）、No.51（40A）→电动车窗继电器触点→（前乘客席侧仪表板下熔断器/继电器盒）熔断器 No.7（20A）→天窗开启继电器线圈→天窗开关 6 号端子→天窗开关 2 号端子→G501 搭铁→蓄电池负极。天窗继电器接通，将触点吸到图 12-24 中左边位置。

此时，电路中的电流由蓄电池正极→（发动机盖下熔断器/继电器盒）No.41（100A）、No.51（40A）→（前乘客席侧仪表板下熔断器/继电器盒）熔断器 No.1（30A）→天窗开启继电器触点→天窗电动机 1 号端子→天窗电动机 2 号端子→天窗关闭继电器触点→G501 搭铁→蓄电池负极。天窗电动机开始工作，天窗开启。

3．天窗关闭电路

当电动天窗开关打到关闭位置时，电路中的电流由蓄电池正极→（发动机盖下熔断器/继电器盒）No.41（100A）、No.51（40A）→电动车窗继电器触点→（前乘客席侧仪表板下熔断器/继电器盒）熔断器 No.7（20A）→天窗关闭继电器线圈→天窗倾斜开关关闭触点端子 1→天窗倾斜开关关闭触点端子 3→天窗开关 4 号端子→天窗开关 2 号端子→G501 搭铁→蓄电池负极。天窗关闭继电器接通，将触点吸到图 12-24 中右边位置。

此时，电路中的电流由蓄电池正极→（发动机盖下熔断器/继电器盒）No.41（100A）、

No. 51(40A)→熔断器 No. 1(30A)(前乘客席侧仪表板下熔断器/继电器盒)→天窗关闭继电器触点→天窗电动机 2 号端子→天窗电动机 1 号端子→天窗开启继电器触点→G501 搭铁→蓄电池负极。天窗电动机开始工作,天窗关闭。

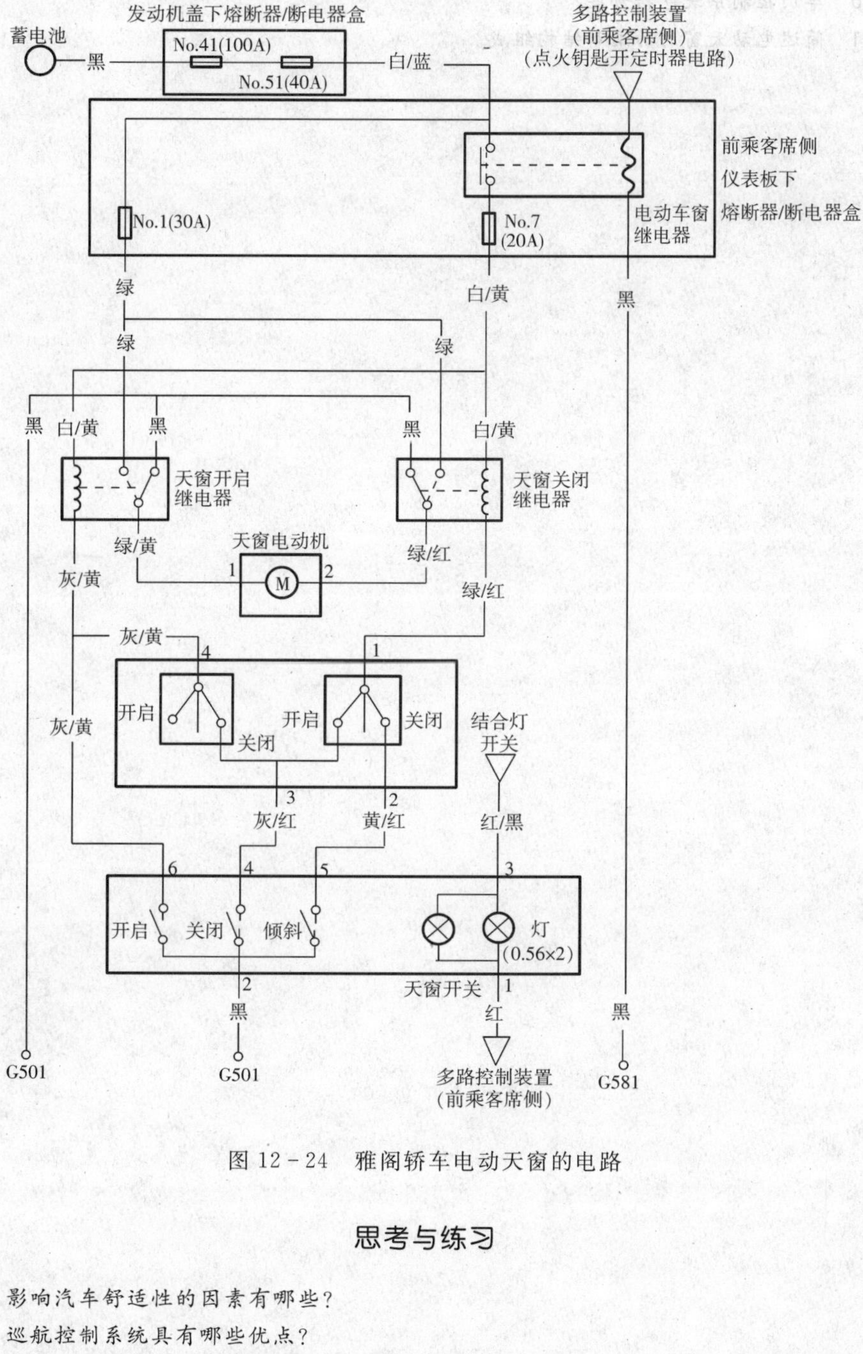

图 12－24　雅阁轿车电动天窗的电路

思考与练习

12－1　影响汽车舒适性的因素有哪些?

12－2　巡航控制系统具有哪些优点?

12－3　简述汽车巡航控制系统的功能、基本组成和工作原理。

12－4　巡航控制执行器有哪两种形式?各由哪些部分组成?

12－5　评价汽车空调质量的指标有哪些?

12-6 汽车空调系统如何分类？

12-7 与房间空调相比，汽车空调具有哪些特点？

12-8 简述汽车空调系统的组成和工作原理。

12-9 简述电动座椅的结构组成和调整过程。

12-10 车门控制系统包括哪些？

12-11 简述电动天窗的功用和结构组成。

参考文献

[1] 孙仁云,付百学.汽车电器与电子技术.北京:机械工业出版社,2006
[2] 迟瑞娟,李世雄.汽车电子技术.北京:国防工业出版社,2008
[3] 舒华,姚国平.汽车电子控制技术(第2版).北京:人民交通出版社,2008
[4] 何仁.汽车辅助制动装置.北京:化学工业出版社,2005
[5] 南金瑞,刘波澜.汽车单片机及车载总线技术.北京:北京理工大学出版社,2005
[6] 刘海鸥,陶刚.汽车电子学基础.北京:北京理工大学出版社,2007
[7] 李春明.汽车发动机电控燃油喷射技术.北京:国防工业出版社,2009
[8] 余志生.汽车理论.北京:机械工业出版社,2000
[9] 周云山,于秀敏.汽车电控系统理论与设计.北京:北京理工大学出版社,1999
[10] 陈家瑞.汽车构造(第2版),下册.北京:机械工业出版社,2005
[11] 杨嘉林.车用汽油发动机燃烧系统的开发.北京:机械工业出版社,2009
[12] 吴基安,吴洋.汽车电子新技术.北京:电子工业出版社,2006
[13] 郝军.汽车空调.北京:机械工业出版社,2004
[14] 张蕾.汽车空调.北京:机械工业出版社,2006
[15] 李传志.汽车车身电子控制系统.北京:机械工业出版社,2005
[16] 杨庆彪.汽车电控制动系统原理与维修精华.北京:机械工业出版社,2006
[17] 柯愈治.汽车防抱制动系统结构原理与检修.北京:人民交通出版社,1998
[18] 冯渊.汽车电子控制技术(第2版).北京:机械工业出版社,2005
[19] 罗玉涛.现代汽车电子控制技术.北京:国防工业出版社,2006
[20] 程军.汽车防抱死制动系统的理论与实践.北京:北京理工大学出版社,1999
[21] 李光友,王建民.控制电机.北京:机械工业出版社,2008
[22] 钟志华.汽车碰撞安全技术.北京:机械工业出版社,2003
[23] 葛安林.车辆自动变速理论与设计.北京:机械工业出版社,1993
[24] 栾琪文.汽车电控柴油机结构原理与维修.北京:机械工业出版社,2006
[25] 徐石安.汽车构造:底盘工程.北京:清华大学出版社,2008
[26] 杨叔子,杨克冲.机械工程控制基础(第4版).武汉:华中科技大学出版社,2002

[27] 姚晓涛．双离合器自动变速系统性能研究．重庆大学硕士学位论文,2006

[28] 钟伟．线控制动系统的安全策略研究．武汉理工大学硕士学位论文,2006

[29] 汪洋．车辆电控机械制动系统的设计与分析．南京航空航天大学硕士学位论文,2005

[30] 陈无畏．汽车车身电子与控制技术．北京:机械工业出版社,2008

[31] 冯崇毅．汽车电子控制技术．北京:人民交通出版社,2005

[32] (日)荒井宏著,张键译．汽车电子系统．北京:科学出版社,2008

[33] 王启瑞．汽车电气及电子设备．合肥:安徽科学技术出版社,2000

[34] 吴光强．汽车理论．北京:人民交通出版社,2007